Fotobearbeitung und Bildgestaltung
mit Photoshop Elements 8

Klaus Martin Gölker entdeckte bereits in seiner Jugend die Liebe zum Zeichnen, Malen, Gestalten – und zur Fotografie. Heute lebt und arbeitet er als freiberuflicher Dozent und Webdesigner, Autor und Fotograf in München. Die Bücher zur digitalen Bildbearbeitung entstanden aus seinen Kursen zu diesem Thema heraus.

»Wenn ich kann, möchte ich manches, was Werbung und Massenmedien in Beschlag nehmen, mit deren Mitteln wieder der Kunst und damit dem Leben zuführen.«

Klaus Gölker

Fotobearbeitung und Bildgestaltung mit Photoshop Elements 8

Für Windows und Mac

Klaus Gölker
klaus.goelker@goelker-online.de

Lektorat: Barbara Lauer
Copy-Editing: Alexander Reischert, Redaktion ALUAN
Herstellung: Nadine Thiele, Birgit Bäuerlein
Umschlaggestaltung: Helmut Kraus, www.exclam.de
Druck und Bindung: L.E.G.O., S.p.a., Vicenza, Italien

Bibliografische Information der Deutschen Nationalbibliothek
Die Deutsche Nationalbibliothek verzeichnet diese Publikation in der Deutschen
Nationalbibliografie; detaillierte bibliografische Daten sind im Internet über
http://dnb.d-nb.de abrufbar.

ISBN 978-3-89864-649-9

1. Auflage 2010
Copyright © 2010 dpunkt.verlag GmbH
Ringstraße 19B
69115 Heidelberg

5 4 3 2 1 0

Inhaltsverzeichnis

Teil I
Grundlegendes

1 Einleitung

1.1 Arbeiten mit Photoshop Elements 8 – über dieses Tutorial

Sie haben eine digitale Kamera, einen Scanner – und jetzt möchten Sie wissen, wie Sie Ihre Aufnahmen auffrischen und verbessern oder wie Sie eigene Bilder komponieren können? Sie möchten Ihre Bilder für sich und andere als Diashow aufbereiten oder im Web präsentieren? Um das zu bewerkstelligen, brauchen Sie ein Programm zur Bearbeitung Ihrer Bilder, zum Zusammenstellen einer Diashow. Solch ein Programm zur digitalen Bildbearbeitung ist Adobe Photoshop Elements.

Die amerikanische Softwareschmiede Adobe ist mit dem Programm Adobe Photoshop weltweit Marktführer bei der professionellen, digitalen Bildbearbeitung. Dieses sehr mächtige Programm umfasst alle Bereiche der digitalen Pixelbildbearbeitung und bietet einen schier unermesslichen Funktionsumfang für das professionelle Arbeiten. Das alles hat seinen Preis, der derzeit bei ca. 1000 Euro für die Vollversion liegt.

Um auch den Heimanwendern ein Werkzeug an die Hand zu geben, das auf ihre Bedürfnisse zugeschnitten ist, wurde 2001 Photoshop Elements als kostengünstige, im Funktionsumfang reduzierte Version auf den Markt gebracht, im Herbst 2009 in der Version 8. Diese Version ist für ca. 100 Euro zu haben, oft wird sie als Bildbearbeitungssoftware beim Kauf einer Digitalkamera oder eines Scanners mitgeliefert.

Im Funktionsumfang reduziert heißt hier: vereinfacht, aber doch so mächtig, dass alle wesentlichen Aufgaben der digitalen Bildbearbeitung komfortabel ausgeführt werden können. Gerade auf den Komfort, die einfache Handhabung auch für ungeübte Benutzer, wurde großer Wert gelegt. Automatische Funktionen und Hilfsprogramme, so genannte Assistenten, erleichtern viele Aufgaben. So soll der engagierte Hobbyfotograf seine Bilder und Videos schnell und einfach optimieren können. Dabei werden ihm die Möglichkeiten an die Hand gegeben, selbst einzugreifen und seine Bilder und Kompositionen frei zu gestalten.

Die Arbeitsanleitungen in diesem Buch bieten Ihnen den Einstieg in die digitale Bildbearbeitung mit Photoshop Elements. Es zeigt Ihnen die Lösung der häufigsten Probleme und Aufgabenstellungen, die bei der digitalen Bildbearbeitung anfallen, anhand von Beispielen und führt Sie dabei schrittweise in das Arbeiten mit digitalen Bildern ein. Immer dann, wenn Sie zur Bearbeitung ein neues Werkzeug, eine neue Funktion des Programms benötigen, wird diese gezeigt und erläutert. Sie lernen einfache, aber effiziente Bearbeitungsmöglichkeiten für Bilder kennen – und dabei grundlegende Techniken und die prinzipielle Funktionsweise von Bildbearbeitungsprogrammen. Dieses Buch ist kein Nachschlagewerk zum Programm – obwohl die Arbeitsweise und die wichtigsten Funktionen erläutert und auch über das Register schnell gefunden werden. Es ist eine Anleitung zum »learning by doing«.

Um sich ggf. vor dem Kauf mit dem Programm vertraut zu machen, finden Sie eine 30-Tage-Testversion für Windows und Mac OS X – sowie einige andere kostenlose Hilfsprogramme – auf der beigefügten DVD, ebenso fertig bearbeitete Beispielbilder und die Bildvorgaben zum Arbeiten.

Das Arbeiten mit Programmen zur digitalen Bildbearbeitung unterscheidet sich wesentlich von der Funktionsweise oder Handhabung z. B. einer Textverarbeitung. In Bildbearbeitungsprogrammen müssen oft viele vorbereitende Arbeitsschritte ausgeführt werden, bevor Sie ein sichtbares Ergebnis auf dem Bildschirm erhalten. Und doch werden Sie auch gleiche, aus anderen Programmen bekannte Befehle und Verhaltensweisen wiederfinden.

Mac-Tipp: Was das Arbeiten mit Photoshop Elements anbelangt, ist es prinzipiell gleichgültig, ob Sie dies unter Windows oder Mac OS beginnen. Die Handhabung, Werkzeuge und Funktionen sind im Wesentlichen gleich. Bei der Installation gibt es Unterschiede, und auch die Bildverwaltung ist unterschiedlich organisiert: mit dem Organizer des Programms unter Windows und mit iPhoto oder Adobe Bridge CS 4 unter Mac OS X. In diesem Tutorial finden Sie die Anleitung dazu, wie Sie das Programm installieren und mit der Version 8 arbeiten. Wegen des größeren Verbreitungsgrades beziehen sich die erläuternden Bilder des Buches zumeist auf die Windows-Version von Photoshop Elements. Dort, wo sich für Mac-Anwender wesentliche Unterschiede zeigen, gehe ich jedoch mit Hinweisen und auch mit eigenen Unterkapiteln auf diese ein. Diese Hinweise sind im Buch durch das vorstehende Bildsymbol für Mac OS X und eine andere Schriftfarbe hervorgehoben.

Wer sich beim Arbeiten noch weiter mit dem Programm vertraut machen möchte, der sei zunächst einmal auf die Hilfe zum Programm hingewiesen. Darüber hinaus gibt es weitere Bücher zum Programm, die im Anhang genannt werden. Dabei sind auch Referenzhandbücher zum großen Photoshop, die aber sinngemäß auch die Funktionalitäten von Photoshop Elements erläutern und als Nachschlagewerke dienen können.

Dieses Buch ist im Wesentlichen eine Einführung in die digitale Bildbearbeitung, in das Arbeiten mit Pixelbildern von der Digitalkamera oder vom Scanner – oder auch: aus dem und für das Web. Solch ein Buch muss sich immer auf ein Programm beziehen, mit dem die Arbeiten beispielhaft ausgeführt werden. Dabei wird Ihnen dieses Buch auch dann helfen, wenn Sie nur eine ältere des Programms zur Verfügung haben. Die grundlegenden Bearbeitungsmöglichkeiten sind seit der ersten Version gleich geblieben, es sind zusätzliche hinzugekommen. Die Gestaltung der Programmoberfläche wurde stark verändert, nicht so sehr jedoch die Arbeitsweise.

1.2   Steckbrief – über Adobe Photoshop Elements 8

Adobe Photoshop Elements ist, wie bereits gesagt, der kleine Bruder des professionellen Bildbearbeitungsprogramms Adobe Photoshop. Mit Photoshop Elements 8 erschien 2009 eine überarbeitete und erweiterte Fassung, die sowohl vom Funktionsumfang als auch von der Handhabung her nahezu keine Wünsche offen lässt. Es gibt eine Programmversion für Widows XP, Vista und Windows 7 sowie für Mac OS X. Letztere kann jedoch nur auf Intel-Macs installiert werden.

Hauptanwendung von Photoshop Elements ist der Einsatz zur Bearbeitung und Herstellung von Pixelbildern oder Bitmaps bzw. Rastergrafik. Das reicht von der Überarbeitung digitaler Fotografien bis hin zur Erschaffung von digitaler Kunst oder Grafik wie zum Beispiel Firmenlogos oder Grafiken für Webseiten.

Eine andere übliche Methode zur Bilderstellung ist das Arbeiten mit Vektorgrafikprogrammen. Photoshop Elements bietet Möglichkeiten zur Herstellung von vektorbasierten Formelementen, doch bieten diese nur begrenzt eine Arbeitsumgebung zur Herstellung komplexer Vektorformen.

Photoshop Elements bietet mit den unter Photokreationen erstellen genannten Möglichkeiten auch einige Werkzeuge zur Erstellung einfacher Animationen, die Bild für Bild hergestellt werden. So kann Photoshop Elements Diashows und Animationen von Einzelbildern als WMA-Video-Dateien herstellen, die direkt am PC oder, auf DVD oder SVCD gebrannt, mit dem DVD-Player abgespielt werden können.

Für weitere Möglichkeiten und zur direkten Bearbeitung und Herstellung von Filmen und Videos steht das Programm Adobe Premiere Elements bereit.

1.2.1 Funktionen der aktuellen Version

Fotos anzeigen und verwalten:
- Import-Assistent – Bilder automatisch herunterladen und ordnen
- Fotobrowser Organizer – Fotos, Videos, Bildkreationen und PDFs zentral aufbewahren, ordnen und verwalten
- Smart Tags – Bilder automatisch nach Qualitätsmerkmalen sortieren
- Gesichtserkennung – Bilder von Personen automatisch einer Person zuordnen
- Fotos suchen und nach Zeit, Stichworten (Tags) oder Eigenschaften sortiert anzeigen
- Ähnliche Fotos automatisch übereinander stapeln und nur das Beste oben anzeigen
- Sicherungskopien der Bilder erstellen

Fotos bearbeiten und verbessern:
- Schnellkorrektur mit Vorschaufunktion der Wirkung – häufig auftretende Probleme mit einem Klick gemäß Vorschau korrigieren, z.B. einfache Korrekturen von Helligkeit, Kontrast, Farbe oder roten Augen
- Smartpinsel-Werkzeug – Bildkorrekturen schnell mit einem Pinsel auf ausgewählte Bildbereiche anwenden
- Neu-zusammensetzen-Werkzeug – Bilder so vergrößern oder verkleinern, dass nur die gewünschten Bildelemente erhalten bleiben und ohne dass die Bilder dabei verzerrt werden
- Hauttonkorrektur – behebt Belichtungs- und Farbprobleme bei Hauttönen
- Schnelles Extrahierungswerkzeug – stellt schnell und einfach Bildgegenstände frei, um sie im Sammelbuch oder in Bildcollagen weiterzuverwenden
- Photomerge-Funktionen: Mehrere Aufnahmen automatisch zu einer optimalen Aufnahme zusammenfügen (Panorama, Gruppenbild, Gesichter, Szenenbereinigung, Belichtung)
- Editor mit Assistent – Anleitung durch Schritt-für-Schritt-Anweisungen und eine entsprechend gestaltete Benutzeroberfläche
- Raw-Bilder entwickeln – mit einem eigenen Assistenten lassen sich Bilder entwickeln und korrigieren, die im Raw-Modus mit Ihrer digitalen Kamera aufgenommen wurden

Beispiele für Möglichkeiten und Funktionen:
- Größe eines Bildes für den Druck oder das Ausbelichten im Fotolabor einrichten und Dateigröße für den Versand per E-Mail reduzieren
- Farbe, Kontrast und Helligkeit von Bildern mit automatischen Funktionen oder mit umfangreichen manuellen Möglichkeiten einrichten
- Farbstich eines Bildes korrigieren

- Helligkeit und Kontrast bei Blitzlichtaufnahmen und Gegenlichtbildern verbessern
- Bildverzerrungen korrigieren
- Verschwommene Bilder scharfzeichnen
- Bilder mit störenden Elementen und Bildfehlern wie Staub und Kratzer mit den Reparaturpinseln korrigieren und retuschieren
- Bildern Text und grafische Elemente hinzufügen
- Mit Ebenenstilen Schlagschatten, Lichteffekte und auch Texturen für Texte und Formen hinzufügen
- Farbbilder in Schwarzweiß-Fotos konvertieren – und diese wieder einfärben
- Bilder als Zeichnungen und Gemälde mit künstlerischen Filtern verfremden
- Fotomontagen mit Hilfe der Auswahlwerkzeuge und mit Hilfe von Ebenen erstellen
- Panoramaaufnahmen aus mehreren Einzelaufnahmen herstellen

Fotokreationen erstellen:
- Bildkreationen mit flexiblen Layouts erstellen, Grafiken hinzufügen und Bildern einen Rahmen geben
- Bilder als vertonte Diashows am PC und auf dem Fernsehbildschirm präsentieren
- Bilder in interaktiven Flash-Galerien im Internet veröffentlichen
- Bilder und Kreationen auf eine Website hochladen
- Bilderserien als Daumenkino animieren

Bilder weitergeben:
- Fotogalerie online auf einer Website erstellen
- Bilder per E-Mail-Anhang versenden
- Foto-E-Mail erstellen
- Abzüge online bestellen
- Bilder auf eine CD oder DVD brennen, um sie weiterzugeben

1.2.2 Vergleich zwischen Photoshop CS und Photoshop Elements

Wenn Sie Photoshop Elements kennengelernt haben, können Sie sich durchaus an den Umstieg auf den »großen Bruder« Adobe Photoshop CS4 wagen. Zwar werden Sie sich an manche Unterschiede erst gewöhnen müssen und sich erst einarbeiten müssen. Aber die prinzipiellen Befehle und Arbeitsweisen sind gleich, auch die meisten Werkzeuge.

Photoshop CS:	Photoshop Elements:
CMYK-Modus: Bilder können für die Druckvorstufe bearbeitet werden	CMYK-Modus fehlt
Bearbeitung von Bildern mit 16 Bit Farbtiefe je Kanal möglich	Bildbearbeitung nur mit 8 Bit Farbtiefe je Kanal (Ausnahme: Raw-Bildentwicklung)
Eigene Aktionen zur automatischen Bildbearbeitung aufnehmen	Keine eigenen Aktionen aufzeichnen, jedoch vorgegebene Aktionen ausführen
Menü *Automatisation – Stapelverarbeitung*: eine Vielzahl vorgegebener und eigener, aufgezeichneter Aktionen wie Größenänderung und Umbenennung auswählen und auf mehrere Bilder anwenden; Droplets (ausführbare Programme) aus aufgezeichneten Aktionen erstellen; Photomerge-Panorama	Menü *Mehrere Dateien verarbeiten*: eine Auswahl vorgegebener Aktionen, die auf mehrere Bilder automatisch angewandt werden können: schnelle Korrekturen von Helligkeit, Kontrast, Schärfe, Bildgröße, Dateiformat sowie Stapelumbenennung; Mehrere automatisierte Photomerge-Funktionen im Menü *Datei – Neu*
Menü *Bild – Korrekturen*: sehr vielfältige manuelle Möglichkeiten der Anpassung von Farbe und Helligkeit/Kontrast, unter anderem Farbbalance und Gradationskurven	Das Menü *Bild – Korrekturen* ist in das eigene Menü *Überarbeiten* ausgegliedert: verschiedene automatische Bearbeitungsfunktionen, aber nur die wesentlichsten manuellen Bearbeitungsmöglichkeiten zur Anpassung von Farbe, Helligkeit und Kontrast; Gradationskurven sind stark vereinfacht, unter anderem fehlen Farbbalance, Belichtung und Dynamik
Menü *Bild – Korrekturen*: Menüpunkte *Schwarzweiß und Kanalmixer* zur Umwandlung und Entwicklung von Farb- in Schwarzweiß-Fotos	Menü *Überarbeiten – In Schwarzweiß konvertieren* als vereinfachte und teilautomatisierte Funktion
Ausgefeilte Einstellungen für Texteigenschaften	Grundlegende Einstellungen für Texteigenschaften
Pfad-Werkzeuge zum Anlegen freier Formen	Formwerkzeug zum Einfügen vorgegebener Formen
Messwerkzeug	Gerade-ausrichten-Werkzeug
Kein vergleichbares Werkzeug	Smartpinsel-Werkzeug: schnelle Auswahl eines Bildbereiches mit der Anwendung eines bestimmten Effektes bzw. einer bestimmten Korrektur
Maskierungsmodus	Maskierungsmodus nur für das Werkzeug Auswahlpinsel
Hilfslinien bei Bedarf aus den Linealen ziehen, Raster einblenden und weitere Hilfen	Hilfslinien bei Bedarf aus den Linealen ziehen und Raster einblenden
Differenzierte Ebenenstile direkt mit den Ebenen im Ebenenfenster verknüpft (Doppelklick auf Ebene)	Vereinfachte Ebenenstile als separates Auswahlfenster
Freihand zu erstellende Ebenenmasken	Ebenenmasken nur automatisch erzeugt in einigen Funktionen (z. B. Photomerge)
Menü *Bearbeiten – Ebenen automatisch ausrichten* zum vereinfachten Entfernen störender Bildinhalte aus mehreren Aufnahmen eines Motivs	*Photomerge-Szenenbereinigung* zum vereinfachten, automatisierten Entfernen störender Bildinhalte aus mehreren Aufnahmen eines Motivs
Funktion, um HDR-Bilder zusammenzufügen und deren Eigenschaften zu bearbeiten	Keine eigentliche Option zum Herstellen von HDR-Bildern, jedoch *Photomerge-Belichtung* zum Herstellen einer optimalen Aufnahme aus mehreren unterschiedlich belichteten Bildern. *Photomerge Belichtung* ist auch zur vereinfachten Herstellung von HDR-Bildern geeignet.
Bildverwaltung Adobe Bridge	(Virtueller) Bildverwaltungskatalog Organizer (Windows); Adobe Bridge (Mac)
Sehr umfassend ausgestatteter Raw-Konverter *Camera Raw*, der eine vollständige Bearbeitung von Raw-Fotos ermöglicht	Raw-Konverter *Camera Raw*, jedoch im Funktionsumfang gegenüber Photoshop CS4 reduziert auf die wesentlichen Korrekturen von Belichtung und Schärfe

Allgemein sind die meisten Menüs in Photoshop und Photoshop Elements gleich, wenn auch in letztgenanntem einige Menüpunkte vereinfacht sind oder ganz fehlen. Auch bei den Werkzeugen sind die meisten Werkzeuge in beiden Programmversionen gleich vorhanden, wobei Adobe neue Werkzeuge oft erst in Photoshop Elements ausprobiert und dann auch im großen Photoshop einsetzt. Im großen Photoshop sind viele der manuellen Einstellmöglichkeiten differenzierter ausgearbeitet. Dafür bietet Photoshop Elements viele Assistenten, die der große Photoshop nicht aufzuweisen hat (z. B. die Assistenten zum Erstellen von Diashows oder die geführte Bearbeitung im *Editor mit Assistent* bzw. die *Schnellkorrektur* mit der Anzeige Vorher – Nachher). Gleich sind in beiden Versionen die Tastenkürzel – Tastenkombinationen, die bestimmte Aktionen auslösen. Ein weiterer Grund, warum der Umstieg von Photoshop Elements auf Photoshop CS leicht fällt.

2 Grundbegriffe der digitalen Bildbearbeitung

2.1 Eigenschaften von Pixelbildern

Photoshop Elements ist ein Bildbearbeitungsprogramm für Pixelbilder bzw. Rastergafik, manchmal auch Bitmaps genannt. Pixelbilder sind Bilder, die in einzelne Bildpunkte (Pixel) aufgelöst (gerastert) werden. Alle Bilder, die von einer digitalen Kamera oder vom Scanner kommen, sind automatisch Pixelbilder. Dies ist also die Standardbildart für Fotografien und eingescannte Bilder, aber auch für Bilder im Internet.

Wesentliche Merkmale von Pixelbildern sind die Bildgröße und die Auflösung des Bildes, ihre mosaikartige Struktur. Aufgrund des Aufbaus aus einzelnen Bildpunkten sind Pixelbilder auch nur begrenzt zu vergrößern – grob gesprochen so weit, bis die einzelnen Bildpunkte sichtbar werden.

Bildgröße und Auflösung bestimmen die Dateigröße eines Bildes (Speichervolumen der Bilddatei, angegeben in Kilobyte (KB) oder Mega-

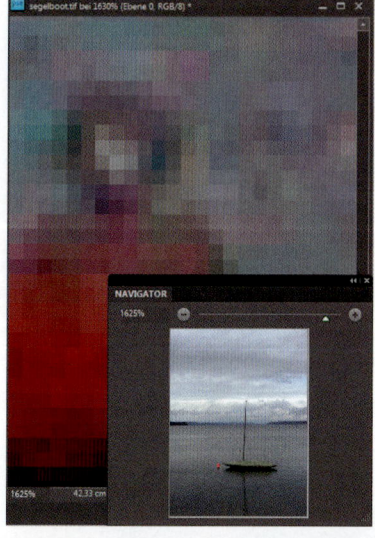

Abb. 2.1

Bei starker Ansichtsvergrößerung eines
Pixelbildes werden die einzelnen Bildpunkte
(Pixel, Dots) sichtbar.

byte (MB)). Je mehr Bildpunkte im Bild vorhanden sind, umso größer ist der Speicherbedarf für das Bild. Unkomprimierte Pixelbilder haben in der Regel eine große Dateigröße.

Die Struktur von Pixelbildern bestimmt die Möglichkeiten der Bearbeitung. Prinzipiell kann jeder Bildpunkt einzeln in Helligkeit und Farbe bearbeitet werden. Entsprechend feine Werkzeuge stehen zur Verfügung.

Allgemeine Änderungen wirken zunächst immer auf das ganze Bild. Um Teilbereiche zu verändern, werden die gewünschten Bildbereiche in der Regel mit so genannten Auswahlwerkzeugen markiert oder sogar ausgeschnitten und als separate Ebenen (transparente »Folien« mit einzelnen Bildobjekten) eingefügt.

Auswahlen, Masken und Ebenen: Das sind fortgeschrittene Arbeitstechniken und Hilfsmittel, die wesentlich sind für das Arbeiten mit Bildbearbeitungsprogrammen für Pixelbilder wie Photoshop Elements. Im Aufgabenteil des Buches gehen wir ausführlich darauf ein.

Im Gegensatz zu den Pixelbilden stehen die Vektorgrafiken. Diese werden dann eingesetzt, wenn es darum geht, neue, »echte« Grafiken und Logos herzustellen. Dabei werden keine gerasterten Bilder hergestellt bzw. bearbeitet, sondern es werden neue Bildelemente als in der Größe veränderbare (skalierbare) Vektorformen, Umrisse mit Füllungseigenschaften der Flächen (z. B. Farbfüllung) erstellt. Für Grafiken ist das weniger datenintensiv. Solche Vektor- oder Umrissformen lassen sich auch nachträglich einzeln wählen und nachbearbeiten, z. B. verformen oder mit einer anderen Farbe füllen. Und: Vektorgrafiken sind nahezu beliebig skalierbar.

Aber: Die Bearbeitung von Vektorformen erfordert auch vom Programm ganz andere Techniken und Vorgaben als die Bearbeitung von Pixelbildern.

Es gilt: Fotos oder allgemein Pixelbilder lassen sich nicht oder nur sehr stark vereinfacht in Vektorgrafiken umwandeln.

Abb. 2.2

Vergleich Pixel- und Vektorgrafik

2.1.1 Spezielle Probleme bei Pixelbildern

In Pixelbilder lässt sich auch Text einfügen oder gestaltete grafische Elemente. Diese werden auch mit Pixeln dargestellt, weisen jedoch ohne geeignete Maßnahmen einen störenden Effekt auf. Die Ränder der Schrift z. B. erscheinen gezäht, man spricht von Aliasing oder dem Treppcheneffekt. Gegenmaßnahmen sind bei Schrift das Anti-Aliasing oder die Kantenglättung. Dabei werden im Kantenbereich der Schrift Bildpunkte eingefügt, die eine Zwischenfarbe aus Text- und Hintergrundfarbe aufweisen. Somit verliert die Kante die Schärfe, das Schriftbild erscheint glatter.

Bei grafischen Elementen wird die Kantenglättung dadurch erreicht, dass das Bildobjekt mit Hilfe einer Auswahl mit einer geringfügig »weichen Auswahlkante«, einem Randverlauf der Auswahl, hergestellt wird. Beim Arbeiten mit Auswahlen werden wir ausführlicher darauf eingehen.

Abb. 2.3
Text ohne und mit Anti-Aliasing

2.1.2 Auflösung

Es gibt nur rechteckige Pixelbilder. Diese bestehen aus kleinen Quadraten, den Bildpunkten oder Pixeln. Die Dichte dieser Bildpunkte kann variieren. Sie wird als Auflösung bezeichnet. Gemessen wird die Auflösung üblicherweise in dpi (engl.: dots per inch, d. h. Bildpunkte pro 2,54 cm; 1 Inch = 1 Zoll) bzw. der in der digitalen Fotografie häufiger verwendeten Maßeinheit ppi (pixel per inch). Photoshop Elements arbeitet hier mit der entsprechenden Angabe Pixel/Zoll.

Auch **Pixel/cm (Linien)** wird verwendet, in Deutschland vor allem im Vierfarbdruck. Diese Maße beziehen sich zwar nur auf ein Längenmaß, die Breite des Bildes, tatsächlich wirkt die Auflösung aber auch auf die Höhe. Eine Verdoppelung des Wertes für die Auflösung bedeutet also eine Vervierfachung der Pixelzahl – und damit der Dateigröße.

Dabei ist die Bildgröße (die Abmessungen eines Bildes in Millimetern oder Zentimetern, Inch oder Zoll) direkt abhängig von der Auflösung. Wird ein Bild mit einer Auflösung von 300 ppi in Photoshop Elements auf 72 ppi Auflösung umgerechnet, steigt dabei die Bildgröße (Abmessungen Breite × Höhe) um mehr als das Dreifache, die Anzahl an Bildpunkten bleibt aber gleich.

Eine qualitativ gute Arbeitsauflösung sind 300 ppi. Dies ist auch eine gute Scan-Auflösung, wenn das Bild 1:1 weiterverarbeitet und z. B. ausgedruckt werden soll.

Soll ein Bild vergrößert werden, muss es mit entsprechend höherer Auflösung gescannt werden. Als Faustformel gilt: Soll die Bildgröße (Breite oder Höhe) verdoppelt werden, muss mit der doppelten Auflösung gescannt werden, als für das endgültige Bild gewünscht ist. Umgekehrt kann bei gleich bleibender Ausgangsqualität die Auflösung vergrößert werden, wenn das Bild entsprechend in den Abmessungen verkleinert wird.

Für den **Vierfarbdruck** gelten verschiedene Standardauflösungen, etwa 150/300/600/1200 ppi. Das sind Richtwerte.

Im **Internet** sind wesentlich geringere Auflösungen erforderlich. Standardwert ist hier 72 ppi, alternativ 96 ppi. Dies sind die Standardauflösungen von PC-Monitoren. Andererseits hilft eine geringe Auflösung, die Dateigröße der Bilder klein und damit die Übertragungszeiten im Internet kurz zu halten. Auch Bilder in solch geringer Auflösung lassen sich mit Tintenstrahl- oder Laserdruckern noch in akzeptabler Qualität ausdrucken.

Allgemein gilt: Je höher die Auflösung eines Bildes (d. h., je feiner gerastert ein Bild ist), umso höher die Qualität der Wiedergabe, umso besser lässt sich das Bild vergrößern und umso größer ist die Datei. Wird die Auflösung eines Bildes reduziert, ohne dass das Bild in den Abmessungen ebenfalls verkleinert wird, dann wird die Qualität des Bildes herabgesenkt. Eine Umkehrung des Vorganges ist nachträglich nicht mehr möglich.

2.2   Farben am Bildschirm –
Farbmodelle, Farbtiefe, Zahlenwerte von Farben

Photoshop Elements kennt vier Farbmodelle: Bitmap (zwei Farben – Schwarz und Weiß), Graustufen, indizierte Farben (maximal 256 Farben) und RGB-Farben (ca. 16,8 Millionen Farben, »True Color«).

2.2.1   Das RGB-Farbmodell

Photoshop Elements arbeitet mit dem **RGB-Farbmodell**. Das sind die **Lichtfarben** bzw. das **additive Farbmodell**, wobei aus den drei Grundfarben Rot, Grün, Blau ein Farbspektrum vom etwa 16,8 Millionen Farben erzeugt werden kann. Dies entspricht »TrueColor« und ist die maximale Farbanzahl, die ein PC-Monitor oder ein Farbfernseher anzeigen können.

Das RGB-Farbmodell arbeitet mit den Grundfarben Rot, Grün und Blau. Diese erzeugen die primären Mischfarben Gelb, Cyan und Magenta. Keine Farbe = kein Licht = Schwarz, die Summe aller Farben ist Weiß.

Manchmal wird zur Angabe der Farbanzahl eines Bildes oder Farbmodells auch der Begriff **Farbtiefe** verwendet, angegeben in Bit. Das **RGB-Farbmodell** hat eine **Farbtiefe** von **24 Bit** (24 Bit = 2^{24} Farben = 16.777.216 Farben).

Wenn Sie eine Farbe einem Drucker angeben sollen oder wenn Sie eine Farbe als Hintergrundfarbe Ihrer Webseiten verwenden möchten, hilft Ihnen Folgendes: Farben können auch eindeutig in Zahlenwerten angegeben werden. Im RGB-Farbmodell kann jede der Grundfarben Rot, Grün und Blau einen dezimalen Farbwert von 0 bis 255 haben, von Schwarz nach Weiß. Je Farbe ergeben sich somit 256 Farbwerte. Die Gesamtzahl der daraus möglichen Farben ergibt sich aus der Multiplikation

256 × 256 × 256 = 16.777.216 Farben

Aber es gibt nicht nur farbige Bilder. Bei Schwarzweiß-Fotografien spricht man in der digitalen Bildbearbeitung korrekterweise von **Graustufenbildern**. Solche Bilder haben nicht nur die »Farben« Schwarz und Weiß, sondern enthalten sind alle möglichen Abstufungen, Grauwerte dazwischen.

Da für reine Graustufen die Farbwerte aller drei Grundfarben jeweils gleich sein müssen, bleiben 256 Stufen als mögliche Anzahl für Grauwerte, einschließlich Schwarz und Weiß.

Dementsprechend haben Graustufenbilder eine Farbtiefe von 8 Bit (8 Bit = 28 Farben = 256 Farben).

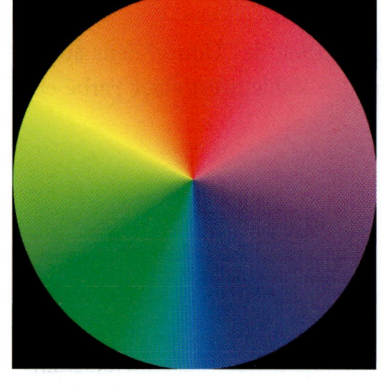

Abb. 2.5

Das lineare Farbspektrum des RGB-Farbmodells. Etwa 16,78 Millionen Farben entstehen daraus, wenn die Farben einerseits nach Schwarz und andererseits nach Weiß auslaufen.

Abb. 2.6

Angenäherte Darstellung des Farbumfangs im RGB-Farbmodell

Abb. 2.7

256 Graustufen im RGB-Farbmodell

Im RGB-Farbmodell werden die Farben in der Regel mit **dezimalen Zahlenwerten** angegeben. Wie bereits erwähnt, kann jede einzelne Farbe einen Wert zwischen 0 und 255 haben. Sie können so z. B. an Ihrem PC eine Farbe im Bildbearbeitungsprogramm mit dem Werkzeug Pipette ausmessen. Im Farbwähler wird Ihnen daraufhin der genaue Farbwert in Zahlen angezeigt, und Sie können ihn an eine andere Person zur weiteren Verwendung übermitteln.

Tab. 2.1
Die Grund- und Mischfarben
in dezimaler Schreibweise

	Rot	Grün	Blau
	0	0	0
Rot	255	0	0
Grün	0	255	0
Blau	0	0	255
Gelb	255	255	0
Cyan	0	255	255
Magenta	255	0	255
Mittleres Grau	128	128	128
Weiß	255	255	255

Möchten Sie eine Farbe aus einem Bild z. B. als Hintergrundfarbe einer Webseite im Internet verwenden, benötigen Sie dazu **hexadezimale Zahlenangaben** (Basiszahl 16). Dazu werden die dezimalen Zahlen (s. o.) z. B. mit Hilfe des Windows-Taschenrechners *(Start – Programme – Zubehör – Rechner – Ansicht – wissenschaftlich)* in hexadezimale Zahlenangaben umgerechnet und dann einfach mit einem vorangestellten #-Zeichen ohne Trennzeichen hintereinandergeschrieben.

Photoshop Elements nimmt Ihnen die Arbeit des Umrechnens ab: Im Farbmischer können Sie den hexadezimalen Zahlenwert einer Farbe einfach ablesen.

2.2.2 Indizierte Farben

Einige Bilddateiformate für das Internet arbeiten mit indizierten Farben. Als Bilder mit indizierten Farben werden solche Bilder bezeichnet, die über eine definierte Farbpalette verfügen und bei denen die Farbanzahl auf 256 Farben oder weniger begrenzt ist. Solche Bilder haben eine Farbtiefe von 8 Bit. Bei der Konvertierung in »indizierte Farben« wird dem Bild entweder eine gewählte, vordefinierte Farbpalette oder (automatisch) eine aus bildeigenen Farben angefügt, die maximal 256 Farben enthalten kann. Ein Dateiformat, das automatisch Bilder mit eigener Farbpalette anlegt, ist das komprimierte GIF-Format oder das PNG-Format mit 8 Bit Farbtiefe. Auch Graustufenbilder (mit maximal 256 Grautönen) gehören dazu.

Eine indizierte Palette ist jedoch für die Bearbeitung der Bilder meist hinderlich, da dann nicht alle Bearbeitungsmöglichkeiten von Photoshop Elements zur Verfügung stehen. Bearbeitet werden Bilder also in aller Regel im RGB-Modus. Erst beim Speichern, beim Export für das Internet im entsprechenden Dateiformat wird die indizierte Palette gewählt und angefügt.

2.2.3 Das CMYK-Farbmodell – Cyan, Magenta, Yellow, Key (Schwarz)

Bei den Farben dieses Modells handelt es sich um subtraktive Primärfarben. Dabei verhält es sich genau umgekehrt zum RGB-Modell: 255 Anteile Cyan, 255 Anteile Yellow (Gelb)und 255 Anteile Magenta sollten die Farbe Schwarz ergeben. Tatsächlich entsteht dabei ein dunkes, schmutziges Graubraun. Um echte Grau- und Schwarztöne zu erhalten, muss noch die Farbe Schwarz hinzugefügt werden. Aus diesem Grund spricht man vom CMYK-Modell (Cyan, Magenta, Yellow, Key = Black/Schwarz).

Aufgrund seiner vier Farbkanäle hat das **CMYK-Farbmodell** eine gesamte Farbanzahl von ca. 4,3 Milliarden möglichen Farben bzw. eine **Farbtiefe** von **32 Bit** (32 Bit = 2^{32} Farben = 4.294.967.296 Farben).

Die digitale Druckvorstufe für den **Vierfarbdruck** verwendet das **CMYK-Farbmodell.** Die nominelle Farbanzahl ist größer, da ein Farbkanal mehr vorhanden ist. Trotzdem ist der tatsächliche Farbumfang kleiner, d.h., tatsächlich sind weniger Farben darstellbar als im RGB-Farbmodell. Außerdem sind die Farbräume von RGB und CMYK unterschiedlich. In beiden Farbmodellen sind zum Teil Farben vorhanden, die sich im jeweils anderen nicht darstellen lassen. Vor allem Blautöne sind von solchen Farbverschiebungen und Unterschieden betroffen. Wird ein Bild vom RGB-Modell nach CMYK konvertiert, wirkt es oft blasser oder dunkler, da Bildinformationen verloren gehen bzw. zusätzlich Schwarz eingefügt wird. Deshalb sollte ein Bild zunächst im RGB-Modus fertig bearbeitet werden, bevor es in den CMYK-Modus konvertiert wird. Auch sollten Sie wegen der möglichen Farbverschiebungen vermeiden, ein Bild mehrfach vom RGB- in den CMYK-Modus und zurück umzuwandeln.

Photoshop Elements bietet keine Möglichkeit, ein Bild direkt in den CMYK-Modus umzuwandeln und zu bearbeiten, dies ist auch in Zukunft nicht vorgesehen. Anders der große Bruder Photoshop CS: Mit ihm können Sie Bilder nicht nur in den CMYK-Modus umwandeln, sondern Sie haben alle Möglichkeiten des Programms an der Hand, um die Bilder in diesem Farbmodus nachzubearbeiten.

2.3   Die wichtigsten Dateiformate zum Arbeiten

Wenn Sie ein Bild speichern möchten, sollten Sie ein Dateiformat wählen, das den Anforderungen des Bildes und Ihren Absichten entspricht. Einige der häufig verwendeten Dateiformate werden im Folgenden vorgestellt.

BMP: Windows Bitmap

Dieses Format wurde von Microsoft als qualitativ hochwertiges Dateiformat entwickelt, allerdings nicht weiter genutzt, da sich diese Firma bislang nicht sonderlich viel mit Bildbearbeitungsprogrammen befasste.

Das Dateiformat wird von den meisten Bildbearbeitungsprogrammen unter Windows erkannt und eignet sich so gesehen zum Austausch von Bildern zwischen verschiedenen Programmen. Es besitzt eine Farbtiefe von 24 Bit, die Auflösung des Bildes bleibt erhalten. Allerdings haben die erzeugten Dateien meist eine erhebliche Dateigröße.

Dieses Dateiformat ist bedingt internettauglich, da es vom Browser Internet Explorer dargestellt werden kann.

BMP	Eigenschaften
	· 16,78 Millionen Farben – 24 Bit Farbtiefe · bedingt internetfähig (nur Microsoft Internet Explorer)

TIF/TIFF: Tagged Image File Format

Eines der ältesten Bilddateiformate, aber immer noch in Gebrauch. TIFF ist ein Dateiformat, das nahezu alle Bildbearbeitungsprogramme öffnen und speichern können, sogar auf unterschiedlichen Betriebssystemen. Deshalb ist es das Dateiformat schlechthin für den Austausch von qualitativ hochwertigen Bildern ohne Ebenen. Prinzipiell ermöglicht das Dateiformat auch das Speichern von Bildern im CMYK-Modus und damit für die Druckvorstufe.

Das TIFF-Format bewahrt alle Transparenzen, auch Teiltransparenzen eines Bildes bei voller Farbtiefe von 24 Bit. Darüber hinaus können mit einem entsprechend angepassten TIFF-Format auch Bilder mit 48 Bit Farbtiefe gespeichert werden (z. B. HDR-Bilder). Es verfügt über eine verlustfreie, wenn auch nicht hohe Kompression zur Reduzierung der Dateigröße beim Speichern. Standardgemäß nimmt es keine Ebenen auf, jedoch hat Adobe das Dateiformat programmintern um diese Fähigkeit erweitert.

TIFF	Eigenschaften
	· 16,78 Millionen Farben – 24 Bit Farbtiefe · Alphatransparenz (Farbverläufe von transparent nach deckend) · verlustfreie LZW-Kompression · Unterschiede beim Speichern auf IBM- und Macintosh-PPC-Rechnern

PSD und PDD: das ebenenfähige Photoshop-Dokument

Das Dateiformat PSD ist das proprietäre, programmeigene Dateiformat von Photoshop. Dieses Dateiformat ist ein De-facto-Standard und kann von nahezu allen anderen Bildbearbeitungsprogrammen weiter verwendet werden. Damit ist es das Dateiformat für den Export von Bildern in höchster Qualität mit Ebenen. Das Dateiformat ermöglicht auch das Bearbeiten und Speichern von Farb- und Schwarzweiß-Kanälen, z.B. zum Speichern einer Auswahl. Ebenso können Vektorformen (»Pfade«) im Bild bearbeitet und gespeichert werden. Des Weiteren werden Einstellungsebenen und Ebenenmasken in diesem Dateiformat mitgespeichert.

Prinzipiell ermöglicht das Dateiformat auch das Speichern von Bildern im CMYK-Modus und damit für die Druckvorstufe.

Da in diesem Dateiformat keine Kompressionsmöglichkeiten zur Verfügung stehen, erzeugt es allerdings auch die Dateien mit der vergleichsweise größten Dateigröße. Werden in einem Bild mehrere Ebenen abgespeichert, steigt die Dateigröße sogar noch weiter an.

Bei Bildern, die von Haus aus eine sehr große Dateigröße aufweisen – bei großformatigen Bildern also –, bietet Photoshop Elements an, das Bild im Dateiformat PDD zu speichern. Dabei handelt es sich um eine für große Bilder optimierte Version des PSD-Dateiformats.

PSD	Eigenschaften
	· 16,78 Millionen Farben – 24 Bit Farbtiefe · Alphatransparenz (Farbverläufe von transparent nach deckend) · ebenenfähig

DNG: Adobes Digital Negative

Das DNG-Format von Adobe soll die proprietären, kameraeigenen Raw-Dateiformate ersetzen und einen einheitlichen Standard schaffen. Es bietet Vorteile bei der Langzeitarchivierung von Raw-Dateien und macht unabhängig von proprietärer Software, um Raw-Dateien zu öffnen und damit zu arbeiten. Photoshop und Photoshop Elements können mit dem DNG-Dateiformat arbeiten, aber auch einige andere Bildbearbeitungsprogramme können das Format lesen. Einige Kamerahersteller setzen dieses Dateiformat zum Speichern von Bildern bereits in ihren Kameras ein.

GIF: Graphics Interchange Format

Das Dateiformat GIF ist das älteste komprimierte Bilddateiformat, das für den Einsatz und Austausch von Bildern über Rechnernetze entwickelt wurde. Eine erste Version entstand 1987, eine Überarbeitung 1989. Anders als die übrigen Dateiformate erfordert das GIF-Format eine Farbpalette. Dies bedeutet, dass maximal 256 Farben in einer Farbpalette zusammen mit dem Bild gespeichert werden können. Photoshop Elements kann diese

Farbpaletten automatisch erstellen, jedoch wird das Ergebnis bei Bildern mit ursprünglich 24 Bit Farbtiefe meist unbefriedigend sein. Deswegen ist dieses Dateiformat weniger für Fotografien geeignet.

Wird allerdings ein Bild mit 256 Farben oder weniger (z. B. ein Logo, eine Grafik) als GIF abgespeichert, so ist die Kompression des GIF verlustfrei. Außerdem kann bei GIF-Dateien eine Farbe als transparent gespeichert werden, und es gibt die Möglichkeit, einfache Animationen für Internetbrowser im GIF-Format (»Animated GIF«) zu speichern.

Dieses Format wird für farbreduzierte Grafiken, Zeichnungen und Logos im Internet verwendet.

GIF	Eigenschaften
	· 2–256 Farben – 8 Bit Farbtiefe
	· verlustfreie Kompression bei bis zu 256 Farben
	· internetfähig
	· eine Farbe transparent
	· »Interlaced« (sofortige Anzeige, schichtweiser Aufbau in Webseiten)
	· »Animated GIF«

JPG/JPEG: Joint Photographic Experts Group

Fotografien und fotorealistische Abbildungen mit 24 Bit Farbtiefe lassen sich mit dem JPEG-Format sehr effizient komprimieren, die Dateigröße kann dabei auf Bruchteile des ursprünglichen Wertes reduziert werden. Allerdings ist die Kompression des JPEG-Formates verlustbehaftet, das heißt, die Qualität des Bildes leidet mit zunehmender Kompression. Dieses Format wurde für Fotografien in Webseiten im Internet entwickelt. Wird das Format zur Archivierung von digitalen Fotografien verwendet, sollte das wiederholte Speichern ein und desselben Bildes im JPEG-Format unterbleiben, da bei jedem Speichervorgang die Qualität des Bildes leidet. Um die Qualität eines Bildes zu erhalten, bietet sich zum Archivieren nach der Bearbeitung das Format PNG an.

Photoshop Elements bietet beim JPEG-Export eine einstellbare Kompression mit Vorschaufunktion. Außerdem wird die kompressionsabhängige Dateigröße angezeigt.

JPG	Eigenschaften
	· 16,78 Millionen Farben – 24 Bit Farbtiefe
	· hohe, einstellbare, verlustbehaftete Kompression
	· internetfähig
	· »Progressive« (schnellere Anzeige in Webseiten, schichtweiser Bildaufbau, vergleichbar mit »Interlaced«)

PNG: Portable Network Graphics

Das Dateiformat PNG wurde entwickelt, um die Vorteile der Dateiformate GIF und JPG in einem Dateiformat zu vereinen, ohne deren Nachteile. Dabei entschied man sich jedoch für zwei Varianten, PNG8 mit 8 Bit Farbtiefe, ähnlich dem GIF, und PNG24 mit 24 Bit Farbtiefe, vergleichbar dem JPG-Format. Das PNG24-Format kann die Transparenzen eines Bildes bei voller Farbtiefe von 24 Bit bewahren. Außerdem verfügt es über eine verlustlose Kompression, welche die Dateigröße eines Bildes deutlich reduziert.

Dieses Format kann für Webseiten im Internet verwendet werden.

PNG	Eigenschaften
	· 265 oder 16,78 Millionen Farben – 8 bzw. 24 Bit Farbtiefe
	· Alphatransparenz (Farbverläufe von transparent nach deckend)
	· verlustfreie, einstellbare Kompression
	· internetfähig
	· »Interlaced« (sofortige Anzeige, schichtweiser Aufbau in Webseiten)

3 Photoshop Elements zum Laufen bringen

3.1 Bezugsquellen

3.1.1 Photoshop Elements im Handel

Adobe bietet Photoshop Elements in zwei Versionen an: Photoshop Elements 8 für Windows und Mac OS X (nur für Apple-Computer mit Intel-CPU). Sie können das Programm selbstverständlich »boxed«, d.h. im Karton mit DVD und Handbuch, überall im Handel kaufen. Der Preis liegt bei

ca. 100 Euro, im Internetversandhandel und in großen Elektronik-Fach-
märkten z. T. sogar darunter. Wer bereits eine ältere Version von Photoshop
Elements besitzt oder auch eine Version von Photoshop Album, Photoshop
Album Starter, Photoshop Limited Edition oder PhotoDeluxe für Windows,
kann statt der Vollversion eine günstigere Upgrade-Version erwerben. Für
Hobbyisten, die nicht nur ihre Bilder, sondern auch Videos und Filme am
PC bearbeiten möchten, ist das Programmpaket aus Photoshop Elements
und dem Videobearbeitungsprogramm Premiere Elements interessant, das
preislich günstiger ist als der Kauf beider Programme einzeln.

3.1.2 Photoshop Elements direkt von Adobe beziehen

Adobe bietet seine Programme auch als Try-buy-Versionen (30 Tage testen – dann kaufen) bzw. regulär zum Kauf per Download an. Interessant,
dass hier die Preise über den Durchschnittspreisen im freien Handel liegen.
Der Download der Try-buy-Version ist durchaus interessant. Es handelt
sich dabei um eine auf 30 Tage Laufzeit begrenzte Vollversion des Programms, die für diesen Zeitraum ohne Einschränkungen voll funktions-
fähig ist. Allerdings kann diese Testphase nur einmal genutzt werden. Wer
also vor dem Kauf das Programm erst einmal ausführlich begutachten und
testen möchte, findet den Download der ca. 1,06 GB großen Datei auf Adobes Website unter http://www.adobe.com/de/downloads/. Dort suchen Sie
in der Auswahl nach *Photoshop Elements 8 – Testen*. Nach dem Klick auf
Testen müssen Sie sich dann im nächsten Schritt für den Download erst
einmal bei Adobe als Kunde registrieren – kostenlos und ohne Verpflich-
tungen. Nach dem Login gelangen Sie auf die eigentliche Download-Seite,
auf der Sie Ihre Sprachversion auswählen und den Download starten. Auf
dieser Seite finden Sie auch Hinweise zur Installation des Programms. Die
Testversion finden Sie auch auf der dem Buch beiliegenden DVD.

Nachdem Sie die Testversion bereits installiert und ausprobiert haben,
können Sie sie einfach, ohne Neuinstallation, in eine Vollversion umwandeln. Dazu klicken Sie beim Programmstart im Fenster, in dem Sie gefragt
werden, ob Sie kaufen oder weiter testen möchten, einfach auf *Kaufen*. Die
Kaufabwicklung wird über das Internet getätigt. Sie erhalten beim Kauf
eine Seriennummer, mit der Sie Ihre Testversion als Vollprogramm frei-
schalten können.

3.2 Installation

3.2.1 Voraussetzungen, um mit Photoshop Elements zu arbeiten

Wie bereits genannt, ist eine Voraussetzung, um Adobe Photoshop Elements 8 nutzen zu können, das richtige Betriebssystem. Nur unter Windows XP, Vista oder Windows 7 bzw. unter Mac OS X ab Version 10.4.11 können Sie das Programm installieren.

Nach meinen Erfahrungen läuft Photoshop Elements nach der Installation stabil und ohne so genannte Bugs. Bugs sind programminterne Fehler. Die Stabilität des Programms hängt aber in mancher Hinsicht von den technischen Voraussetzungen des Computers, der Treiber und anderer installierter Software ab.

Prinzipiell gilt für die digitale Bildbearbeitung: Je mehr Arbeitsspeicher, desto stabiler laufen Programme. Richtwerte sind hier mindestens 256 MB RAM für Windows XP und 1024 MB für Windows Vista oder Windows 7, 512 MB bzw. besser 1024 MB für Mac OS X. Aber diese Richtwerte stellen die empfohlene Mindestvoraussetzung dar. Allgemein gilt: Je mehr Arbeitsspeicher, umso besser. Das wirkt sich auch in der Geschwindigkeit aus, mit der das Programm reagiert und Arbeitsaufträge abarbeitet.

3.2.2 Photoshop Elements installieren

pse Wenn Sie Photoshop Elements von DVD installieren, werden Sie nach dem Einlegen der Installations-DVD durch das Setup geführt. Die DVD startet automatisch. Falls nicht, starten Sie die Installation durch Klick auf *Autoplay.exe ausführen* im Fenster *Automatische Wiedergabe*, das von Windows geöffnet wurde. Alternativ können Sie auch über den Arbeitsplatz Ihr DVD-Laufwerk suchen und dort im Hauptverzeichnis die Installation durch Doppelklick auf die Datei *Autoplay.exe* starten.

Im sich öffnenden Fenster klicken Sie auf die Schaltfläche *Adobe Photoshop Elements installieren*. Ein neues Fenster bietet die Sprachauswahl – Deutsch – der Installation an. Bestätigen Sie mit Klick auf *OK*. Falls gewünscht, können Sie über *Wählen Sie eine Setup-Sprache aus* auch eine andere Sprache für die Installation bestimmen. Die Installation wird nun vorbereitet, was eine gewisse Zeit dauern kann. Das erste Fenster des Setup bestätigen Sie mit Klick auf *Weiter*. Daraufhin wird das Fenster mit dem Lizenzvertrag geöffnet, den Sie mit Klick auf *Akzeptieren* annehmen müssen, wenn Sie das Programm installieren möchten. Das nächste Fenster bietet die Landesauswahl über ein Auswahlmenü an. In diesem Fenster können Sie auch wählen, ob Sie das Produkt erst als Testversion oder gleich als lizenzierte Vollversion installieren möchten. Wenn Sie über eine Seriennummer verfügen, wählen Sie Letzteres. Geben Sie nun die Produktseriennummer ein, die Sie auf der Rückseite der DVD-Hülle finden, in der die Installations-DVD geliefert wurde. Nach der Eingabe der 24-stelligen Seriennummer – mit Bindestrichen – bestätigen Sie Ihre Eingabe mit Klick auf *Weiter*. Sofern Sie die Seriennummer korrekt eingegeben haben, können Sie im nächsten Fenster den vorgegebenen Installationsort für das Programm mit Klick auf *Weiter* bestätigen – dies ist das empfohlene Vorgehen.

Auf Wunsch können Sie zunächst aber auch einen anderen Installationsort z.B. auf einer anderen Festplattenpartition wählen, indem Sie auf die Schaltfläche *Ändern* klicken und den Installationsordner auf Ihrem Rechner angeben. Um die eigentliche Installation zu beginnen, klicken Sie im nächsten Fenster auf die Schaltfläche *Installieren*. Nun beginnt der Installationsvorgang, der wiederum einige Zeit in Anspruch nehmen kann. Dieser Vorgang läuft automatisch ab, ohne dass Eingaben von Ihnen erwartet werden. Um die Installation zu beenden, klicken Sie im letzten Fenster, das sich nach dem erfolgreichen Abschluss der Prozedur öffnet, auf die Schaltfläche *Fertigstellen*.

Die Installation der von der Adobe-Website heruntergeladenen Testversion erfolgt weitestgehend nach dem gleichen Schema. Nur starten Sie die Installation hierbei, indem Sie gleich nach dem Download im Download-Fenster auf *Ausführen* klicken bzw. die heruntergeladene Datei in dem Ordner suchen, in dem Sie sie abgespeichert haben, und dort mit Doppelklick öffnen. Diese Testversion finden Sie auch auf der DVD zum Buch.

Nach der Installation finden Sie auf Ihrem Desktop ein Symbol mit einer Verknüpfung zum Programm. Ein Doppelklick darauf ruft das Programm auf. Alternativ finden Sie eine Verknüpfung zu Photoshop Elements als Eintrag im Windows-Startmenü unter *Programme*.

Mac-Tipp: Nach dem Einlegen der DVD in das Laufwerk Ihres Mac doppelklicken Sie auf das Symbol der DVD auf dem Schreibtisch. Es öffnet sich ein Fenster, das unter anderem einen Ordner *Adobe Photoshop Elements 8* enthält. Nach Doppelklick darauf sehen Sie ein Fenster mit einem Symbol namens *Setup.app*. Ein Doppelklick darauf öffnet ein Fenster, in dem Sie zur Eingabe Ihres Mac-Benutzer-Kennwortes aufgefordert werden – zur Bestätigung, dass Sie das Programm installieren möchten. Die Installation beginnt damit, Ihren Rechner daraufhin zu überprüfen, ob er die Systemvoraussetzungen zur Installation erfüllt. Sobald diese Überprüfung erfolgreich abgeschlossen ist, öffnet sich ein Fenster mit einer Auswahl. Hier können Sie wählen, ob Sie das Programm 30 Tage kostenlos als Testversion nutzen wollen. Sofern Sie eine gültige Seriennummer für das Programm erworben haben, können Sie diese hier eingeben. Das Programm wird dann als Vollversion ohne Einschränkungen installiert. Ein Klick auf die Schaltfläche *Weiter* öffnet das Fenster, in dem Sie den Endbenutzer-Lizenzvertrag mit Klick auf die Schaltfläche akzeptieren müssen. Im nächsten Fenster können Sie wählen, welche Programmkomponenten installiert werden sollen. Dazu

zählen z. B. auch zusätzliche Schriften *(Adobe Fonts All)*. Vorab sind alle Komponenten zur Installation ausgewählt. Hier können Sie auch wählen, ob das Programm wie üblich im Verzeichnis *Programme* installiert wird oder in einem anderen Verzeichnis, das Sie angeben können. Mit Klick auf die Schaltfläche *Installieren* starten Sie anschließend den eigentlichen Installationsvorgang, welcher eine gewisse Zeit in Anspruch nimmt. In einem weiteren Fenster werden Sie zur Registrierung des Programms aufgefordert. Obwohl Sie dies aufschieben können, empfiehlt sich die Registrierung bei der Vollversion, weil Sie dann kostenlose Programm-Updates und Aktualisierungen erhalten. Mit Klick auf die Schaltfläche *Beenden* im letzten Fenster wird die Installation abgeschlossen.

Sie finden nun im Ordner *Programme* auf Ihrem Rechner ein Verzeichnis *Adobe Photoshop Elements 8*. In diesem Verzeichnis liegt unter anderem die eigentliche Programmdatei *Adobe Photoshop Elements*. Ein Doppelklick darauf startet das Programm. Wenn Sie möchten, erzeugen Sie einen Alias dieser Datei, den Sie zum schnelleren Programmstart auf dem Desktop ablegen. Im genannten Verzeichnis finden Sie übrigens auch ein Programm zur Deinstallation von Photoshop Elements.

3.2.3 Plug-ins – zusätzliche Programme zu Photoshop Elements

Adobes Photoshop Elements ist mit seinen Assistenzprogrammen eine in sich geschlossene Programmsuite, die keine zusätzlichen Installationen erforderlich macht. Jedoch können zusätzliche Programme von anderen Anbietern nachträglich installiert werden. Wir sprechen hier von so genannten **Plug-ins**, die das Programm um zusätzliche Funktionen erweitern. Dies gelingt, weil Photoshop Elements über die gleiche Plug-in-Schnittstelle verfügt wie der große Bruder Photoshop. Bei diesen Plug-ins handelt es sich zumeist um kleinere Programme, die wie ein eigenes Programm über eine Setup-Datei installiert werden. Andere werden einfach als einzelne Datei in den Plug-ins-Ordner der Photoshop Elements-Installation hineinkopiert. Zumeist sind das Filter bzw. Effekte, die ein Bild in einer bestimmten Weise verändern bzw. verfremden. Dies reicht aber bis hin zur Filter-Suite **Kais Power Tools** von Corel.

Unter Windows (Windows 7) finden Sie die Plug-ins in der Regel unter *[Festplatte](C:)\Programme\Adobe\Photoshop Elements 8.0\Plug-Ins*. Dort werden die Plug-ins je nach Herstellerangabe entweder im Verzeichnis *Filters* oder *Effects* abgelegt.

Mac-Tipp: Unter Mac OS X lautet der Pfad: *Programme/Adobe Photoshop Elements 8/Plug-Ins/Filters* bzw. *Effects*.

Im Programm können Sie diese Plug-ins dann über das Menü *Filter* aufrufen.

Sie finden viele dieser Plug-ins, auch kostenlose, im Internet über eine Suche nach den Stichwörtern *photoshop* und *plugin* bzw. *plug-in*. Zumindest bei den einfacheren Filtern und Effekten spielt es dabei keine Rolle, mit welchem Betriebssystem Sie arbeiten. Hier eine Sammlung von Internetadressen, einige englisch, unter denen Sie einmal stöbern können:

- http://www.foto-freeware.de/filter.php
- http://www.heise.de/software/download/oogos3l3k87?
- http://www.hilfdirselbst.ch/diverse_seiten/photoshop/filter-plugins. php (Linkliste)
- http://www.thepowerxchange.com/category_23.html
- http://www.thepluginsite.com/products/download.htm

3.3 Der erste Programmstart

pse Beim ersten Programmstart (Doppelklick auf die Verknüpfung bzw. den Alias zu Photoshop Elements auf dem Desktop oder über *Start – Alle Programme – Photoshop Elements unter Windows*) erscheint ein Fenster, das Ihnen eine Auswahl anbietet.

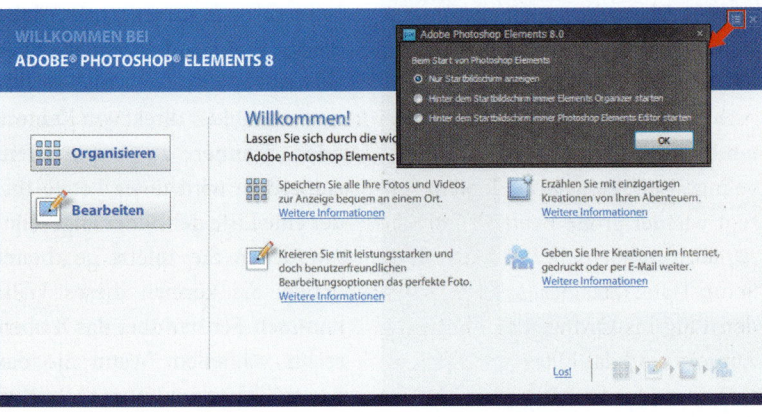

Abb. 3.1

Der Startbildschirm mit der Auswahl, mit welchem Programmteil Sie starten wollen, dem Organizer oder dem Editor. Nach einem Klick auf die im Bild markierte Schaltfläche oben rechts können Sie eine Auswahl treffen, die dann immer automatisch ausgeführt wird.

Im Startbildschirm können Sie wählen, welches Programmteil geöffnet werden soll. Mit Klick auf Organisieren starten Sie den Bilderkatalog **Organizer** (Kap. 5.3 ff.), in dem Sie nach Bildern suchen, diese nach Stichworten (Tags) sortieren und betrachten, oder aus dem heraus Sie Bilder im Editor öffnen können. Diesen **Editor** (Kap. 6 ff.), das eigentliche Bildbearbeitungsprogramm, starten Sie per Klick auf die Schaltfläche Bearbeiten. Gleich, mit welchem der beiden Hauptprogramme Sie zuerst starten, Sie können aus den Programmfenstern heraus auch später schnell zum jeweils anderen

Programm wechseln. Ganz oben rechts neben dem X zum Schließen des Fensters sehen Sie eine Schaltfläche, die ein Fenster öffnet, in dem Sie auswählenkönnen, ob das Programm immer gleich mit dem Organizer oder mit dem Editor starten soll. Diese Wahl kann aus den Programmfenstern heraus, durch Aufruf des Startbildschirms über das Home-Symbol (Häuschen) jederzeit rückgängig gemacht bzw. geändert werden.

Nach der Auswahl des gewünschten Programmteils erscheint zunächst die Ladeanzeige. Je nach Rechnerkonfiguration kann es einige Zeit dauern, bis dann endlich das Programm geladen ist.

Mac-Tipp: Unter Mac OS X zeigt sich der Startbildschirm anders. Dies liegt daran, dass in der Programmversion für dieses Betriebssystem der Organizer nicht mit installiert wird. Stattdessen stehen zur Bildverwaltung das mitgelieferte und installierte Adobe Bridge des großen Photoshop oder iPhoto aus Mac OS X zur Verfügung. Dies sind unabhängige, selbstständige Programme. Doch bietet der Editor, das eigentliche Hauptprogramm von Photoshop Elements, beim Programmstart ein zusätzliches Fenster, in dem Sie wählen können, aus welcher Quelle bzw. mit welchem der genannten Programme Sie Bilder suchen und öffnen möchten.

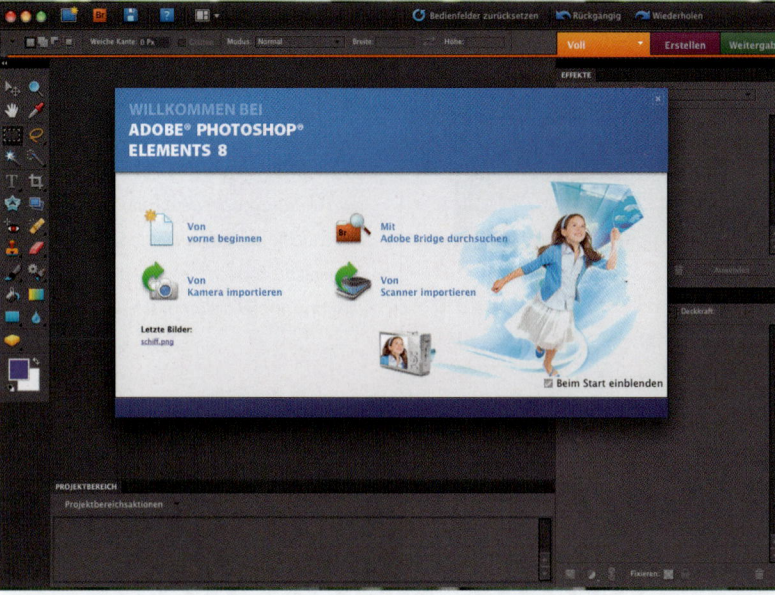

Abb. 3.2

Das Programmfenster von Photoshop Elements unter Mac OS X mit dem Auswahlfenster zum Programmstart

Dieses Willkommen-Fenster bietet Ihnen die Auswahl, mit einem neuen, leeren Bild zu beginnen *(Von vorne beginnen)*, mit Adobe Bridge Bilder auf Ihrem Rechner zu suchen, zu sichten und zu öffnen oder Bilder direkt von Kamera oder Scanner zu importieren. Außerdem wird unter Letzte Bilder eine Liste der Bilder angezeigt, mit denen Sie zuletzt gearbeitet haben. Sie können dieses Willkommen-Fenster über das X oben rechts schließen. Wenn Sie das Kontrollkästchen unten rechts bei *Beim Start einblenden* deaktivieren, wird das Fenster beim nächsten Programmstart nicht mehr angezeigt. Dies stellt kein Problem dar, da Sie die entsprechenden Auswahlpunkte auch in den Menüs des Programms finden. Und wenn Sie das Startfenster wieder wünschen, können Sie es über Menü *Fenster – Startbildschirm* aufrufen und aktiv setzen.

Teil II
Bilder importieren, verwalten
und organisieren

4 Digitale Fotografien auf den PC laden

Bevor wir damit beginnen können, Bilder zu bearbeiten, müssen wir erst einmal Bilder auf unseren Rechner geladen und gespeichert haben. Dies sollte im Aufnahmeformat geschehen, vor allem wenn Ihre Kamera Raw-Formate, so genannte »digitale Negative«, liefert. Auch wenn Ihre Kamera JPEG-Formate speichert, sollten Sie die Originaldateien grundsätzlich archivieren, um die ursprüngliche Aufnahmequalität zu erhalten und immer wieder darauf zurückgreifen zu können.

Nicht ganz ohne Grund gehe ich darauf erst jetzt ein, denn Photoshop Elements bringt ein eigenes Programmteil für den Fotoimport mit, den **Foto-Downloader**. Dieser steht zusammen mit allen anderen Programmteilen nach der Installation zur Verfügung. Sobald Sie Ihre Kamera oder ein Kartenlesegerät mit dem Speicherchip an den Computer anschließen, wird der Foto-Downloader automatisch gestartet und bietet Ihnen die Möglichkeiten, Ihre Bilder auf die Festplatte zu kopieren und dabei automatisch neue Dateinamen zu vergeben. Allerdings geht es auch ohne dieses Programmteil, da Windows bereits ab Version XP einen eigenen Import-Assistenten für Fotos bieten. Unter Mac OS X bietet iPhoto entsprechende Möglichkeiten. Sowohl der Windows-Assistent als auch iPhoto startet automatisch beim Anschließen der Kamera, bzw. Sie können diesen Assistenten aus einem Fenster heraus aufrufen, das automatisch geöffnet wird, wenn Sie Ihre Kamera oder einen Cardreader (Kartenlesegerät für Speicherkarten) am USB-Anschluss anschließen.

Tatsache ist, dass sowohl diese Fenster aus Windows geöffnet werden als auch der installierte Foto-Downloader, so dass Sie wählen können, mit welchem Programm Sie Ihre Bilder auf den PC bringen. Wir betrachten erst einmal die Möglichkeiten des Betriebssystems Windows und dann, was Ihnen Adobes Foto-Downloader bietet. Im Anschluss gehe ich auf iPhoto und den Foto-Downloader unter Mac OS X ein.

Beachten Sie auch, dass viele Hersteller von Digitalkameras mit der Kamera zusammen ein Programm liefern, das den Import der Bilder und Aufgaben der Bildverwaltung und Organisation wie z. B. das Zusammenstellen von Fotoalben ermöglicht. Zudem bieten solche Programme meist einfache Möglichkeiten der Bildbearbeitung und zum Ausdrucken der Bilder.

Dabei werden die Bilder in der Regel in Verzeichnissen gespeichert, die zunächst das Programm anlegt und organisiert. Wer die Ordnerstruktur selbst anlegen und pflegen möchte, kann auf die Möglichkeiten des Betriebssystems allein zurückgreifen und auf diese Programme verzichten. Sobald installiert, blockieren diese unter Umständen sogar den in Windows vorgesehenen Import-Assistenten bzw. den Foto-Downloader.

4.1 Bilder von der Kamera importieren mit der Dateiverwaltung des Betriebssystems

Den Bildimport von der Kamera auf den Rechner können Sie mit Hilfe der Möglichkeiten des Betriebssystems alleine durchführen.

Voraussetzung unter Windows ist dabei, dass auf dem Betriebssystem ein entsprechender USB-Treiber installiert ist. Diesen haben Sie entweder vom Kamerahersteller auf CD erhalten oder Sie können ihn von der Website des Herstellers downloaden. Ab Windows XP du auch unter Mac OS X sind die meisten Treiber aber bereits im Betriebssystem eingebettet.

Wenn die Kamera per USB angeschlossen ist, wird sie vom Betriebssystem als Wechseldatenträger, als zusätzliches Laufwerk erkannt und Sie können die Bilder bzw. ganze Bildverzeichnisse einfach per Drag & Drop auf Ihren Rechner kopieren. Dabei stehen Ihnen alle Möglichkeiten der Ansicht, Auswahl und Bearbeitung zur Verfügung, die Ihnen die Dateiverwaltung Ihres Betriebssystems bietet.

Windows stellt dafür ein Assistenzprogramm zur Verfügung, das Ihnen die Auswahl, die Vergabe von Dateinamen, die Drehung von Bildern und das Kopieren in ein beliebiges Verzeichnis auf Ihrem Rechner erleichtert. Nach dem Umkopieren können damit die Bilder auf der Speicherkarte der Kamera gelöscht werden.

Auch dann, wenn die Kamera »nur« als Wechseldatenträger am USB-Anschluss erkannt wird, haben Sie in der Dateiverwaltung (Arbeitsplatz bzw. Computer) die Möglichkeit, Bilder oder ganze Bildverzeichnisse wie im folgenden Beispielbild zu markieren und in ein beliebiges anderes Verzeichnis auf Ihrem Rechner zu kopieren.

Unter Windows XP besteht dabei im Windows Explorer unter Ansicht – Filmstreifen die Möglichkeit, eine Vorschau der Bilder zu betrachten und die Bilder aufzurichten bzw. um 90 ° zu drehen. Windows Vista

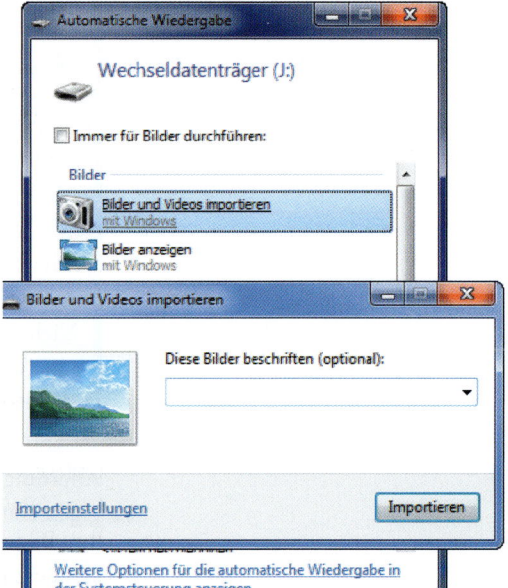

Abb. 4.1

Windows bietet ab Version XP einen Assistenten zum Import der Bilder von der Kamera.

und Windows 7 (Home Premium und Ultimate bzw. Media Center Edition) bieten die Windows-Fotogalerie, welche die Aufgaben des Bildimports und der Dateiverwaltung in sich vereint. Hier können Sie Ihre Bilder in unterschiedlich großen Vorschaubildern sehen.

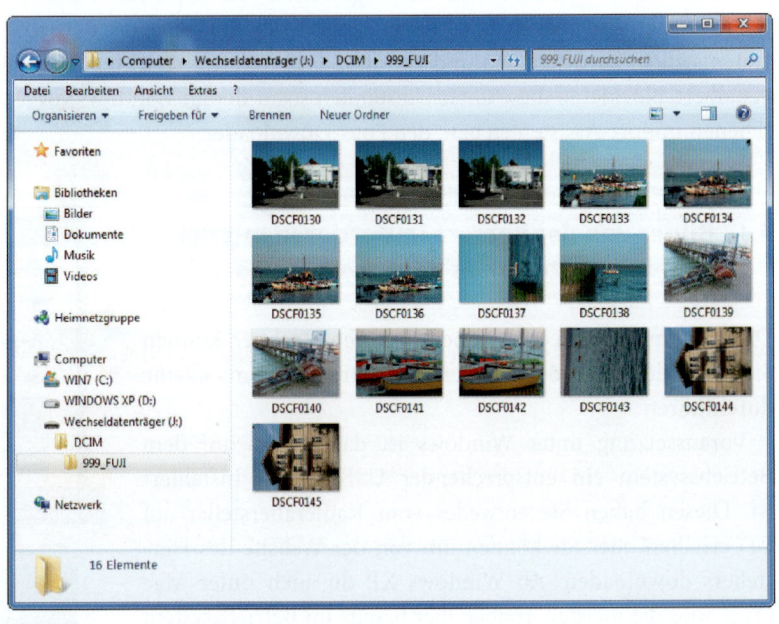

Abb. 4.2

Windows erkennt die Kamera am USB-Anschluss als Wechseldatenträger und zeigt sie wie ein normales Laufwerk in der Dateiverwaltung (Arbeitsplatz, Computer) an. Wie in einem normalen Verzeichnis können Sie sich den Ordnerinhalt anzeigen lassen, entweder einzelne Bilddateien auswählen oder gleich den ganzen Ordner in ein Verzeichnis auf Ihrer Festplatte kopieren.

Allerdings: Die Vorschaufunktion unter Windows erstreckt sich auf die gängigen Dateiformate: JPEG, GIF, PNG und TIFF werden unterstützt, jedoch keine kameraeigenen Raw-Formate oder das PSD-Dateiformat aus Photoshop Elements. Um die Kamera-Raw-Formate unter Windows als Vorschau betrachten zu können, müssen so genannte Raw-Codecs heruntergeladen werden, was unter den neueren Windows-Versionen aber zum Teil durch die automatischen Updates erledigt wird. Für das PSD-Dateiformat gibt es leider keine Entsprechung. Hier sind zum Betrachten und Sortieren der Bilder dann zusätzliche Programme erforderlich, wie eben der bei Photoshop Elements mitgelieferte Organizer oder Adobe Bridge.

Für die meisten Kamera-Raw-Formate finden Sie die Codecs auf dieser Seite von Microsoft: http://www.microsoft.com/prophoto/downloads/codecs.aspx. In der Regel hilft auch eine Suche auf den Supportseiten des jeweiligen Kameraherstellers.

Auch wenn Ihre Digitalkamera nicht direkt von den oben aufgeführten Programmen unterstützt wird, können Sie die Bilder direkt von der Speicherkarte laden, falls Sie über einen USB-Kartenleser verfügen. Statt die Kamera über ein Verbindungskabel anzuschließen, legen Sie einfach die Speicherkarte der Kamera in einen solchen Card-Reader ein und kopieren die Daten auf Ihre Festplatte, vergleichbar so wie für die als USB-Datenträger angeschlossene Kamera beschrieben.

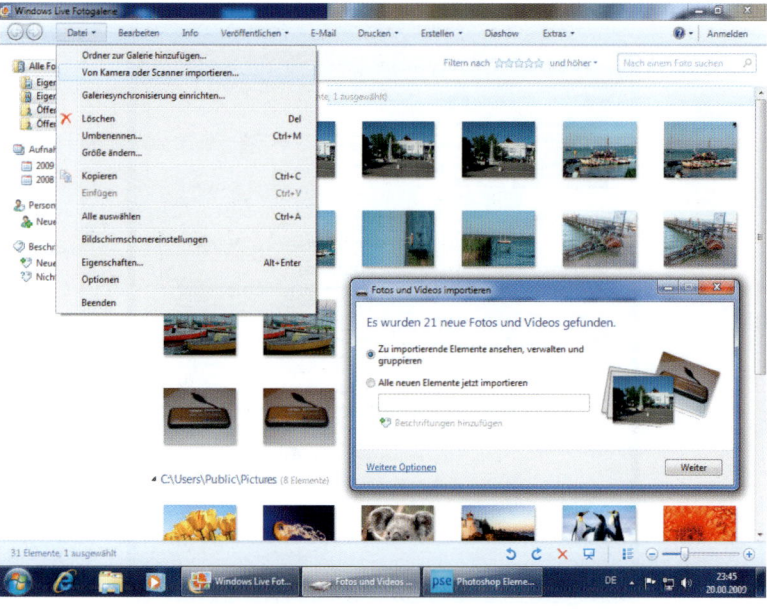

Abb. 4.3
Die Windows Live Fotogalerie unter Windows 7 mit dem Aufruf des Import-Assistenten, der beim Anschluss einer Digitalkamera allerdings auch automatisch gestartet wird

Abb. 4.4
USB-Cardreader können alle gängigen Speicherkarten aufnehmen. Die Anschaffungskosten liegen bei 8 bis 15 Euro. Während die Kamera bei der Datenübertragung Strom des Akkus verbraucht, wird das Kartenlesegerät über den USB-Anschluss vom PC aus mit Strom versorgt.

Mac-Tipp: Auch unter Mac OS funktioniert der Dateiimport von der Kamera bzw. vom Kartenlesegerät vergleichbar wie unter Windows beschrieben über die Dateiverwaltung des Betriebssystems.

4.2 Bildimport mit dem Adobe Foto-Downloader

Der **Foto-Downloader** von Photoshop Elements ist zumindest so gut und umfangreich wie der Import-Assistent aus Windows und übertrifft diesen in den Auswahl- und Einstellmöglichkeiten beim Bildimport. Zudem ist er direkt mit dem Hauptprogramm Photoshop Elements verknüpft, ebenso mit dessen Bilderkatalog (Organizer unter Windows bzw. Adobe Bridge unter Mac OS X) zur programminternen Verwaltung der Bilder.

Nach einer Standardinstallation finden Sie den Foto-Downloader nicht im Startmenü unter *Programme*. Das Programm wird unter Windows so installiert, dass es mit dem Betriebssystem mitstartet. Sie finden einen Eintrag des Foto-Downloaders unten rechts in der Taskleiste neben der Uhrzeit im Infobereich (System Tray). Von dort können Sie das Programm durch Doppelklick auf das Symbol auch von Hand starten. Doch es ist so eingerichtet, dass es beim Anschluss eines entsprechenden Gerätes automatisch aufgerufen wird und startet. Vergleichbares gilt auch für eine Installation unter Mac OS X.

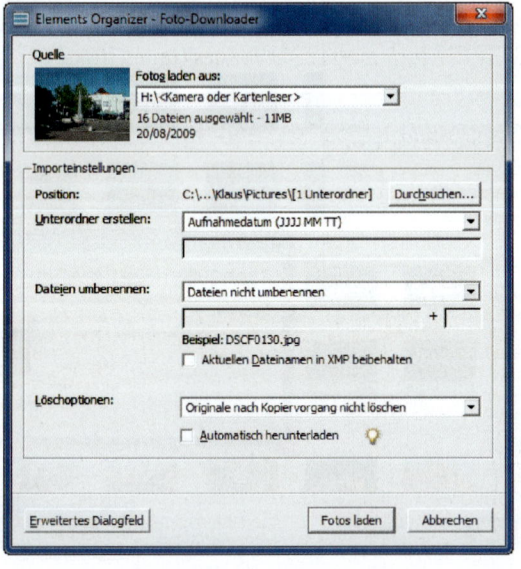

Abb. 4.5
Der Foto-Downloader in der
einfachen Ansicht

In der Standardansicht des Foto-Downloaders sehen Sie ein Beispielbild der zu ladenden Fotos. Er zeigt Ihnen die Position des Laufwerks bzw. Speicherortes, von dem die Bilder geladen werden (*Quelle: Fotos laden von:*). Unter *Importeinstellungen: Verzeichnis* zeigt Ihnen das Programm den Pfad zum Zielordner, in den die Bilder auf Ihrem Rechner gespeichert werden. Mit Klick auf *Durchsuchen* kommen Sie zum Auswahldialog, in dem Sie selbst auswählen können, wohin Ihre Bilder gespeichert werden.

Das Auswahlmenü *Unterordner erstellen* bietet Ihnen die Möglichkeit, in dem zum Speichern gewählten Hauptverzeichnis ein Unterverzeichnis anzulegen und dieses zu benennen. Im Auswahlmenü bei *Dateien umbenennen* können Sie einen vorgegebenen Dateinamen auswählen oder auch angeben, die Dateien mit Aufnahmedatum und einem frei zu vergebenden Dateinamen plus einer fortlaufenden Nummer zu versehen. Dabei wird das Aufnahmedatum automatisch aus den Bilddaten ausgelesen. Auf Wunsch kann durch Setzen eines Häkchens bei *Aktuellen Dateinamen in XMP beibehalten* der von der Kamera beim Anlegen des Bildes erstellte Dateiname in den Metadaten des Bildes mit gespeichert werden.

Abschließend können Sie entscheiden, nach dem Kopieren den Organizer von Photoshop Elements zu öffnen (Kontrollkästchen). Im Auswahlmenü bei *Löschoptionen* können Sie angeben, ob die Bilder auf der Kamerakarte verbleiben sollen oder ob sie nach dem Kopieren automatisch von der Kamera bzw. Speicherkarte gelöscht werden.

Ein Klick auf *Erweitertes Dialogfeld* fügt dem Fenster eine Anzeige aller Bilder an, mit deren Hilfe Sie Bilder zum Kopieren aus- und abwählen können. So lassen sich nacheinander mehrere Importvorgänge ausführen, wobei Sie die Möglichkeit haben, die Bilder zum Import jeweils nach Motiven bzw. Themenbereichen zu sortieren. Außerdem können Sie hier die Bilder bereits vorab drehen. Sobald Sie ein Bild in der Vorschau anklicken, werden die Symbole zum Drehen des Bildes (unten links) aktiv gesetzt.

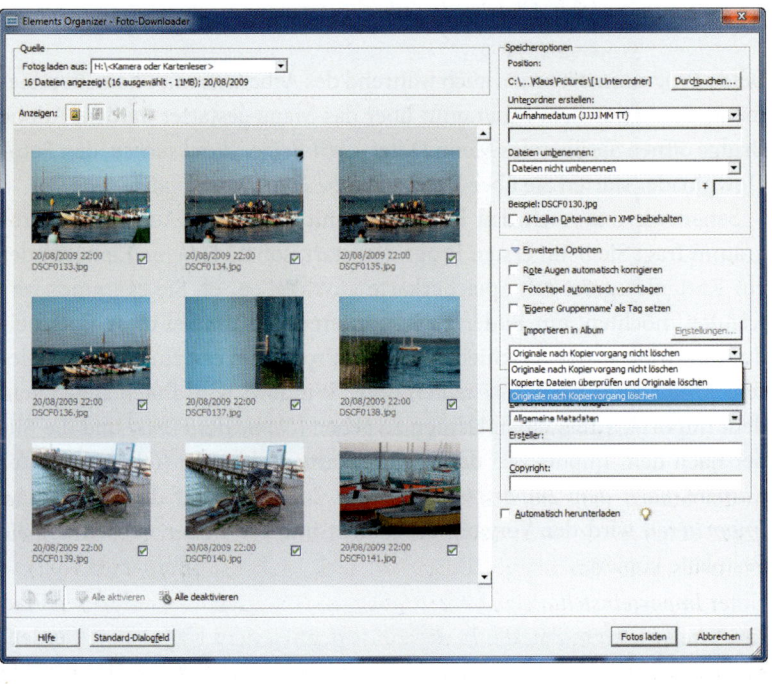

Abb. 4.6
Die erweiterte Ansicht des Foto-Downloaders

Mac-Tipp: Unter Mac OS X können Adobe Bridge oder iPhoto als Programm zum Importieren von Fotos von der Kamera verwendet werden. Hier zunächst das Beispiel Adobe Bridge in Kombination mit dem Foto-Downloader: Sobald Sie Photoshop Elements das erste Mal starten und im schon erwähnten Willkommen-Fenster den Eintrag *Von Kamera importieren* wählen, öffnet sich das Bildverwaltungsprogramm Adobe Bridge. In einem Nachrichtenfenster wird Ihnen die Auswahl angeboten, ob das Programm Foto-Downloader gestartet werden soll, sobald eine Kamera oder ein Kartenleser angeschlossen wird. Bestätigen Sie dieses mit Klick auf die Schaltfläche *Ja*, startet das besagte Programm mit allen Eigenschaften, wie ich sie schon für den Foto-Downloader unter Windows beschrieben habe. Im Hintergrund läuft das Programm Adobe Bridge noch weiter und wartet mit einer weiteren Frage auf, sobald Sie den Foto-Downloader geschlossen haben: *Soll Bridge bei der Anmeldung (am Betriebssystem) gestartet werden, damit die Anwendung sofort verfügbar ist?* Wählen Sie auch hier

Ja, falls Sie häufig Bilder auf Ihren Mac laden und diese Bilder mit Bridge sichten und bearbeiten möchten. Sollte danach die Leistung Ihres Rechners spürbar nachlassen, weil zu viele Programme beim Start des Betriebssystems gestartet werden und im Hintergrund laufen, können Sie diese Voreinstellung im Menü *Photoshop Elements – Voreinstellungen: Allgemein* wieder rückgängig machen. Die Voreinstellung, dass der Foto-Downloader automatisch gestartet wird, sobald Sie eine Kamera oder ein Kartenlesegerät anschließen, können Sie in Adobe Bridge über das Menü *Adobe Bridge CS4 – Einstellungen: Allgemein* wieder rückgängig machen.

Beide Programme können auch während des Arbeitens mit Photoshop Elements direkt aus dem Programm über das Menü gestartet werden. Adobe Bridge öffnen Sie über das Menü *Datei – Mit Bridge durchsuchen*, den Foto-Downloader starten Sie über Datei – *Adobe Foto-Downloader*.

Sehen wir uns noch den Bildimport mit iPhoto an. Auch dieses Programm fragt Sie beim ersten Programmstart, sobald Sie eine Kamera oder ein Kartenlesegerät mit Speicherkarte anschließen, ob Sie es immer verwenden möchten, um Bilder zu importieren. Sie können diese Entscheidung auch auf später verschieben und das Programm erst einmal ausprobieren. Ähnlich wie beim Assistenten unter Windows wird Ihnen angeboten, dem Import-Ordner einen Namen zu geben *(Name des Films)* und die Bilder nach dem Import von der Speicherkarte zu löschen *(Objekte auf der Kamera nach dem Importieren löschen)*. Mit Klick auf die Schaltfläche *Importieren* wird der Vorgang ausgeführt und die Bilder werden auf die Festplatte kopiert.

Abb. 4.7
Das Programmfenster von iPhoto beim Bildimport. Im Verzeichnisbrowser (linke Spalte) ist die Kamera bzw. das Kartenlesegerät mit der Speicherkarte markiert.

Dabei legt iPhoto automatisch ein Verzeichnis für die importierten Bilder an. Sie finden diese Verzeichnisse auf der Festplatte als Unterverzeichnisse im Benutzerordner. Der vollständige Pfad dorthin lautet *[Benutzerverzeichnis]/Bilder/iPhoto Library/Originals/[Jahresverzeichnis]/[Name des Films]*. In iPhoto selbst finden Sie die Bilder im Fotoarchiv und dort im Jahresordner der Aufnahme.

iPhoto bietet Ihnen zunächst eigene, einfache Möglichkeiten, um Bilder zu korrigieren und zu bearbeiten. Sie erreichen diese schnell aus dem Programm heraus über die Schaltfläche *Bearb.* (Bearbeiten) links unten. Wenn Sie es wünschen, können Sie iPhoto auch so einrichten, dass beim Klick auf diese Schaltfläche Photoshop Elements als Bildbearbeitungsprogramm geöffnet wird. Dazu wählen Sie im Menü *iPhoto – Einstellungen* unter *Allgemein: Foto bearbeiten: Im Programm*. Im sich dann öffnenden Fenster können Sie das Programm auswählen, mit dem Sie die Bilder bearbeiten möchten.

Abb. 4.8
Das Fenster, über das Sie ein anderes Programm zur Bearbeitung Ihrer Bilder aus iPhoto heraus wählen können (Menü iPhoto – Einstellungen – Allgemein: Foto bearbeiten: Im Programm). Im Hintergrund sehen Sie das Programmfenster von iPhoto mit den soeben importierten Bildern. In der Spalte links ist der entsprechende Jahresordner des Fotoarchivs markiert, die darin enthaltenen Bilder werden im Fensterbereich rechts angezeigt.

Welches der Programme sollten Sie nun für den Bildimport wählen? Adobe Bridge und der Foto-Downloader haben den größeren Funktionsumfang als iPhoto, vor allem bietet Ihnen Adobe Bridge im Anschluss an den Bildimport alle Möglichkeiten einer wirklichen Dateiverwaltung plus eine Datenbank mit den Möglichkeiten, Kollektionen (Sammlungen) anzulegen bzw. die Bilder mit Stichworten zu versehen und zu ordnen. iPhoto wiederum ist intuitiv leichter und ohne längere Einarbeitungszeit zu handhaben, die Dateiverwaltung ist automatisiert. Es gleicht eher dem Organizer bzw. der Windows Fotogalerie. Mit iPhoto ist es leichter und intuitiv schneller verständlich, wie Sie eine Sammlung und Bilderalben virtuell (über eine Datenbank) anlegen und pflegen.

Zunächst einmal müssen Sie sich also entscheiden, ob Sie den größeren Funktionsumfang mit mehr Möglichkeiten, selbst einzugreifen, oder die einfachere, schnellere, teilweise automatisierte Bedienung wünschen. Sollten Sie allerdings hauptsächlich Bilder im Raw-Format fotografieren, dann wählen Sie mit Adobe Bridge und dem Foto-Downloader das Programm, welches besser für Bilder in diesem Format ausgelegt ist. Bridge verfügt über eine direkte Verknüpfung zum Programm Camera Raw (Menü *Datei – In Camera Raw öffnen*), mit dem Sie Ihre digitalen Negative – so werden Raw-Bilder auch genannt – zunächst entwickeln können.

5 Bilder archivieren und organisieren

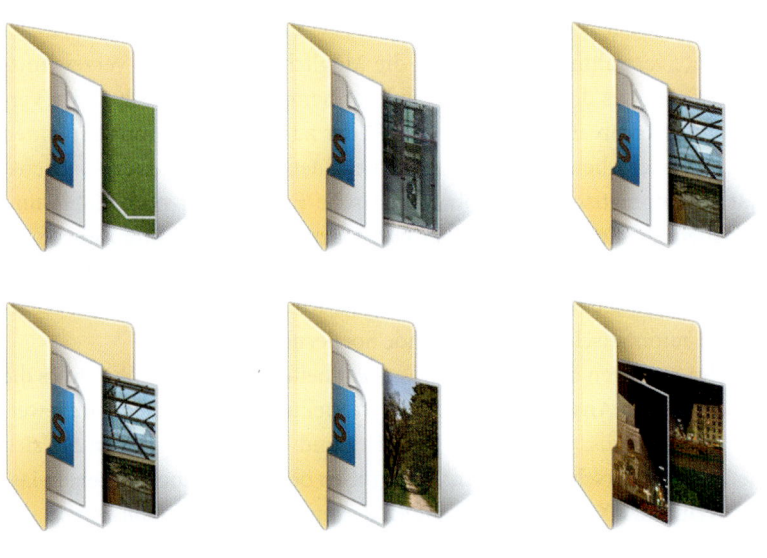

Auch bei der Verwaltung Ihrer Bilder helfen Ihnen nach Wunsch entweder das Betriebssystem oder ein entsprechendes Programm aus Photoshop Elements, der Organizer unter Windows sowie Adobe Bridge oder iPhoto unter Mac OS X.

Windows Vista bzw. Windows 7 (Home Premium oder Ultimate) bieten eine vergleichbare Programmoberfläche, die Windows-Fotogalerie.

5.1   Fotosammlungen mit der Dateiverwaltung des Betriebssystems organisieren

Zum Anlegen einer Sammlung und zum Verwalten, Sortieren und Umbenennen von Bildern genügen die Möglichkeiten, die das Betriebssystem bietet. Obwohl Photoshop Elements einen Bilderkatalog, den Organizer bzw. Bridge, mitbringt, können Sie nicht auf wirkliche Verzeichnisse verzichten, um Ihre Bilder zu speichern. Dabei ist wichtig, sich vorher eine Ordnung, Verzeichnisstruktur, für die Sammlung zu überlegen. Folgende Kriterien bieten sich an:

- Jahr und Datum der Aufnahme sowie beschreibende Namensgebung
- Themenkreise, z. B. Familie, Feste, Urlaub
- Motivsammlung, z. B. Blumen, Landschaften, Stillleben

Die Dateiverwaltung bietet Ihnen die Möglichkeit, in einem Verzeichnisfenster, z. B. aus dem Windows Explorer heraus, die entsprechenden Verzeichnisse vorab anzulegen und die Bilder zu betrachten, umzubenennen und zu verschieben oder zu kopieren. Beachten Sie dabei, dass das Betriebssystem automatisch eine alphanumerische (aufsteigend nach Zahl) und alphabetische Sortierung anbietet und nutzen Sie dies für Ihre Zwecke. So bietet sich für eine Sortierung nach Jahr und Aufnahmedatum für das Aufnahmedatum die Schreibweise JJJJMMTT bzw. JJMMTT an. Damit erhalten Sie automatisch eine aufsteigende Sortierung nach Datum.

Beim Sortieren der Bilder nach Ansicht helfen Ihnen unter Windows die verschiedenen **Ansichtsoptionen** zur Darstellung der Bilddateien im jeweiligen Verzeichnis: Unter Windows Vista und Windows 7 können Sie sich die Bilder in verschiedenen Ansichtsgrößen oder als Symbole anzeigen lassen, Windows XP zeigt Ihnen die Bilder auf Wunsch als *Filmstreifen* mit Voransicht, als so genannte Thumbnails in der *Miniaturansicht* oder auch kompakt als Symbol mit Beschreibung unter *Details*.

Mir genügen übrigens in der Regel die originalen, wenn auch kryptischen Dateinamen, wie sie von der Kamera automatisch vergeben werden, solange ich in der Verzeichnisstruktur mit Datumssortierung und Kurzbeschreibung arbeite. Erst, wenn ich ein Bild bearbeite, erhält es angefügt an den vorhandenen Dateinamen eine Kurzbeschreibung. Die bearbeiteten Bilder speichere ich zunächst im urprünglichen Verzeichnis. Durch den mit dem gleichen, faktisch numerischen Namensteil beginnenden Dateinamen stehen so Original und bearbeitetes Bild immer beisammen. Komplikationen ergeben sich hier allerdings, wenn ich am selben Tag mit verschiedenen Kameras arbeite. Dann, und das auch für Kopien in Motiv- oder Themensammlungen, muss ich die Dateinamen einzeln anpassen – oder ich bediene mich der Verschlagwortung, der Tags bzw. Stichwörter, wie sie vom Organizer aus Photoshop Elements oder von Adobe Bridge angeboten werden.

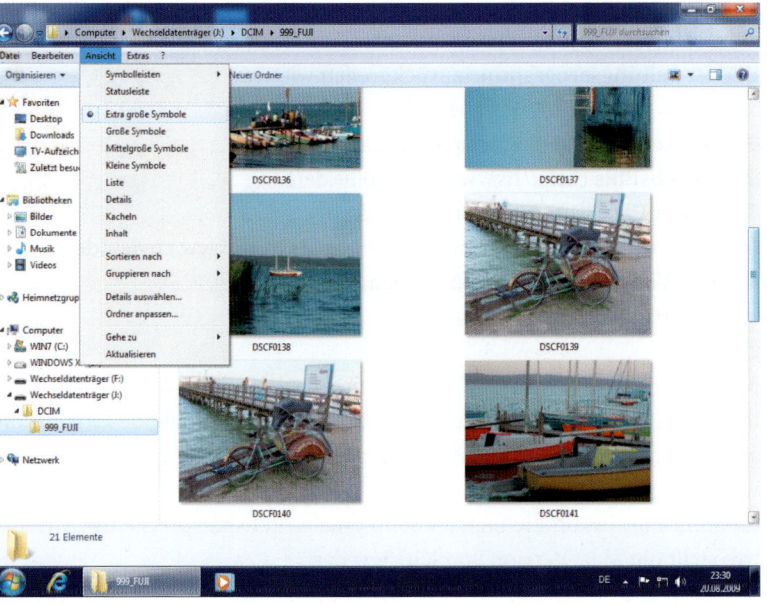

Abb. 5.2
Menü Ansicht im Arbeitsplatz – das Fenster Computer (Arbeitsplatz) unter Windows 7, mit der Ansicht der Bilder auf der Kameraspeicherkarte. Über das Menü Ansicht lässt sich die Größe der Vorschaubilder einrichten.

Photoshop Elements ab der Version 4.0 verfügt über eine eigene Bildverwaltung, den **Organizer** unter Windows bzw. **Adobe Bridge** unter Mac OS X. Der Organizer arbeitet quasi virtuell, d.h., Sie können damit Alben bzw. Sammlungen anlegen, die in dieser Ordnung in einer Datenbank existieren, jedoch mit Ihren tatsächlich auf Festplatte vorhandenen Ordnern nur korrespondieren. Wie bereits gesagt, müssen Sie die eigentlichen Speicherorte Ihrer Bilder vorab über die Dateiverwaltung des Betriebssystems anlegen. Mehr über den Organizer und Adobe Bridge erfahren Sie in den folgenden Kapiteln, zuvor gehe ich noch kurz auf weitere Bildverwaltungsprogramme ein.

Mac-Tipp: Die Verzeichnisstruktur Ihrer Fotosammlung sollten und können Sie auch unter Mac OS X vorab über die Dateiverwaltung des Betriebssystems anlegen, mit den gleichen Möglichkeiten wie unter Windows beschrieben. Mit Adobe Bridge können Sie diese Aufgabe allerdings ebenfalls bewerkstelligen, anders als mit dem Organizer unter Windows. Adobe Bridge ermöglicht Ihnen, Ordner anzulegen, umzubenennen, zu löschen und auch Dateien entsprechend zu bearbeiten. Das Programm bietet Ihnen alle Möglichkeiten einer wirklichen Dateiverwaltung – und bessere Vorschau-Funktionen zum Sichten der Bilder. Entsprechendes, jedoch nicht in gleichem Umfang, gilt für iPhoto. In Kapitel 5.4 gehe ich noch ausführlicher auf die Möglichkeiten ein, die beide Programme bieten.

5.2 Hilfen bei der Bildverwaltung: Bildverwaltungsprogramme

Wer große Bildersammlungen verwalten muss oder wer es auch nur etwas komfortabler möchte, der kann unter Windows auf Bildbetrachter und Bildverwaltungsprogramme zurückgreifen wie:

- **ACDsee** (http://www.acdsystems.com/)
- **ThumbsPlus** (http://www.thumbsplus.de/)
- **CompuPic** (http://www.photodex.com/)
- **XnView** (kostenlos für Privatanwender) (http://www.xnview.de/)
- **IrfanViewer** (kostenlos für Privatanwender) (http://www.irfanview.com/)

Mac-Tipp: Für Macintosh-User sind hier wieder **iPhoto** und das mit Photoshop Elements mitgelieferte **Adobe Bridge** zu nennen. Beide Programme arbeiten mit Photoshop Elements zusammen. Sie können sie als Dateiverwaltung und Vorschauanzeige für Ihre Bilder verwenden und Bilder daraus direkt in Photoshop Elements öffnen. Eine weitere entsprechende Alternative stellt die Mac-Version von **XnView** dar.

Diese Programme bieten die Möglichkeit, **Vorschaubilder** zu betrachten und wirkliche Dateiverwaltung wie Umbenennen; Kopieren und Löschen zu betreiben. Einige der Programme haben einen **Dateibrowser** ähnlich dem Windows Explorer mit an Bord, der das Anlegen neuer Verzeichnisse und das Umkopieren von Bildern erleichtert. Manche bieten auch **Stapelverarbeitung**, z. B. das Umbenennen ganzer Bilderserien oder das Erstellen von **Bildschirm-Diashows**. Die meisten dieser Programme bieten auch Möglichkeiten der **Bildkorrektur** wie Orientierung und Helligkeit, Kontrast einrichten oder Bildgröße und Auflösung einstellen. Zusätzlich werden oft auch **Druckfunktionen** angeboten, um Bilder als Kontaktabzüge oder als Bildpakete, mehrere Bilder auf einer Seite, auszudrucken. Diese Möglichkeit bietet übrigens auch die Dateiverwaltung unter Windows XP mit dem Fotodruck-Assistenten (linker Bereich im Explorer-Fenster: *Bildaufgaben – Bilder drucken*). In Windows Vista und Windows 7 finden Sie diese Optionen im Menü *Drucken* der Fotogalerie.

Allgemein können mit diesen Programmen auch **Dateien in andere Formate konvertiert** werden. Die neueren Versionen dieser Programme können auch Kamera-Raw-Formate lesen und bei Bedarf in anderen Dateiformaten abspeichern.

Besonders interessant ist hier der kostenlose IrfanViewer, der, wenn auch nicht immer besonders komfortabel, die meisten der oben genannten Möglichkeiten bietet. Unter Windows ist er *der* Bildbetrachter, der wirklich so

gut wie alle aktuellen Bilddatei- und Kameraformate zu öffnen und anzuzeigen vermag.

Zu dem, was die genannten Programme im Einzelnen vermögen, finden Sie
Informationen auf den Websites unter den genannten Internetadressen.

➔ Hinweis: Auch wenn Sie den Organizer aus Photoshop Elements einsetzen: Um eine »echte« Dateiverwaltung (für Arbeitsschritte wie Ordner anlegen, benennen, Bilder kopieren und löschen) kommen Sie nicht herum. Wie
gezeigt, genügen dazu die Möglichkeiten des Betriebssystems, die im Vorausgehenden genannten Programme bieten jedoch mehr Möglichkeiten und
zumindest zum Teil größeren Komfort bei diesen Aufgaben.

Der im Folgenden vorgestellte Organizer von Photoshop Elements ist
vor allem sehr komfortabel, wenn es um das Sichten, Betrachten, Auswählen, Verschlagworten und Bewerten von Bildern und Videos geht – kurz
gesagt um die Pflege Ihrer Bildersammlung. Dateien kopieren oder löschen
ist auch mit seiner Hife möglich. Und er ist unverzichtbar, wenn Sie unter
Windows komfortabel mit Photoshop Elements arbeiten und auch die vielen Assistenten des Programms nutzen möchten, z. B. den zum Versenden
von Bildern per E-Mail oder den zum Herstellen von Diashows. Entsprechendes gilt für iPhoto bzw. Adobe Bridge unter Mac OS X.

5.3 Bilder verwalten unter Windows –
der Organizer aus Photoshop Elements

In der Version 8 unter Windows hat der Bilderkatalog **Organizer** an Bedeutung gewonnen. Er ist ein eigenständiges Programm zur Katalogisierung
und Ordnung von Bildersammlungen und – neu – auch zur Organisation
von Videos, die jetzt mit in die Sammlung aufgenommen werden können
und für die auch eine Vorschaufunktion zur Verfügung steht.

Selbstverständlich dient der Organizer nach wie vor dazu, nach Bildern
und Videos zu suchen und diese im jeweiligen Bearbeitungsprogramm
Photoshop Elements Editor oder Premiere Elements zu öffnen.

Wie bereits gesagt, können Sie nicht darauf verzichten, Ihre Bilder in »echten«
Verzeichnissen auf Ihrem Rechner zu organisieren. Doch bietet der Organizer
viele zusätzliche Möglichkeiten. Sie können z. B. ein Bild aus einem Verzeichnis nach Motiv und Erstelldatum mehreren virtuellen Alben oder Katalogen
zuzuordnen. Sie können ein Bild mit mehreren Stichworten, so genannten
Tags (engl.: Markierungen), versehen und dann die Bilder mit gleichem Tag
aufrufen. Auch wird das Suchen und Öffnen von Bildern, z. B. zum Drucken
von mehreren Bildern auf ein Blatt, durch den Organizer erleichtert. Zum
Drucken mehrerer Bilder auf ein Blatt bietet Photoshop Elements eine eigene
Funktion, die zur Auswahl der Bilder direkt mit dem Organizer verknüpft ist.
Ihre Bilder werden nicht ohne Ihr Zutun in den Organizer aufgenommen. Sie

bestimmen, welche Bilder darin aufgenommen und auch angezeigt werden. Dabei haben Sie immer die Möglichkeit, nachträglich Bilder aus einem Verzeichnis oder von einer CD in den Organizer aufzunehmen. Sie erleichtern sich aber das Arbeiten mit diesem Programm, wenn Sie beim Import von der Kamera über den Foto-Downloader immer mit angeben, dass die importierten Bilder sogleich in den Organizer mit aufgenommen werden.

Soweit Sie Ihre Bilder in den Organizer aufnehmen oder automatisch aufnehmen lassen, werden die Bilder von vornherein ohne Ihr weiteres Zutun nach Aufnahme- bzw. Erstelldatum sortiert im Gesamtkatalog abgelegt. Ich stelle den Organizer hier zunächst einmal vor. Nach der Vorstellung des Programmfensters und seiner wichtigsten Elemente gehe ich darauf ein, wie Sie den Organizer ein erstes Mal initialisieren und wie Sie nachträglich Bilder in den Organizer aufnehmen können. Ich stelle Ihnen die automatischen (Smart Tags, Gesichtserkennung, Timeline) und die »handwerklichen« Möglichkeiten – Tags – vor, um Bilder zu organisieren und zu suchen. Sie erfahren, wie Sie ein Bild aus dem Organizer in der Schnellkorrektur und im Hauptprogramm, dem Editor, öffnen. Dieses Programmteil ist so umfangreich und mächtig, dass man damit ein eigenes Buch füllen könnte. Wer sich näher dafür interessiert, sei auf die Hilfe zum Programm hingewiesen, welche die Möglichkeiten und das Arbeiten mit diesem Programm bei der Bildverwaltung darlegt.

Ich selbst arbeite mit Photoshop Elements weitgehend ohne diesen Organizer, da ich meine Bildverwaltung über das Betriebssystem organisiert habe und gewissermaßen die »doppelte Buchführung« scheue, die das Arbeiten mit dem Organizer erfordert. Im Editor besteht immer auch die Möglichkeit, Bilder direkt aus einem Ordner auf dem Rechner zu öffnen. Doch für manche Aufgaben wie Diashows erstellen oder Bilder per E-Mail versenden ist er unverzichtbar, so dass auch ich den Organizer zumindest initialisiert habe, d.h., ich habe meine Bildersammlung in den Organizer aufgenommen. Die vielen automatischen Sortierkriterien erlauben auch ohne großen Aufwand ein recht komfortables Arbeiten mit dem Programm.

5.3.1 Das Programmfenster des Organizers

Der Organizer soll hauptsächlich dazu dienen, Ihre Fotos und Bilder zu sortieren und in Alben zu verwalten. Genauso gut können Sie ihn auch verwenden, um Ihre Bilder zu sichten und die zur weiteren Bearbeitung auszuwählen, die Sie mit den anderen Programmteilen korrigieren und verbessern möchten. Dafür stehen die farbigen Reiterkarten bereit, über die Sie schnell zu einer bestimmten Aufgabe wechseln können.

Im Organizer von Photoshop Elements 8 ist die **Symbolleiste** in die **Menüleiste** integriert, um die Arbeitsfläche des Programms zu vergrößern. Auch auf die herkömmliche Titelleiste wurde verzichtet.

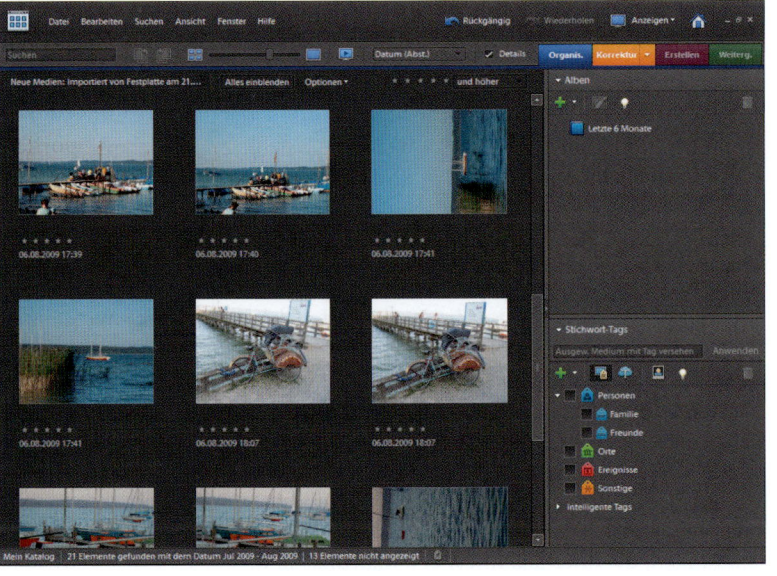

Abb. 5.3
Die Hauptansicht des Organizers

In der Menüleiste finden Sie außen links das Symbol Systemmenü, über das Sie das Programmfenster wiederherstellen, verkleinern, minimieren oder ganz schließen können, genau so wie über die bekannten drei Schaltflächen oben rechts: Minimieren – Maximieren/Verkleinern – Schließen (X). Links neben den letztgenannten Schaltflächen steht das Symbol *Elements-Startbildschirm* 🏠. Ein Klick darauf ruft das Startfenster mit der Auswahl der Programmteile auf. Dazwischen finden Sie die Menüs des Organizers mit Bearbeitungsbefehlen und Einstellungen für das Programm und die Werkzeuge. Rechts davon folgen ein linksdrehender Pfeil zum Rückgängigmachen und ein rechtsdrehender zum Wiederholen eines Arbeitsschritts. Im Auswahlmenü **Anzeigen** können Sie zwischen der Ansicht des Fotobrowsers *(Miniaturansicht)* und einer Kalenderansicht nach Importdatum *(Importstapel)* wählen, oder Sie können sich zusätzliche Elemente in der Ansicht anzeigen lassen. Hier gibt es die Möglichkeit, eine Ordnerleiste/einen Verzeichnisbaum links einzublenden *(Pfad)*. Ein Klick auf Datumsansicht ändert die ursprüngliche Ansicht des Medienbrowsers zu einer Ansicht, in der die Bilder nach Aufnahmedatum sortiert in einem Kalenderblatt angezeigt werden. Der entsprechende Menüpunkt heißt nun Medienbrowser, so dass Sie von hier aus zur Standardansicht zurückkehren können.

Fotos in Vollbildansicht anzeigen, bearbeiten und organisieren öffnet eine Diashow Ihrer Bilder aus dem Organizer am PC, aus der heraus Sie die Bilder auch schnell bearbeiten oder einer Sammlung zuweisen können. *Fotos nebeneinander anzeigen und vergleichen* stellt zwei markierte im Medienbrowser markierte Bilder in einem neuen Fenster in Vollbildansicht neben-

Abb. 5.4
Die Schaltfläche zum Aufruf des Systemmenüs
des Organizers

einander dar. Sowohl die Diashow als auch den Bildervergleich beenden Sie mit der Taste *Esc (Escape)* bzw. über das X im jeweiligen Bedienfeld.

Menüleiste: Die Menüleiste enthält das Menü *Datei*, in dem Sie z. B. die Menübefehle zum nachträglichen Öffnen Ihrer Bilder von CD finden. Das Menü *Bearbeiten* enthält unter anderem die Befehle, mit denen Sie einfache Bearbeitungsschritte wie Drehen ausführen oder rote Augen automatisch entfernen können oder ein ausgewähltes Bild zum Öffnen an den Editor weitergeben. Das Menü *Suchen* bietet Ihnen verschiedene Hilfen und Auswahlen, um gezielt nach bestimmten Bildern zu suchen. Das Menü *Fenster* enthält neben anderem die *Zeitleiste*, in der Ihre Fotosammlung mit den Bildern zu Stapeln geordnet nach Erstelldatum auf einer Zeitlinie angezeigt wird. Durch Klick auf einen der Stapel navigieren Sie hier nach Datum durch Ihre Fotosammlung, ähnlich wie in der oben genannten Kalenderansicht, jedoch schneller. Im Vorschaufenster werden dann jeweils die Bilder des gewählten Tages angezeigt. Das Menü *Hilfe* letztlich führt unter anderem zur eigentlichen Hilfe des Organizers und zu einer Reihe von Videolehrgängen, die über das Internet aufzurufen sind.

Symbolleiste: Die zweite Zeile von oben enthält eine Reihe von Symbolen. Links zunächst das Eingabefeld für die Suche. Hier können Sie Bilder nach Datum suchen, nach Schlagwort/Tag oder – bei Personen – auch nach Namen. Das Programm hat mit Version 8 eine automatische Gesichtserkennung erhalten und fragt Sie bei Bildern von Personen nach deren Namen, die Sie dann zuweisen können. Das Programm vergleicht mit anderen Bildern von Personen, fragt ggf. nach und lernt so lange, bis es Bildern mit Personen die Namen automatisch zuweisen kann. Entsprechend ist mit diesem Namens-Tagging dann auch eine Suche möglich. Doch weiter, was diese Symbolleiste anbelangt: Es folgen Symbole mit einem links- und einem rechtsdrehenden Pfeil, um liegende Bilder, die im Vorschaufenster markiert sind, mit einem Klick auf eines der Symbole aufzurichten. Rechts davon ermöglichen die zwei Schaltflächen mit dem Schieberegler dazwischen die Auswahl, in welcher Größe Ihnen die Bilder im Vorschaufenster präsentiert werden, ob als kleine Vorschaubilder oder in der Einzelbildansicht.

Die Schaltfläche mit dem Monitor I*n Vollbildansicht anzeigen, bearbeiten und organisieren* ruft die oben bereits erwähnte Ansicht als Diashow auf. Diese bietet eine schnelle Möglichkeit, die Bilder am PC vorzuführen. Darüber hinaus kann diese Ansicht jedoch auch zum Taggen der Bilder und sogar für einfache Bildkorrekturen verwendet werden – eine weitere Neuerung in Version 8.

Dann findet sich in der Symbolleiste noch das Auswahlmenü, über das Sie Ihre Bilder sortiert nach (Aufnahme-)*Datum (Abst.(eigend) = Neuestes zuerst)* – das ist die Standardmethode – oder *Datum (Aufst.(eigend) = Ältestes zuerst)* anzeigen können. Das Kontrollkästchen bei *Details* schlussendlich lässt Sie wählen, ob Sie nur die Bilder allein angezeigt bekommen möchten oder ob auch das Aufnahmedatum und sonstige Informationen wie Ihre eigene Bewertung des Bildes mit eingeblendet werden. Sie können Ihre Bilder selbst bewerten, indem Sie einem Bild einen bis fünf Sterne zuweisen. Klicken Sie hier bei *Details* jedoch das Häkchen weg, werden nur noch die Bilder angezeigt.

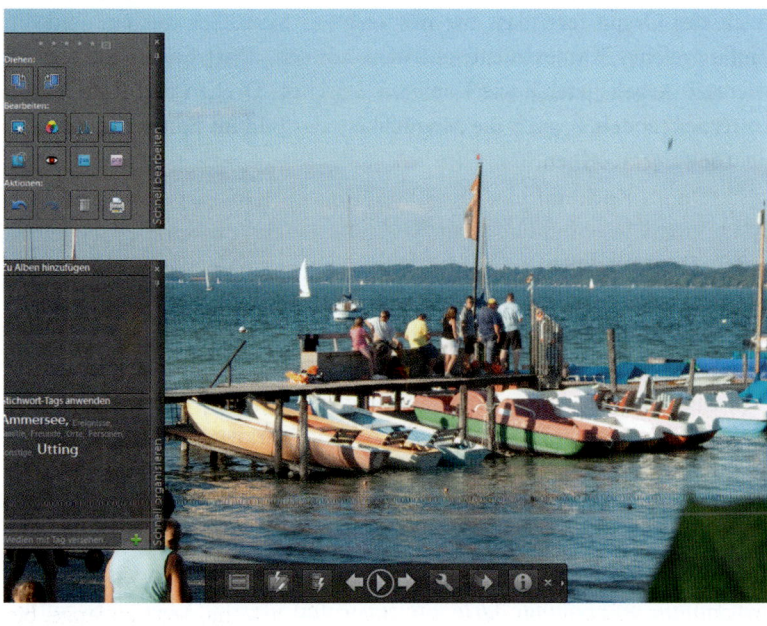

Abb. 5.5

In Vollbildansicht anzeigen, bearbeiten und organisieren: Das Sichten und Verschlagworten der Bilder in dieser Diashow-Ansicht macht Spaß. Links oben das Feld mit der Auswahl einfacher Bildkorrekturen, darunter das Feld zum Zuweisen vorhandener und neuer Stichwort-Tags. In der Mitte unten Schaltflächen zum Öffnen dieser und anderer Felder und die Steuerelemente der Diashow. Sie können sogar eine Hintergrundmusik für die Diashow auswählen.

Vorschaufenster: Das große Hauptfenster zeigt Ihnen Ihre Bilder als Vorschaubilder, so genannte **Thumbnails**. Allerdings ist es voller Möglichkeiten, die Vorschau zu variieren. Die Einstellmöglichkeiten dazu finden Sie, wie beschrieben, in der Symbolleiste im Fenster oben.

Zuunterst zeigt auch das Fenster des Organizers eine **Statuszeile** mit Informationen zu dem geöffneten Katalog.

So viel erst einmal zu den allgemeinen Elementen des Programmfensters des Organizers. Rechts in diesem Fenster sehen Sie einen eigenen Bereich, darüber vier Reiter: *Organisieren, Korrektur, Erstellen, Weitergabe*. Je nachdem, welche der Reiterkarten Sie durch Anklicken auswählen, finden Sie ein Angebot an Möglichkeiten, wie Sie mit einem oder mehreren Bildern verfahren können, die Sie im Vorschaufenster ausgewählt haben. Um dem Programm mitzuteilen, mit welchem Bild bzw. welchen Bildern Sie nun arbeiten möchten, müssen Sie diese im Vorschaufenster markieren

Dazu stehen Ihnen dieselben Techniken zur Verfügung, die Sie vielleicht schon aus der Dateiverwaltung von Windows kennen. Ein einzelnes Bild markieren Sie einfach, indem Sie darauf zeigen und es mit linkem Mausklick anklicken. Mehrere Bilder in einer Reihe markieren Sie, indem Sie die Umschalt-Taste (Shift) gedrückt halten, auf das erste Bild in der Reihe zeigen, links klicken und danach auf das letzte. Mehrere Bilder, die nicht in einer geschlossenen Reihe aufeinanderfolgen, markieren Sie, indem Sie beim Klicken die Steuerungstaste gedrückt halten (Strg bzw. Ctrl).

→ **Hinweis:** Allgemein gilt für das Arbeiten mit der Maus im Vorschaubereich des Organizers, dass Sie mit rechtem Mausklick auf ein Bild ein umfangreiches Kontextmenü aufrufen können. Dort finden Sie schnell wichtige Arbeitsbefehle wie Kopieren, Löschen, Drehen und Rote Augen entfernen, aber z. B. auch die Möglichkeit, das Bild im Editor zur weiteren Bearbeitung zu öffnen.

5.3.2 Organisieren

Falls er nicht schon von vornherein aufgerufen ist, öffnet ein Klick auf den Reiter *Organisieren* die entsprechende Seitenleiste mit den Möglichkeiten, Ihre Bilder zu verschlagworten, mit Tags zu versehen und in Sammlungen (Alben) zu organisieren. Ein Tag ist eine Markierung, d.h. ein Schlagwort, das Sie einem Bild zuweisen. Ein anderes Organisationswerkzeug sind Alben, die Sie anlegen können.

Tags: Vorbereitet sind die Tag-Kategorien *Personen* mit den Unterkategorien *Familie* und *Freunde, Orte, Ereignisse* und *Sonstige*. Über die Schaltfläche + (Neu) können Sie weitere Tag-Kategorien anlegen. Tags eignen sich gut, um Ihre Bilder nach Kategorien zu sortieren oder um Bilder aus einem Album einer Motivsammlung zuzuordnen. Ein Bild kann dabei mehreren Tags zugewiesen werden, z. B. einmal dem Kategorien-Tag *Freunde* und dem Namens-Tag *Karl*.

Um Bilder mit einem Tag zu versehen, markieren Sie ein oder mehrere Bilder im Vorschaufenster, und ziehen sie auf die zuvor angelegte Tag-Kategorie, die im rechten Seitenfenster sichtbar sein muss.

Neu in Version 8 sind die intelligenten Tags (Smart Tags).Diese werden beim Import der Bilder durch eine automatische Bildanalyse vom Programm vergeben. Kriterien bzw. Kategorien sind verschiedene Qualitätsmerkmale wie *Verwackelt* oder *Fokussiert, Zu dunkel* oder *Zu hell*, aber auch Merkmale wie *Gesichter, Keine Objekte* oder *Mehrere Objekte*. Da sich Bilder im Organizer anhand mehrerer Tags filtern lassen, können Sie so schnell z. B. alle Bilder zusammensuchen, die zu dunkel sind und nachgeschärft werden sollten.

Die automatische Bildanalyse arbeitet nicht ganz fehlerfrei. Manchmal fragt das Programm nach einem Namen für ein Gesicht in einem Bild, in dem keine Person abgebildet ist, oder ein Bild mit einem hohen Weißanteil wird einfach als zu hell eingestuft. Doch insgesamt bieten diese intelligenten Tags eine echte Hilfe. Die Gesichtserkennung mit der Möglichkeit der Zuordnung von Namen »lernt« mit der Zeit durch die Eingaben des Anwenders, bis sie von allein in der Lage ist, öfter erscheinenden Personen nach ihren Gesichtern Namen zuzuordnen.

Alben: Parallel zu einer Sortierung nach Tags können Sie Ihre Bilder auch in einem Album, einer Art Sammlung organisieren – denken Sie z. B. an eine Motivsammlung oder eine Sammlung nach Thema, Ereignis. Sie finden im Programm keine vorbereiteten Alben. Jedes Album müssen Sie zunächst einmal über die grüne Schaltfläche + *(Neues Album oder neue Albumkategorie erstellen)* anlegen. Dies ist die Voraussetzung, um Bilder überhaupt einem Album zuweisen zu können. Wenn Sie die Alben angelegt haben, können Sie, wie bei den Tags schon beschrieben, die gewünschten Bilder in der Vorschau markieren und per Drag & Drop dem Album zuweisen. Alben müssen Sie einzeln anlegen, doch Sie können übergeordnete Kategorien für Alben schaffen, z. B.: Reisen – Ausland – Italien – Comer See 2009.

Neu in Version 8 sind die mit den intelligenten Tags verknüpften intelligenten Alben, die so genannten **Smart-Alben.** Hier können Sie Bilder automatisch nach Aufnahmedatum, Kameramodell, Größe und anderen technischen Kriterien zu Alben zusammenfassen.

Sowohl das Organisieren mit Tags als auch in Alben bietet den Vorteil, dass Sie mit einem Klick auf den gewünschten Tag oder das Album in der Seitenleiste *Organisieren* nur die Bilder angezeigt bekommen, die Sie mit diesem Tag versehen haben bzw. die Sie in das entsprechende Album aufgenommen haben. Wenn Sie wieder den ganzen Katalog mit all Ihren Bildern sehen möchten, klicken Sie einfach auf die Schaltfläche *Alles einblenden* links oben im Fenster. Diese Schaltfläche ist sichtbar, wenn eine Auswahl von Bildern entsprechend einem Tag oder Album im Vorschaufenster angezeigt wird.

→ Hinweis: Wenn Sie eine Bildauswahl entsprechend einem Tag suchen möchten, können Sie dies auch schnell über die Suche (Suchfeld links oben in der Symbolleiste des Programms) bewerkstelligen.

5.3.3 Korrektur

Auch direkt im Organizer können Sie eine Reihe von Bildkorrekturen schnell ausführen. Klicken Sie dazu auf die Reiterkarte *Korrektur.* Das Programm bietet Ihnen zunächst eine Auswahl vollautomatischer Korrekturmöglichkeiten, die von einer automatisch berechneten Korrektur von Helligkeit, Farbwerten und Kontrast über eine Schärfen-Funktion bis zum Zuschneiden *(Freistellen)* der Bilder reicht. Sie müssen dazu lediglich das bzw. die Bilder im Vorschaufenster markieren und dann die

gewünschte Korrektur anklicken. Nicht immer bringt so eine automatische Funktion das gewünschte Ergebnis – wofür hätte das Programm andernfalls die ausführlichen Bearbeitungsmöglichkeiten im Editor. Denken Sie daran, dass im Fenster des Organizers oben eine Schaltfläche existiert, über die Sie einen Bearbeitungsschritt auch rückgängig machen können. Die beiden untersten Schalflächen rufen jeweils das Hauptprogramm zur Bildbearbeitung (den Editor) bzw. das Programm Premiere Elements zur Videobearbeitung auf, sofern es auf dem Rechner installiert ist.

Sehr wichtig ist der kleine Pfeil nach unten neben dem Eintrag *Korrektur*. Über das sich hier öffnende Auswahlmenü können Sie schnell zu den Programmteilen wechseln, mit denen Sie Ihre Bilder oder Videos bearbeiten können.

Foto-Editor ruft das Hauptprogramm zur Bildbearbeitung auf. Hier haben Sie das komplexeste Programmfenster, dafür aber auch die besten Voraussetzungen, Ihr Bild nach Ihren Vorstellungen zu korrigieren – ganz abgesehen davon, dass Bildcollagen etc. nur mit dieser Bearbeitungsoberfläche zu bewerkstelligen sind.

Foto schnell bearbeiten öffnet Ihr ausgewähltes Bild in einem einfach gehaltenen Programmfenster, in dem Sie z.B. per Schieberegler Einfluss auf die Korrekturen von Farbe, Helligkeit, Kontrast und Schärfe nehmen können. Dafür haben Sie hier eine Vergleichsmöglichkeit zwischen Vorher und Nachher. **Editor mit Assistent** führt Sie zu einer Programmansicht, in der Sie eine Auswahl von Bearbeitungsschritten mit genauen Anleitungen angeboten bekommen. Diese geführte Bearbeitung ist einfach aufbereitet, bietet aber inhaltlich auch kaum mehr Möglichkeiten, als hier unter *Korrektur* zunächst als automatisierte Bearbeitung angeboten werden.

Videos bearbeiten ruft das Programm Premiere Elements auf, soweit Sie dieses auf Ihrem Rechner installiert haben.

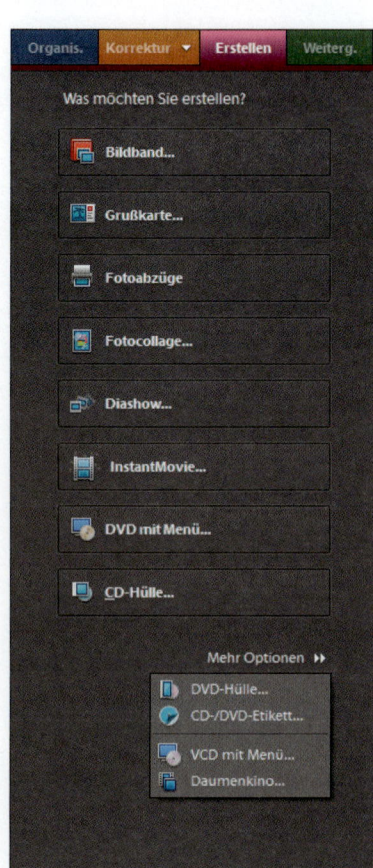

5.3.4 Erstellen

Unter *Erstellen* stehen folgende Optionen zur Auswahl: Bildband, Grußkarte, Fotoabzüge, Fotocollage, Diashow, CD-Hülle. Ich werde auf einige dieser Möglichkeiten am Ende des Buches eingehen (siehe Kapitel 27 und 28) und mit unseren bis dahin erarbeiteten Bildern solche Projekte beispielhaft herstellen.

Unter der Schaltfläche *Mehr Optionen* verbergen sich noch weitere vorbereitete Vorlagen, z.B. zum Anlegen von CD- bzw. DVD-Covern und zum Herstellen von Foto-CDs oder DVDs. Auch dazu später mehr (siehe Kapitel 28).

5.3.5 Weitergabe

Unter dem Reiter *Weitergabe* finden Sie Funktionen, um Ihre Bilder auf verschiedene Weise mit anderen zu teilen. Je nachdem, ob Sie Ihre Bilder in einer Galerie online auf einer Website präsentieren möchten, sie als E-Mail-Anhang an Freunde senden oder eine Foto-E-Mail erstellen möchten, hier finden Sie die geführten Anleitungen dazu. Außerdem stehen unter *Weitergabe* nochmals die Optionen zum Erstellen von Diashows auf DVD und Blu-ray Disc oder Video-CD zur Verfügung, aber auch Möglichkeiten, Bilder auf Ihr Handy zu kopieren. Von hier aus können Sie Foto-CDs oder -DVDs zur Archivierung und Weitergabe Ihrer Bilder brennen oder eine PDF-Diashow zum Versand per E-Mail erstellen. Die Möglichkeiten zum Versenden von Bildern als E-Mail-Anhang werden wir am Ende des Buches eingehend betrachten (siehe Kapitel 25).

Auch hier bietet die Schaltfläche *Mehr Optionen* zusätzliche Möglichkeiten, hier werden direkte Links zu verschiedenen Bildercommunitys im Internet mit kommerziellem Angebot offeriert.

Fast alle der vorstehend genannten Optionen unter *Erstellen* und *Weitergabe* bieten seitens des Programms eine Oberfläche, in der Sie Schritt für Schritt durch die Aktionen geführt werden, so dass wir hier im Buch nur auf besonders interessante oder wichtige Möglichkeiten ausführlicher eingehen werden. Beide Registerkarten finden Sie sowohl im Editor als auch im Organizer. Doch im Organizer werden insgesamt mehr Funktionen unter diesen Registerkarten angeboten als im Editor. Jetzt aber zurück zu unserem aktuellen Hauptthema: dem Arbeiten mit dem Organizer.

5.3.6 Bilder in den Organizer aufnehmen

Sie haben schon einige Zeit Bilder auf Ihrem Rechner gespeichert und in einer eigenen Ordnerstruktur angelegt. Nun erst installieren Sie Photoshop Elements. Wie kommen Ihre Bilder in den Organizer?

Darüber haben die Programmierer von Adobe auch nachgedacht und eine Möglichkeit vorgesehen, Ihren Rechner nach Bildern zu durchsuchen, um diese in den Organizer aufzunehmen.

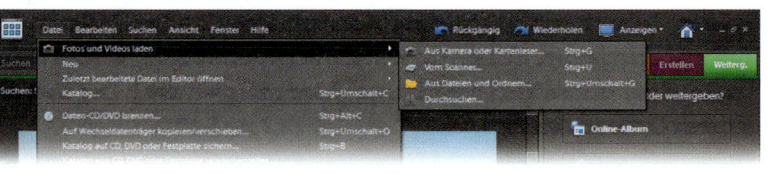

Abb. 5.6

Die Auswahl Durchsuchen im Menü Datei – Fotos und Videos laden

Sie finden die Auswahl, um Fotos nachträglich zu laden, im Menü *Datei* unter *Fotos und Videos laden*.

Am einfachsten und vollständigsten gelingt Ihnen das Übertragen Ihrer Bilder in den Katalog, wenn Sie den Menüpunkt *Durchsuchen* wählen.

Abb. 5.7
Auswahlfenster Durchsuchen

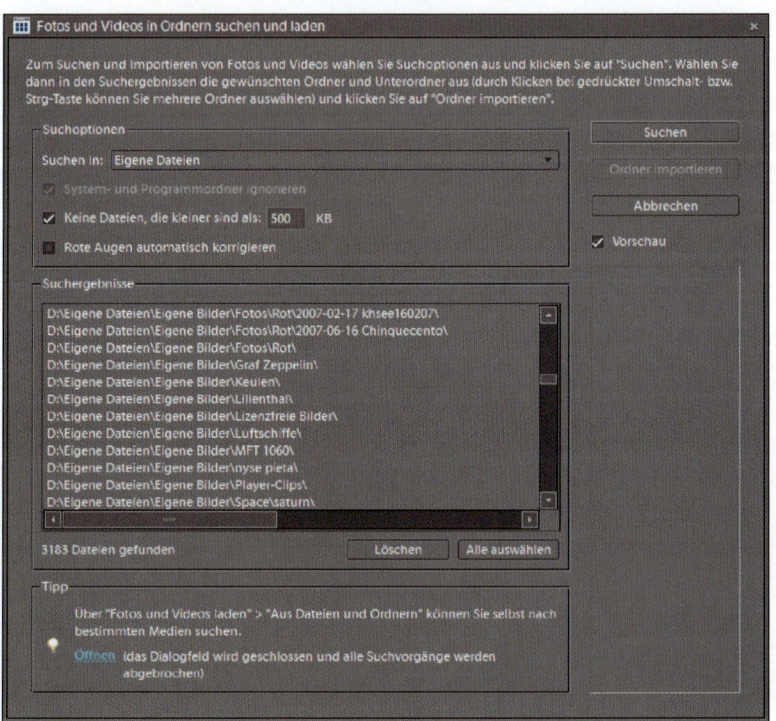

Es öffnet sich ein Auswahldialog, in dem Sie bestimmen können, welche Festplatten durchsucht, ob Systemordner einbezogen werden sollen und ob Sie kleine Bilder nicht mit in den Katalog aufnehmen möchten.

Wenn Sie Bilder für Webseiten erstellen, die zumeist kleiner als 100 KB sind, dann sollten Sie die zuletzt genannte Option abwählen, damit auch die Bilder im Katalog erscheinen, die Sie für Ihre Webseiten erstellt haben. Nach dem Suchvorgang können Sie entweder einfach alle gefundenen Ordner auswählen, oder Sie treffen durch Anklicken mit der Maus, während Sie die Steuerungstaste (STRG = CTRL) gedrückt halten, eine eigene Auswahl. Wenn Sie den Importvorgang mit Klick auf die Schaltfläche *Ordner importieren* bestätigen, werden alle gefundenen Bilder aus den ausgewählten Ordnern importiert. Je nach Umfang Ihrer Sammlung nimmt der Importvorgang einige Zeit in Anspruch. Diesen Suchvorgang werden Sie in der Regel nur einmal ausführen. Danach können Sie weitere Bilder über die anderen Optionen importieren.

→ **Hinweis:** Wenn Sie das Kontrollkästchen bei *Rote Augen automatisch korrigieren* aktiv setzen, wird der Importvorgang sehr lange dauern, da erst einmal jedes Bild automatisch nach roten Augen abgesucht wird.

Zurück zum Menü **Datei – Fotos und Videos laden:** *Aus Kamera oder Kartenleser*: Wählen Sie diesen Menüpunkt, öffnet sich das bereits bekannte Fenster des Foto-Downloaders, und Sie können wählen, von welchem angeschlossenen Gerät Sie Bilder laden möchten.

➜ Hinweis: Denken Sie daran, im Foto-Downloader das Kontrollkästchen bei *Importieren in Album* aktiv zu setzen, damit neu importierte Bilder automatisch in den Organizer aufgenommen werden.

Vom Scanner: Dieser Menüpunkt öffnet ein Fenster, aus dem heraus Sie Ihren Scanner zum Import von Bildern aufrufen können. Sie können den Speicherort wählen, wohin das Bild gespeichert wird. Vorgabe ist hier *Eigene Dateien\Eigene Bilder\Adobe\Gescannte Fotos*. Außerdem haben Sie hier die Auswahl, in welchem Dateiformat und mit welcher Qualität (bei JPG-Dateien) das zu scannende Bild abgespeichert und auch ob rote Augen automatisch – d.h. allerdings nicht immer treffsicher – entfernt werden sollen.

Bestätigen Sie Ihre Einstellungen mit *OK*. Das eigentliche Scan-Programm wird gestartet, in dem Sie weitere Einstellungen treffen können. Mehr dazu und zum Scannen erfahren Sie in den Kapiteln 9 und 10. Das Bild wird gescannt, importiert und nach Ihren Maßgaben abgespeichert. Zuletzt wird es im Organizer in der Einzelbildansicht angezeigt.

Aus Dateien und Ordnern: Wie bereits angesprochen, werden nicht alle Dateien automatisch importiert, oder Sie selbst legen neue Dateien in einem anderen Programm an. Dann ist es sinnvoll, dass Sie Ihren Rechner selbst nach Dateien und Ordnern durchsuchen können, um die Bilder dem Organizer hinzuzufügen. Das Fenster, das sich öffnet, gleicht weitgehend dem bekannten Fenster *Datei öffnen*. Es bietet dieselben Möglichkeiten zum Durchsuchen der Laufwerke Ihres Rechners und zum Auswählen von Ordnern oder Dateien.

5.3.7 Ein Bild aus dem Organizer in der Schnellkorrektur oder im Editor öffnen

Ein ganz kurzes Kapitel, denn die wichtigsten Eigenschaften des Organizers haben Sie bereits kennengelernt.

Im Wesentlichen genügt es, das Bild, das Sie öffnen möchten, im Vorschaufenster zu markieren. Dann wählen Sie im Auswahlmenü der Reiterkarte *Korrektur* den Programmteil, mit dem Sie Ihr Bild weiter bearbeiten möchten. Alternativ finden Sie den Aufruf des Editors unter *Fotos bearbeiten* in der Auswahl der Seitenleiste *Korrektur*.

Je nachdem, ob es ein Foto ist, bei dem Sie nur geringfügige Korrekturen an Farbe und Kontrast vornehmen möchten, oder ob Sie eine ausführ-

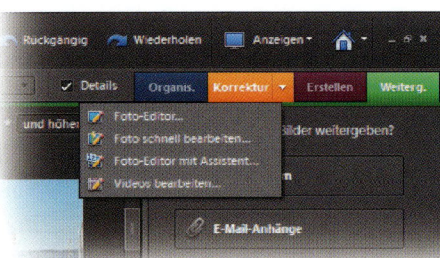

Abb. 5.8

Das Auswahlmenü des Reiters Korrektur

lichere Korrektur des Fotos vorhaben, wählen Sie *Foto schnell bearbeiten* oder *Foto-Editor*. Wenn Sie über eine Vollversion des großen Photoshop verfügen, können Sie das Bild über das Menü *Bearbeiten – Bearbeiten mit Photoshop* auch an dieses Programm übergeben.

Das ist es im Wesentlichen – das gewünschte Programm wird aufgerufen und das Bild darin geöffnet.

Bleibt anzumerken, dass Sie entsprechend auch mehrere Bilder auf einmal öffnen können. Voraussetzung dazu ist, dass Sie mehrere Bilder wie vorab beschrieben markieren.

→ **Hinweis:** Ganz einfache Bearbeitungsbefehle wie Um 90° nach links drehen, Um 90° nach rechts drehen, Intelligente Auto-Korrektur oder Rote Augen automatisch korrigieren finden Sie auch im Menü *Bearbeiten* des Organizers.

5.4 Bilder verwalten unter Mac OS X – Adobe Bridge und iPhoto

In den vorausgehenden Kapiteln haben Sie schon das eine oder andere über die Programme Adobe Bridge und iPhoto für die Mac-Version von Photoshop Elements gelesen. Beide Programme zur Dateiverwaltung werden im Folgenden ausführlicher vorgestellt.

5.4.1 Das Bildverwaltungsprogramm Adobe Bridge

In der Mac-Version von Photoshop Elements 8 wird das Bildverwaltungsprogramm **Br** Adobe Bridge CS4 automatisch mit installiert. Wie der Name schon verrät, stammt es aus der Adobe Creative Suite 4, der aktuellen Programmreihe professioneller Grafik- und Publishing-Programme. Anders als der Organizer verfügt es z. B. über wirkliche Möglichkeiten der Dateiverwaltung. Hier finden Sie stichpunktartig die wichtigsten Funktionen des Programms dargestellt.

→ **Hinweis:** Auch Programme auf dem Mac bieten ein Kontextmenü (rechter Mausklick auf ein Objekt mit einer Zwei-Tasten-Maus bzw. gehaltene STRG- (= CTRL-)Taste plus Mausklick mit einer Ein-Tasten-Mac-Maus). Im Kontextmenü sind die wichtigsten Befehle aus den normalen Menüs versammelt, die aktuell auf ein Bildschirmobjekt (Bilddatei, Ordner) angewandt werden können. Viele Bearbeitungsvorgänge werden dadurch erleichtert, da Sie nicht immer zum normalen Menü zurückwandern und dort suchen müssen. Ich arbeite an meinem Mac mit einer optischen Zwei-

Tasten-Maus mit Scrollrad, die eigentlich für Windows bzw. Linux konzipiert ist – günstiger und (fast) genau so stylisch wie eine Mighty Mouse.

Abb. 5.9

Die Programmoberfläche von Adobe Bridge in der Ansicht Grundlagen, wie sie sich beim ersten Programmstart zeigt.

Im Programmfenster finden Sie zuoberst die **Menüleiste**. Von Anfang an wichtig ist das Menü *Datei*, da Sie hier auch die Menübefehle zum Öffnen eines Bildes in Photoshop Elements *(Öffnen mit)* oder in Camera Raw finden. Über das Menü *Beschriftung* können Sie Ihre Bilder mit einer Bewertung versehen. Bewertungen bieten Ihnen die Möglichkeit, Ihre schönsten Aufnahmen zu markieren, indem Sie eine Bewertung anhand von einem bis zu fünf Sternen für Ihre Fotos vergeben. Diese Bewertungen helfen Ihnen z. B., Bilder für die Ausgabe schnell zu finden. Um Fotos zu bewerten, wählen Sie das oder die Fotos im Vorschaubereich von Bridge aus, die Sie bewerten möchten, und markieren sie durch Anklicken. Im Menü *Beschriftung* wählen Sie die Anzahl Sterne, die Sie dem oder den Bildern zuweisen wollen. Um die mit einer entsprechenden Anzahl Sterne bewerteten Bilder im Vorschaubereich anzuzeigen, wählen Sie in der Symbolleiste das Auswahlmenü bei der Schaltfläche *Objekte nach Wertung filtern* (mit dem Stern-Symbol) und dort im Auswahlmenü die Wertungskategorie, deren Bilder Sie sich in der Vorschau anzeigen lassen wollen.

Unter der Menüleiste folgt die **Titelleiste** des eigentlichen Programmfensters mit den bekannten Schaltflächen zum Schließen, Minimieren bzw. Maximieren des Fensters. Die **Symbolleiste** darunter ist unter anderem angefüllt mit Navigationselementen, Pfeilen zum Blättern zurück oder voran, darunter einer so genannten Breadcrumb-Navigation (»Brotkrumen-Navigation«, siehe Hänsel und Gretel), die Ihnen den Pfad des aktuell geöffneten Ordners anzeigt und außerdem beim Arbeiten mit den Such-funktionen des Programms dazu dient, vom Suchergebnis wieder in die Ansicht des zuletzt geöffneten Ordners zu gelangen. In der Symbolleiste finden Sie auch Verknüpfungen zu anderen Dienstprogrammen (*Bilder von Kamera abrufen* = Foto-Downloader; *In Camera Raw öffnen*) sowie eine Schnellauswahl verschiedener Programmansichten *(Grundlagen, Film-streifen, Metadaten, Ausgabe)*. Im Auswahlmenü *Ausgabe* finden Sie unter anderem eine Ansicht *Leuchttisch*, die beim Sichten und Bewerten von Bil-dern hilfreich ist. Abgesehen von diesen Funktionen finden Sie in diesem Fensterbereich rechts ein Suchfeld zur Stichwortsuche, in der Sie auch Bil-der nach selbst vergebenen Stichworten suchen können. Die links- bzw. rechtsdrehenden gebogenen Pfeile darunter dienen zum Drehen und Auf-richten von Bildern in der Vorschau. Die bereits beschriebene Schaltfläche *Objekte nach Wertung filtern* hilft Ihnen, die mit einer Bewertung versehe-nen Bilder schnell in der Vorschau anzuzeigen.

Statuszeile: Zuunterst, unter dem Hauptbereich des Programmfensters, finden Sie die Statuszeile. Links stehen die Angaben zu den in der Vorschau geöffneten Objekten (Bilder, Ordner, sonstige Dateien) mit der Angabe, wie viele ausgewählt sind und welche Gesamtdateigröße die gewählten Objekte aufweisen. Wesentlich interessanter aber sind der Schieberegler und die Schaltflächen auf der rechten Seite der Statuszeile. Durch Verschieben des Reglers bestimmen Sie die Ansichtsgröße der Bilder in der Vorschau, von sehr klein für eine große Übersicht bis hin zur großformatigen Einzelbild-darstellung für eine genaue Prüfung eines Bildes. Die kleinen Schaltflächen rechts neben dem Schieberegler bieten zwei in einem tabellarischen Raster angeordnete Ansichten und zwei Listenansichten der Bilder mit Metadaten. Zusammen mit der Schnellauswahl verschiedener Programmansichten *(Grundlagen, Filmstreifen, Metadaten, Ausgabe)* in der Symbolleiste oben haben Sie also sehr viele Möglichkeiten, die Ansicht der Bilder im Pro-gramm nach Ihren Bedürfnissen einzurichten.

Der größte Teil des Programmfensters ist in der Ansicht *Grundlagen* in drei Spalten geteilt.

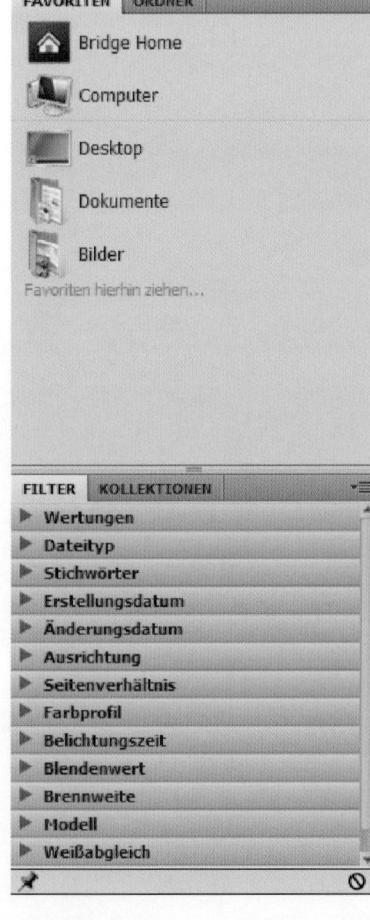

Linke Spalte: Hier finden Sie die Verzeichnisse zum Durchsuchen Ihres Rechners nach Bildern. Unter den entsprechenden Reiterkarten werden eine Favoritenliste und ein Ordner-Browser angeboten. Die *Favoriten* sind zunächst eine Auswahl von Systemordnern, die Sie aber nach eigenem Bedarf ergänzen können. Wird im mittleren Fensterbereich ein Ordner angezeigt, mit dem Sie häufig arbeiten möchten, ziehen Sie ihn aus der Mitte einfach mit Drag & Drop auf die Favoritenleiste, und er wird dort als Verknüpfung zum schnelleren Aufruf abgelegt. Der Verzeichnisbrowser unter *Ordner* dient zum gezielten Durchsuchen Ihres Rechners nach Ver-zeichnissen und Unterverzeichnissen mit Bildern. Klicken Sie auf ein Verzeichnis im Ordner-Browser (oder unter *Favoriten*), werden dessen Inhalt, Unterverzeichnisse und Bilder im mittleren Fensterbereich angezeigt. Hier und im mittleren Fensterbereich können Sie echte Datei- und Verzeichnisverwaltung betreiben: Ordner anlegen, löschen und umbenennen sowie Dateien kopieren, verschieben oder auch umbenennen und löschen.

Diese linke Spalte ist in eine obere und eine untere Hälfte geteilt. Den Trennbalken können Sie je nach Platzbedarf mit gedrückter Maustaste verschieben.

Darunter finden Sie wiederum zwei Reiterkarten, *Filter* und *Kollektionen*. *Filter* ermöglicht Ihnen eine Vorsortierung der Bilder, die im mittleren Fensterbereich angezeigt werden sollen. Unter anderem können Sie hier in Ihrem Fotobestand Bilder nach Kriterien wie Dateityp, Stichwörter, Erstellungsdatum etc. suchen. Je nachdem, welches Filterkriterium Sie wählen, werden die entsprechenden Bilder – und nur diese – im mittleren Vorschaubereich angezeigt.

Unter der Reiterkarte *Kollektionen* können Sie zunächst eine neue, eigene Kollektion (Sammlung) nach eigenen oder eine so genannte Smart-Kollektion nach vorgegebenen Kriterien anlegen (linke Spalte, Schaltflächen unten rechts). Kollektionen dienen zur Zusammenstellung von Bildern, die Sie z. B. auf CD brennen, in einer Diashow präsentieren oder im Web veröffentlichen möchten. Eincrseits sind Kollektionen als vorübergehender Aufbewahrungsort von Bildern gedacht. Andererseits können Sie Kollektionen auch als virtuelle Motivsammlungen einsetzen, ohne dafür in der Dateiverwaltung einen neuen Ordner anzulegen und die Bilder zu kopieren. Wird eine Kollektion wieder gelöscht, bleiben die Bilder mit ihren anderen Sortierkriterien wie Stichwörtern und Wertungen erhalten. Eine mögliche Vorgehensweise dabei sieht so aus: Zunächst legen Sie die Kollektion über die bereits erwähnten Schaltflächen unten rechts in der Spalte an, dann ziehen Sie markierte Bilder mit Drag & Drop aus dem mittleren Vorschaubereich auf den Namen der Kollektion in der linken Spalte. Die entsprechenden Bilder werden zu dieser Kollektion hinzugefügt. So können Sie Sammlungen anlegen, die Sie nach und nach erweitern. Möchten Sie die Bilder einer Kollektion im Vorschaubereich betrachten, brauchen Sie nur auf den Namen der Kollektion in der Spalte links zu klicken.

Mittlere Spalte: Hier sehen Sie die Vorschau der Bilder aus dem Ordner, den Sie links im Ordner-Browser gewählt haben, bzw. eine Vorschau entsprechend der von Ihnen gewählten Filter, Wertungen, Kollektionen oder Stichwörter. Um ein Bild im Vorschaubereich auszuwählen, zeigen Sie darauf und markieren es mit Mausklick. Eine Reihe von Bildern markieren Sie, indem Sie auf das erste Bild der Reihe zeigen und klicken, dann die Umschalt- (= Shift-)Taste gedrückt halten und auf das letzte Bild der Reihe zeigen und klicken. Eine beliebige Auswahl von Bildern erzeugen Sie durch Anklicken mit der Maus bei gehaltener Apfel-Taste.

Bilder öffnen Sie am einfachsten durch Doppelklick. In der Regel wird dann Photoshop Elements gestartet und das Bild im Editor geöffnet. Soll stattdessen ein anderes Programm gestartet werden, können Sie die Dateitypzuordnung ändern. Dies bewerkstelligen Sie über das Menü *Adobe Bridge CS4 – Einstellungen – Dateitypzuordnungen*. Hier wählen Sie unter dem entsprechenden Dateiformat in der Liste das Programm, mit dem Sie entsprechende Dateien normalerweise anzeigen lassen möchten.

Zum Öffnen einzelner oder auch mehrerer gleichzeitig ausgewählter Dateien können Sie auch das Menü *Datei – Öffnen mit – Adobe Photoshop Elements 8.0* nutzen oder den rechten Mausklick bzw. STRG/CTRL plus Klick und *Öffnen mit* im Kontextmenü.

Auch die Dateiverwaltung – zum Kopieren, Verschieben, Duplizieren, Umbenennen, Löschen – funktioniert von hier aus mit Hilfe der Menüs *Datei* und *Bearbeiten* bzw. mit Hilfe des Kontextmenüs. Eine Stapel-Umbenennung mehrerer markierter Dateien bewerkstelligen Sie mit Hilfe des Menüs *Werkzeuge – Stapel-Umbenennung* oder wieder über das Kontextmenü.

Bilder drehen und dabei aufrichten funktioniert über das Menü *Bearbeiten* oder schneller über die beiden Schaltflächen mit den links- bzw. rechtsdrehenden gebogenen Pfeilen rechts oben unter dem Suchfeld.

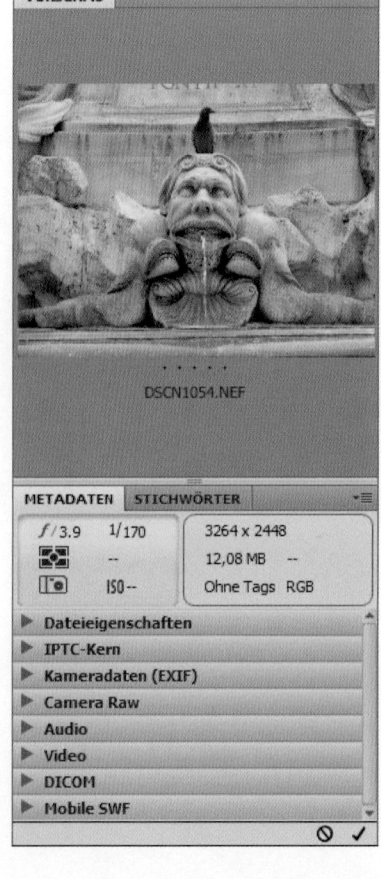

Rechte Spalte: Eine größere Vorschau des oder der im mittleren Feld gewählten Bilder erhalten Sie unter der Reiterkarte *Vorschau* in der rechten Spalte. Da sich die Spaltenränder und auch der mittlere Trennbalken der rechten Spalte mit der Maus verschieben lassen, können Sie diese Vorschau sehr groß einrichten, wenn Sie schnell mehrere Bilder genau prüfen möchten. Allerdings wird dafür die Größe der Vorschaubilder im mittleren Fensterbereich verkleinert.

Unter dem Trennbalken der rechten Spalte finden Sie die Reiterkarte *Metadaten* mit der Anzeige von Angaben wie Aufnahmedaten der Kamera, Pixelmaße, Dateigröße, Dateiname, Dokumententyp (Dateiformat), Anwendung (z. B. Kamera) etc. für das markierte Bild. Das Programm kann nicht nur Bilddaten anzeigen. Wenn Sie unter dieser Reiterkarte rechts nach unten scrollen, sehen Sie, dass noch weitere Metadaten ausgelesen und zum Teil auch bearbeitet bzw. hinzugefügt werden können: IPCT-Daten (im Bild zu speichernde Textinformationen zu Bildinhalten in Bilddateien, z. B. Copyright-Vermerke), EXIF-Kameradaten, Informationen zu Audio- und Videoinhalten, DICOM-Daten (medizinische Bildinformationen) und Daten zu Mobile-SWF-Dateien (animierte Flashdateien).

Unter der zweiten Reiterkarte *Stichwörter* finden Sie Möglichkeiten, vorbereitete oder auch eigene Suchstichwörter für Ihre Bilder einzusetzen bzw. anzulegen. Sie können einem Bild verschiedene Stichwörter zuweisen, z. B. *Urlaub* und *Meer*. Haben Sie mehrere Bilder mit dem gleichen Stichwort versehen, können Sie über die Suchfelder im Programm nach dem Stichwort suchen. Als Ergebnis werden in der Vorschau alle Bilder angezeigt, die Sie mit dem entsprechenden Stichwort versehen haben.

Wie legen Sie ein Stichwort an? Wenn die Reiterkarte *Stichwörter* aufgerufen ist, finden Sie in der untersten Zeile dieses Feldes zwei Schaltflächen: *Neues untergeordnetes Stichwort* (das Symbol zeigt ein Plus mit einem Winkel) und *Neues Stichwort* (das Symbol zeigt ein einfaches Plus-Zeichen). Um ein neues Stichwort anzulegen, klicken Sie auf die entsprechende Schaltfläche und können nun in einem Textfeld in der rechten Spalte das Stichwort eintragen. Um ein untergeordnetes Stichwort anzulegen, klicken Sie auf ein bestehendes Stichwort und anschließend auf die entsprechende Schaltfläche unten und verfahren wie zuvor beschrieben. Denken Sie daran, den Vorgang jeweils mit *Enter* (= Eingabetaste) zu bestätigen.

Stichworte, die Sie nicht mehr verwenden möchten, können Sie aus der Liste löschen, indem Sie zuerst das Stichwort in der Liste durch Anklicken markieren und dann auf die Schaltfläche *Stichwort löschen* (Symbol Abfalleimer) unten rechts klicken. Anschließend müssen Sie noch das Fenster mit der Rückfrage zum Löschen mit Klick auf *Ja* bestätigen.

Um nun ein oder mehrere Bilder einem Stichwort zuzuweisen, markieren Sie das Bild bzw. die Bilder wie beschrieben durch Anklicken und setzen dann ein Häkchen in das Kontrollkästchen vor dem Stichwort in der rechten Spalte. Das war's auch schon. Nun können Sie über die Sucheingabefelder oben rechts oder unten unter der Reiterkarte *Stichwörter* nach den entsprechenden Bildern suchen. Die Treffer werden als Vorschau im mittleren Fensterbereich angezeigt und Sie können mit diesen Bildern arbeiten.

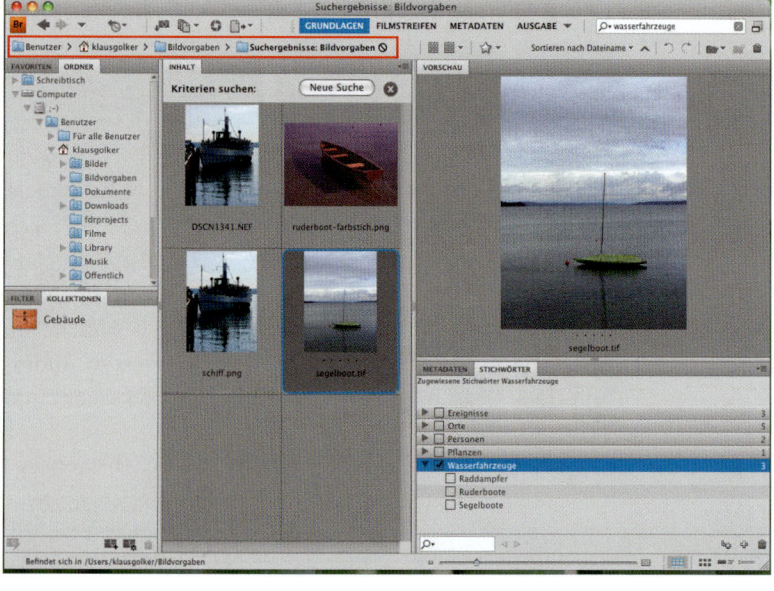

Abb. 5.10

Die angepasste Programmoberfläche mit dem Ergebnis einer Stichwortsuche. Beachten Sie auch die rot hervorgehobene Breadcrumb-Navigation in der Symbolleiste links oben.

→ **Tipp:** Probieren Sie bei der Vergabe von Stichwörtern und beim Suchen danach auch einmal das Kontextmenü aus – auch hier finden Sie entsprechende Möglichkeiten.

Zurück zur vorherigen Auswahl gelangen Sie über die Navigationselemente bzw. die Breadcrumb-Navigation in der Symbolleiste oben.

→ **Hinweis:** Adobe Bridge ist in erster Linie eine Dateiverwaltung und ein Programm zum Sichten Ihrer Bildbestände, keine Bilddatenbank. Das heißt, Sie können Bridge nicht automatisch mit Bildern anfüllen, sondern müssen selbst mit Hilfe des Programms aktiv in den Ordnern auf Ihrem Rechner danach suchen. Dabei ist es sinnvoll, die Favoriten zu nutzen. Falls Sie Ihre Bildersammlung in dem vom Betriebssystem vorgegebenen Ordner *Bilder* angelegt haben, finden Sie diesen bereits unter den Favoriten bzw. auch im Ordner-Browser. Wenn sich Ihre Bildersammlung auf einer externen Festplatte befindet, so fügen Sie deren Stammverzeichnis zu den Favoriten hinzu.

5.4.2 iPhoto als Bildverwaltungsprogramm

Auf die Möglichkeiten des Programms **iPhoto** bin ich schon in Kapitel 4.2 näher eingegangen. Hier noch kurz eine Übersicht, wie es als Bildverwaltungsprogramm einzusetzen ist.

Abb. 5.11
iPhoto als Bildverwaltungsprogramm. Die Ansichtsgröße der Vorschaubilder können Sie über den Schieberegler unten rechts von einer Übersicht mit vielen kleinen Vorschaubildern bis hin zu einer großformatigen Einzelbilddarstellung verändern. Zudem steht Ihnen eine Vollbilddarstellung mit Filmstreifen (rot markierte Schaltfläche unten links) zur Verfügung.

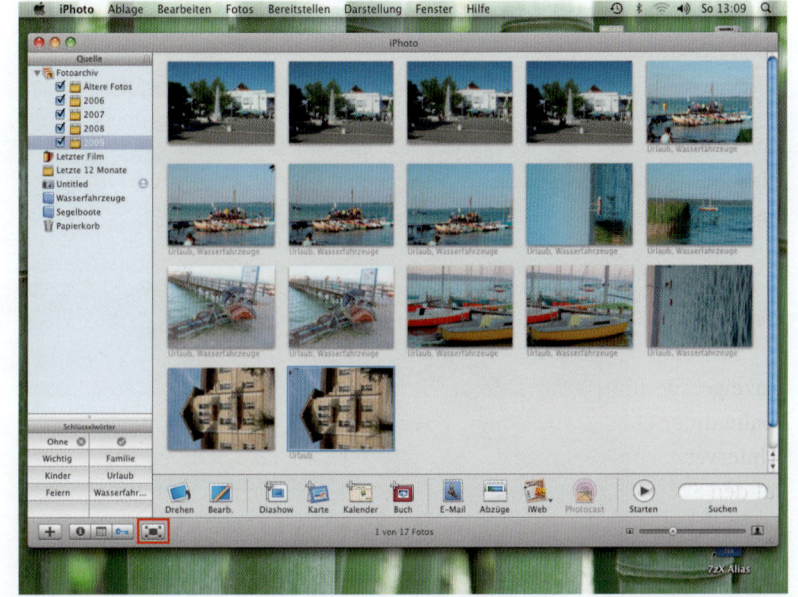

Abb. 5.12
Die Vollbilddarstellung mit
Filmstreifen in iPhoto.

→ **Hinweis:** iPhoto eignet sich gut, um Bilder schnell zu sichten oder in cincr Diashow am Computer vorzuführen. Dazu bietet sich die Vollbilddarstellung an. Wie in Abb. 5.12 zu sehen, bietet die Vollbildansicht einen Filmstreifen zur Bilderauswahl zuoberst und Bearbeitungs- und Steuerelemente am unteren Rand. Diese werden nach kurzer Zeit automatisch ausgeblendet. Beide Elemente blenden Sie wieder ein, wenn Sie mit der Maus an den oberen oder unteren Bildschirmrand zeigen. Um wieder in die normale Ansicht zurückzuwechseln, zeigen Sie an den unteren Bildschirmrand und wählen in der sich einblendenden Werkzeug- und Steuerungsleiste die Schaltfläche *Vollbildmodus beenden* rechts außen. Oder Sie drücken einfach die Escape-Taste. Sowohl die Vollbildansicht als auch die automatische Diashow-Funktion rufen Sie über die entsprechenden Symbole unten im Hauptfenster von iPhoto auf.

In iPhoto werden alle Bilder in einer virtuellen Bilddatenbank, dem **Fotoarchiv**, erfasst und auch gesichert.

Anzeige: Sie finden das Fotoarchiv im Fenster von iPhoto in der linken Spalte unter Quelle. Die Bilder werden im Fotoarchiv nach Jahr und Film (Unterverzeichnis) angezeigt. Eine wirkliche Dateiverwaltung mit Zugriff auf den Speicherort der Ordner und Dateien mit Möglichkeiten für Aktionen wie Umbenennen, Kopieren oder Löschen ist dabei nur für Dateien und für diese auch nur zum Teil vorgesehen.

Sortieren: Zunächst zeigt Ihnen iPhoto Ihre Bilder in der Reihenfolge an, in der Sie sie importiert haben. Für andere Sortierkriterien steht in erster Linie das Menü Darstellung – Fotos sortieren zur Verfügung. Als Sortierkriterien dienen Nach Film, Nach Datum, Nach Schlüsselwort, Nach Titel und Nach Wertung. Auch eine alphabetische bzw. alphanumerische Sortierung ist möglich (*Aufsteigend* bzw. *Absteigend*).

Schlüsselwörter: Sie können einem Bild ein oder mehrere Schlüsselwörter wie *Urlaub* und *Meer* zuweisen. Mit Hilfe der Schlüsselwörter können Sie dann gezielt nach Bildern suchen, denen Sie ein bestimmtes Schlüsselwort zugewiesen haben. So werden bei der Suche nach *Meer* alle Bilder angezeigt, die mit diesem Schlüsselwort versehen sind.

Zunächst einmal bietet Ihnen iPhoto eine Reihe vorgegebener Schlüsselwörter. Sie können die Liste aller Schlüsselwörter aufrufen, indem Sie im Programmfenster unten links auf die Schaltfläche mit dem Symbol eines Schlüssels klicken.

Um eigene Schlüsselwörter anzulegen, wählen Sie im Menü *iPhoto – Einstellungen*. Dort können Sie in der Liste *Schlüsselwörter* über die Schaltfläche mit dem Plus-Zeichen ein neues Schlüsselwort anlegen. Ebenso können Sie über die Schaltfläche mit dem Minus-Symbol auch ein in der Liste markiertes Schlüsselwort löschen. Dieses wird dann auch automatisch von den damit versehenen Bildern gelöscht – selbstverständlich nur das Schlüsselwort, nicht die Bilder.

Abb. 5.13
Die Anzeige der Schlüsselwörter im
Programmfenster von iPhoto

Abb. 5.14
Die Liste Schlüsselwörter unter Menü iPhoto –
Einstellungen

Um Bilder mit einem Schlüsselwort zu versehen, suchen Sie das oder die gewünschten Bilder im Anzeigebereich von iPhoto, markieren sie durch Anklicken und ziehen sie einfach auf das entsprechende Schlüsselwort im geöffneten Bereich *Schlüsselwörter* links unten im Fenster. Alternativ können Sie auch so vorgehen: Markieren Sie die Bilder im Anzeigebereich von iPhoto und wählen Sie oben im Menü *Fotos – Informationen*. Im sich öffnenden Fenster *Fotoinformationen* wählen Sie die Schaltfläche *Schlüsselwörter*. In der Liste der Schlüsselwörter markieren Sie die Kontrollkästchen der Schlüsselwörter, die Sie dem oder den Bildern zuweisen wollen. So können Sie mehreren Bildern gleich mehrere Schlüsselwörter zuweisen.

Bewertungen: Bewertungen bieten Ihnen die Möglichkeit, Ihre schönsten Aufnahmen zu markieren, indem Sie eine Bewertung von einem bis zu fünf Sternen für Ihre Fotos vergeben. Diese Bewertungen helfen Ihnen z. B., Bilder für die Ausgabe schnell zu finden. Um Fotos zu bewerten, gehen Sie so vor: Wählen Sie das oder die Fotos im Anzeigebereich von iPhoto aus, indem Sie sie durch Anklicken markieren. Im Menü *Fotos – Meine Wertung* wählen Sie die Anzahl Sterne, die Sie dem oder den Bildern zuweisen wollen.

Alben: Alben dienen zur Zusammenstellung von Bildern, die Sie z. B. auf CD brennen, in einer Diashow präsentieren oder im Web veröffentlichen möchten. Alben sind gedacht als vorübergehender Aufbewahrungsort von Bildern. Wird ein Album wieder gelöscht, bleiben die Bilder mit ihren anderen Sortierkriterien wie Schlüsselwörtern und Wertungen erhalten. Um ein Album anzulegen, wählen Sie im Menü *Ablage – Neues Album* und vergeben im sich öffnenden Fenster den Namen für das Album. Alternativ können Sie im Fenster von iPhoto unten links auf die Schaltfläche *Hinzufügen* mit dem Plus-Symbol klicken, im sich öffnenden Fenster unter *Neu – Album* wählen und wieder den Namen für das Album eingeben. Bestätigen Sie den Vorgang mit Klick auf die Schaltfläche *Erstellen*. Das Album erscheint augenblicklich in der linken Spalte des Programmfensters von iPhoto, wo Sie es auch umbenennen und wieder löschen können. Um Bilder hinzuzufügen, markieren Sie diese im Anzeigebereich von iPhoto und ziehen sie mit Drag & Drop auf das Album in der Liste unter *Quelle*. Sie können Bilder auch aus einem anderen Album, von einer CD oder einem anderen Speicherort auf Ihrem Rechner in ein Album kopieren. Bilder, die sich dabei noch nicht auf Ihrer Festplatte im Fotoarchiv befanden, werden dabei in die iPhoto Library importiert und gespeichert.

➔ **Hinweis:** Probieren Sie bei den voranstehend beschriebenen Aktionen auch einmal das Kontextmenü.

Wenn Sie sich mit allen Funktionen von iPhoto näher vertraut machen möchten, können Sie die Einführug zu iPhoto im Menü *Hilfe* zu Rate ziehen. Sie finden dieses Dokument auch als druckbare PDF-Datei im Internet unter http://manuals.info.apple.com/de/iPhotoEinfuehrung.pdf.

Hier zum Abschluss dieses Mac-Kapitels noch eine kurze Gegenüberstellung von Adobe Bridge und iPhoto.

Adobe Bridge	iPhoto
Teilautomatisierter Bildimport mit Foto-Downloader; freie Wahl des Speicherorts mit vorgegebenen Ordnernamen, die jedoch ergänzt werden können	Automatischer Bildimport mit iPhoto selbst; Ordner werden in der iPhoto Library automatisch angelegt, jedoch freie Wahl des Ordnernamens (Name des Films)
Vollständige Dateiverwaltung mit Ordner-Browser	Keine Dateiverwaltung
Keine automatisch erzeugte virtuelle Bilddatenbank, keine automatische Befüllung	Beim Bildimport automatisch erzeugte virtuelle Bilddatenbank (Fotoarchiv)
Ordnungshilfen: Filter (große Vielzahl, unter anderem auch nach Erstellungsdatum), Stichwörter und Kollektionen sowie Smart-Kollektionen (Sammlungen), Wertungen; entsprechende Suchmöglichkeiten	Ordnungshifen: Fotoarchiv, Anzeige nach Datum, Schlüsselwörter, Album (Sammlung), Bewertungen; entsprechende Suchmöglichkeiten
Viele verschiedene Vorschaufunktionen, Vollbildansicht	Einfache, aber ausreichende Vorschaufunktion und Vollbildansicht
Kaum direkte Bearbeitungsmöglichkeiten, dafür Verknüpfungen zu Photoshop Elements und seinen Assistenzprogrammen	Einfache, direkte Bearbeitungsmöglichkeiten; Verknüpfung mit Photoshop Elements möglich; viele Assistenten, z. B. für Diashows und E-Mail-Export
Direkte Anbindung an Camera Raw zur Entwicklung von Raw-Dateien	Entwicklung von Raw-Dateien nur indirekt über Photoshop Elements
Fazit: Wer bei der Bildverwaltung keinen großen Aufwand betreiben möchte, auf eine Dateiverwaltung verzichtet oder diese anders handhabt und keine Raw-Bilder fotografiert, findet in iPhoto das komfortablere, weil einfachere Bildverwaltungsprogramm. Wer eine Hilfe bei der Dateiverwaltung sucht, umfangreiche, alternative Möglichkeiten beim Sichten seiner Bilder wünscht, häufig im Raw-Format fotografiert und seine Bilder gerne nachbearbeitet, wählt Adobe Bridge.	

Sie haben nun wirklich alles erfahren, was Sie vorab über digitale Bildbearbeitung und das Programm Photoshop Elements selbst bzw. seine Assistenten bei der Bildverwaltung wissen sollten. Nun kann es endlich losgehen – in den nächsten Kapiteln beginnen Sie mit dem Arbeiten an den Bildern, mit der eigentlichen Bildbearbeitung. Sie lernen die Möglichkeiten und Techniken kennen. Auch dabei werden wir immer wieder weiterer Assistenzprogrammen von Photoshop Elements begegnen.

Teil III
Einführung in den Editor –
Grundlegende Arbeitsschritte

Bisher haben Sie Voraussetzungen kennengelernt: theoretische Grundlagen und Begriffe der digitalen Bildbearbeitung, Hinweise zur Installation, Wissenswertes über den Import und die Organisation Ihrer Bilder. Ihre Bilder sind auf Ihrem Rechner, Sie haben vielleicht schon mit Hilfe des Organizers, von Bridge oder der Windows-Dateiverwaltung Alben angelegt und Ihre Bilder betrachtet. Darunter sind manche, die Sie verbessern oder korrigieren möchten. Jetzt soll es also losgehen.

Haben Sie das Symbol zum Programmstart mit Doppelklick aufgerufen? Haben Sie im Begrüßungsfenster den Editor (Auswahl *Voll*) aufgerufen? Bevor wir mit den eigentlichen Arbeiten beginnen, wollen wir uns erst einmal die Programmoberfläche, das Programmfenster und seine Elemente, genau ansehen.

Gleich, ob Sie im Startbildschirm auf *Bearbeiten* klicken oder ob Sie im Startbildschirm ausgewählt und eingestellt haben, dass beim Programmstart der Editor aufgerufen wird: Sie werden das Arbeiten mit Ihren Bildern in dieser Programmansicht beginnen. Der Editor ist die Hauptansicht, die eigentliche Programmoberfläche, in der Sie Ihre Bilder bearbeiten und in der Ihnen alle Programmfunktionen dafür zur Verfügung stehen.

Photoshop Elements hat aber auch eine vereinfachte Programmansicht, die Schnellkorrektur (Auswahl *Schnell*). Diese bietet eine Möglichkeit, die der Editor nicht hat: eine Vorschau vorher – nachher. Deshalb werden wir im Weiteren in den folgenden Kapiteln immer wieder vom Editor zu dieser Schnellkorrektur wechseln, um uns diese Möglichkeit zunutze zu machen. Denken Sie daran: Es sind lediglich zwei unterschiedliche Ansichten eines Programms. Der Wechsel ist kinderleicht: Ein Klick auf die entsprechende Schaltfläche, und Sie sind da. Ihre einmal geöffneten Bilder stehen Ihnen in beiden Ansichten gleich zur Verfügung. Ausführlicher betrachten wir die Programmoberfläche der Schnellkorrektur in Kapitel 7.1.3.

Ihnen steht auch noch eine dritte Programmansicht zur Verfügung: der *Editor mit Assistent* (Auswahl *Assistent*). Diese aber ist so stark vereinfacht und mit Schritt-für-Schritt-Anweisungen ausgestattet, dass sich ausführlichere Erläuterungen dazu erübrigen. In Kapitel 7.1.5 stelle ich Ihnen diese Programmansicht kurz vor.

6 Photoshop Elements zeigt sich

6.1 Das Programmfenster des Editors

Der **Editor** *(Auswahl Voll)* ist das Hauptprogramm von Photoshop Elements. Die Arbeitsoberfläche ist auf mehrere Fenster verteilt, die in einem Hauptfenster versammelt sind. Diese einzelnen Fenster – hier **Bedienfelder** genannt – können im Hauptfenster bzw. in einer veränderlichen Leiste an der rechten Seite des Fensters angedockt werden – die Programmoberfläche wirkt dann aufgeräumter. Oder Sie können die einzelnen Bedienfelder nach Wunsch frei auf dem Hintergrundfenster platzieren. So gleicht die Arbeitsoberfläche mehr dem herkömmlichen Aussehen, das Nutzer des großen Photoshops gewohnt sind. Beim Programmstart fehlt zunächst noch das **Bildfenster**. Dieses erhalten Sie, wenn Sie im Menü *Datei* eine der Optionen zum Neuanlegen oder Öffnen eines vorhandenen Bildes wählen bzw. wenn Sie ein Bild vom Scanner importieren.

Alternativ können Sie ein Bild im Fotoeditor öffnen, indem Sie es im Organizer auswählen und an den Editor übergeben. Auf die Methode, Bilder aus einem Verzeichnis zu öffnen, werde ich in den folgenden Kapiteln näher eingehen. Das Öffnen über den Organizer bzw. Bridge oder iPhoto wurde ja bereits vorab gezeigt.

Betrachten wir erst einmal die Elemente des Programmfensters von oben nach unten und von links nach rechts. Wie beim Organizer sind in der Windows-Version die **Symbolleiste** und die Titelleiste in die **Menüleiste** integriert. In dieser erweiterten Menüleiste finden Sie das Programm-Symbol mit den Möglichkeiten zum Schließen und Minimieren des Programms, daneben ein Auswahlmenü mit einer Schnellauswahl von Aufteilungen und Anordnungen des Programmfensters. Um das Programmfenster wieder in den Ausgangszustand zu versetzen, gibt es die Schaltfläche *Bedienfelder zurücksetzen*, daneben zwei Schaltflächen, um einen Bearbeitungsvorgang schnell rückgängig zu machen oder auch zu wiederholen (links- bzw.

rechtsdrehender gebogener Pfeil). Wichtig auch die Schaltfläche *Organizer*, um diesen schnell aufrufen zu können. Die Schaltfläche mit dem Häuschen ruft das Startfenster auf, das ansonsten beim Programmstart angezeigt wird. In der zweiten Zeile darunter finden Sie die eigentliche Menüleiste, die die Menüs mit Bearbeitungsbefehlen und Einstellungen für das Programm enthält.

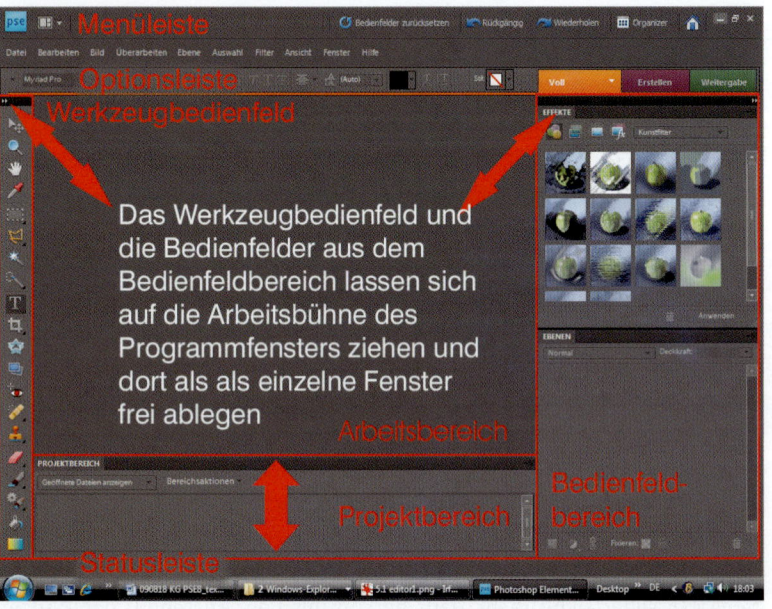

Abb. 6.1
Das Programmfenster des Editors
(Windows-Version)

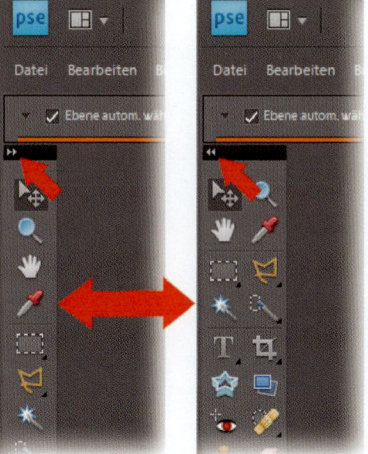

Abb. 6.2
Mit Klick auf die obere schwarze Leiste des Werkzeugbedienfeldes wechseln Sie von einer einspaltigen zu einer zweispaltigen Ansicht des Bedienfeldes – und zurück.

Optionsleiste (Werkzeugeinstellungen, zweite Zeile von oben): Je nachdem, welches Werkzeug im Werkzeugbedienfeld gewählt ist, erscheinen hier Einstellmöglichkeiten und Auswahlen, z. B. die Auswahl der Pinselspitze für die Malwerkzeuge (Pinsel, Buntstift). Hier können Sie Eigenschaften und Wirkungsweisen von Werkzeugen einstellen.

Werkzeugbedienfeld (links außen): Das Werkzeugbedienfeld enthält alle Werkzeuge, die zur Bearbeitung von Fotos und zum Erstellen von Bildern vorhanden sind. Ganz unten finden Sie den Farbwähler für Vordergrund- und Hintergrundfarbe. Manche der Werkzeug-Symbole haben unten rechts ein kleines, schwarzes Dreieck. Hier verbergen sich mehrere ähnliche Werkzeuge unter einem Symbol. Klicken Sie etwas länger mit der Maus auf solch ein Symbol. Es erscheint ein kleines Klappmenü mit allen hier versammelten Werkzeugen. Sie wählen ein Werkzeug zum Arbeiten, indem Sie mit linkem Mausklick darauf klicken. Es bleibt so lange aktiv, bis Sie ein anderes Werkzeug wählen.

Das Werkzeugbedienfeld kann, wie in Abb. 6.1 und 6.2 gezeigt, am linken Fensterrand angedockt sein. Sie können es aber auch an der schwarzen

Leiste oben mit der Maus anfassen und mit gedrückter linker Maustaste auf den Arbeitsbereich ziehen. Dort wird es dann als frei verschiebbares Fenster abgelegt. Ebenso können Sie es wieder mit der Maus am oberen Rand anfassen und an die linke Fensterseite andocken. Wenn Ihre Bildschirmauflösung eine vergleichsweise geringe Höhe aufweist, z. B. bei Notebooks, kann es vorkommen, dass Sie die unteren Werkzeuge bzw. den Farbwähler nicht sehen können. Ohne das Werkzeugbedienfeld abzudocken, genügt ein Klick auf deren obere schwarze Leiste, um aus der einspaltigen eine zweispaltige Ansicht des Werkzeugbedienfeldes zu machen. Genauso setzen Sie die zweispaltige Ansicht wieder auf eine Spalte zurück.

Arbeitsbereich (Fensterhintergrund): Auf dem Arbeitsbereich können Bedienfelder und die Bildfenster abgelegt und verschoben werden.

Projektbereich (unteres Feld): Hier werden alle geöffneten Bilder zum schnelleren Aufruf nochmals als Miniaturen angezeigt. Durch Doppelklick wird das entsprechende Bild im Arbeitsbereich angezeigt. Der Projektbereich kann an seinem oberen Rand angefasst werden, um ihn nach oben größer zu ziehen, wenn viele Bilder gleichzeitig geöffnet sind. Klicken Sie auf den oberen schwarzen Rand des Projektbereichs, wird er auf seine Titelleiste minimiert, die dann am unteren Fensterrand abgelegt wird. So gewinnen Sie schnell Platz für Ihre Bilder im Arbeitsbereich. Durch erneutes Anklicken der Titelleiste kann der Projektbereich wieder in den Arbeitsbereich hinein vergrößert werden. Das erste Auswahlmenü im Projektbereich bietet die Möglichkeit, hier nur die bereits im Programm geöffneten Bilder anzuzeigen oder alle Bilder aus dem Organizer einzublenden. Das Auswahlmenü mit den Projektbereichs-Aktionen *(Bereichsaktionen)* bietet verschiedene Möglichkeiten. So können Sie aus den Bildern im Projektbereich verschiedene vorbereitete Bildkreationen wie ein Fotobuch oder eine Diashow erstellen, die Bilder z. B. als E-Mail-Anhang oder PDF-Präsentation per Internet weitergeben oder alle geöffneten Bilder drucken sowie ein eigenes Album mit diesen Bildern anlegen.

Bedienfelder: Bedienfelder sind zusätzliche Fenster mit Auswahl- und Einstellmöglichkeiten, die aus dem Menü *Fenster* heraus aufgerufen werden können. Sie umfassen auch die Ebenenverwaltung und das Rückgängig-Protokoll. Diese Bedienfelder können als frei verschiebbare Fenster auf dem Arbeitsbereich abgelegt werden. Sie lassen sich aber auch mit Drag & Drop (Anklicken und mit gedrückter linker Maustaste ziehen, loslassen) auf den **Bedienfeldbereich** ziehen und dort andocken. Dies erfordert anfangs etwas Übung.

Über die obere schwarze Leiste kann der Bedienfeldbereich zu Symbolen minimiert und auch wieder erweitert werden. Wenn der Bedienfeldbereich zu Symbolen verkleinert ist, genügt ein Klick auf eine der Schaltflächen mit

dem Namen eines Bedienfeldes, um dieses zu öffnen und auch wiederum
zu schließen. Alternativ klicken Sie zum Schließen auf den kleinen schwarzen Doppelpfeil (im Bild rechts markiert durch den kleinen roten Pfeil)

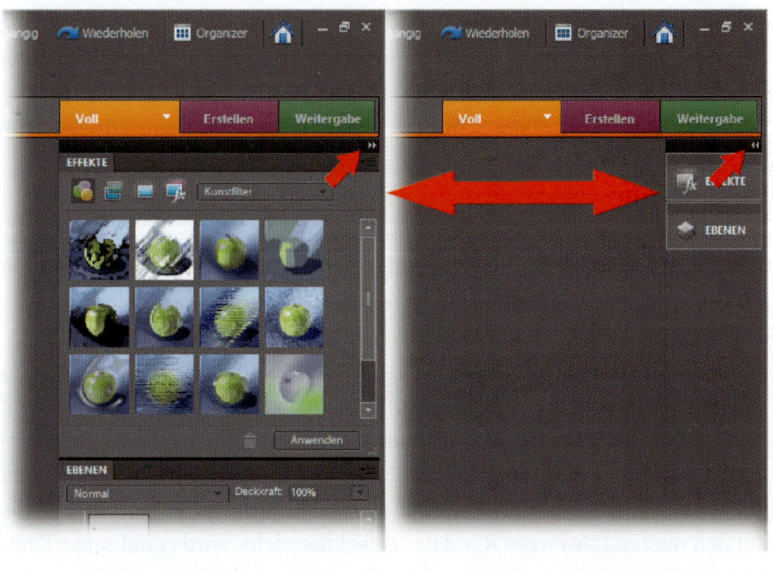

Abb. 6.3
Links: Bedienfeldbereich im Ausgangszustand
– Rechts: Bedienfeldbereich zu Symbolen
minimiert – Unten: Bedienfeld klappt auf,
wenn das entsprechende Symbol geklickt wird.

Bedienfeldbereich (rechte Seitenleiste): Hier können Bedienfelder – Fenster mit Hilfen und Auswahlen – abgelegt und angedockt werden. Der
Bedienfeldbereich lässt sich mit Klick auf seine schwarze Titelleiste bzw.
den kleinen weißen Doppelfeil nach rechts (und auch mit Doppelklick auf
seinen linken Rand) minimieren, um Platz im Arbeitsbereich zu schaffen
(Zu Symbolen verkleinern). Im minimierten Zustand genügt ein Klick auf
eine der Schaltflächen mit dem Namen eines Bedienfeldes, um dieses auf-
zuklappen und auch wieder zu schließen. Um den Bedienfeldbereich als
Ganzes wieder zu vergrößern, genügt ein Klick auf die schwarze Leiste über
den Symbolen (bzw. auf den weißen Doppelpfeil, der nun nach links zeigt
– *Bedienfelder erweitern*).

Funktionsauswahl: Über dem Bedienfeldbereich sehen Sie drei farblich
hervorgehobene Reiter: *Voll (Bearbeiten) – Erstellen – Weitergabe*. Über
diese Reiter können Sie schnell zwischen den verschiedenen Funktionsbe-
reichen des Programms wechseln.

Arbeitsbereich-Modi: Rechts am Reiter mit der Aufschrift *Voll* finden Sie einen kleinen Pfeil. Darunter verbirgt sich ein Auswahlmenü mit den drei Menüpunkten *Voll – Schnell – Assistent*. Hier wechseln Sie ganz einfach per linkem Mausklick zwischen den verschiedenen Bearbeitungsoberflächen des Programms. *Voll* steht für die normale, vollständige Editor-Ansicht, *Schnell* für die Schnellkorrektur und *Assistent* für die Programmansicht mit den Arbeitsanweisungen.

Statuszeile: Im Programmfenster ganz unten finden Sie die Statuszeile. Bildfenster, die minimiert wurden, werden hier abgelegt.

Mac-Tipp: Bevor Sie als Mac-User weiterlesen: Ja, ein paar Unterschiede im Aufbau des Programmfensters gibt es. Mac-User bekommen eine Menüleiste wie gewohnt zu sehen, mit dem Apfel-Menü und einem Menü Photoshop Elements. Die Symbolleiste weist eine andere Anordnung und zusätzliche Symbole auf, z. B. das zum Öffnen von Adobe Bridge. Das Menü *Photoshop Elements* enthält einige Menüpunkte aus den Menüs *Datei* und *Bearbeiten* der Windows-Version. Dafür finden sich verschiedene Assistenten im Menü *Datei*, die unter Windows im Hauptfenster des Editors über die farbigen Reiterkarten *Erstellen* und *Weitergabe* aufzurufen sind. Die Statuszeile fehlt, weil Bildfenster aus Photoshop Elements auf dem Mac eigenständigere Objekte als unter Windows sind und wie gewohnt einfach im Dock abgelegt werden. Aber wie bereits beschrieben, sind alle wichtigen und wesentlichen Elemente des Programmfensters und ihre Handhabung gleich, ob Sie nun die Mac-Version nutzen oder unter Windows arbeiten. Auf die erwähnten Unterschiede werde ich im Buch nochmals genauer eingehen, wenn die entsprechenden Funktionen erläutert werden.

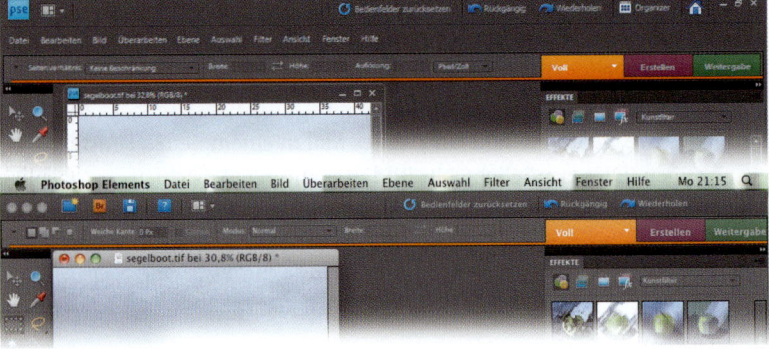

Abb. 6.4

Vergleich der Menüleiste des Editors unter Windows (oben) und Mac OS X (unten)

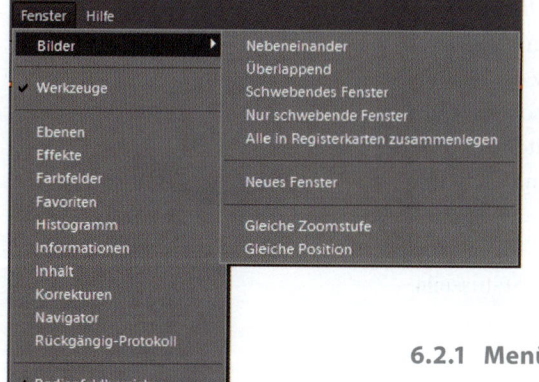

Abb. 6.5

Das Menü Fenster mit den Namen der zur Verfügung stehenden Bedienfelder. Das Untermenü Bilder bietet Möglichkeiten zur Anordnung und Art von Bildfenstern.

6.2　Arbeiten mit Bedienfeldern

Wie Sie bereits gesehen haben, arbeitet Photoshop Elements mit vielen einzelnen Fenstern, so genannten Bedienfeldern. In diesem Kapitel erfahren Sie, welche es gibt, und Sie lernen alles Wissenswerte über deren Handhabung. Zwei der wichtigsten Bedienfelder – Werkzeugbedienfeld und Rückgängig-Protokoll – werden Ihnen ausführlich vorgestellt.

6.2.1　Menü Fenster – die Funktionen der Bedienfelder

Wie bereits erwähnt, lassen sich neue Bedienfelder bei Bedarf aus dem Menü *Fenster* heraus aufrufen. Sie können so die Anzeige weiterer Elemente im Programmfenster steuern, d. h. diese Elemente ein- oder ausblenden.

Hier nun die Übersicht:

Bilder:
- *Nebeneinander:*
  Mehrere geöffnete Bilder neben- und untereinander anzeigen
- *Überlappend:*
  Mehrere geöffnete Bilder versetzt übereinanderstapelnd anzeigen
- *Schwebendes Fenster:*
  Das aktuelle, aktive Fenster als selbstständiges Bildfenster, das auch minimiert werden kann, anzeigen
- *Nur schwebende Fenster:*
  Alle geöffneten Bilder in selbstständigen Bildfenstern anzeigen
- *Alle in Registerkarten zusammenlegen:*
  Alle geöffneten Bilder in Registerkarten, nebeneinander im Arbeitsbereich angedockt, anzeigen
- *Neues Fenster:*
  Das aktive, geöffnete Bild ein zweites Mal in einem neuen Fenster anzeigen. Dies ermöglicht, ein Bild in mehreren Ansichten zu betrachten.
- *Gleiche Zoomstufe:*
  Alle geöffneten Bilder auf die gleiche Zoomstufe (Ansichtsgröße nach Pixelzahl) bringen
- *Gleiche Position:*
  Alle Bilder bei gleicher Zoomstufe mittig zentriert darstellen

Werkzeuge: Das Werkzeugbedienfeld ein- bzw. ausblenden

Ebenen: Das Ebenen-Bedienfeld zur Verwaltung und Bearbeitung der Ebenen im Bild anzeigen oder ausblenden

Effekte: Eine Auswahl von Effekten per Vorschaubildern, die Sie auf Bilder und Bildkreationen anwenden können

Farbfelder: Einen schnellen Farbwähler mit mehreren vorgegebenen Farbpaletten einblenden

Favoriten: Eine Auswahl Ihrer bevorzugten Inhalte und Effekte

Histogramm: Zur Information über die Helligkeitsverteilung der Farbwerte im Bild ein Histogramm (Tonwertkurve) anzeigen – siehe Tonwertkorrektur

Informationen: Ein Fenster mit Angaben der Position des Mauszeigers oder über die Abmessungen und Winkel von Objekten im Bild anzeigen

Inhalt: Eine Auswahl verschiedener Hintergründe, Rahmen, Grafiken, Formen, von Text und Themen zum Einfügen und Verwenden in Ihren Bildern anzeigen

Korrekturen: Einstellungen für eine Bildkorrektur anzeigen, die zuvor mit einer Einstellungsebene vorgenommen wurden. Die Einstellungen lassen sich in diesem Fenster nachträglich ändern und korrigieren.

Navigator: Ein Fenster mit einem schnellen Zoom-Werkzeug mit Auswahl des Bildausschnittes anzeigen – siehe Zoom-Werkzeuge

Rückgängig-Protokoll: Ein Fenster mit einer Liste anzeigen, in der Arbeitsschritte protokolliert werden, die sich über diese Liste auch rückgängig machen lassen

Bedienfeldbereich: Den Bedienfeldbereich rechts zu Symbolen verkleinern und wieder vergrößern

Bedienfelder zurücksetzen: Das Programmfenster mit allen Bedienfeldern auf den Zustand nach der Erstinstallation zurücksetzen

Startbildschirm: Den Startbildschirm mit der Auswahl der Programmteile einblenden

Projektbereich: Den Projektbereich (Bereich mit den Vorschaubildern der geöffneten Bilder unten) vollständig schließen und auch wieder aufrufen und öffnen.

Liste der geöffneten Bilder: Das gewünschte Bild zur Bearbeitung in den Vordergrund holen

Alle diese genannten Bedienfelder bieten den einen oder anderen Vorteil beim Arbeiten mit dem Programm. Essenziell wichtig und hilfreich sind die Bedienfelder **Rückgängig-Protokoll**, **Navigator** und, beim Arbeiten mit Ebenen, **Ebenen.** Die beiden Letztgenannten werden wir an anderer Stelle näher betrachten. Im Folgenden zunächst das Wichtigste über die Handhabung von Bedienfeldern.

6.2.2　Ein Bedienfeld in den Bedienfeldbereich ziehen, minimieren, wieder öffnen und schließen

Ein Bedienfeld wird nach dem Öffnen vom Programm zunächst als eigenes Fenster auf dem Arbeitsbereich abgelegt. Von dort können Sie das Fenster mit Drag & Drop in den Bedienfeldbereich ziehen. Dazu zeigen Sie mit der Maus auf den Reiter mit dem Namen des Bedienfeldes, nicht auf dessen oberen Rahmen (siehe Abb. 6.6). Nun ziehen Sie das Feld mit gedrückter linker Maustaste auf den Bedienfeldbereich, so, dass die Außenkanten von Feld und Bedienfeldbereich etwa kantenbündig sind. Zeigen Sie – immer noch mit gedrückter linker Maustaste – auf den Bereich etwas oberhalb der Titelleiste eines anderen im Bedienfeldbereich abgelegten Bedienfeldes. An dessen oberem Rand wird ein blauer Balken sichtbar. Lassen Sie nun die Maustaste los. Das neue Bedienfeld sollte nun in den Bedienfeldbereich eindocken. Versuchen Sie es ggf. mehrfach – es gelingt. Auf entsprechende Weise können Sie ein Bedienfeld auch abdocken und als freies Fenster im Arbeitsbereich ablegen, indem Sie es wiederum am Reiter mit dem Namen anfassen und mit gedrückter linker Maustaste aus dem Bedienfeldbereich ziehen.

Abb. 6.6
Ein Bedienfeld in den Bedienfeldbereich
ziehen und andocken. Entsprechend lässt
sich ein Bedienfeld auch als freies Fenster
in den Arbeitsbereich ziehen. Um ein
Bedienfeld zu schließen, ziehen Sie es aus dem
Bedienfeldbereich heraus und klicken auf das
X im Bedienfeldbereich rechts oben
(kleiner roter Pfeil).

Zusätzlich können Sie die Bedienfelder im Bedienfeldbereich nicht nur untereinander, sondern auch als Reiter nebeneinander anordnen. So lassen sich Bedienfelder nach Ihren Anforderungen gruppieren. Sie erreichen, dass ein neues Bedienfeld als Reiter neben einem bereits vorhandenen eingefügt wird, wenn Sie beim Ziehen mit Drag & Drop statt oberhalb direkt auf die Titelleiste eines bereits im Bedienfeldbereich abgelegten Feldes zeigen. Das vorhandene Feld wird dann blau umrahmt. Wenn Sie nun loslassen, wird das Feld als Reiter neben dem bereits vorhandenen eingefügt. Durch Anklicken der Reiter können Sie nun von einem Bedienfeld zum anderen wechseln. Wenn Sie in den minimierten Darstellungsmodus des Bedienfeldbereiches wechseln, werden allerdings auch solche als Reiter eingefügte Bedienfelder nur als Schaltfläche untereinander, nicht nebeneinander angezeigt.

Wenn Sie ein Bedienfeld längere Zeit nicht mehr benötigen, können Sie es auch wieder vollständig schließen, indem Sie es aus dem Bedienfeldbereich in den Arbeitsbereich ziehen und dann auf das *X* rechts oben am Bedienfeld klicken. Sie können ein geschlossenes Bedienfeld jederzeit über das Menü *Fenster* wieder öffnen

Sehen Sie sich einmal das Bedienfeld *Ebenen* im Bedienfeldbereich in Abb. 6.7 an. In der oberen Abbildung ist es geöffnet, in der unteren geschlossen. Um ein Bedienfeld im Bedienfeldbereich zu öffnen und anzuzeigen bzw. um es auf seine Titelleiste zu minimieren, genügt jeweils ein Klick auf diese Titelleiste.

Abb. 6.7
Ein Bedienfeld im Bedienfeldbereich anzeigen
oder auf seine Titelleiste minimieren

6.2.3 Das Bedienfeld Rückgängig-Protokoll

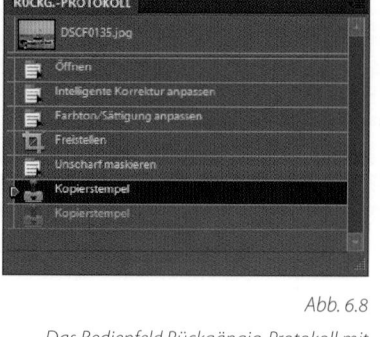

Abb. 6.8

Das Bedienfeld Rückgängig-Protokoll mit einem rückgängig gemachten (gegrauten) Arbeitsschritt unten (Kopierstempel)

Eines der wichtigsten Bedienfelder bei der Arbeit mit dem Programm ist das Bedienfeld *Rückgängig-Protokoll*. Wenn Sie an einem Bild arbeiten und einen oder mehrere Bearbeitungsschritte rückgängig machen möchten, genügt an sich die (wiederholte) Tastatureingabe *Strg + Z*. *Strg + Y* wiederholt einen rückgängig gemachten Arbeitsschritt. Alternativ wählen Sie im Menü *Bearbeiten – Rückgängig: Arbeitsschritt* oder die gebogenen Pfeile in der Menüleiste.

Komfortabler ist dafür allerdings das **Rückgängig-Protokoll**, das Sie im Menü *Fenster* aufrufen können. Hier werden alle Bearbeitungsschritte, die Sie an einem Bild ausgeführt haben, in eine Liste eingetragen. Malen mit dem Pinselwerkzeug, Einfügen oder eine Tonwertkorrektur sind Arbeitsschritte, die hier erscheinen. Zoomen mit dem Werkzeug *Lupe*, jede Änderung der Ansichtsgröße ist kein Bearbeitungsschritt und erscheint nicht in der Liste.

Bei mehreren Einträgen in der Liste können Sie wählen, bis zu welchem Bearbeitungsschritt Sie zurückgehen möchten. So können Sie auch mehrere Bearbeitungsschritte auf einmal rückgängig machen – allerdings nicht nur einen einzelnen dazwischen, sondern immer alle zurück bis zum ausgewählten Arbeitsschritt. Sie können prüfen, ob der letzte Bearbeitungsschritt eine echte Verbesserung brachte, da Sie je nach gewähltem Bearbeitungsschritt eine Ansicht im Bildfenster erhalten. Sie können rückgängig gemachte Arbeitsschritte auch wieder herholen, solange Sie noch keinen neuen Bearbeitungsschritt gemacht haben, der die rückgängig gemachten aus der Liste löschte.

6.2.4 Programmeinstellungen

Die Anzahl der rückgängig zu machenden Arbeitsschritte ist in den Voreinstellungen des Programms festgelegt. Voreinstellung sind mindestens 50 Schritte zurück. Je nachdem, über wie viel Arbeitsspeicher Ihr Rechner verfügt, können Sie diesen Wert auch höher setzen. Dies bewerkstelligen Sie im Menü *Bearbeiten – Voreinstellungen – Leistung*. In dem sich öffnenden Fenster können Sie unter dem Eintrag *Protokollobjekte* die minimale Anzahl der rückgängig zu machenden Bearbeitungsschritte einstellen. Eine Zahl zwischen 50 und 100 ist hier angebracht. Das ermöglicht es Ihnen, auch komplexere Arbeitsvorgänge rückgängig zu machen.

In den Einstellungen zur Leistung können Sie auch nachkorrigieren, wie viel Arbeitsspeicher Photoshop Elements verwenden darf. Normalerweise können Sie hier den voreingestellten Wert stehen lassen. Sollte Ihr Computer jedoch zum »Einfrieren« neigen, wenn Sie mit Photoshop Elements arbeiten, kann es hilfreich sein, wenn Sie den Wert für den zur Verfügung gestellten Arbeitsspeicher reduzieren.

Noch ein Eintrag unter *Leistung* ist wichtig, weil er dazu beiträgt, dass das Programm schneller und sicherer arbeitet: der Eintrag bei *Arbeitsvolumes*. Die Arbeitsvolumes sind die Laufwerke (z. B. eine Partition oder Festplatte), auf denen Photoshop Elements bei Bedarf Auslagerungsdateien bzw. Verzeichnisse anlegt. Wenn Sie in Ihrem Rechner nur eine Festplatte eingebaut haben, liegen die Arbeitsvolumes eben auf der System-Festplatte, auf der auch das Betriebssystem und das Programm selbst laufen. Doch davon wird nach Möglichkeit abgeraten. Wenn Sie auf Ihrem Rechner über eine zweite Partition oder gar eine zweite Festplatte mit viel freiem Speicherplatz verfügen (je mehr, umso besser), so sollten Sie diese als primäres Arbeitsvolume wählen. Aber Achtung: Ein Netzwerk-Laufwerk, eine USB-Festplatte oder ein anderer Wechseldatenträger sind nicht angeraten, weil hier der Datenaustausch für ein schnelles Arbeiten zu langsam vor sich geht.

Eher Ihrer Annehmlichkeit, also dem Komfort, mit dem Sie das Programm bedienen können, dient die Einstellung von Farbe bzw. Helligkeit der Programmoberfläche. Unter dem Punkt *Allgemein* im Fenster *Voreinstellungen* können Sie die Helligkeit der Programmoberfläche und damit den Lesekontrast einstellen. Unter *Anzeigeoptionen: Helligkeit der Benutzeroberfläche* können Sie zwischen *Hell* und *Dunkel* wählen. Probieren Sie aus, was für Sie angenehmer ist.

Von den übrigen Einstellmöglichkeiten, die Sie im Fenster *Voreinstellungen* finden, sind vor allem die Einstellmöglichkeiten für *Maßeinheiten und Lineale* sowie für *Hilfslinien und Raster* interessant. *Unter Maßeinheiten und Lineale* können Sie die Maßeinheiten für Text und die Einteilung der Lineale ändern, z. B. von Zentimeter auf Pixel. Unter *Hilfslinien und Raster* können Sie die Farbe und die Strichart von Hilfslinien und die Größe des Rasters ändern, das Sie als Hilfe über Menü *Ansicht* einblenden können. Seien Sie neugierig und sehen Sie sich die verschiedenen Einstellungsmöglichkeiten schon einmal vorab an. Wichtig aber ist, dass Sie sich daran erinnern, dass es solche Einstellmöglichkeiten gibt und wo Sie sie finden.

Wenn Sie im Fenster *Voreinstellungen* eine Auswahl getroffen oder einen neuen Wert gesetzt haben, müssen Sie die Einstellungen noch mit *OK* übernehmen.

Mac-Tipp: Den Menüpunkt *Voreinstellungen* finden Mac-User im Menü *Photoshop Elements*.

6.2.5 Handwerkszeug – das Werkzeugbedienfeld

Das Werkzeugbedienfeld beinhaltet die Hilfsmittel, die Sie bei der Bearbeitung von Bildern zur Verfügung haben: alle Werkzeuge zur Bearbeitung von Bildern und Auswahlen und den Farbwähler für Vordergrund- und Hintergrundfarbe.

- Auswahlwerkzeuge zum Wählen von Bildbereichen zur weiteren Bearbeitung oder als Formwerkzeuge für neue Bildelemente
- Werkzeuge zur Ansichtsvergrößerung, zum Ausrichten und Positionieren von Bildelementen
- Werkzeuge zur Größen- und Formänderung (Transformation) von Bildobjekten
- Text- und Malwerkzeuge
- Retuschewerkzeuge und Werkzeuge zum Entfernen roter Augen im Bild
- Werkzeuge, die auf Schärfe, Helligkeit und Kontrast von Bildelementen oder Bereichen einwirken
- Werkzeuge zum Bestimmen von Farben, Füllungen, Füllmustern und zum Wählen von Farben
- Werkzeuge zum Herstellen und Ausstanzen von vektorbasierten Formen

Im Folgenden finden Sie eine **Übersicht der Werkzeuge**, die über die verschiedenen Schaltflächen aufgerufen werden können. Manche Schaltflächen weisen ein kleines, schwarzes Dreieck rechts unten auf. Hier verbirgt sich ein Flyout-Menü (Klappmenü) mit mehreren ähnlichen Werkzeugen. Um dieses zu öffnen, halten Sie die linke Maustaste beim Klicken etwas länger gedrückt.

Wird ein Werkzeug gewählt, erscheinen in der Optionsleiste die Werkzeugeinstellungen, mit denen Sie Eigenschaften und Wirkungsweise des Werkzeugs bestimmen können. Ein Werkzeug bleibt so lange gewählt, bis Sie ein anderes auswählen. Somit lässt sich ein einmal gewähltes Werkzeug mehrmals hintereinander einsetzen, ohne dass es dazu neu gewählt werden muss. In der folgenden Übersicht werden alle Werkzeuge kurz vorgestellt, in der Reihenfolge, in der sie im Werkzeugbedienfeld angeordnet sind.

Symbol	Erläuterung
	Verschieben-Werkzeug: Werkzeug zum Verschieben und Positionieren von Ebenen im Bild, mit den entsprechenden Werkzeugeinstellungen auch zum Skalieren (Vergrößern – Verkleinern), zum Ausrichten von Bildobjekten im Bild und zum Ziehen von Hilfslinien.
	Zoom-Werkzeug (Lupe): Werkzeug zum Vergrößern oder Verkleinern der Ansichtsgröße des Bildes
	Hand-Werkzeug: Verschieben-Werkzeug, mit dessen Hilfe sich der Ansichtsausschnitt verschieben und wählen lässt, wenn zuvor eine Ansichtsvergrößerung mit dem Zoom-Werkzeug hergestellt wurde
	Pipette: Farbauswahlwerkzeug, mit dem durch Anklicken schnell eine Farbe aus einem geöffneten Bild aufgenommen werden kann, z. B. als Vordergrund- und Malfarbe
	 **Auswahlrechteck** bzw. **Auswahlellipse:** Werkzeuge zum Auswählen rechteckiger und elliptischer Bildbereiche zur separaten Bearbeitung bzw. zum Kopieren. Mit gedrückter Umschalt-Taste (Shift) werden die Formen zu Quadraten und Kreisen. Flyout-Menü: Je nach zuletzt gewähltem Werkzeug ändert sich das Symbol im Werkzeugbedienfeld.
	**Lasso:** frei Hand schnell, aber nur grob einen Bereich, ein Bildobjekt umfahren und damit auswählen **Magnetisches Lasso:** Klicken Sie an die Kante eines konturierten Objekts im Bild, und folgen Sie mit dem Werkzeug seinen Konturen. Das Werkzeug heftet sich »magnetisch« an die Konturen an. Zum Schließen der Auswahl führen Sie das Werkzeug an den Ausgangspunkt zurück und klicken wieder. Komplizierte Handhabung der Einstellungen und nur bei stark, eindeutig konturierten Objekten ein befriedigendes Ergebnis. **Polygon-Lasso:** Beginnen Sie an einem Punkt der Kontur eines Bildobjekts, und klicken Sie mit linker Maustaste. Dann ziehen Sie die Maus. Ein »Gummiband« erscheint, das Sie an die Kontur anlegen können. Nun folgen Sie der Kontur, setzen immer wieder neue Punkte auf dieser durch Anklicken und ziehen, bis Sie wieder am Ausgangspunkt angelangt sind. Doppelklick, am Ausgangspunkt einfacher Mausklick, schließt die Auswahl. Das Polygon-Lasso ist das präziseste der Freihand-Auswahlwerkzeuge. Flyout-Menü: Je nach zuletzt gewähltem Werkzeug ändert sich das Symbol im Werkzeugbedienfeld.
	Zauberstab (Bereiche nach Farbe wählen): Der Zauberstab erzeugt einfach durch Anklicken eine Auswahl eines zusammenhängenden Bereichs einer Farbe bzw. wählt Bereiche ähnlicher Farben im Bild.
	 **Schnellauswahl-Werkzeug** (Automatisches Auswahlwerkzeug): Ein Vordergrund-Objekt einfach durch über Übermalen mit dem Pinsel grob markieren. Die Detailauswahl errechnet das Programm. **Auswahlpinsel:** Eine Auswahl mit einem Pinsel direkt auf das auszuwählende Bildobjekt malen. Flyout-Menü: Je nach zuletzt gewähltem Werkzeug ändert sich das Symbol im Werkzeugbedienfeld.

Symbol	Erläuterung
	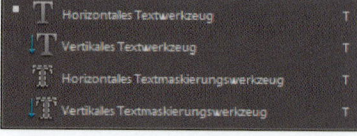 **Horizontales Textwerkzeug** bzw. **Vertikales Textwerkzeug:** Werkzeug zum Schreiben von waagerechtem bzw. senkrechtem Text und zum Formatieren von Text im Bild. Text wird als Vektorform hinterlegt und kann deshalb auch nachträglich mit dem Werkzeug editiert und korrigiert oder ergänzt werden. **Horizontales Textmaskierungswerkzeug – Vertikales Textmaskierungswerkzeug:** Erzeugt eine Auswahl in Form von waagerechtem oder senkrechtem Text. Diese Auswahl kann zum Füllen oder Auskopieren von Bildinhalten bzw. auch zum Stanzen in Form des Textes verwendet werden. Flyout-Menü: Je nach zuletzt gewähltem Werkzeug ändert sich das Symbol im Werkzeugbedienfeld.
	 **Freistellungswerkzeug:** Mit diesem Werkzeug können Sie ein Bild auf einen beliebigen Ausschnitt hin oder auf ein festzulegendes, gewünschtes Maß zuschneiden. **Neu-zusammensetzen-Werkzeug:** Mit diesem Werkzeug können Sie die Größe eines Bildes ändern und anpassen, jedoch so, dass wesentliche Bildinhalte nicht verzerrt werden, sondern in ihrer Größe erhalten bleiben. Dabei können Sie wählen, ob ein Bildinhalt erhalten bleiben soll oder gelöscht werden kann. Flyout-Menü: Je nach zuletzt gewähltem Werkzeug ändert sich das Symbol im Werkzeugbedienfeld.
	Ausstecher: Vektorbasiertes Werkzeug, das eine zu wählende Form aus einer Ebene ausstanzt. Übrig bleibt die ausgestanzte Form mit dem umfassten Bildinhalt.
	Gerade-ausrichten-Werkzeug: Damit können verkantete Bilder waagerecht gerade ausgerichtet werden.
	Rote-Augen-entfernen-Werkzeug: Entfernt rotgeblitzte Augen im Bild.
	 **Bereichsreparatur-Pinsel:** Pinsel, der z. B. Flecken und Stromleitungen einfach durch Übermalen entfernt, weil die beim Malen markierte Bildinformation mit Bildinformation aus der Umgebung übermalt wird. **Reparatur-Pinsel:** Bildinformation, die zuerst aus dem Bild aufgenommen werden muss, wird an einer anderen Stelle des Bildes abgelegt und automatisch an die Helligkeit der Umgebung dort angepasst. Flyout-Menü: Je nach zuletzt gewähltem Werkzeug ändert sich das Symbol im Werkzeugbedienfeld.
	 **Kopierstempel:** Stempelt und malt über schadhafte Bildstellen mit Bildinformation, die an einer anderen Stelle des Bildes aufgenommen wird. **Musterstempel:** Stempelt und übermalt Bildbereiche mit einem Muster, das Sie auswählen können. Flyout-Menü: Je nach zuletzt gewähltem Werkzeug ändert sich das Symbol im Werkzeugbedienfeld.

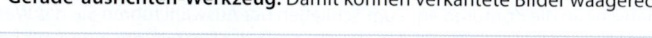

Symbol	Erläuterung
	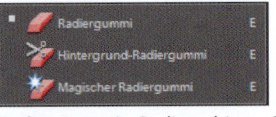

Radiergummi: »Radiert« bis zur Transparenz bzw. Hintergrundfarbe des Bildes.

Hintergrund-Radiergummi: Zunächst muss die Hintergrundfarbe gekennzeichnet werden, dann entfernt das Werkzeug nur Bereiche dieser Farbe, Bereiche mit nicht ähnlichen Farben im Randbereich des Werkzeugs werden nicht mit wegradiert. Geeignet zum Freistellen von Bildobjekten.

Magischer Radiergummi: Klicken Sie auf einen Bereich des Hintergrunds – das Werkzeug entfernt automatisch alle ähnlichen Farben in der Umgebung. Bereiche mit nicht ähnlichen Farben – und damit z. B. gewünschte Bildobjekte – bleiben stehen und werden freigestellt.

Flyout-Menü: Je nach zuletzt gewähltem Werkzeug ändert sich das Symbol im Werkzeugbedienfeld. |
| 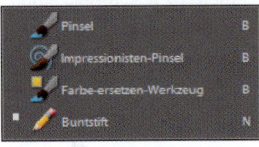 |

Pinsel und **Buntstift:** Malen mit einer frei wählbaren Pinselspitze (Form, Größe, Kantenschärfe) mit der gewählten Vordergrundfarbe.

Impressionisten-Pinsel: Die mit dem Werkzeug übermalten Flächen erhalten die Charakteristika des Pinselstrichs der impressionistischen Maler – die entsprechenden Bildflächen erscheinen »getupft«.

Farbe-ersetzen-Werkzeug: Vorab muss mit dem Werkzeug eine Farbe aus dem Bild gewählt werden. Danach erhalten die mit dem Werkzeug übermalten Flächen eine Farbe in Tönung der gewählten Farbe, abhängig von der Helligkeit des übermalten Bildbereiches.

Flyout-Menü: Je nach zuletzt gewähltem Werkzeug ändert sich das Symbol im Werkzeugbedienfeld. |
|  |

Smartpinsel-Werkzeug: Fotoretusche-Werkzeug, um bestimmte, aus einer Liste wählbare Effekte und Fotokorrekturen wie Farb- und Helligkeitskorrekturen auf bestimmte Bildbereiche anzuwenden. Das Werkzeug funktioniert dabei wie ein automatischer Auswahlpinsel: Schon bei grobem Darübermalen erkennt es den gewünschten Bereich und wendet die Korrektur auf diesen an. Das Werkzeug hat eigene Korrekturmöglichkeiten. Es bietet nur runde oder elliptische Pinselspitzen unterschiedlicher Größe und Härte. Gedacht ist es zur Korrektur größerer, klar konturierter Flächen.

Detail-Smartpinsel-Werkzeug: Fotoretusche-Werkzeug wie der Smartpinsel, jedoch mit dem Standardsatz an Pinselspitzen zur Auswahl. Gedacht ist es zur Korrektur kleinerer Flächen und zur Nachkorrektur der Arbeit mit dem Smartpinsel.

Flyout-Menü: Je nach zuletzt gewähltem Werkzeug ändert sich das Symbol im Werkzeugbedienfeld. |
| | **Füllwerkzeug:** Füllt Ebenen und Auswahlen mit einer Farbe (Vordergrundfarbe). |
| | **Verlaufswerkzeug:** Füllt Ebenen und Auswahlen mit einem Farbverlauf (Standard: Vordergrundfarbe zu Hintergrundfarbe). |

Symbol	Erläuterung
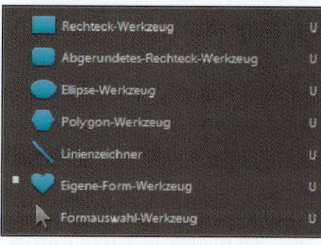	 **Vektorbasierte Formwerkzeuge:** Diese Werkzeuge erzeugen vektorbasierte vorgegebene bzw. frei wählbare Formen (vergleiche Ausstecher). Die erstellten Formen können mit dem **Formauswahl-Werkzeug** transformiert, vergrößert, verkleinert sowie gedreht und geneigt werden. Vektorbasierte Formen lassen sich sehr gut nachträglich verändern und dabei z. B. beliebig skalieren. Die Auswahl der Formen für das **Eigene-Form-Werkzeug** ist sehr groß. Sie umfasst z. B. Symbole, Sprechblasen und Pfeile. Flyout-Menü: Je nach zuletzt gewähltem Werkzeug ändert sich das Symbol im Werkzeugbedienfeld.
	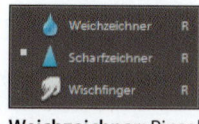 **Weichzeichner:** Pinsel, mit dem übermalte Bildbereiche weichgezeichnet – unscharf dargestellt werden können. **Scharfzeichner:** Pinsel, mit dem Bildbereiche per Hand nachgeschärft werden können. **Wischfinger:** Pinsel, mit dessen Hilfe Konturen und Übergänge verwischt werden können. Flyout-Menü: Je nach zuletzt gewähltem Werkzeug ändert sich das Symbol im Werkzeugbedienfeld.
	 **Schwamm:** Pinselwerkzeug, mit dem in den übermalten Bildbereichen die Farbsättigung (Farbintensität) reduziert oder gesteigert werden kann. **Abwedler:** Pinselwerkzeug, mit dem stufenlos in den übermalten Bildbereichen die Helligkeit gesteigert werden kann. **Nachbelichter:** Pinselwerkzeug, mit dem die übermalten Bildbereiche abgedunkelt werden können. Flyout-Menü: Je nach zuletzt gewähltem Werkzeug ändert sich das Symbol im Werkzeugbedienfeld.
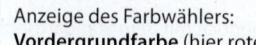	Anzeige des Farbwählers: **Vordergrundfarbe** (hier rotes Feld, Mal-, Füll – und Textfarbe; erste Farbe im Standard-Farbverlauf). **Hintergrundfarbe** (hier weißes Feld, »Papierfarbe« bei Hintergrundebenen, zweite Farbe im Standard-Farbverlauf). Ein linker Mausklick auf eines der Farbfelder ruft den jeweiligen eigentlichen Farbwähler auf. **Gebogener Doppelpfeil** (Symbol rechts oben): anklicken wechselt Vordergrund- und Hintergrundfarbe. **Schwarzweißes Symbol** (links unten): setzt die Farben auf Schwarz (Vordergrundfarbe) und Weiß (Hintergrundfarbe) zurück.

7 Arbeiten mit den verschiedenen Ansichten des Editors

Gut, einen ersten Einblick in die Programmoberfläche haben Sie nun gewonnen. Haben Sie mitgemacht und etwas experimentiert? Dann können wir jetzt wirklich beginnen. Um Ihnen den Eindruck zu vermitteln, den Sie auch beim Arbeiten mit dem Programm haben, erfolgen die weiteren Beschreibungen in der Reihenfolge eines normalen Arbeitsablaufes. Dabei werden Sie auch die Möglichkeiten der verschiedenen Ansichten des Editors kennenlernen.

7.1 Ein Bild öffnen und bearbeiten

Die erste Aufgabe, die ansteht, ist das Öffnen des Bildes, mit dem Sie arbeiten möchten. In den Kapiteln 5.3.7 bzw. 5.4 haben Sie bereits erfahren, wie Sie ein Bild aus dem Organizer bzw. Bridge oder iPhoto heraus aufrufen können. Nun werden wir ein Bild aus dem Fenster des Editors heraus aufrufen. Im Editor werden wir das Bild einrichten, zur Schnellkorrektur wechseln, einige Arbeiten an dem Bild ausführen und es abschließend speichern. Wie Sie ein digitales Negativ, ein Raw-Bild öffnen, zunächst im Raw-Konverter *Camera Raw* entwickeln und anschließend an den Editor übergeben, erfahren Sie in Kapitel 29.

7.1.1 Eine Bilddatei im Editor öffnen

Soweit Sie es nicht schon getan haben, starten Sie Photoshop Elements und wählen im Startbildschirm *Bearbeiten*. Das Programm lädt und öffnet das bereits bekannte Fenster des Editors. Hier wählen Sie im Menü *Datei – Datei öffnen* (siehe Abb. 7.1).

Abb. 7.1

Das Menü Datei mit den Menübefehlen zum Öffnen, das Fenster Öffnen mit der Auswahl des Ordners und das Menü Ansicht im Fenster Öffnen

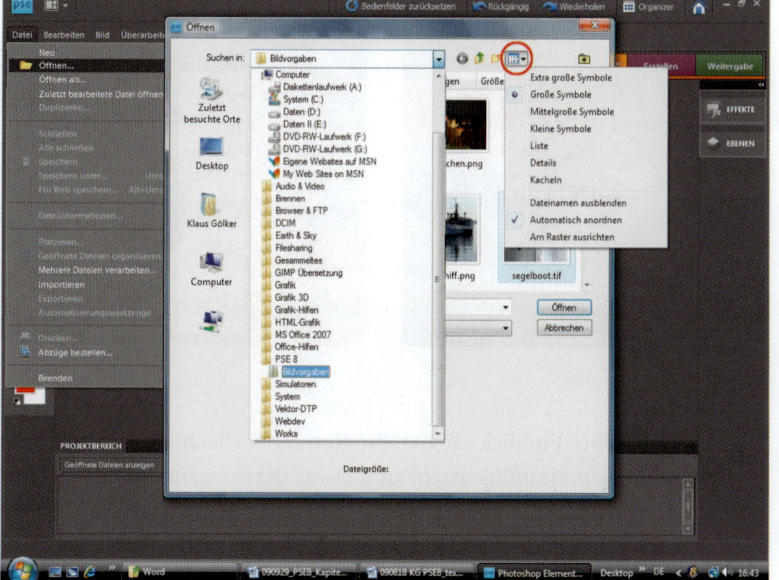

Es öffnet sich das Fenster *Öffnen*, über dessen Auswahlmenü oben Sie nach der gewünschten Datei in den Laufwerken und Verzeichnissen auf Ihrem Rechner suchen können. Um auch in diesem Fenster ein Vorschaubild der gewünschten Datei zu sehen und um leichter nach bestimmten Bildern suchen zu können, wählen Sie im Menü *Ansicht* (roter Kreis) in diesem

Fenster den Menüpunkt *Mittelgroße Symbole* bzw. *Große Symbole*. Doppelklicken Sie auf das gewünschte Bild im Dialogfenster *Öffnen*, und es wird in einem eigenen Bildfenster im Programm geöffnet. In unserem Beispiel wählen wir das Foto *segelboot.tif* aus dem Ordner *Bildvorgaben* auf der Buch-DVD.

Mac-Tipp: Das Öffnen eines Bildes aus dem Editor heraus erfolgt auch am Mac über das Menü *Datei*.

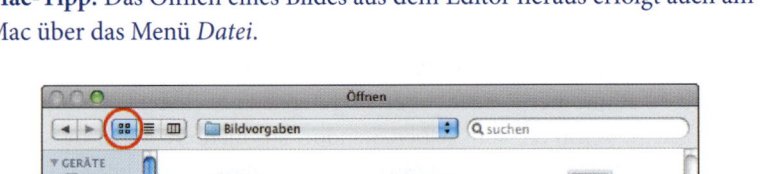

Abb. 7.2
Das Fenster Öffnen unter Mac OS X. Um eine Vorschauanzeige der Bilder zu erhalten, muss die rot markierte Schaltfläche geklickt sein.

Hier eine kurze Übersicht über alle Möglichkeiten im Menü *Datei*, ein Bild anzulegen oder zu öffnen:

- **Neu – Leere Datei:** Legt nach Ihren Maßgaben von Größe und Eigenschaften ein leeres Bild an, in dem Sie eine Grafik erstellen oder ein Fotolayout anlegen können. Wenn Sie zuvor ein Bild, z. B. einen Screenshot, aber auch ein Bild aus einer anderen Anwendung in die Zwischenablage kopiert haben, können Sie es anschließend über das Menü *Bearbeiten* in das neue Bild einfügen.
- **Neu – Bild aus Zwischenablage:** Mit der Tastenkombination Steuerung (Strg/Ctrl) + Druck (Print) können Sie einen Bildschirmschnappschuss, einen so genannten Screenshot, anfertigen, der als Bild in der Zwischenablage gespeichert wird. Mit *Neu – Aus Zwischenablage* wird dieser zum Speichern bzw. zur weiteren Bearbeitung in ein neues Bild mit entsprechender Größe und entsprechenden Eigenschaften eingefügt. Diese Technik wurde für die Bildschirmabbildungen dieses Buches verwendet.

  Aber auch wenn Sie etwas aus einem Bild mit Hilfe einer Auswahl auskopieren, können Sie die auskopierten Bildinhalte hier als eigenes neues Bild anlegen. Beachten Sie, dass die Zwischenablage normalerweise immer nur ein Element aufnehmen kann.

- **Neu – Photomerge-Gruppenbild:** Stellt eine Verknüpfung zu dem Programmteil Photomerge dar, in dem Sie ein optimiertes Bild aus einer Bilderserie desselben Motivs anlegen können. Gedacht, um aus mehreren Gruppenfotos derselben Personen ein optimales Bild zu zaubern, bei dem alle in die Kamera blicken und lächeln.

- **Neu – Photomerge-Gesichter:** Ruft das Programmteil Photomerge auf, um eine optimierte Gesichtscollage aus mehreren Porträtaufnahmen ein und derselben Person zu erstellen. Sie können damit aber auch den Schnabel eines Kakadus in Ihr Gesicht verpflanzen.

- **Neu – Photomerge-Szenenbereinigung:** Ein weiterer Photomerge-Assistent. Wenn Sie vom selben Standort aus mehrere Bilder desselben Motivs gemacht haben, mag es vorkommen, dass einmal links und einmal rechts im Bild störende Elemente mit auf der Aufnahme sind. Mit Photomerge-Szenenbereinigung überlagern Sie diese Bilder und können anschließend leicht die störenden Bildelemente herausretuschieren: grob gesprochen der Touristen-Entferner aus Photoshop Elements.

- **Neu – Photomerge-Panorama:** Öffnet das Programmteil Photomerge, um ein nahtloses Panoramabild aus mehreren Teilbildern, z. B. eines Landschaftspanoramas, zusammenzufügen.

- **Neu – Photomerge-Belichtung:** Noch ein Photomerge-Assistent. Beispiel: Wenn Sie bei einer Nachtaufnahme eine Person im Vordergrund mit Blitzlicht fotografieren, wird in der Regel der Hintergrund zu wenig ausgeleuchtet und nur schemenhaft abgebildet. Sie können aber auch so vorgehen, dass Sie die Aufnahme einmal ohne Blitz fotografieren (dies besser mit Stativ) – der Hintergrund erscheint dann besser ausgeleuchtet. Ein zweites Mal fotografieren Sie mit Blitzlicht und leuchten dabei die Person im Vordergrund richtig aus. Anschließend überlagern Sie die Aufnahmen in Photomerge-Belichtung. Die Bilder werden überblendet und ein optimal ausgeleuchtetes Bild entsteht.

- **Öffnen:** Die Standardfunktion zum Öffnen von Bildern und Dateien, bekannt aus den meisten Windows-Programmen. Öffnet das Fenster *Öffnen* wie vor gezeigt.

- **Öffnen als:** Soll es ermöglichen, ein Bild, dessen Dateiformat nicht eindeutig bekannt ist, zu öffnen. Wählen Sie im sich öffnenden Fenster die Datei und anschließend dort unter *Öffnen als* ein Dateiformat. Klicken Sie anschließend auf *Öffnen*. Soweit es nicht funktioniert, entspricht das gewählte nicht dem tatsächlichen Dateiformat, oder die Datei ist beschädigt. Eine etwas obskure Funktion. Wenn das Dateiformat wirklich nicht automatisch vom Programm erkannt wird, mag es hilfreich sein, zunächst JPEG, dann Camera Raw, dann TIFF und BMP zu versuchen.

- **Zuletzt bearbeitete Datei öffnen:** Das Untermenü hinter diesem Menüpunkt bietet eine Liste mit zehn Bildern, die Sie bearbeitet haben, das zuletzt bearbeitete zuoberst. Die Anzahl der angezeigten Dateien können Sie ändern über *Bearbeiten – Voreinstellungen – Dateien speichern.* Ändern Sie hier den Wert bei *Liste der letzten Dateien umfasst ...*

▪ **Duplizieren:** Öffnet eine Kopie des im aktiven Bildfenster geöffneten Bildes, um mit der Kopie weiter zu arbeiten oder um eine Kopie des geöffneten Bildes z. B. in einem anderen Dateiformat oder als Sicherung eines bestimmten Bearbeitungsschrittes zu speichern.

7.1.2 Das Bildfenster

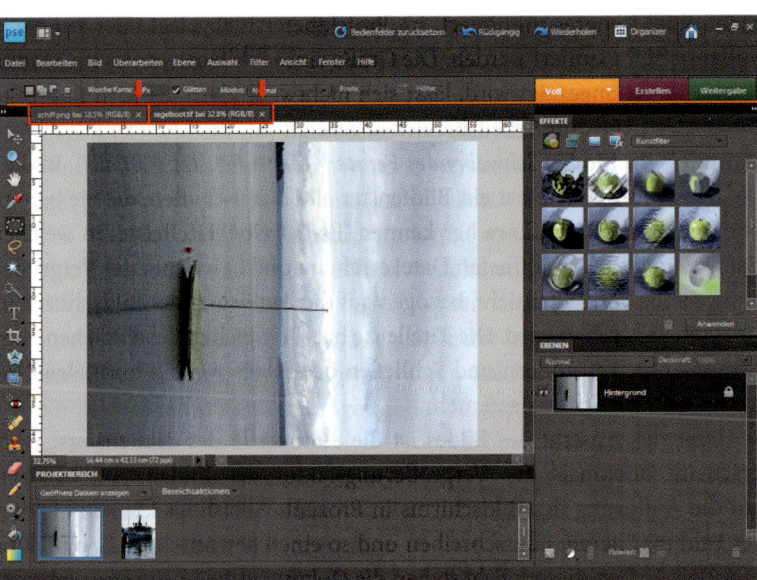

Abb. 7.3 und 7.4
Bildfenster im Programmfenster. Das obere Bild zeigt mehrere geöffnete Bilder in Bildfenstern, die in Registerkarten am oberen Rand des Arbeitsbereichs nebeneinander angedockt sind. Das untere Fenster zeigt dieselben Bilder in so genannten schwebenden Fenstern. Ganz unten links zu erkennen: Ein Bildfenster wurde minimiert und vom Programm in der Statusleiste abgelegt.

Bild auch hier wieder mit Doppelklick aus dem Projektbereich heraus aufrufen.

Die Schaltflächen zum Minimieren und Maximieren des Bildfensters finden Sie in der Mac-Version selbstverständlich wie gewohnt in der Titelleiste links.

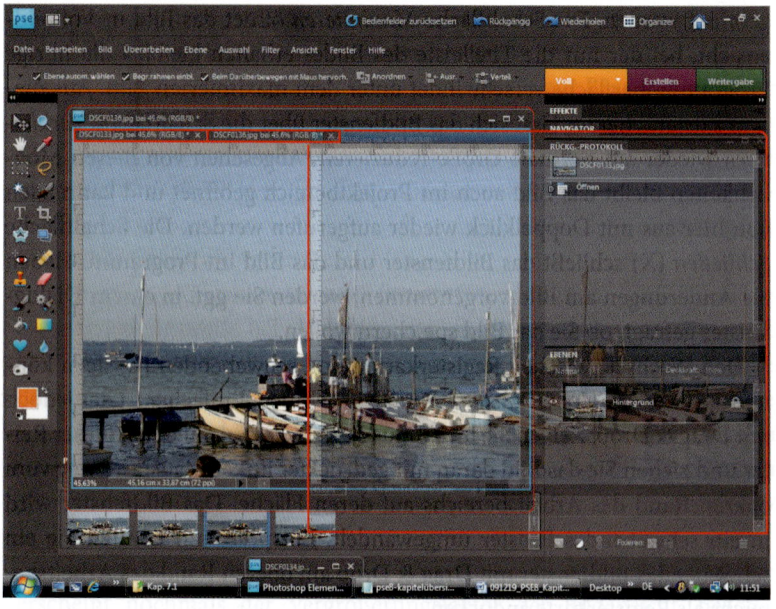

Abb. 7.5
Zwei Bilder mit Registerkarten in einem schwebenden Bildfenster. Ein weiteres Bild (halbtransparent, rechts) wird gerade angedockt.

7.1.3 Das Fenster der Schnellkorrektur – vereinfachtes Arbeiten mit einer Vergleichsmöglichkeit Vorher – Nachher

Sehen Sie sich noch einmal das Fenster des Editors an. Unter der Menüleiste sehen Sie über dem Bedienfeldbereich links die orange Registerkarte *Voll* (Editor), die anzeigt, in welcher Ansicht des Programms Sie derzeit arbeiten. Hier finden Sie auch ein Auswahlmenü (über den kleinen Pfeil nach unten), über das Sie die anderen Programmansichten wählen können: *Schnell* für die Schnellkorrektur und die für den Editor mit *Assistent*. Klicken Sie auf *Schnellkorrektur*. Das Bild weist keine großen Bildfehler auf, wir werden es mit deren Mitteln bearbeiten und dabei diese Programmoberfläche kennenlernen (siehe Abb. 7.6).

Wie Sie sehen ist die integrierte **Menüleiste** gleich geblieben. Tatsächlich ist die Schnellkorrektur so gesehen nur ein vereinfachtes Fenster des Editors. In den Menüs allerdings stehen in der Schnellkorrektur nicht alle Menüpunkte wie im Editor zur Verfügung. So können Sie keine Bildinhalte kopieren oder ausschneiden, selbst wenn Sie sie mit einem Auswahlwerkzeug ausgewählt haben. Das Bildfenster selbst ist vereinfacht und maximiert. Sie können es nur schließen.

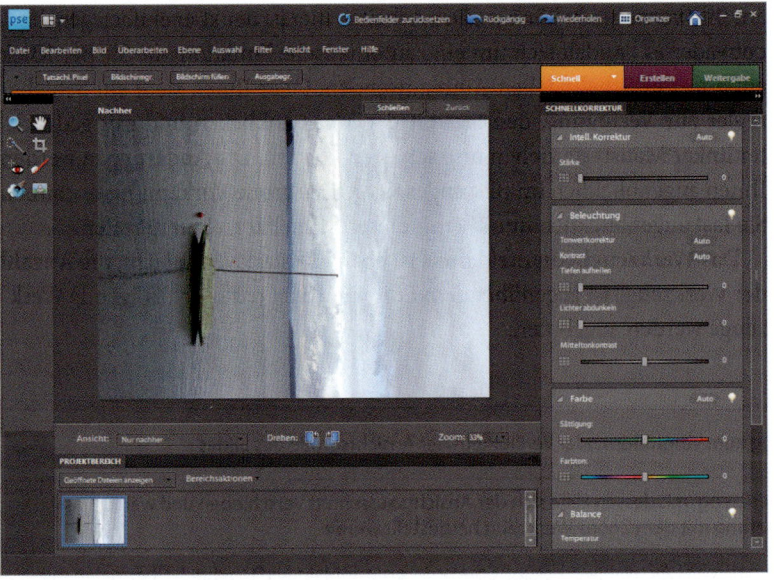

Abb. 7.6
Das Fenster der Schnellkorrektur

Rechts über dem Bild im Bildfenster sehen Sie eine Schaltfläche **Zurück**, die zunächst ausgegraut ist. Ein Klick auf diese Schaltfläche versetzt das Bild wieder in den Ausgangszustand zurück, alle Bearbeitungsschritte werden dabei rückgängig gemacht. Wollen Sie einzelne Arbeitsschritte zwischendurch rückgängig machen, verwenden Sie die Schaltfläche *Rückgängig* über der Menüleiste.

Projektbereich und **Statuszeile** unter der Arbeitsfläche mit dem Bild entsprechen dem Editorfenster. Dafür gibt es direkt unter dem Bild eine Leiste mit verschiedenen Funktionen. *Ansicht* bietet ein Auswahlmenü, in dem Sie z. B. wählen können, ob das Bild immer im aktuellen Bearbeitungszustand zu sehen sein soll *(Nur nachher)*, ob Sie nur den Originalzustand betrachen möchten *(Nur vorher)*, oder ob Sie einen Vergleich haben möchten *(Vorher und nachher – horizontal (nebeneinander) bzw. Vorher und nachher – vertikal (übereinander))*, was vor allem bei Farb- und Helligkeitskorrekturen zu empfehlen ist.

Die beiden klickbaren Symbole bei **Drehen** drehen das Bild jeweils um 90° gegen den oder im Uhrzeigersinn. Das Feld bei **Zoom** bietet auf einen Klick einen Schieberegler, mit dem Sie stufenlos die Vergrößerungsstufe des Bildes einstellen können. Sie können aber auch in das Feld klicken und einfach die gewünschte Vergrößerungsstufe als Zahl in Prozent eintragen. Diese Eingabe müssen Sie mit Drücken der Eingabe-/Enter-Taste bestätigen.

Rechts im Fenster finden Sie die Spalte mit den Registern *Intell. Korrektur*, *Beleuchtung*, *Farbe*, *Balance* und *Details*. Diese bieten Bearbeitungsmöglichkeiten, mit denen Sie entsprechende Änderungen und Korrekturen am Bild vornehmen können. Das Arbeiten hier ist denkbar einfach gehalten: entweder es handelt sich um eine automatische Funktion, die Sie per Klick auf eine der Schaltflächen Auto anwenden. Oder Ihnen steht ein Schieberegler zur Verfügung, den Sie mit der Maus anklicken und mit gedrückter linker Maustaste ziehen und schieben können. Die Änderungen werden Ihnen augenblicklich im Bild angezeigt. Ohne große Vorkenntnisse können Sie fast augenblicklich intuitiv mit dieser Schnellkorrektur arbeiten.

Das **Werkzeugbedienfeld** links ist ebenfalls stark vereinfacht, die Anzahl der Werkzeuge ist gegenüber dem Editor auf acht reduziert. Folgende Werkzeuge werden angeboten:

	Zoom-Werkzeug (Lupe): Werkzeug zum Vergrößern oder Verkleinern der Ansichtsgröße des Bildes
	Hand-Werkzeug: Verschieben-Werkzeug, mit dessen Hilfe sich der Ansichtsausschnitt verschieben und wählen lässt, wenn zuvor eine Ansichtsvergrößerung mit dem Zoom-Werkzeug hergestellt wurde
	Schnellauswahl-Werkzeug (Automatisches Auswahlwerkzeug): Ein Vordergrundobjekt einfach durch Übermalen mit dem Pinsel grob markieren. Die Detailauswahl errechnet das Programm.
	Freistellungswerkzeug: Mit diesem Werkzeug können Sie ein Bild auf einen beliebigen Ausschnitt hin oder auf ein festzulegendes, gewünschtes Maß zuschneiden.
	Rote-Augen-entfernen-Werkzeug: Entfernt rotgeblitzte Augen im Bild.
	Zähne bleichen: Dieses Werkzeug ist eine Auswahl aus dem Smartbrush-Werkzeug des Editors. Hier steht Ihnen eine Art Auswahlpinsel zur Verfügung, der beim Darübermalen automatisch die vergilbten Zähne lächelnder Personen bleicht.
	Düsteren Himmel blau einfärben: Eine weitere Auswahl aus dem Smartbrush-Werkzeug des Editors. Dieser Auswahlpinsel färbt einen grauen Himmel beim Übermalen automatisch blau ein.
	Schwarzweiß – Hoher Kontrast: Noch eine Auswahl aus dem Smartbrush-Werkzeug des Editors. Mit diesem Auswahlpinsel werden beim Übermalen zusammenhängende Bildbereiche oder letztendlich das ganze Bild in eine kontrastreiche Schwarzweißdarstellung umgewandelt.

7.1.4 Einfache Bildbearbeitung – Arbeitsschritte

Um kurz das Arbeiten mit dieser Programmansicht kennenzulernen, probieren Sie einmal folgendes: Zunächst soll unser Bild um 90° gegen den Uhrzeigersinn gedreht werden, und wir wollen die Farben etwas auffrischen. Machen Sie mit, hier sind die Arbeitsschritte.

- Starten Sie das Programm, und wählen Sie im Startbildschirm *Bearbeiten*.

- Im Fenster des Editors wählen Sie das Menü *Datei – Öffnen*. Suchen Sie im Fenster *Öffnen* nach Ihrem DVD-Laufwerk, in dem die DVD zum Buch eingelegt sein sollte. Im Verzeichnis *Bildvorgaben* wählen Sie das Bild *segelboot.tif* und öffnen es wie beschrieben.

- Wechseln Sie im Editorfenster zur *Schnellkorrektur*.

- Wählen Sie im Fenster der Schnellkorrektur bei *Ansicht Vorher und nachher – horizontal* (nebeneinander). Sie arbeiten nun im rechten Bild.

- Drehen Sie das Bild per Klick auf das linksdrehende Symbol bei *Drehen* um 90° nach links.

- Nun wählen Sie das Werkzeug *Düsteren Himmel blau einfärben* und malen damit über einen Teilbereich des Himmels. Dieser wird vom Werkzeug automatisch in einer Auswahl erfasst, selbst wenn Sie nicht über den ganzen Himmel malen – der Himmel wird blau eingefärbt.

- Experimentieren Sie nun mit den Schiebereglern in der Spalte rechts: Den Schieberegler bei *Beleuchtung: Tiefen aufhellen* (nur dunkle Bildpunkte heller machen) ziehen Sie auf einen Wert von etwa +40, den Wert bei *Farbe: Sättigung* (Farbintensität) stellen Sie ebenfalls auf etwa +40. Nun stellen Sie noch *Beleuchtung: Mitteltonkontrast* (nur den Kontrast von Pixeln mittlerer Helligkeit ändern) auf einen Wert von etwa +45. Es war doch freundliches Wetter an diesem Herbsttag!

- Legen Sie einen Ordner *Übungen* auf Ihrem Rechner an im Verzeichnis *[Benutzerordner]/Bilder*.

- Speichern Sie das Bild als *segelboot.tif* im Ordner *Übungen* (siehe Kapitel 7.5).

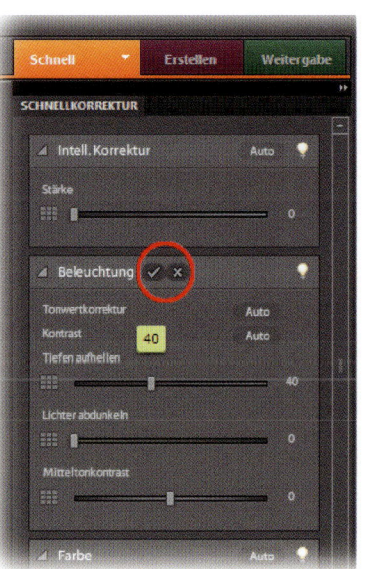

Abb. 7.7

Stoppzeichen zum Abbrechen und Häkchen zum Ausführen nach einer Aktion mit den Schiebereglern

Es gilt erst einmal, ein Gefühl für die Handhabung der Maus zu bekommen, z. B. um beim Arbeiten mit einem Schieberegler fein dosieren zu können. Beachten Sie eines: Wenn Sie in einem der Register rechts eine Schaltfläche betätigen oder einen Schieberegler ziehen, ist dies schon ein Arbeitsschritt. Sie können dabei einfach von Einstellung zu Einstellung gehen. Zunächst erwartet das Programm von Ihnen, dass Sie Ihre Arbeitsschritte bestätigen. Dazu bietet es Ihnen in den Titelleisten der Rubriken nach einer Aktion Ihrerseits zwei Schaltflächen an: ein *X-Zeichen*, um die Aktion abzubrechen, und ein *Häkchen*, um die Aktion zu bestätigen und anzuwenden. Wenn Sie jedoch einfach weiterarbeiten, werden Ihre vorhergehenden Einstellungen einfach übernommen. So oder so, Sie können jede Aktion nach der Ausführung über die Schaltfläche *Rückgängig* über der Menüleiste oben rückgängig machen. Über die Schaltfläche *Zurück* verwerfen Sie alle bisherigen Arbeitsschritte und beginnen wieder beim Ausgangszustand des Bildes.

Abb. 7.8
Die Schnellkorrektur mit dem Vergleich
Vorher – Nachher

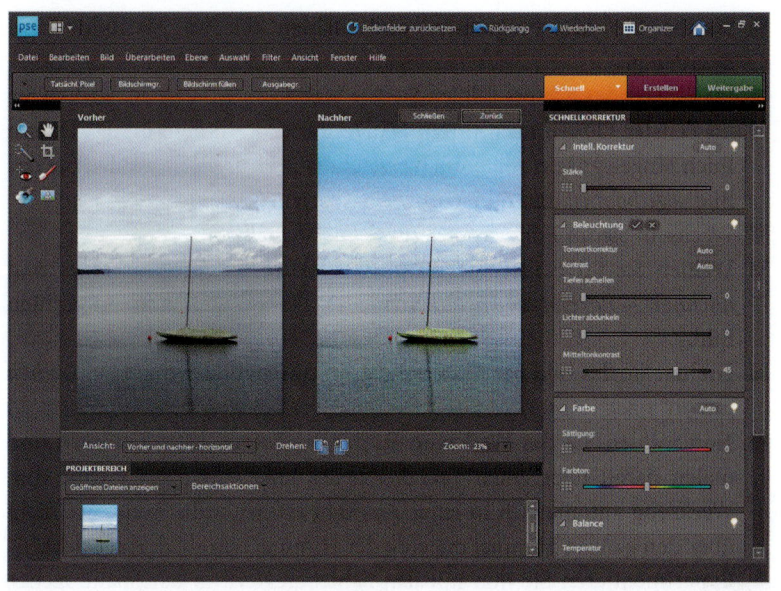

7.1.5 Die Programmansicht Editor mit Assistent

Betrachten wir noch kurz die Programmansicht **Assistent**. Sehen wir uns an, wie das Zuschneiden bzw. Freistellen eines Bildes damit funktioniert, um eine Vorstellung von den Möglichkeiten dieser geführten Bearbeitungsansicht zu erhalten. Sie ist gedacht für Fotoenthusiasten, für die Photoshop Elements neu ist und die noch keine Möglichkeit hatten, sich in das Programm einzuarbeiten. Für sie sind hier grundlegende Bearbeitungsschritte in einer logischen Abfolge aufgeführt, die sie nacheinander abarbeiten können. Dabei ist das Programmfenster noch einfacher gehalten als in der Schnellkorrektur (vgl. Kapitel 7.1.3).

Als Werkzeuge werden lediglich das Zoom-Werkzeug und das Hand-Werkzeug angeboten. In der Spalte rechts sind aufeinanderfolgende Bearbeitungsbereiche mit einzelnen Aufgaben gelistet. Die Liste beginnt mit grundlegenden Bearbeitungsaufgaben wie Zuschneiden des Bildes und Aufrichten. Es folgen Korrekturen von Beleuchtung und Belichtung, Farbkorrekturen und Anweisungen zur Korrektur von Bildfehlern wie störenden Bildelementen. Dann werden auch Anleitungen zum Einsatz von *Photomerge* angeboten, jenem Programmteil, mit dem z. B. auch Panoramaaufnahmen zusammengefügt werden können. Zuletzt bieten *Automatisierte Aktionen* und *Fotografische Effekte* schnelle Möglichkeiten, das Bild z. B. in Richtung einer alten Aufnahme oder einer Bleistiftskizze zu verfremden – einige sehr schöne Effekte.

Beginnen wir mit dem Zuschneiden des Bildes. Öffnen Sie noch einmal das Ausgangsbild *segelboot.tif* aus dem Ordner *Bildvorgaben* auf der DVD.

Wechseln Sie im Editor zur Ansicht *Assistent*, indem Sie diese oben rechts im Auswahlmenü der orangegelben Registerkarte des Editors wählen (vgl. Abb. 7.9). Im Fensterbereich rechts beginnen Sie mit Klick auf *Grundlegende Fotobearbeitungen – Foto freistellen.* Es öffnet sich rechts eine neue Ansicht.

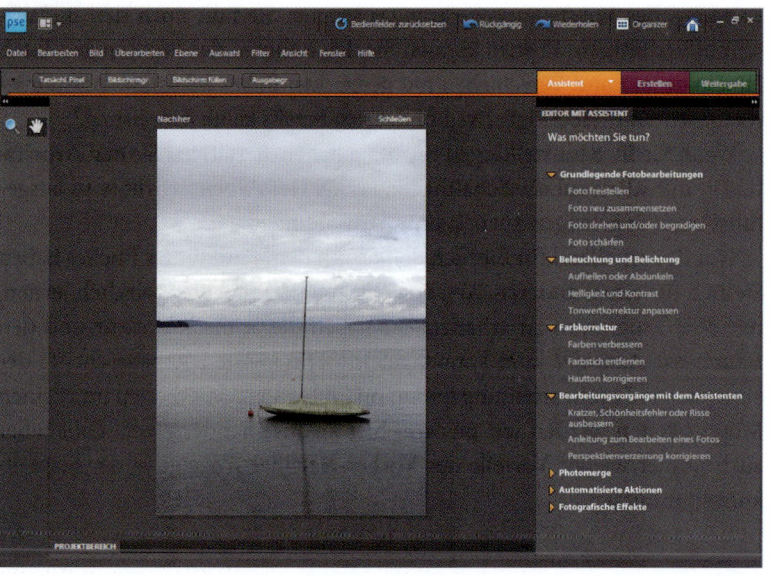

Abb. 7.9
Die Programmansicht des Editors mit Assistent

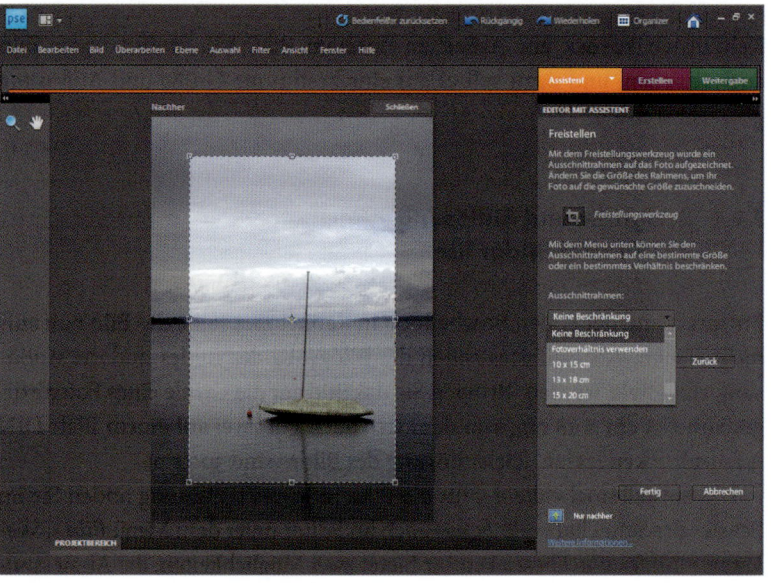

Abb. 7.10
Die Funktion Freistellen im Fenster des Editors mit Assistent

Im Bildfenster wird nun der Rahmen des Freistellungswerkzeugs angezeigt. In der Spalte rechts finden Sie Anweisungen, wie Sie das Werkzeug einsetzen können. Zunächst sind keine Beschränkungen für das Seitenverhältnis beim Zuschneiden gesetzt, Sie können mit dem Werkzeug einen Ausschnitt in beliebiger Größe ohne festgelegtes Seitenverhältnis auswählen. Im Auswahlmenü bei *Ausschnittrahmen* können Sie jedoch auch aus einer Liste vorgegebener typischer Fotogrößen ein Bildformat mit festem Seitenverhältnis auswählen. Durch Ziehen der Ränder über die Eckpunkte des gestrichelten Rahmens des Freistellungswerkzeuges können Sie nun noch den Bildausschnitt bestimmen. Ebenso können Sie den Rahmen des Werkzeuges durch Hineinklicken und Verschieben mit gedrückter linker Maustaste positionieren. Doch für diese Möglichkeit findet sich bereits keine Anweisung.

Wenn Sie Ihre Einstellungen getroffen haben, bestätigen Sie den Arbeitsschritt mit Klick auf die Schaltfläche *Fertig*. Der Arbeitsschritt wird ausgeführt und Sie gelangen zurück zum Auswahlmenü.

War das erhellend für Sie? Ich denke, mit dem Kauf dieses Buches haben Sie sich für einen anderen Weg entschieden und möchten wirklich lernen, mit dem Programm zu arbeiten. Sie haben die *Schnellkorrektur* und den *Editor mit Assistent* kurz kennengelernt. Die meisten Arbeitsschritte der eigentlichen Fotobearbeitung finden im Editor statt. Mit diesem und seinen Möglichkeiten werden wir uns von hier an auseinandersetzen, dabei aber auch immer wieder Vorteile der Vorher-Nachher-Anzeige in der Schnellkorrektur nutzen.

7.2 Bildgröße und Auflösung

Kehren wir zurück zur Arbeit an unserem Bild. Wir wollen unser Bild auch drucken, und dazu soll es auf eine bestimmte Größe und Auflösung gebracht werden.

7.2.1 Bildgröße und Auflösung einrichten – das Fenster Bildgröße

Entsprechend der ersten Bearbeitung in Kapitel 7.1.4 sollte das Bild nun aufrecht stehen. Als Nächstes sollen die Bildgröße des Bildes und die Auflösung eingestellt werden. Bringen Sie das Bild auf die Größe eines Fotoabzuges von 13,5 cm × 18 cm, von dem sich auch gut zwei auf einem Blatt DIN A4 ausdrucken lassen. Zielauflösung des Bildes sind 300 ppi.

Die Einstellmöglichkeiten für die Bildgröße und Auflösung finden Sie im Fenster der Schnellkorrektur, wie auch im Editor unter dem Menü *Bild – Skalieren – Bildgröße*. Dieses Fenster bietet zwei Möglichkeiten, die Abmessungen, die Größe eines Bildes einzustellen. Einmal ohne Neuberechnung des Bildes, d.h., bei der Änderung der Abmessungen bleibt die gesamte Anzahl der Bildpunkte/Pixel gleich. Damit bleibt die Ausgangsqualität des Bildes erhalten, allerdings variiert dann die Auflösung, was bei Werten unter 150 ppi zu Ausdrucken minderer Qualität führen kann. Dies kann geschehen, wenn die Abmessungen des Bildes stark vergrößert werden. Da bei dieser Methode die Pixel in ihrer Größe variieren, werden sie zu grob.

Bei der zweiten Methode wird das Bild neu berechnet. Dabei werden immer Bildpunkte hinzu- oder herausgerechnet, und die Qualität des Bildes wird verändert. Innerhalb eines gewissen Spielraums bleibt die sichtbare Qualität des Bildes dabei gut. Wird ein Bild auf diese Weise zu stark vergrößert, werden die Konturen und der Ausdruck des Bildes unscharf, schwammig, Details gehen verloren. Wird ein Bild mit dieser Methode auf eine geringere Auflösung gesetzt und verkleinert, wird die Ausgangsqualität definitiv verschlechtert, denn es werden Bildpunkte herausgerechnet, das Bild wird vergröbert. Auch hierbei gehen Details verloren, auch wenn die optische Qualität, bezogen auf die Bildgröße gut ist. Wie stark ein Bild mit beiden Methoden vergrößert werden kann, hängt von der Schärfe, dem Detailreichtum des Bildes, vor allem aber von seiner Auflösung ab. Je höher aufgelöst ein Bild ist, umso besser bzw. größer lässt es sich vergrößern.

Um mit der ersten Methode, also ohne Neuberechnungen, zu arbeiten, wird im Fenster *Bildgröße* bei *Bild neu berechnen mit* das Häkchen herausgeklickt. Dann wird die Höhenangabe mit der neuen Zielgröße überschrieben. Da das Bild proportional skaliert wird, wird die Breite automatisch mit geändert. Ebenso wird die Auflösung bei der entsprechenden Größe automatisch neu berechnet.

Für die zweite Methode der Größenanpassung wird im Fenster Bildgröße bei *Bild neu berechnen mit* ein Häkchen gesetzt. Ebenso steht ein Häkchen bei *Proportionen erhalten,* damit das Bild bei Änderung eines Maßes im gleichen Seitenverhältnis skaliert. Wieder wird die Höhe des Bildes neu angegeben, aber auch bei der *Auflösung* wird hier 300 als Wert neu eingetragen. Achten Sie unbedingt darauf, dass bei *Auflösung* die richtige Benennung Pixel/Zoll (= ppi) angegeben ist.

Im Auswahlmenü sehen Sie die verschiedenen Berechnungsmethoden, unter denen Sie wählen können. *Bikubisch* ist die qualitativ beste Methode, wobei es hier zwei Varianten gibt: *Bikubisch glatter,* besser geeignet, wenn Sie ein Bild vergrößern, und *Bikubisch schärfer,* das bessere Ergebnisse erbringt, wenn ein Bild verkleinert wird.

Wir wollen unser Bild mit der ersten Methode neu berechnen lassen. In dem sich öffnenden Fenster *Bildgröße* im Menü *Bild – Skalieren – Bildgröße* stellen Sie zunächst das Maß für die *Auflösung* auf 300 *Pixel/Zoll* (= ppi). Überschreiben Sie dazu den vorgegebenen Wert im entsprechenden Textfeld. Dann ändern Sie den Wert für die *Höhe* des Bildes auf 18 cm.

Achten Sie darauf, dass die richtigen Häkchen gesetzt sind, und bestätigen Sie Ihre Eingaben mit Klick auf die Schaltfläche *OK*.
Das Bild wird augenblicklich neu berechnet. Da bei unseren Angaben Bildpunkte dazugerechnet werden, vergrößert sich die Ansicht des Bildes im Bildfenster. Damit Sie das Bild wieder ganz im Arbeitsfenster sehen, stehen

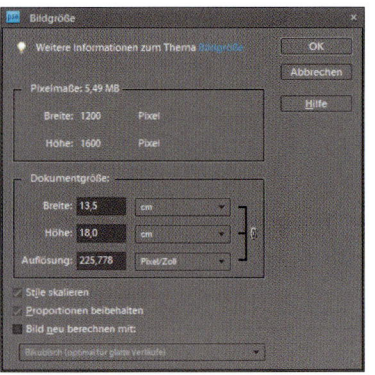

Abb. 7.11

Das Fenster Bildgröße mit den Einstellungen zur Größenänderung des Bildes ohne neue Berechnung der Pixel

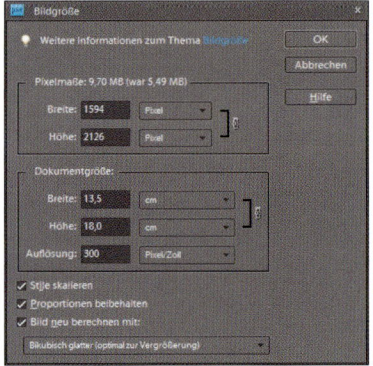

Abb. 7.12

Das Fenster Bildgröße mit den Einstellungen zur Größenänderung des Bildes mit Neuberechnung der Pixel

verschiedene Werkzeuge zur Auswahl. Doch zuvor noch etwas zum Verhältnis von Auflösung und Größe.

7.2.2 Ein Beispiel für die Umrechnung der Pixelzahl und Größe in Abhängigkeit von der Auflösung

Wenn Sie ein Bild von Ihrer Digitalkamera öffnen, so zeigt Ihnen das Fenster *Bildgröße* die Abmessungen des Bildes, z. B. 1200 px × 1600 px = 42,33 cm × 56,44 cm bei 72 ppi (Pixel/Inch = Pixel/Zoll; 2-Megapixel-Bild). Wollen Sie das Bild auf eine Druckgröße von ca. 13 cm × 18 cm verkleinern, müssen Sie nur das Häkchen bei *Neu berechnen mit* herausklicken und z. B. die Höhe auf 18 cm setzen. Der neue, automatisch errechnete Wert für die Auflösung ist ca. 226 ppi. Bestätigen Sie mit *OK*. Das Bild wird in der Größe umgerechnet auf ca. 135 mm × 180 mm. Dabei bleiben die Pixelzahl und damit die Dateigröße/der Informationsgehalt gleich. Die Abmessungen werden verändert. Das Bild ist nun für den Druck bei hoher Qualität vorbereitet. Es muss noch auf die gewünschte Bildgröße gebracht, also zugeschnitten werden.

Wenn Sie das Bild und seine Größe für eine Wiedergabe im Internet, per Mail oder auf Webseiten vorbereiten möchten, müssen Sie einfach nur die Auflösung von 72 ppi (alternativ 96 ppi) belassen und die Abmessungen in Zentimeter ändern. Bei dieser Neuberechnung wird die Pixelzahl verringert und damit die Pixelzahl des Bildes: 13,5 cm × 18,0 cm bei 72 ppi = 383 px × 510 px. Hierbei muss das Bild neu berechnet werden. Wählen Sie dazu im Menü *Bild – Skalieren – Bildgröße: Bild neu berechnen mit: Bikubisch schärfer* für die beste Qualität.

Die folgende Darstellung verdeutlicht die Zusammenhänge von Auflösung, Bildgröße und Pixelzahl:

Das Original von der Kamera:
1200 px x 1600 px =
423,33 mm × 564,44 mm
bei 72 ppi

Das auf Druckgröße
skalierte Bild:
1200 px × 1600 px =
13,5 cm × 18,0 cm
bei 226 ppi

Das für das Internet neu
berechnete Bild:
383 px × 510 px =
13,5 cm × 18,0 cm
bei 72 ppi

Nicht umkehrbar

Pixelzahl und Qualität
bleiben gleich.

Pixelzahl wird verringert,
Qualität sinkt

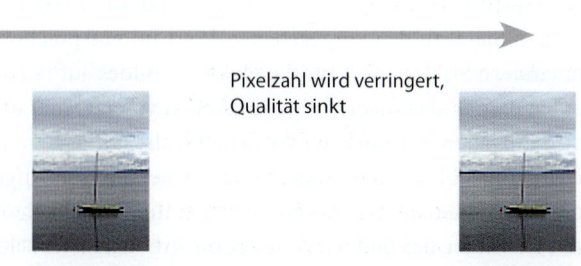

Wenn Sie ein Bild vergrößern möchten, muss die Auflösung also folglich um den Faktor verringert werden, um den Sie das Bild vergrößern möchten. Auch dabei bleibt die gesamte Anzahl der Pixel gleich, die Auflösung und damit die Druckqualität werden allerdings verringert. Beachten Sie dabei, dass Auflösungen unter 150 ppi auch auf modernen Tintenstrahldruckern nur noch eine bestenfalls befriedigende Qualität liefern.

Man kann ein Bild auch künstlich vergrößern, indem man die Bildgröße und die Auflösung durch Interpolation heraufsetzt. Dabei werden neue Bildpunkte errechnet und hinzugefügt. Ab einem gewissen Vergrößerungsfaktor wird das Bild dabei schwammig und unscharf. Ich selbst setze bisweilen diese Methode ein. Bei Skalierungsfaktoren bis zur achtfachen Vergrößerung (Kleinbild-Dia bzw. Negativ zu DIN A4) bleibt die Qualität des neu berechneten Bildes zufriedenstellend, wenn das Bild in der Ausgangsgröße eine gute Schärfe aufweist. Selbst Versuche mit bis zu 16-facher Vergrößerung (Kleinbild-Dia bzw. Negativ zu DIN A2) führten zu befriedigenden Ergebnissen, wiederum ausgehend von einem Bild in sehr guter Qualität. Doch bei solchen Vergrößerungsfaktoren zeigen sich in Details sichtbare Bildverzeichnungen. Jedoch wird ein Bild, das auf eine sehr große Fläche vergrößert wurde, in der Regel auch aus der Entfernung betrachtet, während die Verzeichnungen erst bei einer Betrachtung aus größerer Nähe auffallen. Die Distanz des Betrachters ist auch der Grund, warum großformatige Bilder ggf. in geringerer Auflösung wiedergegeben werden können. Hier denke ich zunächst an Größen vom Wandplakat aufwärts (70 × 100 cm und größer).

7.3 Die Ansichtsgröße eines Bildes ändern (Zoomen)

Die Ansichtsgröße (Zoom) eines Bildes im Bildfenster hat nichts mit der Bild- bzw. Datei- oder Druckgröße zu tun und dient nur dazu, Ihnen bei der Bearbeitung des Bildes verschiedene Ansichten und Ausschnittsvergrößerungen des Bildes zu bieten. Eine Änderung der Ansichtsgröße stellt keine Bearbeitung des Bildes dar und wird deshalb auch nicht als Arbeitsschritt im Rückgängig-Protokoll aufgelistet.

7.3.1 Das Zoom-Werkzeug

Sie können die Ansichtsgröße, den Bildausschnitt mit dem **Zoom-Werkzeug** des Werkzeugbedienfeldes frei wählen. Klicken Sie dazu auf das Symbol *Zoom-Werkzeug (Lupe)* im Bedienfeld und anschließend mit dem veränderten Mauszeiger – er zeigt nun eine Lupe mit einem + darin – auf das Bild. Der sichtbare Bildausschnitt wird vergrößert, mit dem Punkt als Mittelpunkt, auf den Sie geklickt haben. Halten Sie nun die *Alt-Taste* gedrückt, und klicken Sie wieder auf das Bild: Der Bildausschnitt wird verkleinert. Sie können diese Vorgänge so oft wiederholen, bis die gewünschte Vergrößerung oder Verkleinerung erreicht ist.

Sie können mit diesem Werkzeug auch mit gedrückter linker Maustaste ein Rechteck über dem Bildbereich aufziehen, den Sie vergrößern möchten. Wenn Sie die Maustaste wieder loslassen, wird der gewählte Bereich im Bildfenster angezeigt. Beachten Sie auch die **Werkzeugeinstellungen** des Zoom-Werkzeugs im Editor.

Abb. 7.13
Die Werkzeugeinstellungen des
Zoom-Werkzeugs im Editor

Die Werkzeugeinstellungen des Zoom-Werkzeugs bieten Folgendes: Über die beiden Symbole mit dem + und dem – können Sie die Wirkungsweise des Werkzeugs von Vergrößern nach Verkleinern umstellen. Diesen Wechsel können Sie aber auch immer mit Drücken der Alt-Taste erreichen. Daneben finden Sie ein Feld mit der Zahlenangabe des Vergrößerungsfaktors der Ansichtsgröße in Prozent und einer Schaltfläche mit Pfeil nach unten. Ein Klick auf diese Schaltfläche öffnet einen Schieberegler. Über diesen können Sie den Vergrößerungsfaktor der Ansichtsgröße stufenlos einstellen. Alternativ können Sie den gewünschten Zoom-Faktor als Prozentzahl in das Feld eingeben. Diese Eingabe müssen Sie mit *Enter (Taste Return/Enter)* bestätigen.

Setzen Sie ein Häkchen bei *Fenstergröße anpassen,* wird das sichtbare Fenster an die Ansichtsgröße des Bildes angepasst, und zwar bis zur maximalen Größe des Arbeitsbereichs. Allerdings wird beim Zoomen die Breite des Fensters durch solche Bedienfelder begrenzt, die frei im Arbeitsreich abgelegt sind. Die zweite Option *Alle Fenster* besagt, dass alle anderen geöffneten Bildfenster entsprechend mitzoomen, wenn Sie das Zoom-Werkzeug in einem Fenster einsetzen. Voraussetzung ist, dass diese Option abgehakt ist.

Vier Schaltflächen sind noch in den Werkzeugeinstellungen zu finden. Die Schaltfläche 1:1 setzt die Ansichtsgröße auf 100 %, d. h., ein Pixel im Bild entspricht einem Pixel des Monitors. *Bildschirmgröße* bringt das Bild zurück auf eine Gesamtansicht, die im Bildfenster im Arbeitsbereich Platz findet. *Bildschirm füllen* setzt das Bildfenster mit der Gesamtansicht auf die Breite des Arbeitsbereichs. *Ausgabegröße* stellt eine Ansicht her, bei der die Bild- oder Bildausschnittsgröße in etwa dem Druckformat des Bildes entspricht. Dies sollten Sie wählen, um die Druckqualität des Bildes zu prüfen.

7.3.2 Das Bedienfeld Navigator

Ein weiteres, sehr nützliches Werkzeug beim Arbeiten mit unterschiedlichen Ansichtsgrößen ist der **Navigator,** zu finden im Menü *Fenster – Navigator.* Besonders praktisch ist er, da er immer das ganze Bild als Vorschaubild anzeigt und darin einen roten Rahmen, der den aktuell gewählten Bildausschnitt zeigt. Diesen roten Rahmen können Sie mit der Maus verschieben, und entsprechend ändert sich auch der sichtbare Ausschnitt im Bildfenster.

Sie können das Bild im Navigator direkt über den Schieberegler zoomen oder den gewünschten Zoomfaktor per Hand eintippen. Ebenso können Sie über die Lupen-Symbole mit + und – schrittweise aus- und einzoomen. Im Feld oben links können Sie den gewünschten Vergrößerungsfaktor auch als Prozentzahl numerisch eingeben. Diese Eingabe müssen Sie mit Enter bestätigen, damit sie vom Programm angenommen wird.

7.3.3 Das Menü Ansicht

Das Menü *Ansicht* bietet die dritte Möglichkeit, mit der Sie im Programm die Ansichtsgröße ändern können. Darüber hinaus können Sie hier weitere sichtbare Elemente im Bildfenster einblenden wie z. B. die Lineale und das Raster oder auch die Hilfslinien(siehe Abb. 7.15).

Neues Fenster für ruft ein zweites Fenster eines bereits geöffneten Bildes auf. Sie können dann in einem Fenster in der Ansicht *Ganzes Bild* arbeiten und im zweiten eine Ausschnittsvergrößerung parallel betrachten.

Einzoomen und **Auszoomen** zoomt stufenweise ins Bild ein bzw. aus.

Ganzes Bild setzt das Bild wieder vollständig ins Bildfenster.

Tatsächliche Pixel vergrößert das Bild in der Ansicht so, dass ein Monitorbildpunkt einem Pixel des Bildes entspricht (1:1 bzw. 100 %).

Ausgabegröße stellt eine Ansicht her, bei der die Bild- oder Bildausschnittsgröße in etwa dem Druckformat des Bildes entspricht.

Auswahl ist nur aktiv, wenn im Bild eine Auswahl besteht. Wenn Sie eine Auswahl erstellen und deren Rahmen, die »laufende Ameisenlinie«, nicht sehen, können Sie ihn hier sichtbar schalten.

Über **Lineale** blenden Sie im Bildfenster Lineale mit Maßeinheiten an der linken und oberen Seite des Bildfensters ein. Um aus den Linealen Hilfslinien ins Bild einzufügen, müssen die Lineale eingeblendet sein.

Raster blendet ein Rastergitter im Bildfenster ein, dessen Maschenweite Sie bestimmen können. Das Raster kann beim Zeichnen und bei Aktionen hilfreich sein, bei denen Sie eine Waagerechte und Senkrechte im Bild benötigen. Ansonsten bleibt es besser ausgeblendet.

Hilfslinien können Sie einsetzen, um im Bild einen Bereich zu markieren oder sich zu orientieren, welche Linien und Kanten im Bild waagerecht bzw.

Abb. 7.14

Das Bedienfeld Navigator

Abb. 7.15

Das Menü Ansicht

senkrecht sind. Sie können in der Version 8 senkrechte und waagerechte Hilfslinien mit Drag & Drop aus den entsprechenden Linealen ziehen. Zeigen Sie dazu mitten auf eines der Lineale und ziehen Sie mit gedrückter linker Maustaste: Am Mauszeiger hängt eine Hilfslinie. Sie können so viele Hilfslinien im Bild anlegen, wie Sie möchten. Wenn das Werkzeug Verschieben aktiv gesetzt ist, können Sie Hilfslinien auch nachträglich neu im Bild positionieren oder wieder löschen, indem Sie eine Hilfslinie einfach über den Rand des Lineals hinausschieben. Drehen lassen sich Hilfslinien nicht. Der Menüpunkt Hilfslinien im Menü Ansicht bietet Ihnen die Möglichkeit, Hilfslinien ein- bzw. auszublenden, ohne die Hilfslinien dabei zu löschen. Beim Speichern eines Bildes werden die vorhandenen Hilfslinien mit gespeichert, ganz gleich, in welchem Dateiformat Sie speichern. Drucken Sie ein Bild, werden die Hilfslinien nicht mit abgebildet.

Anmerkungen: Photoshop CS bietet die Möglichkeit, sozusagen eine Textanmerkung an das Bild anzuheften, um sich selbst oder anderen Hinweise und Notizen zum Bild zu übermitteln. Die Anmerkungen werden mit dem Bild in der Datei gespeichert. Ist in Photoshop Elements der Menüpunkt *Anmerkungen* im Menü *Ansicht* gewählt, können diese auch angezeigt bzw. aufgerufen werden.

Mit **Ausrichten an** können Sie bestimmen, dass sich Werkzeuge und Bildobjekte an den Bildrändern und am Raster bzw. den Hilfslinien ausrichten bzw. wie magnetisch daran anhaften, soweit diese eingeblendet sind. Ein Klick auf den Menüpunkt **Hilfslinien sperren** macht im Bild eingefügte Hilfslinien unverschiebbar. Ein erneuter Klick auf diesen Menüpunkt macht sie wieder beweglich.

Mit **Hilfslinien löschen** löschen Sie ins Bild eingefügte Hilfslinien dauerhaft. Dies kann nur bis zum nächsten Bearbeitungsschritt über das Bedienfeld *Rückgängig-Protokoll* noch rückgängig gemacht werden.

Ein Klick auf **Neue Hilfslinie** ruft ein Fenster auf, in dem Sie per Eingabe wählen können, ob eine neue waagerechte oder senkrechte Hilfslinie angelegt und in welchem Abstand vom oberen bzw. linken Fensterrand sie ins Bild eingefügt werden soll.

Interessant am Menü *Ansicht* ist, dass Sie damit in einigen Situationen noch arbeiten können, in denen andere Möglichkeiten zum Vergrößern deaktiviert sind. Zum Beispiel können Sie mit *Ansicht* (und mit dem Zoom-Werkzeug) noch in ein Bild einzoomen, während der Dialog zum Speichern eines Bildes als JPEG-Datei geöffnet ist. Der *Navigator* ist dann blockiert.

→ **Hinweis:** Die Eigenschaften und Einstellungen der Lineale, z. B. deren Maßeinheiten, können Sie aufrufen, indem Sie auf ein Lineal zeigen und doppelklicken. Es öffnet sich das Fenster *Voreinstellungen*, welches Sie auch über das Menü *Bearbeiten* aufrufen können. In diesem Fenster finden Sie auch die Einstellungen für die Hilfslinien und das Raster.

7.4　Ein Bild auf eine Größe zuschneiden

Das Bild, das wir bearbeitet haben, muss noch zugeschnitten werden. Zielgröße ist 13 cm × 18 cm. Bislang beträgt die Breite noch 13,5 cm. Theoretisch hätten wir beim Einrichten der Größe die Option zum Skalieren im gleichen Seitenverhältnis (Proportionen erhalten) löschen und Höhe und Breite gleich auf das gewünschte Maß setzen können. Doch dabei wäre das Bild verzerrt worden. Um die Bildbreite von 13,0 cm zu erhalten, müssen wir nun also das Bild um 5 mm beschneiden.

7.4.1　Ein Bild mit dem Freistellungswerkzeug zuschneiden

Das *Freistellungswerkzeug* aus dem Bedienfeld Werkzeuge stellt die einfachste und komfortabelste Möglichkeit dar, um ein Bild auf einen gewünschten Bildausschnitt und eine für die Druckausgabe definierte Bildgröße hin einzurichten. Dieses Werkzeug steht auch in der Schnellkorrektur und in der Programmansicht Assistent zur Verfügung und wurde dort bereits kurz vorgestellt. Wir schneiden damit unser Bild bzw. einen Bildausschnitt auf die neue gewünschte Bildgröße hin zu, in unserem Fall also wenigstens insgesamt 5 mm Rand ab. Dabei können Sie den Bildausschnitt frei wählen.

Das Werkzeug bietet in seinen Einstellungen die Möglichkeit, eine gewünschte Größe und Auflösung vorzugeben, auf die das Bild hin zugeschnitten wird. Das heißt, wenn es nur darum geht, ein Bild auf eine gewünschte Größe hin zuzuschneiden, dann könnten Sie den Schritt mit der Neuberechnung des Bildes im Fenster *Bildgröße* auch sparen. Dazu ist zu sagen, dass Sie vorab zumindest überprüfen sollten, welche Bildgröße in welcher Auflösung Ihr Bild hergibt.

Sehen wir uns die Arbeitsschritte einmal an. Zunächst die Werkzeugeinstellungen.

Abb. 7.16

Die Werkzeugeinstellungen des
Freistellungswerkzeugs

➜ **Hinweis:** Wählen Sie im Auswahlmenü bei **Seitenverhältnis** *Keine Beschränkung*, können Sie ein Rechteck frei aufziehen, ohne festgelegtes Seitenverhältnis. Sie können hier auch aus mehreren Fotoformaten wählen. Dann, oder wenn Sie bei Breite und Höhe jeweils eine Zahl und eine Maßeinheit, z. B. px (Pixel) oder cm (Zentimeter) eingeben, können Sie ein Rechteck aufziehen, das aber immer ein festgelegtes Seitenverhältnis hat.

In unserem Fall haben wir per Tastatureingabe jeweils eine feste Größe mit Benennung eingegeben. Wenn Sie eine Größenbenennung wie cm oder mm angeben, sollten Sie diese durch ein Leerzeichen von der Zahl trennen. Das Programm korrigiert allerdings fehlerhafte Eingaben in diesem Falle automatisch.

Geben Sie bei *Auflösung* keinen Wert an, wird das Bild nicht neu berechnet, die ursprünglich vorhandene Anzahl Pixel in der markierten Fläche bleibt erhalten, und die Auflösung wird angepasst. Setzen Sie bei *Auflösung* einen Wert ein, wird das Bild neu berechnet, Pixel werden also ggf. hinzu- oder herausgerechnet, und das Bild bzw. der gewählte Bildausschnitt wird auf die gewünschte Auflösung und Größe gebracht.

Nun müssen Sie das Werkzeug einsetzen. Dazu klicken Sie mit dem Werkzeug in etwa auf die linke obere Ecke im Bild. Ziehen Sie mit gedrückter linker Maustaste zum rechten unteren Eckpunkt. Es erscheint ein rechteckiger Rahmen mit einer gestrichelten, animierten Rahmenlinie (»laufende Ameisenlinie«). Auf der Rahmenlinie und an deren Ecken sitzen kleine Quadrate, Anfasspunkte, über die Sie die Rahmenseiten und Ecken ziehen und verschieben können. Alles außerhalb des Rahmens erscheint abgedunkelt, die Farben innerhalb des Rahmens in normalen Farben. Damit wird angezeigt, dass der Bereich außen abgeschnitten wird, wenn Sie den Arbeitsschritt bestätigen (siehe Abb. 7.17).

Abb. 7.17

Das Rechteck des Freistellungswerkzeugs im Bildfenster. Der abgedunkelte Bereich außen herum, der abgeschnitten wird, ist gut zu erkennen.

Es kommt hierbei jetzt nicht so darauf an, das Werkzeug pixelgenau einzusetzen. Ziehen Sie mit dem Werkzeug das Rechteck etwa so groß wie das Bild auf. Praktisch ist dabei, dass Sie nachträglich die Ränder noch anpassen können. Zeigen Sie dazu mit dem Mauszeiger auf einen der Anfasspunkte an den Ecken, und ziehen oder schieben Sie mit gedrückter linker Maustaste. Aber Sie können auch den Rahmenausschnitt selbst mit der Maus verschieben und positionieren, wenn Sie hineinklicken und mit gedrückter linker Maustaste ziehen oder schieben. So können Sie genau den Bildausschnitt auswählen, den Sie wünschen.

Auch hier haben Sie am Bildfenster wieder das Stoppzeichen zum Abbrechen und das Häkchen zum Bestätigen und Ausführen der Aktion. Zum Bestätigen genügt übrigens auch ein Doppelklick in den freizustellenden Bereich.

Die eben gezeigte Methode ist relativ flexibel einzusetzen, Größe und Bildausschnitt sind dabei frei zu wählen. Allerdings sollten Sie beachten, den Bildausschnitt nicht zu klein zu wählen, um das Bild nicht zu stark zu vergrößern, mit den Problemen der resultierenden Unschärfe und Schwammigkeit. Wie auch immer: Das Arbeiten mit dem Freistellungswerkzeug und einer definierten Bildgröße ist die schnellste und komfortabelste Methode, um ein Bild auf einen gewünschten Bildausschnitt hin zuzuschneiden und dabei die Bildgröße für den Ausdruck oder das Ausbelichten im Labor einzurichten. Eine alternative Methode, die das Bild nicht noch einmal neu berechnet, basiert auf den Möglichkeiten, die Bildgröße über die Arbeitsfläche zu bestimmen, wie in Kapitel 7.4.2 beschrieben.

7.4.2 Ein Bild mit dem Dialogfenster Arbeitsfläche zuschneiden

Als Arbeitsfläche, auch »Leinwand« (engl.: Canvas), wird bei Bildbearbeitungsprogrammen die Arbeitsfläche bezeichnet, auf der das Bild liegt. Diese kann größer als der dargestellte Bildinhalt sein. Zunächst ist die Arbeitsfläche gleich der Bildgröße.

Wird die Arbeitsfläche vergrößert, entsteht um das Bild herum zusätzliche Bildfläche, z. B. um weitere Bildelemente oder Text einzufügen. Das eigentliche Bild bleibt jedoch gleich groß. Ein praktisches Beispiel, bei dem Sie die Arbeitsfläche eines Bildes erweitern müssen, um weitere Bilder einzufügen, zeigt Ihnen Kapitel 20.2.

Wird die Arbeitsfläche verkleinert, wird das Bild beschnitten. Die Bildgröße ändert sich dabei auf die neuen Abmessungen. Mit Hilfe des hier beschriebenen Dialogfensters *Arbeitsfläche* lässt sich der Zuschnitt pixelgenau bestimmen. Dafür ist es aber erforderlich, dass das Bild wie in Kapitel 7.2.1 beschrieben schon in etwa auf die gewünschte Größe und Auflösung gebracht wurde.

Betrachten wir die Möglichkeiten des Dialogfensters *Arbeitsfläche*:

Bei *Aktuelle Größe* sehen Sie die Abmessungen des Bildes, wie wir es zunächst angelegt haben.

Unter *Neue Größe* finden Sie zwei Textfelder *Breite* und *Höhe*, in die Sie jeweils einen Zahlenwert eingeben können, je nachdem, auf welches Maß Sie das Bild setzen möchten. Geben Sie hier größere Werte ein als die Ausgangsmaße, so wird die Arbeitsfläche vergrößert. Bei kleineren Zahlenwerten als die Ausgangsmaße wird die Arbeitsfläche verkleinert, das Bild wird zugeschnitten.

Wenn Sie mit einer Angabe der tatsächlichen gewünschten Größe arbeiten wollen, darf im Kontrollkästchen bei *Relativ* kein Häkchen stehen. Setzen Sie ein Häkchen in das Kontrollkästchen bei *Relativ*, erscheinen die Größenangaben nicht als absolute Zahlen wie hier im Beispiel, sondern die Werte werden ursprünglich auf null gesetzt. Geben Sie nun eine (positive) Zahl ein, wird die Arbeitsfläche, also die Gesamtfläche um das Bild herum, um dieses Maß erweitert. Geben Sie eine Zahl mit einem Minus voran ein, wird das Ausgangsmaß der Fläche, in diesem Fall also das Bild, insgesamt um diesen Wert verkleinert und das Bild zugeschnitten.

Dabei können Sie angeben, von wo aus das Bild vergrößert bzw. verkleinert werden soll. Dazu stehen Ihnen die neun Felder bei *Position* zur Verfügung. Im Beispiel Abb. 7.18 ist das mittlere Feld geklickt. Hätten wir eine Zahl größer 13,5 cm bei Breite angegeben, z. B. 17,5 cm, dann würde unser Bild so nun von der Mitte aus links und rechts um 2 cm verbreitert. Ein anderes Beispiel: Hätten wir das Feld links außen, in der Mitte von oben angeklickt, würde das Bild rechts um 4 cm verbreitert. Dementsprechend können Sie also wählen, von wo aus und in welche Richtung bzw. Richtungen die Arbeitsfläche verändert wird.

In unserem Beispiel für unser Bild haben wir für die Breite jedoch 13,0 cm angegeben, einen Wert, der kleiner ist als das Ausgangsmaß. Und wir haben gewählt, die Größe der Arbeitsfläche zentrisch, von der Mitte aus zu verkleinern. Unser Bild wird nun also links und rechts jeweils um 0,25 cm zugeschnitten.

Beachten Sie, dass Sie bei den Eingabefeldern für Höhe und Breite die Maßeinheit bzw. Benennung über die Auswahlmenüs daneben ändern und so z. B. auch Pixel wählen können, um auf den Bildpunkt genau zu arbeiten.

Noch eine Anmerkung zu dem Auswahlmenü bei *Farbe für erw. Arbeitsfläche*: Ein Bild hat zunächst keine Transparenzeigenschaften, sondern immer eine Hintergrundfarbe – sozusagen die Papierfarbe. Wird die Arbeitsfläche vergrößert, können Sie hier aus dem Auswahlmenü eine vorgegebene Farbe als Hintergrundfarbe auswählen bzw. im Farbfeld daneben den Farbwähler aufrufen, um eine beliebige Farbe zu wählen. Wenn Sie keine Angabe machen, wird automatisch die im Farbwähler des Werkzeugbedienfeldes eingetragene Hintergrundfarbe verwendet.

Bestätigen Sie alle Angaben mit Klick auf *OK*. Da wir das Bild mit unseren Angaben zuschneiden, erscheint ein Fenster mit einem Warnhinweis, in dem Sie die Aktion mit Klick auf *Fortfahren* bestätigen. Das Bild wird zugeschnitten.

Bevor es endgültig ans Speichern geht, wenden wir uns einer Möglichkeit zu, ein Bild nicht nur auf einen Bildausschnitt, sondern verzerrungsfrei auf bestimmte Bildinhalte hin zu skalieren.

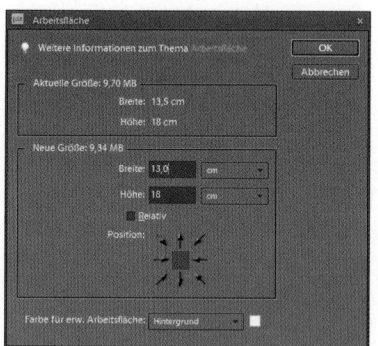

Abb. 7.18

Das Fenster Arbeitsfläche mit den Einstellungen für das Bild aus unserem Beispiel

7.4.3 Ein Bild und Bildinhalte verzerrungsfrei auf eine Bildgröße skalieren – das Neu-zusammensetzen-Werkzeug

Ein Problem beim Zuschneiden von Bildern auf ein gewünschtes Fotoformat ist, dass dabei mitunter Bildinhalte mit weggeschnitten werden müssen, die eigentlich im Bild erhalten bleiben sollten. Oder störende Bildinhalte werden beim Vergrößern mit skaliert, ebenso große Lücken zwischen den wesentlichen Bildinhalten, während die wichtigen Bildinhalte beim Verkleinern proportional, d. h. im selben Seitenverhältnis, mit skaliert werden. Wäre es nicht schön, ein Bild so zu skalieren, zu vergrößern oder zu verkleinern, dass die wichtigen Bildinhalte groß erhalten bleiben und z. B. die Lücken dazwischen verkleinert werden, ohne dass man eine Verzerrung sieht? Diese Aufgabenstellung hat Adobe mit seinem *Neu-zusammenset-zen-Werkzeug*, das man auch als *Intelligente Skalierung* bezeichnen kann, für den Anwender genial einfach gelöst.

Zunächst einmal wollen wir die Einsamkeit des Segelbootes auf dem See an diesem Herbstnachmittag betonen. Skalieren wir also den See, ohne das Boot mit zu skalieren. Bringen wir das Bild dabei gleich auf ein für den Aus-druck geeignetes Fotoformat und ändern wir die Orientierung des Bildes.

Dies geschieht mit folgenden Arbeitsschritten:

- Das Bild *segelboot.tif* aus dem Verzeichnis *Bildvorgaben* der DVD ist geöffnet.
- Im Werkzeugbedienfeld wählen Sie aus dem Auswahlmenü des Frei-stellungswerkzeugs das *Neu-zusammensetzen-Werkzeug*. Es öffnet sich zunächst ein Fenster mit Erläuterungen, das Sie mit *OK* bestätigen.

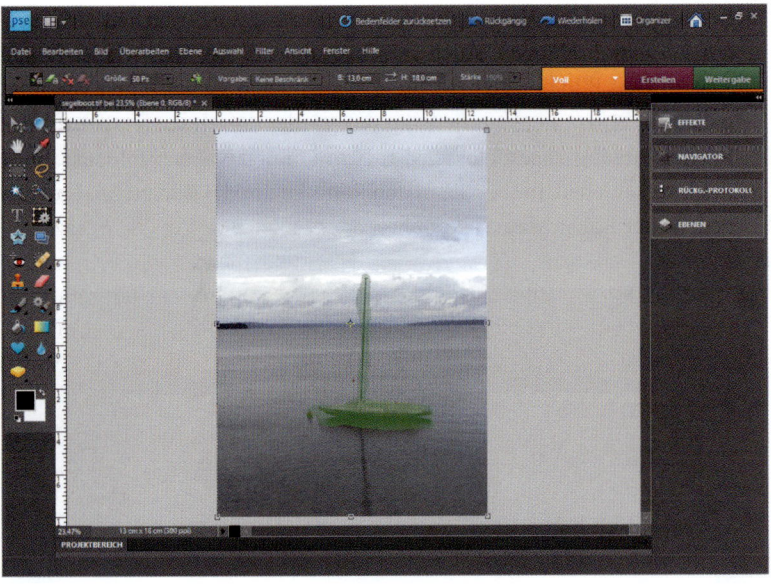

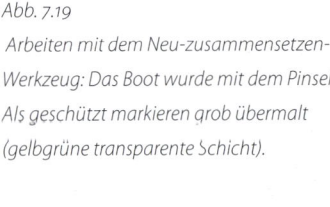

Abb. 7.19

Arbeiten mit dem Neu-zusammensetzen-Werkzeug: Das Boot wurde mit dem Pinsel Als geschützt markieren grob übermalt (gelbgrüne transparente Schicht).

- Im Bildfenster finden Sie nun einen gepunkteten Rahmen mit markier-ten Anfasspunkten um das Bild. Zunächst wollen wir mit dem Pinsel *Als geschützt markieren* das Boot mit seinem Mast markieren, damit es möglichst groß erhalten bleibt und nicht proportional mit skaliert. Die-ser Pinsel ist als Standardeinstellung aktiv gesetzt. Also malen Sie mit dem Pinsel grob über den zu erhaltenden Bereich, das Boot und sei-nen Mast. Die Auswahl, ob Sie den Pinsel *Als geschützt markieren* oder den Pinsel *Zum Löschen markieren* einsetzen wollen, finden Sie in den Werkzeugeinstellungen in der Optionsleiste oben. Hier können Sie bei

Größe auch den Pinseldurchmesser über einen Schieberegler einstellen, der bei Klick auf das kleine Dreieck am Feld neben *Größe* erscheint. Ich habe den Pinsel auf etwa 50 Pixel Durchmesser vergrößert.

▮ Als Nächstes wählen Sie in der Werkzeugoptionsleiste bei *Vorgabe* ein gewünschtes Fotoformat, z. B. 13 × 18. Das Format wird augenblicklich automatisch auf das Bild angewandt. Wir wünschen jedoch kein Hochformat, sondern ein liegendes Querformat, um die Weite des Sees zu betonen. Mit Klick auf die beiden gegenläufigen Pfeile zwischen den Zahlenangaben in den Feldern *B* und *H* der Optionsleiste wird das Format von Hoch- auf Querformat umgestellt. Diese Aufgabe beansprucht allerdings einiges an Rechenleistung. Wenn Ihr Rechner zu ruckeln beginnt und die Handhabung ins Stocken kommt, halten Sie ein und warten Sie, bis Ihr Rechner wieder reagiert. Obwohl ich an einem schnellen Rechner mit viel Arbeitsspeicher arbeite, kommt auch mein Computer bei dieser Aufgabe ins Stocken. Erst wenn am Rahmen die Symbole zum Ausführen bzw. Abbrechen (grünes Häkchen und rotes Stoppzeichen) des Vorgangs angezeigt werden, können Sie weitermachen.

▮ Bestätigen Sie den Vorgang mit Klick auf das grüne Häkchen – *Aktuellen Vorgang bestätigen*. Auch nun benötigt der Rechner wieder einige Zeit, um das Bild neu zu berechnen. Dabei sehen Sie ggf. einen Verlaufsbalken in einem eigenen Fenster, das wieder verschwindet, sobald der Rechenvorgang abgeschlossen ist. Nun können Sie den Bildausschnitt noch verschieben, indem Sie in den Rahmen um das Bild zeigen und mit gedrückter linker Maustaste ziehen oder schieben.

Abb. 7.20
Das Bild ist in ein Querformat mit der gewünschten Größe transformiert. Die Transformation muss erst noch bestätigt werden.

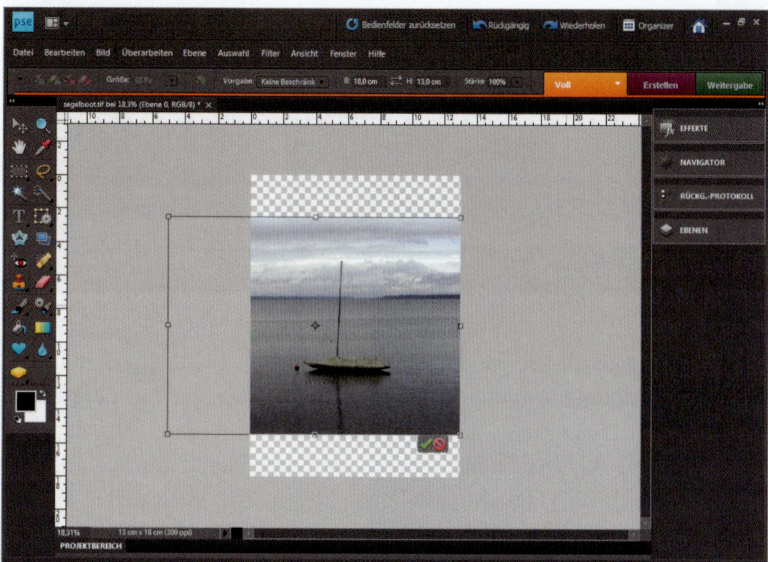

- Durch den Wechsel von Hoch- auf Querformat haben wir ungewollt ein Problem geschaffen – die Arbeitsfläche des Bildes entspricht nicht mehr seiner Orientierung, das Bild ist nicht mehr als Ganzes zu sehen. Bleibt nun noch, die Arbeitsfläche anzupassen. Dazu wählen Sie im Menü *Bild – Skalieren – Arbeitsfläche*. Vergrößern Sie die Arbeitsfläche so, dass das Bild ggf. ganz vom Schachbrettmuster des transparenten Hintergrundes umgeben ist. Da ich das Bild an der rechten Kante des Bildes bzw. seiner alten Arbeitsfläche ausgerichtet hatte, genügt es, die Arbeitsfläche auf 18 cm Breite von rechts aus zu vergrößern. Gegebenenfalls experimentieren Sie etwas.

- Zu guter Letzt müssen Sie das Bild nochmals mit dem Freistellungswerkzeug auf die gewünschten Maße hin zuschneiden.

Abb. 7.21

Das fertige Bild mit der Weite des Sees

Hier noch ein zweites Beispiel, wie Sie dieses Werkzeug einsetzen können. Ich verwende dafür das Bild *segelboote.jpg* aus dem Verzeichnis *Bildvorgaben* auf der DVD.

Nach der Wahl des Neu-zusammensetzen-Werkzeugs markiere ich erst einmal mit einem etwas größeren Pinsel *Als geschützt markieren* die Bereiche, die ich erhalten möchte, also im Wesentlichen die Boote und die Personengruppe in der Bildmitte. Dabei male ich etwas darüber hinaus. Dann wechsle ich in den Werkzeugoptionen zum Pinsel *Zum Löschen markieren*. Auch jetzt markiere ich den zu löschenden Bereich etwas großzügig mit seinen Randbereichen, also im Wesentlichen die beiden Köpfe, die sich unten links ins Bild recken. Beachten Sie, dass in den Werkzeugoptionen auch zwei Pinsel vorgesehen sind, mit denen Sie zu viel markierte Bereiche jeweils wieder löschen bzw. korrigieren können.

Nun gebe ich die für das Bild gewünschten Abmessungen von 15 × 10 cm ein, wiederum oben in der Optionsleiste. Der sichtbare Bildausschnitt wird auf dieses Maß reduziert. An den Ecken des Rahmens mit den Anfassern, der um das Bild läuft, ziehe ich das Bild so weit auf, bis alle gewünschten Inhalte sichtbar sind. Dabei skalieren die Bildmaße wieder mit und auch das gewünschte Seitenverhältnis wird wieder etwas verzerrt.

Abb. 7.22

Die zu erhaltenden (gelbgrün) und zu löschenden (rötlich) Bildbereiche sind markiert

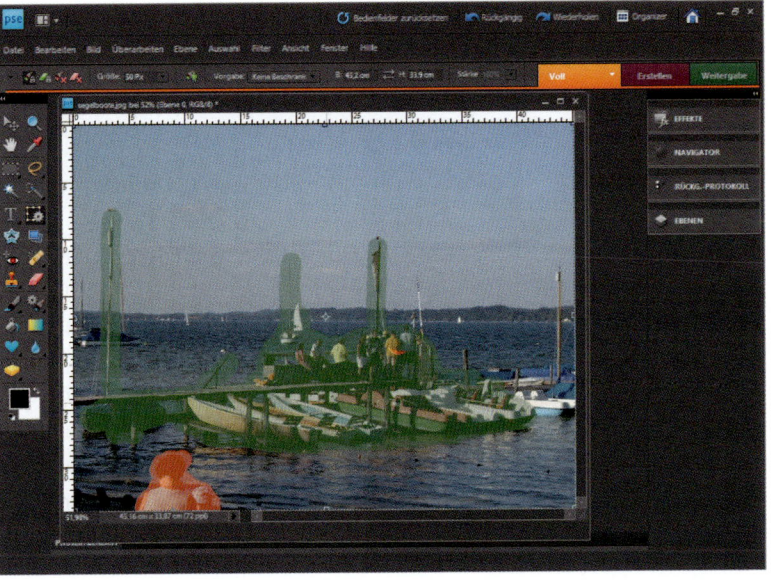

Abb. 7.23
Das Bild wird auf die gewünschten
Inhalte hin skaliert.

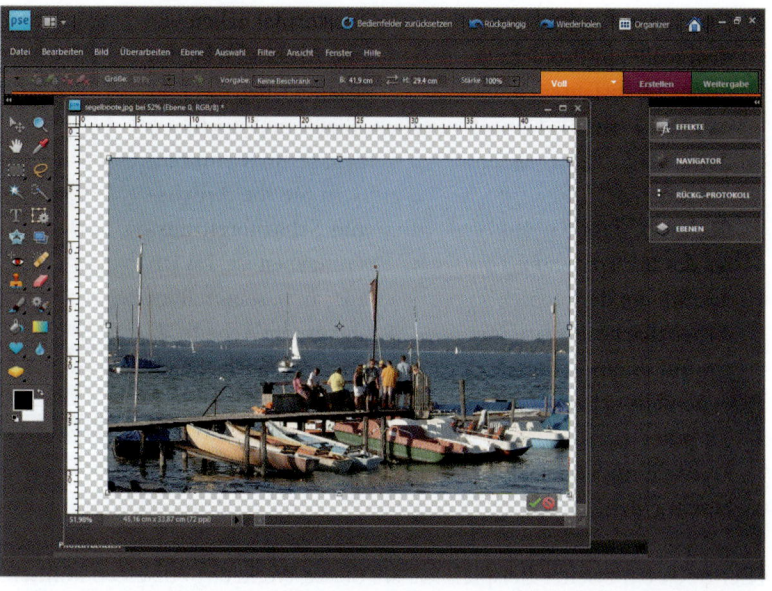

Abschließend muss ich auch hier das Bild mit dem Freistellungswerkzeug auf die gewünschten Maße hin zuschneiden, wie in Kapitel 7.4.1 beschrieben.

Das Neu-zusammensetzen-Werkzeug zählt mit seinen Fähigkeiten, unerwünschte Bildobjekte herauszufiltern, schon zu den Retuschewerkzeugen. Bislang haben wir es immer mit vorgegebenen Abmessungen eingesetzt, aber Sie können damit ein Bild einfach auch ohne Beschränkungen beliebig skalieren. Diese Möglichkeit ist vor allem auch im Webdesign interessant, wenn es darum geht, aus einer Fotografie ein sehr breit gezogenes Bild, ein so genanntes Banner, herzustellen. Ich finde, das Werkzeug lädt zum Experimentieren ein und ist ganz einfach genial, oder wie es einer meiner Kursteilnehmer einmal ausdrückte: ganz großes Tennis.

7.5   Ein Bild speichern

Sie haben verschiedene Bilder nun so weit fertig gestellt. Wenden wir uns wieder dem Bild *segelboot.tif* zu. Nun sollten Sie es endlich speichern. Tatsächlich sollten Sie sich angewöhnen, ein Bild, an dem Sie Veränderungen vornehmen möchten, sofort nach dem Öffnen als neue Datei mit eigenem Dateinamen wieder zu speichern. Das hat folgende Vorteile:

- Ihr Original bleibt unverändert erhalten.
- Sie können nicht aus Versehen Ihr Original überschreiben.
- Sie können jede gewünschte Änderung am neuen Bild sofort speichern.

Als Dateiformat für das Arbeitsbild sollten Sie ein Dateiformat wie TIFF oder PNG wählen, das eine hohe Bildqualität gewährleistet. Soll das Bild Ebenen enthalten, stehen die Dateiformate PSD und TIFF zur Verfügung, Letzteres aber nur für die Verwendung in Photoshop Elements und Photoshop CS. Die Programme anderer Hersteller interpretieren keine Ebenen im Dateiformat TIFF. Komprimierte Dateien im JPEG- oder GIF-Format sollten nur als Kopien des Originals oder Arbeitsbildes angelegt werden.

Die Untermenüs zum Speichern finden Sie wiederum im Menü *Datei*. Drei Möglichkeiten stehen zur Auswahl.

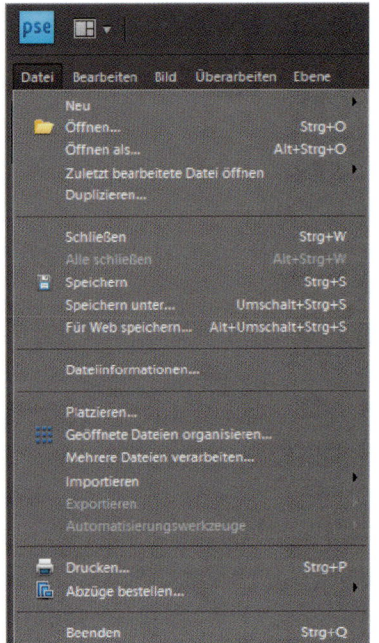

Abb. 7.24

Das Menü Datei mit den Optionen zum Speichern von Bildern

7.5.1 Der Dialog Speichern unter

Speichern speichert einfach das – veränderte – Bild. Die bestehende Version wird dabei überschrieben. Dieser Vorgang lässt sich nicht rückgängig machen, wenn das Bild nach dem Speichern geschlossen wird. Dennoch ist es empfehlenswert, das veränderte Bild nach jedem erfolgreichen Arbeitsabschnitt zu sichern. Damit ist gewährleistet, dass bei Programmabstürzen nicht alle Arbeit vergeblich war. Sie selbst müssen daran denken, wenn Sie mit einem Bild arbeiten und dieses verändern. Das Programm verfügt über keine Speicherfunktion, die alle Arbeitschritte automatisch sichert. Dies wäre auch nicht unbedingt wünschenswert, da Sie ja nur Bearbeitungsschritte sichern möchten, die erfolgreich verlaufen sind. Anstelle der etwas umständlichen Auswahl des Menüs *Datei – Speichern* mit der Maus genügt auch die Tastenkombination *Steuerung (Strg/Ctrl) + s.*

Speichern unter: Wenn Sie ein Bild neu oder unter anderem Dateinamen und/oder in einem anderen Dateiformat speichern möchten, wählen Sie das Untermenü *Speichern unter.*

Für Web speichern bietet nur für die Dateiformate GIF, JPEG, PNG 8 und PNG24 eine eigene Oberfläche, ein eigenes Fenster mit einer Vergleichsmöglichkeit des Originals mit der komprimierten Version. Ich werde auf diese Speicheroption im Kapitel 10.4.4 eingehen, wenn es darum geht, Bilder für das Internet und als E-Mail-Anhang zu speichern.

Gehen wir davon aus, dass Sie am Bild alle wünschenswerten Änderungen vorgenommen haben und es nun speichern wollen. Dazu wählen Sie im Menü *Datei – Speichern unter.* Arbeiten Sie dann weiter mit der angelegten Datei, genügt das einfache *Speichern*, um Veränderungen in der Datei zu sichern. Es öffnet sich das entsprechende Dialogfenster.

Im Auswahlmenü bei *Speichern in* durchsuchen Sie Ihren Rechner, die Laufwerke und Ordner nach dem gewünschten Ordner, in dem Sie Ihre Datei speichern möchten. Neben dem Auswahlmenü sehen Sie vier Symbole. Über das dritte Symbol von links, das Ordner-Symbol mit dem roten Punkt können Sie in einem gewählten Hauptverzeichnis einen neuen Ordner anlegen. Unten im Fenster wählen Sie danach im Auswahlmenü bei

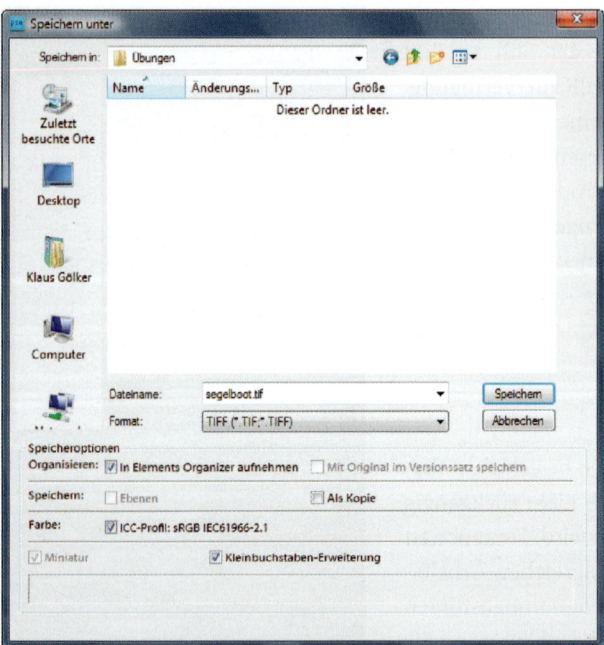

Abb. 7.25

Der Dialog Speichern unter

Format das Dateiformat, in dem Sie Ihr Bild speichern möchten. Zuletzt geben Sie im Feld bei *Dateiname* einen dem Bild entsprechenden, beschreibenden Dateinamen ein. Wenn Sie mehrere Versionen eines Bildes herstellen möchten oder um einen bestimmten Bearbeitungsstand zu sichern, geben Sie eine Versionsnummer an und/oder kennzeichnen das Bild zusätzlich mit dem Erstelldatum. Klicken Sie auf die Schaltfläche *Speichern*, um den Vorgang abzuschließen.

7.5.2   Optionen für das Speichern

Sehen Sie sich in Abb. 7.25 die Kontrollkästchen an, die Sie unten im Dialogfenster finden.

In Organizer aufnehmen: Das Kontrollkästchen sollte ein Häkchen haben, wenn Sie wünschen, dass Ihre beim Speichern neu erstellte Datei automatisch in den Katalog des Organizers aufgenommen wird.

Mit Original im Versionssatz speichern: Ein Versionssatz ist ein Stapel von Bildern mit einem Original und den verschiedenen gespeicherten Bearbeitungen dieses Bildes. Dies bedeutet, dass Sie von einer Datei, die Sie mehrfach bearbeiten, für jede Bearbeitung mit *Speichern unter* eine Version speichern können. Diese verschiedenen Versionen eines Bildes werden vom Programm über Verknüpfungen zu einem Versionssatz zusammengefasst, der z. B. im Organizer als Bilderstapel erscheint. So müssen Sie im Organizer nicht lange nach den verschiedenen Versionen dieses Bildes suchen. Die zuletzt bearbeitete und gespeicherte Version liegt zuoberst. In unserem Beispiel ist die Option ausgegraut, weil wir das Bild das erste Mal bearbeitet haben und speichern. Versionssätze können Sie nur mit Photoshop Elements oder Photoshop CS erstellen und bearbeiten. Wenn Sie das Bild zwischenzeitlich in einem Bildbearbeitungsprogramm eines anderen Herstellers öffnen, geht die Verknüpfung dieser Version des Bildes zum Versionssatz verloren.

Speichern: Ebenen ist als Option hier ausgegraut, weil unser Bild keine Ebenen, sondern nur einen Hintergrund aufweist. Wenn Sie ein Bild speichern möchten, in dem Sie Ebenen angelegt haben, so ist diese Option aktiv, und ein Häkchen wurde automatisch gesetzt. Sie können dann durch Herausklicken des Häkchens immer noch bestimmen, dass das Bild nur mit einer Hintergrundebene gespeichert wird, die alle vorherigen Ebenen vereint. Alles Wesentliche zu Ebenen und Hintergründen lernen Sie in Teil IV kennen.

Das Kontrollkästchen bei **Als Kopie** bietet Ihnen die Möglichkeit, bei der Bearbeitung eines Bildes eine Kopie anzulegen, diese mit geändertem Dateinamen ggf. im selben Ordner wie das Original abzulegen und danach im Bildfenster mit der zuvor schon geöffneten Datei weiter zu arbeiten. Ohne Häkchen hier wird beim Speichern mit neuem Dateinamen eine Kopie des geöffneten Bildes angelegt, und diese Kopie wird anschließend zur weiteren Bearbeitung im Bildfenster angezeigt. Sie können das dann auch daran erkennen, dass sich der Dateiname im Bildfenster ändert. Im ersten Fall arbeiten Sie also mit dem Original weiter, im zweiten mit der neu angelegten Kopie. In unserem Falle trifft das nicht zu, da wir das Bild in einem anderen Dateiformat an einem anderen Speicherort speichern. Auch wenn wir den Dateinamen nicht ändern, erzeugen wir in diesem Fall automatisch eine Kopie, eine zweite Version des Bildes. Trotzdem sollte das Bild aber nicht als Kopie gespeichert werden, damit wir danach an der zweiten, neu erstellten Version weiterarbeiten können.

Farbe: Das Kontrollkästchen fügt dem Bild ein Farbprofil an. Dies ist im Wesentlichen nur dann erforderlich, wenn das Bild im Weiteren für den Vierfarbdruck aufbereitet werden soll. Auch bei der Druckausgabe am PC bzw. beim Ausbelichten kann es dazu beitragen, eine genauere Farbwiedergabe des Bildes beim Ausdruck zu erzielen (siehe Kapitel 7.6.2).

Miniatur: Das Häkchen hier steht dafür, dass in verschiedenen Dialogfenstern eine Miniatur, ein Vorschaubild, beim Aufruf des Bildes erscheint. Ist ein Häkchen bei **Kleinbuchstaben-Erweiterung** gesetzt, wird bei der Wahl eines Dateiformates im Feld für den Dateinamen die Dateinamenserweiterung bzw. Dateiendung in Kleinbuchstaben angefügt.

7.5.3 Zusätzliche Optionen für das Speichern von TIFF- und PNG-Dateien

Beachten Sie auch, dass sich beim Speichern der Dateiformate **TIFF**, **PNG**, **GIF** und **JPEG** jeweils ein eigenes Fenster öffnet, in dem Sie die Speicheroptionen einstellen können. JPEG werden wir später ausführlicher betrachten. Hier zunächst die zusätzlichen Speicheroptionen für das Format TIFF. Beim Speichern eines Bildes als TIFF-Datei können Sie zunächst die Speicheroptionen für die **Bildkomprimierung** wählen:

Ohne bedeutet, dass das Bild ohne Komprimierung, d. h. mit voller Qualität bei gleichzeitig größtem Speicherbedarf, abgespeichert wird. Dies ist nur anzuraten, wenn Sie das Bild z. B. für den Vierfarbdruck weitergeben möchten und nicht auf die Dateigröße achten müssen.

LZW: Die LZW-Kompression (Lempel-Ziv-Welch-Algorithmus) ist verlustfrei und kann das Bild in Originalqualität mit ca. 20 % geringerem Speicherbedarf als die Originaldatei speichern. Zu empfehlen beim Archivieren von TIFF-Dateien in höchster Qualität.

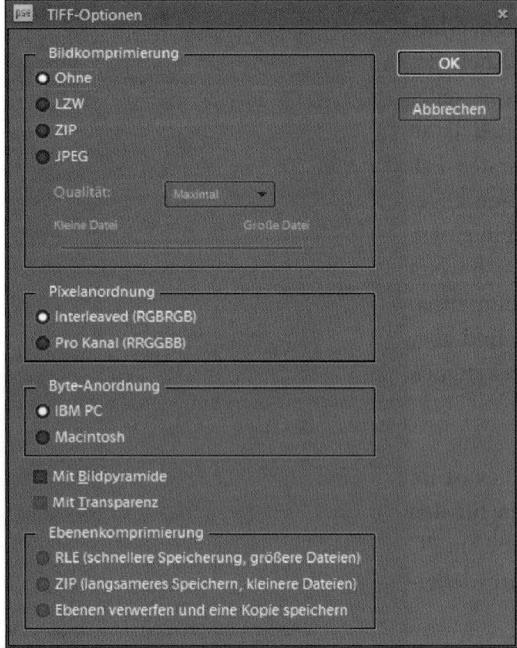

Abb. 7.26
Die TIFF-Optionen

ZIP: Die ZIP-Kompression ist ebenfalls verlustfrei und kann die Bilder sogar besser komprimieren als die LZW-Kompression. Allerdings können ältere TIFF-Leser, sprich: andere Programme, das Format nicht auslesen. Geeignet zum Archivieren von TIFF-Dateien in höchster Qualität, wenn diese nur mit einem Programm wie Photoshop Elements geöffnet werden sollen, welches das Format auch lesen kann.

JPEG: Die JPEG-Kompression bietet zwar die größte Reduzierung des Speicherbedarfs, ist aber selbst bei höchster Qualität verlustbehaftet, d.h., die Bildqualität leidet, wenn auch zunächst nur geringfügig. Nur zu empfehlen, wenn bei der Weitergabe oder der Archivierung Mangel an Speicherkapazität herrscht. Auch hier gilt, dass andere Programme die Datei unter Umständen nicht lesen können.

Pixelanordnung bezieht sich auf die Anordnung der Pixel beim Speichern. Die herkömmliche Anordnung ist **Interleaved. Pro Kanal** ist eine neuere Entwicklung, die schnelleres Speichern großer Dateien und einen etwas besseren Wirkungsgrad der Kompression gewährleistet. Auch die Pixelanordnung pro Kanal ist abwärtskompatibel mit älteren Programmversionen. Bei normal großen Bildern können Sie hier ruhig trotzdem die Voreinstellung *Interleaved* belassen.

Byte-Anordnung: Die unterschiedliche Byte-Anordnung spielt nur eine Rolle in Bezug auf ältere Macintosh-Rechner (PowerPC mit Motorola-CPU). Neueste Macintosh haben wie Windows-PCs auch einen Intel-Chip, so dass Sie für diese auch die Option IBM-PC wählen können. Im professionellen Bereich sollten Sie sich jedoch vergewissern, welche Anforderungen Ihr Gegenüber hier stellt, bevor Sie Bilder im TIFF-Format weitergeben.

Mit Bildpyramide: Die Option Bildpyramide speichert ein TIFF-Bild in mehreren Auflösungen innerhalb einer einzigen Datei. Damit können Sie schnell eine verkleinerte Ansicht von sehr großen Bildern erhalten. Allerdings nutzt dies weder Photoshop noch Photoshop Elements selbst, sondern öffnet immer die höchstauflösende Version einer Bildpyramide. Sinnvoll ist eine Bildpyramide jedoch für einige Layout-Programme, etwa InDesign von Adobe.

Mit Transparenz: Das TIFF-Format kann einen Alphakanal zusätzlich speichern und so Informationen über völlig oder teilweise transparente Bildbereiche an andere Programme weitergeben. Soweit Sie das benötigen, wählen Sie beim Speichern diese Option. Für das Arbeiten mit Transparenzen innerhalb von Photoshop oder Photoshop Elements ist diese Option nicht erforderlich. Innerhalb von Photoshop bleiben Transparenzen beim Speichern im TIFF-Format prinzipiell erhalten.

Ebenenkomprimierung: Hier werden verschiedene Speicher- und Kompressionsmethoden für TIFF-Bilder angeboten, die Ebenen enthalten sollen. Bilder mit Ebenen im TIFF-Format speichern und lesen zu können, ist bislang nur eine Eigenschaft von Adobes Programmen. Sie sollten auch hier beim Speichern für Bilder mit Ebenen besser das PSD-Format wählen.

→ **Hinweis:** Die Bildpyramide kostet erheblich Speicherplatz, in Photoshop Elements selbst bringt sie keinen Nutzen.

Besonders fehlerträchtig bei der Weitergabe an andere Programme sind folgende Eigenschaften einer TIFF-Datei: ZIP-Komprimierung, JPEG-Komprimierung, Bildpyramide, Transparenz, separate Ebenen. Dateien mit diesen Eigenschaften lassen sich in anderen Programmen oft nicht korrekt öffnen.

Auch das Dateiformat **PNG** bietet eine zusätzliche Speicheroption: Speichern ohne oder mit *Interlaced*. *Interlaced* bedeutet, dass Sie das Bild so abspeichern können, dass es in Internetseiten fast sofort auf der Webseite sichtbar wird, während es noch lädt. Allerdings erscheint es zunächst verschwommen, unscharf. Dabei wird die Darstellung immer schärfer, bis es vollständig geladen ist. *Ohne (Interlaced)* muss ein Bild erst vollständig geladen sein, bis es in der Webseite angezeigt werden kann. Bei großen Bildern kann dies eine beträchtliche Wartezeit für den Betrachter bedeuten. *Interlaced* ist also nur von Bedeutung, wenn das Bild in einer Webseite verwendet werden soll. Zum Archivieren Ihrer Bilder im PNG-Format wählen Sie *Ohne*.

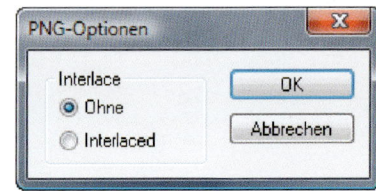

Abb. 7.27

Die Speicheroptionen des Dateiformates PNG

7.6 Fotos drucken

Um das Bild aus Photoshop Elements heraus ausdrucken zu können, muss der Drucker korrekt angeschlossen sein. Moderne Drucker werden über einen USB-Anschluss angeschlossen, ältere Drucker verfügen oft nur über einen Parallelport-Anschluss. Ab Windows XP sollte aber die Druckererkennung dabei per Plug & Play funktionieren.

Falls Sie einen Drucker neu anschließen, kann es sein, dass das Betriebssystem Sie zur Installation der Druckertreiber auffordert. Stellen Sie bei älteren Druckern sicher, dass Sie den neuesten Treiber für Ihren Drucker installiert haben. Laden Sie diesen ggf. von der Website des Druckerherstellers herunter, und installieren Sie ihn. Zusammen mit dem Treiber wird auch ein kleines Programm installiert, über das Sie Ihren Drucker einrichten können. Dies ist unbedingt erforderlich, um z. B. beim Ausdruck die Papier- und damit Druckqualität festlegen zu können. Bei manchen Herstellern, z. B. bei Epson, sind das zusätzliche Programme.

7.6.1   Ein Foto ausdrucken

Den Aufruf der **Druckfunktionen** finden Sie im Menü *Datei* des Programmfensters, gleich ob aus dem Editor, der Schnellkorrektur oder dem Editor mit Assistent heraus.

Drucken ruft mit dem Fenster *Drucken* die Einrichtung des Bildes zum Drucken auf. Dabei erfasst dieses Fenster die Druckereinstellungen aus Photoshop Elements heraus. Es umfasst alle Einstellungen, die Photoshop Elements selbst und das Betriebssystem bietet. Dabei macht es Ihnen das Programm zunächst einfach. Es bietet Ihnen an, das Bild in der Größe, die Sie zuvor eingerichtet haben, mit Ihrem im System eingerichteten Standarddrucker auf ein Blatt DIN A4 zu drucken. Wenn Sie nichts anderes wünschen, bestätigen Sie einfach den Druckbefehl mit Klick auf die Schaltfläche *Drucken* rechts unten. Doch können Sie hier im Fenster *Drucken* vieles einrichten und auswählen. Ich beschreibe dieses Fenster genauer in Kapitel 7.6.2.

Abzüge bestellen: Bestellen Sie Abzüge von Kodak: Dieser Menüpunkt versucht, eine Verbindung zum Bilderdienst von Kodak über das Internet herzustellen. Prinzipiell ist angedacht, dass Sie so schnell aus dem Programm heraus Fotos zu diesem Bilderdienst senden und dort Abzüge davon bestellen können. Um diesen Dienst nutzen zu können, müssen Sie erst einen Zugang bei Kodak einrichten. Dies können Sie in den Fenstern erledigen, die beim ersten Aufruf der Funktion angezeigt werden. Nach dieser Einrichtung, beim nächsten Aufruf dieses Dienstes, müssen Sie sich nur noch anmelden – Adobe kooperiert hier mit Kodak. Denken Sie daran, dass es auch möglich ist, Bilder zu sammeln, auf CD zu brennen und dann im Fotolabor als Fotoabzüge, als Papierabzüge ausbelichten zu lassen.

→ **Hinweis:** Die meisten Großlabore arbeiten beim Ausbelichten mit einer Auflösung von 300 dpi und akzeptieren nur das Dateiformat JPEG. Es ist demnach sinnvoll, dass Sie Ihre Bilder vor dem Brennen der CD auf die gewünschte Größe bei dieser Auflösung bringen, als Kopien im JPEG-Format speichern und dann auf CD brennen.

7.6.2 Das Fenster Drucken

Das Fenster *Drucken* aus Photoshop Elements bietet eine Vielzahl an Einstellmöglichkeiten. Sehen wir uns diese der Reihe nach an.

Drucker auswählen: Falls Sie mehrere Drucker installiert haben, können Sie hier wählen, mit welchem Gerät Sie das Bild drucken möchten. Zunächst wird das im Betriebssystem als Standarddrucker gewählte Gerät hier angezeigt.

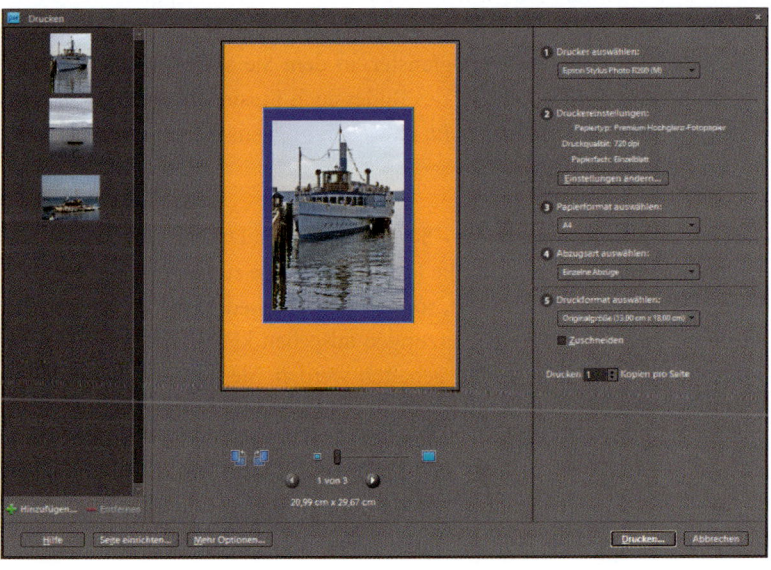

Abb. 7.28
Das Fenster Drucken aus Photoshop Elements. Über die Einstellmöglichkeiten hier wurde dem Bild noch ein Rahmen hinzugefügt und dem Papier eine Hintergrundfarbe gegeben, die auch mit gedruckt wird.

Druckereinstellungen: Zunächst werden hier die Standardeinstellungen Ihres Druckers aufgelistet. Mit Klick auf die Schaltfläche *Einstellungen ändern* rufen Sie ein weiteres Fenster auf, in dem Sie selbst die Einstellungen treffen können. Achten Sie hier darauf, den *Papiertyp* und das *Papierformat* zu wählen, auf das Sie drucken möchten. Vor allem die Wahl des Papiertyps bestimmt bei vielen Druckern auch die Druckqualität. Die besten Druckergebnisse erzielen Sie mit hochglänzendem oder seidenmattem, schwerem Fotopapier. Aus diesem Fenster heraus öffnet ein Klick auf die Schaltfläche *Erweiterte Einstellungen* das Fenster der druckereigenen Software, in dem Sie noch ausführlichere Einstellungen treffen können, z. B., ob Sie randlosen Druck wünschen, soweit dies Ihr Drucker anbietet.

Papierformat auswählen: Hier wird nochmals eine Auswahl des Papierformates angeboten, also ob Sie auf ein Blatt DIN A4 oder ein anderes formathaltiges Papier wie z. B. ein Papier im Fotoformat drucken möchten.

Abzugsart wählen: Zur Auswahl stehen hier *Einzelne Abzüge, Bildpaket* oder *Kontaktabzug*. *Einzelne Abzüge* steht für einen Ausdruck Ihres geöffneten Bildes auf ein Blatt. *Bildpaket* und *Kontaktabzug* bieten Möglichkeiten, mehrere Bilder auf ein oder mehrere Blätter zu drucken. Diese Möglichkeiten, die auch aus dem Organizer heraus aufzurufen sind, werden in Kapitel 7.6.4 ausführlicher beschrieben.

Druckformat auswählen: Hier finden Sie zunächst das von Ihnen eingerichtete Druckformat des Bildes als Auswahl. In der auf Klick aufklappenden Auswahlliste können Sie jedoch andere Formate im selben Seitenverhältnis wählen, die an Fotopapiermaßen orientiert sind. Ein Klick auf *Benutzerdefiniert* öffnet ein weiteres Dialogfenster, in dem Sie außer einer von Ihnen bestimmten, beliebigen Größe des Bildes auch Einstellungen zum *Farbmanagement* und zur *Druckauswahl*, zu weiteren Eigenschaften des Ausdrucks treffen können.

Farbmanagement: Jedes Gerät – Scanner, Monitor, Drucker – hat eine etwas andere Farbkalibrierung. Um die Farbunterschiede zu begrenzen, wird dem Bild ein Farbprofil hinzugefügt, so dass die Farbwiedergabe auf allen Geräten von einheitlichen Voraussetzungen ausgehen kann und diese Farbverschiebungen möglichst gering gehalten werden. Sie können hier im Auswahlmenü festlegen, ob überhaupt Farbmanagement angewendet wird und, wenn ja, ob die Werte des Ausgabegerät, des Druckers dafür maßgeblich sind oder die des Programms. Wählen Sie hier zunächst, dass Photoshop Elements die Farben bestimmt, da nur professionelle Drucker über ein eigenes Farbmanagement verfügen. Aus diesem Grund ist eine Auswahl hier auch nicht zwingend erforderlich.

Druckauswahl bietet die Möglichkeiten, unter *Fotodetails Datum, Bildtitel* und *Dateiname* anzuzeigen mit zu drucken. Sie können wählen, ob mit dem Bild auf dem Blatt der Dateiname als Überschrift darüber ausgedruckt oder ob ein Bildtitel darüber gesetzt wird, den Sie im Organizer für das Bild vergeben haben.

Mit der Wahl von *Bügelbild* (Transferdruck) wird das Bild gespiegelt ausgedruckt. Dies ist auch sinnvoll, wenn das Bild nicht direkt über einen angeschlossenen Drucker ausgedruckt werden, sondern z. B. auf eine Druckplatte aufgetragen werden soll. Auch dazu muss es erst gespiegelt werden, um dann im Abzug von der Platte wieder mit richtiger Seitenorientierung zu erscheinen.

Die Auswahl *Rand* lässt Sie einen farbigen Rand mit definierter Breite um das Bild ziehen und auch noch eine Hintergrundfarbe des Papiers wählen, die dann mit gedruckt wird. Der Farbwähler für die Rand- bzw. Hintergrundfarbe verbirgt sich jeweils hinter dem Kästchen rechts.

Die Auswahl *Schnittlinien* druckt Schnittmarken mit aufs Blatt. Das ist z. B. bei weißgrundigen Bildern und Fotokreationen ratsam, um das Bild nachher auf die entsprechende Größe zuschneiden zu können.

Zuschneiden: Diese Option bietet die Möglichkeit, ein Bild mit nachträglich über Druckauswahl hinzugefügten Rand wieder auf die ursprünglich gewählten Bildmaße zuzuschneiden.

Kopien pro Seite: Diese Beschriftung ist etwas irreführend. Tatsächlich können Sie hier die Anzahl der Kopien auswählen, die Sie drucken möchten. Jedoch wird jede Kopie auf ein separates Blatt gedruckt.

In dem Feld links vom Vorschaubild werden alle im Editor geöffneten Bilder zum Drucken ausgewählt angezeigt. Markieren Sie ein Bild in diesem Feld durch Mausklick, können Sie es durch Klick auf – *Entfernen* aus der Auswahl entfernen. Ebenso können Sie mit Klick auf + *Hinzufügen* weitere Bilder aus dem Organizer zu dieser Auswahl hinzufügen.

Unter dem Vorschaubild sehen Sie links zwei Symbole, um das Bild auf dem Papier zu drehen. Rechts daneben finden Sie einen Schieberegler, mit dessen Hilfe Sie den Bildausschnitt innerhalb der vorgegebenen Druckabmessungen beliebig skalieren können. Die Schaltflächen darunter, mit den Pfeilen nach links bzw. rechts sind nur dann aktiv, wenn mehrere Bilder zum Drucken im Auswahlfeld links geöffnet sind. Dann können Sie über diese Schaltflächen das Bild wählen, das Sie als nächstes drucken möchten.

In der Leiste ganz zuunterst haben Sie mehrere Schaltflächen zur Verfügung. Als Erstes können Sie über die entsprechende Schaltfläche die *Hilfe* zum Drucken aufrufen. *Seite einrichten* ruft das Fenster des Betriebssystems zum Einrichten der Seiteneigenschaften auf, wobei Sie die meisten dieser Einstellungen auch hier im Fenster *Drucken* zur Verfügung haben. Hinter Mehr Optionen verbirgt sich das Fenster, dessen Einstellungen schon unter Druckformat auswählen – Benutzerdefiniert beschrieben wurden. Ein Klick auf die Schaltfläche *Drucken* startet den eigentlichen Druckvorgang, wobei auch hier noch ein Fenster mit Einstellmöglichkeiten erscheint, das wir uns ansehen werden. *Abbrechen* schließt das Fenster *Drucken,* ohne dass der Druckvorgang ausgeführt wird.

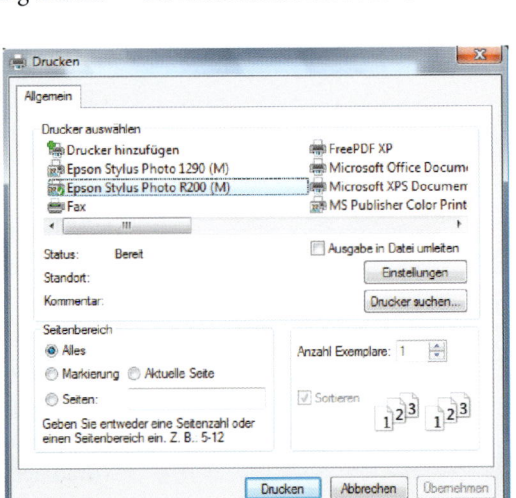

Abb. 7.29

Das Fenster Drucken aus Windows

7.6.3 Die Druckereinstellungen des Betriebssystems – das Fenster Drucken aus Windows

Wie angekündigt, nach dem Klick auf *Drucken* wird der eigentliche Druckvorgang eingeleitet, nachdem Sie im Fenster *Drucken* alle wesentlichen Einstellungen von Seiten des

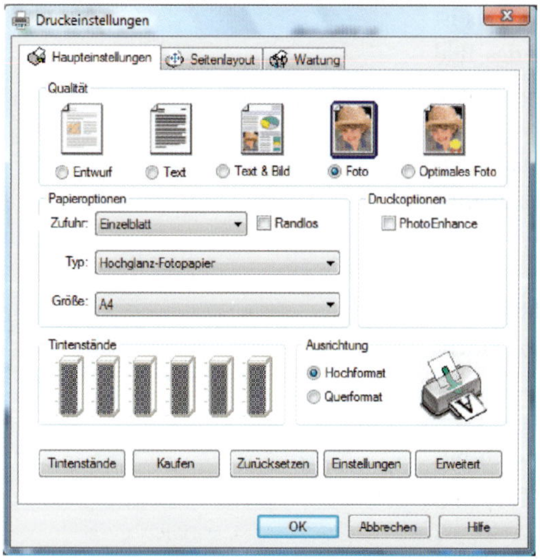

Abb. 7.30

Das Fenster Druckeinstellungen am Beispiel eines Epson-Tintenstrahldruckers

Programms getroffen haben. Nun öffnet sich noch ein Fenster *Drucken,* diesmal das des Betriebssystems. Wenn Sie alle entsprechenden Einstellungen auch bereits im Fenster aus Photoshop Elements gemacht haben, hier können Sie die Druckerwahl und die Anzahl der Kopien nochmals korrigieren. Ganz wichtig ist, dass Sie von diesem Fenster aus die *Einstellungen* Ihres Druckers über die entsprechende Schaltfläche aufrufen können. Aus dem Fenster Drucken von Photoshop Elements konnten Sie über die Schaltflächen bei Druckereinstellungen: Einstellungen ändern und dann über Erweiterte Einstellungen zu demselben Fenster gelangen. Wenn Sie hier nochmals Änderungen an Ihren Druckeinstellungen vornehmen, gelten letztendlich diese.

Im Fenster *Druckeinstellungen* Ihres Druckers bestimmen Sie die eigentliche Druckqualität. Die Einstellmöglichkeiten hier variieren von Hersteller zu Hersteller und je nach Druckertyp. Aber eine ganz wesentliche Qualitätseinstellung ist allen Druckern gleich: die Wahl der Papierart. Vor allem Tintenstrahldrucker drucken unterschiedlich, je nachdem, ob Sie auf Normalpapier, schweres, mattes Papier oder Hochglanzpapier drucken.

Hier noch einmal eine Übersicht über die geräteabhängigen Einstellmöglichkeiten des gewählten Druckers:

- Seitenausrichtung (Hoch- oder Querformat)
- Wahl des Papiertyps
- Wahl der Druckart (Farb-, Graustufen oder Schwarzweißdruck)
- Wahl der Druckauflösung (eventuell auch indirekt über Papiertyp)
- Je nach Gerät werden zusätzliche Einstellungen zur Ausgabegröße und zu anderem angeboten, z. B., ob der Druck randlos erfolgen soll. Wenn Sie dies nicht explizit wählen, bleibt immer ein geringer Transportrand um das Bild. Nicht alle Drucker verfügen über diese Option.

7.6.4 Mehrere Fotos drucken

Wie bereits in Kapitel 7.6.2 genannt, bietet Photoshop Elements auch die Möglichkeit, mehrere Bilder auf ein Blatt zu drucken. Aufrufen können Sie diese Option aus dem Menü *Drucken* bzw. dem sich öffnenden Fenster *Drucken: Abzugsart wählen.* Nach dem Aufruf der jeweiligen Menüauswahl *Bildpaket* bzw. *Kontaktabzug* wird zunächst das Fenster des Organizers geladen. Falls Sie diesen noch nicht initialisiert haben, werden Sie ggf. in einem Dialogfenster dazu aufgefordert. Im Zweifelsfalle gehen Sie vorab her und legen erst einmal wie in Kapitel 5.3.6 beschrieben Ihre Fotosammlung im Organizer an, bevor Sie beginnen, Bilder daraus zu drucken.

Um die Funktion *Bildpaket*, nämlich mehrere Fotos auf ein Blatt zu drucken, nutzen zu können, ist der Organizer Voraussetzung. Eine Option, Bilder aus Ordnern zu laden, ist hier nicht vorgesehen. Wenn der Organizer gestartet ist, wird Ihnen ein Fenster mit der Vorschau des Bildes angezeigt, das Sie aktuell geöffnet haben.

Klicken Sie links unten bei + *Hinzufügen*. Es öffnet sich das Fenster *Medien hinzufügen,* in dem Sie den ganzen Katalog oder auch nur ein Album als Bildquelle auswählen können. Markieren Sie im Vorschaubereich dieses Fensters die Bilder, die ebenfalls gedruckt werden sollen. Bestätigen Sie den Vorgang mit Klick auf die Schaltfläche *Fertig*. Die Bilder werden an das Fenster *Abzüge* übergeben und dort im Vorschaubereich links angezeigt.

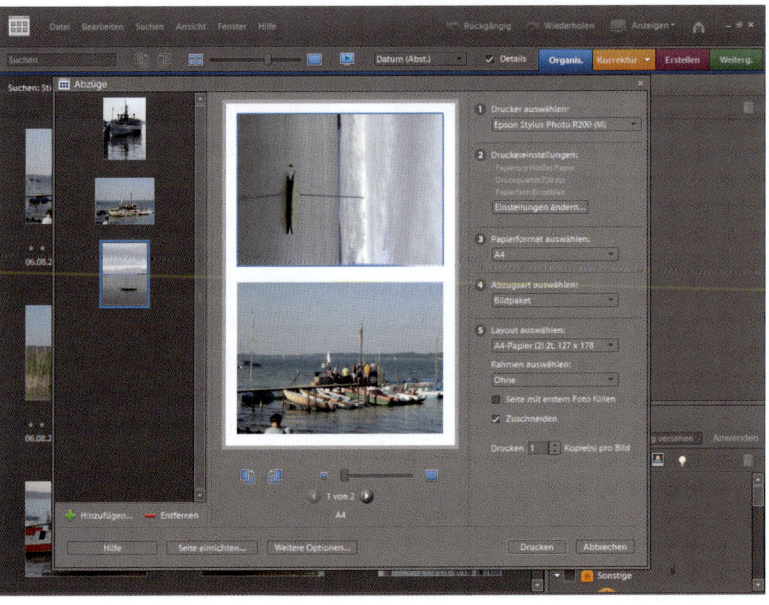

Abb. 7.31

Das Fenster Abzüge mit dem aktuell
gewählten Bild, darunter die Oberfläche des
Organizers

Im Fenster *Abzüge* wählen Sie nun rechts oben im Auswahlmenü *Drucker auswählen* den Drucker.

Unter Druckereinstellungen wählen Sie über das Auswahlmenü der Schaltfläche Einstellungen ändern den Papiertyp, das Papierformat etc. Im Auswahlmenü *Abzugsart auswählen* darunter können Sie wählen zwischen einzelnen Abzügen, einem Bildpaket oder Kontaktabzug.

Einzelne Abzüge sendet die Bilder nacheinander an den Drucker, so dass jedes auf ein Blatt gedruckt wird. Sie müssen also nicht jedes Bild einzeln aufrufen und an den Drucker übergeben.

Kontaktabzug ordnet die Bilder in der Größe von Vorschaubildern auf einem Blatt an, wobei Sie im Auswahlmenü *Layout wählen* die Möglichkeit haben, die Anordnung und Größe der Bilder nachträglich zu verändern. Sie

Abb. 7.32

Das Fenster Medien hinzufügen mit der Ansicht der Bilder aus dem Organizer

können als Text auch jeweils Aufnahmedatum, Bildtitel und Dateinamen anfügen.

Bildpaket: Wählen Sie diese Option, stehen Ihnen je nach voreingestellter Papiergröße verschiedene Layouts in *Layout wählen* zur Verfügung, z. B. bei DIN A4 zwei Bilder à 12,7 cm × 17,8 cm oder zwei Bilder à 10,0 cm × 14,8 cm.

Wählen Sie *Bildpaket,* können Sie im Auswahlmenü *Rahmen auswählen* aus einer Reihe vorgegebener Rahmen und Vignetten eine Rahmenart auswählen, die jeweils auf alle Bilder angewendet wird. Eine größere Auswahl an Rahmen bzw. die Möglichkeit, eigene Rahmen anzulegen und zu drucken, besteht nur, wenn Sie die Rahmen über andere Funktionen erstellen oder einfügen, dann aber nur für jedes Bild einzeln (siehe Kapitel 20).

Mit der Option *Zuschneiden* können Sie wählen, alle Bilder automatisch in das vorgewählte Format einzupassen. Sonst werden nicht formathaltige Bilder einfach mit ihrem eigenen Seitenverhältnis in die Layoutmaske eingefügt.

Für unser Beispiel wählen wir *Bildpaket.* Wenn Sie alle Einstellungen getroffen haben, bestätigen Sie den Druckbefehl durch Klick auf die Schaltfläche *Drucken.* Der nun folgende automatisierte Vorgang kann je nach Anzahl der Bilder einige Zeit in Anspruch nehmen. Die Bilder bzw. Bildpakete werden nacheinander an den Drucker gesandt und ausgedruckt, das Fenster *Fotos drucken* wird danach automatisch wieder geschlossen.

➜ **Hinweis:** Auch Windows XP und Windows Vista bieten eine entsprechende Druckfunktion. In Windows XP finden Sie den Aufruf im Fenster der Dateiverwaltung – dem Arbeitsplatz, wenn Sie einen Ordner mit Bildern aufrufen. Dort steht links unter *Bildaufgaben – Bilder drucken* der Aufruf des **Fotodruck-Assistenten** bereit, der ähnliche Optionen für verschiedene Drucklayouts mit mehreren Bildern bietet. In Windows Vista oder Windows 7 finden Sie einen vergleichbaren Assistenten in der **Windows-Fotogalerie** im Menü *Drucken.*

Mac-Tipp: Unter Mac OS X finden Sie den Aufruf der Druckfunktion wie auch den zum Drucken eines Bildpaketes und von Kontaktabzügen direkt im Menü Datei. Das Fenster Drucken ist prinzipiell das gleiche wie unter Windows beschrieben, jedoch fehlen die Druckereinstellungen und die Möglichkeit, eine Abzugsart zu wählen. Letztere Möglichkeit besteht aber wie erwähnt aus dem Menü Datei heraus.

Der Aufruf von *Kontaktabzug II* bzw. *Bildpaket* öffnet die Funktion direkt, ohne dass Adobe Bridge oder iPhoto dazwischengeschaltet werden. Dafür lassen sich weitere Bilder in beiden Funktionen unter *Quellbilder* direkt aus einem beliebigen Ordner über die Dateiverwaltung des Betriebssystems einfügen.

8 Bilder vom Scanner

Natürlich können Sie nicht nur Bilder von Ihrer Digitalkamera für das Arbeiten mit Photoshop Elements verwenden, sondern auch eingescannte Bilder. Grundlegende Informationen und eine genaue Anleitung dazu finden Sie in den folgenden Kapiteln.

8.1 Allgemeines zum Thema Scannen

8.1.1 Technische Voraussetzungen und Software

Voraussetzung, um ein Bild unter Windows über ein Bildbearbeitungsprogramm vom Scanner einlesen zu können, ist, dass der Scanner richtig angeschlossen ist und dass das geräteeigene, mitgelieferte Scan-Programm installiert wurde. Gegebenenfalls aktualisieren Sie den Treiber für Ihren Scanner per Download aus dem Supportbereichs der Herstellerwebsite. Die Bildbearbeitungsprogramme stellen in der Regel nur die Verbindung zum Scannen (der so genannten Twain-Quelle unter Windows) her. Für den eigentlichen Scan-Vorgang ist daher das eigenständige Scan-Programm erforderlich, das vom Bildbearbeitungsprogramm aus aufgerufen wird. In Kapitel 9.1 wird das Scannen unter Windows genauer beschrieben.

Mac-Tipp: Bei meinem Scanner genügte der Download des aktuellen Scannertreibers für Mac OS X und dessen Installation, um den Scanner betriebsbereit einzubinden. Auch die Verknüpfung mit Photoshop Elements war nach der Installation des Treibers sofort gegeben.

Bei älteren Scannermodellen bzw. bei Scannern ohne Treibersupport für Mac OS X mag Folgendes helfen: Die Bildbearbeitungsprogramme stellen in der Regel nur die Verbindung zum Scannen her (der so genannten Twain quelle unter Windows und über SANE (»Scanner Access Now Easy«) unter Linux und Mac OS X). Für den eigentlichen Scan-Vorgang ist daher ein eigenständiges Scan-Programm bzw. XSANE erforderlich, das vom Bildbearbeitungsprogramm aus aufgerufen wird. Auch unter Mac OS X hilft die oben genannte SANE-Bibliothek. Der Zugriff über das Programm erfolgt dabei über eine TWAIN-SANE-Schnittstelle. Mattias Ellert bietet die erforderlichen Installationsdateien (Mac OS X-Binärpakete) unter http://www.ellert.se/twain-sane zum Download an. Nach der Installation müssen, abhängig vom Scanner, einige Einstellungen vorgenommen werden. Informationen dazu finden Sie unter der vorgenannten Internetadresse und auf der Website des SANE-Projekts: http://www.sane-project.org.

Der Aufruf des Scanners in Photoshop Elements und der eigentliche Scan-Vorgang funktionieren dann im Wesentlichen wie unter Windows beschrieben.

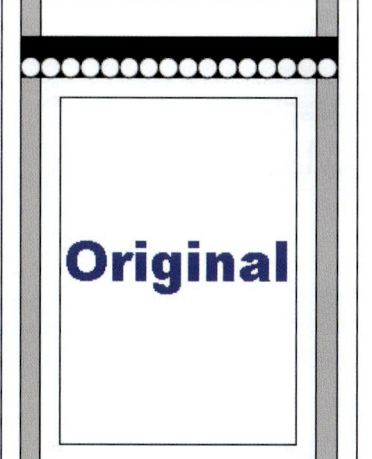

8.1.2 Scannertypen und ihre Funktionsweise

Flachbett- und Diascanner stehen vielen Benutzern zu Hause zur Verfügung. Deren Funktionsweise und wichtige technische Eigenschaften werden hier kurz beschrieben. Entsprechende Geräte finden sich auch im professionellen Einsatz.

Ausschlaggebend für den Scan-Vorgang ist die »physikalische Auflösung (= tatsächliche Dichte der Sensoren in der Scanner-Zeile)« des Scanners (**Flachbettscanner: 300/600/1200/2400/4800 dpi und höher**). So genannte interpolierte Auflösungen mit Angabe wesentlich höherer Werte sind durch »dazwischengerechnete« Bildpunkte hochgerechnet. Diese Interpolation (Hochrechnung) lässt sich jedoch auch nachträglich im Bildbearbeitungsprogramm bewerkstelligen. Aber sie bringt keinen Gewinn an Genauigkeit bzw. Qualität.

Beim Scannen mit dem **Flachbettscanner** wird die Vorlage mit der Ansichtsseite nach unten auf die Glasauflage gelegt. Darunter befindet sich ein Schlitten mit der CCD-Zeile auf zwei Schienen. Die CCD-Zeile (Charge-Coupled Devices) besteht aus Licht aussendenden Bauteilen und Sensoren, welche die von der Vorlage reflektierten Lichtwerte messen und zeilenweise als Bilddaten an den Computer weitergeben. Dabei sind die Anzahl der Lichtelemente und Sensoren sowie die Geschwindigkeit des Schlittens maßgeblich für die Feinheit der erzielten Auflösung (physikalische Auflösung).

Bei Flachbettscannern unterscheidet man zwei Typen: Single-Pass und Triple-Pass. Beim Single-Pass-Scan fährt der Schlitten nur einmal unter der Vorlage durch und misst dabei gleichzeitig die Farbwerte für alle drei Grundfarben Rot, Grün und Blau, beim Triple-Pass-Scanner erfolgt für jede Grundfarbe ein separater Scan-Durchgang.

Manche Flachbettscanner bieten auch die Möglichkeit, mittels eines Durchlicht-Aufsatzes oder einer so genannten Durchlichteinheit im Scannerdeckel Kleinbild-Fotonegative und Dias einzuscannen. Der eigentliche Scan-Vorgang geschieht dabei wie bei einer normalen Scan-Vorlage mittels der CCD-Zeile auf dem Schlitten. Allerdings erfolgt die Beleuchtung dabei durch eine externe Lichtquelle.

Diascanner arbeiten entweder ebenfalls mit einer CCD-Zeile oder mit einem Sensorchip vergleichbar dem Aufnahmechip einer Digitalkamera. Entsprechend ist hier die zu erreichende Auflösung abhängig von der Anordnung und Dichte der Sensoren in der CCD-Zeile bzw. auf dem Chip. Die Chips erreichen bis zu 4800 dpi, Profi-Geräte mehr. Viele dieser Geräte können nur (gerahmte) Dia- oder Negativvorlagen von Kleinbild- oder Mittenformat-Kameras verarbeiten.

Abb. 8.1
Schematische Darstellung eines
Flachbettscanners

CCD-Zeile (Charge-Coupled Devices)
Auflösung abhängig von:
Anzahl Lichtelemente +
Anzahl Sensoren (waagerecht)
Geschwindigkeit der CCD-Zeile (senkrecht)
= physische Auflösung

8.1.3 Probleme beim Scannen von gedruckten Vorlagen: der Moiré-Effekt

Gedruckte Vorlagen sind mitunter schlecht geeignet als Scan-Vorlagen. Druckraster und Druckwinkel führen beim Scannen zu einem Interferenz-(Überlagerungs-)Muster, dem Moiré-Effekt. Manche Bildbearbeitungsprogramme bieten eigene Assistenten an, um diesen Effekt zu beseitigen, sehr viele Programme haben unter ihren Effekt-Filtern den Gaußschen Weichzeichner, mit dem Sie den Moiré-Effekt abschwächen oder beseitigen können. Die genaue Vorgehensweise wird in Kapitel 9.2.4 gezeigt. Neuere Scan-Programme bieten einen entsprechenden Filter, der direkt zum Einsatz kommt, bevor das Bild an das Bildbearbeitungsprogramm übertragen wird.

8.2 Vor dem Scannen – Überlegungen und Berechnungen

Vor dem Scannen sollten Sie folgende Überlegungen anstellen:
Wie groß ist das Bild? (Größe der Vorlage bestimmen)
Wie groß wird mein Bild? (Abmessungen für Ausgabe) Der aus 1. und 2. resultierende Vergrößerungs- bzw. Verkleinerungsfaktor ist wesentlich für die Auflösung, mit der gescannt wird.
Für welches Ausgabemedium ist das Bild bestimmt – Internet = Bildschirm oder Druck? Auch diese Überlegung beeinflusst die Wahl der Auflösung für das fertige Bild.
Farbtiefe bestimmen (Text = Schwarzweiß, Schwarzweißbild (Graustufen), Vollfarbe)

Farbtiefe				
	Strichzeichnung, Text (einfarbig; Bitmap)	Graustufen (SW-Foto)	Sonderfall GIF (indizierte Farben)	Farbe (Farbfoto)
Farbtiefe	1 Bit	8 Bit	8 Bit	24 Bit (TrueColor)
2er-Potenz	2^1	2^8	2^8	$2^8 \times 2^8 \times 2^8$
Anzahl Farbwerte	2	256	256	ca. 16,78 Mio.

Kurz noch einmal das Wichtigste zum Thema **Auflösung**: Die Auflösung gibt an, aus wie vielen Bildpunkten (Pixel, dots) pro Längeneinheit (Inch = Zoll; Zentimeter) ein Bild aufgebaut ist. Gemessen wird die Auflösung am Bildschirm zumeist in Pixel/Zoll = dpi = ppi (»dots per inch«, pixel per inch – 1 Inch = 1 Zoll = 2,54 cm). Im Druckbereich rechnet man in Deutschland mit einem Raster bzw. mit Linien, die sich als Zahl auf einen Zentimeter beziehen (»60er-Raster« = 60 Pixel/cm).

Prinzipiell sollten Sie am Flachbettscanner beim Scannen von Vorlagen zum Drucken eine möglichst hohe Auflösung wählen. Wenn das Bild später in Originalgröße im Druck ausgegeben werden soll, sind 300 dpi ein guter Richtwert. Auch beim Scannen von Bildern für eine Veröffentlichung im Web ist es kein Fehler, zur Bearbeitung des Bildes zunächst eine höhere Auflösung zu wählen. Die Bildschärfe und der Kontrast sind dann einfach höher, auch wenn die Auflösung des Bildes später reduziert wird, am besten in einer Kopie des Originals.

Für das Scannen von Vorlagen, nicht nur für die Druckausgabe, lässt sich die zu scannende Auflösung nach folgender Formel berechnen. Dabei gerät man schnell in den Bereich hoher erforderlicher Auflösungen, wenn das gescannte Bild vergrößert werden soll.

> Auflösung (gewünscht) × Skalierungsfaktor × Scan-Faktor =
> zu scannende Auflösung

Der Scan-Faktor, auch Q-Faktor für Qualität, ist eine Zahl zwischen 1,4 und 2,0 und in diesem Bereich frei wählbar. Beachten Sie, dass die zu scannende Auflösung entsprechend der Auflösungen gerundet werden sollte, die Ihr Scanner anbietet. Sonst wird die Auflösung interpoliert und entspricht keiner physikalischen Auflösung Ihres Scanners. Wenn Sie also für die zu scannende Auflösung einen Wert von 1080 dpi errechnen, runden Sie auf 1200 dpi auf. Nachfolgend ein Beispiel:

> Skalierungsfaktor = Gewünschte Größe/Originalgröße

Für die **Bildschirmausgabe:**
Hier wird zunächst eine Zielauflösung von 100 dpi angesetzt (gerundet aus 96 dpi):

1. Der Arbeiter in der Vorlage des Kleinbilddias misst 2 cm im Originalbild. Er soll in der Ausgabe am Bildschirm 20 cm groß erscheinen. Damit ergibt sich für ihn der Skalierungsfaktor 10. Als Scan-Faktor wird 2 gewählt.
2. Das Haus misst in der Vorlage 30 cm und soll im fertigen neuen Bild noch 25 cm groß sein. Es wird also verkleinert, als Skalierungsfaktor ergibt sich 0,833. Auch hier wird als Scan-Faktor 2 gewählt.

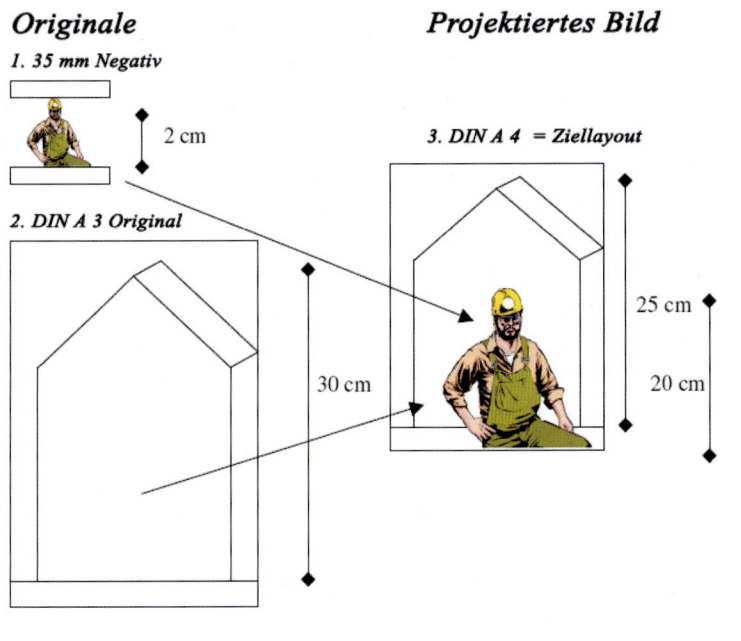

Originale

1. 35 mm Negativ

2 cm

2. DIN A 3 Original

30 cm

Projektiertes Bild

3. DIN A 4 = Ziellayout

25 cm

20 cm

Abb. 8.2

Bildvorgaben 1 und 2 und zu

erstellendes Bild 3 für das Rechenbeispiel

Berechnung nach Formel:

Auflösung (gewünscht):	zu 1: 100 dpi	zu 2: 100 dpi
Skalierungsfaktor:	zu 1: 20 cm : 2 cm = 10	zu 2: 25 cm : 30 cm = 0,833
Scan-Faktor (gewählt):	zu 1: 2	zu 2: 2

Zu scannende Auflösung: zu 1: 100 dpi × 10 × 2 = 2000 dpi
Zu scannende Auflösung: zu 2: 100 dpi × 0,833 × 2 = 166,6 dpi, gerundet 200 dpi

Für die **Druckausgabe** wird eine Zielauflösung von 60 Punkten pro Zentimeter gewählt (60er-Raster). Durch Multiplikation mit 2,54 wird dieses auf die Einheit dpi umgerechnet. Die übrigen Vorgaben bleiben gleich.

Berechnung nach Formel:

Druckerraster (gewählt):	zu 1: 60er-Raster	zu 2: 60er-Raster (60 Pkt/cm)
Auflösung (errechnet):	zu 1: 60 × 2,54 = 150 dpi	zu 2: 60 × 2,54 = 150 dpi
Skalierungsfaktor:	zu 1: 20 cm : 2 cm = 10	zu 2: 25 cm : 30 cm = 0,833
Scan-Faktor (gewählt):	zu 1: 2	zu 2: 2

Zu scannende Auflösung: zu 1: 150 dpi × 10 × 2 = 3000 dpi
Zu scannende Auflösung: zu 2: 150 dpi × 0,833 × 2 = 250 dpi, gerundet 300 dpi

9 Ein Bild einscannen und bearbeiten

Wir werden zunächst mit einem gescannten Bild arbeiten – die Vorlage ist ein in einer Tageszeitung abgedrucktes Foto. Es bietet die Möglichkeiten, typische Fehlerkorrekturen zu zeigen, wie sie bei gescannten, gedruckten Bildern auftreten können.

Arbeitsschritte:

- Sie möchten ein Bild mit Photoshop Elements einscannen.
- Das verkantete Bild muss danach eingerichtet und gerade gestellt werden.
- **Exkurs:** Verschiedene Möglichkeiten, ein Bild zu drehen.
- Danach möchten Sie den **Moiré-Effekt** entfernen (Filter *Gaußscher Weichzeichner,* Selektiver Weichzeichner und Matter machen) sowie
- Kontrast und Helligkeit korrigieren (Tonwertkorrektur und Gradationskurven bzw. Farbkurven).
- **Exkurs:** Übersicht der Funktionalitäten im Menü *Überarbeiten.*
- Das Bild wird nachträglich geschärft.
- Das Bild soll in hoher Qualität gespeichert werden, unter dem Namen *miami-impro.*
- Zuletzt soll eine Kopie des Bildes für den Versand per E-Mail im Internet bereitgestellt werden (Auflösung einstellen, im komprimierten Dateiformat JPEG speichern).

9.1 Ein Bild einscannen

Wie schon erwähnt, wird der Scan-Vorgang, mit dem ein Bild ausgelesen wird, zwar über das Bildbearbeitungsprogramm gestartet, jedoch ist für die eigentliche Arbeit ein anderes Programm, das mit dem Scanner gelieferte Scan-Programm, zuständig. Da diese je nach Scannerhersteller und von Modell zu Modell variieren können, ist es möglich, dass die im Folgenden gezeigten Fenster von dem abweichen, was Sie nach dem Aufruf der Scan-

Funktion in Photoshop Elements zu sehen bekommen. Wenn Sie in Photoshop Elements ein Bild einscannen möchten, wählen Sie im Editor das Menü *Datei* und dort den Menüpunkt *Importieren* (siehe Abb. 9.1).

Im Klappmenü werden Ihnen alle angeschlossenen Geräte angezeigt, von denen Bilder importiert werden können. Im Fall unseres Beispiels ist das der Scanner als Twain-Quelle und als WIA-Import. »**TWAIN**« steht als Abkürzung für »Technology Without an Interesting Name«, bezeichnet aber tatsächlich den Standard für Bildbearbeitungsgeräte unter Windows. Unter TWAIN wird die herstellereigene Software zum Bildimport angesprochen. **Windows Image Acquisition (WIA)** ist eine entsprechende Technologie von Microsoft. Über WIA wird das Windows-eigene Fenster zum Bildimport aufgerufen. WIA wurde speziell für den Datenaustausch zwischen Grafiksoftware und Scannern, Digitalkameras sowie anderen Digital-Video-Geräten entwickelt. Eigentlich soll es flexibler sein als TWAIN, wird aber noch nicht von .NET Framework unterstützt.

Rufen Sie durch Anklicken die Twain-Import-Schnittstelle für Ihren Scanner (oberer Eintrag mit der Typenbezeichnung) auf. Damit wird die mitgelieferte Scan-Software Ihres Scannerherstellers gestartet, die in der Regel die umfassenderen Einstellmöglichkeiten bietet. Bei korrekter Installation des Gerätes und des zugehörigen Programms öffnet sich nun ein Fenster, das eben nicht mehr aus Photoshop Elements stammt, sondern vom Scan-Programm des Scanners (siehe Abb. 9.2). Entsprechend sind diese Fenster je nach Hersteller und Modell unterschiedlich. Zunächst müssen Sie die Einstellungen angeben, mit denen das gewünschte Bild eingelesen werden soll. Selbstverständlich müssen Sie dazu das Bild vorher, Bildseite nach unten, in den Scanner eingelegt haben.

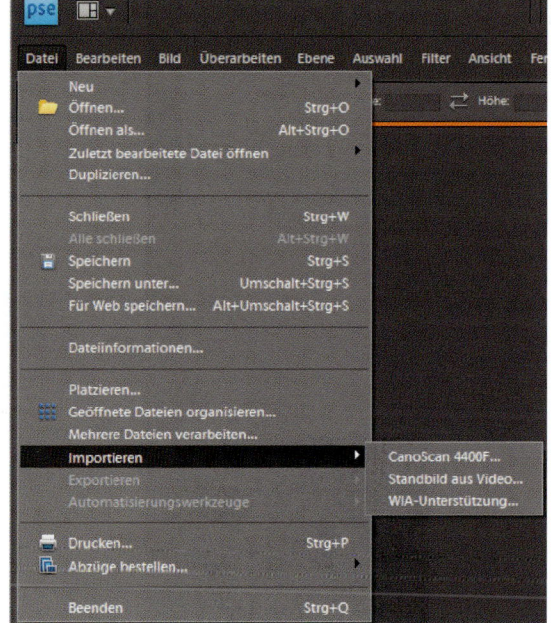

Abb. 9.1

Das Menü Datei – Importieren im Editor

Folgende Einstellmöglichkeiten werden in der Regel angeboten:
- Zu scannende Farbanzahl – Farbtiefe (Schwarzweiß – Graustufen – Farbe)
- Vorlagentyp (Text – Bild – Film (bei Scannern mit einer so genannten Durchlichteinheit, mit der Sie auch Fotonegative und Dias einscannen können))
- Zu scannende Auflösung (meist in vorgegebenen Schritten)

Außerdem finden Sie normalerweise zwei Schaltflächen:
- Preview – Vorschau
- Scan – Scannen – Einlesen

Abb. 9.2
Fenster eines Scan-Programms

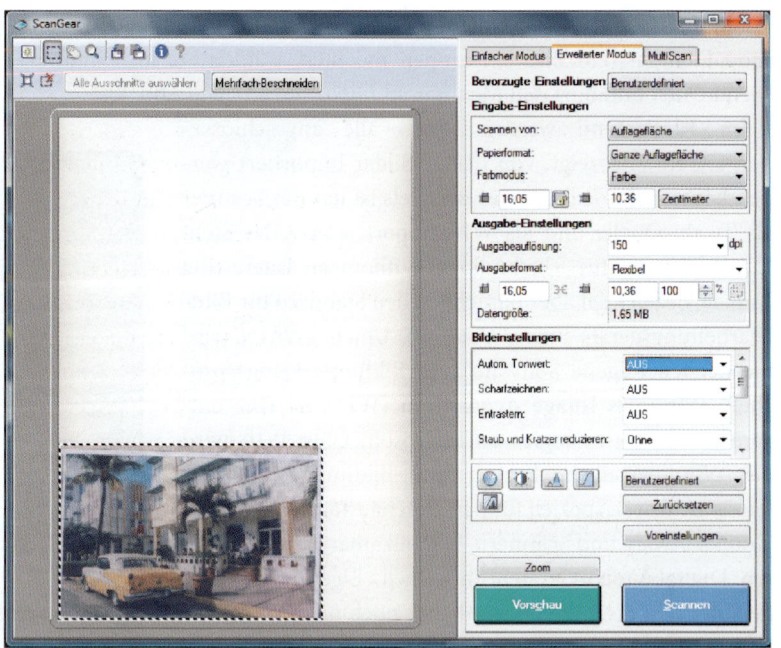

Wenn Sie das Bild eingelegt haben und über die entsprechende Schaltfläche eine Vorschau machen lassen, scannt das Gerät kurz das Bild und zeigt Ihnen eine Vorschau davon im Fenster rechts. Dabei findet das Scan-Programm automatisch die Bildränder und zeigt Ihnen diese in Form einer gestrichelten Linie an. Sie können diese nun mit der Maus verschieben und somit einen bestimmten Bildbereich auswählen. Klicken Sie nun auf die Schaltfläche *Scannen,* und der eigentliche Scan-Vorgang wird ausgeführt. Wenn das Bild eingelesen ist, öffnet sich im Bildbearbeitungsprogramm ein neues Bilddokument mit dem gescannten Bild, und Sie können das Scan-Programm schließen. Denken Sie daran, das neue Bild sofort auf Ihrem Rechner zu speichern.

Übung: Scannen Sie zunächst ein beliebiges Bild über die Import-Funktion von Photoshop Elements.

9.2 Typische Fehler bei gescannten Bildern – ein eingescanntes Bild bearbeiten

Damit Sie die weiteren Bearbeitungsschritte dieser Aufgabenstellung nachvollziehen können, finden Sie auf der DVD zum Tutorial ein Bild namens *miami.tif* im Verzeichnis *Bildvorgaben.* Öffnen Sie dieses von der DVD (Menü *Datei – Öffnen* im Editor), und speichern Sie es unter einem Namen wie *miami-impro* in Ihrem Übungsordner auf der Festplatte. Wählen Sie ein qualitativ hochwertiges Dateiformat wie TIFF oder PNG.

Wie Sie erkennen können, weist das geöffnete Bild einige Mängel auf. Zum Ersten ist es nach rechts aus der Waagerechten heraus verdreht (verkantet), weil es nicht genau rechtwinklig in den Scanner eingelegt wurde. Zum Zweiten wurde das Bild nicht genau ausgeschnitten und hat überstehende Ränder, die abgeschnitten werden müssen. Zum Dritten zeigt das Bild den so genannten Moiré-Effekt, der durch die Überlagerung des Druckerrasters (das Bild wurde einer Tageszeitung entnommen) mit dem Scannerraster entsteht – ein so genanntes Interferenz-Muster. Bei gescannten Fotos tritt dieser Effekt nicht auf. Viertens weist das Bild nach der Beseitigung des Moiré-Effektes immer noch ein deutliches Druckerraster auf, welches vor der weiteren Bearbeitung »geglättet« werden sollte.

Abb. 9.3

Editor-Ansicht von Photoshop Elements mit dem geöffneten Bild miami.tif

(Foto: Claudius Seidl)

9.2.1 Ein Bild gerade richten I – das Gerade-ausrichten-Werkzeug

Photoshop Elements bietet zum Geraderichten verkanteter Bilder ein eigenes Werkzeug, das denkbar einfach zu handhaben ist. Das **Gerade-ausrichten-Werkzeug** setzen Sie folgendermaßen ein: Suchen Sie sich im Bild eine Linie, die waagerecht sein soll. Im Falle unseres Beispielbildes ist das etwa die obere Bildkante des abgebildeten Fotos. Zeigen Sie mit dem Fadenkreuz des Mauszeigers auf die obere linke Ecke des Fotos. Nun klicken Sie auf die Bildecke, halten die linke Maustaste gedrückt und ziehen die Maus zur oberen rechten Ecke. Am Mauszeiger haben Sie nun ein graues »Gummiband«, das Sie entlang der gewünschten Linie ziehen. Lassen Sie die Maustaste los, wenn Sie an der rechten oberen Ecke des Fotos angelangt sind. Voilà, das Bild wird augenblicklich gedreht und dabei gerade gerichtet. Hinweis: Mit diesem Werkzeug können Sie auch leicht einen schiefen Horizont in einem Bild korrigieren.

Abb. 9.4

Ein Bild gerade ausrichten. Das Werkzeug wurde im Werkzeugbedienfeld rot markiert, der rote Pfeil dient der Veranschaulichung, wie Sie das Werkzeug einsetzen sollten.

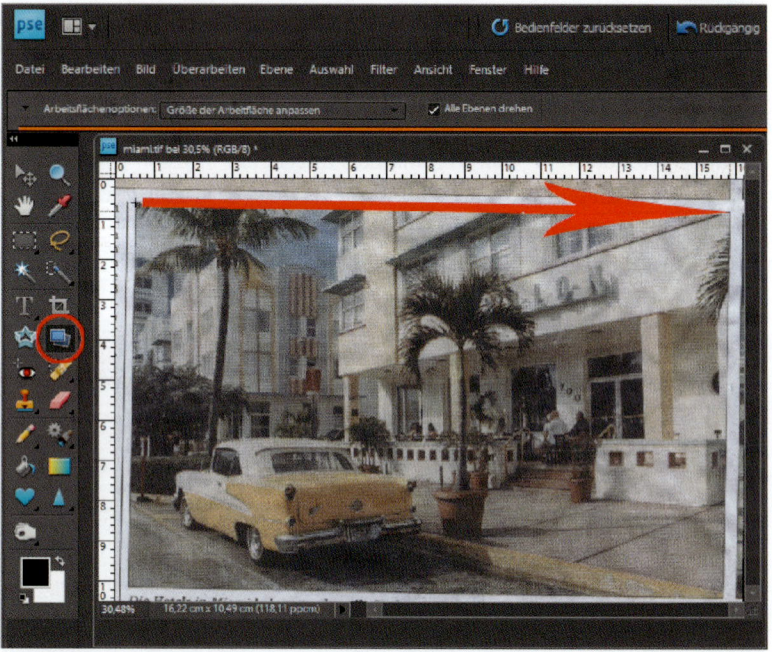

9.2.2 Ein Bild gerade richten II – das Menü Bild – Drehen

Im ersten Arbeitsbeispiel haben wir im Bild angegeben, welche Linie waagerecht sein sollte. Das Gerade-ausrichten-Werkzeug funktioniert auch dann, wenn Sie das Bild entsprechend einer Senkrechten ausrichten möchten. Markieren Sie diese mit dem Werkzeug. Das Bild wird so ausgerichtet, dass die von Ihnen angegebene Gerade nun waagerecht ist. Also müssen Sie das Bild noch um 90° nach links bzw. rechts drehen, je nachdem, wie es nun verdreht ist. Die Befehle zum Drehen eines ganzen Bildes finden Sie im Menü *Bild – Drehen* (siehe Abb. 9.5).

Die Einträge im Menü *Bild – Drehen* oben beziehen sich auf das gesamte Bild. Darunter finden Sie Einträge, die sich nur auf einzelne Ebenen beziehen. Das wird erst interessant, wenn Sie Bilder mit separaten Ebenen bearbeiten. Ganz zuunterst finden sich die Punkte *Bild gerade ausrichten* und *Bild gerade ausrichten und freistellen* (= zuschneiden). Dahinter verbirgt sich eine automatische Funktion, die versucht, anhand einer Kontrastmessung das eigentliche Bild vom Hintergrund zu trennen und eine schiefe Bildkante zu erkennen. Bei Fotos, die vor einem einfarbigen, neutralen

Hintergrund gescannt wurden, arbeitet diese Funktion ausgezeichnet. Im Fall unseres Bildes muss sie versagen, da der eigentliche Hintergrund nicht automatisch zu definieren ist.

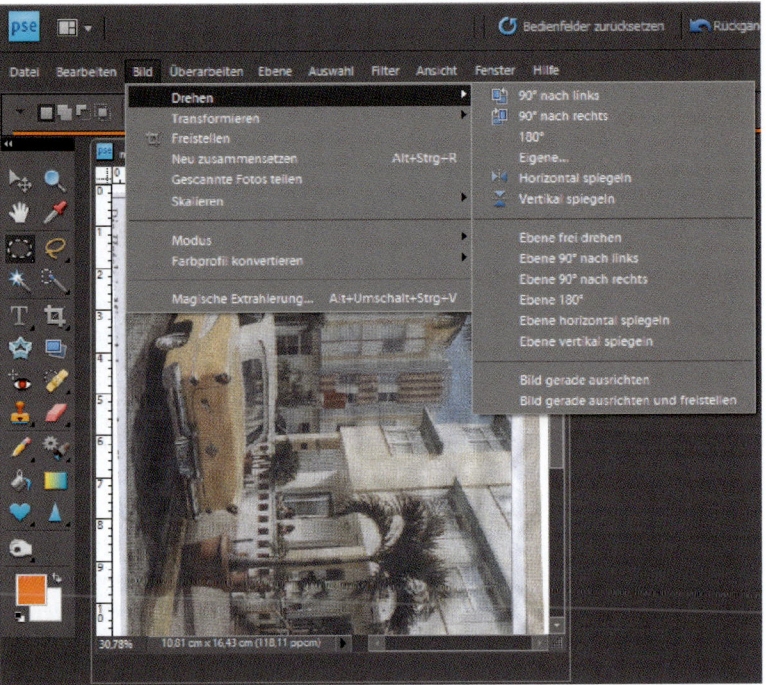

Abb. 9.5
Das Menü Bild – Drehen

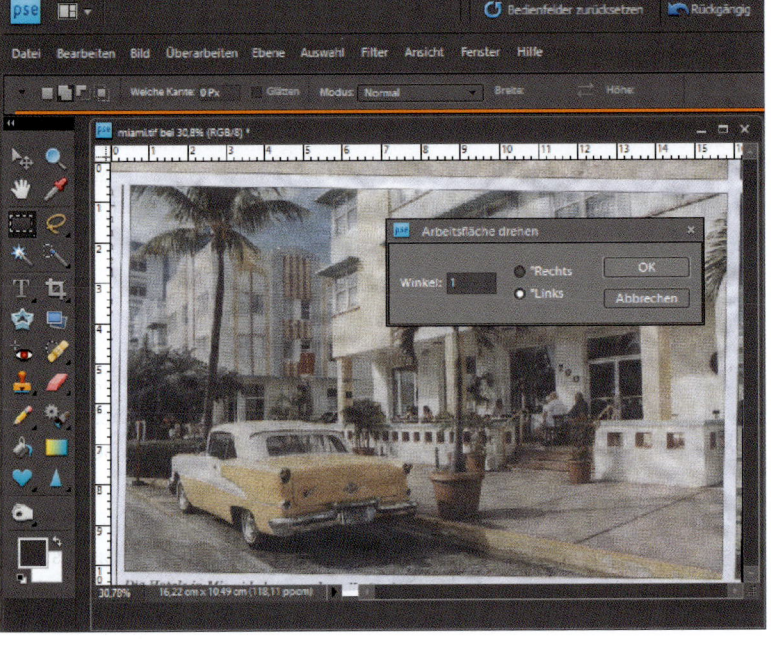

Abb. 9.6
Das Dialogfenster Arbeitsfläche drehen
aus dem Menü Bild – Drehen – Eigene

Sehen wir uns das Menü *Bild – Drehen* noch einmal an. Hier gibt es den Eintrag *Eigene*. Während die übrigen Einträge einen festgesetzten Drehwinkel vorgeben, können Sie unter *Eigene* einen beliebigen Drehwinkel eingeben und die Drehrichtung festsetzen. Wenn Sie also das Winkelmaß kennen, um das ein Bild verdreht ist, können Sie es hier per Zahleneingabe eines Winkels gerade richten. Unser Bild ist um 1° nach rechts drehend verkantet. Entsprechend würde es durch die Eingabe *1 (Grad) Links (drehen)* gerade gerichtet.

9.2.3 Ein Bild gerade richten III – ein Bild freistellen mit dem Freistellungswerkzeug

Bereits in Kapitel 7.4 bin ich auf das Freistellungswerkzeug eingegangen und habe seine Arbeitsweise und Einstellungen erläutert. Wenn Sie die hier vorausgehenden Arbeitsschritte mit dem gerade Ausrichten des Bildes nachvollzogen haben, steht jetzt das Zuschneiden, das Freistellen des Bildes an. Dazu wählen Sie das Freistellungswerkzeug im Werkzeugbedienfeld. Achten Sie in den Werkzeugeinstellungen darauf, dass im Auswahlmenü *Seitenverhältnis: Keine Beschränkung* eingetragen ist. Ziehen Sie mit dem Werkzeug ein Rechteck im Bild auf, und richten Sie die Ränder auf die Bildränder des Fotos ein, das wir freistellen möchten. Zuletzt bestätigen Sie Ihre Aktion, indem Sie auf das grüne Häkchen unten rechts am Rahmen des Werkzeugs klicken. Das Bild wird freigestellt.

Das Freistellungswerkzeug bietet dabei die Möglichkeit, die Bearbeitungsschritte des Gerade-Ausrichtens und des Freistellens in einem Arbeitsgang zu bewerkstelligen. Denn der Rahmen des Werkzeugs lässt sich schwenken und so parallel zu den Kanten eines verdrehten Bildes ausrichten. Wie können Sie dabei vorgehen?

Ziehen Sie wie gewohnt mit dem Werkzeug einen Rahmen im Bild auf. Dieser sollte etwas kleiner sein als das Bild, das Sie freistellen möchten. Zunächst ist der Rahmen rechtwinklig zum Bildfenster und noch nicht an die Schräglage unseres Fotos angepasst.

Das bewerkstelligen Sie im zweiten Ansatz. Zeigen Sie mit dem Mauszeiger auf eines der Kästchen, die als Anfasser mittig und an den Ecken auf dem Rahmen liegen. Der Mauszeiger wird zum geraden Doppelpfeil. Nun zeigen Sie mit dem Mauszeiger etwas darüber hinaus in den abgedunkelten Bereich. Der Mauszeiger wird zum gebogenen Doppelpfeil. Klicken Sie nun links, und halten Sie die Maustaste gedrückt. Schieben oder ziehen Sie die Maus, immer mit gedrückter linker Maustaste: Der Rahmen schwenkt, je nachdem, wohin Sie die Maus bewegen. Mit etwas Feingefühl gelingt es Ihnen, die Rahmenkanten parallel zu den Bildkanten einzurichten (siehe Abb. 9.7).

Lassen Sie die Maustaste dann los. Nun können Sie die Rahmenseiten mit der Maus greifen und auf die Bildkanten hin verschieben. Zeigen Sie auf den Rahmen, der gerade Doppelpfeil erscheint, mit gedrückter linker Maustaste können Sie die Ränder ziehen. Wenn die Ränder richtig eingerichtet sind, schließen Sie die Aktion ab, indem Sie auf das grüne Häkchen unten rechts klicken. Das Bild wird gerade gerichtet und im selben Arbeitsgang zugeschnitten. Zugegeben, eine etwas tüftelige Vorgehensweise, die einer gewissen Übung bedarf. Die vorab gezeigten Möglichkeiten, das Bild gerade zu richten, sind einfacher.

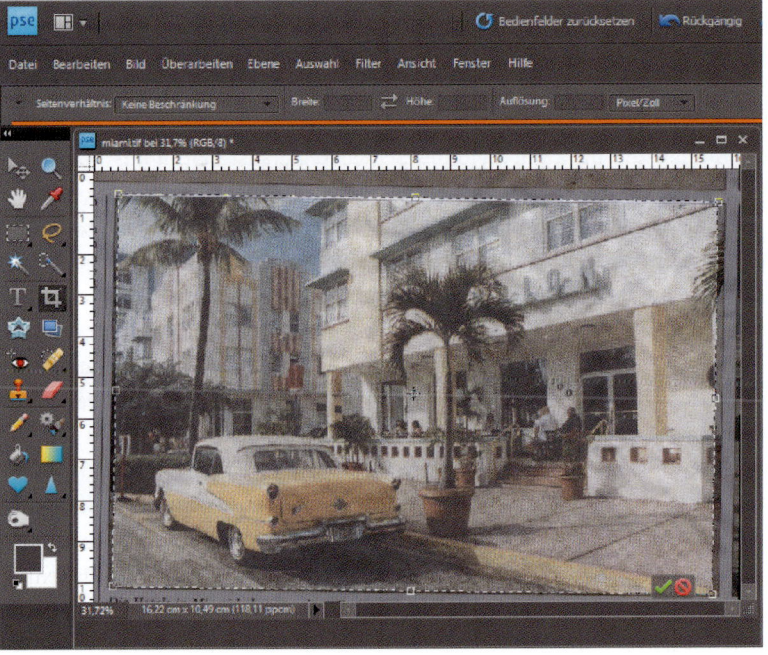

Abb. 9.7
Die Rahmenkanten des
Freistellungswerkzeugs stehen parallel zu den
Bildkanten des Fotos, aber sie sind noch nicht
auf die Bildränder hin eingerichtet.

9.2.4 Moiré-Effekt und Druckerraster beseitigen – die Filter Gaußscher Weichzeichner, Selektiver Weichzeichner und Matter machen

Als Nächstes soll der Moiré-Effekt im Bild beseitigt werden. Dazu werden Sie einen Filter, den Gaußschen Weichzeichner verwenden. Im Menü des Editors finden Sie unter *Filter – Weichzeichnungsfilter* den *Gaußschen Weichzeichner.*

→ **Hinweis:** Filter zur grafischen Verfremdung eines gesamten Bildes sollten erst nach Beendigung aller übrigen Arbeiten am Bild und nach dem Speichern auf eine Kopie des Bildes angewendet werden. Der Gaußsche Weichzeichner stellt hier eine Ausnahme dar, wenn damit der Moiré-Effekt

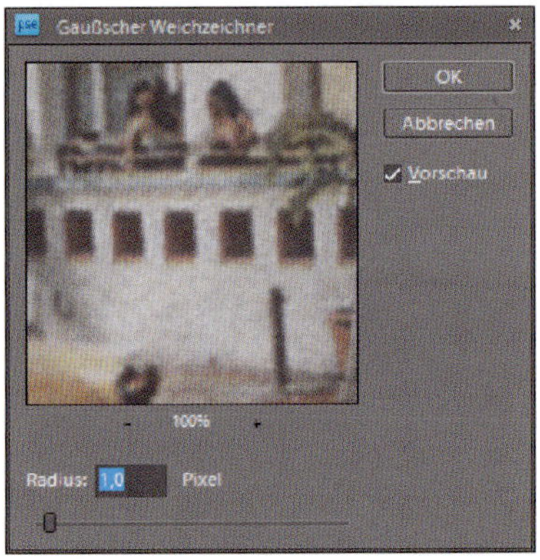

Abb. 9.8
Das Fenster des Gaußschen
Weichzeichners

beseitigt werden soll – als Maßnahme zur qualitativen Verbesserung eines Bildes vor der weiteren Bearbeitung.

Es wird ein Dialogfenster geöffnet, in dem Sie den Wirkungsradius der Filterfunktion einstellen können. Je höher Sie den Wert hier setzen, umso unschärfer, verschwommener wird das Bild. Der Filter wird zum Beispiel auch dazu eingesetzt, den Hintergrund eines Bildes verschwommen darzustellen. Wird dann ein neues Objekt scharfgezeichnet in den Vordergrund gestellt, erscheint dieses umso deutlicher vor dem Hintergrund – es wird optisch hervorgehoben.

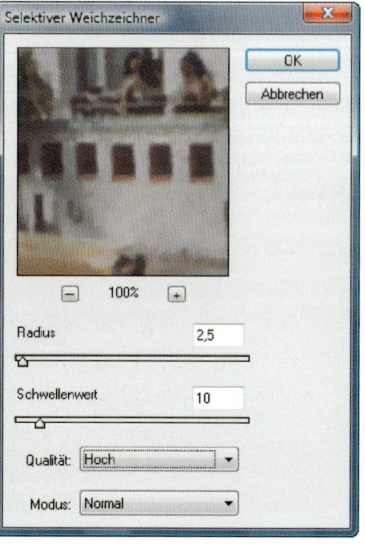

Sie jedoch möchten nur den Moiré-Effekt entfernen, ohne dass das Bild (zu sehr) an Konturenschärfe verlieren soll. Achten Sie darauf, dass im Kontrollkästchen bei *Vorschau* ein Häkchen gesetzt ist. Sie erhalten dann nicht nur eine (vergrößerte) Vorschau im Dialogfenster des Filters, sondern auch im Bildfenster. Im Zahlenfeld des Schiebereglers ist bei *Radius* 1,0 px eingetragen. Dies ist die Voreinstellung, die aber genau unseren Anforderungen entspricht, da sie das Bild nur ganz geringfügig weichzeichnet und damit den Moiré-Effekt beseitigt. Wenn Sie das Bild stärker weichzeichnen möchten, können Sie den Schieberegler weiter nach rechts schieben. Sie können auch einen Zahlenwert in das Feld *Radius* eintragen. Zwischenwerte können Sie als Dezimalbrüche mit Komma schreiben. Bestätigen Sie dann den Vorgang mit OK. Das Bild wird vom Programm neu berechnet (gerendert).

Der Moiré-Effekt ist nun beseitigt. Wenn Sie jedoch mit dem Zoomwerkzeug einen Bildausschnitt vergrößern, z. B. auf der Kofferraumhaube des Autos, wird deutlich, dass das Druckerraster des Zeitungsdrucks noch störend hervortritt. Wenn Sie sich an die weiteren Aufgaben der Kontrastverbesserung am Bild machen, würde auch dieses Raster kontrastreicher dargestellt und noch deutlicher zu Tage treten. Um das Druckerraster zu verwischen, setzen wir einen weiteren Weichzeichnungsfilter ein, den *Selektiven Weichzeichner*. Auch ihn finden Sie im Menü *Filter – Weichzeichnungsfilter*. Seine besondere Eigenschaft besteht darin, nur Flächen weichzuzeichnen. Konturen und Kanten mit starken Kontrasten bleiben weitestgehend scharfgezeichnet erhalten.

Die Einstellung des *Radius* gibt den Bereich an, in dem der Filter nach nichtähnlichen Bildpunkten sucht. Je größer der eingestellte Wert, umso stärker wird weichgezeichnet. Der *Schwellenwert* gibt an, wie verschieden die Farb- bzw. Helligkeitswerte der Pixel sein müssen, damit der Filter darauf angewandt wird. Je geringer der Schwellenwert, umso schärfer bleiben Konturen erhalten. Zudem lässt sich noch die *Qualität* der Neuberechnung wählen. Für das Beispielbild wähle ich *Radius* 2,5 Pixel, *Schwellenwert* 10 und *Qualität: Hoch.*

Abb. 9.9

Das Fenster des Selektiven Weichzeichners mit den eingestellten Werten. Die Wirkung des Filters ist im Vorschaufenster zu erkennen.

Eine ähnliche Wirkung wie der *Selektive Weichzeichner* bietet der Filter *Matter machen* (Menü *Filter – Weichzeichnungsfilter – Matter machen*). Er wurde mit Version 8 in Photoshop Elements eingeführt. Auch dieser Filter zeichnet nur im Feld weich und belässt Kanten und Konturen. Er dient zum Erstellen von Spezialeffekten und zum Beseitigen von Rauschen und Körnung, ist also wie geschaffen für unser Bild. Der *Radius* gibt den Bereich an, in dem weichgezeichnet werden soll. Der *Schwellenwert* besagt, wie stark nebeneinanderliegende Pixel jeweils im Farbtonwert variieren müssen, um weichgezeichnet zu werden. Anders gesagt: Pixel, die sich um einen geringeren Wert als den Schwellenwert in ihren Farbtonwerten unterscheiden, werden nicht weichgezeichnet. Für unser Bild eignet sich also auch dieser Filter, alternativ zum Filter *Selektiver Weichzeichner*. Gute Resultate erzielen Sie im Beispielbild mit *Radius* 3 Pixel und *Schwellenwert* 12.

Damit haben Sie die Arbeitsschritte ausgeführt, um die Bildfehler zu beseitigen, die von der Druckvorlage und vom Scannen herrühren. Spätestens jetzt ist es angebracht, die Veränderungen am Bild zu speichern – über das Menü *Datei – Speichern*. Dies genügt, da das Bild ja schon eingangs angelegt wurde.

→ **Hinweis:** Wir benötigen das Bild für unser beispielhaftes Arbeiten noch ein zweites Mal in diesem Zustand. Also speichern Sie es erneut über das Menü *Datei – Speichern unter* und dem Dateinamen *miami-impro2* als *TIFF*-Datei in Ihrem *Übungsordner*.

Betrachten Sie das Bild: Welche qualitativen Verbesserungen sind noch wünschenswert? Der Moiré-Effekt ist verschwunden, das Druckerraster nach Möglichkeit geglättet.. Auf der Fassade der Gebäude zeigen sich Wellen mit Schatten – eine Aufgabe für die Bildretusche (das Papier des Bildes war feucht geworden, nicht plan, eben, beim Scannen). Das Bild an sich ist etwas matt, in den Farben flau. Hier helfen Maßnahmen wie:

- Tonwertkorrektur
- Helligkeit – Kontrast einstellen
- Farbton – Sättigung einstellen

Alle vorgesehenen Einstellmöglichkeiten für Farbtiefe, Helligkeit, Kontrast und Farbe finden Sie im Menü *Überarbeiten*.

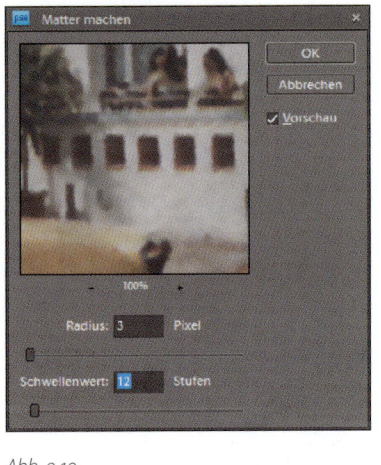

Abb. 9.10

Das Fenster des Filters Matter machen mit den gewählten Werten. Auch hier zeigt das Bild im Vorschaufenster die Wirkung des Filters.

Abb. 9.11
Nach den Bearbeitungsschritten Drehen
– Zuschneiden – Moiré entfernen –
Druckerraster glätten

10 Typische Fotokorrekturen

Das Bild *miami-impro.tif* ist nun so weit vorbereitet, dass es wie eine gewöhnliche Fotografie weiterbearbeitet werden kann. Wir werden an diesem und anderen Bildern die Möglichkeiten kennenlernen, die Helligkeit, den Kontrast und die Farben von Bildern zu korrigieren. Zu den typischen Aufgaben der Fotobearbeitung zählt auch das nachträgliche Schärfen. Und häufig sollen Bilder ja auch für das Internet, den Versand per E-Mail oder den Einsatz auf einer Website aufbereitet werden. Dies alles sind wiederkehrende Arbeitsabläufe.

10.1 Farbe, Helligkeit und Kontrast anpassen – die Menüs

10.1.1 Menü Überarbeiten

Alle Funktionen zur Anpassung von Farbe, Helligkeit, Kontrast und Bildschärfe finden Sie im Menü *Überarbeiten*. Dies ist das zentrale Menü, wenn Sie entsprechende Einstellungen vornehmen möchten, vor allem dann, wenn Sie selbst Hand anlegen und mit den differenzierten Möglichkeiten des Programms selbst bestimmen möchten, wie Ihr Bild aussehen soll. Zunächst sind hier jedoch noch einmal die automatischen Korrekturmöglichkeiten geboten, die Sie auch über die Schnellkorrektur erreichen

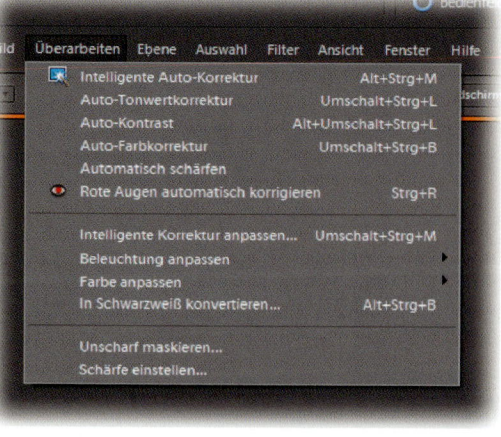

Abb. 10.1

Das Menü Überarbeiten

können: *Intelligente Auto-Korrektur, Auto-Tonwertkorrektur, Auto-Kontrast, Auto-Farbkorrektur.* Dazu kommen *Automatisch schärfen* und *Rote Augen automatisch korrigieren. Intelligente Korrektur anpassen* entspricht dem Stärkeregler für die *Intelligente Auto-Korrektur* in der *Schnellkorrektur*-Ansicht.

In mancher Hinsicht sind Sie besser beraten, wenn Sie die *Schnellkorrektur* einsetzen, auch wenn Sie die manuellen Korrekturmöglichkeiten nutzen möchten. Zwar können Sie diese auch aus dem *Editor* heraus aufrufen und damit arbeiten. In der *Schnellkorrektur*-Ansicht haben Sie jedoch zusätzlich die Möglichkeit, im Auswahlmenü *Ansicht* die Ansichtsoption *Vorher und nachher* zu wählen. Damit ist es Ihnen möglich, die Veränderungen am Bild direkt zu vergleichen und ggf. sofort rückgängig zu machen, wenn diese nicht das gewünschte Ergebnis bringen.

Intelligente Auto-Korrektur: Dies ist sozusagen eine Versammlung der nachfolgenden anderen automatischen Korrekturmöglichkeiten. Diese Funktion vereinigt also eine Neuberechnung der Bildfarben entsprechend einer Tonwertkorrektur, bei der die Farben auf ein vollständiges Helligkeitsspektrum aufgeteilt werden, verbunden mit einer Verbesserung der Kontrastwerte des Bildes und einer Farbkorrektur aufgrund eines automatisch gemessenen Schwarz- bzw. Weißpunktes im Bild. Dabei werden die Beleuchtung und die Farbe des Bildes korrigiert und ggf. Details in besonders dunklen oder hellen Bildbereichen hervorgehoben. Diese Funktion ist auch geeignet, einen Farbstich in einem Bild zu beseitigen.

Auto-Tonwertkorrektur: Unser Beispielbild wirkt flau, mit blassen Farben und geringen Kontrasten. Dies kommt daher, dass die Farben in unserem gescannten Bild nicht über den gesamten Helligkeitsbereich verteilt sind. Die automatische Tonwertkorrektur spreizt nun die Farben von reinem Schwarz bis hin zu reinem Weiß, wobei jeweils die dunkelsten bzw. hellsten Pixel der einzelnen Farbkanäle zur Berechnung herangezogen werden. Die Farben im Bild werden neu berechnet. Das Ergebnis ist ein kontrastreiches, farblich wesentlich satteres Bild. Dabei werden die Farben verändert. Auch diese Funktion ist geeignet, einen Farbstich in einem Bild zu beseitigen.

Auto-Kontrast: Auch diese Funktion steigert den Bildkontrast, indem der dunkelste Pixel im Bild auf Schwarz und der hellste auf Weiß gesetzt werden. Allerdings werden bei dieser Funktion die Farben nur in der Helligkeit, nicht im Farbton verändert. Wenden Sie Auto-Kontrast also dann an, wenn Ihr Bild mehr Kontrast, stärkere Hell-Dunkel-Unterschiede haben sollte, die Farben aber an sich korrekt wiedergegeben werden.

Auto-Farbkorrektur: Hier werden Lichter (helle Bildbereiche), Mitten (mittlere Helligkeitsbereiche und Tiefen (sehr dunkle Bildbereiche) im gesamten Bild gemessen, nicht in den einzelnen Farbkanälen. Bei der Neuberechnung werden die Farben korrigiert, ebenso der Kontrast.

Automatisch schärfen: Eine weitere Ein-Klick-Aktion, der einfachste Filter zum nachträglichen Scharfzeichnen von Bildinformationen. Allerdings wirkt er nur bei Bildern mit geringer Auflösung effizient, z. B. bei Bildern, die für eine Wiedergabe auf einer Webseite aufbereitet wurden. Mit dem Thema Bilder scharfzeichnen werden wir uns in einem eigenen Kapitel befassen (Kapitel 13.2).

Rote Augen automatisch korrigieren: Sucht automatisch in einem Bild nach rot geblitzten Augen und beseitigt die Rötung der Pupille. Das funktioniert erfreulich zuverlässig, aber doch nicht bei allen Bildern. Manchmal werden nur Teile der Pupille bearbeitet, manchmal Bereiche, die größer sind als die Pupille. Es gibt noch andere Möglichkeiten der Nachbearbeitung dieses Bildfehlers, z. B. das entsprechende Werkzeug. Später dazu mehr (Kapitel 15.2).

Intelligente Korrektur anpassen: Über diese Funktion können Sie bestimmen, wie stark die Korrektur ausfallen soll.

Beleuchtung anpassen und **Farbe anpassen:** Diese Menüpunkte haben Untermenüs, die Ihnen die eigentlichen, freien Bearbeitungsmöglichkeiten zur Korrektur von Helligkeit, Kontrast und Farbe bieten. Wir werden im Anschluss an dieses Kapitel ausführlich darauf eingehen.

In Schwarzweiß konvertieren: Die Funktion hinter diesem Menüpunkt wandelt Ihr Farbbild in ein reines Schwarzweißbild (Graustufen). Dabei haben Sie die Möglichkeit, Ihr Bild sozusagen als Schwarzweißbild unterschiedlich zu entwickeln: kontrastreich oder weicher mit mehr Details, entsprechend verschiedenen Vorgaben und Einstellmöglichkeiten. Anschließend können Sie auch mit diesem Graustufenbild weiterarbeiten und z. B. den Kontrast einrichten.

Unscharf maskieren: Dies ist eine der Standardfunktionen zum nachträglichen Scharfzeichnen von Bildern. Ich werde die Funktionsweise dieses Filters in einem eigenen Kapitel erläutern (Kapitel 13.2.2).

Schärfe einstellen: Eine weitere Option, um Bilder nachträglich zu schärfen. Auch diese wird in Kapitel 13.2.1 näher dargestellt.

Wenn Sie mit dem Programm vertrauter werden und Sie daran interessiert sind, selbst Hand an die Einstellungen eines Bildes anzulegen, dann werden Sie besonders die Möglichkeiten in den Untermenüs unter **Beleuchtung anpassen** und **Farbe anpassen** interessieren.

10.1.2   Untermenü Beleuchtung anpassen

Das Untermenü von *Beleuchtung anpassen* bietet die Korrekturmöglichkeiten, bei denen Sie im Wesentlichen auf die Helligkeit und den Kontrast von Bildern und Farben Einfluss nehmen können.

Der Dialog **Tiefen/Lichter** ist dabei besonders interessant bei Fotos, die ohne Aufhellblitz fotografiert wurden, bei Gegenlichtaufnahmen oder allgemeiner bei Fotos, die unterbelichtet sind oder starke Hell-Dunkel-Kontraste aufweisen. Damit lassen sich dunkle Bildbereiche gezielt aufhellen oder nur zu helle Bereiche abdunkeln, um Details herauszuarbeiten. Mehr dazu in Kapitel 10.2.1

Helligkeit/Kontrast ist nahezu selbsterläuternd. Sie können damit die Gesamthelligkeit eines Bildes korrigieren, z. B. bei unterbelichteten Bildern, oder Sie können den Kontrast eines Bildes reduzieren, um es mehr Ton in Ton erscheinen zu lassen. Denken Sie z. B. an eine Landschaftsaufnahme im nebeligen Dunst.

Tonwertkorrektur ist hier der wichtigste Menüpunkt. Eine Tonwertkorrektur ist bei vielen Bildern sinnvoll, um die Kontraste zu steigern und die Farben zu korrigieren und anzupassen. Wir werden uns die Möglichkeiten, die dieser Menüpunkt bietet, ausführlich in Kapitel 10.2.2 ansehen.

10.2 Helligkeit und Kontrast korrigieren

10.2.1   Arbeiten mit dem Dialog Tiefen/Lichter

Manche Bilder sind als Ganzes unterbelichtet. Um sie aufzuhellen, sind die Tonwertkorrektur oder die Funktion Helligkeit/Kontrast besser geeignet. Doch wenn Sie eine Gegenlichtaufnahme vor sich haben, deren Vordergrund gegen das Licht stark abgedunkelt erscheint, wenn Sie eine Aufnahme bei Nacht, in geschlossenen Räumen haben, die nicht genügend vom Blitz ausgeleuchtet wurde, dann ist die Funktion **Tiefen/Lichter** die richtige Wahl, vielleicht zusätzlich zu den anderen vorgenannten. Damit können Sie unterschiedliche Helligkeitsbereiche im Bild getrennt »nachbelichten« bzw. abdunkeln.

Tiefen aufhellen sorgt dafür, dass nur die dunklen Bildbereiche – die Tiefen – aufgehellt werden. Damit werden hier mehr Details deutlich.

Lichter abdunkeln dunkelt überstrahlte, helle Bildbereiche – die Lichter – ab und lässt hier mehr Abstufungen und Details sichtbar werden. Beachten Sie, dass weiße Bildflächen keine Details mehr aufweisen. Somit kann die Funktion hier auch keine Verbesserung mehr herbeiführen.

Mittelton-Kontrast steigert oder reduziert den Kontrast der Mitteltöne, des mittleren Helligkeitsbereiches im Bild. Sie können damit z. B. ein überstrahltes Bild weiter ausgleichen.

Sehen Sie sich das einmal an einem Beispiel an. Auf der DVD finden Sie das Bild *schiff.png* im Verzeichnis *Bildvorgaben,* eine Aufnahme, die bei Gegenlicht entstand. Bei der Bearbeitung ist es ratsam, hier wieder in die Arbeitsansicht Schnellkorrektur zu wechseln, weil diese die Vergleichsmöglichkeiten vorher – nachher bietet. Zudem sind die Bearbeitungsmöglichkeiten der Funktion hier im Feld rechts vorgegeben. Sie können aber auch hier wie im Editor das Dialogfenster aus dem Menü *Überarbeiten – Beleuchtung anpassen – Tiefen/Lichter* aufrufen.

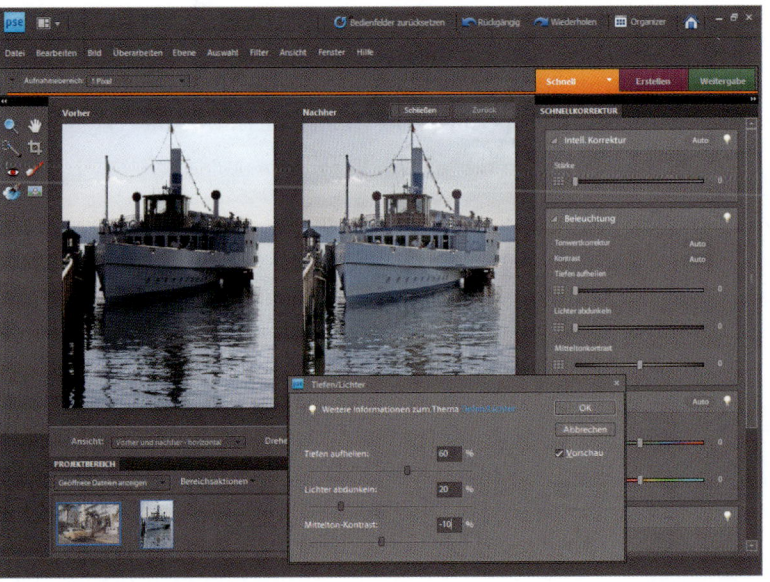

Abb. 10.2

Korrekturen am Bild schiff.png mit dem Dialog Tiefen/Lichter

Die Tiefen wurden hier mit dem Regler *Tiefen aufhellen* heller gemacht, so dass Details des Schiffes deutlich werden. Die hellen Bereiche wurden mit *Lichter abdunkeln* etwas gebremst, dunkler gemacht, wodurch der bewölkte Himmel kräftiger wird und mehr Details zeigt. Auch der Mitteltonkontrast wurde etwas gesteigert, was die Farben kräftiger erscheinen lässt. Mit den Schiebereglern können Sie experimentieren, welche Einstellung das bessere Ergebnis bringt. Im Dialogfenster können Sie stattdessen auch einen Zahlenwert in das entsprechende Feld eintragen. Bleibt anzumerken, dass das Arbeiten mit diesem Dialog, abhängig vom Bild, auch zu einem künstlichen Aussehen des Bildes führen kann, wenn die Werte überzogen werden.

Wenn Sie mit dem Ergebnis zufrieden sind, klicken Sie im Dialogfenster noch auf die Schaltfläche *OK* bzw. in der rechten Spalte der Schnellkorrektur auf das Häkchen bei *Beleuchtung,* um die Änderungen zu übernehmen. Wenn Sie mitgemacht haben, speichern und schließen Sie jetzt das Bild.

10.2.2   Kontrast und Farbumfang einstellen – Tonwertkorrektur

Die **Tonwertkorrektur** ist eine der Maßnahmen zur qualitativen Verbesserung eines Bildes, die bei nahezu allen Bildern zu einer besseren Bildqualität führen. Zudem weist fast jedes Bild einen leichten Farbstich auf, da jede Kamera oder jeder Scanner einen eigenen, nicht hundertprozentig geeichten Farbraum hat. Dabei bietet die Tonwertkorrektur differenzierte Korrektur- und Einstellmöglichkeiten. Sie finden die Einstellmöglichkeiten für die Tonwertkorrektur im Menü *Überarbeiten – Beleuchtung anpassen – Tonwertkorrektur.*

→ **Hinweis:** Das Fenster *Tonwertkorrektur* besitzt eine Schaltfläche *Auto,* die eine automatisch aus den Bildwerten berechnete Tonwertkorrektur auf das Bild anwendet. Bei vielen Bildern wird dies genügen, um die Bildqualität zu optimieren.

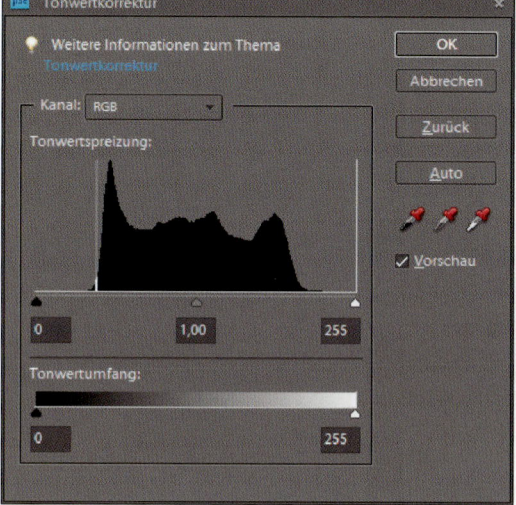

Das Auffälligste am Fenster *Tonwertkorrektur* ist die schwarze Kurve, das so genannte **Farb-Histogramm** des Bildes. Zunächst wird dieses Farb-Histogramm aus dem RGB-Farbkanal des Bildes erstellt *(Kanal: RGB)*. Die Kurve zeigt die Verteilung der Farbhelligkeitswerte im Bild. Im vorliegenden Beispiel des veränderten Bildes *miami-impro.tif* ist zu erkennen, dass die Kurve mit Abstand vom linken Rand beginnt und vor dem rechten Rand endet. Grob gesprochen bedeutet dies, dass das Bild keine echten Schwarzwerte (**Tiefen**) aufweist und auch kein wirkliches Weiß (**Lichter**).

Unter dem Histogramm sehen Sie die numerischen Werte für die Helligkeit des Bildes (**Zielwerte**), darunter einen Verlauf von Schwarz nach Weiß, der diesen Werten entspricht (Tonwertfang). Durch Verschieben der Dreiecke unter diesem Verlauf können Sie die Helligkeit des Bildes verändern. Im Prinzip wirkt dieses Werkzeug wie die Einstellmöglichkeiten unter dem Menüpunkt *Helligkeit/Kontrast*. Dort sind die Einstellmöglichkeiten allerdings komfortabler. Der Verlauf zeigt aber eben auch einen gleichmäßigen Verlauf der Helligkeit über die gesamte Tonwertskala im Vergleich zur Helligkeitsverteilung im Histogramm darüber.

Direkt unter dem Histogramm sehen Sie je ein schwarzes, graues und weißes Dreieck für die Tiefen, Mitten und Höhen im Bild. Diese stehen

Abb. 10.3

Fenster Tonwertkorrektur mit dem Histogramm des Bildes miami-impro.tif. Wenn Sie auf einen Punkt der Histogrammkurve mit der Maus zeigen, können Sie mit gedrückter linker Maustaste nach unten fahren und im Verlauf bei Tonwertumfang die ungefähre Helligkeit dieser Farbe ersehen.

zunächst an den Rändern des Histogramm-Fensters bzw. in dessen Mitte. Durch Verschieben dieser Dreiecke vom Rand in den Bereich der Histogramm-Kurve werden die Farbhelligkeitswerte des Bildes auf die Zielwerte hin verschoben. Wenn Sie das schwarze Dreieck nach rechts unter den Anfang der Histogramm-Kurve schieben, werden die dunklen Farben im Bild dunkler, entsprechend die hellen Farben heller beim Verschieben des weißen Dreiecks. Außerdem können Sie die Helligkeit der Mitteltöne im Bild durch Verschieben des grauen Dreiecks korrigieren. Dabei steigen der Farbumfang und der Kontrast des Bildes.

Achten Sie darauf, dass im Fenster ein Häkchen bei *Vorschau* steht. Wenn nicht, klicken Sie einfach in dieses Feld, ein Häkchen erscheint. Dann erhalten Sie während des Arbeitens eine Vorschau im Bild und können Ihre Veränderungen direkt überprüfen. Auch hier ist es wieder empfehlenswert, zur Bearbeitung in die Ansicht Schnellkorrektur zu wechseln.

Wenn Sie mit dem Ergebnis zufrieden sind, klicken Sie die Schaltfläche *OK* und sichern die Veränderungen.

Abb. 10.4
Vergleich Vorher – Nachher in der Schnellkorrektur

Über das Auswahlmenü *Kanal: RGB* (links oben in Abb. 10.3) können auch die Farbwerte der Farbkanäle für Rot, Grün und Blau gezielt einzeln bearbeitet werden. Das ist sinnvoll bei Bildern mit einem Farbstich – mehr dazu später. Außerdem werden Ihnen im Fenster Schaltflächen mit schwarzen, grauen bzw. weißen Symbolen von Farbpipetten angeboten. Wählen Sie zum Beispiel die linke, schwarze Pipette, und klicken Sie dann ins Bild an eine Stelle, deren Farbe Sie als reines Schwarz setzen möchten: Das Programm rechnet die Farbhelligkeitswerte im Bild daraufhin um. Entsprechendes gilt für die weiße Pipette rechts. Oft wird das Arbeiten mit der schwarzen und weißen Pipette allein schon genügen, um eine vernünftige Tonwertkorrektur durchzuführen. Es gibt auch eine graue Pipette für die

Mitteltöne, mit der Sie im Bild die »Mitten« einstellen können. Dies kann auch bei farbstichigen Bildern helfen, indem Sie dem Programm mitteilen, welchen Farbton Sie für einen reinen Grauton halten (z. B. einen Schatten auf einer weißen Fläche). Allerdings setzt das Arbeiten mit den Pipetten voraus, dass Ihr Bild auch deutlich Bereiche zeigt, die Sie als schwarz und weiß annehmen können.

Sollte einmal ein Klick mit einer Pipette zu einem unerwünschten Ergebnis führen: Setzen Sie entweder die entsprechende Pipette einfach an einem neuen Punkt an, oder nutzen Sie die Tastenkombination *Strg (Ctrl) + Z*. Damit wird genau ein Klick rückgängig gemacht. Die Schaltfläche *Zurück* im Dialogfenster *Tonwertkorrektur* setzt das Bild auf die ursprünglichen Ausgangswerte vor der Tonwertkorrektur zurück.

10.2.3   Die Pipette vorbereiten

Wenn Sie diese Methode bei unserem vorliegenden Bild einsetzen möchten, müssen Sie jedoch die Pipetten des Programms vorbereiten. Voreinstellung ist, dass die Pipetten pixelgenau arbeiten und 1 × 1 Pixel aufnehmen. Bei unserem Bild mit dem zugrunde liegenden mehrfarbigen Druckraster können wir jedoch nicht pixelgenau arbeiten, sondern müssen uns auf Mittelwerte verlassen. Rufen Sie also im Editor das Werkzeug *Pipette* auf, und betrachten Sie dessen Werkzeugeinstellungen: Im Auswahlmenü *Aufnahmebereich* wählen Sie 5 × 5 *Pixel Durchschnitt*. Merken Sie sich diese Einstellung, gegebenenfalls müssen Sie sie bei anderer Gelegenheit wieder rückgängig machen.

10.2.4   Einstellungsebenen und Schwellenwert –
die dunkelsten und hellsten Bildbereiche ermitteln

Bei unserem Beispielbild haben Sie sicher keine große Mühe, die hellsten und dunkelsten Bildbereiche zu erkennen. Im Bild sind deutlich erkennbare schwarze und weiße Bereiche zu sehen. Selbst Flächen in neutralem Grau sind vorhanden. Was aber, wenn das Bild keine solchen eindeutigen Bereiche zeigt? Es bleibt dann immer noch die Tonwertkorrektur über die drei Dreiecke unter der Histogramm-Kurve. Oder versuchen Sie einmal, das nachfolgend Beschriebene am Bild *loewe.png* aus dem Ordner *Bildvorgaben* auf der DVD nachzuvollziehen.

Ebenen und Einstellungsebenen werde ich in Teil IV ausführlich erläutern. Hier vorab nur so viel: Ein Foto liegt im Programm zunächst als Hintergrund(-Ebene) vor. Über diesen Hintergrund lässt sich eine Art Filter oder Folie legen, die Veränderungen auf das Bild projiziert, ohne dass dieses selbst direkt verändert wird.

Die Ebenen bzw. den Hintergrund eines Bildes finden Sie im Ebenen-Bedienfeld im Bedienfeldbereich. Eventuell müssen Sie dieses Bedienfeld auch erst aus dem Menü *Fenster* heraus öffnen. In diesem Ebenen-Bedienfeld finden Sie auch die Schaltfläche, um über dem Hintergrund eine Einstellungsebene anzulegen. Davon können Sie nicht nur eine, sondern einen Stapel erzeugen, der jeweils eine Einstellung für den Hintergrund enthält, z. B. auch eine Tonwertkorrektur. Weil beim Arbeiten mit Einstellungsebenen die eigentliche Bildebene nicht verändert wird, spricht man hier von der konservativen oder nichtdestruktiven Bearbeitung eines Bildes. Eine Einstellungsebene lässt sich nachträglich auch wieder einfach löschen, ohne das Bild tatsächlich zu verändern. Nur die Darstellung ändert sich.

Rufen Sie nun eine Einstellungsebene mit einem Schwellenwert auf. Der Schwellenwert dient dazu, das Bild in eine Schwarzweißdarstellung umzuwandeln. Der eigentliche Schwellenwert besagt dabei, ab welcher Helligkeit die dunklen Bildbereiche schwarz und die helleren Weiß dargestellt werden. Dieser Schwellenwert lässt sich einstellen. Wir verwenden den Schwellenwert dazu, die dunkelsten und die hellsten Bildbereiche zu suchen. Klicken Sie also im Ebenen-Bedienfeld auf das Symbol, um eine Einstellungsebene anzulegen. Es öffnet sich ein Menü, in dem Sie den Menüpunkt *Schwellenwert* wählen. Alternativ wählen Sie im Editor das Menü *Ebene – Neue Einstellungsebene – Schwellenwert*.

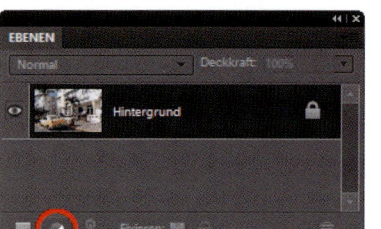

Abb. 10.5
Ebene im Ebenen-Bedienfeld mit
der Schaltfläche zum Aufrufen einer
Einstellungsebene

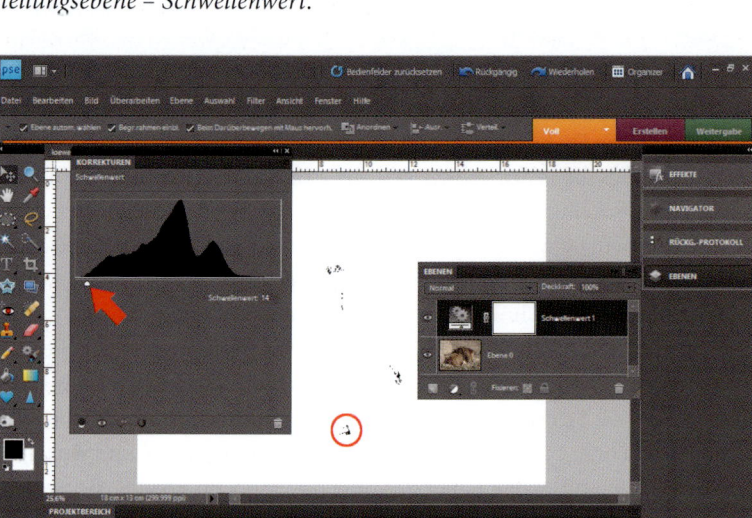

Abb. 10.6
Das Bildfenster des Bildes loewe.png mit dem
Dialogfenster Korrekturen: Schwellenwert.
Es zeigt die Einstellung zur Suche des
Schwarzpunktes. Rechts im Ebenen-Bedienfeld
die Einstellungsebene, die die eigentliche
Bildebene mit dem Löwen überlagert.

Das Bild wird in ein Schwarzweißbild umgewandelt. Es hat sich das Fenster *Korrekturen: Schwellenwert* geöffnet, das eine Histogramm-Kurve zeigt und darunter einen Schieberegler hat, der den Schwellenwert, also den Farbumkehrpunkt im Bild markiert. Ziehen Sie diesen Schieberegler ganz nach links und dann wieder langsam nach rechts. Das Bild wird weiß, und danach beginnen wieder schwarze Inseln darin aufzuscheinen. Diese schwarzen Inseln sind die dunkelsten Bereiche im Bild. Merken Sie sich solch einen Bereich. Dieser wird im zweiten Durchgang als Schwarzpunkt dienen.

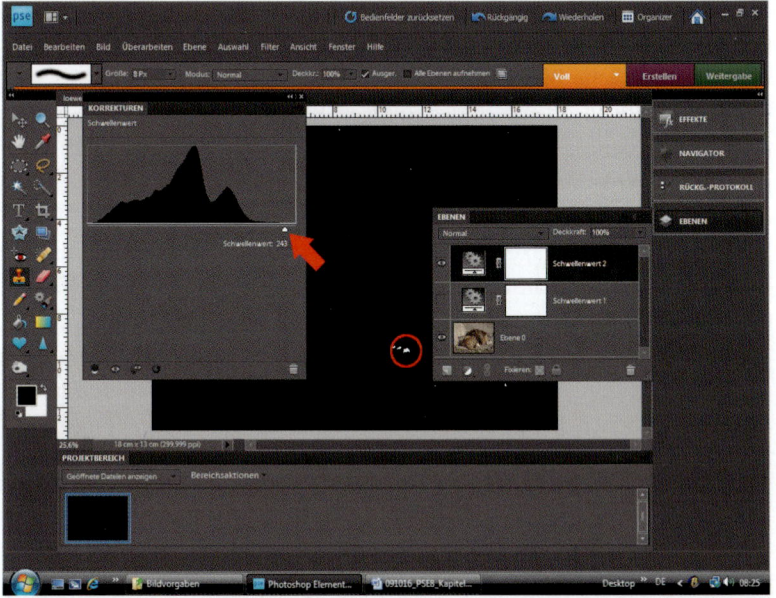

Abb. 10.7
Das Bildfenster des Bildes loewe.png mit dem Dialogfenster Korrekturen: Schwellenwert, es zeigt die Einstellung zur Suche des Weißpunktes.

Blenden Sie nun im Ebenen-Bedienfeld durch Klick auf das Augen-Symbol die Einstellungsebene *Schwellenwert1* aus. Erzeugen Sie durch Klick auf das Symbol für Einstellungsebenen unten im Bedienfeld eine neue Einstellungsebene mit einem Schwellenwert. Im neuen Fenster Korrekturen: *Schwellenwert* ziehen Sie nun den Schieberegler nach rechts außen und dann wieder langsam zurück nach links. Das Bild wird zunächst völlig schwarz, dann tauchen weiße Flecken auf. Von diesen weißen Flecken merken Sie sich wieder einen – er wird Ihnen als Weißpunkt dienen. Schließen Sie das Fenster *Korrekturen: Schwellenwert* durch Klick auf *das X rechts oben*. Sie können die gesuchten Stellen im Bild nun jederzeit durch Ein- und Ausblenden der Einstellungsebenen über das Augen-Symbol im Ebenen-Bedienfeld wieder sichtbar machen.

Was nun noch folgt, ist eine Tonwertkorrektur mit Hilfe der Pipetten. Allerdings müssen wir die Einstellungen der Pipetten erst anpassen. Diese sind von vornherein auf reines Schwarz und reines Weiß geeicht. Beim Arbeiten mit dem Fenster Schwellenwert haben Sie aber vielleicht bemerkt, dass die dunkelsten Bereiche im Bild etwa beim Schwellenwert 15 begannen und dass die hellsten Bereiche beim Schwellenwert 243 lagen. Doppelklicken Sie also im Fenster *Tonwertkorrektur* zunächst auf die schwarze Pipette für die Tiefen und tragen Sie im sich öffnenden Farbwähler nacheinander bei R-G-B 15 statt 0 ein. Schließen Sie den Farbwähler mit Klick auf *OK* und doppelklicken Sie nun auf die weiße Pipette. Hier wiederholen Sie den Vorgang im Farbwähler, tragen aber diesmal 243 statt 255 für R-G-B ein. Danach können Sie die Tonwertkorrektur mit den auf das Bild geeichten Pipetten durchführen, ohne dass das Bild zu sehr abgedunkelt bzw. aufgehellt wird. Dabei werden Sie gefragt, ob Sie die neuen Zielfarben als Standardfarben speichern möchten. Antworten Sie mit *Nein*. Die Pipetten werden dann nach diesem einen Einsatz wieder auf die Standardwerte reines Weiß und Schwarz zurückgesetzt. Vergleichen Sie das Ergebnis der Tonwertkorrektur. Obwohl das Bild bereits zuvor ansehnlich war, bieten sich nun bessere Kontraste und eine genauere Farbabstimmung.

Abb. 10.8

Das Bild loewe.png vor und nach der abschließenden Tonwertkorrektur

10.3 Farbe anpassen und Farbkorrekturen

10.3.1 Das Untermenü Farbe anpassen

Im Folgenden eine kurze Übersicht über die Menüpunkte im Untermenü *Überarbeiten – Farbe anpassen*. Auf die Menüpunkte *Farbton/Sättigung anpassen* und *Farbkurven anpassen* werde ich anschließend eingehen. *Farbe für Hautton anpassen* werden wir bei den Retuschearbeiten näher betrachten.

Farbstich entfernen: Eine einfach zu handhabende Funktion, die mit einer Pipette arbeitet. Klicken Sie einfach auf einen Bereich im Bild, der schwarz, weiß oder neutral grau sein sollte. Ein leichter Farbstich wird sofort entfernt. Zuverlässiger ist aber die Tonwertkorrektur, wenn es darum geht, einen Farbstich zu entfernen.

Farbton/Sättigung anpassen:

▨ **Farbton:** Farben eines Bildes in Abhängigkeit voneinander verändern; im geringen Umfang eine Möglichkeit der Farbkorrektur, auch bei Farbstichen; sonst zunächst eher etwas für grafische Effekte und Verfremdungen bzw. zum Einfärben von Bildelementen. Da die Möglichkeit besteht, einen Farbbereich vorzuwählen, können auch einzelne Farben unabhängig vom gesamten Bild verändert werden, z. B. zur Korrektur des Blaus des Himmels.

▨ **Sättigung:** Die Sättigung (Intensität) der Farben eines Bildes steigern oder reduzieren (bis auf Graustufen). Auch hier können Sie wählen, ob die Änderungen für alle Farben des Bildes oder nur für einen bestimmten Farbbereich gelten sollen.

▨ **Helligkeit:** Zusätzlich kann die Lab-Helligkeit des Bildes von schwarz nach weiß reguliert werden.

▨ **Färben:** Graustufenbilder (Schwarzweißfotos) können nachträglich in einem Farbton, z. B. Sepia, eingefärbt werden.

Farbstich entfernen...
Farbton/Sättigung anpassen...   Strg+U
Farbe entfernen   Umschalt+Strg+U
Farbe ersetzen...
Farbkurven anpassen...
Farbe für Hautton anpassen...
Rand auf der Ebene entfernen...
Farbvariationen...

Farbe entfernen: Eine Ein-Klick-Funktion. Schon alleine durch Auswahl dieses Menüpunktes wird ein Farbbild augenblicklich in ein Graustufenbild (Schwarzweißfoto) umgewandelt.

Farbe ersetzen: Wieder ein Dialog, der mit Pipetten arbeitet. Sie wählen mit einer Pipette eine Farbe im Bild aus und wählen über einen Schieberegler anhand des Vorschaubildes die Farbähnlichkeit *(Toleranz)*, d. h., dass ähnliche Farbtöne mit verändert werden sollen. Dann stehen Ihnen drei weitere Regler zur Verfügung: **Farbton,** um zu bestimmen, welche neue Farbe die vorher ausgewählte erhalten soll, **Sättigung** zur Steuerung der Farbintensität der neuen Farbe und **Helligkeit,** um den neuen Farbton aufzuhellen oder abzudunkeln.

Farbkurven anpassen: Der Befehl bietet zunächst eine Auswahl, in der unterschiedliche Einstellungen auf Ihr vorgegebenes Bild angewendet werden. Dabei werden Tiefen, Lichter und Mitteltöne nach unterschiedlichen Belichtungssituationen angepasst. Sie können wählen, welche vorgegebene Anpassung die beste für Ihr Bild ist. Zusätzlich können Sie die Anpassung über Schieberegler steuern und verändern.

Farbe für Hautton anpassen: Wieder ein Werkzeug mit einer Pipette. Diesmal können Sie im Bild einen Hautton einer Person auswählen. Das gesamte Bild wird automatisch angepasst, Sie können aber die Anpassung der Hauttöne über Schieberegler nachträglich steuern und korrigieren.

Rand auf der Ebene entfernen: Dieser Befehl funktioniert nur bei freigestellten, ausgeschnittenen oder auskopierten Objekten auf einer eigenen Ebene. Dabei werden entfärbte Randpixel automatisch entfernt, die u. U. einen störenden Rand bzw. Schein um das freigestellte Objekt zeichnen.

Farbvariationen: Wieder eine Auswahl. Dabei werden Ihnen Vorschaubilder Ihres Bildes angeboten, die immer paarweise einen Farbtonschritt eines Farbtons mehr aufweisen: mehr Rot oder mehr Cyan, mehr Grün oder mehr Magenta, mehr Blau oder mehr Gelb. So können Sie schnell einen leichten Farbstich beseitigen, indem Sie die Komplementärfarbe steigern. Hat das Bild z. B. einen Rotstich, erhöhen Sie Cyan. Sie können mit dieser Funktion die Einstellungen getrennt für alle drei Helligkeitsbereiche Tiefen, Mitten und Lichter treffen und so das Bild farblich ausgewogen gestalten oder ihm einen Farbton nach Ihren Vorstellungen geben.

10.3.2 Farbton/Sättigung anpassen

Sehen Sie sich den Menüpunkt *Farbe anpassen – Farbton/Sättigung anpassen* einmal mit Ihrem Bild *miami impro* an. Rufen Sie ihn auf. Was könnten Sie machen?

Sehen Sie sich das Bild an. Bei meinem Bild ist der Himmel über den Häusern etwas cyan, türkisfarben. Probieren Sie, im Fenster *Farbton/Sättigung* den Schieberegler *Farbton* langsam nach rechts zu verschieben, und beachten Sie die Farbe des Himmels. Dieser wird langsam blauer, aber die Farben im Bild verändern sich mit. Dies liegt daran, dass im Fenster oben im Auswahlmenü bei *Bearbeiten: Standard* ausgewählt ist. Damit ist vorgegeben, dass alle Farben im Bild verändert werden, wenn Sie einen der Schieberegler betätigen.

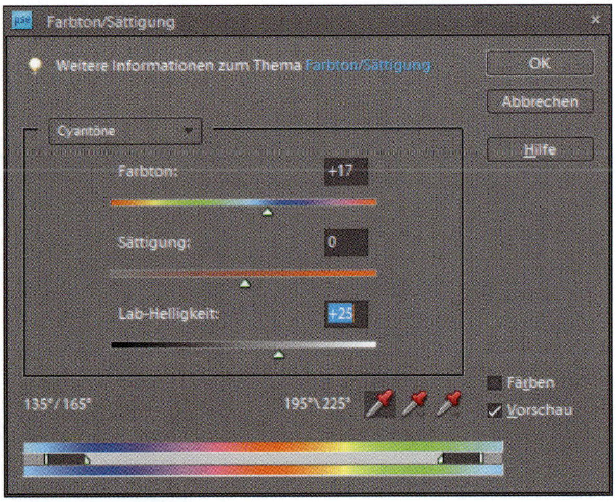

Abb. 10.9

Das Fenster Farbton/Sättigung mit den Einstellungen, um Cyantöne im Bild anzupassen

Uns interessiert der Himmel, wir würden gerne das Cyan in ein Himmelblau verwandeln. Dazu wählen wir im Auswahlmenü *Bearbeiten: Cyantöne*. Nun wirkt der Schieberegler Farbton nur noch auf diesen Farbbereich, den wir nun gezielt verändern können. Schieben Sie den Regler langsam nach rechts, bis der Himmel (und alle anderen Blautöne im Bild) etwas mehr zu Himmelblau verändert wurden.

Gut, das ist gelungen. Noch haben wir das Fenster nicht mit *OK* bestätigt und geschlossen, wir können noch weitermachen. Wie steht es mit der Farbintensität, der Farbsättigung? Ich mag farbkräftige Bilder. Also, um die Wirkung zu sehen, steigern Sie einmal die Sättigung im Bild, indem Sie den entsprechenden Regler nach rechts ziehen. Doch halt, vorher müssen Sie im Auswahlmenü *Bearbeiten* die Einstellung zurück auf *Standard* setzen, damit wieder alle Farben im Bild bearbeitet werden. Versuchen Sie dann auch einmal, die Farbsättigung zu reduzieren, indem Sie den Regler nach links ziehen. Das geht bis hin zum reinen Graustufenbild. Richten Sie schließlich die Farbsättigung nach Ihren Vorstellungen ein.

Bestätigen Sie die Einstellungen im Fenster mit Klick auf *OK*, speichern Sie das Bild. Dann aber öffnen Sie erneut das Menü *Überarbeiten – Farbe anpassen – Farbton/Sättigung anpassen*. Wir sehen uns noch die Möglichkeit des Einfärbens an. Unten rechts im Fenster *Farbton/Sättigung* finden Sie ein Kontrollkästchen bei *Färben*. Setzen Sie hier per Klick ein Häkchen. Augenblicklich wird das Bild in eine eingefärbte Schwarzweißfotografie verwandelt, im Stil alter Fotografien in einem Sepiafarbton. Den Farbton können Sie über *Farbton* verändern, die Farbintensität steuern Sie über *Sättigung*, und die Helligkeit passen Sie über den Regler *Helligkeit* an. Viel Spaß beim Experimentieren.

Wenn Sie genug gesehen haben und Ihr neu entstandenes Farbbild nicht unter neuem Namen speichern möchten, beenden Sie Ihre Versuche einfach durch Klick auf die Schaltfläche *Abbrechen*. Die Änderungen werden verworfen, das Dialogfenster geschlossen, und Sie kehren zurück zu Ihrem Bild, wie Sie es ursprünglich aufgerufen hatten.

Abb. 10.10
Das Bild miami-impro vor und nach der Farbkorrektur. Links oben sehen Sie die geänderte Farbe des Himmels.

10.3.3 Farbkurven anpassen

Das Werkzeug **Gradationskurven** ist im großen Photoshop eine umfassende Einstellmöglichkeit für Bildeinstellungen von Farben, Kontrasten und Helligkeit. Allerdings benötigt dieses Werkzeug auch die umfassendste Einarbeitung – die Handhabung der Werkzeuge *Tonwertkorrektur, Hellig-*

keit/Kontrast und *Farbton/Sättigung* ist einfacher und komfortabler. Deshalb wurden die Gradationskurven in Photoshop Elements vereinfacht und mit Voreinstellungen versehen. Hier stehen sie nun unter **Farbkurven anpassen** im Menü *Überarbeiten – Farbe anpassen* zur Verfügung. Prinzipiell erfolgt die Farbkorrektur hier durch Einstellung der Tiefen, Mitten und Lichter im Bild in den einzelnen Farbkanälen. Dies ähnelt einer Tonwertkorrektur, je nach Einstellungen auch im Ergebnis. Doch die Handhabung ist anders.

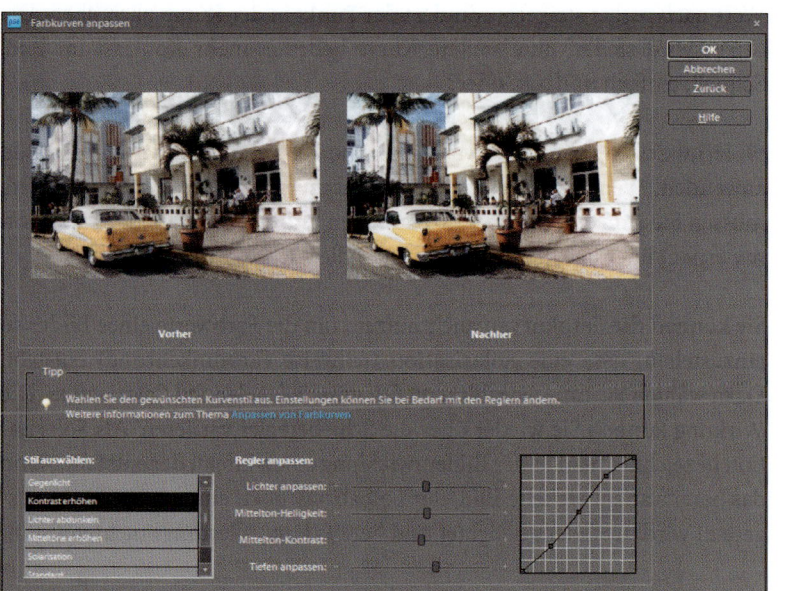

Abb. 10.11

Das Fenster Farbkurven anpassen mit den Bildkorrekturen mit Hilfe von Stil auswählen: Kontrast erhöhen

Erinnern Sie sich an den Hinweis am Ende von Kapitel 9.2.4? Jetzt benötigen wir das Bild *miami-impro2.tif* für unsere weiteren Arbeiten. Öffnen Sie also dieses Bild im Editor, und rufen Sie über das Menü *Überarbeiten – Farbe anpassen – Farbkurven anpassen* auf. Wir wollen unser Bild anstelle einer Tonwertkorrektur mit den Farbkurven korrigieren. Das Fenster *Farbkurven anpassen*, das sich öffnet, zeigt einen Vergleich Ihres geöffneten Bildes, *Vorher* und *Nachher*. Unten links bei *Stil auswählen* finden Sie ein geöffnetes Auswahlmenü. Darin aufgelistet sind die Einträge *Gegenlicht – Kontrast erhöhen – Lichter abdunkeln – Mitteltöne erhöhen – Solarisation – Standard* und *Tiefen aufhellen*. Dies sind Voreinstellungen des Programms, die für eine bestimmte Belichtungssituation eines Bildes ausgelegt sind.

Sie gehen so vor: Probieren Sie nacheinander die Voreinstellungen an Ihrem Bild aus, einfach, indem Sie sie in der Liste anklicken und im Vorschaubild *Nachher* prüfen, ob die Einstellung eine gewünschte Verbesserung der Bildqualität bringt. Für unser Bild ist dies die Einstellung *Kontrast erhöhen*. Neben dem Auswahlmenü finden Sie unter *Regler anpassen* vier Schieberegler, zunächst in neutraler Mittelstellung: *Lichter anpassen – Mittelton-Helligkeit – Mittelton-Kontrast – Tiefen anpassen*. Durch Verschieben der Regler können Sie nun die eingestellten Werte im Bild verändern, steigern oder senken und so das Bild weiter anpassen. Im Beispiel unseres Bildes empfiehlt es sich, die Lichter etwas und die Mittelton-Helligkeit geringfügig zu erhöhen, den Mittelton-Kontrast etwas und die Tiefen geringfügig abzusenken. Betrachten Sie dabei die Kurve rechts. Sie hat je eine Markierung bei den Tiefen (linker Punkt), eine für die Mitten (Mitte) und eine für die Lichter (rechts). Wenn Sie über einen Schieberegler einen Wert nach rechts steigern, wandert der Punkt in der Kurve nach oben. Die Kurve wird steiler. Eine steilere Kurve bedeutet mehr Kontrast im Bild. Schnell, einfach und gut, oder?

➜ **Hinweis:** Sie können jeweils nur eine Kurve auf einmal auf ein Bild anwenden. Wenn Sie mehrere Kurven nacheinander anwenden möchten, müssen Sie jede einzeln mit *OK* bestätigen und danach *Farbkurven anpassen* erneut über das Menü aufrufen und die nächste Kurve wählen.

Sie können die Farbkurven auch nutzen, um die Farbwerte eines Bildes so einzustellen, dass eine **Solarisation** (teilweise Farbumkehrung) entsteht. Dazu wählen Sie im Auswahlmenü *Stil auswählen* den Stil *Solarisation*. Die Wirkung können Sie wieder über die Schieberegler variieren. Als Solarisation bezeichnet man in der Bildentwicklung einen Effekt, der entsteht, wenn das bereits anentwickelte Bild, der Fotoabzug, noch einmal dem Licht ausgesetzt wird, nachdem belichtet und bereits kurz, allerdings nicht vollstän-

Abb. 10.12
Eine Solarisation mit den Farbkurven

dig, entwickelt wurde. Dann treten ab dem Entwicklungsstadium, das erreicht war, Helligkeits- bzw. Farbumkehrungen auf – das Bild wird grafisch stark verfremdet.

10.4 Bilder für das Internet – Speichern in einem komprimierten Format (JPG/JPEG)

10.4.1 Das Bild vorbereiten – Bildgröße und Auflösung einrichten

Falls Sie es geschlossen hatten, öffnen Sie wieder das Bild *miami-impro.tif*. Folgende Arbeiten sollten Sie vor dem Speichern für das Internet (Webseite oder E-Mail-Anhang) durchführen, nachdem das Bild qualitativ aufbereitet wurde:

- Bildgröße einstellen
- Auflösung auf 72 ppi (alternativ 96 ppi) reduzieren

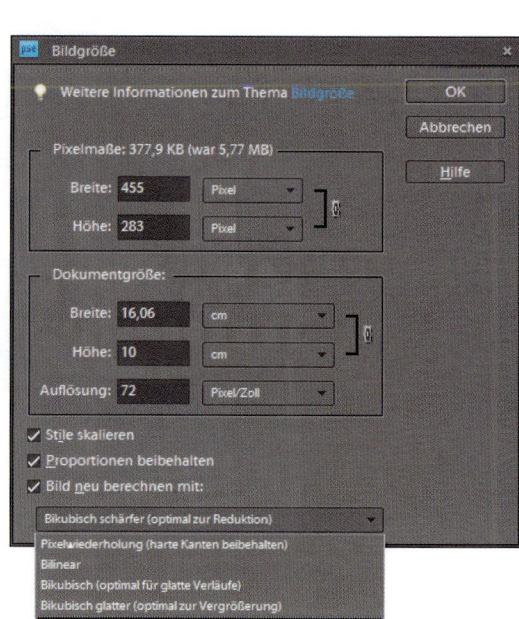

Unser Beispielbild *miami-impro.tif* hat eine Auflösung von 300 Pixel/Zoll. Dies ist für eine Darstellung am Bildschirm nicht erforderlich und würde im Internet (aufgrund der resultierenden hohen Dateigröße in Kilobyte/KB) zu unnötig langen Übertragungszeiten führen.

Rufen Sie also das Menü *Bild – Skalieren – Bildgröße* auf, und stellen Sie die Werte für Bildgröße und Auflösung ein. Ändern Sie dabei zunächst die Werte für die Auflösung und dann die für die Bildgröße. Vorschlag: 72 ppi, Breite × Höhe: ca. 16,0 cm × 10,0 cm. Dabei ist zunächst die Höhe maßgeblich. Vergessen Sie nicht, die richtigen Einheiten einzustellen (Zentimeter und Pixel/Zoll). Für die Neuberechnung des Bildes beim Verkleinern – dazu muss es neu berechnet werden – wählen Sie *Bikubisch schärfer*. Dies ist die für eine Reduktion beste Methode.

Bestätigen Sie den Vorgang wieder mit Klick auf *OK*. Das Bild wird nun in der Ansicht im Bildfenster kleiner. Diesmal ist das kein Zoom-Effekt – das Bild ist tatsächlich gegenüber der bisherigen Pixelgröße kleiner geworden, es wurden Pixel herausgerechnet. Da dabei Bildinformationen verloren gehen, sollten Sie diesen Vorgang nur an einer Kopie Ihres Bildes ausführen oder die Änderungen beim Speichern des Originals verwerfen. Um die weiteren Schritte besser betrachten zu können, vergrößern Sie die Ansicht über die Zoom-Funktion bzw. über das Menü *Ansicht – Tatsächliche Pixel*.

Abb. 10.13

Auflösung und Bildabmessungen einstellen mit dem Dialog Bildgröße

10.4.2   Ein Bild schnell nachschärfen

Wenn Sie möchten, können Sie nun das Bild nachträglich scharfzeichnen. Versuchen Sie es mit der Funktion *Automatisch scharfzeichnen* im Menü *Überarbeiten.* Sie werden sehen, dass diese das Bild nun, nach der Reduzierung der Pixelzahl, deutlich scharf darstellt. Wenn Ihnen die Schärfung zu drastisch erscheint, arbeiten Sie mit der Funktion *Überarbeiten – Schärfe einstellen.* Dieser Filter wirkt auch gut bei hochaufgelösten Bildern. Nachdem nun die Auflösung reduziert wurde, greift dieser Filter noch deutlicher und kann eine wesentliche Verbesserung der Kantenschärfe und Klarheit der Konturen bewirken, bietet dabei aber die Möglichkeit, die Schärfe einzustellen und so eine Überschärfung zu vermeiden. Geben Sie trotzdem Acht, zu viel schadet hier, wir möchten weder den Moiré-Effekt zurückholen noch das Druckerraster wieder sichtbar machen.

Abb. 10.14
Die Einstellungen im Fenster Schärfe einstellen

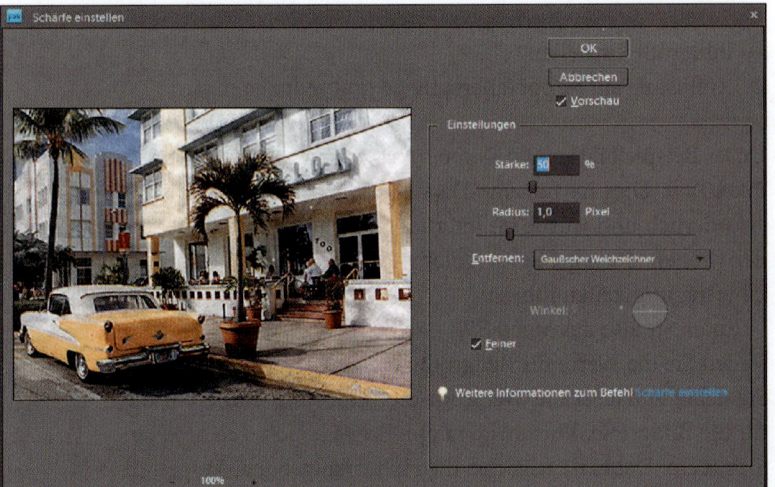

Wenn Sie mit den Werten und Einstellungen hier experimentieren wollen – nur zu. Sehen Sie sich an, wie ein überschärftes Bild aussieht und welche Fehler es zeigt. Aber merken Sie sich vorab die Einstellungen. Ich habe die Voreinstellungen des Programms hier etwas abgeändert, um eine gute nachträgliche Schärfung unseres Bildes zu bewirken: *Stärke* 50 % und *Radius* 1,0 Pixel. Nur im Auswahlmenü bei *Entfernen* belassen Sie *Gaußscher Weichzeichner,* da wir mit einem gescannten Bild arbeiten, das entsprechend vorbehandelt wurde. Setzen Sie auch ein Häkchen bei der Option *Feiner.* Die Berechnung des Bildes dauert dann etwas länger, dafür werden mehr Details scharfgezeichnet.

10.4.3 JPEG-Kompression mit Speichern unter

Beim eigentlichen Speichern in einem komprimierten Format (JPEG, PNG, GIF, TIFF) können Sie zunächst so vorgehen, wie Sie es vom normalen Speichern her kennen: Sie öffnen das Menü *Datei – Speichern unter*. Im Fenster *Speichern unter* wählen Sie zunächst das Verzeichnis, in dem gespeichert werden soll. Geben Sie einen Dateinamen für das Bild an und wählen das gewünschte Dateiformat, in diesem Fall das stark komprimierte Dateiformat JPEG.

Beim Speichern als JPEG-Datei wird das Bild automatisch als Kopie gespeichert, um Ihr Original nicht zu überschreiben. Sie können zwar den Vermerk *Kopie* entfernen, der ggf. automatisch in den Dateinamen eingefügt wird, nicht jedoch das Häkchen weiter unten im Kontrollkästchen bei *Speichern: als Kopie*.

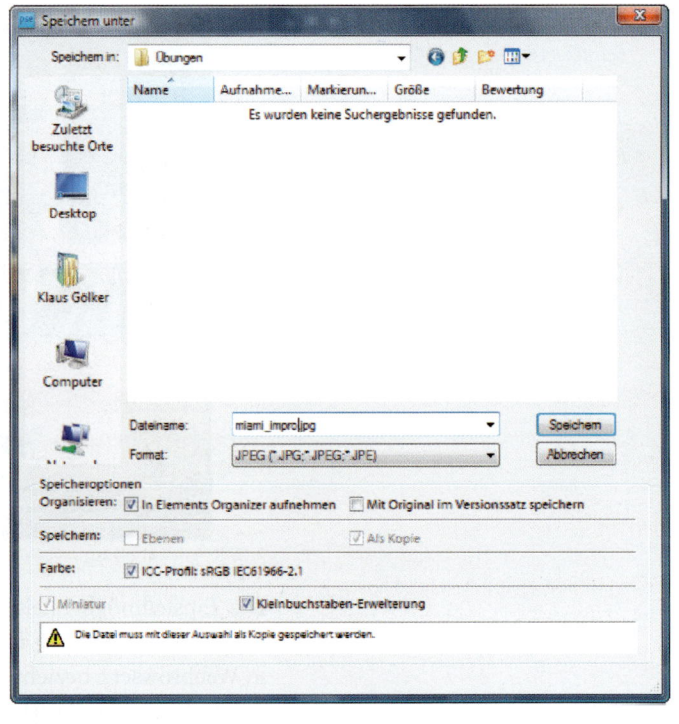

Abb. 10.15

Fenster Speichern unter beim Speichern im JPEG-Format

Klicken Sie abschließend auf die Schaltfläche *Speichern*. Es öffnet sich nun das Fenster *JPEG-Optionen*, in dem Sie die Dateikompression des gewählten Formates einstellen können.

Vergrößern Sie sich die Vorschau im Bildfenster über das Menü *Ansicht – Einzoomen* mehrfach. So können Sie die Qualitätsänderungen im Bildfenster beobachten, wenn Sie mit Hilfe des Schiebereglers im Fenster *JPEG-Optionen* die Kompression einstellen. Sie sehen dann besser, ab wann die so genannten Kompressionsartefakte auftreten (Kompressionsartefakte – Quadrate, innerhalb derer die Farben stark vereinheitlicht werden).

Ziel ist es, die Dateigröße bestmöglich zu verringern, ohne die Qualität sichtbar zu reduzieren. Das bestmögliche Verhältnis ist dann erreicht, wenn die Kompressionsartefakte im vergrößerten Bild kaum sichtbar sind. Die erreichte Dateigröße sehen Sie übrigens als Zahl in Kilobyte (KB) rechts unter den Schaltflächen und unter Vorschau. Die Qualität können Sie stufenlos über den Schieberegler anpassen. Sie können aber auch das Auswahlmenü bei *Qualität* öffnen und eine Qualitätsstufe schnell und einfach auswählen. *Qualität: Mittel* stellt dabei einen wirklich guten Mittelwert aus Qualität und resultierender Dateigröße dar.

Das sind Richtwerte für Bilder zum Einsatz im WWW und als E-Mail-Anhang. Möchten Sie ein Bild zum Drucken oder Ausbelichten weitergeben, wählen Sie ggf. eine andere, wesentlich höhere Auflösung und die höchste JPEG-Qualität.

Abb. 10.16
Fenster JPEG-Optionen. Die Kompression
wurde maximal gesteigert, um in der
eingezoomten Ansicht des Bildfensters die
Kompressionsartefakte deutlich zu machen.

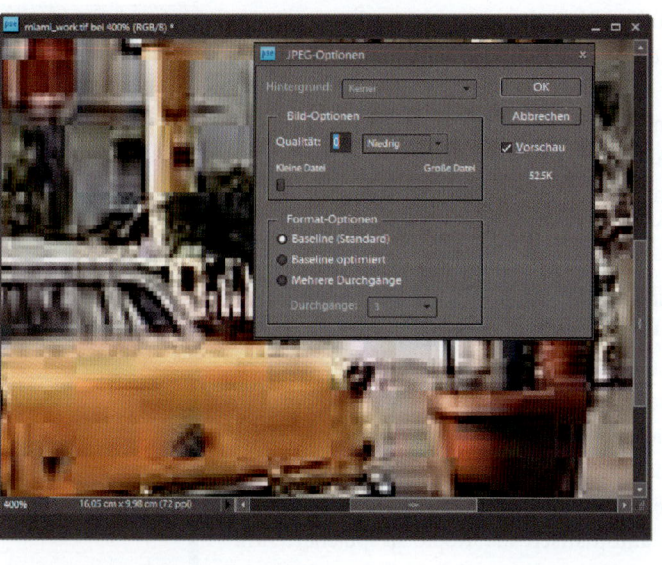

Die Einstellmöglichkeiten unter **Format-Optionen** betreffen zusätzliche Eigenschaften, die sich auf das Bild und seine Eigenschaften bei der Anzeige in Webbrowsern bezieht.

Baseline (Standard) ist nicht optimiert und erzeugt etwas größere Dateien als *Baseline optimiert*. Bei **Baseline optimiert** wird eine Glättung eingesetzt, die das Bild etwas weichzeichnet und hilft, die Dateigröße noch weiter zu reduzieren. Prinzipiell gilt beim Speichern als *Baseline*, dass das Bild im Webeinsatz vom Browser erst vollständig geladen sein muss, bevor es in einer Webseite angezeigt werden kann.

Mehrere Durchgänge reduziert die Dateigröße nochmals geringfügig gegenüber den beiden Baseline-Arten. Der wesentliche Unterschied ist jedoch beim Einsatz auf Webseiten: Das Bild erscheint schneller in der Seite, zunächst aber in schlechter Bildqualität. Während es fertig geladen wird, wird die Darstellungsqualität immer besser. Dies ist vergleichbar zum *Interlaced* beim Dateiformat GIF und PNG. Die Angabe bei *Durchgänge* bezieht sich darauf, wie viele Zwischenschritte bis zum vollständigen Laden das Bild durchläuft. 3, 4 oder 5 Zwischenschritte können Sie wählen. Je mehr es sind, umso mehr reduziert sich die Dateigröße.

Richtwert für die Dateigröße: Für ein Bild der Größe 16,0 cm × 10,0 cm ist ein Wert der Dateigröße von etwa 70 KB mittelmäßig, die sichtbare Qualität aber immerhin gut. Probieren Sie es aus, und bestätigen Sie dann die Einstellungen mit OK, das komprimierte Bild wird damit endgültig im angegebenen Verzeichnis gespeichert. Von dort aus kann es im Internet veröffentlicht bzw. versandt werden, als E-Mail-Anhang zum Beispiel. Die Übertragungszeit für dieses Bild mit einem Modem 56 Kbit/s würde etwa 12 Sekunden betragen, für ein Bild mit 1024 KB (1 MB) wären etwa vier Minuten anzusetzen. Das bereits zugeschnittene Ausgangsbild *miami-impro.tif* mit 300 dpi

Auflösung hat eine Dateigröße von
ca. 7,8 MB.

10.4.4 JPEG-Kompression mit Für Web speichern

Speziell für die komprimierten
Internet-Dateiformate JPEG, PNG
und GIF haben die Entwickler von
Adobe eine eigene Oberfläche, ein
eigenes Fenster mit einer verbes-
serten Vorschaufunktion und allen
erforderlichen Einstellungen und
Auswahlen vorgesehen. Wir sehen
uns hier genau das Speichern im
JPEG-Format an und gehen kurz

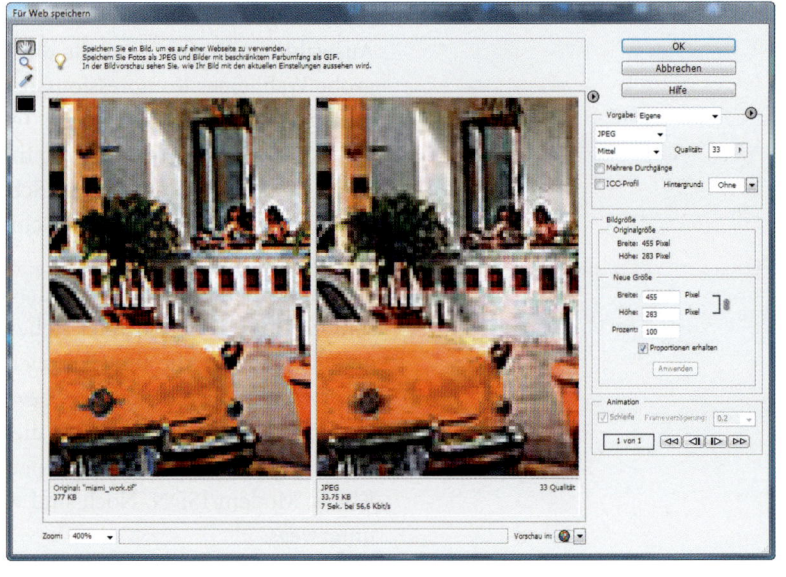

Abb. 10.17
Das Fenster Für Web speichern

auf das Speichern im Format PNG ein. Das GIF-Format lasse ich außen
vor, weil es sich im Wesentlichen nur für Grafiken und nicht so sehr für
Fotografien eignet.

Sie haben noch das *miami-impro.tif* geöffnet, mit der reduzierten Auflösung in der gewünschten Bildgröße? Gut! Wählen Sie im Menü *Datei – Für
Web speichern.*

Es öffnet sich das Fenster *Für Web speichern*. Am auffälligsten sind wohl
die zwei Vorschaubilder: Der Bildausschnitt links zeigt die Originaldatei, in unserem Fall das TIFF. Das Fenster rechts zeigt das Bild im gewählten komprimierten Dateiformat in der Vorschau. In Abb. 10.17 wurden die
Vorschaubilder bereits vergrößert. Um das zu bewerkstelligen, können Sie
oben links das Zoom-Werkzeug wählen oder unten links das Auswahlmenü *Zoom*. Ich bevorzuge es allerdings, diese Einstellungen über das Kontextmenü zu tätigen, das Sie erhalten, wenn Sie mit rechtem Mausklick auf
eines der Vorschaubilder klicken. Im Beispielbild ist eine Vergrößerungsstufe von 400 % gewählt, um die Kompressionsartefakte und Details im
Bild deutlich erkennen zu können.

Die wichtigsten Einstellungen finden Sie oben links im Fenster. Hier stehen verschiedene Auswahlmenüs zur Verfügung, über die Sie schnell einfache oder auch differenzierte Einstellungen treffen können. Die einfachste
Auswahl ist die oben in der Mitte bei Vorgabe: Machen Sie es sich leicht,
und wählen Sie grob Dateiart und Kompressionsstufe, in der das Bild abgespeichert werden soll. Wenn Sie genauer arbeiten möchten, wählen Sie im
Auswahlmenü links, dort, wo jetzt JPEG zu lesen ist, die gewünschte Dateiart: GIF – JPEG – PNG8 – PNG24. Je nachdem, welche Auswahl Sie hier
treffen, werden Ihnen unterschiedliche Einstellungsmöglichkeiten entsprechend der gewählten Dateiart in diesem Feld angezeigt. In Abb. 10.18 ist

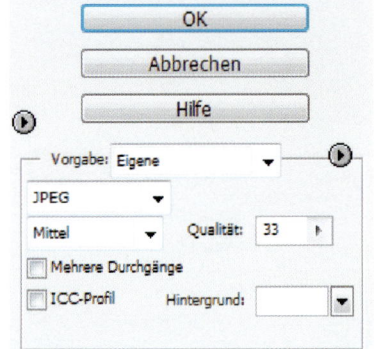

Abb. 10.18
Die wichtigsten Einstellungen im Fenster
Für Web speichern

JPEG vorgewählt, Sie sehen die entsprechenden Einstellmöglichkeiten. Das Auswahlmenü unter dem für die Dateiart bietet nun eine schnelle, aber grobe Wahl einer Kompressionsstufe.

Rechts daneben sehen Sie ein Textfeld neben *Qualität*. Hier können Sie einen gewünschten Zahlenwert in Prozent für die Bildqualität angeben. Oder Sie klicken auf die kleine Schaltfläche daneben, die einen Pfeil nach rechts zeigt. Es öffnet sich ein Schieberegler, über den Sie die Bildqualität stufenlos einstellen können.

Nun werden das rechte Vorschaubild und die Einträge darunter interessant. Denn im Feld darunter stehen die gewählte Dateiart, die aktuell eingestellte Qualität, die aktuell erreichte Dateigröße in KB (Kilobyte) und die zu erwartende Übertragungs- bzw. Ladezeit bei einer bestimmten Übertragungsgeschwindigkeit. Auch diese können Sie über das Kontextmenü – rechter Mausklick auf das Vorschaubild – auswählen. Wählen Sie hier 56,6 Kbit/s, Modem/ISDN. Noch sind wenigstens 25 Prozent aller Surfer damit unterwegs.

Jetzt schieben Sie den Regler so weit nach links, bis im vergrößerten Vorschaubild deutlich Kompressionsartefakte sichtbar werden. Dann schieben Sie den Regler wieder nach rechts, bis diese kaum noch sichtbar sind. Die Bildqualität in Originalgröße ist dann immer noch sehr gut, wir haben ja stark ins Bild eingezoomt. Achten Sie auch auf die Dateigröße. Für ein Bild dieser Größe sind 30 KB bis 40 KB eine sehr gute Dateigröße, wenn das Bild in einer Webseite eingesetzt werden soll. Bei einem Versand per E-Mail darf es etwas mehr sein, dafür hätten wir auch die Auflösung nicht auf 72 ppi herabsenken müssen, 96 ppi wären in Ordnung gewesen und würden eine etwas bessere Druckqualität gewährleisten.

Das waren für ein JPEG alle wesentlichen Einstellungen. Klicken Sie oben auf die Schaltfläche *OK*. Bei dieser Funktion wird nun erst das Fenster *Speichern unter* angezeigt. Wählen Sie den Speicherort, vergeben Sie einen Dateinamen. Auch wenn hier nicht automatisch der Eintrag *Kopie* erscheint – das Bild wird als Kopie gespeichert, Ihr Original wird nicht überschrieben.

Noch einfacher sind die Einstellungen, wenn Sie PNG als Dateiart wählen. Für PNG ist in Photoshop Elements lediglich vorgesehen, ggf. Transparenzen im Bild mit zu speichern. Aber: Sie müssen darauf achten, das richtige PNG zu wählen. PNG24 ist das Format für Fotografien, PNG8 gleicht dem GIF und kennt nur maximal 256 Farben. Die Dateigröße für unser Bild liegt als PNG24 übrigens bei rund 290 KB, also etwa dem Zehnfachen von dem, was als JPG erreichbar ist.

11 Retuschearbeiten I – Farbstich entfernen

Bislang haben Sie hier einiges über grundlegende Programmfunktionen und die qualitative Verbesserung von Bildern mittels solcher Funktionen erfahren. Dabei wurde immer das Bild als Ganzes bearbeitet und verändert. Manche Bilder weisen jedoch (zusätzliche) Beeinträchtigungen auf:

▦ Ein Bild hat einen deutlichen Farbstich.

▦ Gesichtsfarben bzw. Hauttöne sind im Bild farblich verzeichnet.

▦ Ältere, gescannte Fotos sind durch Kratzer und Flecken verunstaltet, ein gescanntes Dia zeigt Staubflusen im gescannten Bild, aus einem weiteren Bild sollen unerwünschte Bildelemente wie z. B. ein eingebetteter Text entfernt werden.

▦ Die Augen von Personen in Fotos, die mit Blitzlicht aufgenommen wurden, leuchten rot (Rote-Augen-Effekt).

▦ In einem anderen Bild ist der Himmel blass, trüb, flau und soll durch einen lebhafteren aufgefrischt werden.

Die dafür erforderlichen Arbeiten werden als Bildretusche (etwa: Bildver-
schönerung) bezeichnet – dazu zählt allerdings auch schon die Tonwertkorrektur. In den folgenden Kapiteln werden Techniken und Werkzeuge
zur **konstruktiven Retusche,** zur Behebung der oben erwähnten Bildfehler
dargestellt und beispielhaft erläutert. Dabei gehören die letztgenannten beiden Retuschearbeiten schon zum nächsten Hauptkapitel – Arbeiten mit
Ebenen und Masken –, da hierfür Masken erforderlich sind.

11.1   Wie entsteht ein Farbstich?

Ein Farbstich, die durchgehende Verfärbung eines Bildes, kann zum Beispiel bei der Aufnahme der Fotografie selbst entstehen (Blaustich bei Aufnahmen im hellen Licht unter freiem Himmel ohne Skylight-Filter, Gelbstich bei Aufnahmen ohne Filter in Räumen bei Kunstlicht), oder er kann
durch Einwirkungen bei der Entwicklung des Filmes oder durch falsche
Einstellungen beim Ausbelichten des Bildes im Labor entstehen. Auch beim
Scannen von Dias kann das gescannte Bild einen Farbstich aufweisen.

11.2   Möglichkeiten der Farbkorrektur

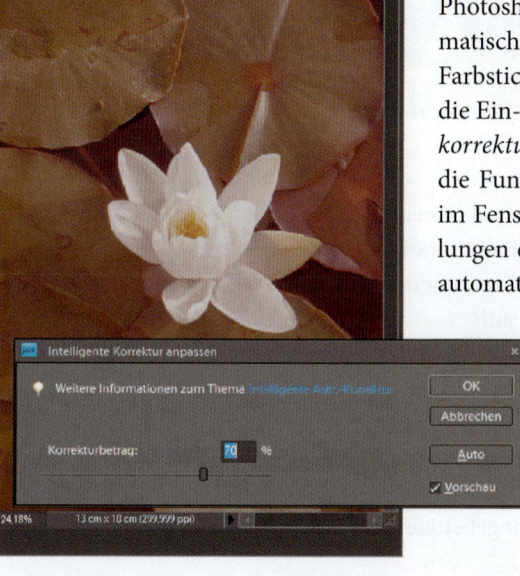

Photoshop Elements bietet im Menü *Überarbeiten* verschiedene automatische oder halbautomatische Funktionen, die helfen sollen, einen
Farbstich zu korrigieren. Für einen leichten Farbstich kann es genügen,
die Ein-Klick-Funktionen *Intelligente Auto-Korrektur* oder *Auto-Farbkorrektur* aus diesem Menü einzusetzen. Sehr gute Ergebnisse liefert
die Funktion *Intelligente Korrektur anpassen*. Mit dem Schieberegler
im Fenster der Funktion können Sie die Wirkung nach Ihren Vorstellungen einfach und schnell anpassen. Eine weitere vorgesehene, halbautomatische Funktion ist *Farbstich entfernen* in *Überarbeiten – Farbe
anpassen.* Nach dem Aufruf der Funktion können Sie mit
einer Pipette auf einen Bereich des Bildes klicken, der weiß,
schwarz oder neutral grau ist. Der Farbstich sollte so beseitigt werden, was jedoch nur bei leichteren Farbstichen tatsächlich funktioniert. Für leichte Farbstiche geeignet ist
auch die Funktion **Farbvariationen** (Menü *Überarbeiten –
Farbe anpassen – Farbvariationen),* die Sie in Kapitel 10.3.1
kurz beschrieben finden.

Abb. 11.1
Die einfache und schnelle Korrektur eines
Farbstichs mit der Funktion Intelligente
Korrektur anpassen aus dem Menü
Überarbeiten

Sie können die Wirkung dieser Funktionen am Bild *farbstich.png* aus
dem Verzeichnis *Bildvorgaben* der DVD selbst ausprobieren.

Für die Bearbeitung von Bildern mit Farbstich nach eigenen Wünschen
ist die bereits bekannte Funktion Tonwertkorrektur bestens geeignet. Wir
werden zwei Methoden dazu betrachten: einmal das Arbeiten mit Pipetten

in der Tonwertkorrektur und dann das Arbeiten mit den einzelnen Farbkanälen Rot, Grün und Blau und der Histogramm-Kurve. Im Folgenden
wird die Vorgehensweise für beide Methoden wieder Schritt für Schritt
dargestellt.

11.2.1   Tonwertkorrektur Methode 1– Arbeiten mit Pipetten

Öffnen Sie das Bild *farbstich.png* im Verzeichnis *Bildvorgaben* auf der DVD,
und speichern Sie es zunächst in Ihrem Übungsordner auf Ihrem Rechner.
Das Bild weist einen deutlichen Rotstich auf. Wir wollen zunächst die Pipetten aus dem Fenster *Tonwertkorrektur* einsetzen, um diesen Bildfehler zu
beseitigen.

Arbeiten mit Pipetten heißt arbeiten mit Tiefen und Lichtern. Der
offensichtlich dunkelste Bildbereich
ist der dünne, schwarze Schatten-
strich unter dem Blatt links oben,
der hellste ist zunächst nicht zwei-
felsfrei zu erkennen, sicher eines
der Highlights auf der Blüte. Denken Sie daran, mit der in Kapitel
10.2.4 geschilderten Methode – mit
Hilfe einer Einstellungsebene und
dem Schwellenwert – können Sie
die Tiefen und Lichter eines Bildes
abprüfen. In Abb. 11.2 ist das bereits
geschehen.

Rufen Sie also das Menü *Überarbeiten – Beleuchtung anpassen*
die Tonwertkorrektur auf. Wählen
Sie die Pipette mit der schwarzen
Spitze – *Schwarzpunkt setzen* –, und

Abb. 11.3

Das Bild nach der Korrektur mit den Pipetten
Schwarzpunkt setzen – Weißpunkt setzen

Abb. 11.2

farbstich.png mit deutlichem roten Farbstich.
Markiert wurden der dunkelste (Schatten links
oben) und der hellste Bereich (Mitte rechts).

klicken Sie damit in den in Abb. 11.2 markierten schwarzen Schatten. Das
Bild wird augenblicklich abgedunkelt, und es werden differenziertere Farben sichtbar. Nun wiederholen Sie den Schritt mit der Pipette *Weißpunkt
setzen* am markierten Highlight auf der Blüte. Das war's eigentlich.

Sie können nun versuchen, ob das Ergebnis besser wird, wenn Sie mit
der Pipette *Graupunkt setzen* (der mittleren) arbeiten. Um hier zu einem
brauchbaren Ergebnis zu kommen, müssen Sie ggf. mehrfach auf den
grauen Schatten auf der Blüte einen geeigneten Punkt suchen, der ein nicht
zu grünes Ergebnis zeigt. Um auch die zweite Methode ausprobieren zu
können, beenden Sie das Fenster mit Klick auf die Schaltfläche *Abbrechen*.

11.2.2 Tonwertkorrektur Methode 2 –
Arbeiten mit Farbkanälen und Histogramm-Kurve

Der deutliche Rotstich des Bildes weist darauf hin, dass die Farbwerte des roten Farbkanals fehlerhaft sind. Wieder korrigieren Sie die Hell-Dunkel-Werte im Bild mit der **Tonwertkorrektur** im Menü *Überarbeiten – Beleuchtung korrigieren – Tonwertkorrektur*. Über das Auswahlmenü *Kanal: RGB* oben links im Fenster *Tonwertkorrektur* lassen sich die einzelnen Farbkanäle Rot, Grün und Blau zur getrennten Nachkorrektur aufrufen. Wählen Sie zunächst den roten Farbkanal – *Rot*.

Im Fenster *Tonwertkorrektur* sehen Sie nun das Histogramm für den roten Farbkanal (siehe Abb. 11.4). Darunter stehen die Dreiecke zur Nachregulierung. Das schwarze für die Tiefen ziehen Sie auf den Anfang der Histogramm-Kurve links, das weiße für die Lichter lassen Sie – es steht bereits bei den Lichtern der Kurve. Für die Farbkanäle *Grün* und *Blau* wiederholen Sie jetzt nacheinander den Vorgang und richten jeweils die Dreiecke für die Tiefen bzw. Lichter der Kurven ein.

Abb. 11.4
farbstich.png nach der Korrektur aller drei
Farbkanäle und nach Korrektur der Mitteltöne
im Farbkanal Rot

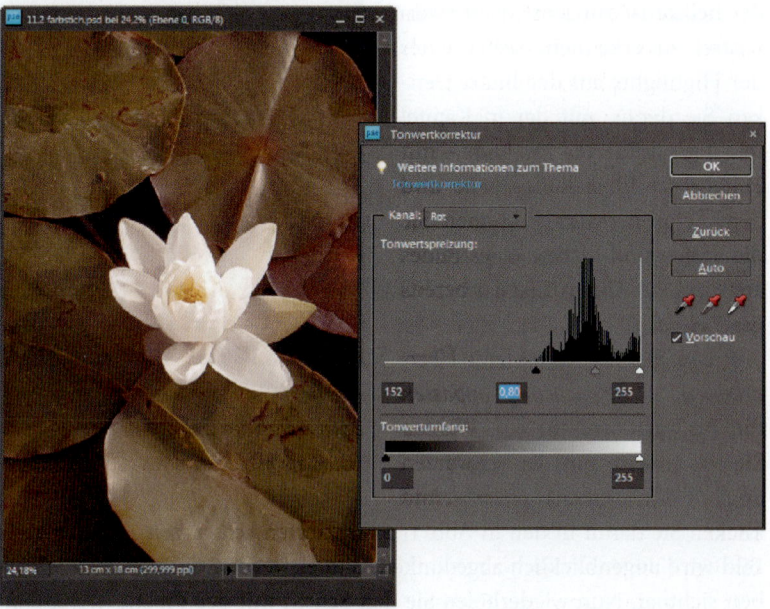

Das Bild zeigt jetzt ungefähr das Aussehen, das auch nach dem Einsatz der Pipette für die Tiefen und Lichter erreicht war. Die Rottönung ist aber noch relativ stark. Mit dieser Methode haben Sie eine feinere Möglichkeit zur Nachkorrektur als mit der Graupunkt-Pipette. Sie rufen nochmals den roten Farbkanal auf. Das mittlere Dreieck unter der Histogramm-Kurve schieben Sie langsam nach rechts. Prüfen Sie dabei das Bild. Sie können so die Rötung nach Belieben senken – oder auch wieder steigern.

Bitte sehr: Hantieren Sie nach eigenem Farbempfinden, und schon sind Sie fertig. Das Bild im Übungsordner unter *farbausgleich.png* sichern – das war's.

→ **Hinweis:** Sie können über die Tonwertkorrektur nahezu jeden »normalen« Farbstich korrigieren. Für Bilder mit einem Stich ins Rote, Grüne oder Blaue sollte dabei in der Regel die zusätzliche Nachbearbeitung des jeweils entsprechenden einzelnen Farbkanals genügen.

Wenn ein Bild einen Farbstich in Richtung einer der Mischfarben des RGB-Farbmodells hat (Cyan, Magenta, Gelb), dann werden Sie zwei oder alle drei Farbkanäle korrigieren müssen; bei einem Bild mit Gelbstich z. B. mindestens den roten und den grünen.

11.2.3 Hauttöne und Gesichtsfarbe korrigieren – Fotofilter

Oft kommt es vor, dass bei Kunstlicht oder Blitzlichtaufnahmen die Haut- und Gesichtsfarben zu sehr gerötet oder sogar violett verfärbt erscheinen. Photoshop Elements hat eine eigene Korrekturmöglichkeit dafür im Menü *Überarbeiten – Farbe anpassen – Farbe für Hautton anpassen.* Auch diese Funktion ist einfach zu handhaben. Wenn Sie mitmachen möchten, auf der DVD im Ordner *Bildvorgaben* finden Sie das Bild *haut.png.*

Nachdem Sie das Bild geöffnet haben, rufen Sie über das Menü die Funktion **Farbe für Hautton anpassen** auf. Klicken Sie einfach mit der Maus auf eine verfärbte Hautpartie. Die Farben werden augenblicklich korrigiert und einer normalen Hautfarbe angepasst. Sie haben über die Schieberegler die Möglichkeit,

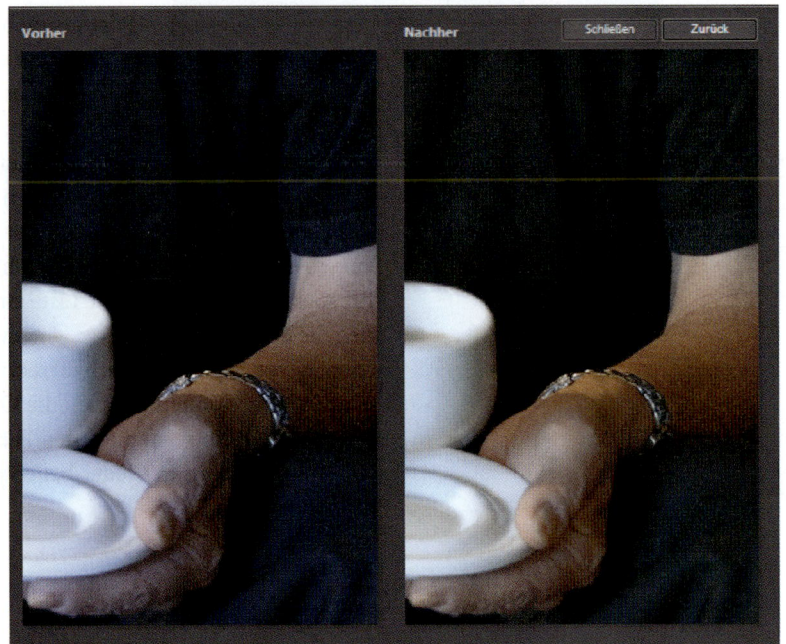

Abb. 11.5
Das Bild haut.png vor und nach der Korrektur

die *Bräunung* und die *Rötung* nachzukorrigieren. Mit dem Schieberegler *Umgebungslicht: Temperatur* können Sie die Farbe des gesamten Bildes bläulicher, kühler oder rötlicher, wärmer erscheinen lassen.

Anstelle der Funktion *Farbe für Hautton anpassen* können Sie auch einen Farbfilter, genauer einen Warmfilter, einsetzen. Solche Filter finden Sie im Menü *Filter – Anpassungsfilter – Fotofilter.* Sie wirken auch nachträglich

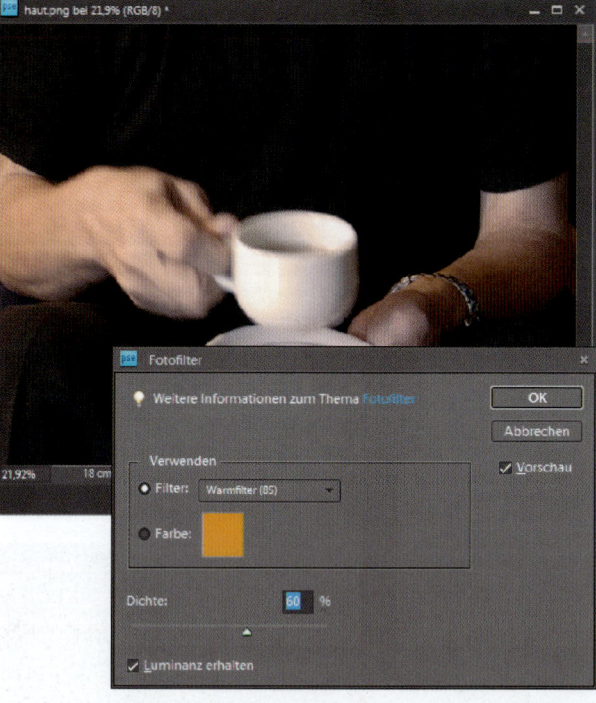

Abb. 11.6
Die Farbkorrektur am Bild haut.png
mit einem Warmfilter

und können einen optischen Filter ersetzen, der sonst beim Fotografieren als Vorsatz auf das Objektiv aufgesetzt wird.

Der Fotofilter bietet unter der Option Filter eine Auswahl von Warm- und Kaltfiltern. **Warmfilter** sind orange- bis bernsteinfarben und entfernen Blautöne und Cyan. Sie werden eingesetzt, um Hauttöne zu verbessern, häufig bei Personenfotografien mit Blitzlicht. Sie können damit auch die warmen Farben eines Sonnenuntergangs betonen. Leichte Warmfilter werden auch eingesetzt, um die Blautöne eines Bildes zu reduzieren, das bei bewölktem Himmel aufgenommen wurde. Damit lassen sich auch bläulich verfärbte Tiefen (abgedunkelte Bildbereiche) beseitigen, wie sie bei Sonnenschein im Bild entstehen können. Leichte Warmfilter geben Porträts mehr Wärme.

Kaltfilter sind blau und entfernen Rot, Grün und Gelb. Sie korrigieren Bilder mit starkem Gelb- oder Orangestich, wie sie beim Fotografieren bei Kunstlicht und Kerzenschein entstehen. Leichte Kaltfilter können auch eingesetzt werden, um Bildern eine kühlere Note zu geben.

Beim Fotografieren unter Wasser tritt ab einer gewissen Tiefe der Effekt ein, dass das Wasser den roten Lichtanteil herausgefiltert hat. Zur Korrektur solcher Fotos enthält die Liste einen Filter *Unterwasser*. Alternativ können Sie eine Korrektur Ihrer Unterwasserbilder mit einem Rotfilter versuchen, bevor Sie weitere Farbkorrekturen vornehmen.

Statt *Filter* können Sie auch die Option *Farbe* wählen. Über das Farbfeld neben der Option rufen Sie den Farbwähler des Programms auf und können Ihr Bild dann mit jeder beliebigen Farbe filtern – zur Korrektur oder als Farbeffekt.

12 Retuschearbeiten II – Flecken, Staub und Kratzer entfernen

Ältere Bilder oder Dias, die gescannt werden sollen, weisen oft Fehler auf: Knicke, Flecken, Staub und Kratzer, manchmal fehlen Ecken. Die Retuschearbeiten an solchen Bildern werden als konstruktive Retusche bezeichnet, Bildinhalte werden dabei (re)konstruiert, wieder hergestellt. Aber auch das Entfernen von Bildinhalten ist damit möglich, wie zum Beispiel das Entfernen einer unerwünschten Beschriftung. Früher machten sich die Fotografen mit Pinsel, Abdeckmasken und Airbrush (eine feine Sprühpistole, mit Druckluft betrieben) daran. Heute wird das Bild zunächst einmal so, wie es ist, gescannt. Die Reparaturwerkzeuge liefert uns das Bildbearbeitungsprogramm, wobei es im Prinzip ähnliche Techniken wie die genannten sind, die uns bei der digitalen Retusche zur Verfügung stehen. Doch es gibt auch neuere Werkzeuge.

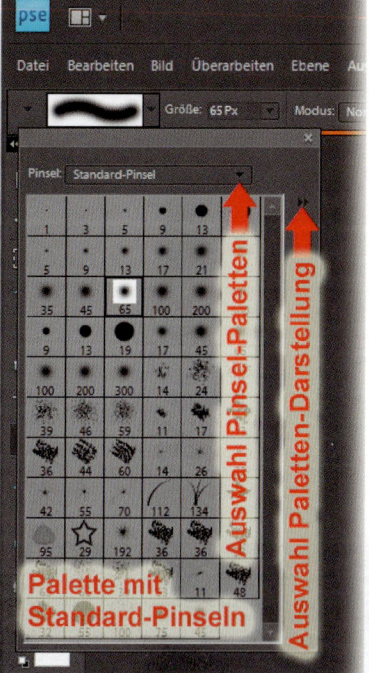

Abb. 12.1

Die Standard-Pinselspitzen und das Auswahlmenü für die übrigen Pinselpaletten sind bei allen Werkzeugen gleich, die Pinselspitzen einsetzen.

12.1 Warum Sie Pinsel mit weicher Auswahlkante brauchen

Das Werkzeug *Kopierstempel* (Klonstempel) »malt« mit Bildinformationen (oder als *Musterstempel* mit vorgegebenen Mustern) nicht nur Farben, sondern farbliche Strukturen, die an einer vorher festzulegenden Stelle aus dem gleichen Bild entnommen werden. Dabei ist das Werkzeug in der Lage, nicht nur »normal« deckend zu arbeiten. Da Sie die Deckkraft des Werkzeugs in den Werkzeugoptionen einstellen können, haben Sie auch die Möglichkeit, lasierend zu arbeiten und Übergänge zu schaffen. Damit ist der Kopierstempel das Retusche-Werkzeug schlechthin.

Für den Kopierstempel stehen dabei die gleichen Pinselspitzen wie für die übrigen Malwerkzeuge zur Verfügung. Unter den *Pinselspitzen* in den Werkzeugoptionen finden sich solche mit hartem, scharfem Rand, die entsprechend eher wie ein Stift mit fester Breite malen, solche mit weichem Rand bzw. einem Verlauf zum Rand zu, so dass sie mehr wie ein Pinsel malen, mit sattem Farbauftrag in der Mitte und lasierendem Farbauftrag am Rand. Außerdem gibt es Pinsel mit strukturierter Spitze wie Bürstenpinsel und in der Form von Mustern, deren Farbauftrag Strukturen aufweist.

Für unseren Kopierstempel empfiehlt sich das Arbeiten mit »weichen« Spitzen. Pinsel mit hartem Rand würden die aufgenommenen Bildmuster mit scharfem Rand wieder ablegen: Bei einer Farbe mag das noch angehen, aber bei Strukturen, auch wenn sie ähnlich sind, sähe das Bild aus wie mit Konfetti überstreut. Eine weiche Pinselspitze schafft Übergänge.

Die Pinselauswahl von Photoshop Elements ist von vornherein sehr umfangreich. Es stehen verschiedene Paletten mit unterschiedlichen Pinseln und Strichstärken zur Auswahl. Aber Sie können bei Bedarf auch selbst aus Bildern eigene Pinselspitzen anlegen und speichern.

12.2 Kopierstempel – Werkzeugeinstellungen

Abb. 12.2

Werkzeugoptionen des Kopierstempels

Bevor Sie sich endlich ans Bild machen, sollten Sie sich die **Werkzeugeinstellungen** für den Kopierstempel ansehen. Wie eingangs erwähnt, finden Sie diese oben über der Arbeitsfläche.

- **Pinselauswahl** (Auswahlmenü): Hier wählen Sie die Pinselspitze nach Form, Art und Randeigenschaften aus. Sie können die Größe nachträglich anpassen.
- **Größe:** Hier stellen Sie den Durchmesser des Pinsels in Pixeln ein
- **Modus:** Das Auswahlmenü *Modus* beschreibt die Art und Weise, wie die Farbe auf das Bild aufgetragen wird bzw. wie der Auftrag wirkt. *Normal* ist die zunächst erwartete Weise eines Auftrages, deckend, ohne zusätzliche Mischung bzw. Überlagerung des Eingefügten mit dem darunter liegenden Bilduntergrund.
- **Deckkr(aft):** Viele Malwerkzeuge bieten die Möglichkeit, die Deckkraft des Farb- oder Musterauftrages einzustellen, so auch der Klon- oder Kopierstempel. Standard ist dabei eine Deckkraft von 100 %. Der Farbauftrag erfolgt vollständig deckend, abgesehen von weiteren Eigenschaften wie einem Randverlauf.

  Manchmal ist ein lasierendes Arbeiten gewünscht. Bei einer Deckkraft von z. B. 10 % erfolgt der Farbauftrag durchscheinend, so dass darunter liegende Farben und Strukturen sichtbar bleiben. Dies ermöglicht das Aufbringen eines farbigen Scheins oder die Herstellung von nahtlosen Übergängen.
- **Ausger(ichtet):** *Nicht ausgerichtet* (kein Häkchen im Kontrollkästchen) besagt, dass eine Stelle im Bild als Auswahl für den Auftrag mit dem Kopierstempel gewählt wird. Wo immer im Bild dann der Kopierstempel eingesetzt wird, bezieht er die Informationen für den Auftrag von derselben gleichbleibenden Bildstelle. *Ausgerichtet* (Häkchen gesetzt) besagt, dass zuerst eine Stelle im Bild gewählt wird, von der die Information zunächst aufgenommen wird. Dann wird durch Klicken gezeigt, wo die Farbe wieder abgelegt werden soll. Beim nächsten Farbauftrag des Stempels wandert nun die Stelle mit, von der die Information aufgenommen wird, immer in gleichem Winkel und Abstand zum Stempel.
- **Alle Ebenen aufnehmen:** Diese Option setzt mehrere Ebenen im Bild voraus. Das Werkzeug nimmt dann die Bildinformationen nicht nur aus einer Ebene auf, sondern aus allen übereinanderliegenden.

12.3 Retusche mit dem Kopierstempel

Öffnen Sie zunächst das Bild *staubundkratzer.png* im Verzeichnis *Bildvorgaben* von der DVD, und speichern Sie es sofort in Ihrem Übungsordner auf Ihrem Rechner. Sie haben das Bild im Bildfenster vor sich. Als Werkzeug aus der Werkzeugpalette ist der Kopierstempel gewählt. Wählen Sie in den Werkzeugoptionen des Kopierstempels: *Pinsel:* rund, weicher Randverlauf – *Größe:* 85 Pixel – *Modus:* Normal – *Deckkraft:* 100 % – *Ausrichtung:* Ausgerichtet.

12.3.1   Bildinformation aufnehmen und im Bild ablegen

Zunächst müssen Sie die erste Stelle wählen, von der die Bildinformation aufgenommen werden soll, um sie auf die erste schadhafte Stelle zu übertragen. Deuten Sie mit dem Mauszeiger auf eine passende Stelle. Sie drücken die Alt-Taste und halten diese gedrückt. Im Bild erscheint der Mauszeiger als Fadenkreuz. Klicken Sie mit linkem Mausklick auf die Stelle. Halten Sie dabei immer noch die Alt-Taste gedrückt. Mit dem Mausklick wurde die Information aufgenommen. Nun können Sie erst einmal die Maustaste und dann die Alt-Taste loslassen.

Wenn Sie jetzt auf eine schadhafte Stelle deuten und links klicken, wird die aufgenommene Bildinformation dort abgelegt. Deuten Sie auf eine andere Stelle, und wiederholen Sie den Vorgang. Da Sie als Werkzeugeinstellung *Ausgerichtet* gewählt haben, wandert die Stelle, an der Bildinformation aufgenommen wird, mit dem Stempel mit. Arbeiten Sie so lange, bis Sie die Stelle wechseln müssen, von der Bildinformation aufgenommen wird. Dies wiederholen Sie so, wie der Vorgang oben beschrieben wurde. Also: Neue Stelle zur Aufnahme wählen, *Alt* drücken und halten, linker Mausklick, erst Maustaste, dann Taste *Alt* loslassen und nun »stempeln« mit linkem Mausklick.

Abb. 12.3

Beim Stempeln von markanten Konturen müssen Sie den Kopierstempel oft umsetzen. Die Kreise links in der Abbildung zeigen die Punkte, von denen die Bildinformation aufgenommen wird, die rechts zeigen, wohin die Bildinformation jeweils »gestempelt« wird.

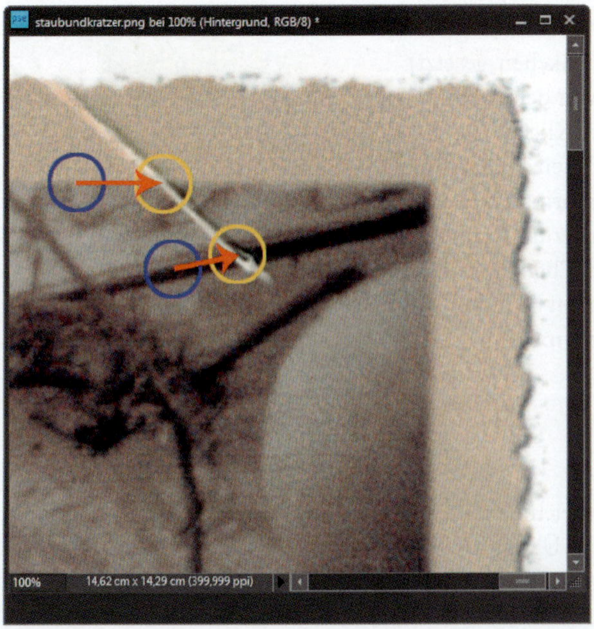

12.3.2   Pinsel und Ansicht wechseln

Der gewählte Pinsel mit 85 Pixeln ist gut geeignet für die Flecken im Bereich der Wand und der Blumenrabatte. Wenn Sie den Kratzer oder den Knick oben retuschieren möchten, sollten Sie für die feineren Details einen Pinsel mit kleinerer Spitze wählen – etwa 45 px Durchmesser.

Um den Ausschnitt mit dem Kratzer besser betrachten und bearbeiten zu können, zoomen Sie sich mit dem Zoom-Werkzeug in diesen Bereich hinein (oder über das Menü *Ansicht – Einzoomen*). Dabei müssen Sie den Pinsel immer wieder neu ausrichten. Wichtig ist, dass Sie markante Stellen wie die Bildkanten oder die Äste erst ins Visier nehmen und dann von dort aus arbeiten, soweit es geht.

Das war der Kopier- oder Klonstempel. Auf diesem Weg können Sie auch unerwünschte Bildelemente aus einem Bild herausretuschieren. Wenn es darum geht, bei eingescannten Bildern und Dias nur sehr geringfügige, kleine Beeinträchtigungen wie Staub zu entfernen, können auch verschiedene Filter helfen. Lesen Sie dazu mehr in Kapitel 13.3. Aber es sind noch komfortablere

Werkzeuge zum Entfernen von Bildfehlern vorgesehen. Betrachten wir einmal die Reparatur-Pinsel.

12.4 Retusche mit den Reparatur-Pinseln

Um mitmachen zu können, öffnen Sie das Bild *flecken.png* von der DVD aus dem Ordner *Bildvorgaben*. Die Werkzeuge, die wir nun betrachten, sind ähnlich wie der *Kopierstempel*, aber noch einfacher zu handhaben: der *Bereichsreparatur-Pinsel* und der *Reparatur-Pinsel*. Beide dienen der gleichen Aufgabe, Bildfehler wie Staub und Flecken schnell und einfach zu beheben. Beide arbeiten dabei so, dass die Bildinformation aus der Umgebung der zu reparierenden Stelle auf den Bereich des Pinselauftrags angewendet wird. Das heißt, die Helligkeit und Beschaffenheit der Umgebung wird auf die zu reparierende Stelle automatisch angewendet, eine eingefügte Bildinformation *(Reparatur-Pinsel)* wird an die Umgebung der Stelle angepasst, wo sie eingefügt wird. Am einfachsten funktioniert dabei der *Bereichsreparatur-Pinsel*.

Rufen Sie das Werkzeug auf. Die Werkzeugoptionen belassen Sie, auch den gewählten Pinsel mit hartem Rand. Nur dessen Größe müssen Sie anpassen, für unser Bild etwa 20 bis 25 Pixel Durchmesser. Zoomen Sie sich in das Bild ein. Klicken Sie auf einen der Flecken, ggf. auch mehrmals. Der Fleck in der Pinselkontur wird gelöscht und mit den Eigenschaften der Umgebung überschrieben. Wieder einmal schnell, einfach und gut – ein geniales Werkzeug.

Der *Reparatur-Pinsel* funktioniert ähnlich. Nur müssen Sie bei diesem Werkzeug noch wie beim Kopierstempel auch eine Stelle auswählen und auf die zu reparierende auftragen. Beide Reparatur-Pinsel sind das Mittel der Wahl, um in einem Porträt Hautunreinheiten oder Krähenfüße verschwinden zu lassen oder um aus dem Himmel eines gescannten Dias Staubflusen zu entfernen.

Abb. 12.4
Der Bereichsreparatur-Pinsel ist bei Porträts
das Mittel der Wahl, um Hautunreinheiten
und Fältchen zu entfernen.

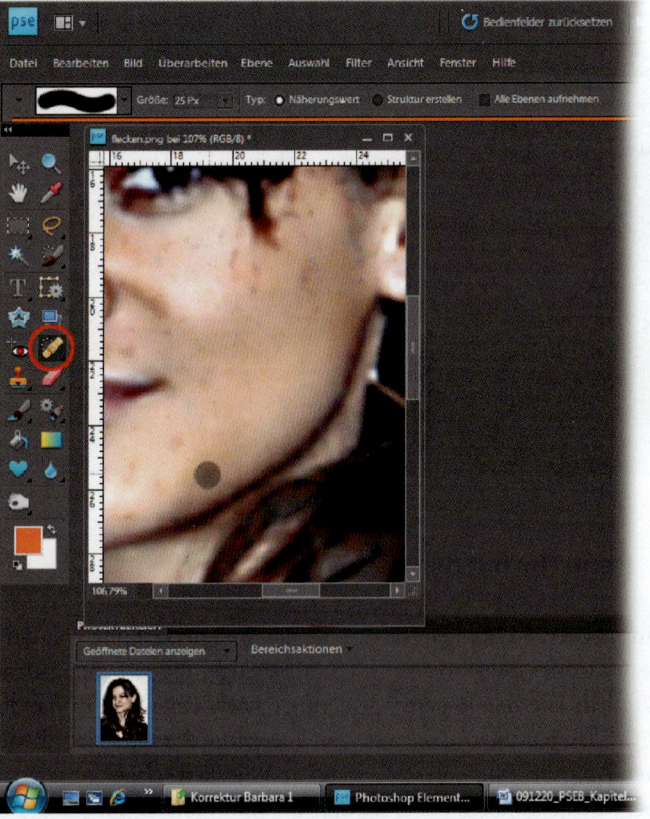

Wie bereits angesprochen, bietet Photoshop Elements Filter, die geringfügige Bildfehler verschwinden lassen. Im folgenden Kapitel befassen wir uns allgemein mit Filtern, die zur Verbesserung eines Bildes beitragen, z. B. auch zum nachträglichen Schärfen.

13 Mit Effekten zaubern – Bilder mit Filtern nachbearbeiten

Die Filter in Photoshop Elements erreichen Sie über die Menüs *Filter,* die Scharfzeichnungsfilter über das Menü *Überarbeiten.* Einige wenige Effekte bzw. Filter zur qualitativen Bildverbesserung haben Sie schon kennengelernt: die Weichzeichnungsfilter *Gaußscher Weichzeichner, Selektiver Weichzeichner, Matter machen* (Menü *Filter – Weichzeichnungsfilter*) und den Filter *Schärfe einstellen (Überarbeiten – Schärfe einstellen).* Wir werfen noch einmal einen Blick auf den Letzteren und sehen uns in diesem Kapitel auch den Filter *Unscharf maskieren* an. Er kann helfen, auch in hochaufgelösten, unscharfen Bildern Kanten und Konturen zu finden und das Bild mit Details anzureichern. Dahingegen sind die Filter *Selektiver Weichzeichner* und *Matter machen* dazu geeignet, ein verrauschtes Bild zu glätten und wieder Flächen und Konturen hinzuzufügen.

Mit den Filtern unter *Rauschfilter* lässt sich ein Bild, das als JPEG-Datei stark komprimiert wurde (Kompressionsartefakte), z. B. durch Hinzufügen von Störungen wieder in einen brauchbaren Zustand versetzen – wobei das Bild zwar unruhiger wird durch die eingefügten farbigen Pixel, diese aber die Kompressionsartefakte »übertünchen«.

bestimmen Sie die Richtung, indem Sie mit der Maus das Winkelrad daneben einstellen.

Beachten Sie auch das Kontrollkästchen bei *Feiner*. Setzen Sie hier unbedingt ein Häkchen, denn das Bild wird dann genauer berechnet. Das ist zwar etwas langsamer, aber das Ergebnis ist eindeutig detaillierter, feiner gezeichnet. Und das wollen wir doch!

Abb. 13.1
Das Fenster Schärfe einstellen mit den Einstellungen für unser Bild. Beachten Sie, dass Sie einen direkten Vergleich vorher – nachher erhalten, wenn Sie mit gedrückter linker Maustaste auf das Vorschaubild klicken und die Maustaste wieder loslassen.

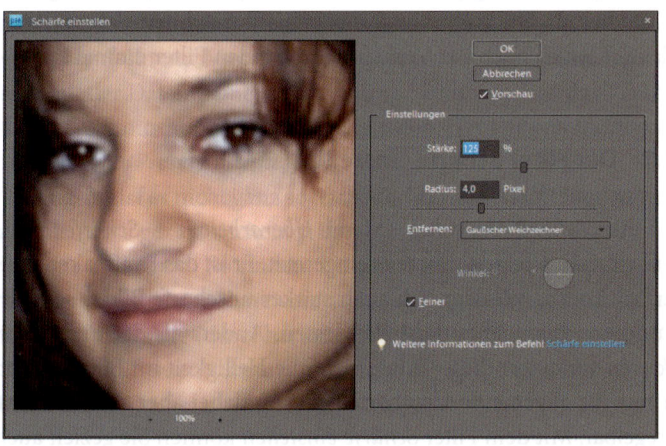

Um mit dem Filter *Schärfe einstellen* eine deutlichere Schärfung zu erzielen, können Sie ihn auch mehrfach hintereinander auf das Bild anwenden. Dafür sollte die Einstellung der Stärke (0–500%) mit einem moderaten Wert kleiner 50 % und einem geringen Radius erfolgen, um eine plötzliche Überschärfung des Bildes, wie in Abbildung 13.3 gezeigt, zu vermeiden. Treten solche Fehler nur in geringem Umfang auf, zeigt das Bild aber ansonsten die gewünschte Zunahme der Bildschärfe, können Sie das Bild mit den genannten Werkzeugen *Weichzeichner*, *Scharfzeichner* und *Wischfinger* korrigieren.

Sie können die folgende Darstellung verschiedener Schärfungsmethoden und Einstellungen selbst nachvollziehen. Als Beispielbild hierzu finden Sie das Bild *unscharf.png* auf der Buch-DVD im Ordner *Bildvorgaben*.

Abb. 13.2
Das Bild nach dem einmaligen Einsatz des Filters mit den gezeigten Werten – eine deutliche Verbesserung

Abb. 13.3
Das Bild nach dreimaligem Einsatz des Filters. Das Bild ist überschärft, Bildrauschen wird sichtbar. Typisch sind auch die weißen Kanten an Konturen.

13.2.2 Der Filter Unscharf maskieren

Der Filter *Unscharf maskieren* im Menü *Überarbeiten* ist sozusagen das All-round-Genie unter den Scharfzeichnern. Dabei wird hier eine Technik aus der Dunkelkammer umgesetzt. Der Filter verstärkt Kontraste an Kanten dadurch, dass er innerhalb des von Ihnen angegebenen Radius nebenein-anderliegende Pixel so verändert, dass hellere Pixel noch heller und dunkle Pixel dunkler dargestellt werden. Auch normale, anscheinend scharfe Fotos gewinnen so an Kontrast und Schärfe, wenn Sie damit arbeiten.

Wenn Sie den Filter aufrufen, sehen Sie im Dialogfenster drei Schiebe-regler: **Stärke** bestimmt, wie stark scharfgezeichnet werden soll, mit **Radius** stellen Sie den Abstand zu Kanten ein, in dem scharfgezeichnet wird, und **Schwellenwert** besagt, wie stark sich ein Pixel von seiner Umgebung abhe-ben muss, bevor er als Kantenpixel registriert und scharfgezeichnet wird. Dabei funktioniert Schwellenwert umgekehrt zu den beiden anderen Ein-stellungen: je geringer der Schwellenwert, desto stärker wird scharfgezeich-net. Das heißt auch, indem Sie den Schwellenwert erhöhen, können Sie die Scharfzeichnung im Bild wieder etwas reduzieren (siehe Abb. 13.4 und 13.5).

Auch bei diesem Filter können Sie die eingestellten Werte im Filter gering wählen und dafür den Filter mehrfach hintereinander einsetzen, um ein plötzliches Überschärfen bzw. Überzeichnen der Kontraste zu vermeiden. Im Beispiel wurde mit nur einem Durchgang gearbeitet. Dabei wurden fol-gende Werte gewählt: Stärke: 225 – Radius: 3,5 – Schwellenwert: 1. Bei zu hohen Einstellungen der Werte im Filter *Unscharf maskieren* überzeichnet das Programm die Darstellung – es kommt zu weißen Rändern und Flächen an Kanten und in hellen Bereichen des Bildes, wie in Abbil-dung 13.5 zu sehen.

Sie können den Filter *Unscharf maskieren* durch Experimentie-ren kennenlernen – jedes Bild ist anders. Hier einige Richtwerte, die Ihnen dabei helfen, eigene Einstel-lungen zu finden:

Stärke: Der typische Bereich hier liegt zwischen 50 % und 150 %. Geringere Werte zeigen zumeist kei-nen Effekt – es sei denn, Sie wenden den Filter mehrfach hintereinander an. Werte größer 150 % führen leicht zu Problemen wie Farbverzeich-

Abb. 13.4

Das Bild nach dem einmaligen Schärfen mit dem Filter Unscharf maskieren – eine deutliche Verbesserung

Abb. 13.5

Überzogene Hell-Dunkel-Kontraste aufgrund zu hoch gesetzter Werte (Radius und Stärke)

nungen an Kanten, je nachdem, welche Werte Sie für Radius und Schwellenwert gesetzt haben.

Radius: Halten Sie den Radius so gering wie möglich. Bei normal scharfen
Bildern, die Sie nachschärfen wollen, beginnen Sie mit Radius 1 Pixel und
können es auch einmal mit 2 Pixeln versuchen. Im Fall unseres sehr unscharfen Beispielbildes haben wir einen Radius von 3,5 Pixeln eingesetzt. Radius
5 Pixel wäre auch noch möglich. Aber höhere Werte, vor allem bei einer
großen Stärke, führen schnell zu den in Abb. 13.5 gezeigten Bildfehlern.

Schwellenwert: Ein guter Schwellenwert liegt im Bereich zwischen 3 und
20. Denken Sie daran, dass hier weniger mehr ist: je geringer der Schwellenwert, umso deutlicher die Scharfzeichnung. Sie können den Schwellenwert
in einzelnen Fällen bis auf 0 senken, müssen dann aber auf Störungen im
Bild achten.

13.3 Bilder entrauschen und glätten

Unter verrauschten Bildern versteht man Bilder, in die verschiedenfarbige
Pixel eingestreut sind. Das Rauschen zeigt sich in typischen RGB-»Flecken«,
die besonders in dunklen Bereichen eines Bildes auftreten, meistens im
roten und blauen Kanal. Bildrauschen entsteht häufig in Nachtaufnahmen
mit Digitalkameras. Je dunkler das Bild, je höher die ISO-Einstellung und
die Umgebungstemperatur sind, umso häufiger kommt es zu verrauschten Aufnahmen. Dem lässt sich bereits beim Fotografieren entgegenwirken. Viele Kameras bieten eine Menüeinstellung, die das Bildrauschen
reduziert.

   Die hier im Folgenden vorgestellten Filter eignen sich nicht nur dazu,
das Pixelrauschen in einem Bild zu reduzieren, wobei nicht jeder Filter
für jeden Fall gleich gut geeignet ist. Auch Bildstörungen wie geringfügi-
ger Staub und kleinere Flusen auf gescannten Dias können damit schnell
retouchiert werden. Einige der Filter eignen sich ebenfalls zum Entfernen
des Moiré-Effekts, wie er beim Scannen von gedruckten Bildvorlagen entstehen kann.

13.3.1   Der Filter Rauschen reduzieren

Auf der DVD im Ordner *Bildvorgaben* finden Sie das Bild *rauschen.png*,
eine Nachtaufnahme, ursprünglich im JPG-Format. Das Bild wurde bereits
mit einer Tonwertkorrektur aufgehellt. Dabei wurde aber auch das Bildrauschen hervorgehoben. Probieren wir den Filter *Rauschen reduzieren* im
Menü *Filter – Rauschfilter* aus.

Damit Sie das Rauschen überhaupt deutlich erkennen können, sollten Sie darauf achten, dass im Fenster des Filters *Rauschen reduzieren* die Ansichtsgröße auf 100 % gezoomt ist – sonst holen Sie das nach. Der Filter startet mit Einstellungen, die für ein durchschnittlich starkes Rauschen gewählt sind: *Stärke 6 – Details erhalten* 60 % – *Farbrauschen reduzieren* 45 %. Für unser Bild genügt das nicht, denn es weist starke Farbstörungen auf. Steigern Sie also den Wert bei *Farbrauschen reduzieren* auf 80 %. Auch die Stärke können Sie etwas steigern.

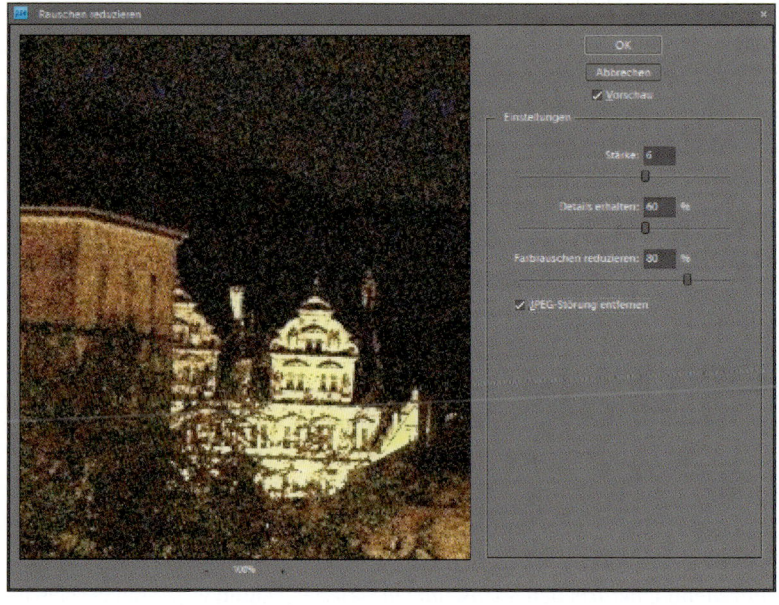

Abb. 13.6

Das Fenster des Filters Rauschen reduzieren

Die Aufnahme bleibt pixelig – es ist eine Aufnahme einer 2-Megapixel-Kamera. Aber die Farbstörungen verschwinden so gut wie vollständig. Dabei wird das Bild auch etwas weichgezeichnet, abhängig von der eingestellten Stärke. Bei stark verrauschten Bildern sind Sie aber wahrscheinlich bereit, lieber etwas Unschärfe in Kauf zu nehmen, wenn dabei das Rauschen beseitigt wird.

➔ **Hinweis:** Nochmals der Tipp: Wenn Sie mit dem Mauszeiger ins Vorschaubild des Fensters *Rauschen reduzieren* zeigen und die Maustaste gedrückt halten, sehen Sie das ursprüngliche Bild, lassen Sie die Maustaste los, sehen Sie das Bild mit den aktuellen Einstellungen. Dieses Feature finden Sie nicht nur in diesem Fenster, sondern praktisch in allen Fenstern, die mit einem eigenen Vorschaubild arbeiten.

Bleibt noch der Klick auf *OK*, um die Einstellungen aufs Bild anzuwenden.

13.3.2   Der Filter Matter machen

Wir bleiben noch bei unserem bereits entrauschten Bild *rauschen.png*.
Diesmal setzen wir den Filter *Matter machen* im Menü *Filter – Weichzeichnungsfilter* ein. Der Filter *Matter machen* wirkt nicht wie die übrigen Weichzeichnungsfilter gleichmäßig auf die gesamte Fläche des Bildes oder der Auswahl. Er wirkt nur auf Pixel, deren Farbe bzw. Helligkeit
um mehr als einen definierten Mittelwert (Helligkeits-/Farbunterschied)
von der Farbe der Nachbarpixel abweicht. Folge ist, dass Kanten mit harten Farb- bzw. Helligkeitskontrasten erhalten bleiben und nur Flächen ver-
wischt, farblich abgeglichen, werden, deren Pixel mehr oder weniger ähnliche Farben haben. Dabei kann der Wert für die Ähnlichkeit der Farben
eingestellt werden. Das Ergebnis: Das Bild wird geglättet, ohne alle Konturen oder Details zu verlieren. Dieser Filter wurde speziell darauf ausgelegt,
Körnung und auch Rauschen im Bild zu beseitigen.

In unserem Fall wählen wir in den Einstellungen des Filters als *Radius*
3 Pixel. Dieser Wert bestimmt, wie stark weichgezeichnet wird, und damit
auch, wie gut Details erhalten bleiben. Je höher der Wert bei Radius, umso
stärker wird weichgezeichnet, wobei aber feinere Details verloren gehen.

Den *Schwellenwert* setzen wir auf 30. Je geringer dieser Wert angesetzt
wird, umso feinere Details bei Hell-Dunkel-Unterschieden bleiben erhalten, desto höher aber auch das Rauschen oder die Körnung.

Das Ergebnis zeigt eine Verbesserung der Pixeligkeit, wenn auch keine
vollständige Beseitigung. Allerdings gehen mit unseren eingesetzten Werten doch einige Details verloren. Dieses Glätten geht immer auf Kosten der
Schärfe des Bildes. Wir können nun also das Bild nachschärfen, z. B. mit
dem Menü *Überarbeiten – Unscharf maskieren*. Hätten wir vorab geschärft,
hätten wir auch die Störungen hervorgehoben.

Wenn das Bild zwar detailreich ist, aber Störungen wie Staub oder ein
sichtbares Druckerraster aufweist, kann wieder der Filter im Menü *Filter –
Weichzeichnungsfilter – Selektiver Weichzeichner* weiterhelfen. Auf diesen
Filter bin ich bereits in Kapitel 9.2.4 näher eingegangen. Wir haben ihn eingesetzt, um das Druckerraster des Bildes miami.tif zu glätten.

Der *Selektive Weichzeichner* kann auch eingesetzt werden, um in einem
gescannten Kleinbilddia feinen Staub und Kratzer zu entfernen. Allerdings
müssen Sie hier besonders behutsam mit den Filtereinstellungen umgehen.
Der Filter verwandelt Ihre Fotovorlage sonst schnell in ein stark vereinfachtes, künstlich aussehendes Bild. Abgesehen davon existiert ein eigener Filter *Staub und Kratzer* im Menü *Filter – Rauschfilter,* um entsprechende Störungen zu entfernen. Auch dieser Filter kann das Rauschen in einem Bild,
oder allgemeiner die Pixeligkeit eines Bildes, reduzieren helfen.

13.4 Bildfehler mit Filtern beseitigen oder überdecken

Noch einmal das Bild aus Miami. Wir haben es im JPEG-Format für das Internet abgespeichert. Was, wenn wir dabei die Kompression zu hoch angesetzt haben und das fertige Bild nun deutlich sichtbare Kompressionsartefakte aufweist? Oder anders gefragt: Welche Möglichkeiten gibt es noch, Bilder mit deutlichen Beeinträchtigungen wie erkennbaren Kompressionsartefakten aufzubereiten? Oft genug steht als Vorlage nur ein altes, stark komprimiertes Bild von einer Website zur Verfügung. Hier kann wieder der Filter *Rauschen reduzieren* helfen. Aber sehen wir uns auch weitere Möglichkeiten an.

13.4.1 Kompressionsartefakte entfernen

Öffnen Sie das Bild *kompressionsartefakte.jpg* aus dem Ordner *Bildvorgaben* auf der DVD. Vergrößern Sie das Bild in der Ansicht auf einen Zoom-Faktor von 200 %, damit Sie die Kompressionsartefakte gut erkennen können.

Abb. 13.7

Das Fenster des Filters im Menü Filter – Rauschfilter – Rauschen reduzieren. Diesmal wird der Filter eingesetzt, um die Kompressionsartefakte im Bild mit Hilfe der Option JPEG-Störung entfernen zu beseitigen.

Noch einmal arbeiten wir mit dem Filter *Rauschen reduzieren*. Wir wollen damit die Kompressionsartefakte im Bild beseitigen. Diesmal setzen wir die Einstellungen des Filters einfach auf 0. Wesentlich ist, dass Sie ein Häkchen im Kontrollkästchen bei *JPEG-Störung entfernen* setzen. Bestätigen Sie mit OK und setzen Sie den Filter ein zweites Mal ein. Dazu müssen Sie jetzt nur noch im Menü Filter auf den Eintrag zuoberst klicken. Dort steht immer der erneute Aufruf des zuletzt angewandten Filters, in diesem Fall Rauschen reduzieren. Das war's. Das Bild wird so weit weichgezeichnet, dass die Konturen der Kompressionsartefakte verschwinden. Anschließend können Sie Ihr Bild wieder scharfzeichnen, z. B. mit dem Filter im Menü *Überarbeiten – Unscharf maskieren*. Allerdings können Sie so das Bild nur in der gleichen Größe oder besser in einer verkleinerten Darstellung verwenden. Die Bildqualität leidet bei dieser Aktion.

Einen ähnlichen Effekt zeigt der Filter *Rauschen entfernen* (Menü *Filter – Rauschfilter – Rauschen entfernen*). Der Filter wird einfach per Anklicken angewandt – eine Ein-Klick-Aktion, keine Einstellungen.

13.4.2 Bilder verrauschen und verpixeln – Filmkörnung hinzufügen

Rauschen kann auch helfen, andere Fehler im Bild zu überdecken, soweit Sie es nicht nur als verfremdendes künstlerisches Mittel einsetzen möchten.

Wählen Sie im Menü *Filter – Rauschfilter – Rauschen hinzufügen*. Der Filter verstreut Pixel im Bild, er verrauscht das Bild. Sie können ihn über die Werte der Einstellungen so steuern, dass die Farben der eingestreuten Pixel dabei denen der Umgebung ähneln. Zwar wird dadurch das ganze Bild verrauscht, aber durch das Rauschen werden auch die Grenzen der Kompressionsartefakte aufgelöst, das Bild wirkt wieder flächig.

Abb. 13.8
Das Fenster zum Menü Filter – Rauschfilter –
Rauschen hinzufügen

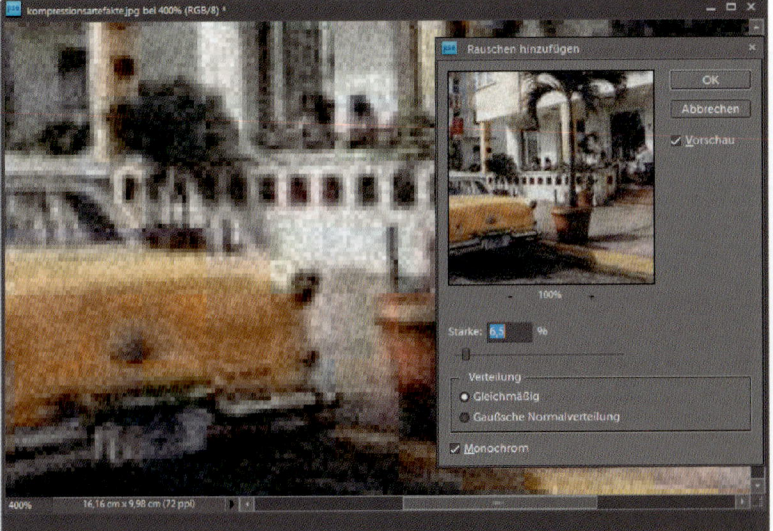

Wählen Sie für *Stärke* 6,5, für *Verteilung*: *Gleichmäßig* und *Monochrom*. Die Werte sind so gewählt, dass die Kompressionsartefakte weitgehend verschwinden und das Rauschen so gering wie möglich bleibt.

Weitere Filter, die ein Bild in der einen oder anderen Weise verfremden und dabei die Möglichkeit bieten, Bildfehler zu kaschieren, wollen wir hier nur kurz beispielhaft vorstellen. Da ist zum einen der Filter *Körnung und Aufhellung* (Filmkorn), der die körnige Struktur eines Films mit hoher ASA-/ISO-Zahl simuliert. Sie finden ihn im Menü *Filter – Kunstfilter.*

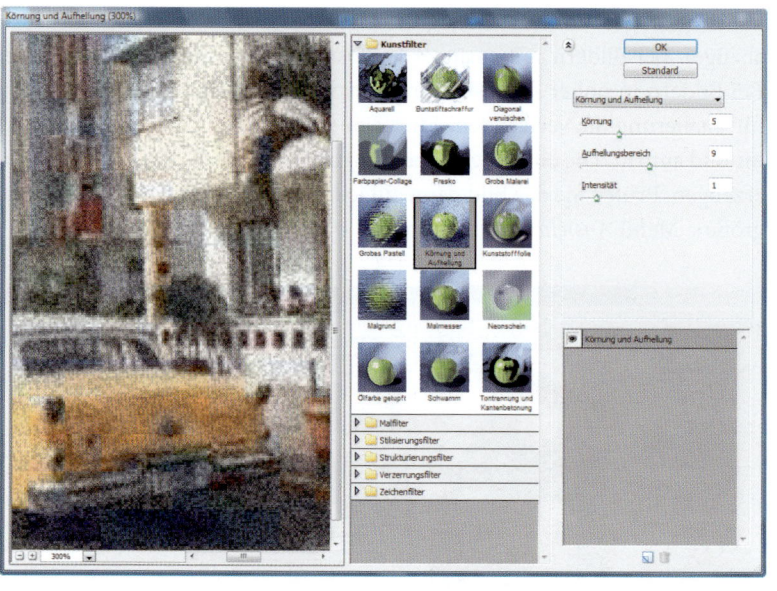

Abb. 13.9
Die Einstellungen des Filters Körnung und Aufhellung. Viele Filter werden in diesem Fenster angezeigt, das neben den Einstellungen des Filters und der Vorschau auch die Auswahl und Vorschau aller übrigen (künstlerischen) Filter bietet.

Der zweite Filter, der eine Filmkörnung im Bild nachahmt, findet sich im Menü *Filter – Strukturierungsfilter – Körnung.* Während der Filter *Körnung und Aufhellung* eher monochrom arbeitet, zeigt der Filter *Körnung* die Körnung eines Farbfilms.

Abb. 13.10
Die Einstellungen des Filters Körnung. Die Werte wurden gegenüber den voreingestellten Standardwerten etwas angehoben, um die Körnung deutlicher und kontrastreicher zu gestalten. Die Einstellung Weich bei Körnungsart wurde belassen.

Der Filter *Mit Struktur versehen* im Menü *Filter – Strukturierungsfilter* hinterlegt das Foto bzw. Bild mit einer groben Leinwandstruktur (oder Ziegeln oder Sandstein …), die das Bild so erscheinen lässt, als sei es auf eine Leinenstruktur gedruckt (diese Möglichkeit gibt es ja auch tatsächlich für Fotoabzüge). Bei Bildern mit geringer Auflösung gibt es hier keine Probleme. Bei Bildern in hoher Auflösung müssen Sie probieren, welche Einstellung für Skalierung Sie verwenden. Eher eine geringe, damit kein Kacheleffekt im Bild auftritt. Die eingefügte Struktur kann andernfalls ein Kachelmuster erzeugen. Prüfen Sie das Bild dann auf jeden Fall in der Ansicht der Druckgröße – Menü *Ansicht – Ausgabegröße*.

Abb. 13.11
Das Fenster des Filters Mit Struktur versehen
und die Veränderung des Bildes im
Vorschaufenster

Zuletzt der Filter *Mosaikeffekt* im Menü *Filter – Vergröberungsfilter*. Dieser Filter löst das Bild in ein mehr oder weniger grobes, scharfkantiges (quadratisches) Raster auf. Dies ist bei großformatigen Bildern ein interessanter Effekt, da das Bild aus größerer Entfernung scharf erscheint und sich beim Näherkommen in die einzelnen Bildpunkte auflöst. Um Missverständnissen vorzubeugen: Dieser Filter verändert nicht die Anzahl der tatsächlichen Bildpunkte, die Auflösung im Bild, er vergröbert nur die Darstellung.

Sie sehen, es gibt Möglichkeiten, die Darstellung von fehlerhaften Bildern zu verbessern. Aber oft ist es nur die Wahl zwischen zwei Übeln, wenn das eigentliche Ziel eine originalgetreue, fotografische Wiedergabe des Bildes ist.

Abb. 13.12

Fenster des Filters Mosaikeffekt und

Ergebnis im Bildfenster

Damit schließen wir die Kapitel, bei denen wir »nur« mit dem ganzen Bild als solchem gearbeitet haben. Es geht weiter mit den nächsten Kapiteln, in denen Sie erst einmal kennenlernen, was Ebenen und Auswahlen sind. Damit arbeiten wir von nun an und beschäftigen uns zunächst mit Bildretuschen, die diese Techniken einsetzen, bevor wir uns mit Panoramabildern und Bildcollagen befassen.

Teil IV
Arbeiten mit Ebenen, Auswahlen und Masken – Mal-, Füll- und Farbwerkzeuge

14 Grundlegendes zum Arbeiten mit Ebenen

Stellen Sie sich vor, Sie möchten ein Bild am Computer aus mehreren einzelnen Bildern zusammensetzen. Nun, das geht, und es funktioniert so ähnlich, wie Zeichentrickfilme hergestellt werden – mit einem Hintergrundbild und einzelnen Bildelementen darüber auf transparenten Folien – den Ebenen. Eine Voraussetzung dafür ist, dass in Bildbearbeitungsprogrammen Bereiche in einem Bild transparent, durchsichtig sein können. Dabei spricht man von Alphatransparenz, welche es auch ermöglicht, die Deckkraft von Ebenen zwischen transparent und opak, d. h. deckend, einzustellen. Und es geht, weil in bestimmten Dateiformaten mehrere einzelne Bilder (oder »Folien« bzw. Ebenen) in einer Datei gespeichert werden können, so, dass sie als einzeln zu bearbeitende Teilbilder erhalten bleiben. Für Photoshop Elements sind das die Formate PSD und TIFF.

Für die Bearbeitung von Bildern mit Ebenen steht in Photoshop Elements das Ebenen-Bedienfeld (Ebenen-Dialog) zur Verfügung, aufzurufen über das Menü *Fenster – Ebenen.* Ebenen-Bedienfeld ist normalerweise von vornherein im Bedienfeldbereich geöffnet.

Die wesentlichen Vorteile des Arbeitens mit Ebenen:
- Bilder mit Ebenen können aus einzelnen Teilbildern, Bildelementen zusammengesetzt (collagiert) werden. (Ebenen können transparente Bereiche haben, so dass einzelne Objekte, Bildelemente darauf frei im Bild stehen. Der transparente Bildbereich erscheint mit einem dunkel- und hellgrauen Schachbrettmuster hinterlegt.)
- Ebenen/Teilbilder lassen sich leicht duplizieren.
- Die Teilbilder sind unabhängig voneinander frei positionierbar und veränderbar.
- Teilbilder lassen sich gemeinsam auswählen und auch miteinander verknüpfen und dann gemeinsam bearbeiten, z.B. verschieben oder transformieren. Die Verknüpfung lässt sich wieder lösen, die Ebenen können wieder einzeln bearbeitet werden.

Abb. 14.1

Einzelne Ebenen eines collagierten Bildes: 1.
Flugzeug – 2. Schatten – 3. Halle –
4. Durchscheinende Ebene mit Glaseffekt –
5. Hintergrund mit Landschaft

▦ Die Lage der Ebenen im Stapel übereinander kann geändert werden. Damit bestimmen Sie, welche Bildelemente andere überdecken,
überlagern.

▦ Die Deckkraft von Ebenen kann verändert werden (opak/deckend –
transluzent/durchscheinend – transparent/durchsichtig).

▦ Die Wahl des Ebenen-Modus ermöglicht unter anderem verschiedene
Belichtungseffekte.

Abb. 14.2
Fertiges Bild (Beispielbilder – ebenen.psd) und
Ebenen-Bedienfeld

→ **Hinweis:** Von großer Wichtigkeit für das Arbeiten mit Auswahlen und
Ebenen ist Folgendes: Ein Bildinhalt ist immer gebunden an eine Ebene –
eine Auswahl nicht. Sie können eine Auswahl auf einer Ebene erstellen und
auf einer beliebigen anderen Ebene anwenden. Eine Auswahl wirkt immer
auf der Ebene, die, aktiv gesetzt, im Ebenen-Bedienfeld ausgewählt ist. Aber
erst wenn Sie eine Aktion ausführen (z. B. Füllen, Farbkorrektur per
Menüfunktion oder Kopieren), ereignet sich etwas auf der gewählten Ebene.
Beim Kopieren ist dies noch nicht einmal eine Veränderung des Bildinhal-
tes der gewählten Ebene. Hier wird erst durch nachfolgendes Einfügen
etwas Sichtbares bewirkt.

14.1 Ebenen-Bedienfeld

Das Arbeiten mit Ebenen ist nur im Editor vorgesehen. Das Ebenen-
Bedienfeld erhalten Sie dort über das Menü *Fenster – Ebenen*. Voreinstellung des Programms ist, beim Start das Ebenen-Bedienfeld von vornherein
im Bedienfeldbereich zu öffnen und anzuzeigen. Auch diesen Bedienfeldbereich können Sie über *Fenster – Bedienfeldbereich* aus- und einblenden.
Sie können ihn auch ebenso öffnen oder schließen, wenn Sie auf seinen linken Rand klicken.

Im Auswahlmenü **Modus,** dort, wo in Abb. 14.3 *Normal* eingetragen ist, können Sie bestimmen, mit welchem Mischverhalten eine Ebene die darunter liegende überlagert. Standard ist der Modus *Normal.*

Rechts davon finden Sie das Eingabefeld bzw. den Schieberegler (Klick auf die kleine Schaltfläche mit dem Pfeil nach unten), mit dem Sie die **Deckkraft** einer Ebene steuern können. Damit können Sie z. B. eine Ebene mit einer flächigen Füllung durchscheinend wirken lassen, die Transparenz, Deckkraft der Ebene steuern. Im Beispielbild wurde die Ebene *Glas* entsprechend teiltransparent eingestellt.

In der Zeile am unteren Fensterrand sehen Sie eine Reihe von **Symbolen,** auf die wir später ausführlich eingehen.

Direkt darunter sehen Sie den **Ebenenstapel.** Dabei entspricht die Reihenfolge von oben nach unten der Anordnung der Ebenen-»Folien« im Bild. Die oberste liegt ganz oben, die unterste zuunterst. Entsprechend überdecken sich die Ebeneninhalte.

Die anthrazitfarben hinterlegte Ebene ist die momentan aktive, zur Bearbeitung ausgewählte Ebene. Sie wählen eine Ebene zur Bearbeitung, indem Sie einfach auf das entsprechende Vorschaubild im Ebenenstapel klicken oder auf den Bereich rechts davon.

Über das Symbol **Auge** lässt sich eine Ebene durch Anklicken des Symbols sichtbar bzw. unsichtbar schalten. Unsichtbare Ebenen werden nicht mit ausgedruckt, bzw. sie erscheinen nicht in einer Kopie des Bildes, die in einem nicht ebenenfähigen Dateiformat wie z. B. JPEG gespeichert wird.

Abb. 14.3
Dialogfenster Ebenen-Bedienfeld

Ebenen verbinden bzw. verknüpfen: Sie können mehrere Ebenen zur weiteren Bearbeitung gemeinsam auswählen oder gleich miteinander verknüpfen. Um sie z. B. gemeinsam zu verschieben oder zu skalieren, genügt es, die Ebenen gemeinsam auszuwählen. Dies geschieht durch Markieren der ersten und letzten Ebene einer Reihe im Stapel bei gedrückter Umschalt-/ Shift-Taste. Oder Sie wählen mehrere Ebenen, die nicht in einer Reihe untereinanderliegen, durch Anklicken bei gedrückter Strg-/Ctrl-Taste.

Sie können so ausgewählte Ebenen auch dauerhaft verknüpfen, indem Sie nach der Auswahl auf das Ketten-Symbol in der Symbolleiste unten im Ebenen-Bedienfeld klicken. Diese Ebenen sind dann dauerhaft miteinander verknüpft und werden z. B. immer gemeinsam verschoben. In der Ebene im Stapel ist dann rechts ein Ketten-Symbol sichtbar. Eine Verknüpfung lösen Sie, indem Sie eine oder mehrere verknüpfte Ebenen durch Anklicken aktiv setzen und dann wieder auf das Ketten-Symbol unten klicken.

In der Ebene im Stapel sehen Sie rechts neben dem Augen-Symbol eine **Miniaturansicht** des Bildes. Die karierten Flächen kennzeichnen transparente Bildteile.

Wiederum rechts davon steht der **Name,** die Bezeichnung des Objekts auf der Ebene. Sie selbst können eine Ebene umbenennen, indem Sie auf den vorgegebenen Namen doppelklicken. Dann können Sie den vorhandenen Text einfach überschreiben.

Doppelklicken Sie auf das Vorschaubild oder die freie Fläche der Ebene im Stapel, erscheint das Fenster *Ebeneneigenschaften*. Auch hier können Sie einen neuen Namen eingeben. Es ist sehr sinnvoll, Ebenen beschreibende Namen zu geben, da der Ebeneninhalt im Vorschaubild nicht immer gut zu erkennen ist.

➜ **Hinweis:** Bevor Sie eine Ebene bearbeiten können, müssen Sie auf die Ebene klicken, um diese zu aktivieren. Ist eine Ebene aktiviert, erscheint sie anthrazitfarben hervorgehoben im Ebenen-Bedienfeld.

Die Schaltflächen der Symbolleiste:

	Neue Ebene erstellen: Dieses Symbol wird auch der *Abreißblock* genannt. Mit Klick darauf wird im Bild eine neue, leere Ebene angelegt (siehe auch Kapitel 15.1.2). Diese Ebene erscheint im Ebenenstapel stets über der Ebene, die zuletzt aktiv gesetzt war.
	Einstellungsebene erstellen: Mit Klick auf dieses Symbol öffnet sich ein Menü, über das Sie eine Füll- oder Einstellungsebene im Bild anlegen können. Zu einer einzelnen Ebene können Sie mehrere Einstellungsebenen anlegen.
	Ebenen verknüpfen: Zuvor müssen mindestens zwei Ebenen im Stapel gewählt sein. Dann können Sie diese Ebenen per Klick auf das Symbol miteinander für die weitere Bearbeitung verknüpfen. Diese Verknüpfung kann wieder gelöst werden, indem Sie erst die Ebene im Stapel markieren und dann wieder auf das Symbol klicken.
	Transparente Pixel fixieren: Wenn Sie diese Option einer aktiven Ebene zuweisen, können die transparenten Bereiche dieser Ebene nicht versehentlich bearbeitet und z.B. übermalt oder gefüllt werden.
	Alles fixieren: Diese Auswahl schützt die entsprechende Ebene vor jeder weiteren Veränderung oder Bearbeitung.
	Ebene löschen: Klicken Sie auf dieses Symbol, so wird die gewählte, markierte Ebene nach der Bestätigung einer Rückfrage gelöscht. Ziehen Sie die zu löschende Ebene einfach per Drag & Drop aus dem Stapel auf das Symbol, wird die Ebene ohne Rückfrage gelöscht.

14.1.1 Das Kontextmenü des Ebenen-Bedienfelds

Wenn Sie mit rechtem Mausklick auf eine Ebene im Ebenen-Bedienfeld klicken, erreichen Sie das Kontextmenü *Ebene*. Hier sind einige sehr wichtige und hilfreiche Befehle zentral zusammengefasst, die Sie zum Beispiel auch im Menü *Ebenen* wiederfinden.

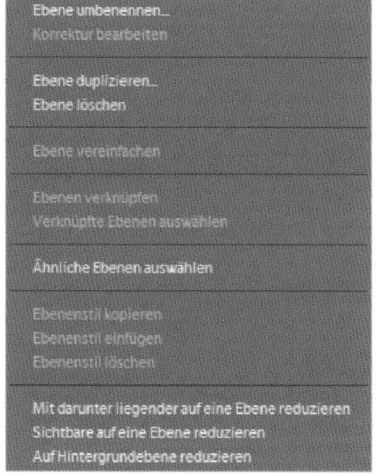

Abb. 14.4

Das Kontextmenü einer normalen, freien Ebene. Hintergrundebenen haben ein stark vereinfachtes Kontextmenü.

- **Ebene umbenennen:** Bietet Ihnen die Möglichkeit, der Ebene einen Namen, eine Bezeichnung zu geben. Diese wird in der Ebene in der Ebenen-Bedienfeld angezeigt und kann auch dort geändert werden.
- **Korrektur bearbeiten:** Wenn Sie mit einer Einstellungsebene eine Korrektur an einer Ebene vorgenommen haben, können Sie die Korrektur über diesen Menüpunkt wieder aufrufen und erneut bearbeiten.
- **Ebene duplizieren:** Sie haben z.B. ein Bildobjekt auf einer separaten Bildebene erzeugt, möchten dieses aber mehrfach einfügen. Dann genügt der Menübefehl **Ebene duplizieren**, um schnell eine Kopie des gewünschten Objekts auf einer neuen Ebene zu erzeugen. Dabei liegen die kopierten Objekte genau über dem Original – Sie sehen sie also zunächst nicht! Wählen Sie die kopierte Ebene im Ebenenstapel, und verschieben Sie diese mit dem Verschieben-Werkzeug im Bild.
- **Ebene löschen:** Löscht die ausgewählte Ebene.
- **Ebene vereinfachen:** Nur aktiv bei Textebenen und Ebenen mit Ebenenstilen. Bei Wahl dieses Menüpunktes werden ggf. die Ebenenstile gelöscht, bzw. eine vektorbasierte Textebene wird gerastert und in ein Pixelbild umgewandelt.
- **Ebenen verknüpfen:** Mehrere gleichzeitig ausgewählte Ebenen werden dauerhaft verknüpft (siehe Ketten-Symbol).
- **Verknüpfte Ebenen auswählen:** Alle bereits mit der aktuellen Ebene verknüpften Ebenen werden ausgewählt.
- **Ähnliche Ebenen wählen:** Wählt praktisch alle Ebenen im Stapel.
- **Ebenenstil kopieren:** Kopiert den Ebenenstil einer Ebene, soweit zugewiesen.
- **Ebenenstil einfügen:** Weist einer Ebene einen Ebenenstil zu, der zuvor kopiert wurde.
- **Ebenenstil löschen:** Löscht den Ebenenstil einer Ebene.
- **Mit darunter liegender auf eine Ebene reduzieren:** Verschmilzt alle ausgewählten Ebenen zu einer bzw. die aktive mit der darunter liegenden. Diese Verschmelzung ist dauerhaft und kann über das Rückgängig-Protokoll höchstens so lange rückgängig gemacht werden, als das Bild nicht gespeichert und geschlossen wurde.
- **Sichtbare auf eine Ebene reduzieren:** Damit können Sie die sichtbaren Bildobjekte auf verschiedenen Ebenen zu einer Ebene verschmelzen. Auch hier gilt das Vorgenannte.

■ **Auf Hintergrundebene reduzieren:** Dies reduziert alle Ebenen eines Bildes auf eine Hintergrundebene (ohne Alphakanal, d. h. ohne Transparenz).

14.1.2   Ebenen aus einem anderen Bild einfügen

Sie sehen im Ebenen-Bedienfeld die Ebenen des momentan aktiven Bildes. Haben Sie gleichzeitig mehrere Bilder zur Bearbeitung geöffnet, ist immer das aktiv, das im Vordergrund des Bildschirms steht.

Wenn Sie mit mehreren Bildern gleichzeitig arbeiten, können Sie mit Drag & Drop (Klicken – mit gedrückter linker Maustaste ziehen – am Ziel loslassen) einfach eine Ebene aus dem Ebenen-Bedienfeld des aktiven Bildes auf die Bildfläche eines anderen hinüberziehen. Diese Ebene wird dann in das andere Bild eingefügt. Voraussetzung dabei ist, dass die Bildfenster nicht angedockt sind, sondern als freie Bildfester hintereinander versetzt im Arbeitsbereich liegen. Für die bisher bearbeiteten Bilder benötigten Sie im Wesentlichen keine Ebenen. Bei den folgenden Retuscheaufgaben werden Sie das erste Mal mit Ebenen arbeiten.

14.2   Einstellungsebenen und Ebenenmasken

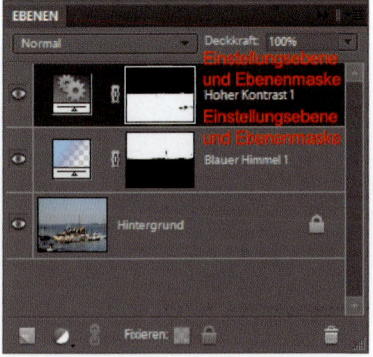

Einstellungsebenen oder Ebenenmasken sind Möglichkeiten, ein Bild zu korrigieren und einen Bildbereich für eine Änderung oder Korrektur auszuwählen, ohne das Bild, die Ebene oder den Bereich dabei dauerhaft zu verändern. Die Korrektur mit Hilfe einer Einstellungsebene wird dabei auf einer automatisch neu erzeugten Ebene ausgeführt, die über der Ebene liegt, die eigentlich korrigiert, also verändert werden soll. Die Veränderung durch die Korrektur wird also nur überlagert, sprich aufgetragen. Sie wird nicht direkt auf die zugrunde liegende Ebene angewandt, so dass deren Bildpunkte dauerhaft verändert würden. Ein weiterer Vorteil ist, dass eine Korrektur mit einer Einstellungsebene nachträglich selbst korrigiert werden kann. Andererseits: Wird die Einstellungsebene wieder gelöscht, erscheint die zugrunde liegende Ebene wieder wie vor der Korrektur.

Ähnlich verhält es sich mit Ebenenmasken. Auch Ebenenmasken werden der Ebene überlagert, die bearbeitet werden soll. Sollen z. B. auf einer Ebene Bildbereiche ausgeblendet werden, so kann man mit einer Ebenenmaske diese Bereiche ausblenden, ohne die Bildpixel zu löschen. Die ausgeblendeten Bildinhalte kann man durch Löschen der Ebenenmaske jederzeit wieder sichtbar machen. Wenn man mit Hilfe einer Auswahl die auszublendenden Bildbereiche einfach löschen würde, würden die Bildpunkte dauerhaft, praktisch unwiederbringlich entfernt. Bei der Bildbearbeitung mit Einstellungsebenen, Ebenenmasken und Ebenenstilen spricht man von konservativer oder nichtdestruktiver Bildbearbeitung, weil die eigentlichen Bildinhalte nicht dauerhaft verändert werden.

Photoshop Elements ist zunächst auf eine direkte Bearbeitung, d.h. Veränderung der Bildpixel bei der Bearbeitung, ausgelegt. Gegen diese »destruktive« Bildbearbeitung spricht nichts, solange Sie selbst bei der Bearbeitung eines Bildes eine Vorstellung von Ihrem Bild haben und wissen, wie Sie das Bild ändern möchten. Gelingt ein Arbeitsschritt nicht, können Sie ihn über das Protokoll rückgängig machen. Doch ist klar, dass die Möglichkeit der nachträglichen Korrektur einer Änderung Vorteile bietet.

In den folgenden Kapiteln werden immer wieder Funktionen besprochen, die Einstellungsebenen und vor allem Ebenenmasken automatisch einsetzen. Ein solches Werkzeug, das mit diesen Mitteln arbeitet, ist das Smartpinsel-Werkzeug aus Kapitel 15.3.

In Abb. 14.5 sind eine Einstellungsebene und eine Ebenenmaske miteinander kombiniert: Die Einstellungsebene erzeugt den gewünschten Effekt bzw. eine Korrektur. Diese Änderung kann nachträglich mit Doppelklick auf die Einstellungsebene im Ebenen-Bedienfeld aufgerufen und korrigiert werden. Die Ebenenmaske legt dabei wie eine Auswahl den Bildbereich fest, auf den die Änderung wirken soll. Wenn Sie die Änderung, die mit Hilfe der Einstellungsebene erzeugt wurde, nicht anwenden möchten, genügt es, die Einstellungsebene über das Augen-Symbol auszublenden. Sie können die Einstellungsebene allerdings auch wie eine normale Ebene löschen.

Wenn Sie Bilder mit Einstellungsebenen dauerhaft speichern möchten, müssen Sie das Bild im Dateiformat PSD speichern. Beim Speichern in allen anderen Dateiformaten werden die Einstellungsebenen mit ihrer Wirkung einfach auf das Bild angewandt, aber selbst nicht mit gespeichert.

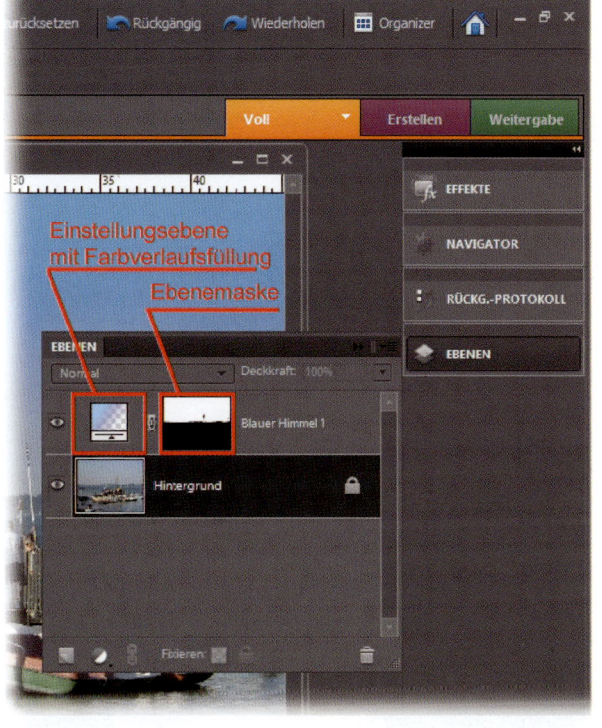

Abb. 14.5

Eine Einstellungsebene mit Ebenenmaske im Ebenen-Bedienfeld, wie sie beim Arbeiten mit dem Smartpinsel-Werkzeug automatisch erzeugt wird. Hier überlagert sie die Hintergrundebene und ändert deren Aussehen, ohne dass die Bildpunkte des Hintergrundes dabei verändert werden.

15 Einiges zu Masken und Auswahlen

Masken und Auswahlen sind zwei Seiten einer Medaille. Wird in einem Bild mit einem Auswahlwerkzeug ein Teilbereich des Bildes zur Bearbeitung (Veränderung mit Menüeinstellungen und Filtern, Übermalen, Füllen, Kopieren, Löschen, Stanzen etc.) ausgewählt, so entsteht gleichzeitig eine Maske über dem übrigen Bereich des Bildes, so dass dieser vor Veränderungen geschützt ist.

Das Programm arbeitet standardgemäß im Auswahlmodus, d.h., Sie sehen im geöffneten Bild eine laufende, gestrichelte Ameisenlinie um den Bereich des Bildes, das ausgewählt ist. Nur, wenn Sie mit dem Werkzeug *Auswahlpinsel* arbeiten, können Sie im Bildfenster über dessen Werkzeugeinstellungen zwischen Masken- und Auswahlmodus hin- und herwechseln (Werkzeugoption *Modus*). Im Maskenmodus ist der maskierte und damit abgedeckte, geschützte Bereich des Bildes durch eine transparente, rote Farbschicht gekennzeichnet. Auf die verschiedenen Auswahlwerkzeuge und Menüs zur Bearbeitung von Auswahlen werde ich im Lauf der Übungen dieses Tutorials nach und nach im Einzelnen eingehen.

Abb. 15.1
Auswahlmodus: Sichtbare Auswahl (gestrichelte »laufende Ameisenlinie« um den ausgewählten Bereich)

Abb. 15.2
Maskierungsmodus: Rot abgedeckter, maskierter Bereich, der Bereich mit natürlichen Farben ist die Auswahl, die bearbeitet werden kann.

15.1 Auswahlwerkzeuge

→ **Hinweis:** Achten Sie darauf, dass nicht alle Werkzeuge immer im Werkzeugbedienfeld sichtbar sind. Dort, wo an einem Werkzeug-Symbol unten rechts ein schwarzes Dreieck zu sehen ist, finden Sie mehrere ähnliche Werkzeuge in einem Klappmenü versammelt.

15.1.1 Auswahlwerkzeuge im Werkzeugbedienfeld

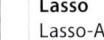	**Auswahlrechteck** Auswahlrechteck bzw. -quadrat (mit Taste Umschalt/Shift): Wählt einen rechteckigen oder quadratischen Bereich im Bild.
	Auswahlellipse Auswahlellipse bzw. -kreis (mit Taste Umschalt/Shift): Erstellt eine elliptische oder kreisförmige Auswahl im Bild.
	Lasso Lasso-Auswahl: Frei Hand eine Auswahl um ein Bildobjekt mit gedrückter linker Maustaste ziehen; nicht präzise, aber schnell und einfach.
	Magnetisches Lasso Umrisse aus Bild wählenNach dem Festlegen (Anklicken) eines Ausgangspunktes folgt das Werkzeug automatisch der kräftigsten Kontur, in deren Nähe es entlanggeführt wird. Dabei legt das Magnet-Lasso automatisch an Konturen/Kontrastlinien eine Umfahrungslinie an. Die Umfahrung muss, wie beim Lasso, durch Rückkehr zum Ausgangspunkt geschlossen werden. Dort schließt ein Doppelklick die Auswahl. Das Werkzeug ist zwar einfach zu handhaben, aber nicht sehr präzise (die Genauigkeit ist abhängig von den diffizilen Werkzeugeinstellungen).

	Polygon-Lasso
	Nach dem Festlegen eines Ausgangspunktes (Anklicken) ziehen Sie das Werkzeug entlang der gewünschten Kontur. Immer wieder müssen auf der Kontur neue Kontrollpunkte durch Anklicken festgelegt werden. Es entsteht ein Vieleck (Polygon), das der Anwender selbst schließen muss, indem er das Werkzeug zurück zum Ausgangspunkt führt und die Form mit Klick bzw. Doppelklick schließt. Präzise vor allem bei regelmäßig geformten Objekten mit geraden Kanten.
	Zauberstab
	Bereiche nach Farbe wählen: Bildbereiche gleicher Farbe durch Anklicken einer farbigen Fläche im Bild (alle Flächen ähnlicher Farbe im gesamten Bild oder nur eine zusammenhängende Fläche, je nach Werkzeugeinstellungen).
	Schnellauswahl-Werkzeug
	Als Anwender überstreichen Sie nur grob das auszuwählende Objekt mit dem Werkzeug, oder Sie klicken darauf. Die Freistellung des Objekts wird dann vom Programm automatisch errechnet, das Objekt in einer Auswahl freigestellt. Je nach Kontrast des freizustellenden Bildobjekts zum Hintergrund schnell und präzise oder aber auch unzureichend – erwarten Sie keine Wunder.
	Auswahlpinsel
	Mit dem Auswahlpinsel lassen sich Auswahlen mit einer Pinselspitze direkt auf das zu wählende Bildobjekt malen. Ebenso können Sie im Modus Maskieren Auswahlen mit einem Pinsel als Malwerkzeug malen und retuschieren. Geeignet auch zur Nachkorrektur und Ergänzung von Auswahlen, die Sie mit anderen Auswahlwerkzeugen erstellt haben.

Neben diesen reinen Auswahlwerkzeugen gibt es noch eine Reihe anderer, die ebenfalls mit Auswahlen arbeiten: das Smartpinsel-Werkzeug und das Detail-Smartpinsel-Werkzeug. Auch die Pipette ist in gewissem Sinn ein Auswahlwerkzeug, wählt sie doch per Klick eine Farbe aus dem Bild als Vordergrund- und damit als Mal-, Füll- und Textfarbe.

15.1.2   Allgemeine Hinweise zur Handhabung

Bei den Auswahlwerkzeugen geht es im Wesentlichen darum, einen oder mehrere geschlossene Bereiche im Bild auszuwählen, damit diese ausgewählten, markierten Bereiche in irgendeiner Art weiter bearbeitet werden können. Bearbeiten kann hier z. B. bedeuten, dass der Bereich direkt übermalt bzw. mit einer Farbe gefüllt wird. Ausgewählte Bildbereiche können kopiert und als separate Elemente wieder eingefügt werden. Sie können aber auch mit Hilfe einer Auswahl Bildbereiche löschen bzw. ausstanzen. Durch ausgewählte Bildbereiche lassen sich Funktionen aus dem Menü *Überarbeiten*, z. B. eine Tonwertkorrektur, nur auf einen ausgewählten Bereich begrenzen.

Dabei stehen Auswahlwerkzeuge zur Verfügung, mit denen sich eine bestimmte Form herstellen lässt: die Werkzeuge *Auswahlrechteck* und *Auswahlellipse*. Die anderen Auswahlwerkzeuge dienen zur Herstellung freier Formen, abgesehen davon, dass sich Auswahlen mit Hilfe von Masken auch malen lassen. Diese Freiform-Werkzeuge sind das *Lasso*, das *Magnetische Lasso* und das *Polygon-Lasso*. Eine weitere Art ist der *Zauberstab*, der einen Bereich nach Flächen- bzw. Farbeigenschaften auswählt. Allen Auswahlwerkzeugen ist gemeinsam, dass immer Flächen gewählt sein müssen.

Bei den Formwerkzeugen (Rechteck und Ellipse) erzeugen Sie die Gestalt dadurch, dass Sie das Werkzeug wählen, damit ins Bild klicken und dann mit gedrückter linker Maustaste diagonal über den gewünschten Bereich ziehen. Damit wird ein Rechteck aufgezogen, auch eine Ellipse wird so gesehen einem Rechteck eingeschrieben. Diese Formen sind von sich aus geschlossen. Auch das Werkzeug zur Auswahl eines Bereichs nach Farbe erzeugt automatisch eine oder mehrere geschlossene Flächen, je nach Werkzeugeinstellungen. Dazu müssen Sie nur mit dem Zauberstab auf den gewünschten farbigen Bereich im Bild klicken. Einzig bei den Freiform-Werkzeugen müssen Sie selbst darauf achten, eine Form mit gedrückter linker Maustaste vollständig zu umfahren und mit dem Werkzeug an den Ausgangspunkt der Umfahrungslinie zurückzukehren, damit die Form geschlossen wird.

Eine Auswahl kann nacheinander mit verschiedenen Auswahlwerkzeugen bearbeitet werden, so dass sich auch komplexe Formen herstellen lassen.

In den folgenden Kapiteln finden Sie verschiedene Arbeitsbeispiele für den Einsatz der Auswahlwerkzeuge. Wenn Sie eine Auswahl erstellt haben, können Sie deren Eigenschaften beeinflussen. Im Menü *Auswahl* finden Sie verschiedene solcher Einstellmöglichkeiten und weitere Befehle zum Arbeiten mit Auswahlen. Zunächst aber betrachten wir die Werkzeugoptionen, von denen die wesentlichen für die meisten Auswahlwerkzeuge gleich sind.

15.1.3   Gemeinsame Werkzeugoptionen

Die Auswahlwerkzeuge, von denen hier die Rede ist, sind die Formauswahl-, die Freihandauswahl- und die Bereichsauswahlwerkzeuge. Die Auswahlpinsel haben weitestgehend andere Werkzeugoptionen.

Abb. 15.3

Beispielhaft für die Werkzeugoptionen der Formauswahl-Werkzeuge hier die der Rechteckauswahl

Abb. 15.4

Beispielhaft für die Werkzeugoptionen der Lasso-Werkzeuge hier die des Magnetischen Lassos. Rot markiert sind hier die Werkzeugeinstellungen, die nur dem Magnetischen Lasso eigen sind.

All diese Auswahlwerkzeuge haben in den Optionen links die ersten vier Schaltflächen gemeinsam:

Sie können eine bestehende Auswahl löschen, erweitern, um einen Bereich verkleinern oder eine Schnittmenge aus zwei Auswahlen bilden, je nachdem, welche der Schaltflächen Sie wählen.

Neue Auswahl: Diese Einstellung ermöglicht es Ihnen, genau eine Auswahl im Bild anzulegen. Besteht bereits eine Auswahl, wird diese gelöscht, und Sie können eine neue anlegen, wenn Sie das Werkzeug erneut einsetzen. Diese Option hat noch eine zweite Funktion. Ist sie gewählt und Sie haben eine Auswahl im Bild stehen, können Sie mit dem Mauszeiger in die Fläche der Auswahl zeigen und die Auswahl mit gedrückter linker Maustaste im Bild verschieben und neu positionieren.

Der Auswahl hinzufügen: Diese Option gestattet es, eine zweite Auswahl im Bild zu einer bereits bestehenden hinzuzufügen und so die Auswahl zu erweitern oder gleichzeitig im Bild einen zweiten und dritten Bereich auszuwählen, die nicht mit den anderen zusammenhängen müssen. Diese Option ist die am häufigsten gewählte Einstellung, wenn es gilt, komplexe Formen auszuwählen bzw. eine Auswahl aus mehreren Bildbereichen oder in mehreren Arbeitsschritten anzulegen.

Von Auswahl abziehen: Ist diese Option gewählt, können Sie im folgenden Arbeitsschritt einen Bereich von einer bestehenden Auswahl abziehen und so z. B. einen zu viel gewählten Bereich aus einer Auswahl entfernen.

Schnittmenge bilden: Diese Option gestattet es, eine bereits bestehende Auswahl mit einer zweiten Auswahl zu überlagern. Als Ergebnis bleibt eine Auswahl, die nur Bildbereiche umfasst, die in beiden Auswahlen gemeinsam enthalten waren.

Mit Hilfe dieser Schaltflächen können Sie eine Auswahl nacheinander mit mehreren der gezeigten Werkzeuge bearbeiten und herstellen. Sie müssen beim Wechseln der Auswahlwerkzeuge nur daran denken, jeweils auch die entsprechende Schaltfläche für die Aufgabe zu wählen. Allen gezeigten Werkzeugen gemeinsam ist auch die Option *Glätten* (Anti-Alias). Damit wird dafür gesorgt, dass auch bei Auswahlen mit o Pixel Kantenradius bei *Weiche Kante* die Ränder keinen Treppcheneffekt zeigen (siehe Kapitel 2.1.1).

Abb. 15.5
Die Werkzeugoptionen des Zauberstabs

Weiche Kante: Wenn Sie Bildobjekte mit Hilfe von Auswahlen freistellen möchten, spielt es eine wesentliche Rolle, welche Eigenschaften die Kante der Auswahl hat. Eine harte Kante mit 0 Pixel Kantenradius lässt das freigestellte Objekt scharfkantig, wie mit der Schere ausgeschnitten, erscheinen. Deshalb ist es ratsam, einer Auswahl zumindest einen geringfügigen Randverlauf zuzuweisen. Dieser Randverlauf, die *Weiche Kante* beträgt, abhängig von der Auflösung des Bildes, zwischen 1 und 4 px Radius. Nur wenn Sie einen wirklichen, sichtbaren Verlauf wünschen, müssen Sie den Wert höher ansetzen.

Sie können, jeweils für ein Auswahlwerkzeug beim Erstellen einer neuen Auswahl, den gewünschten Randverlauf bei *Weiche Kante* angeben. Dadurch können Sie in einer zusammengesetzten Auswahl auch mehrere unterschiedliche Randeigenschaften einsetzen. Ich arbeite jedoch bei den Auswahlwerkzeugen zumeist mit der Einstellung *Weiche Kante: 0 Pixel* und gebe den Randverlauf der Auswahl, dann allerdings nur einheitlich für die ganze Auswahl, nachträglich über das Menü *Auswahl* an. Das ist einfacher und insoweit auch sicherer, da ich dann keine vorher getroffene weiche Auswahlkante aus den Werkzeugoptionen versehentlich auf eine Auswahl anwenden kann, weil ich vergessen habe, sie wieder umzuändern.

Zauberstab: Hier noch einige Anmerkungen zu den Werkzeugeinstellungen des Zauberstabs: Die Angabe bei *Toleranz* bestimmt, wie ähnlich Farben sind, die als zusammenhängende Fläche erkannt werden sollen. Je höher hier der Wert, umso mehr Farbnuancen werden als ähnlich erkannt und in die Auswahl aufgenommen. Der voreingestellte Wert *32* ist ein guter Mittelwert. Sollte die Auswahl dann zu umfangreich sein, reduzieren Sie die Farbähnlichkeit auf *20* oder *25*. Eine weitere wesentliche Einstellung beim Zauberstab ist die Option *Benachbart*. Steht hier ein Häkchen, werden bei der Auswahl einer Fläche nach Farbe nur Bereiche in die Auswahl aufgenommen, die eine zusammenhängende Fläche bilden. Wählen Sie jedoch das Häkchen ab, werden vom Werkzeug alle Flächen gleicher Farbe im Bild gefunden, auch wenn sie keine zusammenhängende Fläche bilden.

Bei den Arbeitsaufgaben werden Sie ggf. nochmals auf diese Einstellungen hingewiesen. Betrachten wir nun noch die Möglichkeiten, die das Menü *Auswahl* beim Arbeiten bietet.

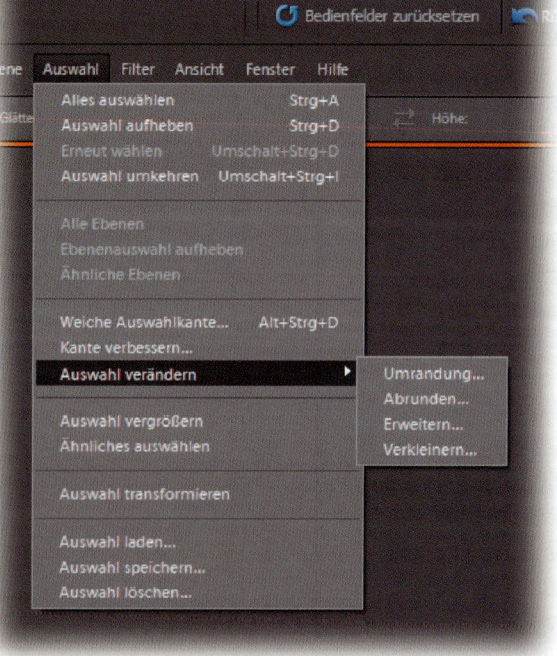

15.1.4   Das Menü Auswahl

Besagtes Menü zur Einstellung von Auswahleigen-schaften finden Sie im Menü unter *Auswahl* (siehe Abb. 15.6).

Abb. 15.6

Das Menü Auswahl mit seinen Untermenüs

▨ **Alles auswählen:** Wählt den gesamten Bildbereich der sichtbaren, im Ebenen-Bedienfeld gewähl-ten Ebene. Diesen können Sie nun bearbeiten und z. B. mit den Befehlen des Menüs Bearbeiten kopieren und als zusätzliche, neue Ebene einfü-gen. Die Optionen des Verschieben-Werkzeugs zum Ausrichten von Bildobjekten funktionieren nur, wenn im Bild eine Auswahl vorhanden ist. Auch hier stellt *Alles auswählen* schnell das Bild als Ganzes zur Verfügung.

▨ **Auswahl aufheben:** Löscht die aktuelle Aus-wahl. Sie müssen eine Auswahl nach den Bearbei-tungsschritten, für die sie erzeugt wurde, wieder löschen, um normal weiterarbeiten zu können, und auch, um andere, neue Auswahlen herstellen zu können.

▨ **Erneut wählen:** Nachdem Sie eine Auswahl mit *Auswahl aufheben* beendet haben, wird *Erneut wählen* aktiv. Sie können dann zunächst mit anderen Werkzeugen und Menüs am Bild weiter arbeiten. Solange Sie das Bild nicht zwischenzeitlich geschlossen hatten oder solange Sie keine neue Auswahl angelegt haben, können Sie die zuletzt angelegte Auswahl über *Erneut wählen* wieder aufrufen und damit weiter arbeiten.

▨ **Auswahl umkehren:** Die Auswahl umkehren, die Negativform einer Auswahl herstellen. Sie möchten z. B. eine Figur auf einer Ebene aus-wählen, die ansonsten transparent ist. Es ist einfacher, mit dem Werk-zeug *Zauberstab* die transparente Fläche um die Figur herum zu wäh-len. Um im zweiten Schritt dann genau die Figur auszuwählen, wählen Sie im Menü *Auswahl – Auswahl umkehren*.

Die nächsten Menüpunkte wirken nicht auf eine Auswahl im Bild, sondern auf die Auswahl von Ebenen im Ebenen-Bedienfeld. Wenn im Bild mehrere Ebenen zur Verfügung stehen, können Sie auch hier im Menü *Auswahl* steuern, welche davon gleichzeitig aktiv gesetzt bzw. ausgewählt sind (siehe dazu Kapitel 14.1).

▨ **Alle Ebenen:** Setzt alle Ebenen im Ebenen-Bedienfeld aktiv. Das kann z. B. verwendet werden, um diese Ebenen anschließend mit dem Menü *Ebenen – Auf eine Ebene reduzieren* zu einer Ebene zusammenzufügen.

- **Ebenenauswahl aufheben:** Zum Bearbeiten eines Bildes muss zumindest eine Ebene im Ebenen-Bedienfeld aktiv sein. *Ebenenauswahl aufheben* setzt alle Ebenen im Bedienfeld inaktiv. Sie müssen danach im Ebenen-Bedienfeld zumindest wieder eine Ebene wählen, um weiter arbeiten zu können.
- **Ähnliche Ebenen:** Setzt ähnliche Ebenen im Ebenen-Bedienfeld aktiv, wobei das Programm bestimmt, was es als ähnlich betrachtet.

Die weiteren Menüpunkte beziehen sich wieder auf Auswahlen im Bild:

- **Weiche Auswahlkante:** Öffnet eine Dialogbox, in der Sie den Radius (= halben Durchmesser) für den Randverlauf einer Auswahl angeben können. Dieser Randverlauf geht von 100 % Deck- oder Wirkkraft mit Radius X von innerhalb der Auswahlkante bis zu 0 % im Abstand Radius X außerhalb. Hat eine Auswahl z. B. eine weiche Auswahlkante von 0 px Radius, ist sie scharfkantig. Objekte, die Sie mit solch einer Auswahl ausschneiden oder kopieren, zeigen Ränder, die wie mit der Schere ausgeschnitten wirken. Deshalb gibt man der Auswahl eine weiche Auswahlkante mit einigen Pixeln Radius, man blendet sie um wenige Pixel aus, um Übergänge zum Hintergrund des Bildobjekts zu schaffen. Dabei ist der Radius der weichen Auswahlkante abhängig vom gewünschten Erscheinungsbild und von der Auflösung des Bildes, an dem Sie arbeiten. Bei Bildern mit geringer Auflösung genügt oft schon ein Radius von 1 oder 2 Pixel, bei höher aufgelösten Bildern sind es 4 Pixel oder mehr.
- **Kante verbessern:** In der sich öffnenden Dialogbox können Sie verschiedene Eigenschaften des Randes einer Auswahl beeinflussen: *Abrunden* rundet gezackte Ecken einer Auswahl ab, *Weiche Kante* zeichnet den Randbereich der Auswahl weich, wie unter dem vorhergehenden Punkt beschrieben. *Verkleinern/Erweitern* bietet die Möglichkeit, den ausgewählten Bereich parallel zur bestehenden Auswahlkante zu verkleinern oder auszuweiten und so z. B. den Randbereich der Auswahl zu korrigieren und unerwünschte Randpixel des Hintergrundes noch nachträglich auszuschließen. Die beiden klickbaren Symbole für den Vorschaumodus bieten Ihnen eine Vorschau im (Standard-)Auswahl- bzw. Maskierungsmodus (Benutzerdefinierte Überlagerungsfarbe). Besonders im Maskierungsmodus lässt sich der Randverlauf einer Auswahl sehr gut erkennen.
- **Auswahl verändern – Umrandung:** Voraussetzung ist, dass Sie ein Bildobjekt mit einer Auswahl gewählt haben. Die Dialogbox *Auswahl umranden* bietet dann die Möglichkeit, die Breite eines Randes anzugeben, der mittig auf der Auswahl angetragen wird. Das Bildobjekt ist dann nicht mehr flächig ausgewählt, sondern von einer Auswahl in Form einer Umrandung, eines Randstreifens umgeben, der z. B. mit einer Farbe gefüllt werden kann.

▨ **Auswahl verändern – Abrunden:** Mit der Eingabe eines (Eck-)Radius in der Dialogbox *Auswahl abrunden* können Sie z. B. die Ecken eines Vielecks bzw. einer rechteckigen Auswahl abrunden, hilfreich z. B. bei der Erstellung von Webgrafiken wie Buttons (Navigationsschaltflächen).

▨ **Auswahl verändern – Erweitern:** In der Dialogbox *Auswahl erweitern* können Sie ein Pixelmaß angeben, um das eine bestehende Auswahl erweitert, d.h. vergrößert werden soll, ausgehend von der bestehenden Auswahlkante. Das ist z. B. dann erforderlich, wenn die Auswahl noch einen Randbereich des Hintergrundes mit erfassen soll (Ausblendung, Überblendung).

▨ **Auswahl verändern – Verkleinern:** In der Dialogbox *Auswahl verkleinern* können Sie ein Pixelmaß angeben, um das eine bestehende Auswahl verkleinert werden soll, ausgehend von der bestehenden Auswahlkante. Auch das kann z. B. erforderlich sein, wenn die Auswahl noch Randpixel eines nicht erwünschten Bereiches enthält.

▨ **Auswahl vergrößern:** Erweitert die bestehende Auswahl um ähnliche angrenzende Bereiche.

▨ **Ähnliches auswählen:** Wählt zu einer bestehenden Auswahl z. B. ähnlich helle Bereiche im Bild.

▨ **Auswahl transformieren:** Auswahlen können hiermit direkt transformiert, d.h. vergrößert oder verkleinert und auch gedreht werden. Normalerweise ist eine Transformation einer Auswahl nur möglich, wenn sie gefüllt ist – mit diesem Menüpunkt geht es auch ohne Füllung.

▨ **Auswahl laden:** Öffnet eine Dialogbox, über die Sie eine zuvor gespeicherte Auswahl wieder laden und aktiv setzen können.

▨ **Auswahl speichern:** Falls Sie eine Auswahl nur momentan löschen möchten, später aber nochmals benötigen, können Sie die Auswahl auch als Kanal speichern. Dieser wird dann mit dem Bild unter einem eigenen Namen gespeichert. Sie können die Auswahl über den Menüpunkt *Auswahl laden* später wieder aufrufen. Dabei kann das Bild zwischenzeitlich auch geschlossen worden sein. Dieses Speichern einer Auswahl ist dauerhaft. Bei Bedarf können mehrere Auswahlen in einem Bild gespeichert werden.

▨ **Auswahl löschen:** Eine gespeicherte Auswahl können Sie über diese Dialogbox endgültig löschen.

15.1.5   Das Menü Bearbeiten

Viele der Arbeitsbefehle im Menü *Bearbeiten* stehen im Zusammenhang mit Auswahlen, d.h., sie stehen nur zur Verfügung, wenn im Bild eine Auswahl aktiv ist. Deshalb werden sie hier in einer Übersicht kurz vorgestellt.

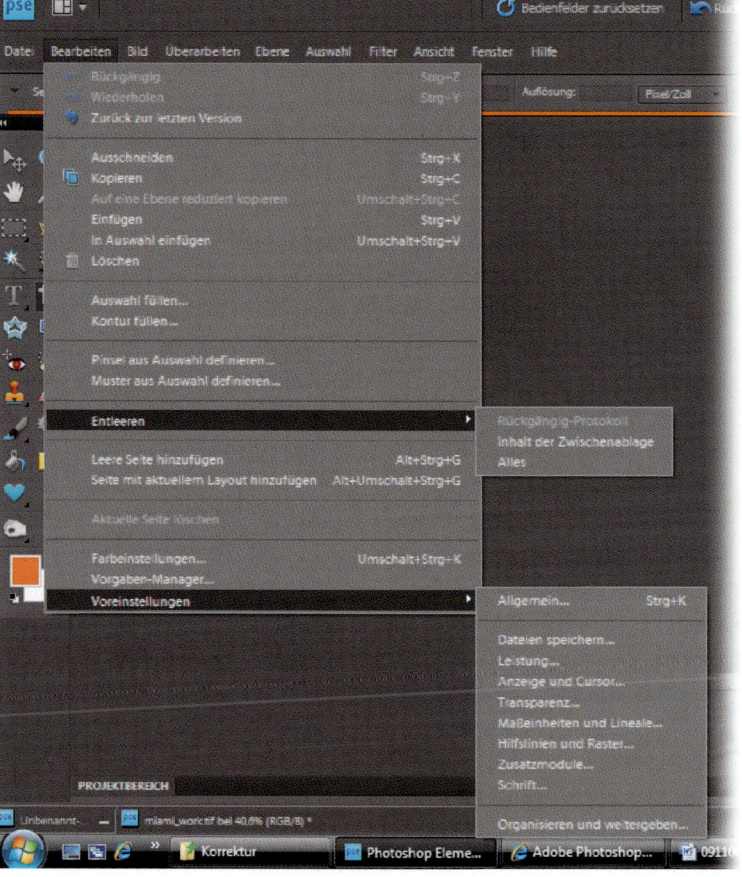

Abb. 15.7
Das Menü Bearbeiten mit seinen Untermenüs

- **Rückgängig:** Ein Bearbeitungsschritt zurück.
- **Wiederholen:** Letzten Bearbeitungsschritt wiederholen.
- **Zurück zur letzten Version:** Mit diesem Menüpunkt kehren Sie zurück zur zuletzt gespeicherten Version eines Bildes. Da diese Aktion als Arbeitsschritt ins Rückgängig-Protokoll aufgenommen wird, kann sie auch selbst rückgängig gemacht werden.
- **Ausschneiden:** Den mit einer Auswahl gewählten Bereich aus dem Bild ausschneiden und in die Zwischenablage kopieren.
- **Kopieren:** Den ausgewählten Bildbereich in die Zwischenablage kopieren.
- **Auf eine Ebene reduziert kopieren:** Kopiert den Bildinhalt aller sichtbaren Ebenen in die Zwischenablage, von wo die erfassten Bildelemente zusammengefasst als eine neue Ebene wieder eingefügt werden können.
- **Einfügen:** Den Inhalt der Zwischenablage als neue Bildebene ins aktuelle Bild einfügen. Wenn der Bildinhalt zuvor erst aus demselben Bild kopiert wurde, wird er beim ersten Einfügen genau dort eingefügt, von

wo aus er kopiert wurde. Deswegen wird er nicht sofort im Bild als neues Objekt erkennbar. Wenn das Einfügen wiederholt wird, werden die zweite und dritte eingefügte Kopie in der Bildmitte eingefügt.

▨ **In Auswahl einfügen:** Inhalt der Zwischenablage in eine bestehende Auswahl im aktuellen Bild einfügen.

▨ **Löschen:** Löscht den Bildinhalt einer Auswahl.

▨ **Ebene/Auswahl füllen:** Öffnet eine Dialogbox, in der Sie wählen können, ob die aktive Ebene bzw. Auswahl mit der aktiven Vordergrundfarbe oder einer Farbe aus einem Auswahlmenü bzw. dem Farbwähler gefüllt wird. Auch Füllungen mit Mustern sind möglich.

▨ **Kontur füllen:** Die Dialogbox *Kontur füllen* bietet die Einstellungen, um eine Kontur auf dem Rand einer aktiven Auswahl zu ziehen. Sie können wählen, wo an der Kontur die Linie in welcher Pixelbreite gezogen wird und mit welcher Farbe. Gut für konturierte Schriften.

▨ **Pinsel aus Auswahl definieren:** Der Bildinhalt (der Auswahl) kann als neue Pinselspitze unter eigenem Namen gespeichert werden. Die neue Pinselspitze erscheint aber erst bei den Standardpinseln, wenn sie geladen wird.

▨ **Muster aus Auswahl definieren:** Der Bildinhalt (der Auswahl) kann als neues Muster unter eigenem Namen gespeichert werden. Das neue Muster erscheint augenblicklich in der Auswahl der Standardmuster. Aber Achtung: Gute Muster kacheln nahtlos. Dazu müssen sie so aufbereitet werden, dass die Ränder links und rechts und oben und unten nahtlos aneinander anschließen.

▨ **Entleeren – Rückgängig-Protokoll:** Vorsicht! Löscht sämtliche Einträge im Rückgängig-Protokoll. Wenden Sie diese Option nur dann an, wenn alle Bearbeitungsschritte bisher erfolgreich verlaufen sind und Sie sonst keinen Arbeitsspeicher mehr zur Verfügung haben.

▨ **Entleeren – Inhalt der Zwischenablage:** Wenden Sie diese Option an, wenn Sie den Inhalt der Zwischenablage nicht weiter benötigen und Arbeitsspeicher freisetzen möchten.

▨ **Entleeren – Alles:** Siehe Vorausgehendes.

▨ **Leere Seite hinzufügen:** Wenn Sie aus einem geöffneten Bild ein Fotokreationsprojekt erstellen möchten, können Sie diese Option wählen. Sie müssen die geöffnete Datei dann als PSE-Datei speichern. Dadurch wird ein Projektordner erstellt, der die zugehörigen Bilder als PSD-Dateien für jede Seite enthält, plus eine PSE-Projektdatei. Das erste Blatt des Fotokreationsprojekts ist dann Ihr geöffnetes Bild, das zweite Blatt ist leer.

▨ **Seite mit aktuellem Layout hinzufügen:** Wenn Sie eine Seite mit dem geöffneten Bild als Hintergrund für ein Fotokreationsprojekt hinzufügen möchten, müssen Sie diese Datei zunächst als Fotokreationsprojekt (PSE) speichern. Hierbei wird ein Projektordner erstellt, der die PSD-Dateien für jede Seite und eine PSE-Projektdatei enthält. Ausgehend von einem Bild entsteht zunächst ein Fotokreationsprojekt, dessen beide Seiten das geöffnete Bild als Layout-Hintergrund enthalten.

- **Aktuelle Seite löschen:** Haben Sie ein Fotokreationsprojekt geöffnet, können Sie das zurzeit sichtbar und aktiv gesetzte Blatt mit dieser Funktion daraus löschen.

- **Farbeinstellungen:** Hier können Sie das Farbprofil für die Ausgabe bzw. Wiedergabe wählen. Zur Auswahl stehen: *Ohne Farbmanagement:* Das Farbprofil des Monitors wird als Arbeitsfarbraum verwendet, dem Bild wird kein Farbprofil zugeordnet, bereits in Bilder eingebettete Farbprofile werden entfernt. *Farben immer für Computerbildschirme optimieren* verwendet sRGB als Arbeitsfarbraum und weist Bildern ohne Farbprofilen das sRGB-Farbprofil zu, behält aber bereits zugewiesene andere Farbprofile bei. Das optimiert die Wiedergabe für Bilder, die am Bildschirm ausgegeben werden sollen (Internet). *Immer für Druckausgabe optimieren* verwendet Adobe RGB als Arbeitsfarbraum, behält eingebettete andere Farbprofile bei, weist aber Bildern ohne Farbprofil automatisch Adobe RGB zu. Dies ist die empfohlene Einstellung, wenn Sie Ihre Bilder so bearbeiten möchten, dass sie für den Ausdruck bzw. das Ausbelichten optimiert sind. *Auswahl durch Benutzer:* Beim Öffnen von Bilddateien ohne Farbprofil können Sie zwischen sRGB (Standard) und Adobe RGB wählen.

  Bestätigen Sie Ihre Auswahl mit *OK*. Denken Sie beim Speichern eines Bildes mit Farbprofil im Fenster *Speichern unter* daran, die Option *ICC-Profil* zu wählen.

- **Vorgaben-Manager:** Der *Vorgaben-Manager* lässt Sie wählen, welche Pinsel, Farbfelder, Verläufe und Muster den verschiedenen Werkzeugen als Vorauswahl zur Verfügung stehen. Ändern Sie hier nur dann eine Voreinstellung, wenn Sie auf Dauer mit bestimmten eigenen Vorgaben arbeiten möchten. Sie haben aus den Werkzeugoptionen heraus jedes Mal die Möglichkeit, auch andere Vorgaben zu wählen bzw. die Vorgaben zurückzusetzen.

- **Voreinstellungen:** Im sich öffnenden Untermenü finden Sie Einstellmöglichkeiten für die verschiedensten Eigenschaften des Programmfensters und Einstellungen des Programms. Wegen der großen Vielzahl können wir hier nicht weiter auf die verschiedenen Einstellungen eingehen. Beispielhaft genannt sei hier noch einmal die bereits erwähnte Angabe der rückgängig zu machenden Arbeitsschritte unter *Leistung – Protokollobjekte*.

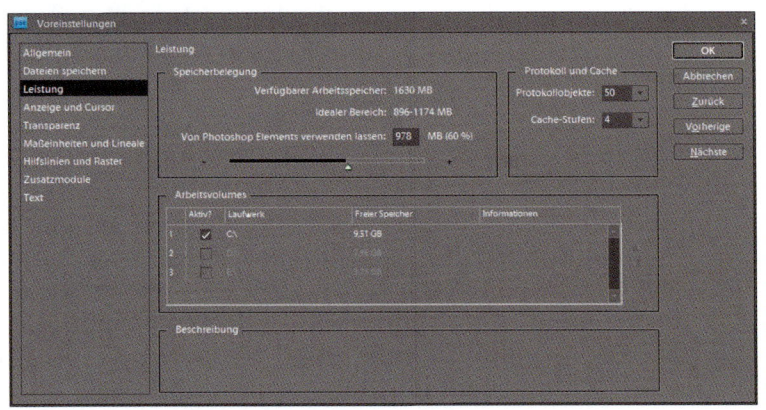

15.2   Retuschearbeiten III – rote Augen entfernen

Im weiteren Verlauf dieses Buches werden wir nach und nach Auswahlen beim Arbeiten einsetzen und dabei auch weitere Auswahltechniken kennenlernen. Betrachten wir eine erste Einsatzmöglichkeit beim Entfernen des gefürchteten Rote-Augen-Effekts. Aber wie Sie sehen werden, geht es hier zunächst auch ohne Auswahl, dafür mit entsprechenden, eigenen Werkzeugen.

15.2.1   Rote Augen vermeiden – richtig blitzen beim Fotografieren

In der Fotografie von Personen taucht bei Blitzlichtaufnahmen immer wieder ein Problem auf: Die Augen von Personen im Bild leuchten rot (Rote-Augen-Effekt). Dies kommt daher, dass das Blitzgerät nahe an der Achse des Objektivs montiert war und den Augenhintergrund der fotografierten Personen ausgeleuchtet hat – dieser scheint rot.

Schon beim Fotografieren können Sie diesem Effekt entgegenwirken: Verwenden Sie ein Blitzgerät mit einem Schwenkreflektor, und blitzen Sie nicht direkt auf die Personen zu, sondern verwenden Sie Ihr Blitzgerät so, dass der Blitz über eine reflektierende Fläche (wie z. B. die Zimmerdecke) auf die Personen trifft. Schließen Sie Ihr Blitzgerät über ein Kabel an, und halten Sie es auf einem Handstativ seitlich neben oder über sich beim Fotografieren. Verwenden Sie nach Möglichkeit eine Blitzeinstellung mit Vorblitz. Durch das vorweg gezündete Blitzlicht verengen sich die Pupillen des fotografierten Menschen oder Tieres, und die rote Reflexion der Augen wird wesentlich geringer, wenn sie denn auftritt.

Wenn es aber schon passiert ist und Sie Ihr Gegenüber im Bild mit Draculas Augen anlacht: Photoshop Elements hilft Ihnen in vielfältiger Weise, auch dieses Problem zu beheben.

15.2.2   Rote Augen automatisch korrigieren

Bereits beim Import mit dem Foto-Downloader wird Ihnen angeboten, rote Augen im Bild automatisch zu suchen und korrigieren zu lassen. Die Schnellkorrektur bietet eine Funktion *Rote Augen korrigieren,* im Editor finden Sie im Menü *Überarbeiten* den Eintrag *Rote Augen automatisch korrigieren.* Alle genannten Optionen arbeiten gut, schnell und denkbar einfach. In den meisten Fällen wird diese automatische Funktion, sozusagen auf Knopfdruck, genügen, um die geröteten Augen Ihrer abgelichteten Gegenüber verschwinden zu lassen.

Allerdings sollten Sie trotzdem ein Auge darauf haben und sich nicht blindlings darauf verlassen – vor allem die Funktion beim Bildimport kann auch dazu führen, dass Ihnen fehlerhafte Korrekturen zunächst entgehen. Dafür werden aber auch die korrigierten Bilder als Kopien eingefügt, so dass die Originale für eine spätere eigenhändige Korrektur erhalten bleiben. Vereinzelt kann es vorkommen, dass in einem Auge nur ein schwarzer Fleck entsteht, der ringsum noch eine rote Aura zeigt, in manchen Bildern findet die Automatik zunächst nichts. Deshalb ist es ratsam, dass Sie selbst die automatische Korrektur einsetzen, um bei fehlerhaften Ergebnissen den Vorgang rückgängig zu machen und selbst Hand anzulegen und bei hartnäckigen Problemen zu den geeigneten und auch vorhandenen Mitteln zu greifen.

15.2.3 Das Rote-Augen-entfernen-Werkzeug

Wenn Sie mitmachen möchten, finden Sie im Verzeichnis *Bildvorgaben* auf der DVD das Bild *roteaugen.bmp*.

Photoshop Elements besitzt im Werkzeugbedienfeld ein eigenes Werkzeug zum Entfernen der Rötung bei vom Blitz ausgeleuchteten Augen. Das Werkzeug trägt im Programm den etwas sperrigen Namen *Rote-Augen-entfernen-Werkzeug*. Dabei steht es sowohl im Editor als auch in der Schnellkorrektur zur Verfügung. Sein Einsatz ist denkbar einfach. Mit Hilfe des Zoom-Werkzeugs vergrößern Sie den Bildbereich mit den geröteten Pupillen. Wählen Sie dann das *Rote-Augen-entfernen-Werkzeug* im Werkzeugbedienfeld. Der Mauszeiger wandelt sich zu einem dünnen Fadenkreuz. Sie können das Werkzeug jetzt auf zwei Arten einsetzen:

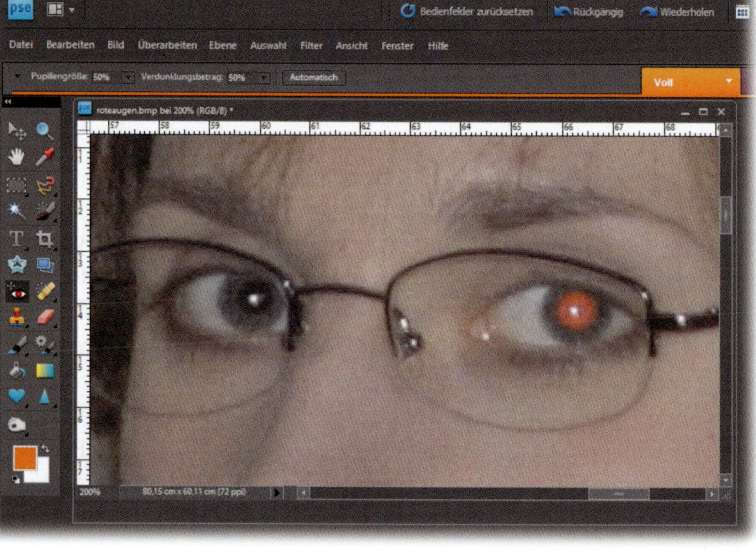

Abb. 15.8
Eine Korrektur roter Augen nach Methode 1

Methode 1 – sorgfältiger und genauer, aber auch ein bisschen langsamer: Klicken Sie mit dem Fadenkreuz des Werkzeugs in den geröteten Bereich einer Pupille. Das Programm wandelt die roten Farbwerte in Graustufen um – das Auge wirkt jetzt gräulich, aber besser als rötlich. Wenn das neue Grau zu licht ist, können Sie in den Werkzeugoptionen den *Verdunkelungsbetrag* erhöhen. Wenn nicht alle geröteten Bereiche in Grautöne umgesetzt werden, variieren Sie den Wert bei *Pupillengröße*.

Methode 2 – einfach schneller: Sie können mit dem Werkzeug auch einfach ein Rechteck, eine Art Auswahl über einem Auge aufziehen. Diese Auswahl sollte etwas größer sein als die Iris, welche die Pupille einschließt. Das Programm vergleicht dann automatisch und berechnet die Korrektur. Dabei sollten Sie nur darauf achten, dass Sie jedes Auge separat bearbeiten, um bessere Ergebnisse zu erzielen.

Abb. 15.9
Eine Korrektur nach Methode 2

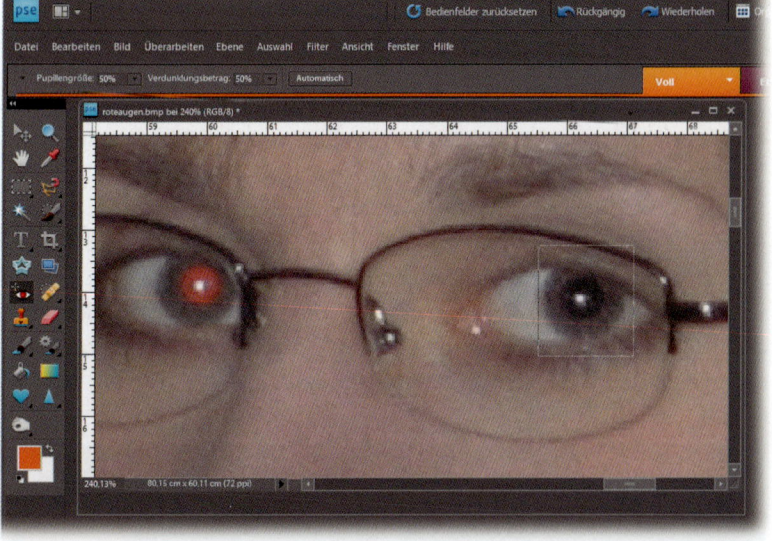

15.2.4   Rote Augen per Hand korrigieren

Auch für die seltenen Fälle, in denen die Automatik oder das Werkzeug nicht helfen, gibt es Möglichkeiten. Sie müssen tun, was die Automatik tut. Nachdem Sie zunächst eine Auswahl des geröteten Bereichs erstellt und damit den übrigen Bildbereich maskiert haben, korrigieren Sie die Farbsättigung sowie Helligkeit und Kontrast im ausgewählten Bereich.

Wenn Sie mitmachen möchten, öffnen Sie dazu das Bild *roteaugen.png* im Verzeichnis *Bildvorgaben* auf der DVD, und speichern Sie es in Ihrem Übungsordner auf Ihrem Rechner. Zoomen Sie sich mit dem Zoom-Werkzeug ins Bild.

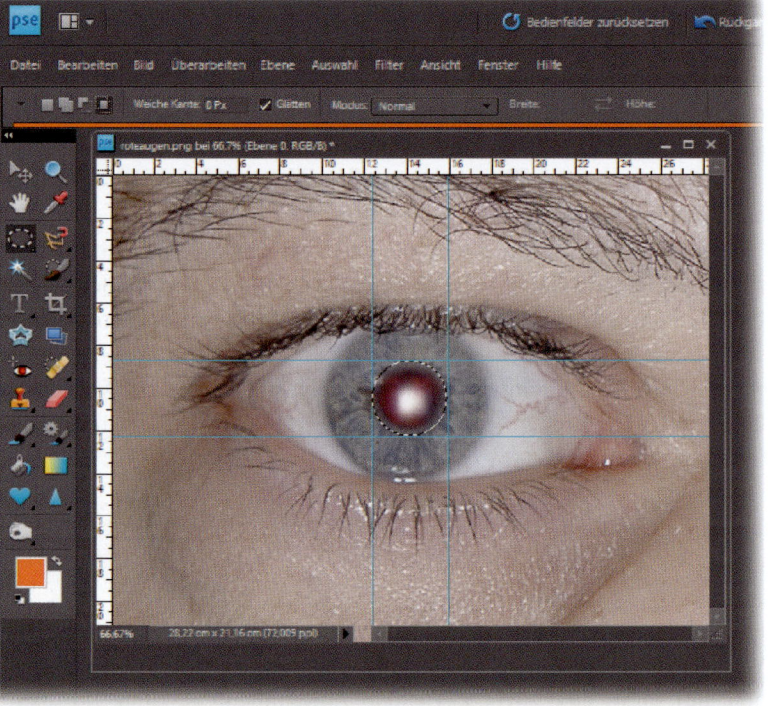

Abb. 15.10

roteaugen.png mit Auswahl

Wählen Sie aus dem Werkzeugbedienfeld das Werkzeug *Lasso*. Ziehen Sie zunächst Hilfslinien ins Bild, so dass diese etwas außerhalb der Pupille an allen Seiten zu liegen kommen. Erzeugen Sie eine Auswahl, indem Sie mit dem Werkzeug mit gedrückter linker Maustaste die gerötete Pupille umfahren. Setzen Sie dazu auf einem Kreuzungspunkt der Hilfslinien an. Wichtig ist, dass der gesamte gerötete Bereich in der Auswahl eingeschlossen ist. Dies muss nicht punktgenau sein, die Auswahl mit dem typischen Rand, der »laufenden Ameisenlinie, sollte sogar etwas größer sein als der gerötete Bereich. Jetzt ist im Bild eine Auswahl aktiv. Die Veränderungen der nächsten Arbeitsschritte wirken nur auf den ausgewählten Bereich, die übrige Fläche des Bildes ist durch eine Maske vor Änderungen geschützt.

Als Erstes soll die Auswahl einen **weichen Rand** erhalten. Dies ist ein Randverlauf der Wirkung der Auswahl nach außen. Ohne Randverlauf würden die Veränderungen am gewählten Bereich einen scharfkantigen Rand erhalten, der diesen Bereich wie mit der Schere ausgeschnitten und eingeklebt aussehen lassen würde. Diesen Randverlauf erzeugen Sie über das Menü *Auswahl – Weiche Auswahlkante*. Es erscheint das Fenster *Weiche Auswahlkante*. Geben Sie hier einen Wert von 8 Pixel ein. Bestätigen Sie mit *OK*.

Entfernen Sie nun die Farbsättigung im Bereich der Auswahl mit dem Menü *Überarbeiten – Farbe anpassen – Farbe entfernen*. Diese Funktion entfernt auf einen Klick die Farbwerte aus dem Bereich der Auswahl, übrig bleiben die Grauwerte dieses Bereiches.

Jetzt können Sie die Helligkeit und den Kontrast im gewählten Bereich nach Ihren Vorstellungen korrigieren mit *Überarbeiten – Beleuchtung anpassen – Helligkeit/Kontrast.*

Entfernen Sie zuletzt die Auswahl über das Menü *Auswahl – Auswahl aufheben.* Prüfen Sie das Bild.

Jetzt ist es auch denkbar, den großen Lichtreflex im Auge mit Schwarz zu übermalen und stattdessen mit einem kleinen, weichen, weißen Pinseltupfer einen neuen Reflexpunkt zu setzen. Das Auge würde dann frischer, schimmernder erscheinen.

Speichern Sie das Bild unter einem beliebigen Namen und Dateiformat in Ihrem Übungsordner.

15.3 Retuschearbeiten IV – Retuschen mit dem Smartpinsel-Werkzeug

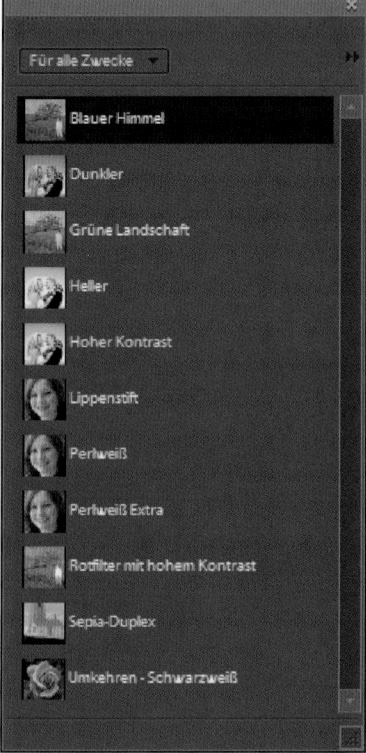

Das *Smartpinsel-Werkzeug* und das *Detail-Smartpinsel-Werkzeug* sind Werkzeuge, mit deren Hilfe Sie schnell einen Bildbereich auswählen können, um sofort eine zuvor aus einem Auwahlmenü gewählte Korrektur oder einen gewünschten Effekt auf den gewählten Bildbereich anzuwenden. Dabei müssen Sie mit dem Smartpinsel-Werkzeug nur grob über einen Bereich malen. Es arbeitet dabei ähnlich wie das *Schnellauswahl-Werkzeug* und findet anhand von Farben und Helligkeitskontrasten selbst den auszuwählenden Bereich. Im selben Arbeitsgang wird auf den gewählten Bildbereich der zuvor gewählte Effekt automatisch angewandt. Anschließend können Sie mit dem Detail-Smartpinsel-Werkzeug die Auswahl korrigieren und Details hinzufügen oder zu viel ausgewählte Bereiche aus der Auswahl entfernen.

Dabei erzeugt das Werkzeug automatisch Einstellungsebenen und Ebenenmasken (siehe Kapitel 14.2), so dass das Bild nicht direkt verändert wird. Die Veränderungen können über das Ebenen-Bedienfeld jederzeit nachbearbeitet oder zurückgenommen werden.

15.3.1   Die Korrekturmöglichkeiten des Smartpinsel-Werkzeugs

Abb. 15.11

Unter Für alle Zwecke findet sich eine Auswahl häufig anzuwendender Bildkorrekturen aus allen Menüs.

Acht Bibliotheken mit insgesamt 50 verschiedenen Effekten stehen für eine Korrektur zur Verfügung. Die angebotenen Retuschemöglichkeiten reichen vom Aufhellen von Zähnen über das Umfärben von Bildinhalten, z.B. eines Kleidungsstücks, bis hin zu Verfremdungen wie einem Negativeffekt. Abbildung 15.11 zeigt beispielhaft eine Auswahl der angebotenen Retuschemöglichkeiten.

Hier eine Übersicht, welche Korrekturmöglichkeiten die übrigen Menüs enthalten:

- **Beleuchtung**: Korrekturen und Effekte zur Bearbeitung der Helligkeit und des Kontrasts eines Bildbereiches
- **Farbe**: Einen Bildbereich, z. B. ein Kleidungsstück, um- bzw. einfärben
- **Fotografisch**: Den ausgewählten Bildbereich entsprechend einer bestimmten Aufnahme- oder Drucktechnik verfremden
- **Natur**: Die Darstellung des Himmels oder der Landschaft einer Aufnahme verbessern
- **Portrait**: Gesichtsdetails und Eigenschaften der Haut in einem Gesichtsporträt verbessern
- **Schwarzweiß**: Bildbereiche nach Schwarzweiß konvertieren oder Schwarzweißfotos nachbearbeiten. Dabei werden auf die gewählten Bildbereiche verschiedene Filter, z. B. zur Kontrastverbesserung, angewandt.
- **Spezialeffekte**: Sehr unterschiedliche fotografische und künstlerische Effekte
- **Umkehreffekte**: Verschiedene fotografische Verfremdungen durch Helligkeits- oder Farbumkehrungen
- **Alles einblenden**: Stellt alle aufgeführten Effekte alphabetisch sortiert zur Verfügung

15.3.2 Mit dem Smartpinsel-Werkzeug arbeiten

Das Smartpinsel-Werkzeug bietet vielfältige Möglichkeiten zur Korrektur und Verfremdung eines Bildes. Die prinzipielle Arbeitsweise ist jedoch für alle Korrekturen gleich. Sehen wir uns die Vorgehensweise einmal an einem Beispiel an. Öffnen Sie dazu das Bild *segelboote.jpg* aus dem Ordner *Bildvorgaben* auf der DVD. Der Himmel könnte noch kräftiger blau sein. Wählen Sie also im Werkzeugbedienfeld das *Smartpinsel-Werkzeug*. In dessen Auswahlfenster, das Sie nun auch über das Bild-Symbol in den Werkzeugoptionen öffnen können, rufen Sie das Auswahlmenü zu *Für alle Zwecke* oder *Natur* auf. In der sich öffnenden Liste wählen Sie *Blauer Himmel*.

Die Größe und Form des Pinsels können Sie in den Werkzeugoptionen bei *Pinsel* einstellen. Belassen Sie zunächst die Voreinstellungen und setzen Sie das Werkzeug einfach ein. Zeigen Sie etwas über dem Horizont auf den Himmel im Bild und ziehen Sie das Werkzeug mit gedrückter linker Maustaste diagonal über den Himmel. Das Werkzeug findet automatisch die Konturen des Himmels und wählt diesen aus. Praktisch gleichzeitig wird der gewählte Bildeffekt automatisch angewandt, der Himmel wird mit einem Farbverlauf von Blau nach transparent intensiv blau eingefärbt.

Abb. 15.12

Die Korrektur eines flauen Himmels mit dem
Smartpinsel-Werkzeug. Ein Doppelklick auf
das rot umrandete Symbol an dem Punkt im
Bild, an dem das Werkzeug angesetzt wurde,
öffnet das Fenster mit den Einstellungen des
angewandten Effekts.

Abb. 15.13

Die Ebene Hintergrund wurde im
Ebenen-Bedienfeld aktiv gesetzt.

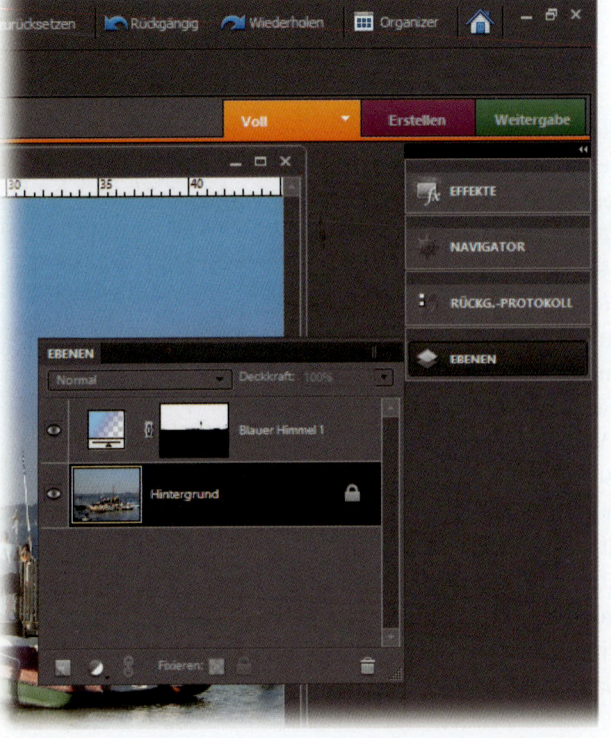

Beachten Sie, dass die Auswahl unten links etwas in den See überläuft und dass auch die Masten der Segelboote mit in der Auswahl erfasst sind. Das können Sie leicht korrigieren. Oben links im Bildfenster und nochmals in den Werkzeugoptionen sehen Sie drei Schaltflächen mit Pinsel-Symbolen: *Neue Auswahl – Der Auswahl hinzufügen – Von Auswahl subtrahieren.* Wählen Sie das rechte Pinsel-Symbol *Von Auswahl subtrahieren.* Korrigieren Sie die Pinselspitze, indem Sie in den Werkzeugoptionen die Einstellungen bei Pinsel aufrufen und dort über den Schieberegler bei Größe den Durchmesser des Pinsels auf etwa 10 Pixel reduzieren. Nun können Sie mit dem Pinsel die zu viel gewählten Bereiche übermalen und so aus der Auswahl entfernen. Für feinere Korrekturen können Sie zwischen den Pinseln *Der Auswahl hinzufügen* und *Von Auswahl subtrahieren* hin- und herwechseln und die Auswahl durch Hinzumalen oder Abziehen korrigieren.

Wenden wir den Smartpinsel erneut an, um eine zweite Korrektur am Bild durchzuführen. Diesmal soll der Vordergrund kontrastreicher gemacht werden. Öffnen Sie also wieder über das Bild in den Werkzeugoptionen das Auswahlfenster der Effekte, die mit dem Werkzeug zur Verfügung stehen. Dort, unter *Für alle Zwecke* oder unter *Beleuchtung,* wählen Sie *Hoher Kontrast.* Bevor wir jedoch das Werkzeug erneut einsetzen, müssen wir uns dem Bedienfeld

Ebenen zuwenden. Wenn Sie das Ebenen-Bedienfeld aufrufen, so sehen Sie dort nun zwei Ebenen: *Hintergrund* und *Blauer Himmel 1*. Die Einstellungsebene (auch dazu später mehr) *Blauer Himmel 1* ist aktiv (farblich hervorgehoben). Zeigen Sie auf die Ebene *Hintergrund* und klicken Sie einmal links. Nun ist diese Ebene aktiv, wir können weitermachen. Sonst, mit aktiver Einstellungsebene *Blauer Himmel 1*, hätten wir mit dem erneuten Einsatz des Smartpinsels nur die bereits getroffenen Korrekturen mit neuen Änderungen überschrieben.

Nun geht es also mit dem Smartpinsel weiter. Richten Sie die Größe des Pinsels in den Werkzeugoptionen wieder auf einen Durchmesser von etwa 30 Pixeln ein. Erneut übermalen Sie grob das Bild, diesmal den Bereich mit dem See und den Booten. Deren Kontrast wird deutlich gesteigert – fertig. Wollen Sie die Markierungen des Werkzeugs *Smartpinsel* ausblenden und das Bild an sich betrachten, setzen Sie wieder den Hintergrund im Ebenen-Bedienfeld aktiv – oder wählen Sie einfach ein anderes Werkzeug im Werkzeugbedienfeld. Soweit die Auswahl im Bild (»laufende Ameisenlinie«) noch bestehen bleibt, entfernen Sie diese über Menü *Auswahl – Auswahl aufheben*. Wenn Sie möchten, speichern Sie das Bild in Ihrem Übungsordner.

Abb. 15.14

Das fertige Bild, noch mit der Auswahl und den Symbolen des Werkzeugs Smartpinsel in der Ansicht, dazu das Ebenen-Bedienfeld mit den vom Werkzeug automatisch neu erzeugten Einstellungsebenen und Ebenenmasken.

16 Retuschearbeiten V – unterbelichtete oder überbelichtete Bilder retten

Die folgenden Bildkorrekturen sind eigentlich eine Ergänzung zu Kapitel 10.2 ff., in dem wir uns mit den Möglichkeiten beschäftigt haben, die Helligkeit und den Kontrast eines Bildes anzupassen. Aber weil dabei Ebenen und Ebeneneinstellungen eine wesentliche Rolle spielen, behandele ich diese Korrekturmöglichkeiten nun hier.

16.1 Die Einstellmöglichkeiten Modus im Ebenen-Bedienfeld

Die Auswahl *Modus* im Ebenen-Bedienfeld bietet Möglichkeiten zu bestimmen, wie sich die aktive Ebene mit der darunter liegenden überlagern soll. Standard ist der Modus *Normal*, der eine einfache, deckende Überlagerung der Ebenen ohne weitere Mischeffekte gewährt. Alle übrigen Mischmodi verändern die Werte von Helligkeit, Kontrast oder Farbwerten. Die Namen geben dabei einen Anhaltspunkt. Es handelt sich bei vielen der angebotenen Modi um Effekte, die von Belichtungseffekten bei der Fotoentwicklung abgeleitet sind. Die tatsächliche Wirkung variiert von Bild zu Bild, je nach den Eigenschaften der überlagerten Ebenen. Hier lohnt Experimentieren, weil der richtige Überlagerungsmodus bei Ebenenüberblendungen zu besseren Ergebnissen führen kann. Ebenen können damit geradezu optisch verschmolzen werden. Beachten Sie, dass eine entsprechende Einstellmöglichkeit *Modus* bei allen Mal- und Füllwerkzeugen, auch beim Klonstempel, als Werkzeugeinstellung angeboten wird. Im Folgenden lernen Sie Möglichkeiten kennen, mit Hilfe des Modus und mehrerer kopierter Ebenen über- und unterbelichtete Bilder zu korrigieren.

16.2 Überbelichtete Bilder korrigieren

Ob Ihr Bild einfach überbelichtet ist oder ob es zu viel Blitzlicht abbekommen hat und nun blass und verwaschen wirkt – werfen Sie es nicht weg. Sicher, schon mit der *Tonwertkorrektur* oder dem Menü *Überarbeiten – Beleuchtung anpassen – Tiefen/Lichter* können Sie einem solchen Bild beikommen. Aber mit Ebenen und den verschiedenen Überlagerungsmodi geht das schneller.

Wenn Sie mitmachen möchten, öffnen Sie einfach ein eigenes, überbelichtetes Bild oder das Bild *ueberbelichtet.png* aus dem Verzeichnis *Bildvorgaben* auf der DVD. Nach dem Öffnen des Bildes im Editor sehen Sie das Bild im Bildfenster und finden die Hintergrundebene des Bildes im Ebenen-Bedienfeld. Hier duplizieren Sie das Bild bzw. die Ebene: rechter Mausklick auf den Hintergrund – Kontextmenü: *Ebene duplizieren*. Es öffnet sich das Fenster *Ebene duplizieren* und gibt an, dass die kopierte Ebene *Hintergrund Kopie* heißt. Bestätigen Sie das Fenster mit *OK*. Nun ändern Sie den Modus der kopierten Ebene im Auswahlmenü im Ebenen-Bedienfeld von *Normal* nach *Multiplizieren*. Bei der Überlagerung der beiden übereinanderliegenden Ebenen wirkt nun ein Multiplikationseffekt, der das Bild abdunkelt und mehr Details zutage treten lässt.

Abb. 16.1

Das korrigierte Bild ueberbelichtet.png mit den Einstellungen im Ebenen-Bedienfeld

Sollte das Bild noch zu flau und hell sein, kopieren Sie die kopierte Ebene wieder und wieder. Diese neue Kopie hat dann jeweils bereits den Modus *Multiplizieren*. Sie können dabei auch so vorgehen, dass Sie die Ebene einfach per Drag & Drop auf den Abreißblock im Ebenen-Bedienfeld ziehen (Symbol *Neue Ebene erstellen*).

Sollte Ihr Bild nach dem Kopieren zu dunkel erscheinen, reduzieren Sie einfach die Deckkraft der überlagernden Kopie und richten Ihr Bild in Helligkeit und Kontrast so ein, wie es Ihnen gut scheint.

Wenn Sie mit dem Ergebnis zufrieden sind, wählen Sie im Kontextmenü der Ebene (rechter Mausklick) *Auf Hintergrundebene reduzieren*.

16.3 Unterbelichtete Bilder korrigieren

Was bei überbelichteten Bildern funktioniert, hilft in ähnlicher Weise auch bei unterbelichteten Bildern. Wenn Sie mitmachen möchten, öffnen Sie ein eigenes, unterbelichtetes Bild oder ersatzweise das Bild *unterbelichtet.png* aus dem Ordner *Bildvorgaben* auf der DVD. Die gezeigte Möglichkeit hilft auch bei stark unterbelichteten Bildern, ein Optimum aus der Aufnahme herauszuholen.

Nach dem Öffnen des Bildes arbeiten Sie wieder mit dem Ebenen-Bedienfeld. Duplizieren Sie den Hintergrund als Ebene. Für die entstandene Kopie wählen Sie diesmal den Modus *Negativ multiplizieren*. Duplizieren Sie die Kopie so oft, bis das Bild überbelichtet erscheint. Für die oberste Ebene richten Sie nun wieder über den entsprechenden Schieberegler die Deckkraft und damit die Helligkeit der obersten Ebene ein. 100 % Deckkraft ist gleich größte Helligkeit, bei 50 % Deckkraft wirkt die oberste Ebene eben nur noch halb so hell.

Das war's. Wenn Sie zufrieden sind, reduzieren Sie die Ebenen über das Kontextmenü auf eine Hintergrundebene, und speichern Sie Ihr Bild.

Abb. 16.2
Das korrigierte Bild und die
Einstellungen im Ebenen-
Bedienfeld

17 Retuschearbeiten VI – Perspektivkorrektur und Korrektur von Linsenverzerrungen

17.1 Stürzende Linien schon beim Fotografieren vermeiden

Eine erste Retuschearbeit, bei der das Arbeiten mit einer Ebene eine wesentliche Rolle spielt, ist das Beseitigen stürzender Linien im Bild. Sie treten vor allem bei Gebäudeaufnahmen dann auf, wenn sich das Objektiv der aufnehmenden Kamera nahe am Gebäude befindet und beim Fotografieren nach oben gerichtet wird. Die Gebäudekanten laufen dann schräg nach oben zu einem dritten, vertikalen Fluchtpunkt.

Schon beim Fotografieren können Sie solche Bildfehler reduzieren:

Je größer der Abstand zum Gebäude/Objekt, desto geringer die Verzerrung nach oben. Fotografieren Sie nach Möglichkeit nicht mit Weitwinkelobjektiven, da sich bei kleinen Brennweiten noch zusätzliche Verzerrungen (Bildwölbungen, siehe Beispielbild) durch das Objektiv bemerkbar machen. Je größer die Brennweite, desto geringer die zusätzlichen Verzerrungen. Für Kameras mit Wechselobjektiven stehen so genannte Shift-Objektive bereit. Bei diesen lässt sich das an der Kamera angesetzte Objektiv mit einer Mechanik in einer Richtung parallel zur Filmebene (Kamerarückwand) bewegen. Dadurch können schon beim Fotografieren stürzende Linien mehr oder weniger gut entzerrt werden.

Die digitale Bildbearbeitung bietet eigene Mittel, um nachträglich solche stürzenden Linien zumindest jeweils bei einem Gebäude im Bild zu beseitigen. Auch für abgebildete Linsenverzerrungen bietet das Programm Korrekturmöglichkeiten.

17.2 Stürzende Linien beseitigen

Schwerpunkte:
- Hilfslinien im Bild anlegen
- Transformationen – Menü *Bild – Transformieren – Verzerren*
- Hintergrundebene – Ebene mit Transparenz (Alphakanal)
- Linsenverzerrungen korrigieren – Menü Filter – Kameraverzerrung korrigieren

Das Bild *stuerzendelinien.png* weist einen Fluchtpunkt senkrecht oberhalb auf, entsprechend fluchten die Außenkanten des Gebäudes schräg nach oben. Diese sollen durch Transformationen, Formänderungen mit entsprechenden Werkzeugen, gerade gerichtet werden. Die Linsenverzerrungen der Aufnahme sollen nachträglich entfernt werden. Dabei betrachten wir auch die Eigenschaften von Hintergrundebenen im Vergleich zu Ebenen mit Transparenzeigenschaften (Alphakanal). Freie Ebenen benötigen wir auch für die weiteren Aufgaben. Hier zunächst eine Übersicht über die Arbeitsschritte, die im Weiteren näher beschrieben werden:

- Öffnen Sie das Bild *stuerzendelinien.png* im Verzeichnis *Bildvorgaben* auf der DVD.
- Lassen Sie zunächst die Lineale mit Menü Ansicht – Lineale anzeigen. Richten Sie vertikale Hilfslinien an den Gebäudeaußenkanten ein und eine horizontale Hilfslinie in Höhe der Traufe.

▦ Entfernen Sie über das Menü *Filter – Kameraverzerrungen korrigieren*, soweit möglich, Linsenverzerrungen aus dem Bild.

▦ Zoomen Sie mit dem Zoom-Werkzeug etwas aus, oder ziehen Sie die Ränder des Bildfensters etwas größer, so dass Sie einen größeren Arbeitsbereich um das Bild im Bildfenster haben.

▦ Wählen Sie aus dem Menü *Bild – Transformieren – Verzerren*. Klicken Sie auf das Bild, und ziehen Sie über die markierten Eckpunkte die Außenkanten und die Traufkante des Gebäudes parallel zu den Hilfslinien. Unter Umständen wird dabei das Bild stark horizontal gestreckt. Sie können dies optisch ausgleichen, indem Sie das Bild nochmals mit dem Menü *Bild – Transformieren – Frei transformieren* vertikal strecken. Bei Bedarf erweitern Sie dafür die Arbeitsfläche über das Menü *Bild – Skalieren – Arbeitsfläche* (vgl. Kapitel 7.4.2).

▦ Bringen Sie das Bild abschließend auf eine gewünschte Bildgröße, indem Sie es mit dem Freistellen-Werkzeug so zuschneiden, dass im Bildausschnitt keine leeren Flächen verbleiben.

▦ Speichern Sie das Bild unter neuem Namen in einem Verzeichnis auf Ihrem Rechner.

Bei Bildern von sehr hohen Gebäuden stößt die hier gezeigte Technik an ihre Grenzen. Zum einen müssten Sie das Gebäude stark nach oben verlängern, um es nach der Korrektur nicht unproportional erscheinen zu lassen. Dann fallen aber perspektivische Fehler in den Laibungen der Fenster auf, da diese im Original von unten stark verkürzt dargestellt werden.

Im gezeigten Beispiel der Aufgabe sind auch nach der Perspektiv- und Linsenfehlerkorrektur Verzerrungen, Wölbungen zu erkennen. Diese stammen daher, dass die Aufnahme als Panoramabild aus mehreren einzelnen Aufnahmen zusammengesetzt wurde, die zusätzlich nach links und rechts fluchten. Für solche Bildfehler gibt es noch keine vollständigen Korrekturmöglichkeiten. Doch bietet der Filter *Verbiegen* im Menü *Filter – Verzerrungsfilter* eine Hilfe. Dazu müssen Sie das Bild aber zunächst mit *Bild – Drehen – 90 ° nach rechts* drehen, da es mit dem Filter nur in der horizontalen, waagerechten Achse gebogen werden kann. Nach dem Einsatz des Filters drehen Sie es entsprechend wieder zurück.

Die Bearbeitungsoption *Verzerren* bietet wie gezeigt die Möglichkeiten, Perspektivkorrekturen oder auch perspektivische Verzerrungen an einem Objekt vorzunehmen. Aber die Verzerrungen sind nicht aneinandergekoppelt wie bei der Bearbeitungsoption im Menü *Bild – Transformieren – Perspektivisch verzerren*. Bei *Verzerren* kann das Objekt über die Eckpunkte in jeweils zwei Achsen verzerrt werden.

17.2.1   Hilfslinien in einem Bild anlegen

Im Programmfenster haben Sie nun das Bild *stuerzendelinien.png* geöffnet. Die Außenkanten des abgebildeten Hauses fluchten nach oben und sind offensichtlich schräg, auch die Dachtraufe. Um eine Orientierung und Hilfe bei der Korrektur zu haben, legen Sie **Hilfslinien** an. Dazu zeigen Sie einfach auf eines der Lineale, die Sie ggf. zuvor über Menü Ansicht – Lineale einblenden. Mit gedrückter linker Maustaste ziehen Sie nun eine waagerechte und zwei senkrechte Hilfslinien ins Bild und positionieren sie an der Traufkante und den beiden Gebäudeaussenkanten. Eine Korrektur der Positionierung können Sie nachträglich ausführen, indem Sie im Werkzeugbedienfeld das Verschieben-Werkzeug wählen und damit auf die Hilfslinie zeigen. Nun können Sie mit gedrückter linker Maustaste die Hilfslinie neu positionieren.

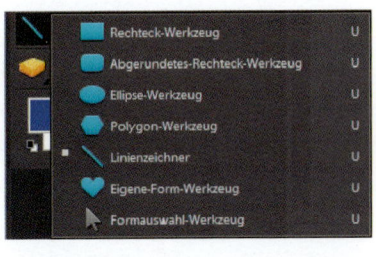

Diese Hilfslinien verlaufen stets nur rechtwinklig, waagerecht oder senkrecht, parallel zu den Linealen, aus denen sie gezogen werden. Wenn Sie schräg verlaufende Hilfslinien benötigen, verwenden Sie dazu den **Linienzeichner** aus den Formwerkzeugen. Sie finden ihn in der Auswahl unten im Werkzeugbedienfeld neben dem Verlaufswerkzeug. Beachten Sie die Werkzeugeinstellungen: Geben Sie hier bei *Stärke*: 5 Pixel an, damit die Hilfslinie eine Stärke hat, die Sie sehen und auch mit dem Verschieben-Werkzeug anfassen können. Zunächst sollte hier in den Werkzeugoptionen ein kräftiges Blau als Füllfarbe gewählt sein. Falls nicht, klicken Sie auf das entsprechende Auswahlmenü bei *Farbe* und wählen aus der sich öffnenden Palette eine gut sichtbare Farbe, z. B. ein leuchtendes Blau oder Rot.

Klicken Sie an der unteren linken Hauskante ins Bild, und ziehen Sie mit gedrückter linker Maustaste senkrecht nach oben oder waagerecht nach rechts. Wenn Sie dabei die Umschalt-/Shift-Taste gedrückt halten, kann die Linie nur senkrecht gezogen werden und wird nicht versehentlich schief. Wenn Sie die Linie bei gedrückter Umschalt-/Shift-Taste schräg verziehen, springt sie um einen Winkel von 45 Grad. Ohne dass Sie die Umschalt-Taste halten, können Sie die Hilfslinie in einem beliebigen Winkel ziehen, jedoch ohne Anhaltspunkt für die Neigung. Im Ebenen-Bedienfeld erscheint nun eine neue Ebene namens *Form 1*. Hilfslinien, die Sie mit dem Linienzeichner anlegen, sind Vektorformen, d. h. Bildelemente, die auf eigenen Ebenen abgelegt werden. Hingegen sind die Hilfslinien, die aus den Linealen gezogen werden, sozusagen Elemente des Bildfensters, jedenfalls aber benötigen sie keine Ebenen.

Auch die mit dem Linienzeichner angelegten Hilfslinien können Sie ggf. nachträglich mit dem Verschieben-Werkzeug genau positionieren.

Eine Hilfe kann bei solchen Arbeiten auch das Raster sein, das Sie über das Menü *Ansicht – Raster* einblenden können. Die Größe des Rasters bzw. die Abstände der Rasterlinien können Sie über *Bearbeiten – Voreinstellungen – Raster* einrichten.

Abb. 17.2
Die Lineale und die neu angelegten
Hilfslinien im Bild

Ihr Bild sollte nun etwa wie in Abbildung 17.2 aussehen. Diese Hilfslinien werden wir im weiteren Verlauf der Arbeiten benötigen. Zunächst werden wir das Bild mit einem Filter entzerren.

17.2.2   Hintergrundebenen und Ebenen mit Alphakanal

Bisher haben wir Bilder bearbeitet, ohne uns um die Eigenschaften der Ebenen zu kümmern. Auch bei der im nachfolgenden Kapitel beschriebenen Aufgabe hilft uns Photoshop Elements, indem das Programm bei der Arbeit mit dem Filter die Hintergrundebene automatisch in eine Ebene mit Alphakanal umwandelt. Würden Sie nur die Transformation zum Entzerren des Bildes einsetzen, würde das Programm zuvor nachfragen.

▨ Jedes Foto, das Sie in Photoshop Elements öffnen, liegt zunächst als Bild mit einer Hintergrundebene vor. Ein Hintergrund hat bestimmte Eigenschaften: Zunächst heißen Hintergrundebenen immer *Hintergrund*. Dieser Name erscheint im Ebenen-Bedienfeld.

▨ Hintergrundebenen sind im Ebenenstapel nicht verschiebbar und liegen immer zuunterst im Stapel.

▨ Hintergrundfarbe: Wenn Sie auf einer Hintergrundebene radieren oder etwas mit einer Auswahl ausschneiden, erscheint immer eine deckende

Farbe, nämlich die im Programm eingestellte Hintergrundfarbe. Das liegt daran, dass eine Hintergrundebene nicht über einen Alphakanal verfügt, der Transparenz in einer Ebene ermöglicht.

Wenn Sie Transparenzeigenschaften in einer Hintergrundebene haben wollen, müssen Sie sie erst in eine normale Ebene umwandeln. Dazu doppelklicken Sie einfach auf den Hintergrund im Ebenen-Bedienfeld. Es öffnet sich das Fenster *Ebeneneigenschaften*, in dem Sie auch gleich einen neuen Namen für die zu erstellende Ebene eingeben können. Bestätigen Sie dieses Fenster mit *OK*. Der Hintergrund wird in eine Ebene umgewandelt.

Danach können Sie die Ebene auch im Ebenen-Bedienfeld im Stapel der Ebenen verschieben bzw. andere Ebenen unter dieser Ebene im Stapel ablegen. Bei den folgenden Aufgaben werden wir mit diesen Möglichkeiten arbeiten.

17.2.3   Objektivverzeichnungen und Linsenverzerrungen entfernen

Der Filter im Menü *Filter – Kameraverzerrung korrigieren* ist in der Lage, Perspektivverzerrungen wie stürzende Linien zu korrigieren. Zusätzlich kann er tonnen- oder kissenförmige Verzeichnungen aus einem Bild herausrechnen, wie sie z. B. von extremen Weitwinkelobjektiven herrühren. Ebenso können Sie damit Vignettierungen entfernen. Damit sind durch das Objektiv abgedunkelte Ecken eines Bildes gemeint.

Abb. 17.3

Das Fenster Kameraverzerrung korrigieren mit allen Einstellungen zu den Korrekturen der Perspektive und der Linsenverzeichnungen am dargestellten Bild

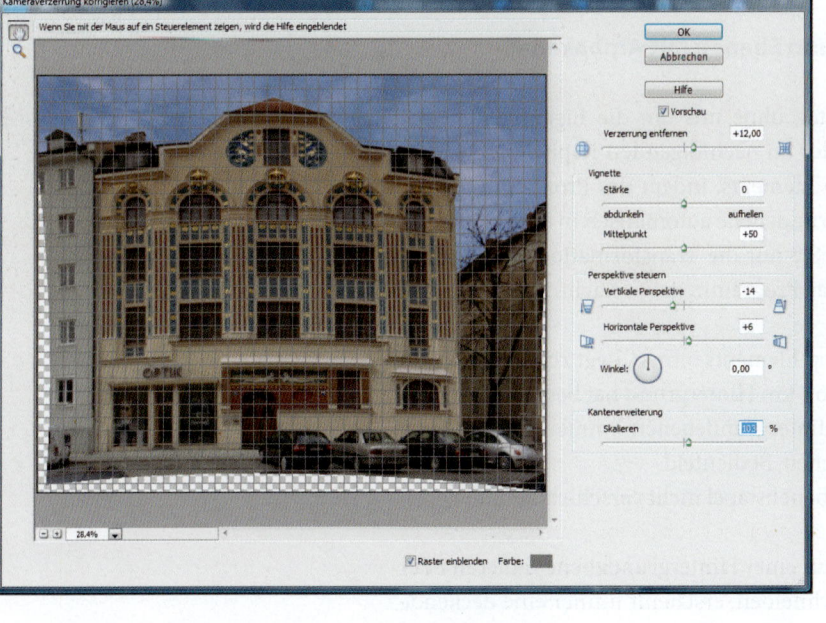

Um sowohl die Linsen- als auch die Perspektivverzerrungen im Bild zu korrigieren, habe ich folgende Korrekturwerte gewählt: für *Verzerrung entfernen*: +12, für *Vertikale Perspektive*: –14, für *Horizontale Perspektive*: +6 und für *Kantenerweiterung*: 103 %. Die übrigen Werte habe ich in unserem Beispiel nicht verändert.

Bestätigen Sie die Einstellungen bei *Kameraverzerrung korrigieren* mit *OK*.

17.2.4 Perspektivkorrekturen mit Hilfe von Transformationen

Um das Bild transformieren und dabei größer ziehen zu können, benötigen Sie etwas umgebenden Arbeitsbereich im Bildfenster. Ziehen Sie dazu das Bildfenster über seine Ränder so groß wie möglich auf. Bei Bedarf verkleinern Sie die Darstellung zuvor mit dem Zoom-Werkzeug oder über das Menü *Ansicht – Auszoomen*.

Nach allen Vorbereitungen kommt nun die eigentliche Arbeit. Wählen Sie im Menü *Bild – Transformieren – Verzerren*. Bereits bei der Arbeit mit dem Filter hat Photoshop Elements den Hintergrund in eine freie Ebene gewandelt. Hätten Sie gleich mit den Transformationen begonnen, würden Sie nun in einem Hinweis-Fenster gefragt, ob Sie den Hintergrund in eine Ebene umwandeln möchten. Nur freie Ebenen können transformiert werden.

Im Bildfenster erscheint nun um das Bild herum ein Transformationsrahmen mit Anfasspunkten in der Mitte und an den Ecken der umgebenden Linien. Wenn Sie alle Arbeiten so weit mitgemacht haben, ist nur noch die rechte obere Ecke kritisch. Zeigen Sie also auf den Anfasspunkt der rechten oberen Ecke und zichen Sie mit gedrückter linker Maustaste am Eckpunkt nach rechts und oben. Kontrollieren Sie dabei das Bild, und ziehen Sie so weit, bis die Traufe und die Gebäudeaußenkante etwa parallel auf der Hilfslinie liegt. Wenn Sie mit dem Ergebnis zufrieden sind, bestätigen Sie den Vorgang mit Klick auf das Häkchen unten rechts am Transformationsrahmen.

Das Bild sieht beim Verzerren wie in Abbildung 17.4 aus.

Bei Bildern ohne kissen- oder tonnenförmige Objektivverzerrung würde allein eine Bearbeitung mit der Transformation *Verzerren* eine vollständige Korrektur ermöglichen.

Abb. 17.4
Das Bild während des Verzerrens. Achten Sie auf die Gebäudeaußenkanten und die Traufe.

17.2.5 Der Filter Verbiegen

Das Bild ist nun bereits weitestgehend entzerrt und gerade gerichtet. Verblieben ist die Wölbung nach vorne bzw. oben, die dadurch entsteht, dass das Bild als Panoramabild aus insgesamt neun Einzelaufnahmen zusammengesetzt wurde, die zusätzlich nach links und rechts fluchten. Doch auch dieser Bildfehler lässt sich mit dem Filter *Verbiegen* aus dem Menü *Filter – Verzerrungsfilter* weitestgehend korrigieren. Da dieser Filter jedoch nur in der waagerechten Achse eingesetzt werden kann, muss das Bild zunächst mit Menü *Bild – Drehen – 90° nach rechts* gedreht werden. Anschließend rufen Sie den Filter auf: *Filter – Verzerrungsfilter – Verbiegen*.

Abb. 17.5
Das Fenster des Filters Verbiegen. Der Betrag, um den das Bild gebogen wird, darf nur gering sein, da das Bild sonst zu sehr nach unten durchgebogen wird.

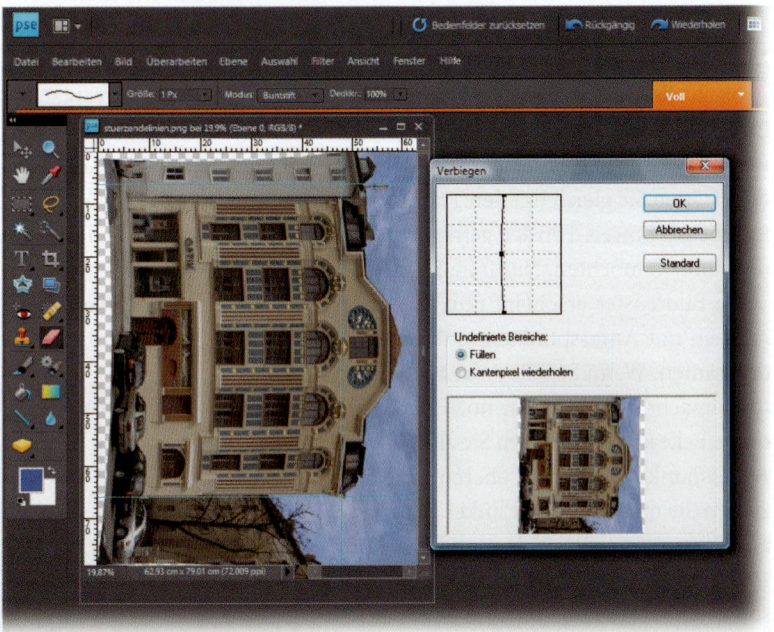

Abb. 17.6
Das Bild stuerzendelinien.png nach allen Korrekturen, aber vor dem Zuschneiden. Die Hilfslinien können einfach über das Menü Ansicht – Hilfslinien ausgeblendet oder auch über das Menü Hilfslinien löschen gelöscht werden.

Im Fenster des Filters sehen Sie eine senkrechte schwarze Linie mittig in einem gerasterten Feld, darunter das Vorschaubild. Zeigen Sie mit dem Mauszeiger auf die vertikale Mitte dieser Linie. Mit gedrückter linker Maustaste schieben Sie diesen Punkt nun waagerecht ganz gering, um weniger als einen Millimeter, nach links. Bestätigen Sie mit *OK*. Sollte die Biegung zu stark geraten sein, machen Sie den Arbeitsschritt rückgängig und wiederholen ihn. Im nächsten Schritt drehen Sie das Bild mit *Bild – Drehen – 90° nach links* wieder zurück. Abschließend können Sie das Bild noch mit dem Freistellungswerkzeug so zuschneiden, dass keine transparenten Randbereiche mehr sichtbar sind. Vergessen Sie nicht zu speichern.

18 Retuschearbeiten VII – einen »flauen Himmel« auffrischen

Abb. 18.1
Eine schnelle Retusche des Bildes mit der
Intelligenten Auto-Korrektur, Kopierstempel
und Smartpinsel-Werkzeug. Bei diesem Bild
führt dieses Vorgehen zu keinem
guten Ergebnis.

Schwerpunkte:
- Arbeiten mit Auswahlen
- Arbeiten mit dem Fenster *Farbwähler*
- Arbeiten mit Ebenen
- Arbeiten mit dem Fenster *Verläufe bearbeiten*

Im Bild *flauerhimmel.png* soll der vorhandene blaugraue Himmel durch eine einfarbige Füllung bzw. durch einen Farbverlauf auf einer neuen Ebene ersetzt werden. Dazu wird der vorhandene Himmel durch eine Auswahl mit dem Zauberstab markiert und gelöscht. Die darunter liegende Ebene mit der farbigen Füllung scheint dann durch den transparenten Bereich der darüber liegenden Ebene mit der Landschaft.

Wenn Sie möchten, können Sie erst einmal eine Korrektur dieses gescannten Dias ohne Zuhilfenahme von Ebenen versuchen, allein mit dem Kopierstempel und dem Smartpinsel-Werkzeug (siehe Kapitel 15.3.2). Doch bietet die Retusche als »Foto-Sandwich« mehr Möglichkeiten.

18.1 Erster Teil: einen Bereich nach Farbe auswählen und durch eine Farbfüllung ersetzen

■ Öffnen Sie das Bild *flauerhimmel.png* im Verzeichnis *Bildvorgaben* auf der DVD.

■ Speichern Sie es sofort als *blauerhimmel.psd* im Dateiformat PSD in Ihrem Übungsordner auf Ihrem Rechner.

■ Führen Sie eine Tonwertkorrektur durch (Menü *Überarbeiten – Beleuchtung anpassen – Tonwertkorrektur*), und frischen Sie die Farben des Bildes auf mit Hilfe der Möglichkeiten des Menüs *Überarbeiten – Farbe anpassen – Farbton/Sättigung anpassen*.

■ Legen Sie sich im Ebenen-Bedienfeld des Bildes über das Symbol *Neue Ebene erstellen* (Abreißblock) eine neue Ebene an. Geben Sie ihr den Namen *Himmel*.

■ Duplizieren Sie die Hintergrundebene *Hintergrund* mit der Landschaft (z. B. rechter Mausklick auf die Ebene im Ebenen-Bedienfeld). Benennen Sie die neue Ebene um in *Landschaft*. Schalten Sie die Ebene *Hintergrund* unsichtbar. (Die Eigenschaft Transparenz ist bei Hintergrundebenen nicht möglich, es sei denn, Sie wandeln den Hintergrund direkt in eine Ebene um, siehe Kontextmenü. Beim Duplizieren eines Hintergrundes wird jedoch automatisch der neuen Ebene ein Alphakanal zugeordnet.)

■ Schaffen Sie auf der Ebene mit dem Landschaftsbild eine Auswahl des Himmels mit Hilfe des Werkzeugs *Zauberstab*. Dazu klicken Sie einfach mit dem Werkzeug in den farblichen Bereich des Bildes, den Sie auswählen möchten.

Achten Sie dabei auf die Werkzeugeinstellungen. Wählen Sie hier bei *Modus* die Schaltfläche *Der Auswahl hinzufügen*. Bei *Toleranz* (Farbähnlichkeit) wählen Sie einen Wert, der bestimmt, wie groß die Toleranz bei der Erkennung »gleicher« Farben sein soll – wie ähnlich die Farben sind, die vom Werkzeug als »gleiche Farbe« erkannt und ausgewählt werden. Für unser Beispiel empfiehlt sich ein Wert von ca. 32. Wählen Sie dann durch mehrfaches Klicken in den entsprechenden Bildbereich den gesamten Himmel aus.

Betrachten wir die Werkzeugeinstellungen für Auswahlen etwas genauer. Diese variieren zwar etwas je nach Auswahlwerkzeug, haben jedoch alle die Option *Modus*, mit deren Hilfe sich nacheinander eine Auswahl mit verschiedenen Auswahlwerkzeugen herstellen lässt.

Abb. 18.2

Die Werkzeugeinstellungen für den Zauberstab bei unserer Arbeit

Weiter mit der Aufgabe:

■ Entfernen Sie ggf. kleinere Auswahl-Inseln im Bereich des Himmels, indem Sie sie mit dem Werkzeug *Lasso* grob umfahren. Achten Sie auch hier darauf, dass in den Werkzeugeinstellungen der Modus *Der Auswahl hinzufügen* gewählt ist.

■ Denken Sie auch daran, dass Sie sich den Bildausschnitt vergrößern können (Zoom-Werkzeug).

■ Wenn in der Auswahl keine »Inseln« (umrandete Flecken) mehr zu sehen sind und der Waldrand gut markiert ist, erweitern Sie die Auswahl über das Menü *Auswahl – Auswahl verändern – Erweitern* um wenige Pixel (etwa 3 px). Geben Sie der Auswahl einen Randverlauf mit Hilfe der Einstellmöglichkeiten im Menü *Auswahl – Weiche Auswahlkante* (ca. 4 px). Dies sorgt dafür, dass der Horizont, die Kontur der Bäume beim Löschen einen Verlauf erhält, so dass später die Landschaftskontur weich, nicht scherenschnittartig in den neuen Himmel übergeht.

■ Löschen Sie den Himmel auf der Ebene *Landschaft* mit Hilfe der Auswahl über das Menü *Bearbeiten – Löschen*.

■ Speichern Sie die Auswahl als Alphakanal über das Menü *Auswahl – Auswahl speichern,* und löschen Sie diese dann im Bild über den Menübefehl *Auswahl – Auswahl aufheben.*

Abb. 18.3

Erweiterte Auswahl mit Randverlauf

Betrachten Sie das Bild genauer: Da der Rand der Auswahl einen Verlauf hatte, erhält die Kontur des verbleibenden Bildteiles einen Randverlauf hin zur Transparenz – der Randübergang erscheint weicher, nicht scherenschnittartig.

Bei den nächsten Arbeitsschritten kommen die Werkzeuge von Photoshop Elements zum Einsatz, mit deren Hilfe Sie Farben wählen und Ebenen oder Auswahlen mit einer Farbe füllen können. Diese werden in den nachfolgenden Kapiteln näher erläutert. Vorab erst einmal weiter mit der Aufgabenstellung:

▦ Wählen Sie mit dem *Farbwähler* des Werkzeugbedienfeldes einen lichten Blauton als *Vordergrundfarbe*.

▦ Setzen Sie die Ebene *Himmel* aktiv.

▦ Wählen Sie das *Füllwerkzeug (Farbeimer)* aus dem Werkzeugbedienfeld, und klicken Sie ins Bild. Die Ebene *Himmel* wird ganz mit der gewählten Vordergrundfarbe gefüllt.

▦ Sollten Sie danach nur noch eine blaue Fläche sehen, liegt das daran, dass die Ebene *Himmel* im Stapel zuoberst liegt. Positionieren Sie diese Ebene ggf. unter der Ebene mit der Landschaft. Klicken Sie dazu im Ebenen-Bedienfeld die Ebene *Himmel* mit gedrückter linker Maustaste an, und ziehen Sie sie im Stapel unter die Ebene Landschaft (Drag & Drop). Lassen Sie los, die Ebene fällt unter der Ebene *Landschaft* in den Stapel.

▦ Sie können nun noch die Berge im Hintergrund mit dem Werkzeug *Nachbelichter* abdunkeln. Stellen Sie dazu in den Werkzeugeinstellungen bei *Belichtung* einen geringeren Wert ein (ca. 20 %), und wählen Sie eine sehr große Pinselspitze mit weichem Rand (Durchmesser ca. 200 Pixel). Sie vermeiden damit abrupte Abdunkelungen und können die Fläche gleichmäßiger bearbeiten. Mit dem Werkzeug *Abwedler* können Sie die sehr dunklen Bereiche der Wiesen im Vordergrund etwas aufhellen. Für die Pinselspitze bzw. die Belichtung gilt dabei das Gleiche wie zuvor.

▦ Speichern Sie das Bild. Es wurde ja bereits zu Beginn als *blauerhimmel. psd* angelegt, deshalb genügt nun das einfache *Datei – Speichern*. Alternativ speichern Sie mit der Tastenkombination Strg/Ctrl + S.

18.1.1 Die Vordergrundfarbe mit der Pipette aus dem Bild wählen

Abb. 18.4
Die Werkzeugeinstellungen des
Werkzeugs Pipette

Das Werkzeug Pipette bietet die Möglichkeit, mit der aufgerufenen Pipette im Bild auf einen farbigen Bereich zu deuten und per linkem Mausklick dessen Farbe als Vorder- bzw. Hintergrundfarbe zu wählen. Die Vordergrundfarbe wird in Photoshop Elements als Mal-, Füll- oder Schriftfarbe verwendet, ebenso als erste Farbe für Farbverläufe. Dies ist die einfachste und komfortabelste Weise, eine Farbe zum Malen oder Füllen zu wählen. Sie wird deshalb hier vor den komplexeren Werkzeugen zur Farbwahl erläutert, auch wenn sie bei unserem Beispielbild zunächst nicht geeignet ist – dieses zeigt kein geeignetes Blau.

Wählen Sie aus dem Werkzeugbedienfeld das Werkzeug *Pipette*. Der Mauszeiger wird zur Farbpipette. Wenn Sie nun auf einen Bereich des Bildes klicken, wird dessen Farbe aufgenommen und im Farbwähler im Werkzeugbedienfeld als Vordergrundfarbe angezeigt.

In den Werkzeugeinstellungen der Pipette wählen Sie unter *Aufnahmebereich:* 3 × 3 Pixel. Somit wird aus dem Bild nicht nur genau der Farbwert eines Pixels gewählt, sondern eine Farbe als Mittelwert eines Feldes von

3×3 Pixeln. Einen Aufnahmebereich von 1 Pixel sollten Sie nur dann wählen, wenn die gewünschte Farbe im Bild genau zu definieren ist. Bedenken Sie dabei, dass Sie das Bild mit dem Zoom-Werkzeug auch so stark vergrößern können, dass die einzelnen Pixel deutlich sichtbar werden.

Abb. 18.5

Den Farbwähler aufrufen:
Sie erreichen die Fenster
der Farbwähler für
die Vordergrund- und
Hintergrundfarbe durch
Klick auf die entsprechenden Farbfelder des
Werkzeugbedienfeldes.

18.1.2 Der Farbwähler im Werkzeugbedienfeld

Der Farbwähler gibt Ihnen eine schnelle Auswahl bzw. einen Wechsel zwischen zwei frei wählbaren Farben an die Hand.

Das Feld links oben (blau) ruft den Farbwähler für die Vordergrundfarbe auf, das dahinter versetzte rechts unten (weiß) den für die Hintergrundfarbe. Die *Vordergrundfarbe* ist die aktive Farbe für das Mal-, Füll- und Textwerkzeug, für die Form-Werkzeuge sowie die erste Farbe für Farbverläufe. Die *Hintergrundfarbe* ist die zweite Farbe des Verlaufswerkzeuges und automatisch die Hintergrundfarbe und die »Farbe« des Radierwerkzeuges bei Hintergrundebenen, die keine Transparenz (Alphakanal) besitzen.

Durch Klick auf den gebogenen Doppelpfeil (rechts oben) können Sie beim Arbeiten schnell die Malfarbe wechseln, die voreingestellte Hintergrund- zur Vordergrundfarbe machen. Klick auf das kleine schwarzweiße Symbol links unten stellt die *Standardfarben Schwarz – Weiß* als Vordergrund- bzw. Hintergrundfarbe wieder her.

Ein Klick auf das Symbol des gebogenen Doppelpfeils bewirkt, dass Vordergrund- und Hintergrundfarbe vertauscht werden. So können Sie schnell mit zwei verschiedenen Farben malen. Ein Klick auf das kleine Symbol mit Schwarz und Weiß setzt die Vorder- und Hintergrundfarbe auf diese beiden Farben zurück.

18.1.3 Das Fenster Farbwähler

Die Farbauswahl ist sozusagen die Farbpalette des Programms, mit deren Hilfe Sie jede beliebige Farbe zum Malen, Schreiben oder Füllen mischen können.

Im geöffneten Fenster *Farbwähler* wird Ihnen die Farbauswahl in der RGB-Darstellung angeboten. Am auffälligsten ist das große Farbfeld links mit der Auswahl der Helligkeitsstufen einer Farbe. Hier genügt es, auf den gewünschten Farbton zu klicken, dieser wird als neue Farbe in das Feld *Aktuell* eingetragen (rechts über den Zahlenangaben).

Das *Farbspektrum* im Bild zeigt die Farbtöne des RGB-Spektrums. Voraussetzung ist, dass der Schalter neben *H* geklickt ist. Hier können Sie durch Klicken und Schieben der Maus mit gedrückter linker Maustaste einen Farbbereich vorwählen.

Abb. 18.6

Das Fenster Farbwähler und die Darstellung der aktuellen Farbe im Werkzeugbedienfeld. Die neu gewählte Farbe erscheint dort erst, wenn Sie den Farbwähler mit OK bestätigt haben.

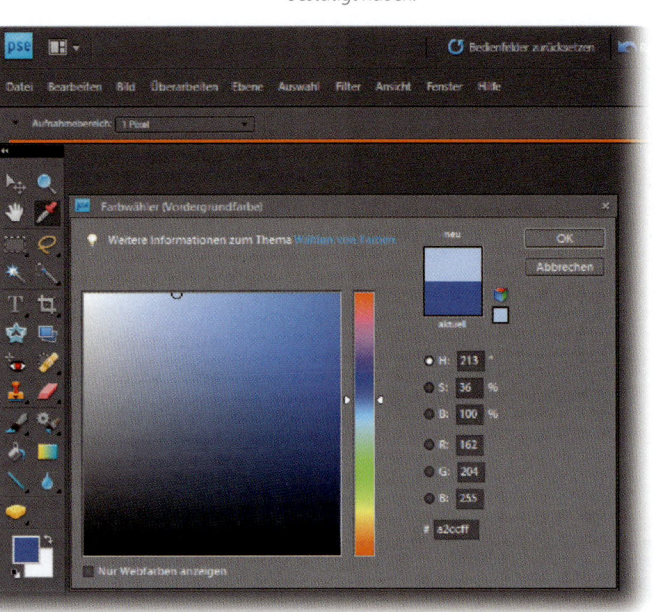

▓ **Schalter:** Für die Standardfarbanzeige (siehe Beispiel) sollte der Schalter *H* geklickt sein. Die übrigen Schalter liefern andere Ansichten des Feldes zur Farbauswahl.

▓ **Zahlenangaben:** Auch durch die Eingabe von dezimalen (bzw. hexadezimalen) Zahlenwerten für *Rot*, *Grün* und *Blau* lässt sich eine Farbe einstellen bzw. mischen, z. B. falls die Zahlenwerte aus einem anderen Programm ausgelesen wurden und nun übertragen werden sollen. Die Werte bei H-S-B stehen für die Farbwerte im HSB-Farbmodell.

Das Feld unten mit dem vorangesetzten #-Zeichen zeigt den hexadezimalen Zahlenwert für die aktuell gewählte Farbe. Dieser Zahlenwert wird z. B. als Farbwert in HTML eingesetzt.

▓ **Schaltflächen:** Die Schaltfläche *OK* übernimmt die neu eingestellte Farbe in das Werkzeugbedienfeld und schließt das Fenster *Farbwähler*. Die Schaltfläche *Abbrechen* schließt das Fenster, ohne eine neue Farbe als Vordergrund- bzw. Hintergrundfarbe ins Programm zu übernehmen.

▓ **Farbfeld:** Rechts neben dem Farbspektrum zeigt es oben die aktuell gewählte Farbe und darunter die bisherige Farbwahl. Daneben sehen Sie in Abb. 18.6 das Warnsymbol (farbiger Würfel) dafür, dass die gewählte Farbe nicht zu den websicheren Farben gehört. Klicken Sie auf das farbige Kästchen darunter, wird automatisch die am nächsten ähnliche websichere Farbe gewählt, was heute im Webdesign eigentlich nicht mehr erforderlich ist.

▓ **Nur Webfarben anzeigen:** Das Kontrollkästchen sollten Sie ebenfalls nur wählen, wenn Sie für eine Webseite eine nur auf die alten, restriktiven Webfarben ausgerichtete Farbe suchen.

18.1.4   Das Füllwerkzeug (Farbeimer)

In unserem Beispielbild soll zunächst ein einfarbiger Himmel eingefügt werden. Dazu wird eine separate Ebene mit einer Farbe gefüllt, die dann durch die transparenten Bereiche der darüber liegenden Ebene mit der Landschaft als Himmel erscheint. Als Werkzeug steht Ihnen hierzu das *Füllwerkzeug* zur Verfügung. Alternativ können Sie auch im Menü *Bearbeiten – Ebene füllen* bzw. *Auswahl füllen* wählen.

Auch das *Füllwerkzeug* hat seine eigenen Werkzeugeinstellungen. Ohne diese zu verändern, genügt es für die hier gestellte Aufgabe, nach der Wahl der gewünschten Vordergrundfarbe und der Aktivierung der entsprechenden Ebene im Ebenen-Bedienfeld einfach mit diesem Werkzeug ins Bild zu klicken – die Ebene wird automatisch mit der gewünschten Farbe gefüllt.

Abb. 18.7

Werkzeugeinstellungen des Füllwerkzeugs

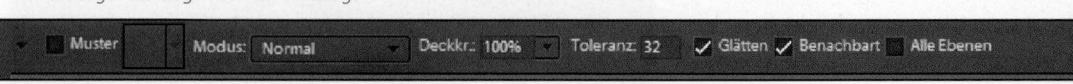

Abb. 18.8

Das Bild blauerhimmel.psd nach der Aktion mit dem Füllwerkzeug und der Neuordnung der Ebenen im Ebenen-Bedienfeld

18.1.5 Der Filter Wolken

Der so entstandene hellblaue Himmel ist ein bisschen langweilig, obwohl es bei Fön auch solch einen Himmel in Bayern gibt. Ist im Farbwähler im Werkzeugbedienfeld noch Hellblau als Vordergrundfarbe eingestellt – und

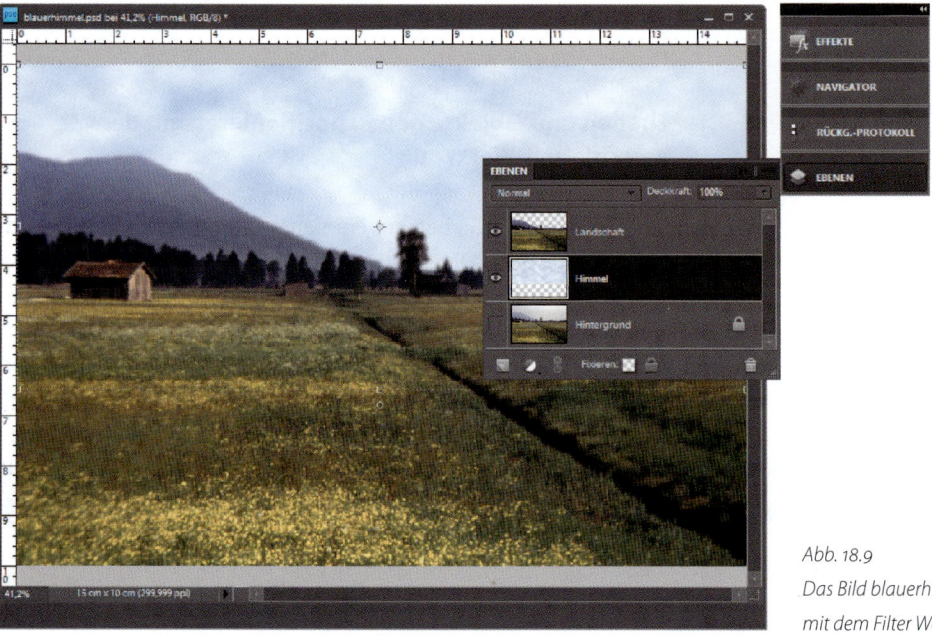

Abb. 18.9

Das Bild blauerhimmel.psd nach der Aktion mit dem Filter Wolken ist Weiß Hintergrundfarbe? Dann wählen Sie doch einfach einmal den Filter im Menü *Filter – Renderfilter – Wolken*. Besser? Der Filter erzeugt aus der jeweils eingestellten Vorder- und Hintergrundfarbe eine Wolkenstruktur. Fühlen Sie sich frei, auch einmal eine Gewitterstimmung – blauviolett und orangegrau – auszuprobieren.

18.2   Zweiter Teil: ein Bildobjekt auf einer neuen Ebene anlegen und positionieren

Die Sonne zu malen, zu positionieren und das Anlegen der neuen Ebene *Sonne* sollten keine weiteren Schwierigkeiten bieten. Doch werden wir das Verschieben-Werkzeug mit seinen Werkzeugeinstellungen im Folgenden genauer betrachten. Vorab wieder eine kurze Übersicht der Vorgehensweise:

- Legen Sie eine Ebene namens *Sonne* an, positionieren Sie diese unter der Ebene *Landschaft* im Ebenenstapel.
- Wählen Sie ein *sehr lichtes Gelb* als Vordergrundfarbe (Malfarbe).
- Wählen Sie in den Werkzeugoptionen des Pinsel-Werkzeugs einen runden, weichen Pinsel. Vergrößern Sie dessen Durchmesser auf etwa 300 px.
- Malen Sie eine kreisrunde Sonne, indem Sie mit dem Malwerkzeug *Pinsel* auf die Ebene *Sonne* klicken. Nur ein Klick genügt! Lassen Sie den entstandenen Sonnenkreis mit dem Verschieben-Werkzeug im Bild wandern. Positionieren Sie die Sonne schließlich.

18.2.1   Ebenen und Objekte genau positionieren mit dem Verschieben-Werkzeug

Abb. 18.10
Werkzeugeinstellungen des
Verschieben-Werkzeugs zum Positionieren
von Ebenen bzw. Objekten

Wir wenden hier das Verschieben auf ein neues Bildobjekt an, das frei auf einer separaten Ebene liegt. Dies ist die eine, wichtige Aufgabe dieses Werkzeugs. Damit lassen sich praktisch alle Objekte verschieben, die Sie in ein Bild einfügen können. Sie können Bildobjekte damit auch im Bild ausrichten und verteilen. Die zweite, wichtige Funktion des Verschieben-Werkzeugs ist das Skalieren, das Vergrößern oder Verkleinern von Bildobjekten.

Ebene autom. wählen   ✓ Begr.rahmen einbl.   ✓ Beim Darüberbewegen mit Maus hervorh.   Anordnen ▾   Ausr. ▾   Verteil. ▾

18.2.2 Die Werkzeugeinstellungen des Verschieben-Werkzeugs

Ebene automatisch wählen: Aktivieren Sie dieses Kontrollkästchen, dann können Sie mit dem Verschieben-Werkzeug auf eine Ebene, ein Bildobjekt im Bildfenster klicken. Findet das Werkzeug dabei einen Bildpunkt der Ebene, wird diese aktiv gesetzt, gleichgültig, welche Ebene Sie zuvor im Ebenen-Bedienfeld aktiv gesetzt hatten. Sie können so eine Ebene schnell z. B. zum Verschieben auswählen. Diese Einstellung hat ihre Tücken. Oft trifft man nicht ein einzelnes, gewünschtes kleineres Bildobjekt, sondern eine der großflächigen Ebenen darunter. Deswegen deaktiviere ich diese Option zumeist und wähle Ebenen zum Bearbeiten bewusst im Ebenen-Bedienfeld. Dennoch werden Sie Bilder finden, bei denen die Ebenenwahl mit dem Verschieben-Werkzeug komfortabler ist.

Begrenzungsrahmen einblenden: Ist diese Option gewählt, wird um Bildobjekte und Ebenen herum eine gepunktete Linie mit Anfasspunkten in der Linienmitte und an den Ecken angezeigt. Dieser Rahmen zeigt die tatsächlichen Ausdehnungen eines Bildobjekts auf einer Ebene, wie z. B. bei unserer Sonne. Zugleich dient der Rahmen als Ansatzpunkt für Transformationen des Bildobjekts. Das Objekt kann über die Seiten bzw. über die Ecken skaliert, d.h. vergrößert oder verkleinert werden. Das Objekt kann nun auch gedreht werden. Möchten Sie das Objekt auf einer Ebene z. B. proportional, im gleichen Seitenverhältnis vergrößern, ziehen Sie mit gedrückter linker Maustaste an einem seiner Eckpunkte und halten dabei die Umschalt-Taste (Shift) gedrückt.

Möchten Sie das Objekt drehen, fassen Sie mit gedrückter linker Maustaste den separaten Anfasser unter dem Objekt und drehen. Der Mauszeiger ändert sich dabei in vier kreisende Pfeile. Sie können auch einfach über einen der Mittel- oder Eckpunkte hinaus zeigen. Der Mauszeiger ändert sich dann in einen gebogenen Doppelpfeil. Auch dann können Sie das Objekt durch Schieben bei gedrückter linker Maustaste drehen. Wenn Sie die Transformationsmöglichkeiten nicht benötigen, deaktivieren Sie einfach diese Option. Sie können dann immer noch Bildobjekte mit dem Werkzeug verschieben.

Beim Darüberbewegen mit der Maus hervorheben: Markiert beim Darüberfahren mit der Maus einzelne Ebenen bzw. zeigt deren Umfahrung als blaues Highlight an. Wenn eine gewünschte Ebene markiert erscheint, können Sie sie verschieben, auch wenn sie im Ebenen-Bedienfeld nicht ausgewählt ist. Diese Option funktioniert nur, wenn auch *Ebene automatisch wählen* ausgewählt ist. Die im Ebenen-Bedienfeld aktiv gesetzte Ebene wird nicht blau hervorgehoben, sondern ist stets an ihrem gepunkteten Begrenzungsrahmen zu erkennen.

Auswahlmenü Anordnen: Verschiebt die aktive Ebene im Ebenenstapel vor, zwischen oder unter andere Ebenen. Zur Auswahl stehen: *Nach vorne bringen* (setzt die aktive Ebene im Stapel zuoberst vor alle anderen) – *Schrittweise vorwärts* – *Schrittweise rückwärts* – *Nach hinten stellen* (setzt die aktive Ebene im Stapel zuunterst).

Auswahlmenü Ausrichten: Richtet ausgewählte Ebenen im Bild aus. Um dieses Menü anzuwenden, müssen entweder mehrere Ebenen im Ebenen-Bedienfeld ausgewählt sein, die zueinander ausgerichtet werden sollen. Oder im Bild muss alles ausgewählt sein, mit *Auswahl – Alles auswählen*. Dann stehen folgende Optionen zur Auswahl: *Obere Kanten – Vertikale Mitten – Untere Kanten* und *Linke Kanten – Horizontale Mitten – Rechte Kanten*. Entsprechend richten Sie die gewählte Ebene in der Bildfläche aus.

Probieren Sie das einmal an unserem Bild und der Sonne aus, nachdem Sie im Bild alles ausgewählt haben (Menü *Auswahl – Alles auswählen*). Bislang habe ich diese Möglichkeiten nur genutzt, wenn es darum ging, etwas im Bild absolut mittig auszurichten, zumeist bei Grafiken für Webseiten.

Auswahlmenü Verteilen: Verteilt ausgewählte Ebenen im Bild. Damit diese Funktion eingesetzt werden kann, müssen mindestens drei Ebenen im Ebenenstapel gewählt sein. Entsprechend dem gewählten Verteilungsbefehl werden diese dann im Bild verteilt.

➔ Hinweis: Wenn Sie eine Ebene (oder ein Bildobjekt) im Ebenen-Bedienfeld markieren und dann das Objekt im Bildfenster mit dem Verschieben-Werkzeug anklicken, können Sie es mit gedrückter linker Maustaste frei von Hand verschieben und im Bild positionieren. Wenn Sie einfach nur das Werkzeug im Werkzeugbedienfeld auswählen (wenn die Ebene aktiv ist), können Sie nun aber auch die Cursor- oder Pfeiltasten Ihrer Tastatur verwenden und die entsprechende Ebene pixelgenau verschieben. Jeder Anschlag einer der vier Cursor-Tasten verschiebt das Element bzw. die Ebene um genau ein Pixel in die jeweilige Richtung. Drücken Sie gleichzeitig die Umschalt-Taste *(Shift)*, bewegt sich das Objekt in Zehn-Pixel-Sprüngen.

➔ Hinweis: Auch Auswahlen lassen sich mit dem Verschieben-Werkzeug verschieben. Allerdings wird dabei der von der Auswahl umfasste Bildinhalt auf der aktiven Ebene ausgeschnitten. Es entsteht eine »schwebende Auswahl«. Diese können sie mitsamt dem ausgeschnittenen Bildinhalt verschieben und positionieren. Über das Menü *Ebene – Neu – Ebene durch Ausschneiden* wird daraus eine normale, freie Ebene. Mit *Auswahl – Auswahl aufheben* wird der ausgeschnittene, verschobene Bildbereich an der neuen Position in die aktuelle Ebene eingefügt.

Ein Bildobjekt bzw. eine Ebene verschieben und positionieren war eine einfache Übung. Der nächste Schritt, einen Farbverlauf anzulegen, ist jedoch
ein komplexerer Vorgang. Sehen Sie sich das erst einmal genauer an.

18.3 Dritter Teil: einen mehrfarbigen Himmel anlegen – Füllungen mit Farbverläufen

Das **Verlaufswerkzeug** arbeitet von vornherein zweifarbig – mit einem
Farbverlauf von eingestellter Vordergrund- zu Hintergrundfarbe. Wenn
Sie diese in den entsprechenden Farbwählern eingestellt haben, können
Sie das Werkzeug für einen zweifarbigen Farbverlauf direkt im Bild einsetzen. Werkzeug wählen, ins Bild klicken und mit gedrückter linker Maustaste ziehen. Ein »Gummiband«, das am Fadenkreuz des Cursors hängt,
zeigt Ihnen dabei die Richtung des (dazu senkrechten, linearen) Verlaufs,
so wie Sie das Werkzeug ziehen. Möchten Sie jedoch einen aufwendigeren
Farbverlauf einsetzen oder mit mehr und anderen Farben arbeiten, stehen
Ihnen im Fenster *Verläufe bearbeiten* eine Reihe vorgefertigter Farbverläufe
zur Auswahl. Außerdem können Sie hier Verläufe nach eigenen Vorstellungen anlegen.

18.3.1 Die Werkzeugoptionen des Verlaufswerkzeugs

Bevor Sie tiefer in die Herstellung eines mehrfarbigen Farbverlaufs einstei-
gen, sollten Sie sich mit den Werkzeugeinstellungen des Verlaufswerkzeugs
vertraut machen.

Abb. 18.11
Die Werkzeugoptionen des Verlaufswerkzeugs

In den Werkzeugeinstellungen sehen Sie zunächst links ein Feld, das in
unserem Fall einen Farbverlauf von Hellblau nach Weiß zeigt. Daneben
sehen Sie eine kleine Schaltfläche mit einem Pfeil nach unten. Rechts daneben sehen Sie die Schaltfläche *Bearbeiten*. Sowohl ein Klick auf das Feld mit
dem Farbverlauf als auch ein Klick auf die Schaltfläche *Bearbeiten* öffnet
das Fenster *Verläufe bearbeiten*, in dem Sie einen vorgefertigten Farbverlauf auswählen oder auch selbst einen mehrfarbigen Verlauf erstellen und
bearbeiten können. Die kleine Schaltfläche mit dem Pfeil nach unten öffnet
lediglich ein Fenster mit einer Auswahl vorgefertigter Farbverläufe.

  Neben diesen Feldern und der Schaltfläche sehen Sie fünf kleine Schaltflächen, über die Sie die Form und Art des Farbverlaufs auswählen können.
Dabei erzeugt *Linearer Verlauf* einen parallelen, waagerechten Farbverlauf,
wie wir ihn einsetzen wollen.

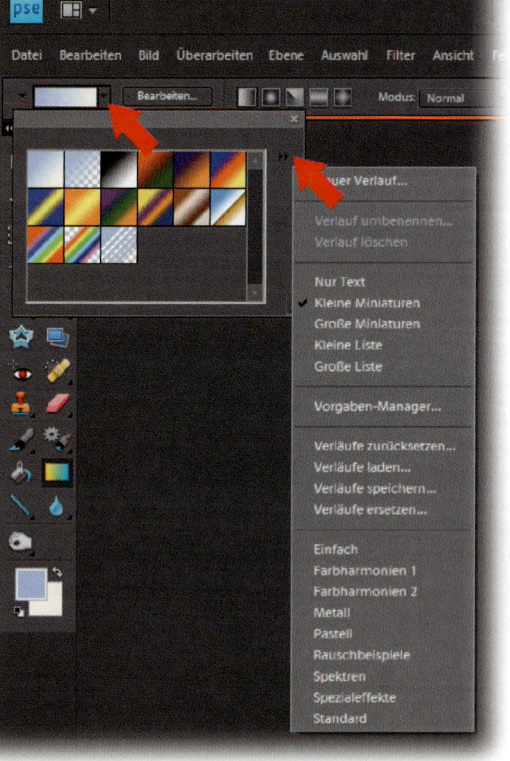

- **Linearer Verlauf:** Gleichmäßiger und waagerecht paralleler Farbverlauf, der senkrecht zur Arbeitsrichtung des Werkzeugs angelegt wird.
- **Radialverlauf:** Gleichmäßiger, konzentrisch kreisförmig angelegter Farbverlauf. Zentrum ist der Ansatzpunkt des Werkzeugs.
- **Verlaufswinkel:** Kegelförmiger Verlauf von Vordergrund- zu Hintergrundfarbe. Der sichtbare Winkel hängt davon ab, von wo und in welchem Winkel das Werkzeug geführt wird.
- **Reflektierter Verlauf:** Wie *Linearer Verlauf,* nur wird der Verlauf vom Ansatzpunkt des Werkzeugs aus gespiegelt.
- **Rauteverlauf:** Rauten- bzw. pyramidenförmiger Farbverlauf. Die Pyramidenspitze ist der Ansatzpunkt des Werkzeugs.
- Unter **Modus** wählen Sie die Mischart mit der darunter liegenden Ebene – belassen Sie hier *Normal,* d. h. deckend ohne Mischeigenschaften.
- Unter **Deckkr.(aft)** können Sie einstellen, ob der Verlauf als Ganzes deckend, durchscheinend oder transparent sein soll.
- Mit der Option **Umkehren** können Sie wählen, dass die *Verlaufsrichtung umgekehrt* wird. Normalerweise werden Farbverläufe von Vordergrund- zu Hintergrundfarbe angetragen, sozusagen links nach rechts in den entsprechenden Darstellungen.
- Die Option **Dither** sollte gewählt sein. Sie erzeugt eine Streuung der Farben an Farbübergängen, so dass der Verlauf keinesfalls stufig erscheint.
- Ist die Option **Transparenz** gewählt, werden auch teiltransparente bzw. völlig durchsichtige Verlaufsbereiche und deren Übergänge korrekt dargestellt. Allerdings müssen Sie diese erst im Fenster *Verläufe bearbeiten* auswählen bzw. einrichten.

Sie haben für Ihr Bild nun in den Werkzeugeinstellungen des Verlaufswerkzeuges gewählt: *Farbverlauf:* Linear – *Modus:* Normal – *Deckkraft:* 100 % – *Dither:* Ja – *Transparenz:* Ja

18.3.2   Einen Farbverlauf anlegen – das Fenster Verläufe bearbeiten

Ein rechter Mausklick auf das Feld mit dem Farbverlauf in den Werkzeugeinstellungen öffnet das Fenster *Verläufe bearbeiten.* Dort wird Ihnen unter *Vorgaben* eine Reihe vorbereiteter Farbverläufe angeboten. Sie können einen vorbereiteten Verlauf einfach durch Anklicken auswählen, dieser steht Ihnen sofort im Verlaufswerkzeug zur Verfügung. Wählen Sie entweder durch Klick einen vorgegebenen Verlauf, z. B. den Standard-Farbverlauf (eingestellte Vordergrund- zu Hintergrundfarbe). Oder betrachten Sie den dargestellten Farbverlauf unten. Das Fenster zeigt den vorgewählten Farbverlauf (in diesem Fall den voreingestellten Verlauf von Hellblau nach Weiß) in einer größeren Ansicht. Diesen können Sie bearbeiten und anpassen.

Unter dem Verlauf sehen Sie einen Bereich, in Abb. 18.13 rot umrandet, mit farbigen Kästchen links und rechts am Rand und einem grauen dazwischen. Diese farbigen Kästchen sind sog. *Farbunterbrecher*. Doppelklicken Sie darauf, erscheint das bekannte Fenster *Farbwähler,* und Sie können eine Farbe für diesen Punkt aussuchen. So wurde für den linken Endpunkt ein mittleres Hellblau gewählt, für den rechten ein lichtes Hellblau. Dem Farbunterbrecher dazwischen wurde ein lichtes Blaugrau zugewiesen. Wenn Sie eine weitere Farbe setzen möchten, klicken Sie einfach mit linkem Mausklick in diesen Bereich unter dem Verlaufsbalken. Sie erhalten dann einen neuen Farbunterbrecher, dessen Farbe Sie nachträglich wählen können. Sie können diese Werte auch im Feld *Unterbrechungen* setzen, bei *Farbe* können Sie dort für einen markierten Farbunterbrecher ebenfalls die Farbe wählen.

Die Farbunterbrecher können Sie mit gedrückter linker Maustaste anfassen und verschieben und damit den Farbverlauf gestalten. Ebenso können Sie bei *Unterbrechungen: Position* die Lage eines markierten Farbunterbrechers im Farbverlauf numerisch bestimmen. Haben Sie versehentlich einen Farbunterbrecher zu viel gesetzt oder wünschen diesen nicht mehr, so zeigen Sie mit der Maus darauf und ziehen ihn mit gedrückter linker Maustaste einfach nach unten weg. Zunächst sehen Sie jeweils in der Mitte zwischen zwei Farbunterbrechern eine kleine Raute, einen Farbmittelpunkt, aber nur, wenn Sie einen der Farbunterbrecher angeklickt haben. Auch diesen Farbmittelpunkt können Sie mit der Maus verschieben. Dadurch wird der Mittelpunkt des Farbübergangs zwischen zwei Farbunterbrechungen auf eine Seite verschoben. Probieren Sie es, je weiter Sie den Farbmittelpunkt verschieben, umso härter, stufiger wird der Übergang.

Über dem großen Farbverlauf ist in Abb. 18.13 ein Bereich hellblau umrandet markiert. Dies ist der Bereich, um *Deckkraftunterbrechungen* zu setzen. Anders gesagt können Sie hier, völlig entsprechend zu den Farbunterbrechungen, Punkte setzen, über die Sie die Transparenz des Farbverlaufs steuern. Den jeweiligen Wert für die Deckkraft/Transparenz können Sie jedoch nur im Feld bei *Unterbrechungen: Deckkraft* wählen.

Wenn Sie den Farbverlauf in die Auswahl der Verläufe aufnehmen möchten, geben Sie ihm im Fenster oben im Feld *Name* einen Namen, und spei-

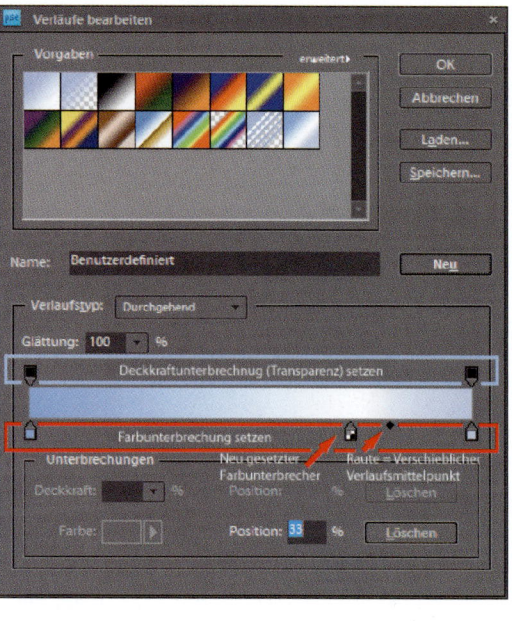

Abb. 18.13

Das Fenster Verläufe bearbeiten

chern Sie ihn unter Ihren vorgegebenen Farbverläufen durch Klick auf die Schaltfläche *Neu*. Dauerhaft gespeichert wird er jedoch nur, wenn Sie über die Schaltfläche *Speichern* alle angezeigten Farbverläufe z. B. als Datei *Standard.grd* (grd = Gradients = Verläufe) speichern. So gespeicherte Verläufe können nachträglich auch wieder geladen werden.

Nun müssen Sie den Farbverlauf noch ins Bild auf die dafür vorgesehene Ebene aufbringen. Überzeugen Sie sich, dass Ihr gewünschter Verlauf im Fenster Verläufe bearbeiten markiert bzw. aktiv ist. Wählen Sie in den Werkzeugoptionen die gewünschte Verlaufsart. Dann können Sie den Verlauf mit dem Verlaufswerkzeug im Bild anlegen.

18.3.3 Das Verlaufswerkzeug einsetzen

Setzen Sie die gewünschte Ebene, die gefüllt werden soll, im Ebenen-Bedienfeld aktiv (darauf klicken, die Ebene wird hellgrau). Im Werkzeugbedienfeld ist das *Verlaufswerkzeug* ausgewählt, in den Werkzeugoptionen haben Sie einen *Linearen Verlauf* gewählt. Deuten Sie mit dem Mauszeiger auf das Bild: Der Mauszeiger hat nun das Aussehen eines Kreuzes. Klicken Sie oben in Ihr Bild, und ziehen Sie mit gedrückter linker Maustaste nach unten: Eine Art »Gummiband« hängt am Mauszeiger. Wenn Sie die Maustaste loslassen, wird der Füllvorgang ausgeführt.

Je nachdem, wo Sie mit diesem Werkzeug zuerst ins Bild klicken, und je nachdem, in welcher Richtung Sie dann ziehen, können Sie dem Farbverlauf eine Richtung, einen Winkel geben. Außerdem können Sie die Weite

Abb. 18.16

Das Bild blauerhimmel.psd nach der

Verlaufsfüllung

des Farbverlaufs bestimmen, je nachdem, wie lang Sie das »Gummiband«
aufziehen. Probieren Sie! Sie können den Füllvorgang öfters nacheinander wiederholen. Wenn Sie mit dem Ergebnis zufrieden sind: Denken Sie
daran, Ihr Bild zu speichern.

Hier noch einmal als Übersicht die wichtigsten Schritte dieses Teils der
Aufgabe:

- Legen Sie eine neue Ebene *Verlauf* an.
- Wählen Sie das Verlaufswerkzeug, und rufen Sie über die Werkzeugoptionen das Fenster *Verläufe bearbeiten* auf.
- Erstellen Sie einen dreifarbigen Farbverlauf »kräftiges Himmelblau –
  silbriges Hellblau – lichtes Himmelblau«, und wenden Sie ihn auf der
  neuen Ebene an.
- Speichern Sie das Bild *blauerhimmel.psd*.

Sie haben nun einen Himmel im Bild mit grafischen Mitteln ersetzt. Sehen
Sie sich noch die dritte Möglichkeit an – einen flauen Himmel im Bild
durch die Fotografie eines lebendigeren Himmels ersetzen.

18.4 Vierter Teil: in ein Bild ein anderes Bild (einen Himmel) als neue Ebene einfügen

In Photoshop Elements besteht die Möglichkeit, Bilder als Ebenen aus mehreren verschiedenen Bilddateien in eine zu importieren. Dies bewerkstelligen Sie einfach mit Drag & Drop aus dem Ebenen-Bedienfeld des einen
auf die Bildfläche des anderen Bildes. Dabei sollten Sie allerdings beachten,
dass die importierten Bildebenen ggf. hinsichtlich Größe und Auflösung
vorab an das Zielbild angepasst werden sollten. Die Ebenen werden dabei
kopiert und bleiben im Originalbild erhalten.

18.4.1 Ebenen per Drag & Drop aus anderen Bildern importieren

Hier die Beschreibung der wichtigsten Bearbeitungsschritte der Beispielaufgabe:

- Öffnen Sie Ihr Bild *blauerhimmel.psd* und das Bild *fönhimmel.jpg* aus
  dem Verzeichnis *Bildvorgaben*.
- Ordnen Sie beide Bildfenster so an, dass sie sich teilweise überlappen.
  Richten Sie sich daneben sichtbar das Ebenen-Bedienfeld ein.
- Setzen Sie das Fenster mit dem Bild *fönhimmel.jpg* aktiv, indem Sie es
  anklicken. Dieses Bild muss im Vordergrund sichtbar sein. Klicken Sie
  nun auf die Ebene *Hintergrund* im Ebenen-Bedienfeld, und ziehen Sie

diese *mit gedrückter linker Maustaste* auf ein Stück der sichtbaren Bildfläche des Bildes *blauerhimmel.psd*. Hier lassen Sie die Maustaste los, die
Ebene wird in das Bild *blauerhimmel.psd* eingefügt. Bei diesem Vorgang
wird die Ebene kopiert, nicht verschoben.

■ Benennen Sie die Ebene *Hintergrund* um, z. B. in *Fotohimme*l. Verschieben Sie diese im Ebenen-Bedienfeld so, dass sie unter der Ebene mit der
Landschaft zu liegen kommt (am einfachsten mit Drag & Drop anklicken und ziehen).

Abb. 18.14

Ebene ziehen

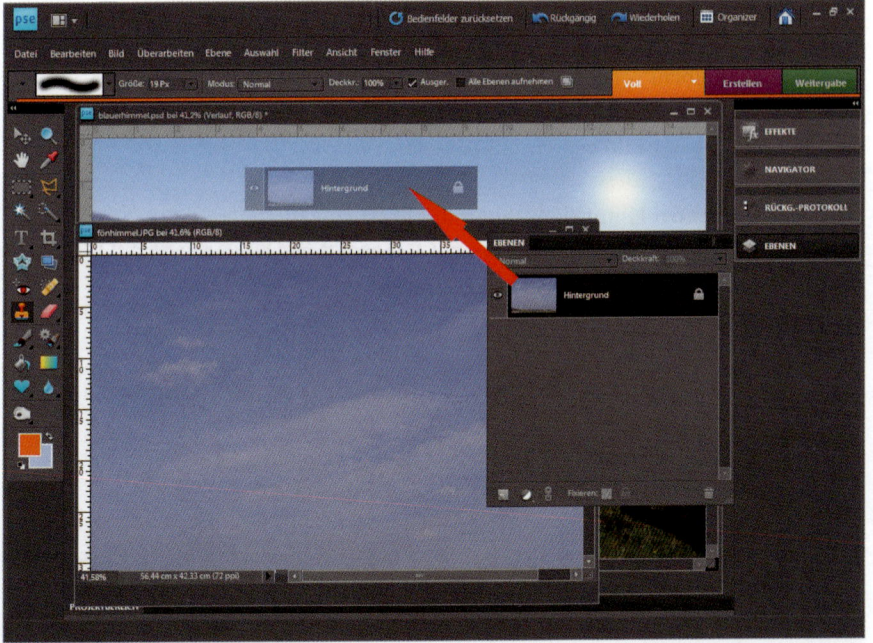

Nun müssen Sie die Ebene noch skalieren, ins Bild einpassen. Dies bewerkstelligen Sie mit dem Transformationsrahmen des Verschieben-Werkzeugs,
was im Folgenden genauer beschrieben wird.

18.4.2 Transformationen – eine Ebene skalieren

Bisher haben Sie ganze Bilder skaliert und damit die Bildgröße geändert,
indem Sie im Menü den Befehl *Bild – Skalieren – Bildgröße* verwendeten.
Nun geht es darum, eine einzelne Ebene zu skalieren und auch zu transformieren, zu verzerren.

Betrachten Sie Ihr Bild. Im Bildfenster sehen Sie die neue Ebene *Fotohimmel*. Die Ebene ist zwar zum großen Teil hinter der Ebene mit der Landschaft
verborgen, aber wenn sie im Ebenen-Bedienfeld aktiv gesetzt und wenn das
Verschieben-Werkzeug gewählt ist, erkennen Sie ihren Umriss, der durch

die gepunkteten Linien des Transformationsrahmens angezeigt wird. Diese Ebene soll nun frei transformiert und ins Bild eingepasst werden.

Bevor wir die Ebene transformieren können, müssen wir sie ganz sehen. Dazu positionieren Sie zuerst die Ebene mittig im Bild und vergrößern den Arbeitsraum um das Bild etwas, indem Sie die Fensterränder nach außen ziehen. Oder Sie zoomen etwas aus dem Bild heraus.

Haben Sie die Ebene im Ebenen-Bedienfeld aktiv gesetzt?

Nun soll die Ebene mit der Maus skaliert und eingepasst werden. Dazu wählen Sie das Verschieben-Werkzeug, damit erhalten Sie auch die entsprechenden Werkzeugeinstellungen. Achten Sie darauf, dass ein Häkchen bei *Begrenzungsrahmen einblenden* steht.

Dann fassen Sie mit der Maus die Ränder des nun sichtbaren, gepunkteten Begrenzungsrahmens. Beim ersten Anfassen wird dieser zu einem durchgezogenen Transformationsrahmen mit Anfasspunkten. Ziehen bzw. schieben Sie den Rahmen mit gedrückter linker Maustaste so, bis Sie den Himmel eingepasst haben. Einfach, oder? Bestätigen Sie die Aktion mit Klick auf das grüne Häkchen rechts unten am Bild. Wenn Sie möchten, führen Sie jetzt noch eine Tonwertkorrektur auf der Ebene Fotohimmel aus. Das Bild wirkt dann wesentlich brillanter.

Sie haben jetzt alle wesentlichen Möglichkeiten gesehen, einen Himmel in einem Bild »aufzufrischen«. Dabei haben Sie eine ganze Reihe komplexer Werkzeuge kennen- und handhaben gelernt. Was jetzt noch fehlt, um aus einem schönen Bild eine Grußpostkarte zu machen, ist der Umgang mit dem Textwerkzeug.

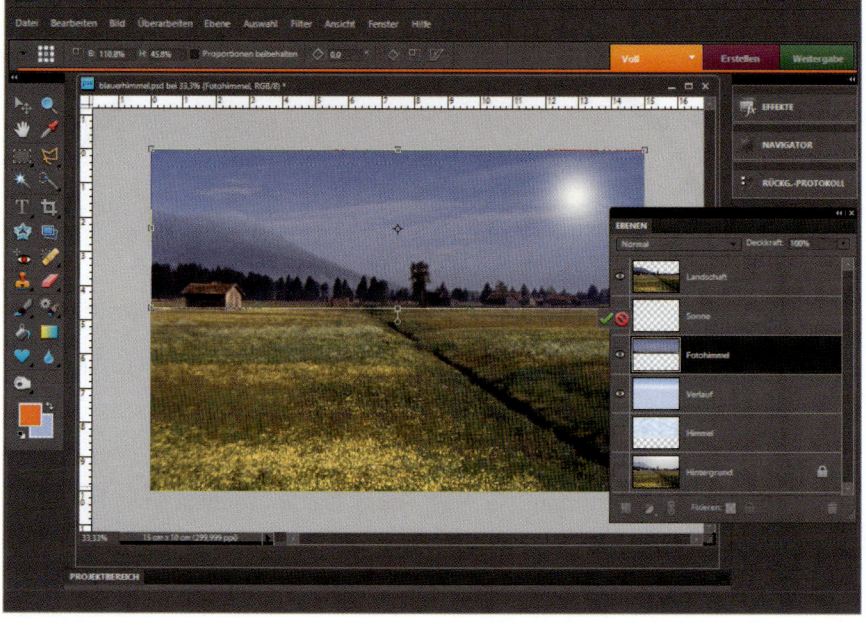

Abb. 18.15
Eine Ebene transformieren –
   skalieren, vergrößern und
verzerren

19 Schreiben mit Photoshop Elements – Text in ein Bild einfügen

19.1 Kleine Typografie – Grundlegendes zu Schriftarten

Hier einige wesentliche Merkmale von Schriftarten:

Serifenlose Schriften wie Arial, Avant Garde, Verdana oder Helvetica. Diese Schriften wirken klar, nüchtern, markant, eignen sich für Überschriften und kurze Informationen, jedoch nicht gut für lange Lesetexte.

Serifenschriften: Serifen sind die Schweife und Ausweitungen an Schriften wie Times New Roman oder Garamond, sie machen die Schrift eingängiger, halten das Auge des Betrachters besser in der Zeile. Erfahrungsgemäß lassen sich diese Schriften leichter, ermüdungsfreier lesen, sie sind Standarddruckschriften von Zeitungen oder Büchern. Solche Schriften werden auch als Brotschriften bezeichnet.

Eine weitere Unterscheidung von Schriften bezieht sich auf die Zwischenräume zwischen den Buchstaben:

Proportionalschriften: Alle bisher genannten Schriften sind Proportionalschriften, das heißt, der Zwischenraum zwischen den einzelnen Zeichen ist stets gleich. In der Regel werden Proportionalschriften im Web wie beim Druck für größere Textmengen eingesetzt, da sie dem Auge ein leichteres Lesen ermöglichen – das Schriftbild wirkt gleichmäßiger, ruhiger.

Nichtproportionale Schriften werden auch Schreibmaschinenschriften (Teletyper-Schriften) oder diktengleiche Schriften genannt. Bei ihnen hat jedes Zeichen etwa die gleiche Größe, Breite. Sie werden in Dokumenten und Webseiten gerne verwendet, um Quellcode zu kennzeichnen – oder einfach um Schreibmaschinentext nachzuahmen. Hier das Beispiel »Courier New«.

Schmuck- oder Zierschriften sind Schriften wie Comic Sans MS oder Daupin, die eine Handschrift nachahmen. Solche Schriften eignen sich für entsprechenden Text, z.B. für Einladungen oder wenn, allgemeiner gesprochen, mit der Schrift ein grafischer Effekt oder eine bestimmte Anmutung (Fraktur – alt, Comictext, futuristische Anmutung) erzeugt werden soll.

Schriftgrößen werden im Druckbereich in **Punkt pt** oder **Pica pc** angegeben. Dabei ist 1 Punkt (pt) = 1/72 Zoll = 1/72 Inch = 2,54 cm/72. 1 Pica (pc) = 12 Punkt (pt) (Standardschriftgröße).

19.2 Das Textwerkzeug

Mit dem Textwerkzeug aus dem Werkzeugbedienfeld von Photoshop Elements können Sie einen »vektorbasierten Text« erzeugen, ins Bild einfügen und positionieren. »Vektorbasiert« ist dieser Text insoweit, als er zwar als Pixelelement im Bild eingefügt wird, jedoch auf einer Vektordarstellung basiert und nachträglich ergänzt, bearbeitet und in seinen Eigenschaften wie Textfarbe und Schriftart oder Schriftgröße verändert werden kann. Der Text bleibt editierbar. Beim Einfügen von Text werden eigenständige Textebenen erzeugt, der Text wird also nicht mit einem Hintergrund bzw. einer anderen Ebene »verbacken«. Mit diesem Werkzeug lassen sich gut Überschriften, einzelne Texte oder Erläuterungen in ein Bild einfügen – für ein Seitenlayout mit viel Text ist es weniger geeignet.

Photoshop Elements bietet Ihnen dabei eine Auswahl an vier Textwerkzeugen:

- Horizontales Textwerkzeug
- Vertikales Textwerkzeug
- Horizontales Textmaskierungswerkzeug
- Vertikales Textmaskierungswerkzeug

Tatsächlich benötigen Sie in 99 % aller Fälle einfach das *Horizontale Textwerkzeug*. Das *Vertikale Textwerkzeug* ist eher für asiatische Schriften gedacht – in vertikaler Schriftdarstellung, die Buchstaben stehen untereinander, ist es eine eigene Aufgabe, die Buchstaben- bzw. Zeilenabstände bei kleingeschriebenen Buchstaben gleichmäßig zu gestalten. Ebenso sind die Textmaskierungswerkzeuge zwar ein interessanter Ansatz, hier müssen Sie aber Schriftgröße und Art von vornherein festlegen, um damit direkt eine Auswahl zu schreiben, die dann auch noch schwierig zu positionieren ist. Wenn Sie einen Text erst layouten, Schriftart und Größe ausprobieren, um dann später mit dem Zauberstab aus der farbigen Schrift einfach per Klick eine Auswahl zu erstellen, sind Sie besser beraten und können den Text zunächst anpassen und einfach ausrichten, bevor Sie daraus eine Auswahl erstellen.

19.2.1   Text erstellen und die Texteigenschaften festlegen

Wählen Sie im Werkzeugbedienfeld das *Horizontale Textwerkzeug*. Der Mauszeiger sieht jetzt aus wie ein Text-Cursor. Klicken Sie damit an eine Stelle im Bild, an der Sie Ihren Text einfügen möchten. Sie können den Text direkt auf der Bildfläche schreiben. Dabei können Sie im Text Zeilenumbrüche einfügen und Text nachträglich korrigieren und ergänzen. Es ist geschickter, erst einmal zumindest etwas Text geschrieben zu haben, vor allem wenn Sie so wie ich nicht allzu vertraut mit Schriftarten sind. Es ist dann wesentlich einfacher, im Nachhinein den Text zu formatieren, die Schrifteigenschaften wie Schriftart, Größe und Stil einzurichten.

Alle Einstellmöglichkeiten für die Texteigenschaften stehen Ihnen in den Werkzeugeinstellungen des Textwerkzeuges zur Verfügung. Diese wenden Sie an, indem Sie, ähnlich wie im Textbearbeitungsprogramm, den Text markieren, bevor Sie ihm über die Werkzeugeinstellungen eine neue Eigenschaft zuweisen. Das Markieren des Textes ist ebenfalls prinzipiell gleich wie im Textbearbeitungsprogramm: Setzen Sie die gewünschte Textebene aktiv und wählen gegebenenfalls zunächst wieder das Textwerkzeug. Zeigen Sie auf das Wort oder den Textanfang, und ziehen Sie mit gedrückter linker Maustaste darüber. Am Anfang mag es etwas gewöhnungsbedürftig erscheinen. Sie müssen zum Markieren wirklich auch am Textanfang direkt auf die linke Vorderkante des ersten Buchstabens zeigen und klicken. Zeigen Sie weiter davor, glaubt das Programm, Sie wollten einen neuen Text schreiben, und legt eine neue Textebene an, ohne dass wie gewünscht Ihr vorhandener Text markiert wird.

Abb. 19.1

Markierter Text

Der geschriebene Text erscheint im Bild, gleichzeitig wird eine separate *Textebene*, gekennzeichnet durch ein großes T anstelle des Vorschaubildes, im Ebenen-Bedienfeld eingefügt. Eine Textebene wird immer über der zuletzt aktiv gesetzten Ebene eingefügt. Achten Sie darauf! Wenn z. B. in unserem Bild die zuletzt aktive Ebene die Ebene *Fotohimmel* ist, wird die neue Textebene direkt darüber in den Ebenenstapel eingefügt. Damit liegt sie aber noch unter der Ebene *Landschaft*, so dass Sie den Text nicht oder nur teilweise sehen, weil er von der darüber liegenden Ebene überdeckt wird. Setzen Sie also vor dem Schreiben die oberste Ebene im Ebenenstapel aktiv, wenn Sie Ihren Text gleich sehen wollen. Allerdings, sofern Sie es merken, ist es kein Malheur, wenn die Textebene zunächst weiter unten im Stapel landet. Wie eine normale Ebene auch können Sie sie im Ebenenstapel nach oben verschieben.

Photoshop Elements bietet beim Einfügen von Text noch die Möglichkeit, größere Textblöcke so einzufügen, dass Sie nachträglich die Breite und Höhe eines Textblocks leicht verändern und anpassen können. Dafür können Sie vor dem Schreiben mit dem Textwerkzeug eine Textbox aufziehen. Sie zeigen dazu einfach mit dem Mauszeiger des Textwerkzeugs ins Bild und ziehen dann mit gedrückter linker Maustaste ein Rechteck auf. Anschließend zeigen Sie mit dem Mauszeiger in dieses Feld, klicken und schreiben. Wichtig: Schreiben Sie Fließtext, das heißt, ohne selbst beim Schreiben Zeilenumbrüche einzufügen. Das erledigt das Programm für Sie automatisch, indem es den Text am Rand der Textbox umbricht. Durch nachträgliches Ziehen der Ränder der Textbox können Sie die Breite und auch Höhe der Textbox Ihren Bedürfnissen anpassen. Auch dabei wird der Textumbruch automatisch vorgenommen.

19.2.2   Die Texteigenschaften in den Werkzeugoptionen

Abb. 19.2
Die Werkzeugeinstellungen des Textwerkzeugs

Die weiteren Texteigenschaften wie Schriftart, Größe und Farbe werden in den Werkzeugeinstellungen bestimmt. Sie können das vorab tun, aber auch jederzeit nachträglich ändern oder korrigieren. Um einen Text nachträglich abzuändern, wählen Sie die entsprechende Textebene im Ebenen-Bedienfeld. Dann klicken Sie zuerst auf das Textwerkzeug, danach markieren Sie den Text im Bild. Jetzt können der gewählte Text und auch seine Eigenschaften bearbeitet werden.

- **Schriftfamilie einstellen:** Wenn Sie auf das erste Auswahlmenü links klicken – in Abb. 19.2 steht dort *Brush Script Std –,* wird Ihnen eine Auswahlliste sämtlicher auf Ihrem Rechner installierter Schriftarten mit einem Ansichtsbeispiel angezeigt. Um in diesem Feld zu scrollen, verwenden Sie die Tasten Bild auf, Bild ab bzw. die Cursortasten (Pfeil-Tasten) Ihrer Tastatur.
- **Schriftschnitt einstellen** (zweites Auswahlmenü von links): Als Schriftschnitt bezeichnet man die Schriftstärke und die Schriftstellung. Normale Schriftstärke heißt auch *Regular* oder *Medium,* fette Schrift ist als *Bold* gekennzeichnet, schräg gestellte Schrift wird als *Kursiv, Italic* oder *Oblique* gekennzeichnet. In diesem Auswahlmenü können Sie einen Schriftschnitt auswählen, soweit das die gewählte Schriftfamilie zulässt. Manche Schriftarten verfügen nur über einen Schriftschnitt.
- **Schriftgrad einstellen:** Hier können Sie die *Schriftgröße* aus einem Auswahlmenü wählen oder das Feld per Zahl überschreiben. Die Größe wird zunächst immer in *Punkt pt* angegeben. Sie können in dem Ein-

gabefeld aber auch die Maßeinheit überschreiben. Das Programm nimmt verschiedene Eingaben an: *px* (Pixel) – *in* (Inch) – *mm* (Millimeter) – *cm* (Zentimeter) – *pt* (Punkt) – *pc* (Pica: 1 Pica = 12 Punkt = Standardschriftgröße;

→ **Hinweis:** 1 Punkt (pt) = 1/72 Zoll = 1/72Inch = 2,54 cm/72). Eine Eingabe einer Zahl für die Schriftgröße in *Punkt pt* akzeptiert das Programm ohne Bestätigung. Wenn Sie die Maßeinheit ändern, müssen Sie Ihre Eingabe mit *Enter* bestätigen. Das Programm rechnet dann die eingegebene Größe nach *Punkt pt* um.

- **Glätten (Anti-Aliasing):** Ohne Kantenglättung erscheinen vor allem die Buchstaben von Texten kleiner Schriftgröße pixelig, stufig (Sägezahneffekt, Treppcheneffekt). Die Kantenglättung wirkt dem dadurch entgegen, dass am Rand Pixel mit einem Transparenzverlauf von deckender Textfarbe nach transparent eingefügt werden. Dies führt zumindest optisch zu einer Glättung (siehe auch Grundlagenkapitel 2.1.1, Abbildung 2.3, am Anfang des Buches). Diese Schaltfläche sollte also als Standard gewählt sein. Nur bei sehr kleinen Schriften im Webeinsatz ist es ggf. empfehlenswert, die Kantenglättung zu deaktivieren.
- **Faux-Stile:** Die vier Schaltflächen T (Faux Fett) – *T (Faux kursiv)* – T (Unterstrichen) – T̶ ̶(̶D̶u̶r̶c̶h̶g̶e̶s̶t̶r̶i̶c̶h̶e̶n̶)̶ stehen für Faux-Schriftschnitte bzw. Stile, die Sie immer auf einen Text anwenden können, auch wenn die gewählte Schriftart den Schriftschnitt selbst nicht bietet. Allerdings kann es sein, dass Sie vom Programm darauf hingewiesen werden, dass für eine weitere Bearbeitung wie z. B. das Verkrümmen des Textes die Faux-Stile nicht unterstützt werden und entfernt werden müssen.
- **Ausrichtung:** Für mehrzeilige, längere Texte können Sie mit drei Schaltflächen die *Textausrichtung* wählen. Eine Wahl, ob linksbündig, zentriert oder rechtsbündig, können Sie sowohl vorab als auch im Nachhinein treffen. Allerdings ist es beim Arbeiten geschickter, die Textausrichtung schon vorab ausgewählt zu haben. Im Nachhinein können Sie dann noch einzelne Textbereiche unterschiedlich ausrichten. Blocksatz wird nicht unterstützt, so wie auch keine Möglichkeiten vorgesehen sind, die Laufweite (die Zeichenabstände) des Textes zu beeinflussen. Hier ist der große Bruder Photoshop CS besser ausgestattet.
- **Zeilenabstand einstellen:** Bei mehrzeiligem Text können Sie hier den Zeilenabstand automatisch vom Programm bestimmen lassen oder über das Auswahlmenü numerisch vergrößern oder verkleinern.
- **Farbe:** Zunächst verwendet Photoshop Elements die im Farbwähler eingestellte *Vordergrundfarbe als Textfarbe.* In den Werkzeugeinstellungen des Textwerkzeugs haben Sie die Möglichkeit, die Textfarbe eigens einzustellen bzw. auch nachträglich zu ändern. Klicken Sie dazu auf das farbige Feld, es öffnet sich der schon bekannte Farbwähler. Klicken Sie auf die

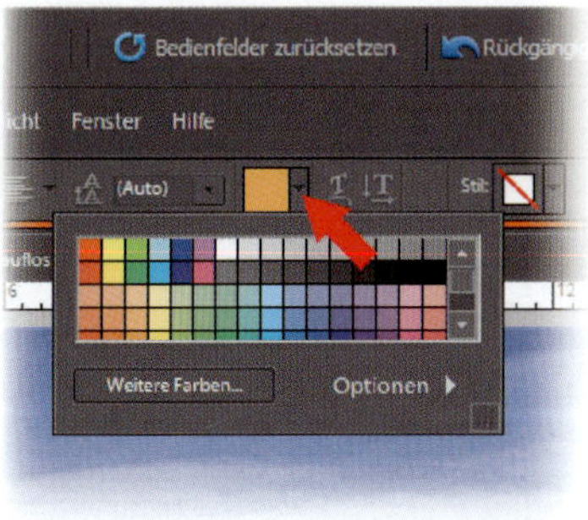

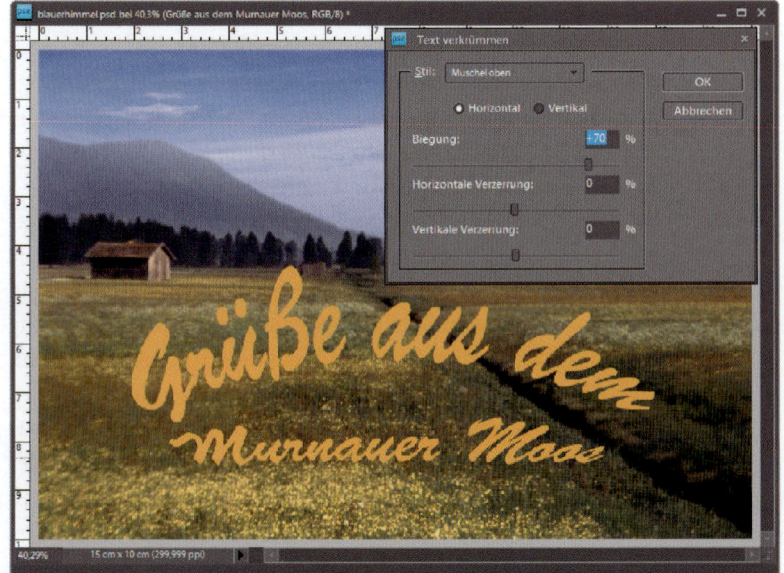

Abb. 19.3

Die Farbpalette im Farbmenü. Den Farbwähler rufen Sie auf, wenn Sie direkt auf das farbige Feld klicken

kleine Schaltfläche mit dem Pfeil nach unten rechts daneben, öffnet sich eine Palette mit Standardfarben, aus denen Sie schnell wählen können.

▪ **Stile:** Photoshop Elements verfügt neben den Filtern und Effekten über eine besondere Art von Effekten, die so genannten **Ebenenstile**. Das sind zum Beispiel Effekte, die für eine ausgewählte Ebene automatisch einen Schlagschatten oder eine abgeflachte Kante erzeugen. Gerade die genannten Beispiele wirken auch gut zusammen mit Text – die Auswahl des Ebenenstils *Schlagschatten* ist auch hier entsprechend in den Werkzeugoptionen vorausgewählt. Ich gehe im nachfolgenden Kapitel 19.3 ausführlich auf die Ebenenstile ein.

▪ **Verkrümmten Text erstellen:** Photoshop Elements bietet eine Möglichkeit, Text nachträglich in verschiedenen Arten zu krümmen.

Über die Schaltfläche *Verkrümmten Text erstellen* rufen Sie ein Fenster *Text verkrümmen* auf, in dem Sie zunächst im Auswahlmenü *Stil* anhand einer Vorschau die gewünschte Form der Verkrümmung auswählen. Danach können Sie wählen, ob die Krümmung *Horizontal* oder *Vertikal* auf den Text angewandt werden soll. Über die Schieberegler bzw. per Eingabe in den entsprechenden Feldern bestimmen Sie die *Biegung* bzw. zusätzlich die horizontale oder vertikale Verzerrung, Torsion des Textes.

Abb. 19.4

Das Fenster Text verkrümmen und das Ergebnis im Bildfenster. Um diese Option einzusetzen, müssen das Textwerkzeug und die entsprechende Textebene im Ebenen-Bedienfeld gewählt sein. Der Text bleibt auch nach dem Verkrümmen editierbar

▪ **Textausrichtung ändern:** Über diese Schaltfläche können Sie zwischen der Schreibrichtung von links nach rechts zur Schreibrichtung von oben nach unten wechseln und zurück.

➜ **Hinweis:** Es kann sein, dass Ihnen das Programm in der Liste zur Auswahl der Schriftart keinen Scrollbalken, keine Bildlaufleiste, anbietet, um die Liste zu durchsuchen. Sie können in diesem Fall trotzdem scrollen, wenn Sie die Pfeiltasten Auf und Ab Ihrer Tastatur einsetzen (Cursortasten Pfeil nach oben/nach unten).

➜ **Hinweis:** Beachten Sie, dass die meisten Werkzeugeinstellungen, die hier vorgestellt wurden, besser dann funktionieren, wenn Sie bereits Text geschrieben und diesen markiert haben. Anders gesprochen: Die Einstellungen Schriftfamilie, Schriftschnitt, Schriftgrad, Glättung und Farbe, Ausrichtung und Zeilenabstand können Sie einem Text bereits vor dem Schreiben zuweisen. Die übrigen Einstellungen können nur nachträglich auf bereits vorhandenen, markierten Text angewendet werden.

➜ **Hinweis:** Auch für Änderungen an Text erwartet das Programm Ihre Bestätigung. Deshalb erscheinen in den Werkzeugoptionen des Textwerkzeugs das bekannte rote Stoppzeichen und das grüne Häkchen zum Bestätigen eines Vorgangs, sobald Sie Text im Bild markieren.

19.2.3 Sonderzeichen einfügen

Mit dem Textwerkzeug aus Photoshop Elements können Sie alle Zeichen schreiben, die Sie auf Ihrer Tastatur finden. Sonderzeichen wie das Copyright-Zeichen © oder das spanische n mit Tilde – ñ – wie in Cañon sind zunächst nicht darunter. Unter Windows finden Sie die erforderlichen Zeichen und Unicode-Positionen in der *Zeichentabelle* unter *Start – Programme – Zubehör – Systemprogramme.*

Alternativ können Sie unter Windows über die Tastatur des Nummernblocks den dezimalen Zahlenwert des jeweiligen Unicode-Zeichens eingeben, wenn Sie dabei die *Alt*-Taste gedrückt halten. Für das Copyright-Zeichen ist das 0169. Die Zeicheneingabe muss dabei auch für Zahlzeichen über die Tasten des Nummernblocks erfolgen. Voraussetzung ist, dass der gewählte Zeichensatz auch über das entsprechende Zeichen verfügt. Hilfe bieten dabei auch so genannte ASCII- bzw. Unicode-Tabellen, die Sie z. B. unter folgenden Adressen im Internet finden:

- http://www.utf8-chartable.de
- http://mandalex.manderby.com/a/ascii.php
- http://www.sql-und-xml.de/unicode-database/
- http://www.homepage-total.de/html/unicode-tabelle.php

Rufen Sie eine dieser Seiten auf und markieren Sie auf der Internetseite das Zeichen oder Symbol, das Sie in den Text einfügen möchten. Das funktioniert genau so, wie Sie es aus Textbearbeitungsprogrammen gewohnt sind, indem Sie mit gedrückter linker Maustaste darüber fahren. Mit rechtem Mausklick auf das gewünschte, markierte Zeichen wählen Sie im sich öffnenden Kontextmenü *Kopieren*. Wechseln Sie zu Photoshop Elements, setzen Sie den Cursor an die gewünschte Stelle im Text. Mit rechtem Mausklick und *Einfügen* im Kontextmenü wird jetzt das entsprechende Zeichen eingefügt.

→ **Hinweis:** Beachten Sie, dass auf Ihrem Rechner auch Schriften, vor allem Schmuckschriften installiert sind, die aus dem englischen Sprachraum kommen und nicht die deutschen Sonderzeichen für ä, ö, ü und ß enthalten. Bei solchen Schriften helfen auch die oben genannten Methoden zum Einfügen von Sonderzeichen nicht weiter, da der Zeichensatz der Schrift das entsprechende Zeichen einfach nicht enthält.

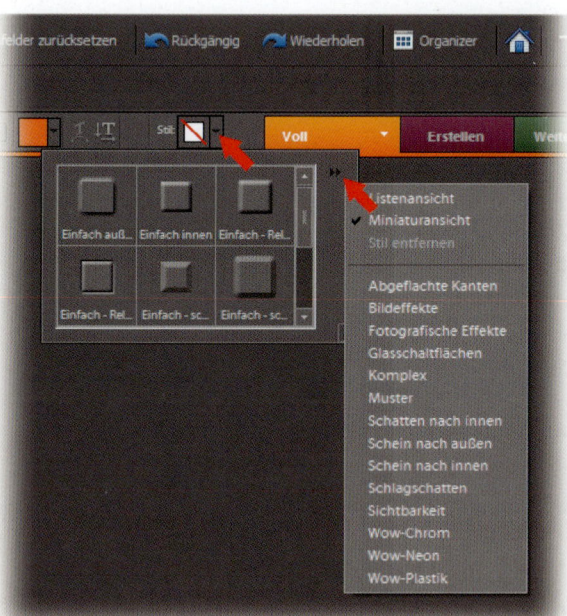

Abb. 19.5

Die Auswahl der Ebenenstile in den Werkzeugoptionen des Textwerkzeugs

19.3 Ebenenstile

Die Ebenenstile von Photoshop Elements sind eine Sammlung besonderer, komplexer Effekte, die, wie der Name sagt, jeweils einer Ebene zugewiesen werden können. Prinzipiell können Sie die Ebenenstile auf eine beliebige Ebene anwenden und so z. B. ein Bildobjekt mit einem Prägeeffekt (Abgeflachte Kante), einem Schlagschatten, einem Schein oder einer Umrandung versehen. Gerade für Text sind die genannten Effekte besonders geeignet. Deshalb finden Sie auch eine direkte Verknüpfung zu den Ebenenstilen in den Werkzeugoptionen des Textwerkzeugs. Alternativ können Sie die Ebenenstile aus dem Bedienfeld *Effekte* heraus aufrufen. Ebenenstile sind ein Mittel nichtdestruktiver Bildbearbeitung, da sie jederzeit wieder bearbeitet oder rückgängig gemacht, also gelöscht werden können, ohne dass der eigentliche Inhalt dabei verändert wird.

19.3.1   Ebenenstile zuweisen und bearbeiten – einer Textebene einen Schlagschatten geben

Schlagschatten geben Bildelementen und vor allem auch Text Räumlichkeit, ein plastisches Aussehen. Wie Sie mit Auswahlen und Füllungen Schattenebenen zu beliebigen Bildobjekten – auch Text – erzeugen können, erfahren Sie in den folgenden Kapiteln. Die komfortabelste und einfachste

Möglichkeit, einen Schlagschatten zu erzeugen, bieten jedoch die Ebenenstile. In den Werkzeugeinstellungen des Textwerkzeugs finden Sie eine direkte
Verknüpfung zu den *Ebenenstilen*. Sie können die
Ebenenstile jedoch auch immer über das Bedienfeld
Effekte aufrufen, dort über die zweite Schaltfläche von
links – *Ebenenstile*.

Voraussetzung ist, dass Sie die gewünschte Ebene,
der Sie den Stil zuweisen möchten, aktiv gesetzt
haben. Wählen Sie z.B. aus dem Auswahlmenü des
Bedienfelds Effekte den gewünschten Stil aus, z.B.
Schlagschatten. Sie erhalten nun in diesem Bedienfeld
eine Vorschau verschiedener Arten von Schlagschatten in Form vereinfachter, symbolischer Vorschaubilder. Wählen Sie durch Anklicken per Doppelklick
den gewünschten Schlagschatten. Dieser wird augenblicklich der gewählten Ebene zugewiesen. Sollte er
nicht gefallen, wählen Sie per Doppelklick einfach
einen anderen Schlagschatten. Sie können solch einen
Effekt auch zuweisen, indem Sie ihn im Fenster anklicken und dann auf die
Schaltfläche *Anwenden* unten rechts klicken.

Abb. 19.6
Die Auswahl der Ebenenstile
im Bedienfeld Effekte

Nachdem Sie einen Ebenenstil ausgewählt haben, finden Sie in der Ebene
im Ebenen-Bedienfeld ein **fx** für Effekt.

Doppelklicken Sie auf das **fx**. Es öffnet sich das Fenster *Stileinstellungen*, in dem Sie genauere Einstellungen zu Ihren gewählten Ebenenstilen
machen können. Und: Sie können hier gleich noch weitere Ebenenstile
wählen, zuweisen und bearbeiten.

Angemerkt sei hier, dass wir den Lichteinfall intuitiv von links oben
(Vormittagssonne) erwarten – Sie können die Lichtrichtung entsprechend
per Winkeleingabe im Feld bzw. per Drehen mit der Maus am Kreiszeiger
bei *Lichtwinkel* einstellen.

Ein Schlagschatten wird größer als das Objekt, das den Schatten wirft.
Bei *Größe* können Sie die gewünschte Größe des Schattens einstellen.

Mit dem Schieberegler bei *Abstand* bestimmen Sie, wie weit weg vom
schattenwerfenden Bildobjekt der Schlagschatten erscheint.

Sie können die Farbe des Schattens wählen – beachten Sie das kleine,
in Abb. 19.7 schwarze Farbfeld rechts neben dem Schieberegler zu Größe.
Schwarz ist voreingestellt, aber Sie könnten auf dunklem Untergrund z.B.
auch Weiß wählen – Ihr Bildobjekt würde leuchten. Kaum ein Schatten auf
dieser Welt ist völlig schwarz, opak deckend, sondern Sie sehen immer auch
den Untergrund oder die Wand im Schatten. Über den Schieberegler bei
Deckkraft können Sie dem Schatten Transparenz geben.

Komfortabel ist, dass Sie hier im Fenster *Stileinstellungen* gleich noch weitere Ebenenstile Ihrer gewählten Ebene zuweisen können. Zur Auswahl stehen *Schein*, *Abgeflachte Kante* und *Kontur*.

Wenn Sie Ihre Einstellungen getroffen haben, bestätigen Sie mit *OK*. Der Schlagschatten wird entsprechend Ihren Einstellungen eingefügt.

Abb. 19.7
Das Fenster Stileinstellungen mit den Bearbeitungsmöglichkeiten und der Auswahl weiterer Ebenenstile. Im Bildfenster daneben die Wirkungsweise der gewählten Ebenenstile. Im Ebenen-Bedienfeld rechts sehen Sie die entsprechende Ebene mit dem Eintrag fx.

19.3.2 Mit dem Textwerkzeug und Schlagschatten arbeiten – eine Übungsaufgabe

Wie Sie das Textwerkzeug handhaben können, haben Sie nun erfahren; Zeit, es einmal an einer kleinen Aufgabe auszuprobieren. Dabei machen Sie auch eigene Erfahrungen mit den Ebenenstilen:

- Öffnen Sie Ihr Bild *blauerhimmel.psd*.
- Stellen Sie die gewünschte Textfarbe (Vordergrundfarbe) ein.
- Erstellen Sie einen Grußkartentext mit den Standardeinstellungen. Da wir später noch ein paar selbst gemalte Ostereier ins Bild einfügen werden, empfiehlt sich ein Ostergruß.
- Ändern Sie die Texteigenschaften in den Werkzeugeinstellungen des Textwerkzeugs.
- Erstellen Sie mit den Ebenenstilen und den im vorigen Kapitel erklärten Einstellungen einen Schatteneffekt zu Ihrer aktiven Textebene.
- Speichern Sie das Bild als *urlaubskarte.psd*.

20 Bilderrahmen und Vignetten

Wir haben bereits über Filter und Effekte gesprochen. Wir haben Ebenenstile kennengelernt. Sehen wir uns doch einmal die Möglichkeiten an, einem Bild einen gestalteten Rahmen zu geben. Diese Rahmen können einfarbig, mit Mustern wie z. B. einer Holzmaserung gefüllt sein – in einem rahmenlosen Glasbildhalter wird das gedruckte Bild dadurch gefasst und betont. Oder gestalten Sie Ihr Bild mit einem vignettierten Ausschnitt, als Oval wie manche alte Schwarzweißfotografien – denkbar auch in einer beliebigen Form wie einem Schlüsselloch. Photoshop Elements bietet eine Vielzahl vorgefertigter Rahmen, die Sie Ihren Bildern mitgeben können. Und letztlich sind alle Formen möglich, die Sie selbst mit Hilfe einer Auswahl herstellen können. Und auch hierfür stehen Ihnen die Effekte des Programms zur Verfügung.

20.1 Bilderrahmen aus dem Programm einsetzen

Photoshop Elements bietet selbst eine große Vielzahl vorgefertigter Bilderrahmen, die Sie für Ihre Bilder einsetzen können. Sie finden einige im Bedienfeld *Effekte – Fotoeffekte – Frame* (Rahmen) und noch viele mehr im Bedienfeld *Inhalt* im Auswahlmenü unter *Frame*.

20.1.1   Die Rahmen aus den Fotoeffekten

Im Bedienfeld *Effekte,* über das Symbol bzw. die Schaltfläche *Fotoeffekte,* erreichen Sie ein Auswahlmenü, das Bildeffekte im Stil alter Fotografien bietet. In besagtem Auswahlmenü finden Sie auch den Menüpunkt *Rahmen.* Angeboten werden hier drei unterschiedliche Rahmeneffekte, die Sie aber auch kombinieren können.

Schlagschattenrahmen: Dieser Rahmeneffekt erweitert die Arbeitsfläche am Bild in der voreingestellten Hintergrundfarbe und ordnet das gewählte Bild darauf zentrisch an – als ein Blatt, das einen Schlagschatten wirft.

Textplatte: Dieser Effekt setzt ein »ausgebleichtes« Rechteck ins Bild, auf das Sie mit dem Textwerkzeug einen Bildtitel und Text setzen können.

Vertiefter Rahmen: Der Effekt versieht das Bild mit einer Umrandung, welche die Optik, das Aussehen eines aus Karton geschnittenen Passepartouts zeigt. Allerdings setzt er diese Schattenkante mit Abstand ringsum mitten ins Bild. Wenn Sie wirklich ein Passepartout um Ihr Bild wünschen, sollten Sie für diesen Rahmeneffekt selbst die Arbeitsfläche des Bildes vorab erweitern. Um die richtigen Werte für die zusätzliche Höhe und Breite zu finden, werden Sie nicht um einiges Experimentieren herumkommen. Einfacher geht es, wenn Sie zunächst den Effekt *Schlagschattenrahmen* einsetzen. Dieser erweitert das Bild und Sie erhalten die erforderliche Vergrößerung des Bildes automatisch passend. Die Umrandung wird dabei in der voreingestellten Hintergrundfarbe eingefärbt. Probieren Sie es ruhig einmal mit einer anderen Farbe als Weiß. Danach wenden Sie den Effekt *Vertiefter Rahmen* an. So müssen Sie für die Erweiterung der Arbeitsfläche nicht lange probieren. Wenn Sie der zusätzliche Schlagschatten unter dem Bild stört, blenden Sie die vom Effekt *Schlagschattenrahmen* im Ebenen-Bedienfeld erzeugte Ebene einfach über das Augen-Symbol im Ebenen-Bedienfeld aus.

Die Zuweisung der Effekte ist dabei denkbar einfach – ein Doppelklick auf das gewünschte Symbol für einen Rahmeneffekt genügt, und dieser wird im Bild eingefügt. Alternativ markieren Sie das gewünschte Effekt-Symbol in der Liste und bestätigen Ihre Wahl durch Klick auf die Schaltfläche *Anwenden.*

Arbeitsschritte

Wenn Sie mitmachen möchten, öffnen Sie das Bild *jungefrau-farbe.png* aus dem Ordner *Bildvorgaben* auf der DVD. Erweitern Sie die Arbeitsfläche über das Menü *Bild – Skalieren – Arbeitsfläche.* Wählen Sie hier die Verteilung *Zentriert, Relativ,* und geben Sie für die *Breite* +7,0 cm und für die *Höhe* +9,0 cm ein. Wählen Sie im Bedienfeld *Effekte* die Schaltfläche *Fotoeffekte* und dort im Auswahlmenü *Rahmen.* Wählen Sie den Rahmeneffekt *Vertiefter Rahmen,* und weisen Sie ihn dem Bild zu. Speichern Sie Ihr Bild z. B. unter dem Dateinamen *jungefrau-im-rahmen* als PSD-Datei. Wir werden im nächsten Kapitel mit diesem Bild weiter arbeiten.

Abb. 20.1
Das Bild jungefrau-im-rahmen.psd
mit einem Passepartout aus dem Effekt
Vertiefter Rahmen

20.1.2 Farbige Rahmen und Vignetten aus dem Bedienfeld Inhalt

Eine große Anzahl an Rahmen steht im Bedienfeld *Inhalt* im Auswahlmenü unter *Rahmen* bereit. Wegen der großen Zahl an Rahmen werden wir nur einmal beispielhaft betrachten, wie Sie einem Bild einen Rahmen aus diesem Bedienfeld zuweisen können. Anzumerken ist, dass die sichtbaren Rahmenstärken in den Vorschaubildern der Auswahl *Rahmen* tatsächlich abhängig von der Auflösung des Bildes sind, das mit dem Rahmen versehen werden soll. Je höher die Auflösung, umso dünner erscheint der Rahmen. Doch skaliert der Rahmen und die Rahmenstärke mit, wenn Sie ihn an die Größe Ihres Bildes anpassen.

Um einem Bild einen Rahmen zuweisen zu können, muss es geöffnet sein – selbstverständlich, aber wichtig. Zunächst müssen Sie das Bedienfeld *Inhalt* aus dem Menü *Fenster* heraus aufrufen. Dann wählen Sie aus dem Bedienfeld *Inhalt,* Auswahlmenü *Rahmen* den gewünschten Rahmen aus. Dies geschieht entweder wieder einfach per Doppelklick oder indem Sie den gewünschten Rahmen in der Auswahl durch Anklicken markieren und dann auf die Schaltfläche *Anwenden* klicken. Und: Sie können den Rahmen auch einfach mit Drag & Drop aus dem Bedienfeld auf die Bildfläche ziehen. Der Rahmen wird in einer Standardgröße ins geöffnete Bild eingefügt (siehe Abb. 20.2).

Im Rahmen erscheint ein gepunkteter Transformationsrahmen. Damit ziehen Sie den Rahmen mit der Maus auf die gewünschte Größe des Bildes. Zum Abschluss ziehen Sie noch per Drag & Drop das Bild bzw. seine Ebene aus dem Ebenen-Bedienfeld in den Rahmen. Dabei wird allerdings die verschobene Ebene aus dem Ebenenstapel gelöscht.

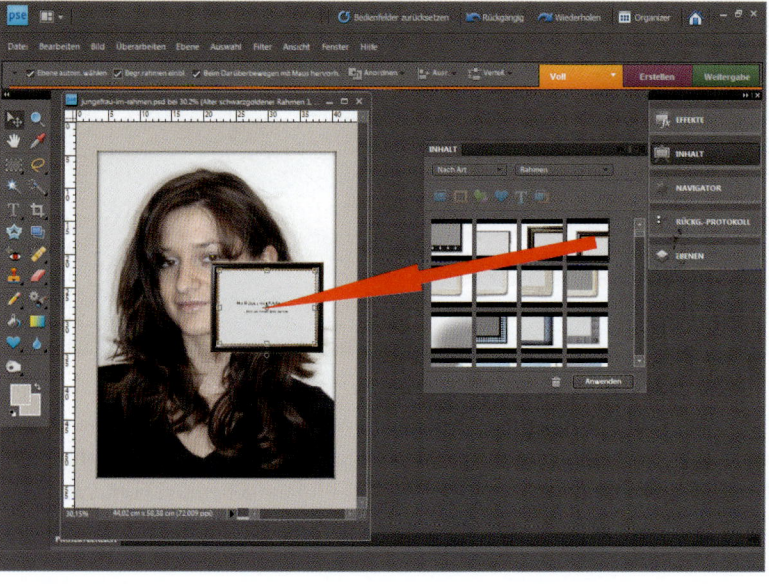

Abb. 20.2
Der ausgewählte Rahmen wurde ins Bild eingefügt.

Abb. 20.3
Die Ebene mit dem Bild wird in den
transformierten Rahmen gezogen.

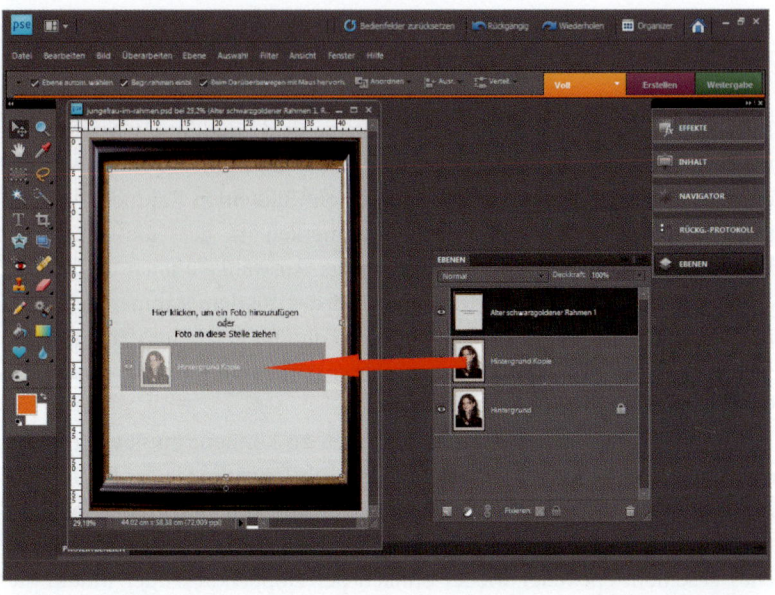

Zum Schluss bietet Ihnen das Programm nun noch an, das Bild in der Größe in den Rahmen einzupassen. Dazu erscheint links oben am Rahmen ein eigener Schieberegler, mit dem Sie die Bildgröße einstellen können.

Abb. 20.4
Das Bild kann zuletzt noch über
einen Schieberegler in den Rahmen
eingepasst werden.

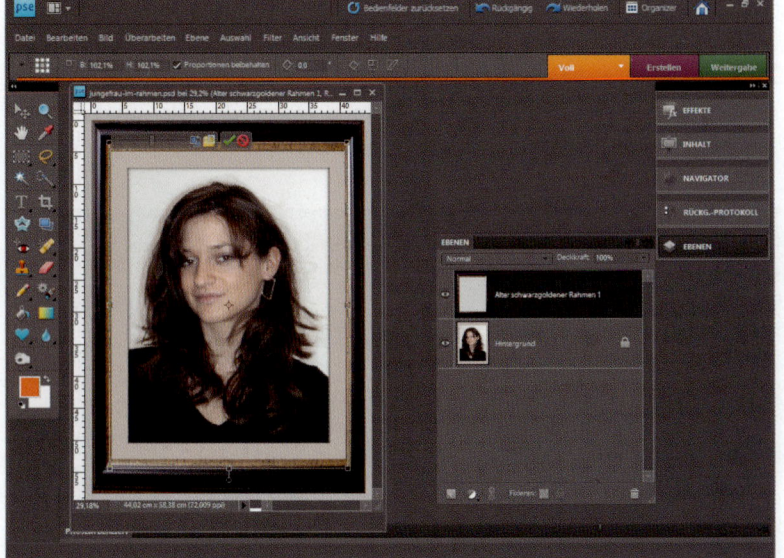

Da Sie nachträglich die Größe des Bildes anpassen können, ist auch folgendes Vorgehen denkbar, wenn Sie ein Bild mit einem Rahmen versehen möchten. Wenn Sie die Farbe des das Bild umgebenden Hintergrundes selbst festlegen wollen, ist allerdings Methode I besser geeignet.

Legen Sie mit *Datei – Neu – Leere Datei* ein Bild in einer gewünschten Größe an (mehr dazu in den folgenden Kapiteln). Wählen Sie den gewünschten Rahmen, und fügen Sie ihn ins Bild ein. Klicken Sie auf den Text *Hier klicken, um ein Foto hinzuzufügen* – es öffnet sich das Fenster *Foto ersetzen,* das dem Fenster *Datei öffnen* entspricht. Sie suchen in Ihren Verzeichnissen und wählen ein Bild, das dann beim Öffnen in den Rahmen eingefügt wird. Zum Schluss richten Sie das Bild von der Größe her im Rahmen ein und speichern es.

20.2 Bilderrahmen selbst herstellen

20.2.1 Einfarbige Bilderrahmen

Einfarbige Bilderrahmen sind am einfachsten zu realisieren. Alles, was Sie dazu vorab tun müssen, ist, die Arbeitsfläche zu vergrößern, wenn Sie das Bild wie in einem Passepartout mit etwas Abstand zur eigentlichen Bildfläche umranden möchten. Sie können den Bildrahmen jedoch auch direkt ans Bild setzen.

Vorgehensweise:
- Öffnen Sie Ihr Bild, zum Beispiel das Bild *jungefrau-farbe.png,* aus dem Ordner *Bildvorgaben* auf der DVD.
- Wandeln Sie die Hintergrundebene Ihres Bildes in eine freie Ebene um (Kontextmenü Ebenen-Bedienfeld).
- Im Menü *Bild – Skalieren – Arbeitsfläche* vergrößern Sie unter *Arbeitsfläche* die Breite oder Höhe auf das gewünschte Maß. Das Beispielbild ist bei 200 ppi Auflösung etwa 13,5 cm breit und 18 cm hoch. Wenn es mit Rahmen auf ein Blatt DIN A4 gedruckt werden soll, wählen Sie z. B. Verteilung *Zentriert, Relativ,* und geben Sie für die *Breite* +7,0 cm und für die *Höhe* +9,0 cm ein.
- Fügen Sie im Bild nun eine neue Ebene *Hintergrund* unter der vorhandenen ein und färben diese weiß oder mit einer beliebigen anderen Farbe.
- Legen Sie eine weitere Ebene namens *Rahmen* an. Auf dieser arbeiten Sie weiter.
- Mit dem Menü *Auswahl – Alles auswählen* wählen Sie das ganze Bild aus.
- Über *Auswahl – Auswahl verändern – Verkleinern* verkleinern Sie die Auswahl um 20 Pixel. Das schafft Platz für einen Schlagschatten des Rahmens, den Sie später einfügen.
- Speichern Sie die Auswahl mit *Auswahl – Auswahl speichern* unter dem Namen *Rahmen außen.*
- Mit dem Menü *Auswahl – Auswahl verändern – Verkleinern* verkleinern Sie die Auswahl nun um weitere 60 Pixel.

> ▨ Speichern Sie diese Auswahl unter dem Namen *Rahmen innen*.
>
> ▨ Heben Sie die Auswahl auf – Menü *Auswahl – Auswahl aufheben*.
>
> ▨ Jetzt laden Sie die erste Auswahl wieder: Menü *Auswahl – Auswahl laden: Rahmen außen*. Im Fenster *Auswahl laden* ist *Vorgang: Neue Auswahl* automatisch gewählt. Das ist jetzt in Ordnung.
>
> ▨ Nun laden Sie die zweite Auswahl: Menü *Auswahl – Auswahl laden: Rahmen innen*. Diesmal wählen Sie im Fenster *Auswahl laden* bei *Vorgang: Von Auswahl abziehen*.
>
> Warum so umständlich, es gäbe doch auch das Menü *Auswahl – Auswahl verändern – Umrandung*. Ja, aber dabei werden die äußeren Ecken unserer Auswahl abgerundet ...

Abb. 20.5
So etwa sollte die vorbereitete Auswahl jetzt aussehen.

Wir haben nun die Auswahl für den Rahmen vorbereitet. Machen Sie zunächst noch folgenden Arbeitsschritt: Speichern Sie die Auswahl – Menü *Auswahl – Auswahl speichern* – unter dem Namen *Rahmen*.

Was jetzt noch fehlt, ist die Füllung. Hierbei können Sie wählen, ob Sie den Rahmen einfarbig gestalten möchten oder ob er mit einem Muster, z. B. einer Holzstruktur, gefüllt werden soll. Wie Sie eine Farbe wählen und wie Sie damit eine Auswahl füllen können, haben Sie bereits kennengelernt. Füllen können Sie zum einen mit dem *Füllwerkzeug*, aber auch über das Menü *Bearbeiten – Auswahl füllen*. Das sehen wir uns etwas genauer an.

▨ Wählen Sie Ihre gewünschte Rahmenfarbe im *Farbwähler*.

▨ Füllen Sie die Auswahl mit dem Menü *Bearbeiten – Auswahl füllen*.

▨ Heben Sie die Auswahl auf – Menü *Auswahl – Auswahl aufheben*.

Damit hat das Bild einen Rahmen. Dieser lässt sich jetzt noch dreidimensional abschrägen und mit einem Schatten versehen. Dabei helfen uns wieder die Möglichkeiten der Ebenenstile:

▨ Achten Sie darauf, dass die Ebene mit dem gefüllten Rahmen im Ebenen-Bedienfeld aktiv ist.

▨ Zunächst wählen Sie im Bedienfeld *Effekte* wieder die *Ebenenstile* und dort im Auswahlmenü *Abgeflachte Kanten*. Wählen Sie eine der Kanten aus, und weisen Sie sie der Ebene *Rahmen* per Doppelklick zu.

▨ Im Ebenen-Bedienfeld doppelklicken Sie auf das **fx** der Ebene *Rahmen* und stellen im sich öffnenden Fenster *Stileinstellungen* die Randeigenschaften der abgeflachten Kante ein. Wenn Sie möchten, weisen Sie der Ebene gleich noch einen Schlagschatten zu.

▨ Speichern Sie Ihr Bild als PSD-Datei, z. B. mit dem Dateinamen *jungefrau-mit-rahmen*.

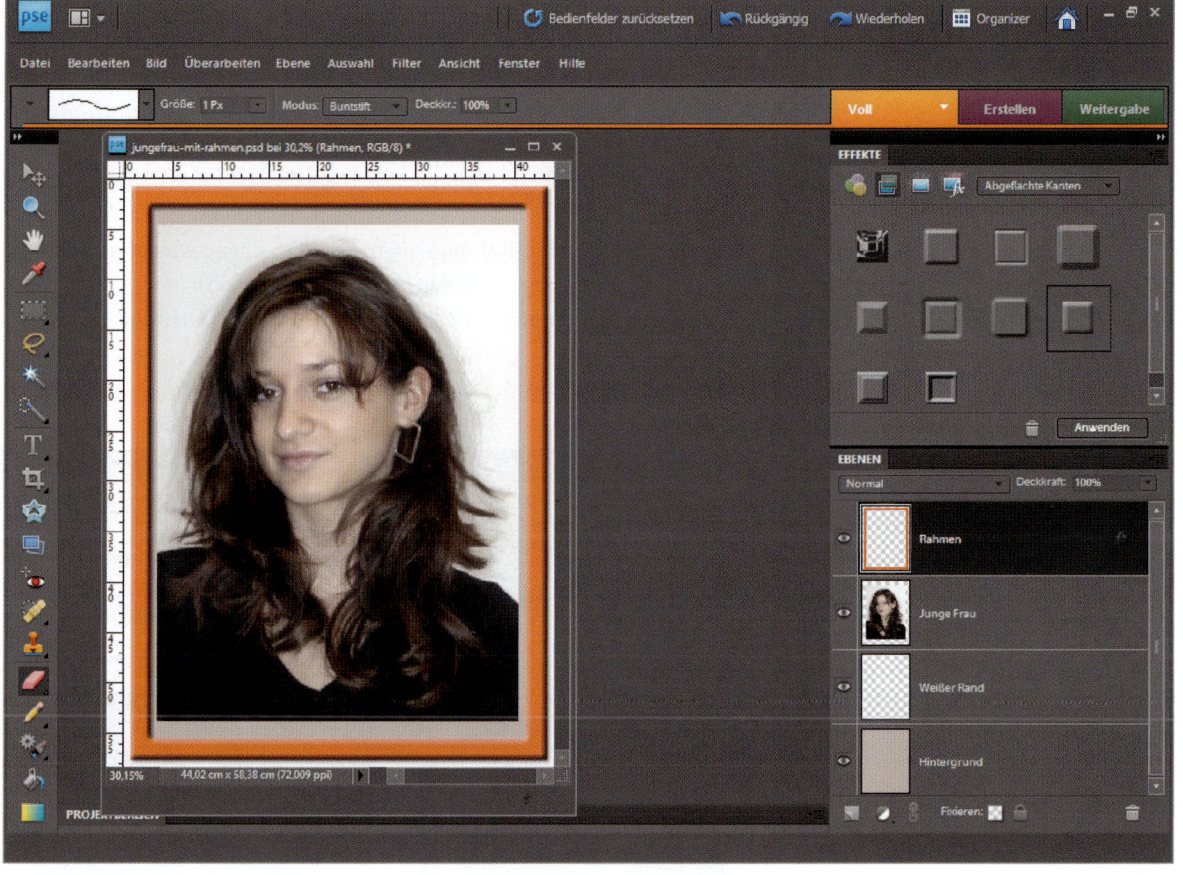

Abb. 20.6
Das fertige Bild mit Rahmen und zusätzlichem
Schlagschatten. Im Bedienfeld-Bereich sehen
Sie das Ebenen- und das Effekte-Bedienfeld.

Sie können das Bild auch ein zweites Mal speichern, diesmal unter dem Namen *rahmen-vorlage-a4.psd.* Denn genau das haben wir eben geschaffen: eine Vorlage für Rahmen zu Bildern in der Größe DIN A4. Vielleicht legen Sie sich einen neuen Ordner für solche Vorlagen an.

20.2.2 Bilderrahmen mit einem Muster

Die wesentlichen Arbeitsschritte, um einen Rahmen mit einem Füllmuster herzustellen, sind die gleichen wie die im vorigen Abschnitt beschriebenen. Den Rand für den Rahmen haben Sie mit Hilfe einer Auswahl bereits selbst hergestellt.

Vorgehensweise:

▥ Öffnen Sie Ihr Bild, zum Beispiel das Bild *jungefrau-mit-rahmen.psd* aus Ihrem Übungsordner.

▥ Speichern Sie das Bild mit neuem Dateinamen, z.B. *jungefrau-muster-rahmen* als PSD-Datei.

▥ Löschen Sie die Ebene *Rahmen*. Sie trägt die bisherige Füllung und die Ebenenstile.

▥ Legen Sie die Ebene Rahmen als neue, leere Ebene wieder an (*Abreiß-block – Neue Ebene erstellen* im Ebenen-Bedienfeld).

▥ Laden Sie die Auswahl *Rahmen* erneut – Menü *Auswahl – Auswahl laden: Rahmen*.

▥ Wählen Sie nun das Menü *Bearbeiten – Auswahl füllen*.

Abb. 20.7
Das Fenster Ebene füllen mit der Musterauswahl und dem Klappmenü, um weitere vorbereitete Muster zu laden

Abb. 20.8
Das fertige Bild mit Holzrahmen und Ebenenstilen

Es öffnet sich das Fenster *Ebene füllen*. Hier finden Sie ein Auswahlmenü *Inhalt: Füllen mit*. In diesem Auswahlmenü wählen Sie *Muster*. Nun wird im gleichen Fenster darunter ein kleines Auswahlmenü *Eigenes Muster* angezeigt. Klicken Sie darauf. Es öffnet sich eine Auswahl verschiedener Muster. Eines davon ist das Muster *Holz*. Dieses wählen Sie durch Anklicken. Anschließend bestätigen Sie das Fenster *Ebene füllen* durch Klick auf die Schaltfläche *OK*. Der ausgewählte Bereich wird gefüllt.

▥ Heben Sie die Auswahl auf (Menü *Auswahl – Auswahl aufheben*).

Wenn Sie es wünschen, können Sie nun die gleichen Arbeitsschritte wie beim einfarbigen Rahmen anwenden, um den Rahmen abzuschrägen und mit einem Schlagschatten zu versehen. Vergessen Sie nicht, Ihr Bild zu speichern.

20.2.3 Vignetten für Bilder

In den Anfangszeiten der Fotografie wurden vor allem Porträtfotografien gerne vignettiert, d.h., es wurde auf dem Abzug z. B. nur ein ovaler Bildausschnitt mit dem Hauptmotiv dargestellt. Mit Hilfe einer Auswahl lässt sich sehr leicht solch eine Vignettierung herstellen. Diese kann jede beliebige Form haben, die Sie mit einer Auswahl herstellen können.

- Öffnen Sie wieder das Bild *jungefrau-farbe.png* aus dem Ordner *Bildvorgaben* auf der DVD.
- Wählen Sie aus dem Werkzeugbedienfeld das Werkzeug *Auswahlellipse*. Erstellen Sie damit eine elliptische Auswahl im Bild, indem Sie auf die obere linke Bildecke klicken und die Ellipse diagonal bis zur unteren rechten Bildecke aufziehen.
- Verkleinern Sie die Auswahl um 30 Pixel – Menü *Auswahl – Auswahl verändern – Verkleinern:* 30 Pixel.
- Geben Sie der Auswahl einen breiteren Randverlauf über das Menü *Auswahl – Weiche Auswahlkante.* Etwa 30 Pixel sind bei diesem Bild angemessen.
- Invertieren Sie die Auswahl mit *Auswahl – Auswahl umkehren.*
- Löschen Sie die umgebenden Bildinhalte im Bereich der Auswahl mit *Bearbeiten – Löschen.*
- Speichern Sie Ihr Bild.

Abb. 20.9
Das vignettierte Bild

Beachten Sie die hier gezeigte Reihenfolge – eine andere Abfolge der Bearbeitungsschritte führt zu einem ungenaueren Ergebnis.

Das Programm bietet auch ein vektorbasiertes Werkzeug, mit dem Sie Bildinhalte ausstanzen und so auch eine Vignette erzeugen können – das Werkzeug *Ausstecher.* Das prinzipielle Vorgehen dabei sieht so aus:

- Wählen Sie das Werkzeug *Ausstecher* im Werkzeugbedienfeld.
- In den Werkzeugoptionen wählen Sie die gewünschte Form. Besonders viele flächige Formen, die sich gut für Vignetten eignen, finden Sie im Untermenü *Ausschnittformen* (in Abb. 20.10 markiert mit Ziffer 4).
- In den Werkzeugoptionen können Sie nun z. B. noch wählen, ob die Form scharfkantig sein oder einen weichen Randverlauf aufweisen soll. Die Zahl 0 px bei *Weiche Kante* steht für einen scharfkantigen Rand. Wenn Sie hier eine größere Zahl eingeben, erhält der Rand einen Verlauf, eine weiche Auswahlkante.

Sie setzen das Werkzeug nun im Bild ein. Dazu zeigen Sie ins Bild und ziehen mit gedrückter linker Maustaste diagonal über das Motiv, das Sie in der Vignette fassen möchten. Falls Sie in den Werkzeugoptionen unter *Formoptionen: Vom Mittelpunkt aus* gewählt hatten, beginnen Sie, indem Sie vom Mittelpunkt Ihres Bildmotivs aus ziehen.

Die Vignette erscheint, das Bild wird ausgestochen. Doch zunächst hat die Vignette einen Anfassrahmen, über den Sie die Größe und den Bereich festlegen können. Er lässt sich auch positionieren, indem Sie in den ausgestanzten Bereich zeigen und mit gedrückter linker Maustaste ziehen und schieben. Die Werkzeugoptionen haben sich nun auch geändert und bieten weitere Einstellmöglichkeiten wie das Seitenverhältnis des Ausschnitts oder die Möglichkeit, die Form zu drehen oder zu neigen.

Wenn Sie mit dem Ergebnis zufrieden sind, bestätigen Sie die Aktion mit Klick auf die Schaltfläche mit dem grünen Häkchen.

Abb. 20.10
Die Auswahlmöglichkeiten des
Werkzeugs Ausstecher und das
Ergebnis seines Einsatzes im
Bildfenster

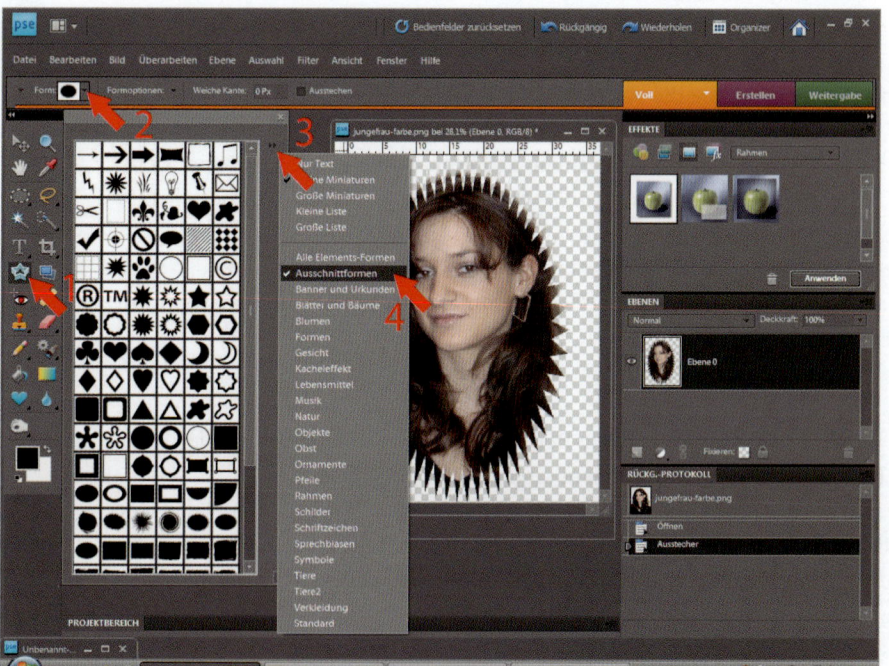

Wir haben nun einige Möglichkeiten kennengelernt, Bilder mit Rahmen zu versehen und sie durch 3D- und Schatteneffekte dreidimensional erscheinen zu lassen. In den folgenden Kapiteln werden wir uns damit beschäftigen, dreidimensionale Objekte und Effekte selbst herzustellen. Dabei werden wir das Arbeiten mit Ebenen und Auswahlen üben, aber auch andere Werkzeuge wie die Malwerkzeuge und Transformationsmöglichkeiten weiter kennenlernen.

21 Bildelemente erstellen und bearbeiten – Lichteffekte und Schattenebenen

Zwar ist Photoshop Elements ein Bildbearbeitungsprogramm, aber mit seinen Werkzeugen lassen sich auch Bildelemente und Objekte wie Logos neu erzeugen. Insofern ist es also auch ein Grafik- bzw. Malprogramm. In der folgenden Aufgabe sehen Sie einige der Möglichkeiten, wie Sie neue Bildobjekte selbst herstellen können. Sie werden aus dem Bild *urlaubskarte.psd* eine Osterkarte machen – mit ein paar selbst gemalten Ostereiern. Hierbei lernen Sie, wie Sie einfache Bildobjekte mit Hilfe von Masken selbst erstellen, Bildelemente erzeugen, kopieren, verknüpfen, verändern, transformieren und positionieren.

21.1 Ein neues Bild und Bildobjekte anlegen

Unser Urlaubsbild soll mit selbst gemalten Ostereiern in eine Osterkarte verwandelt werden. Wir könnten die Eier auch gleich im Bild *urlaubskarte.psd* anlegen. Aber es ist sicherer und von der Handhabung her praktikabler, dazu zunächst ein neues Bild anzulegen, in dem ein Ei konstruiert wird und die Licht- und Schatteneffekte eingefügt werden. Das Einfügen des »Mustereis« ins eigentliche Bild geschieht dann wieder über die bereits bekannte Technik des Exports einer Ebene mit Drag & Drop.

- Legen Sie ein neues Bild an (Menü *Datei – Neu – Leere Datei*): *Name:* Ei, *Breite* 9 cm, *Höhe* 13 cm, *Auflösung:* 300 Pixel/Zoll (ppi), *Modus:* RGB-Farbe, *Hintergrundinhalt:* Weiß, *Dateiformat* PSD. Benennen Sie das Bild also z. B. *ei.psd,* und speichern Sie es unter diesem Namen.

- Legen Sie im Ebenen-Bedienfeld eine neue Ebene *Kreis* an. Erzeugen Sie im Bildfenster eine kreisförmige Auswahl (Werkzeug *Auswahlellipse* – beim Aufziehen der Ellipse die Taste *Umschalt/Shift* gedrückt halten). Füllen Sie den entstandenen Kreis mit roter Farbe. Löschen Sie die Auswahl (Menü *Auswahl – Auswahl aufheben*).

- Ziehen Sie aus dem waagerechten Lineal eine Hilfslinie auf die waagerechte Mittelachse des Kreises. Gegebenenfalls müssen Sie die Lineale erst über das Menü *Ansicht – Lineale* einblenden.

- Erstellen Sie über der oberen Hälfte des Kreises eine neue, rechteckige Auswahl mit Hilfe des Auswahlrechtecks.

- Transformieren Sie diese mit dem Menü *Bild – Transformieren – Frei transformieren*. Ziehen Sie dabei den Transformationsrahmen am oberen Rand senkrecht nach oben. Wenn die Form einem Ei entspricht, bestätigen Sie die Transformation mit Klick auf das grüne Häkchen.

- Löschen Sie die verbleibende Auswahl und die Hilfslinie.

- Nun malen Sie mit dem Pinsel-Werkzeug mit geringer Deckkraft Licht- und Schatteneffekte auf das Ei, aber jeweils auf eine neue Ebene. Dabei helfen Sie sich, die Konturen zu halten, indem Sie mit dem Auswahlwerkzeug *Zauberstab* eine Auswahl des Eis herstellen. Denken Sie abschließend daran, die Auswahl wieder zu löschen.

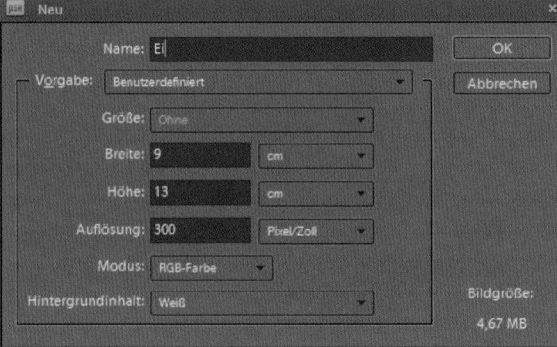

21.1.1 Ein neues Bild anlegen

Im Menü *Datei – Neu – Leere Datei* finden Sie die Möglichkeit, ein neues, leeres Bilddokument anzulegen. Im sich öffnenden Fenster *Neu* können Sie nun als Erstes bei *Name* einen Dateinamen für das Bild anlegen. Unter *Vorgabe* können Sie eine vordefinierte Bildgröße wählen, oder Sie geben die Bildgröße ein, wobei die Werte für *Breite* und *Höhe* hier frei wählbar und nicht verknüpft sind. Wählen Sie erst die Maßeinheit, *cm/Zentimeter* (oder bei Bedarf *Pixel*).

Bestimmen Sie die *Auflösung,* die das Bild haben soll.

Bei *Modus* wählen Sie in der Regel *RGB-Farbe*, nur für reine Schwarzweißbilder wählen Sie *Bitmap* bzw. für Graustufenbilder *Graustufen*. Oft ist es besser, auch Graustufenbilder im RGB-Farbraum zu bearbeiten, da nur dann alle Möglichkeiten von Photoshop Elements zur Verfügung stehen.

Bei *Hintergrundinhalt* können Sie wählen, ob das Bild eine Hintergrundebene mit der aktuellen Hintergrundfarbe bzw. der Farbe Weiß erhalten oder ob nur eine freie, transparente Ebene angelegt werden soll. Bestätigen Sie Ihre Angaben mit Klick auf die Schaltfläche *OK*.

21.1.2 Eine Auswahl transformieren

Zunächst haben Sie auf der neu anzulegenden Ebene *Kreis* eine kreisförmige Auswahl mit Hilfe des Werkzeugs *Auswahlellipse* angelegt. Ein wirklicher Kreis wird es nur dann, wenn Sie beim Aufziehen der Auswahl gleichzeitig die Umschalt-/Shift-Taste gedrückt halten. Diese Auswahl füllen Sie mit Hilfe des *Füllwerkzeugs* bzw. über das Menü *Bearbeiten – Auswahl füllen* mit dem im Farbwähler gewählten Rot (reines Rot: RGB 255,0,0). Danach löschen Sie die Auswahl (Menü *Auswahl – Auswahl aufheben*).

Legen Sie sich ggf. eine waagerechte Hilfslinie auf der horizontalen Mittelachse des Kreises an. Jetzt ziehen Sie auf der Ebene *Kreis* eine rechteckige Auswahl auf. Diese darf größer sein als das eigentlich gewünschte Objekt. Das Programm findet die Objektränder selbst, da der übrige Bereich der Ebene transparent ist.

Dann wählen Sie im Menü *Bild – Transformieren – Frei transformieren*. Auf der Auswahl im Bild erscheint nun ein Transformationsrahmen. Dieser ist zunächst auf die Fläche der Auswahl begrenzt. Ziehen Sie die obere Rahmenlinie senkrecht nach oben (siehe Bild). Die obere Kreishälfte wird skaliert. Wenn Sie mit dem Ergebnis zufrieden sind, bestätigen Sie die Transformation mit Klick auf das grüne Häkchen.

21.1.3 Licht- und Schatteneffekte mit dem Malwerkzeug Pinsel – lasierend malen

Licht- und Schatteneffekte lassen ein Bild, einen Gegenstand plastischer und realistischer aussehen. Es gibt mehrere Techniken, solche Effekte herzustellen. Eine Möglichkeit ist, sie in einem Bild zu malen. Zunächst wurde über dem roten Ei eine Auswahl mit Hilfe des Auswahlwerkzeugs *Zauberstab* errichtet. Diese hilft, nicht über die Kontur hinaus zu malen.

➡ **Hinweis:** Legen Sie für jeden Lichteffekt eine eigene Ebene an. Geht etwas schief, müssen Sie schlimmstenfalls eine Ebene wegwerfen und neu anlegen.

In den Werkzeugeinstellungen des Pinsel-Werkzeuges wählen Sie einen runden, weichen Pinsel und geben ihm eine Größe von 250 px Durchmesser. Mit einem großen, runden Pinsel bei vollem Verlauf lassen sich sehr gut Flächen ohne Übergänge anlegen. Die *Deckkraft* des Pinselauftrages wird in den *Werkzeugeinstellungen* auf einen Wert um 10 % eingestellt. Damit können Sie gut lasierend arbeiten.

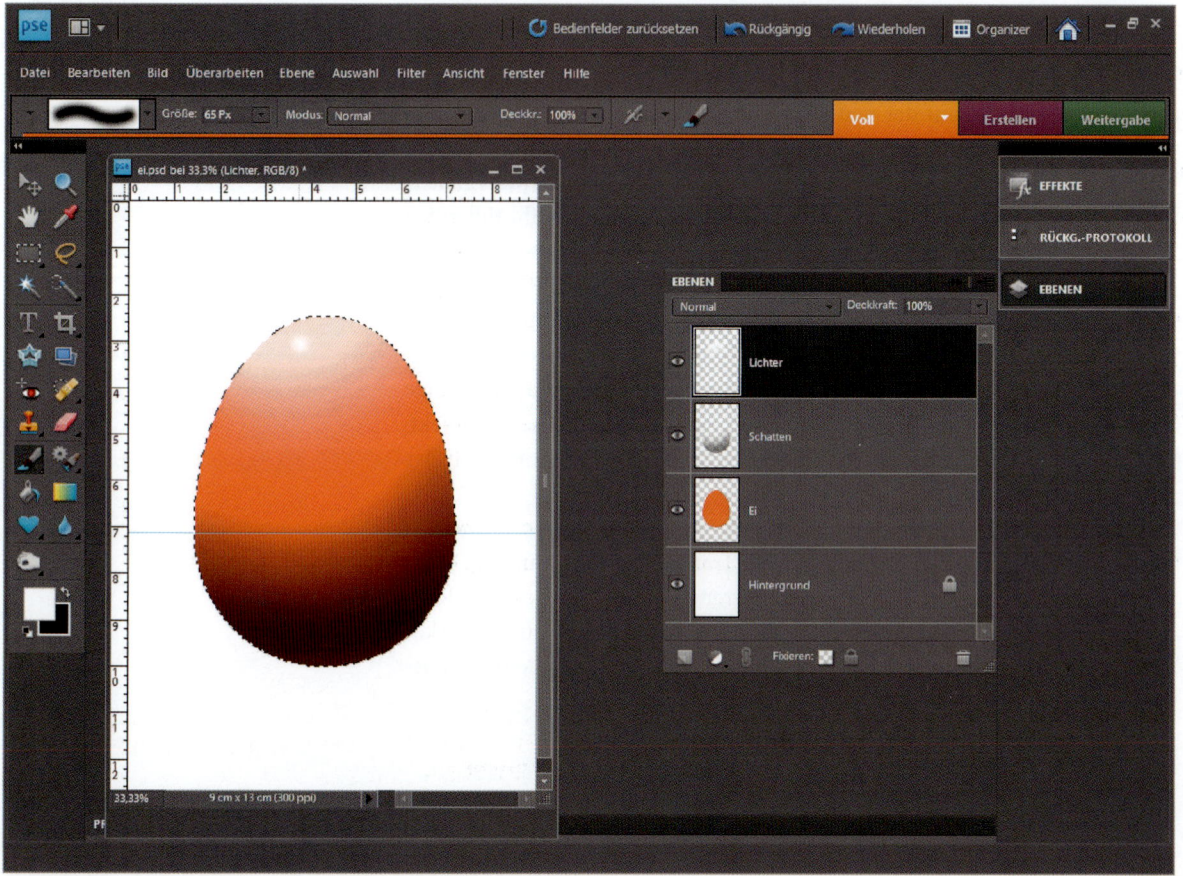

Abb. 21.2

Bild und Ebenen für Licht- und Schatteneffekte in lasierender (teiltransparenter) Maltechnik. Um das Ei herum ist die Auswahl zu sehen, die die Wirkung der Malwerkzeuge auf die Fläche der Auswahl bzw. des Eis begrenzt.

Der Farbauftrag erfolgt nun der Form entsprechend in halbkreisförmigen Bogenschwüngen. Bei den Lichtern beginnen Sie an der Spitze, bei den Schatten unten an der Figur. Setzen Sie den Pinsel außerhalb des Eis an, diese Fläche ist durch eine Maske geschützt. Ziehen Sie mit ruhigen Bogenschwüngen über die Figur. Beim Malen halten Sie die linke Maustaste gedrückt – lassen Sie diese nach jedem Strich los, und setzen Sie neu an. Sie können das mehrfach wiederholen, um z. B. beim Schatten nach unten eine stärkere Deckkraft des Farbauftrages zu erzielen. Im Bereich der Lichter setzen Sie noch ein Highlight – einen Lichtreflexpunkt mit einem kleineren, weichen Pinsel. Eventuell müssen Sie bei diesem Bild mehrfach neu ansetzen, um einen gleichmäßigen Farbauftrag zu erzielen.

Eine Hilfe mag der *Radiergummi* bieten, der wie das Pinsel-Werkzeug funktioniert und auch die Möglichkeit bietet, die Deckkraft/Löschkraft in den Werkzeugeinstellungen zu reduzieren und somit »lasierend« zu radieren, d. h. nicht alles auf einmal zu löschen.

21.1.4 Bildobjekte in ein Bild einfügen, duplizieren und einfärben

Vor dem Export des Ostereis muss es noch mit einem Schlagschatten ergänzt werden, außerdem müssen alle Ebenen auf eine reduziert werden (sonst müssten wir alle einzelnen Ebenen exportieren, positionieren und nachbearbeiten). Die erforderlichen Arbeiten finden Sie hier wieder in einer Übersicht beschrieben. In einem neuen Kapitel beschäftigen wir uns anschließend mit dem nachträglichen Umfärben von Bildobjekten, was uns in diesem Fall die Arbeit spart, jedes andersfarbige Ei neu konstruieren zu müssen.

▦ Noch fehlt der Schatten, den das Ei selbst auf den Boden wirft. Diesen erzeugen Sie auf einer neuen Ebene mit einer elliptischen Auswahl. Geben Sie der Auswahl einen weichen Rand von ca. 30 Pixeln (Menü *Auswahl – Weiche Auswahlkante*). Füllen Sie nun die Auswahl mit schwarzer Farbe. Dies geschieht mit dem *Füllwerkzeug (Farbeimer)* oder über das Menü *Bearbeiten – Auswahl füllen*.
▦ Löschen Sie danach die Auswahl wieder.
▦ Da kaum ein Schatten 100 % opak, deckend, ist, reduzieren Sie die Deckkraft der Ebene mit dem Schlagschatten auf etwa 90 % Deckkraft.
▦ Gegebenenfalls positionieren Sie nun diese Ebene mit dem Verschieben-Werkzeug neu. Achten Sie darauf, diese Ebene im Ebenen-Stapel unter der Ebene mit dem Ei zu positionieren.
▦ Speichern Sie Ihr Bild, und speichern Sie es ein zweites Mal als *arbeitsei.psd*.
▦ Im Bild *arbeitsei.psd* löschen Sie die Ebene *Hintergrund* (weißer Hintergrund) – wählen Sie dazu im Ebenen-Bedienfeld den Hintergrund, und klicken Sie dann auf das Symbol *Löschen (Abfalleimer)* links oben. Gegebenenfalls löschen Sie auch die Hilfslinie.
▦ Dann klicken Sie mit rechter Maustaste auf eine Ebene im Ebenen-Bedienfeld und wählen im Kontextmenü *Sichtbare auf eine Ebene reduzieren*.
▦ Öffnen Sie Ihr Bild *urlaubskarte.psd*. Speichern Sie es sofort wieder unter dem Namen *osterkarte.psd* in Ihrem Übungsordner.
▦ Ziehen Sie die verbliebene Ebene aus dem Ebenen-Bedienfeldes des Bildes *arbeitsei.psd* mit Drag & Drop auf das Fenster des Bildes *osterkarte.psd*.
▦ Benennen Sie die neue Ebene im Ebenen-Bedienfeld um, z. B. in *Rotes Ei*. Positionieren Sie die Ebene unter der Textebene.

▥ Passen Sie die Größe des Eis an, indem Sie es skalieren (Menü *Bild – Transformieren – Frei transformieren* oder über den Transformationsrahmen aus den Werkzeugoptionen des Verschieben-Werkzeugs), und positionieren Sie es grob im Bild. Beachten Sie, dass auch bei den genannten Transformationsmöglichkeiten das Bildobjekt im gleichen Seitenverhältnis, also proportional skaliert wird, wenn Sie beim Skalieren z. B. über einen der Eckpunkte die Umschalt-/Shift-Taste gedrückt halten.

▥ Duplizieren Sie die Ebene *Rotes Ei* im Ebenen-Stapel mit rechtem Mausklick auf die Ebene und den Menübefehl *Ebene duplizieren* im Kontextmenü zwei Mal. Benennen Sie die eine neue Ebene *Blaues Ei* und die andere *Gelbes Ei.*

▥ Als Reihenfolge im Ebenen-Stapel schlage ich vor: zuoberst *Rotes Ei – Blaues Ei – Gelbes Ei.*

▥ Positionieren Sie die neu erzeugten (noch roten) Eier zunächst so im Bild, dass sie gut sichtbar sind (Ebene aktiv setzen, mit Verschieben-Werkzeug anklicken und ziehen).

▥ Wählen Sie im Ebenen-Bedienfeld zunächst die Ebene *Blaues Ei.* Wählen Sie im Menü *Überarbeiten – Farbe anpassen – Farbton/Sättigung anpassen.* Verschieben Sie den Regler für Farbton so, dass das Ei einen blauen Farbton erhält. Wiederholen Sie die Vorgänge für die Ebene *Gelbes Ei* entsprechend.

Das Dialogfenster für den letzten Punkt der Aufgabe haben wir uns bereits in Kapitel 10.3.2 genauer angesehen. Hier noch einmal eine Zusammenfassung für unsere weitere Arbeit.

21.1.5 Die Farbe eines Bildobjekts ändern – die Funktion Farbton/Sättigung anpassen

Die Funktion *Farbton/Sättigung anpassen* ist recht vielseitig – Sie können damit Farben in einem Bild verändern, die Sättigung von Farben in Bildern steigern, intensivieren oder aber die Farbe im Bild ganz hin zu Grautönen entfernen. Außerdem können Sie mit dieser Funktion auch Schwarzweißfotos einfärben, wie Sie später noch sehen werden. Wir werden damit unsere Ostereier einfärben.

Wählen Sie die Ebene, deren Farbeinstellungen Sie verändern möchten. Dann rufen Sie den Menüpunkt *Überarbeiten – Farbe anpassen – Farbton/ Sättigung anpassen* auf. Achten Sie darauf, dass im Auswahlmenü bei *Bearbeiten: Standard* gewählt ist. Für differenziertere Farbkorrekturen besteht allerdings auch die Möglichkeit, nur einen bestimmten Farbbereich zur Bearbeitung zu wählen. Jetzt können Sie mit dem entsprechenden Schieberegler den *Farbton* des gewählten Objekts ändern, die *Sättigung* der Farben

im Bild steigern (intensivieren) oder verringern (bis hin zum Graustufenbild). Außerdem können Sie die Lab-Helligkeit des Bildes nachkorrigieren.
Achten Sie darauf, dass im Fenster *Farbton/Sättigung* unten rechts das Kontrollkästchen für *Vorschau* geklickt und angehakt ist (siehe Abb. 21.3): Sie
können dann die Veränderungen, die Sie vornehmen, direkt im Bildfenster kontrollieren.

Was noch fehlt:

- Positionieren, skalieren und drehen Sie nun die Eier im Bild dort, wo sie
  stehen sollen.
- Speichern Sie Ihr Bild.

Abb. 21.3
Die Einstellmöglichkeiten des Menüpunktes
Farbton/Sättigung anpassen

Damit sind die Arbeiten an diesem Bild abgeschlossen. Sie haben einiges
über das Arbeiten mit Ebenen und Masken gelernt, Ebenen exportiert, kennen nun die wichtigsten Farbwerkzeuge, haben mit digitalen Pinseln gemalt,
Text eingefügt, eigene Bildobjekte erzeugt und transformiert. Und damit
geht es jetzt auch noch einmal weiter.

21.2 Dreidimensionale Gegenstände mit Hilfe von Ebenen und Auswahlen herstellen – Schattenebenen

Sie haben schon einfache Bildobjekte selbst erzeugt – die Ostereier. Doch
auch komplexere, dreidimensionale Figuren können mit den Werkzeugen
von Photoshop Elements hergestellt werden. Prinzipiell können Sie mit
Photoshop Elements alles konstruieren, was sich mit Hilfe von Auswah-

len und Füllungen aus Flächen konstruieren und zusammensetzen lässt: dreidimensionale Gegenstände, aber auch Zweidimensionales wie Logos, Banner und Buttons für Webseiten. Wir werden uns das am Beispiel eines konstruierten Monitors genauer ansehen. Dabei üben Sie das Arbeiten mit Ebenen und Auswahlen, und wir vertiefen das Thema Transformationen. Die nachfolgende Aufgabe ist dabei komplex und erfordert immer wieder zusammenhängende Arbeitsgänge wie Auswahl erstellen – Füllen – Transformieren und das Arbeiten mit dem Ebenen-Bedienfeld. Lassen Sie sich Zeit. Sie gewinnen dabei auch Routine.

21.2.1   Bildobjekte herstellen und transformieren

Unser Osterbild soll im Fernsehen gezeigt werden. Dazu bauen wir uns den Fernseher gleich samt Bild selbst. Die folgende Aufgabe soll Ihnen auf der einen Seite ein Verständnis vermitteln, wie Sie mit vergleichsweise einfachen Mitteln auch komplexere Bildobjekte mit 3D-Effekten herstellen können. Andererseits ist sie »nur« eine Übung, um Routine bei der Arbeit zu gewinnen. Dabei umfasst die Aufgabe eine große Anzahl einzelner Arbeitsschritte. Viele haben Sie in der einen oder anderen Weise schon einmal ausgeführt. Aber alle werden hier knapp, doch in allen wesentlichen Punkten beschrieben. Erläuternde Bilder sind beigefügt.

Zunächst werden das Bild und die Frontseite des Monitors angelegt, auf dem unser Bild erscheinen soll:

▓ Legen Sie eine neues Bild an (Menü *Datei – Neu – Leere Datei*) mit folgenden Eigenschaften: *Breite* 15,0 cm, *Höhe* 10,0 cm, *Auflösung* 300 ppi, *Modus* RGB, *Hintergrundfarbe* Weiß. Speichern Sie das Bild als *monitor.psd*.

▓ Öffnen Sie Ihr Bild *osterkarte.psd*, speichern Sie es in Kopie als *osterkarte.png*.

▓ Schließen Sie das Bild *osterkarte psd*.

▓ Öffnen Sie das Bild *osterkarte.png*. Minimieren Sie das Bild, die Hauptebene daraus wird später exportiert.

▓ Wechseln Sie zum Bild *monitor.psd*. Als Erstes erzeugen Sie im Ebenen-Dialog zwei leere Ebenen: *Front* (für die Frontseite des Monitors) und *Fase* (für die Umrandung der Mattscheibe im Gehäuse).

▓ Blenden Sie im Bildfenster die Lineale ein (Menü *Ansicht – Lineale*). Stellen Sie hier die *Maßeinheit* für *Lineale* auf *Pixel* um. Dazu doppelklicken Sie auf eines der Lineale. Im sich öffnenden Fenster *Voreinstellungen* wählen Sie bei *Maßeinheiten – Lineale: Pixel*.

▓ Setzen Sie die Ebene *Front* aktiv. Auf ihr erstellen Sie mit dem Werkzeug *Auswahlrechteck* eine rechteckige Auswahl, in etwa ein Viertel der Größe des Bildes. Helfen Sie sich dabei, indem Sie das Rechteck mit Hilfslinien aus den Linealen vorab konstruieren.

▓ Wählen Sie im Farbwähler für die Vordergrundfarbe ein lichtes Grau, und füllen Sie mit dem *Füllwerkzeug (Farbeimer)* die Auswahl.

▓ Löschen Sie die Auswahl.

▓ Speichern Sie Ihr Bild.

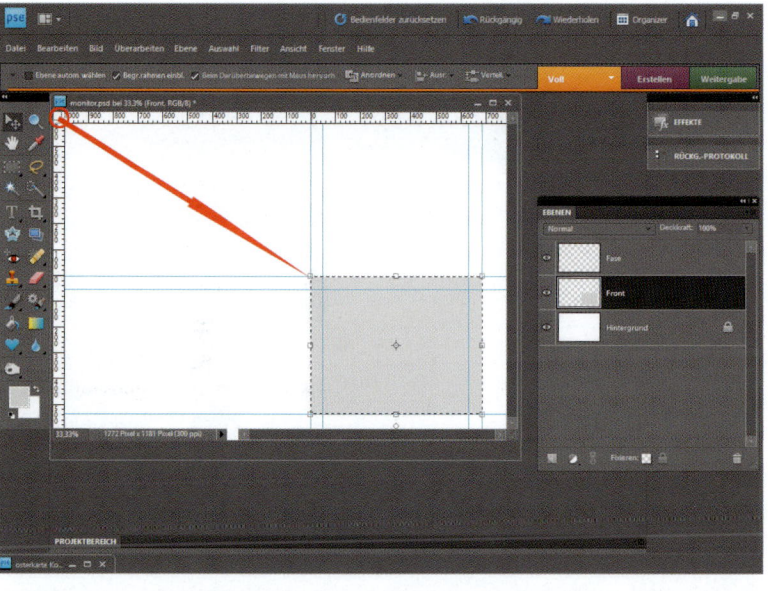

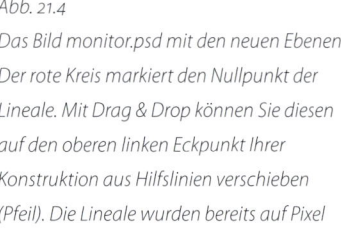

Abb. 21.4

Das Bild monitor.psd mit den neuen Ebenen. Der rote Kreis markiert den Nullpunkt der Lineale. Mit Drag & Drop können Sie diesen auf den oberen linken Eckpunkt Ihrer Konstruktion aus Hilfslinien verschieben (Pfeil). Die Lineale wurden bereits auf Pixel umgestellt.

Nun wird das Einfügen des Bildes *osterkarte.png* vorbereitet. Dieses wird sozusagen als Fernsehbild eingebaut.

▓ Ziehen Sie drei Hilfslinien ins Bild, die einen gleichen Abstand von etwa 50 Pixeln links, oben und rechts auf dem Rechteck in der Ebene *Front* markieren. Helfen Sie sich, indem Sie den Nullpunkt der Lineale auf die linke obere Ecke des Rechtecks verschieben. Sie erreichen dies, indem Sie in das Quadrat der Lineale am Ursprung/Nullpunkt zeigen und diesen mit gedrückter linker Maustaste auf die linke obere Ecke des Rechtecks bzw. der Hilfslinien an dieser Position ziehen, wie in Abb. 21.4 gezeigt.

▓ Öffnen Sie das Bedienfeld *Informationen* (Menü *Fenster – Informationen*), und wechseln Sie zum Werkzeug *Auswahlrechteck*. Dieses nehmen wır zur Hilfe, um im Bild zu messen. Ziehen Sie mit dem Auswahlrechteck eine rechteckige Auswahl zwischen den Innenkanten der senkrechten Hilfslinien auf. Dessen Breite wird im Bedienfeld *Informationen* rechts unten bei *B* angezeigt. Damit wissen Sie, auf welche Pixelbreite Sie Ihr Bild *osterkarte.png* skalieren müssen. Notieren Sie den Wert, und löschen Sie die Auswahl wieder.

▓ Wechseln Sie zum Bild *osterkarte.png*. Skalieren Sie das Bild über das Menü *Bild – Skalieren – Bildgröße* auf die gemessene Breite.

▓ Exportieren Sie die Hauptebene aus dem Bild *osterkarte.png* und positionieren sie in dem mit Hilfslinien markierten Rand im grauen Rechteck.

▓ Positionieren Sie die importierte Ebene unter der Ebene *Fase* im Ebenen-Stapel, und benennen Sie sie *Bildschirm*.

Abb. 21.5

Hilfsmittel zum Messen von Abständen im Bild

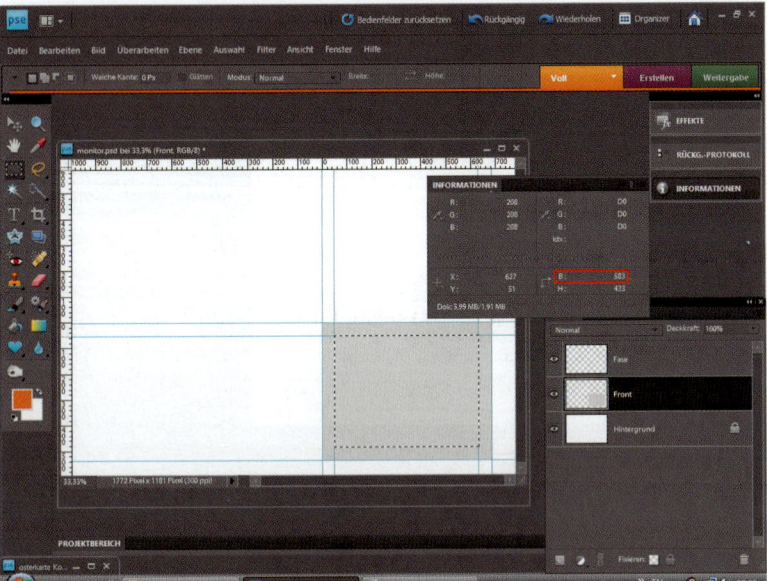

▓ Skalieren Sie ggf. das graue Rechteck mit Hilfe der Werkzeugoptionen des Verschieben-Werkzeugsoder mit dem Menü *Bild – Transformieren – Frei transformieren* in der Höhe. Der Rand unter dem Bild aus *osterkarte.png* sollte breiter sein als der darüber.

Wir brauchen jetzt die Umrisse der Mattscheibe:

▓ Setzen Sie die Ebene *Bildschirm* aktiv und erstellen Sie eine Auswahl über den Umrissen der importierten Ebene. Dazu klicken Sie mit dem Werkzeug *Zauberstab* in den transparenten Bereich um das eigentliche Bildobjekt im Bildfenster. Nun ist alles darum herum ausgewählt. Über das Menü *Auswahl – Auswahl umkehren* wird genau die Kontur des Bildobjekts auf der Ebene ausgewählt.

▓ Mit *Auswahl – Auswahl verändern – Abrunden* geben Sie der Auswahl eine Kantenrundung von ca. 20 Pixeln.

▓ Mit *Auswahl – Auswahl speichern* speichern Sie die Auswahl, z. B. unter dem Namen *Fase*.

▓ Kehren Sie die Auswahl wieder um (Menü *Auswahl – Auswahl umkehren*), und löschen Sie mit *Bearbeiten – Löschen* die Ecken des Bildobjekts *Bildschirm*.

Wir wollen noch einen Mattscheibeneffekt – oder alternativ eine wirkliche Mattscheibe – hinterlegen. Also legen wir diese nun an.

- Legen Sie im Ebenen-Bedienfeld unter der Ebene *Bildschirm* eine neue Ebene *Mattscheibe* an.
- Blenden Sie die Ebene *Bildschirm* vorerst über das Augen-Symbol aus.
- Noch einmal invertieren Sie die Auswahl, damit wieder die eigentliche Fläche gewählt ist.
- Wechseln Sie im Ebenen-Bedienfeld zur Ebene *Mattscheibe*. Füllen Sie die Auswahl mit einem kreisförmigen Farbverlauf. Als Vordergrundfarbe wählen Sie dazu ein lichtes Grüngrau, als Hintergrundfarbe ein dunkles Grüngrau.
- Setzen Sie auf der Ebene *Mattscheibe* über das Menü *Filter – Renderfilter – Blendenflecke* einen Lichtpunkt.
- Schalten Sie die Ebene Bildschirm durch Klick auf die Fläche des Augen-Symbols wieder sichtbar, und reduzieren Sie im Ebenen-Dialog die *Deckkraft* der Ebene *Bildschirm* auf ca. 30 %.

Abb. 21.6
Der Lichtpunkt auf der Ebene Mattscheibe scheint durch die teiltransparente Ebene Bildschirm.

Damit der Bildschirm auch wie bei einem richtigen Monitor nach innen versetzt erscheint, wird eine vertiefte Fase angelegt:

- Wechseln Sie zur vorbereiteten Ebene *Fase*. Wählen Sie ein sehr helles Silbergrau als Vordergrundfarbe. Invertieren Sie wiederum die Auswahl, bzw. laden Sie sie neu (Menü *Auswahl – Auswahl laden*). Ziehen Sie die Kontur der Auswahl nach über das Menü *Bearbeiten – Kontur füllen*. Verwenden Sie dabei eine Strichstärke von etwa 30 Pixeln. Beachten Sie, dass Sie im Fenster *Kontur füllen* bei *Position: Innen* wählen.

▧ Löschen Sie die Auswahl (Menü *Auswahl – Auswahl aufheben*).

▧ Radieren Sie mit einem kleineren, harten Pinsel die obere und linke Kante der Fase. Im Bild wird es später so erscheinen, als verschwände sie hier durch die perspektivische Verzerrung. Zoomen Sie sich die Ecken, die stehen bleiben, heraus, und runden Sie diese sorgfältig mit dem Radierer aus.

▧ Speichern Sie Ihr Bild.

Abb. 21.7

Mit Hilfe des Werkzeugs Radierer und einer harten Pinselspitze mit Durchmesser 60 Pixel wird an einem der Eckpunkte des Bildschirms begonnen, die Fase zu löschen, wo sie später aufgrund der Perspektive nicht zu sehen sein soll (links und oben).

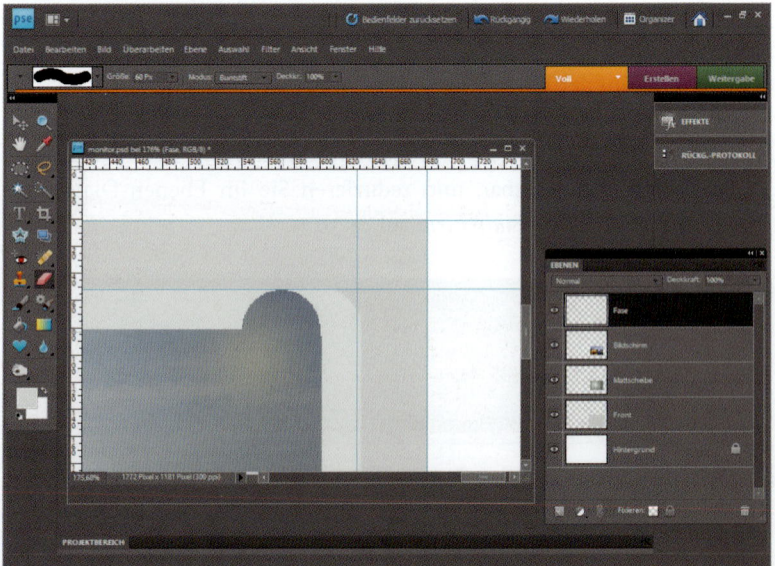

So weit haben wir die Vorderseite unseres Monitors fertig gestellt. In den nächsten Arbeitsschritten wird auf die vorhandenen Ebenen des Bildes nacheinander eine Reihe von Transformationen mit den Menüpunkten aus *Bild – Transformieren* angewandt, um die Ebenen gemeinsam perspektivisch zu verzerren. Beachten Sie dabei, dass es wichtig ist, die unterschiedlichen Transformationen hintereinander aufzurufen, ohne sie zwischendurch einzeln zu bestätigen. Das würde die Aufgabe sogar unmöglich machen, da beim Bestätigen einer verzerrten Form der Transformationsrahmen jedes Mal auf ein rechtwinkliges Rechteck um das ganze Bildobjekt herum zurückgesetzt wird.

▧ Damit die Transformationen auch wirklich gleichzeitig auf alle Ebenen des Bildes wirken, werden diese gemeinsam im Ebenen-Bedienfeld markiert und durch das *Ketten-Symbol* im Bedienfeld miteinander verbunden. Achten Sie darauf, dass in jeder Ebene das Ketten-Symbol sichtbar ist, außer in der weißen Hintergrundebene.Zunächst wird das Menü

Bild – Transformieren – Neigen (siehe Abb. 21.8) angewandt, um die
Ebenen vertikal zu neigen. Verwenden Sie eine Scherneigung von ca.
30° in der y-Achse nach oben. Dazu müssen Sie den angezeigten Transformationsrahmen nur an der rechten Seite mit gedrückter linker Maustaste anfassen und nach oben schieben. Nicht bestätigen!

- Danach werden die Ebenen mit dem Menü *Bild – Transformieren – Perspektivisch verzerren* rechten Rand perspektivisch verzerrt (siehe Abb.
21.9). Klicken Sie dazu z. B. auf den oberen rechten Punkt des Transformationsrahmens, und schieben Sie ihn nach unten, bis die rechte Seite
deutlich nach rechts zu fluchten beginnt (auf einen rechten Fluchtpunkt
zuzulaufen beginnt). Wieder: Nicht bestätigen!

- Zuletzt werden die Ebenen mit dem Menü *Bild – Transformieren – Frei
transformieren* von rechts aus nach links horizontal auf ca. 70 % skaliert.
Jetzt zum Schluss bestätigen Sie die Transformationen.

- Speichern Sie das Bild.

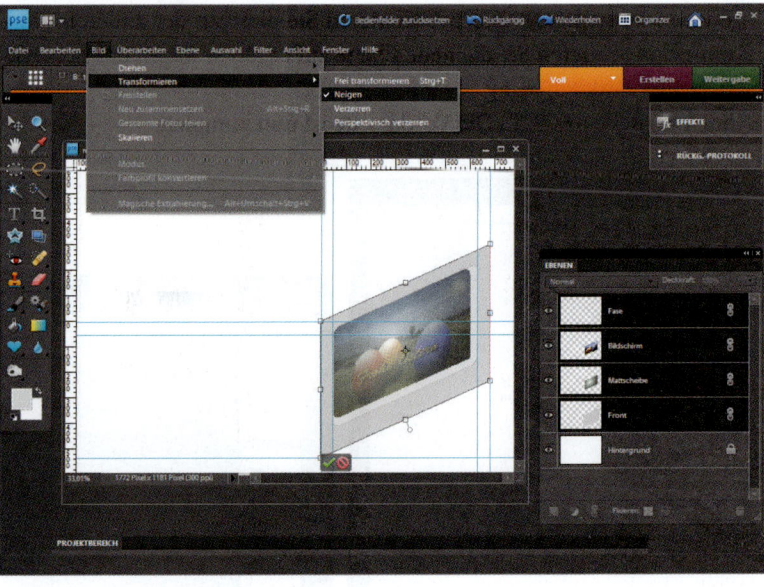

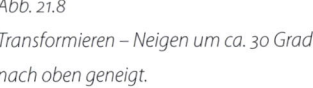

Abb. 21.8

*Transformieren – Neigen um ca. 30 Grad
nach oben geneigt.*

Damit ist die Frontseite fast fertig. Aber ein Monitor hat Schalter. Auch
diese legen wir als separate Bildobjekte auf einer neuen Ebene an. Wir können die Knöpfe erst jetzt einfügen, da sie sonst beim Neigen fehlerhaft verzerrt worden wären.

- Legen Sie eine Ebene *Knopf* zuoberst im Ebenen-Bedienfeld an. Zoomen Sie dann das Bild auf den Bereich einer der unteren Ecken. Erstellen Sie dort mit dem Werkzeug *Elliptische Auswahl* eine Ellipse, und
füllen Sie diese von oben nach unten mit einem Verlauf von Weiß nach
Schwarz.

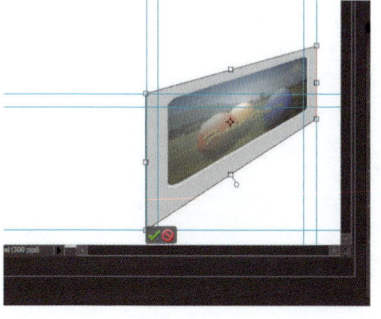

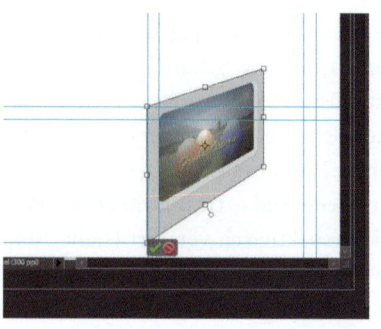

Abb. 21.9

Als Nächstes wird die rechte Seite der Konstruktion aus Ebenen gemeinsam perspektivisch verzerrt.

Abb. 21.10

Abschließend folgt mit Bild – Transformieren – Frei transformieren eine Skalierung der Ebenen. Nun wird die Serie von Transformationen auch bestätigt.

- Verschieben Sie dann die elliptische Auswahl horizontal um ein kleines Stück mit einem Auswahlwerkzeug (Achtung: Werkzeugeinstellungen: *Neue Auswahl*).

- Wählen Sie im Farbwähler das lichte Silbergrau der Fase als Vordergrundfarbe. Sie können die Farbe auch mit der Pipette aus dem Bild aufnehmen. Füllen Sie die Auswahl mit Hilfe des Menüs *Bearbeiten – Auswahl füllen*. Der erste Knopf ist fertig.

- Duplizieren Sie die Ebene *Knopf* (Kontextmenü *Ebene duplizieren* im Ebenen-Bedienfeld), und positionieren Sie diese an der anderen unteren Ecke. Skalieren Sie die neue Ebene auf ca. 80 % wegen der perspektivischen Verkleinerung.

- Speichern Sie das Bild. Die Vorderseite ist nun komplett.

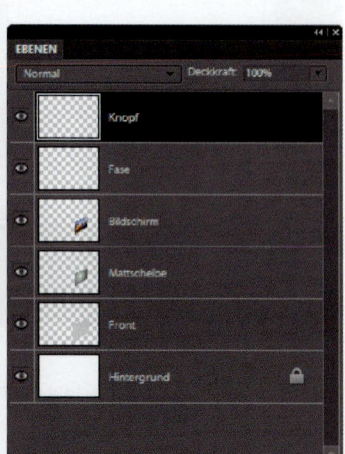

Abb. 21.11

Mit Hilfe einer elliptischen Auswahl und verschiedener Füllungen wird der Schaltknopf erstellt.

Für die folgenden Arbeiten benötigen Sie definitiv etwas räumliche Vorstellungsgabe – und ein Gerüst aus Hilfslinien, das Sie sich anlegen.

Nun fehlen also noch die linke und obere Seite des Gehäuses sowie der Schatten des Monitors. Dazu legen Sie drei neue Ebenen an: zuoberst im Ebenen-Bedienfeld die Ebene *Oberseite*. Direkt über der Hintergrundebene fügen Sie die Ebene *Schatten* und die Ebene *Seite* ein. Nacheinander werden auf diesen Ebenen nun die fehlenden Flächen mit Hilfe des Auswahlwerkzeugs *Polygon-Lasso* erstellt.

▪ Legen Sie zunächst neue Hilfslinien an, die die Seitenkanten bzw. Eckpunkte der neuen Flächen festlegen. Da Hilfslinien von Haus aus »magnetisch« sind, helfen sie auch, die Eckpunkte mit dem Polygon-Lasso genau zu finden, da die Auswahl sozusagen von diesen Eckpunkten angezogen wird und darauf »einrastet«.

▪ Beginnen Sie mit der Ebene *Seite*. Erstellen Sie dort mit dem *Polygon-Lasso* ein Viereck aus einer geschlossenen Form, die an die linke Seite der Frontseite anschließt und schräg nach hinten und oben verläuft. Dabei fluchtet sie nach links oben.

▪ Füllen Sie diese mit demselben Grau wie die Ebene *Front*.

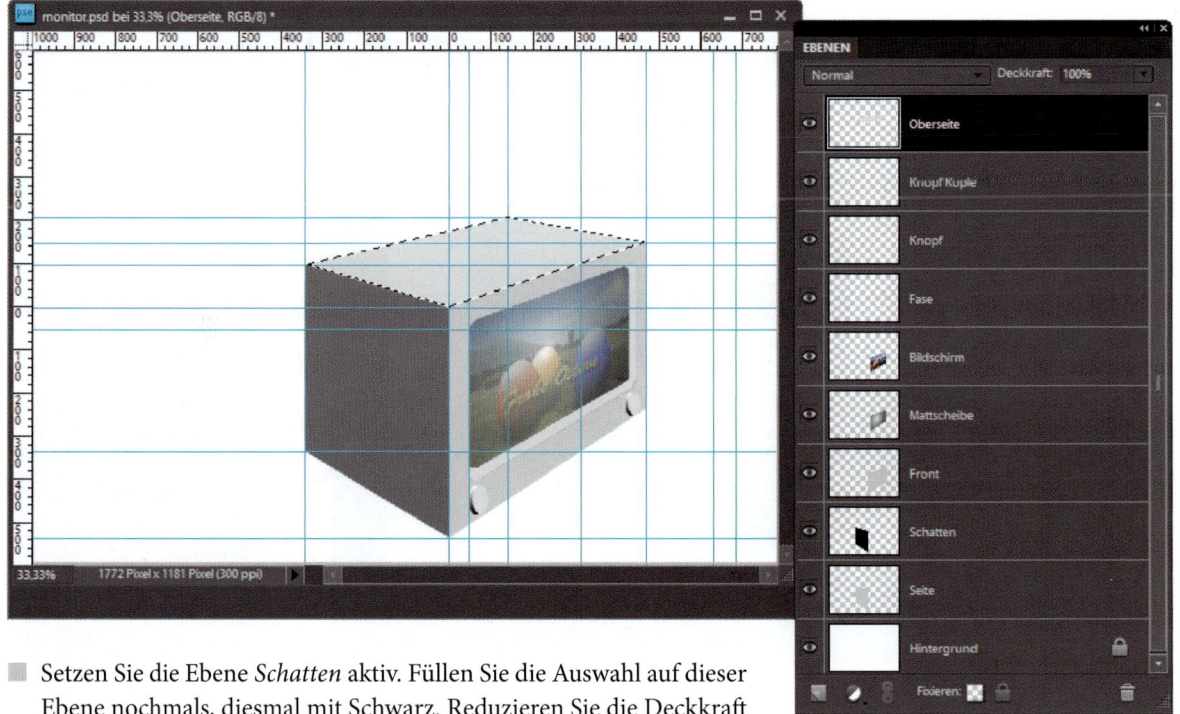

▪ Setzen Sie die Ebene *Schatten* aktiv. Füllen Sie die Auswahl auf dieser Ebene nochmals, diesmal mit Schwarz. Reduzieren Sie die Deckkraft der Ebene auf etwa 50 %.

▪ Als Nächstes erstellen Sie die Oberseite auf der entsprechenden Ebene. Folgen Sie beim Anlegen des Pfades den Eckpunkten der bereits vorgegebenen Flächen. Füllen Sie die Fläche mit einem dem lichten Grau der Fase.

Damit ist das Gehäuse komplett. Zuletzt nun noch der Schatten des Monitors auf der Standfläche.

Abb. 21.12

Die Seitenflächen mit einem Gerüst aus Hilfslinien und den bereits gefüllten Auswahlen

- Legen Sie eine Ebene *Schlagschatten* direkt über der Hintergrundebene an.
- Blenden Sie die Hilfslinien aus über *Ansicht – Hilfslinien*, damit diese nicht auf das Auswahlwerkzeug einwirken.
- Nachdem Sie den Schatten als Auswahl mit dem Polygon-Lasso angelegt haben, geben Sie ihm einen weichen Randverlauf (Menü *Auswahl – Weiche Auswahlkante*) von etwa 7 px. Füllen Sie dann die Auswahl mit Schwarz.
- Reduzieren Sie die Deckkraft der Ebene (Transparenz) im Ebenen-Bedienfeld auf etwa 75 %.
- Falls erforderlich, markieren Sie alle Ebenen im Ebenen-Stapel und positionieren den fertigen Monitor mit dem Verschieben-Werkzeug neu im Bild.
- Das war's. Speichern Sie Ihr Bild.

Abb. 21.13

monitor.psd mit allen relevanten Ebenen

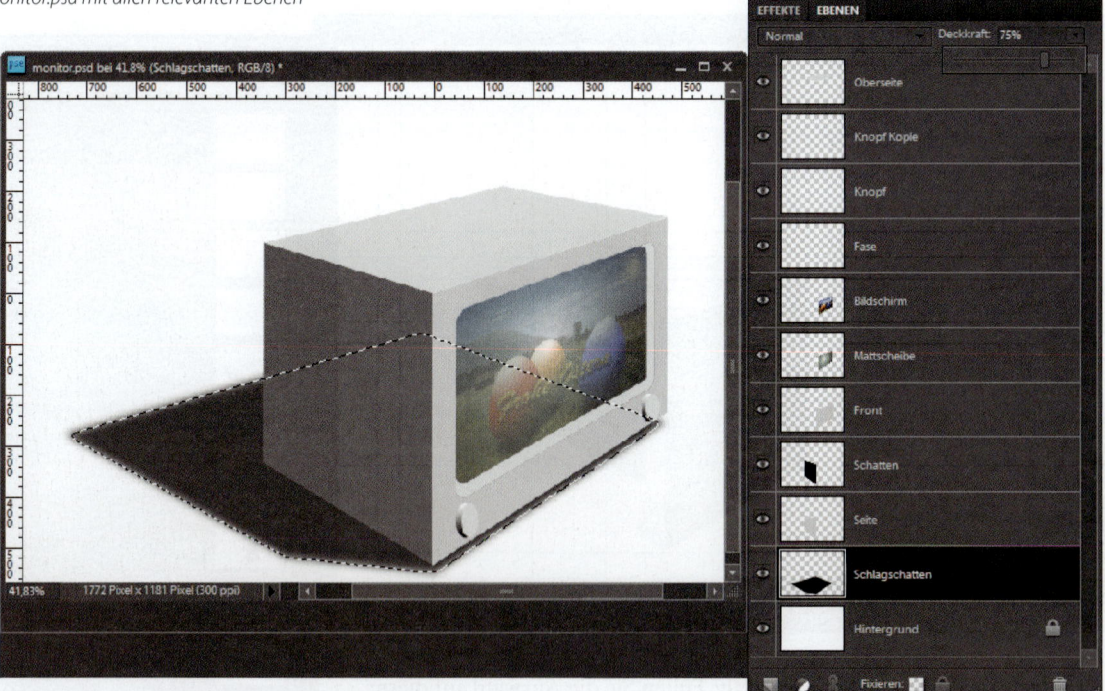

22 Bilder überblenden mit Auswahlen und automatisierten Funktionen – Photomerge

Manchmal möchten Sie Bildmotive ineinander überblenden, übergehen lassen. Oder Sie möchten mehrere Bilder nahtlos zu einer Panoramaaufnahme zusammenfügen. Beide Ziele lassen sich mit Auswahlen mit sehr großer Ausblendung (»weicher Auswahlkante«) erreichen. Um Panoramaaufnahmen zusammenzufügen, enthält aber Photoshop Elements selbst eine komfortable Funktion – **Photomerge-Panorama**. Noch weitere Photomerge-Funktionen stehen bereit, die ebenso automatisierte Techniken der Überblendung nutzen.

22.1   Zwei Bilder mit unterschiedlichen Motiven ineinander überblenden

Voraussetzung hierfür ist zunächst einmal, dass die beiden Bilder, die ineinander überblendet werden sollen, in etwa in der gleichen Bildgröße (Abmessungen) und Auflösung vorhanden sind. Sie müssen dabei nicht von derselben Dateiart sein. Die Bilder für die Übungsaufgabe wurden bereits entsprechend vorbereitet.

- Öffnen Sie die beiden Bilder *lido.png* und *muscheln.png* aus dem Verzeichnis *Bildvorgaben*.
- Im Bild *muscheln.png* duplizieren Sie die *Hintergrundebene*. Die duplizierte Ebene nennen Sie z. B. *Muscheln*. Sie wird weiterbearbeitet und später exportiert.
- Schalten Sie die Ebene *Hintergrund* im Bild *muscheln.png* über das Augen-Symbol im Ebenen-Bedienfeld unsichtbar.
- Setzen Sie jetzt die Ebene *Muscheln* aktiv.
- Ziehen Sie etwa auf halber Höhe des Bildes mit dem Werkzeug *Auswahlrechteck* eine Auswahl über die obere Hälfte des Bildes in der gesamten Breite des Bildfensters auf.
- Wählen Sie im Menü *Auswahl – Weiche Auswahlkante,* und vergeben Sie im sich öffnenden Fenster den größtmöglichen *Radius* für den Randverlauf: 250 Pixel. Nun erscheint eine Auswahl, die jedoch eine weiche Auswahlkante entsprechend des Verlaufs besitzt. Diese Auswahl zeigt deutlich abgerundete Kanten.
- Damit die Ausrundungen der Auswahl keine Rolle spielen, müssen Sie die Auswahl entsprechend aufbereiten. Vergewissern Sie sich über *Ansicht – Ganzes Bild*, dass Sie auch wirklich die gesamte Bildfläche sehen. Dann verschieben Sie die Auswahl so weit nach links, dass die Ausrundung links außerhalb der sichtbaren Bildfläche liegt. (Auswahlen können Sie mit der Maus oder auch mit den Pfeiltasten verschieben, wenn ein Auswahl-Werkzeug gewählt ist und in den Werkzeugeinstellungen die Schaltfläche *Neue Auswahl* aktiv ist.)
- Mit *Bearbeiten – Löschen* löschen Sie zweimal hintereinander den linken oberen Bildinhalt.
- Danach verschieben Sie dieselbe Auswahl so weit nach rechts, dass die Ausrundungen rechts außerhalb der sichtbaren Bildfläche liegen.
- Wiederum löschen Sie zweimal hintereinander mit *Bearbeiten – Löschen* nun den Bildinhalt rechts oben.
- Da die Auswahl auch am oberen Bildrand noch die weiche Kante aufweist, muss dieser Bildbereich noch gesäubert werden. Verschieben Sie die Auswahl wiederum über die Grenzen des Bildes hinaus, diesmal auch nach oben, und löschen den verbliebenen Bildinhalt dort jeweils wiederum zweimal.

Abb. 22.1

Das Bild muscheln.png mit der ersten rechteckigen Auswahl mit einer weichen Auswahlkante von 250 px Radius. Der Bereich links oben wurde bereits gelöscht und die Auswahl nach rechts verschoben.

Abb. 22.2

Die Collage mit der eingefügten und transformierten Ebene mit den Muscheln

- Nun sollten in der oberen Hälfte des Bildes keine Bildinhalte mehr sichtbar sein – Sie können die Auswahl aufheben.
- Nun exportieren Sie die Ebene *Muscheln* per Drag & Drop auf die Bildfläche des geöffneten zweiten Bildes *lido.png*. Positionieren Sie die eingefügte Ebene dort, und skalieren Sie die Ebene so, dass die Muscheln bis zum sichtbaren Horizont reichen.
- Gegebenenfalls passen Sie die Helligkeit und den Kontrast der Ebene *Muscheln* an das Bild *lido.png* an (Menü *Überarbeiten – Beleuchtung anpassen – Helligkeit/Kontrast*).
- Speichern Sie Ihr Bild unter neuem Namen, z. B. *fenice.psd*, als Bild mit Ebenen. Dieses Bild wird noch für eine weitere Aufgabe benötigt.
- Sichern Sie ebenso das Bild *muscheln.png* im Format *PSD*.

22.2 Automatisiertes Arbeiten mit mehreren Bildern des gleichen Motivs – die Photomerge-Funktionen

22.2.1 Panoramaaufnahmen

Bilder, die sich aus mehreren Einzelaufnahmen zusammensetzen, bezeichnet man auch als Panoramaaufnahmen. Sie können solche Bilder frei Hand aufnehmen. Dabei ergeben sich aber meistens Versätze in der Horizontalen, Höhensprünge und Verdrehungen, Verkantungen der Bilder zueinander. Sie haben es später beim Zusammensetzen des Bildes leichter, wenn Sie für Panoramaaufnahmen ein Stativ einsetzen. Auf jeden Fall sollten Sie darauf achten, dass sich die Bilder jeweils zu etwa einem Drittel überlappen, um eine Überblendung herstellen zu können. Ganz wichtig: Machen Sie die Aufnahmen mit ein und derselben Brennweite und Schärfeneinstellung. Verändern Sie die Brennweite, haben die Bilder unterschiedliche Abstände zum Objekt und lassen sich nicht passend übereinanderbringen.

Je nach Bauart und Brennweite des Objektivs zeigen die aufgenommenen Bilder Randverzerrungen, so dass die einzelnen Bilder beim Zusammenfügen noch zusätzlich mit Transformationen aneinander angepasst werden müssen – ein heikles Unterfangen, aber möglich.

Die Bilder der Beispielaufgabe wurden mit einem leichten Telezoom und einer Kleinbild-Spiegelreflexkamera aufgenommen. Sie sind weitestgehend verzerrungsfrei.

→ **Hinweis:** Für Panoramabilder gilt, dass die einzelnen Aufnahmen in ein und derselben Bildgröße und vor allem Auflösung vorliegen sollten.

22.2.2 Photomerge-Panorama – Fotos automatisch zu einem Panoramabild zusammenfügen

Mit **Photomerge-Panorama** verfügt Photoshop Elements über ein eigenes Programmteil, das zum Zusammenstellen von Panoramabildern aus mehreren Einzelaufnahmen gedacht ist. Sie finden Photomerge-Panorama im Menü *Datei – Neu – Photomerge-Panorama*. In diesem Menü finden Sie auch noch andere Photomerge-Versionen, nämlich *Photomerge-Gruppenbild*, *Photomerge-Gesichter*, *Photomerge-Szenenbereinigung* und *Photomerge-Belichtung*. Dazu anschließend mehr.

Sie sollten vorab die Bilder sichten, sortieren und eventuell auch umbenennen, die Sie zu einer Panoramaaufnahme zusammenstellen möchten. Die weiteren Arbeitsschritte werden dann einfacher. Wenn Sie wieder mitmachen möchten: Die hier im Beispiel gezeigten Bilder *garda1.png* bis *garda4.png* finden Sie im Unterverzeichnis *Gardapanorama* im Ordner *Bildvorgaben* auf der DVD.

Sie rufen Photomerge-Panorama über das Menü auf: *Datei – Neu – Photomerge-Panorama*. Zunächst öffnet sich ein Fenster, in dem Sie zwei Auswahlen treffen müssen: über die Schaltfläche *Durchsuchen* öffnen Sie ein Fenster, in dem Sie die Bilder suchen und wählen können, die zu einem Panoramabild vereinigt werden sollen. Zum Zweiten wählen Sie in der Auswahl *Layout* links die Art der Bildberechnung und Wiedergabe, in der das Panorama erstellt werden soll. Belassen Sie zunächst die Auswahl *Automatisch*. Sollte das Ergebnis nicht befriedigend sein, können Sie ja einen zweiten Ansatz machen und eine der anderen Layout-Vorgaben wählen. Sollten Sie z. B. wünschen, dass eine bei der Aufnahme entstandene perspektivische Verzerrung gleich automatisch korrigiert werden soll, wählen Sie *Perspektivisch*.

Die Auswahl *Zylindrisch* ist dazu gedacht, Objektivverzerrungen von vornherein auszugleichen. *Nur neu positionieren* fügt die Bilder lediglich aneinander, ohne zwischen den einzelnen Bildern Übergänge zu schaffen. *Interaktives Layout* bietet Ihnen die Möglichkeit, die Bilder selbst anzuordnen.

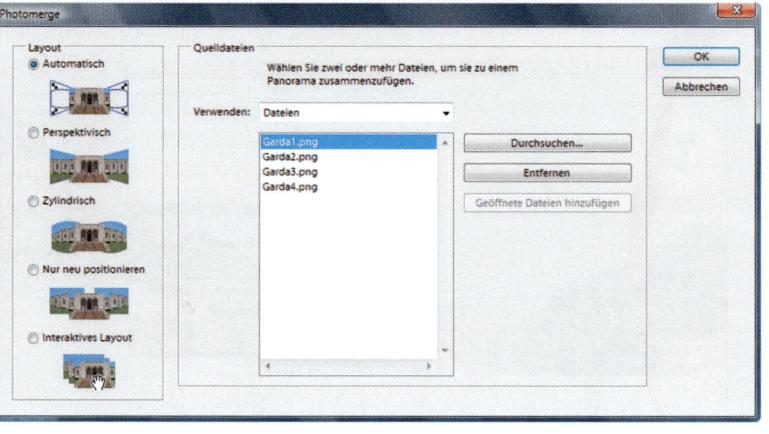

Abb. 22.3

Das Auswahlfenster von

Photomerge-Panorama

Klicken Sie auf die Schaltfläche *OK*. Nun lehnen Sie sich zurück und genießen die Show. Alles Weitere erledigt das Programm automatisch. Zum Schluss präsentiert es Ihnen das Ergebnis. Ich habe alle Layouts mit unseren vier Testbildern ausprobiert. *Automatisch, Perspektivisch, Zylindrisch* und *Nur neu positionieren* liefern in dem Fall sehr gute, nahezu gleichartige und gleichwertige Ergebnisse, unter Berücksichtigung der jeweiligen Eigenheiten. Die Eigenschaften der Übergänge zwischen den einzelnen Teilbildern

Abb. 22.4

Das fertige Panoramabild, erstellt mit der

Layout-Einstellung Automatisch vor dem

Zuschneiden mit dem Freistellungswerkzeug.

Rechts sehen Sie die Ebenen mit den

Ebenenmasken.

sind hervorragend, sie werden automatisch mit Hilfe von Ebenenmasken hergestellt. Die einzelnen Bilder bleiben dabei im fertigen Bild als eigenständige Ebenen erhalten. Sie müssen das Bild danach nur noch zuschneiden und speichern.

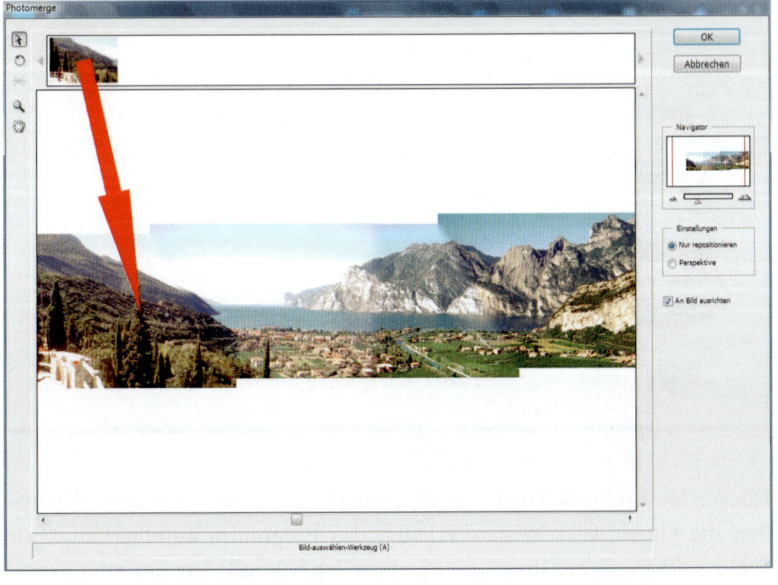

Abb. 22.5
Das Fenster des interaktiven Layouts für Panoramabilder. Bilder, die das Programm selbst nicht zuordnen kann, können mit der Maus aus der Vorschauleiste in den Arbeitsbereich gezogen und positioniert werden.

Etwas anders verhält es sich mit dem *Interaktiven Layout*. Hier werden die Bilder zwar auch zunächst automatisch angeordnet, aber das Fenster, das sich dann öffnet, bietet Ihnen Möglichkeiten, selbst einzugreifen. In dem Feld oben finden Sie ggf. Bilder, die das Programm nicht automatisch zuordnen konnte. Sie können die Bilder im Hauptfenster mit entsprechenden Werkzeugen verschieben, Bilder aus dem Feld oben ins Hauptfenster ziehen und positionieren. Links stehen Werkzeuge zum Positionieren und Verschieben, zum Drehen, ein Perspektiv-Werkzeug und auch eine Lupe und ein Hand-Werkzeug zur Verfügung. Rechts unter Einstellungen können Sie wählen, ob die Bilder nur aneinander angefügt werden oder ob Sie eine Korrektur der Perspektive wünschen. Wenn Sie mit dem Einrichten und Positionieren des Panoramas fertig sind, genügt ein Klick auf die Schaltfläche *OK*, um das Bild fertig zu stellen.

Ich habe komplexe Panoramabilder aus mehreren Reihen und Spalten mit Photomerge-Panorama zusammenfügen lassen – es funktioniert hervorragend. Allerdings müssen Sie bei Panoramaaufnahmen aus vielen Einzelbildern auch mit längerer Zeit für die Bearbeitung durch das Programm rechnen. Für ein Bild aus 15 Einzelbildern kleineren Formats benötigte mein Rechner, der durchaus dem Stand der Technik entspricht, ca. 20 Minuten.

22.2.3 Photomerge-Gruppenbild – Bilder collagieren und überblenden

Sie finden Photomerge-Gruppenbild im Menü *Datei – Neu – Photomerge-Gruppenbild*. Gedacht ist diese Funktion, um aus einer Reihe von Aufnahmen einer Personengruppe ein optimales Bild zu zaubern. Auf einem Bild verschwindet der Kopf einer Person hinter einer anderen, im nächsten Bild blickt jemand dafür mürrisch. Photomerge-Gruppenbild bietet Funktionen, um aus den verschiedenen Bildern Bildelemente auszuwählen, diese in das beste vorhandene Bild einzufügen und dieses zu optimieren.

Für Photomerge-Gruppenbild benötigen Sie gleichzeitig wenigstens zwei Bilder und maximal zehn, um diese Funktion überhaupt einsetzen zu können. Die Bilder müssen vorab geöffnet sein und im Projektbereich markiert werden, um das Werkzeug aufrufen zu können. Das gelingt, indem Sie die

Abb. 22.6 und 22.7

Die Bildvorgaben für Photomerge-Gruppenbild (Fotos: Adobe Systems)

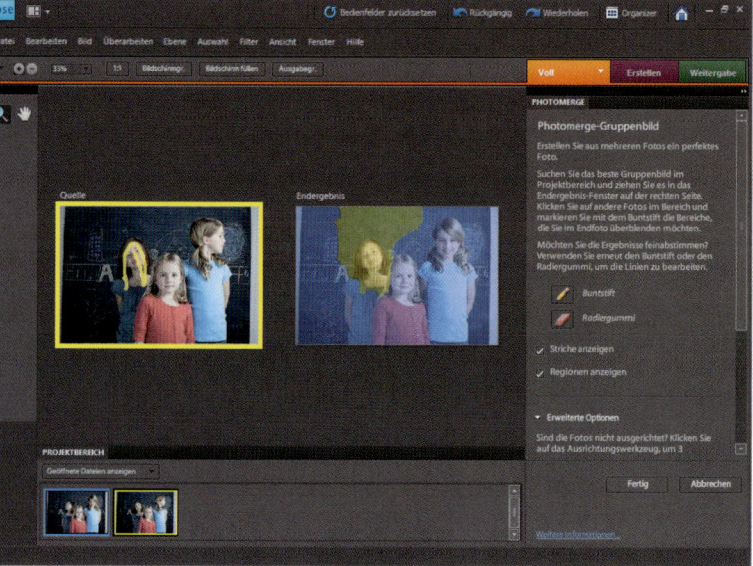

Abb. 22.8

Das Programmfenster von Photomerge-Gruppenbild (Fotos: Adobe Systems)

Bilder mit gedrückter Strg-/Ctrl-Taste mit der Maus anklicken. Die Funktion ist weitgehend automatisiert, und alle erforderlichen Anweisungen und Werkzeuge werden in einem eigenen Programmfenster auf der rechten Seite angezeigt und bereitgestellt. Sie sollten es probieren, diese Funktion ist interessant.

22.2.4 Photomerge-Gesichter – Gesichter collagieren

Sie finden Photomerge-Gesichter im Menü *Datei – Neu – Photomerge-Gesichter*. Sie verfügen damit über ein Werkzeug, um Collagen aus mehreren Porträtaufnahmen zu erstellen. Dabei ist zunächst folgende Situation angedacht: Sie haben eine Serie von Porträtaufnahmen einer Person. In einem der Bilder leuchten die Augen, dafür ist der Mund erst ansatzweise zu einem Lächeln geformt. Im nächsten Bild ist das Lächeln perfekt, dafür hat die Person im Augenblick der Aufnahme geblinzelt. Sie nehmen nun die beiden Bilder und öffnen Sie in Photomerge-Gesichter. Die Bilder werden überlagert, aneinander ausgerichtet und Sie fügen den lächelnden Mund einfach in das Bild mit den lachenden Augen ein und haben ein perfektes Porträt. Die Funktion kann auch für scherzhaft verfremdete Bilder verwendet werden. Prinzipiell geht es darum, wenigstens ein Porträt als Quelle und eines als Ziel zu wählen und dann Bildelemente wie Nase, Mund oder Augen aus dem einen Porträt ins andere Bild zu übertragen.

Um Photomerge-Gesichter überhaupt aufrufen zu können, müssen die gewünschten Bilder bereits in Photoshop Elements geöffnet sein. Es müssen mindestens zwei und maximal zehn Bilder sein. Die Bilder, die verwendet werden sollen, müssen in der Bilder-Palette des Projektbereichs unten markiert werden.

Auch diese Funktion ist weitgehend automatisiert. Alle erforderlichen Anweisungen und Werkzeuge werden in einem eigenen Programmfenster auf der rechten Seite bereitgestellt. Experimentieren Sie, und klonen Sie sich die Nasen Ihrer Liebsten.

Abb. 22.9

Das Programmfenster von Photomerge-Gesichter. Für das Beispiel wurden die Bilder jungefrau.png und portrait.tif aus dem Ordner Bildvorgaben auf der DVD eingesetzt.

22.2.5 Der Touristenentferner – Photomerge-Szenenbereinigung

Sie finden Photomerge-Szenenbereinigung im Menü *Datei – Neu – Photomerge-Szenenbereinigung.* Die Funktion hilft, störende Bildelemente aus einer Reihe von Aufnahmen des gleichen Motivs zu entfernen. Zum Beispiel haben Sie vom gleichen Standpunkt aus im Urlaub einen Tempel fotografiert. Jedes Mal standen davor Personen, aber immer an einer anderen Stelle. Wählen Sie das Bild mit den wenigsten Störungen als Zielbild. Die anderen Bilder wählen Sie der Reihe nach als Quelle aus und markieren darin die Stellen, die besser sind als im Zielbild, mit einem Stift. Diese werden ins Zielbild übertragen. Sie können auch die Bereiche im Zielbild selbst markieren, die ersetzt werden sollen. Bei nur zwei Bildern überträgt das Programm automatisch die entsprechenden Bildbereiche aus dem Quellbild. Dabei richtet das Programm die Bilder zunächst automatisch aneinander aus, so dass die Bildbereiche aus den verschiedenen Bildern nahtlos aneinandergefügt werden. Sie selbst können die Ausrichtung aber nachkorrigieren. Die Vorgehensweise ist im Programmfenster wiederum so ausführlich erklärt, dass ich mir hier weitere Erläuterungen spare.

Wieder werden für die Arbeit wenigstens zwei und höchstens zehn Bilder gebraucht, die im Editor vorab im Projektbereich geöffnet sein sollten.

Abb. 22.10 und 22.11

Die beiden Ausgangsbilder für

Photomerge-Szenenbereinigung

(Fotos: Adobe Systems)

Abb. 22.12

Das Programmfenster von

Photomerge-Szenenbereinigung

(Fotos: Adobe Systems)

22.2.6 Bilder aus Bildserien mit unterschiedlicher Belichtung optimieren – Photomerge-Belichtung

Sie finden Photomerge-Belichtung im Menü *Datei – Neu – Photomerge-Belichtung*. Die Funktion dient dazu, um aus einer Reihe von unterschiedlich belichteten Aufnahmen des gleichen Motivs ein optimales Bild zu erstellen. Zum Beispiel haben Sie vom gleichen Standpunkt aus nachts eine Stadtsilhouette optimal belichtet fotografiert. Eine Person im Vordergrund, die ein wichtiges Bildmotiv ist, wird dabei aber zu dunkel abgebildet. Sie fotografieren also ein zweites Bild, bei dem Sie die Person mit Blitzlicht fotografieren. Dafür ist nun der Hintergrund unterbelichtet. Wieder wählen Sie ein Bild, in diesem Fall das der Stadtsilhouette, als Zielbild. Beide

Bilder werden dabei vom Programm zunächst vollautomatisch überlagert und aneinander ausgerichtet, das Einfügen geschieht nahtlos. Wenn Sie mit dem Ergebnis nicht zufrieden sind, können Sie im Fenster mit den Arbeitsanweisungen rechts auch eine manuelle, eigene Bearbeitung wählen. Die prinzipielle Vorgehensweise ist dabei dieselbe wie in den vorab gezeigten Funktionen.

Abb. 22.13 und 22.14
Die beiden Ausgangsbilder für Photomerge-Belichtung (Fotos: Adobe Systems)

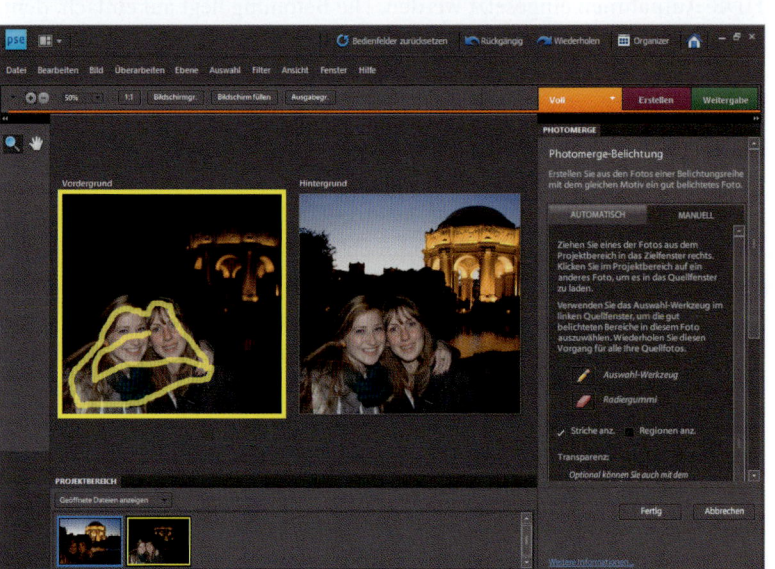

Abb. 22.15
Das Programmfenster von Photomerge-Belichtung mit den Anweisungen für eine manuelle Korrektur (Fotos: Adobe Systems)

Die Möglichkeiten von Photomerge-Belichtung gehen sogar noch etwas weiter. Sie können damit mehrere unterschiedlich belichtete Bilder eines Motivs, eine so genannte Belichtungsreihe, zu einem Bild zusammenfügen. Dieses Bild hat dann einen wesentlich größeren Helligkeits- und Kontrast-umfang als ein optimal belichtetes bzw. die einzelnen Bilder dieser Belich-

Abb. 22.16, 22.17 und 22.18
Die einzelnen Bilder der Belichtungsreihe.
Das Bild links ist überbelichtet und zeigt die
meisten Details in dunklen Bildbereichen, das
mittlere Bild ist unterbelichtet und zeigt die
meisten Details in hellen Bildbereichen. Das
rechte, normal belichtete Bild ergänzt die
Reihe um optimal belichtete Bereiche
mittlerer Helligkeit.

tungsreihe. Solche Bilder aus Belichtungsreihen sorgen in letzter Zeit in Zeitschriften und im Internet immer wieder für Furore. Sie zeichnen sich durch extreme Detailgenauigkeit und einen fantastischen Farb- und Helligkeitsumfang aus. Diese Bilder werden als **HDR-Fotografien** gehandelt. Was verbirgt sich hinter dieser Abkürzung?

Die Aufnahmen solcher Bilder haben im Vergleich zu normalen digitalen oder analogen Fotografien einen erhöhten Kontrastumfang (englisch *High Dynamic Range, HDR* bzw. *High Dynamic Range Image, HDRI)*. Bildinhalte in dunklen Schatten und hellen Flächen werden detailreicher wiedergegeben. Mit einer Aufnahme ist das nicht zu schaffen.

Tatsächlich werden bei der Herstellung von HDR-Bildern auch mindestens zwei, besser drei oder mehr Aufnahmen vom selben Motiv für ein Bild gemacht. Der Einsatz eines Stativs ist beim Fotografieren solcher Belichtungsreihen dringend angeraten, damit die Bilder nachträglich nicht oder nur geringfügig ausgerichtet werden müssen. Wesentlich dabei ist auch, dass eine Aufnahme unterbelichtet wird, um die hellsten Bildbereiche detailreich abzubilden. Eine Aufnahme wird normal belichtet, während die dritte Aufnahme überbelichtet wird, um Details in dunklen Flächen herauszuarbeiten.

Photomerge-Belichtung kann nun einfach für die Entwicklung solcher HDR-Aufnahmen eingesetzt werden. Die Betonung liegt auf einfach, denn schon die Automatik schafft hier gute, brauchbare Ergebnisse. Wenn Sie mitmachen möchten, öffnen Sie im Editor die Bilder *belichtungsreihe-hell. png, belichtungsreihe-mitte.png* und *belichtungsreihe-dunkel.png* aus dem Unterverzeichnis *Belichtungsreihe* im Ordner *Bildvorgaben* auf der DVD. Markieren Sie alle drei Bilder im Projektbereich.

Nachdem Sie im Menü *Datei – Neu – Photomerge-Belichtung* aufgerufen haben, entwickelt das Programm entsprechend der Voreinstellung die ausgewählten Bilder automatisch als ein HDR-Bild. Das Ergebnis können Sie mit zusätzlichen Einstellungen im Feld rechts noch korrigieren. Auch bei der automatischen Bearbeitung stehen unter *Selektives Überblenden* die entsprechenden Möglichkeiten bereit. Dabei wirkt der Schieberegler bei *Markierungsdetails* auf die Helligkeit der hellen Bildbereiche. Sie können diese durch Schieben des Reglers nach rechts abdunkeln und so mehr Details herausarbeiten. Der Schieberegler bei *Tiefen* hilft, dunkle Bildbereiche weiter aufzuhellen, und der Regler bei *Sättigung* steuert die Farbintensität im Bild. Wenn Sie mit dem Ergebnis zufrieden sind, schließen Sie den Vorgang mit Klick auf die Schaltfläche *Fertig* (rechts) ab. Die Berechnung des eigentlichen Ergebnisbildes kann eine geraume Zeit in Anspruch nehmen, je nach Dateigröße der Ausgangsbilder. Das fertige Bild können Sie dann im Editor noch weiter korrigieren.

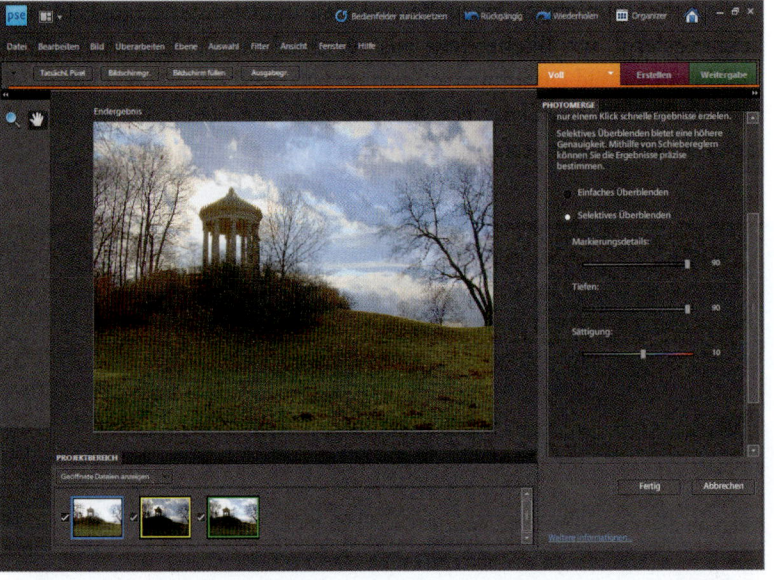

Abb. 22.19

Ein entwickeltes HDR-Bild im Fenster von Photomerge-Belichtung. Rechts die Einstellmöglichkeiten, die auch bei der automatischen Funktion angeboten werden.

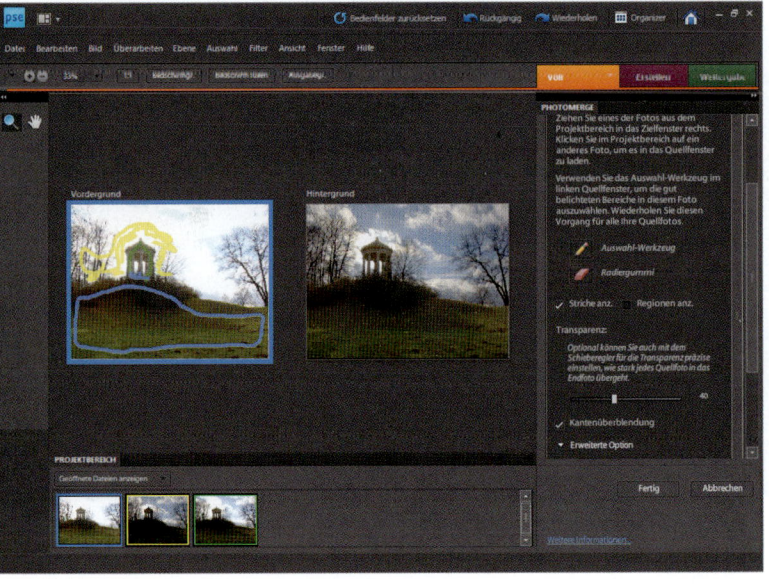

Abb. 22.20

Die manuellen Auswahl- und Einstellmöglichkeiten von Photomerge Belichtung. Das im Projektbereich grün umrandete Bild mittlerer Helligkeit, das einem gut ausgeleuchteten Bild am nächsten kommt, wurde als Hintergrund (Ziel) gewählt. Je nachdem, welches Bild Sie im Projektbereich aktiv setzen, können Sie mit dem Auswahl-Werkzeug (Buntstift) Bildbereiche im Vordergrund-Bild auswählen und ins Zielbild Hintergrund übertragen. Mit dem Schieberegler bei Transparenz können Sie dabei die Deckkraft der eingefügten Bildbereiche steuern.

Die manuellen Einstellungen aus Photomerge-Belichtung bieten Möglichkeiten, verschieden belichtete Bildbereiche aus mehreren Bildern selbst auszuwählen und ins Zielbild einzufügen. Dabei kann über die Einstellmöglichkeiten des Schiebereglers bei *Kantenüberblendung* auch die Deckkraft der Überlagerung der Bildbereiche aus verschiedenen Bildern gesteuert werden.

Sie haben nun einige manuelle und viele automatisierte Möglichkeiten kennengelernt, um Bildbereiche aus verschiedenen Bildern auszuwählen und in einem Bild zusammenzufügen und zu überblenden. Wie Sie gezielt Bildinhalte ausschneiden, freistellen und zu einem neuen Bild als Bildcollage zusammenfügen, erfahren Sie in den nächsten Kapiteln.

23 Bildobjekte mit Auswahl- und Freistellungswerkzeugen freistellen

Sie haben nun Ebenen und die Werkzeuge kennengelernt, um mit Ebenen umzugehen und sie zu verwalten. Auch haben Sie schon einiges über Auswahlen und Auswahlwerkzeuge erfahren. Und Sie haben begonnen, Bilder zu collagieren. Bildobjekte auszuwählen, freizustellen und zu neuen Bildern zusammenzustellen ist das Thema dieses Hauptkapitels. Ich stelle im Folgenden die wichtigsten Werkzeuge vor, um Bildobjekte freizustellen, auszuschneiden, und erläutere einige komplexere Auswahl- und auch Maskierungstechniken. Thema sind dabei Collagen, Bildkompositionen, bei denen Sie die Inhalte, das Dargestellte, selbst zusammenstellen und Ihre Bilder frei gestalten.

23.1 Das Polygon-Lasso als Auswahlwerkzeug – Lichteffekte mit Filtern

Mit Auswahlwerkzeugen geht es nun weiter: Lernen Sie ein Werkzeug genauer kennen, mit dem sich konturierte Formen gut freistellen lassen: das Polygon-Lasso. Mit diesem Werkzeug können Sie konturgenau ein Bildobjekt ausschneiden. Die Einsatzmöglichkeiten und die Arbeitsweise des Polygon-Lassos zeigen die folgenden Kapitel. Außerdem erfahren Sie Weiteres über Lichteffekte mit Filtern.

Bleibt anzumerken, dass das Polygon-Lasso hier das beste Mittel ist, das Photoshop Elements bereitstellt, um konturierte Gegenstände auszuwählen. Polygon heißt Vieleck, und so müssen wir sorgfältig arbeiten und auch weitere Einstellungen an der erzeugten Auswahl treffen, wenn es darum geht, z. B. ein Weinglas, also eine gerundete Form, damit freizustellen. Der große Bruder Photoshop CS bietet hier ein Werkzeug, das noch besser für diese Aufgabe geeignet ist – die Pfade. Aber Sie werden sehen, dass sich die Aufgabe auch mit dem Polygon-Lasso gut bewerkstelligen lässt.

23.1.1 Ein Weinglas ausschneiden und einen Schlagschatten dazu anlegen – die Arbeitsschritte

- Öffnen Sie das Bild *weinglas.png* aus den Bildvorlagen.
- Erstellen Sie mit dem *Polygon-Lasso* eine Auswahl auf den Umrissen des Weinglases.
- Geben Sie der Auswahl eine *weiche Auswahlkante* von ca. 3 px Radius.
- Speichern Sie die Auswahl.
- Kopieren Sie mit dem Menübefehl *Bearbeiten – Kopieren* das Weinglas, und fügen Sie es mit dem Befehl *Bearbeiten – Einfügen* als neue Ebene (benennen) wieder in das Bild ein.
- Speichern Sie das Bild unter dem Namen *weinglas.psd* als Bild mit Ebenen.
- Fügen Sie unter der Ebene mit dem Weinglas zwei neue Ebenen ein: *Glas Schatten* und *Hintergrundverlauf.*
- Geben Sie der Auswahl für den Schatteneffekt eine *weiche Auswahlkante* von 15 px Radius.
- Füllen Sie die Auswahl auf der Ebene *Glas Schatten* mit der Farbe Schwarz.
- Transformieren Sie die gefüllte Auswahl auf der Ebene *Glas Schatten*, so dass ein perspektivischer Schatten des Weinglases entsteht.
- Auf der Ebene *Hintergrundverlauf* erzeugen Sie einen linearen Farbverlauf von Lichtrosa nach Weinrot (unten).

- Radieren Sie aus dem Weinglas und dem Schatten mit einem größeren, weichen »Radiergummi« mit Deckkraft 10 % etwas heraus, um die Transparenz des Glases darzustellen.
- Erstellen Sie mit dem Menü *Filter – Renderfilter – Blendenflecke* zwei Highlight-Punkte am oberen Rand des Glases und am Standteller.
- Speichern Sie Ihr Bild.

23.1.2 Eine Auswahl mit dem Polygon-Lasso an einer Kontur anlegen

Bevor wir beginnen: Sie haben bereits erfahren, dass das Werkzeug mit Klicken und Ziehen (Gummiband) arbeitet. Dabei ist es wichtig, dass Sie genau arbeiten. Dazu müssen Sie wissen, an welcher Stelle des Mauszeigers das Werkzeug ansetzt. In Abb. 23.1 sehen Sie eine vergrößerte Darstellung des Mauszeigers, wenn das Werkzeug Polygon-Lasso gewählt ist. Ansatzpunkt ist dabei der untere linke Anfangspunkt der »Lassoleine«. Für die beiden anderen Lasso-Werkzeuge gilt übrigens Entsprechendes.

Abb. 23.1

Der rote Pfeil zeigt den Ansatzpunkt des Werkzeugs am Mauszeiger.

Um einer geradlinigen Kontur zu folgen, ist das Polygon-Lasso definitiv das Mittel der Wahl. Sie wählen einen Eckpunkt als Ausgangspunkt, klicken darauf und ziehen das Werkzeug bis zum nächsten Eckpunkt, legen dabei das Gummiband an die Kontur an. So folgen Sie der Kontur, bis Sie wieder am Ausgangspunkt angelangt sind. Dort erst schließen Sie die Auswahl. Die Form ist gewählt. Anzumerken ist, dass Sie durch Doppelklick mit dem Werkzeug jederzeit die Auswahl schließen können. Von dem Punkt aus, auf den Sie doppelgeklickt haben, zieht das Werkzeug dann eine Gerade und schließt damit die Auswahl. Wenn das unbeabsichtigt geschieht, bedeutet es zumeist: Auswahl aufheben und neu anfangen. Manchmal können Sie auch weiterarbeiten, wenn Sie in den Modus *Der Auswahl hinzufügen* wechseln (die vier Schaltflächen in den Werkzeugoptionen von Auswahlwerkzeugen, Sie erinnern sich?).

Wir wollen nun ein Weinglas, also eine gerundete Form, mit dem Polygon-Lasso auswählen. Das setzt voraus, dass Sie sich Zeit lassen, dass Sie groß ins Bild einzoomen und dass Sie Rundungen in viele Teilstrecken aufteilen, also häufig klicken müssen. Das Bildfenster bietet in dem Fall, dass Sie mit diesem oder einem ähnlichen Werkzeug arbeiten, eine Besonderheit: Wenn Sie stark ins Bild eingezoomt haben, und Sie geraten mit dem Werkzeug an den sichtbaren Bildrand, scrollt das Bild automatisch im Bildfenster. Das kommt uns hier beim Arbeiten sehr entgegen. Nur: Erschrecken Sie nicht, und machen Sie keine hastigen Bewegungen mit der Maus, sonst landen Sie plötzlich irgendwo im Nirgendwo Ihres Bildes.

Beginnen Sie nun an einem markanten Punkt der Figur, die Sie umfahren möchten, und klicken Sie mit linkem Mausklick ins Bild. Dabei wird der Ausgangspunkt gesetzt, zu dem Sie bei der Umfahrung zurückkehren müssen. Folgen Sie nun mit dem Werkzeug der Kontur, ziehen Sie, legen Sie dabei das »Gummiband« an die Kontur an, und klicken Sie wieder. Die Punkte, die Sie bislang angeklickt haben, sind nun mit einer Linie verbunden. Wenn es die Kontur aufgrund starker Krümmungen erfordert, setzen Sie viele Punkte. Wo die Krümmung geringer ist, können Sie von einem Punkt zum nächsten mit dem Werkzeug weitere Strecken ziehen. Fahren Sie so lange mit dem Setzen von Punkten fort, bis Sie die ganze Figur umfahren haben. Zuletzt zeigen Sie mit dem Mauszeiger wieder auf den Ausgangspunkt. Am Mauszeiger erscheint ein kleiner Kreis. Jetzt können Sie mit einem Klick die Umfahrung schließen, und die Auswahl wird erstellt.

Abb. 23.2
Zoomen Sie groß ins Bild und folgen Sie den Rundungen, indem Sie sie in viele kleine Teilstrecken auflösen. Die dünne Umfahrungslinie ist die Kontur, die bisher mit dem Werkzeug angelegt wurde. Noch ist die Auswahl nicht geschlossen.

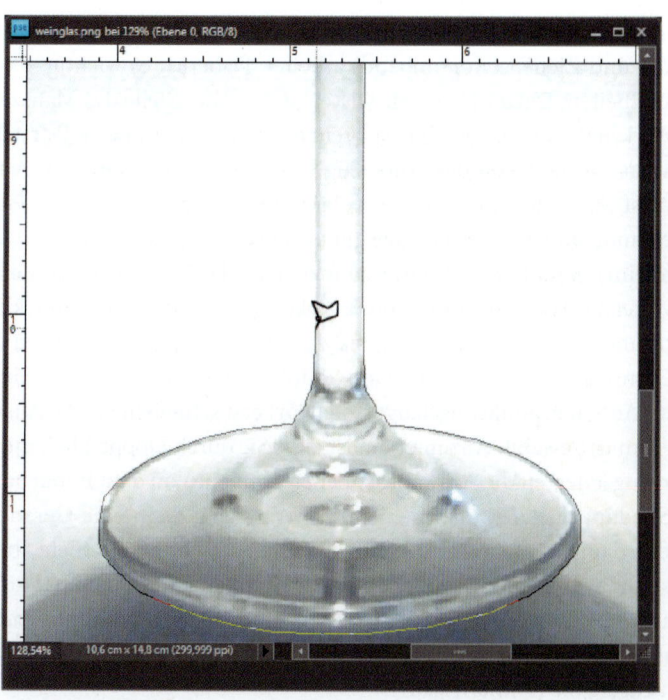

Das war es schon. Die entstandene Auswahl können Sie wie jede andere auch nun mit den Einstellungen im Menü *Auswahl* weiter bearbeiten.

23.1.3   Auswahlen transformieren

Zunächst geht es weiter mit der Arbeit am Bild. Als Erstes speichern Sie Ihre eben erstellte Auswahl über das Menü *Auswahl – Speichern*. Dann geben Sie der Auswahl mit dem Menü *Auswahl – Weiche Auswahlkante* einen geringen Randverlauf von etwa 3 px Radius.

Mit dem Menü *Bearbeiten – Kopieren* kopieren Sie das Weinglas – achten Sie darauf, dass auch die entsprechende Ebene, aus der Sie kopieren möchten, im Ebenen-Bedienfeld aktiv gesetzt ist. Anschließend fügen Sie mit dem Menübefehl *Bearbeiten – Einfügen* den kopierten Inhalt als neue Ebene wieder ins Bild ein. Im Ebenen-Bedienfeld benennen Sie die neue Ebene *Weinglas*. Sie können die Qualität Ihrer Arbeit nun prüfen, indem Sie die Hintergrundebene über das Augen-Symbol unsichtbar schalten.

Erstellen Sie die neuen Ebenen *Hintergrundverlauf* und *Glas Schatten*. Löschen Sie jetzt die Auswahl – Menü *Auswahl – Auswahl aufheben* – und laden Sie die gespeicherte Auswahl ohne weiche Auswahlkante neu. Ohne diesen Schritt würden sich die weichen Auswahlkanten addieren, Sie wüssten nicht definitiv, mit welchem Wert Sie gearbeitet haben. Der Auswahl für den Schatten geben Sie neu eine weiche Auswahlkante von 15 px Radius.

Setzen Sie nun die Ebene *Glas Schatten* aktiv. Wählen Sie Schwarz als Vordergrundfarbe, und füllen Sie die Auswahl.

Was jetzt folgt, ist für unser Bild nicht zwingend erforderlich – es ginge auch anders –, aber es wird eines zeigen: Eine Auswahl kann transformiert werden. Voraussetzung dazu ist, dass sie zunächst einmal mit einer Farbe gefüllt wird – eine leere Auswahl kann nicht transformiert werden. Erinnern Sie sich an die Abfolge von Transformationen auf die Front unseres Monitors in Kapitel 21.2.1? Das werden wir nun wiederholen. Wichtig ist, dass Sie die einzelnen Transformationen nicht bestätigen, sondern wieder einfach die nächste wählen, bis zum Schluss die ganze Arbeit auf einmal bestätigt wird.

Als Erstes soll die Auswahl über das Menü *Bild – Transformieren – Neigen* nach rechts schräg gestellt werden. Neigen Sie die Auswahl durch Ziehen mit dem Mauszeiger im Bild um etwa 30 Grad – nicht bestätigen! Als Nächstes folgt, nach gleichem Schema, eine weitere Transformation, das perspektivische Verzerren der Auswahl – Menü *Bild – Transformieren – Perspektivisch verzerren* – vom linken oberen Eckpunkt aus. Das nur, um das Ganze perfekt zu machen und eine perspektivische Fluchtung des Schattens zu erzielen. Noch eine Transformation, um den Schatten etwas zu verkürzen: Menü *Bild Transformieren – Frei transformieren* vom mittleren oberen Anfasspunkt nach unten. Noch einmal neigen mit *Bild – Transformieren – Neigen*. Zuletzt können Sie den Schatten des Standfußes des Glases noch positionieren, indem Sie mit dem Mauszeiger in den Transformationsrahmen zeigen und mit gedrückter linker Maustaste ziehen oder schieben. Und jetzt erst bestätigen Sie alle Transformationen auf einmal mit dem Klick auf das grüne Häkchen.

Zur Sicherheit speichern Sie auch die so transformierte Auswahl unter dem Namen *Glas Schatten* im Menü *Auswahl – Speichern*. Heben Sie die Auswahl danach auf. Reduzieren Sie im Ebenen-Bedienfeld die *Deckkraft* der Ebene *Glas Schatten* auf etwa 70 %. Radieren Sie mit dem Radier-Werkzeug und einem großen, weichen Pinsel bei stark reduzierter Deckkraft (ca. 10 %) durchscheinende Flächen ins Weinglas und den Fuß des Glases, auch in den oberen Bereich des Schattens. Füllen Sie die Ebene *Hintergrundverlauf* mit einem zweifarbigen Verlauf Ihrer Wahl. Speichern Sie Ihr Bild.

Abb. 23.3
Bild – Transformieren – Neigen wird auf die Auswahl angewandt

Abb. 23.4
Bild – Transformieren – Perspektivisch verzerren

Abb. 23.5
Bild – Transformieren – Frei transformieren

Abb. 23.6
Das fertige Bild mit Ebenen-Bedienfeld

23.2 Lichteffekte – Highlights

Wir haben schon gesehen, dass sich Highlights, Lichtreflexe und Beleuchtungseffekte mit den Malwerkzeugen herstellen lassen, um die Plastizität, die Körperlichkeit eines Gegenstandes hervorzuheben. Außerdem sagen Schein, Glanz und Schimmer etwas über die Oberfläche, über das Material selbst aus. Glas und Edelsteine, polierte Flächen glänzen, glasierter Ton glänzt oder schimmert seidig matt.

Eine weitere Möglichkeit, Highlights herzustellen, besteht darin, Lichtreflexe und Glanzpunkte mit Hilfe von kleinen Auswahlen anzulegen. Dabei werden – kleine – sternförmige Auswahlen an Stellen im Bild angelegt, die hervorgehoben werden sollen. Die Auswahlen erhalten eine geringe, weiche Auswahlkante. Dann werden sie – gegebenenfalls mehrfach hintereinander – mit Weiß gefüllt. Mehrfach deshalb, damit bei sehr kleinen Sternchen überhaupt eine Füllung sichtbar wird.

Photoshop Elements bietet neben diesen maltechnischen und grafischen Möglichkeiten auch eine Anzahl von Filtern, die bestimmte Beleuchtungssituationen simulieren oder ganz einfach Glanzpunkte und fotografische Linsenreflexe im Bild erzeugen.

23.2.1 Der Filter Blendenflecke

Besonders Glas erscheint plastischer und glänzender, wenn im Bild, in einer Fotografie, Lichtpunkte gesetzt werden. Dafür eignet sich gut der Filter *Blendenflecke,* den Sie im Menü *Filter – Renderfilter – Blendenflecke* finden. Dieser Effekt arbeitet auf der aktiven Ebene – seien Sie also sicher, dass die Ebene mit dem Weinglas aktiv ist. Wenn Sie den Filter aufrufen, erscheint ein Fenster mit einem Vorschaubild. Hier können Sie die Position des Lichtpunktes mit dem Mauszeiger wählen und das im Fenster angezeigte Fadenkreuz auf den gewünschten Punkt verschieben.

Wie Sie in Abb. 23.7 am durchscheinenden Schachbrettmuster des Hintergrunds sehen können, hatte ich mit dem Radiergummi die Deckkraft des Weinglases ziemlich reduziert, um es vor dem Hintergrund des Bildes durchsichtig wie echtes Glas erscheinen zu lassen. Gut, dass es im Filter *Blendenflecke* eine Einstellung für die *Helligkeit* des Effektes gibt. So werden die Lichtreflexe im Bild sichtbar. Außerdem können Sie die Art und das Aussehen der Lichtreflexe über die Auswahl unten bei *Objektivart* steuern. Bestätigen Sie den Vorgang mit Klick auf die Schaltfläche *OK*. Der Effekt wird berechnet und ins Bild eingefügt.

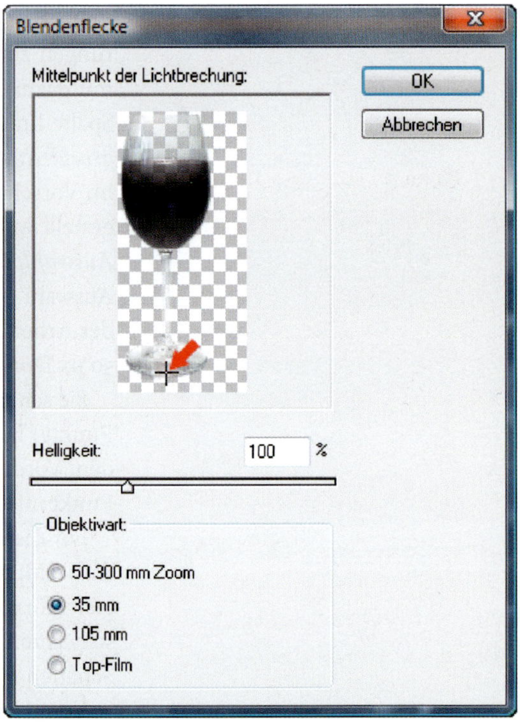

Abb. 23.7

Das Fenster des Filters Blendenflecke

Wenn Sie den Vorgang wiederholen möchten, um die Leuchtkraft zu erhöhen, bietet Ihnen das Menü *Filter* eine Bequemlichkeit. Sie finden den Befehl zum Wiederholen des zuletzt eingesetzten Filters direkt oben im Menü *Filter*. Wenn Sie die Position des Lichtpunktes nachbearbeiten oder noch einen Reflexpunkt setzen möchten, müssen Sie den Filter erneut aufrufen.

Wie sich zeigt, gelingt es gut, auf dem Fuß des Weinglases einen Lichtreflex zu setzen. Doch oben am Rand gelingt es z. B. mit dem Malwerkzeug und einer Pinselspitze in Form eines Reflexsterns besser.

Haben Sie so weit mitgemacht? Speichern Sie Ihr Bild.

23.3 Das automatische Freistellungswerkzeug Magische Extrahierung

Photoshop Elements bietet mehrere automatische Werkzeuge an, die Ihnen das Freistellen von Bildobjekten so einfach wie möglich machen sollen. Das ausgefeilteste und gleichzeitig einfachste davon ist die **Magische Extrahierung.** Sie finden sie im Menü *Bild – Magische Extrahierung*. Wenn Sie wieder mitmachen möchten, öffnen Sie das Bild *basketball.png* aus dem Verzeichnis *Bildvorgaben* auf der DVD.

Im sich öffnenden Programmfenster finden Sie Hinweise und Erläuterungen zur Anwendung des Werkzeugs. Hier aber doch einige Worte von mir dazu: Im Wesentlichen arbeiten Sie mit zwei Werkzeugen, die Sie in der Spalte links am Bildfenster sehen (siehe Abb. 23.8). Zuoberst der *Vordergrund-Auswahlpinsel:* Damit klicken oder malen Sie mit linker Maustaste im Vorschaubild auf die Bereiche, die Sie auswählen möchten, die also freigestellt werden sollen. In der Spalte finden Sie darunter den *Hintergrund-Auswahlpinsel:* Damit markieren Sie im Bild die Bereiche, die nicht zur Auswahl gehören bzw. die entfernt werden sollen. Ach ja, vor dem Beginn der Arbeiten habe ich die Pinselgröße in den Werkzeugoptionen rechts auf 50 px Durchmesser vergrößert.

Sie sehen, dass ich wenige Punkte eingesetzt habe. Für die Auswahl (rote Punkte) habe ich vier Punkte auf den unterschiedlichen Orangetönen mit dem Vordergrund-Auswahlpinsel eingefügt, aber auch auf einem wichtigen Punkt mit einem schwarzen Streifen (links außen auf dem Ball).

Für die Markierung des Hintergrundes habe ich mit dem Hintergrund-Auswahlpinsel (blaue Punkte) ziemlich wahllos an allen vier Ecken den gleichförmigen Hintergrund markiert, aber ganz bewusst auch den beinahe schwarzen Schatten unter dem Ball, um zu kennzeichnen, dass eben dieser Schatten nicht mit zur Auswahl gehören soll.

Vorab habe ich in den Werkzeugoptionen rechts bei *TouchUp* noch angegeben, dass das Werkzeug auf die Auswahlkante eine *Weiche Kante* von 2 px Radius anwenden soll. Sind Sie auch so weit? Dann klicken Sie auf die Schaltfläche *Vorschau* – lassen Sie uns sehen, was dabei herausgekommen ist.

Das Ergebnis kann überzeugen – wir haben einen Ball. Sie können das Ergebnis nun noch nachkorrigieren mit Hilfe der weiteren Werkzeuge, die links in der Spalte zur Verfügung stehen. Da ist das *Radierer-Werkzeug,* mit dem Sie zu viel gewählte Auswahlpunkte (rot), die ja auch im Vorschaufenster zu sehen sind, einfach wegradieren können.

Sie haben das *Zur-Auswahl-hinzufügen-Werkzeug* zur Verfügung, mit dem Sie im Vorschaufenster einfach über unsichtbare Bereiche streichen können und diese so mit in die Auswahl aufnehmen – stellen Sie sich nur vor, unser Ball hätte Löcher.

Mit dem *Von der Auswahl abziehen-Werkzeug* können Sie andererseits Bereiche im Bild übermalen und damit zum Verschwinden bringen, die zu viel ausgewählt sind.

Mit dem *Weichzeichner-Pinsel* – nein, das ist keine weiche Auswahlkante – können Sie pixelige Kantenstrukturen – denken Sie an den Treppcheneffekt, Aliasing – glatt streichen.

Zu guter Letzt haben Sie noch ein *Zoom-Werkzeug* und ein *Hand-Werkzeug,* um sich Bildausschnitte zu vergrößern und in der Bildansicht zu navigieren. Komfortabel und einfach, oder? Allerdings funktioniert das Werkzeug nur in solchen Bildern und bei solchen Bildobjekten gut, bei denen Sie einen guten Kontrast zwischen auszuwählendem Objekt und dem Hintergrund haben. Scharfe Konturen des auszuwählenden Gegenstands sind ebenfalls hilfreich.

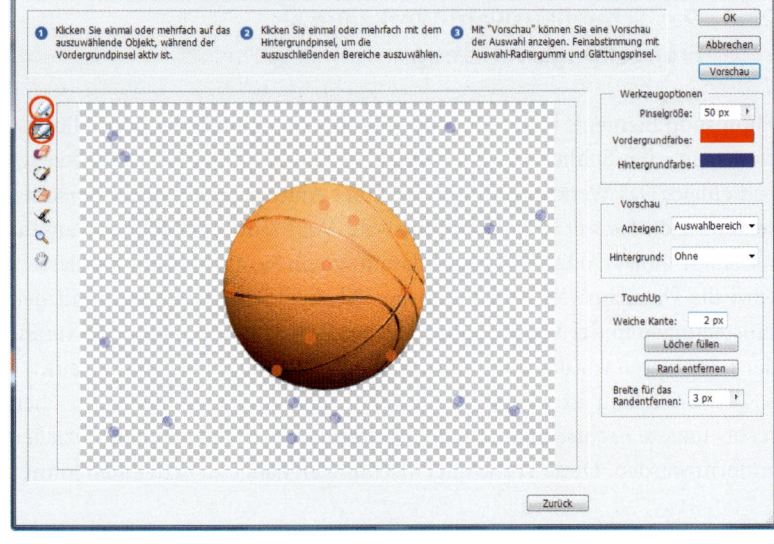

Abb. 23.8
Einen konturierten Ball vor einem stark kontrastierenden Hintergrund freistellen – eine einfache Aufgabe für die Magische Extrahierung

Sehen Sie sich einmal das Ergebnis des Bildes *loewe.png* mit diesem Werkzeug an. Das freizustellende Objekt variiert nur in den Farben zum Hintergrund und hat auch keine scharf konturierten Ränder. Hier gäbe es viel nachzubessern. Sie werden im Weiteren Werkzeuge und Techniken kennenlernen, die zwar aufwendiger zu handhaben sind, aber dennoch schneller bessere Ergebnisse bringen.

23.4 Das Schnellauswahl-Werkzeug als Freistellungswerkzeug

Photoshop Elements bietet noch ein weiteres, automatisiertes Freistellungswerkzeug – das Schnellauswahl-Werkzeug. Dieses finden Sie im Werkzeugbedienfeld. Das Werkzeug könnte mit einer Anweisung wie dieser versehen sein: »Malen Sie mit dem Schnellauswahl-Werkzeug grob über das auszuwählende Objekt, oder klicken Sie darauf. Wenn Sie die Maustaste loslassen, wird die Detailauswahl von Photoshop Elements übernommen.« Mit den Einstellungen in der Werkzeugoptionsleiste können Sie die Auswahl verändern. Probieren wir das doch einmal an unserem Bild *basketball.png* aus.

Der Basketball ist perfekt ausgewählt, nur ein grünes Blättchen oben rechts musste nachträglich mit der Werkzeugoption *Von Auswahl abziehen* entfernt werden. Diese Werkzeugeinstellungen näher zu betrachten lohnt.

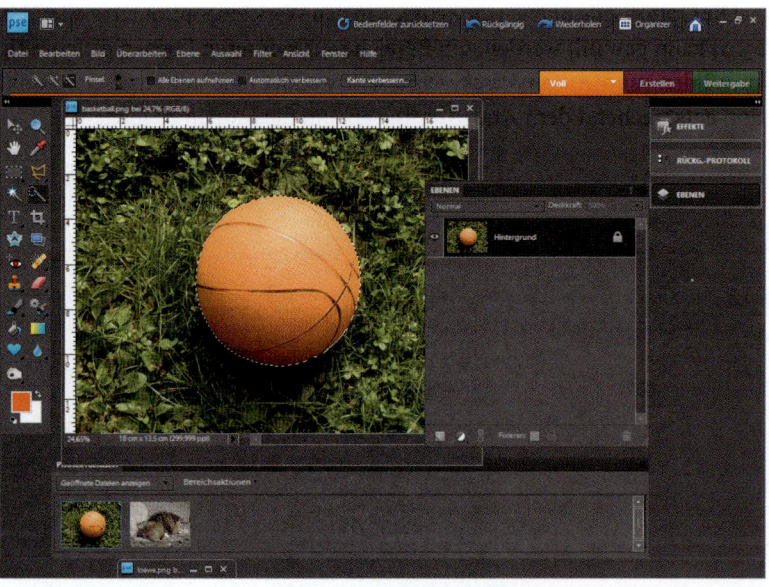

Abb. 23.10
Das Schnellauswahl-Werkzeug hat ganze Arbeit geleistet.

Abb. 23.11
Die Werkzeugoptionen des Schnellauswahl-Werkzeugs

Die ersten drei Symbole stehen für das eigentliche Werkzeug *(Neue Auswahl),* das zweite für die Möglichkeit, mit dem Werkzeug etwas zu einer bestehenden Auswahl hinzuzufügen *(Der Auswahl hinzufügen),* und das dritte für die Möglichkeit, mit dem Werkzeug etwas von einer Auswahl abzuziehen *(Von Auswahl abziehen).* Dabei wählen Sie die gewünschte Option und malen mit dem Pinsel im Bereich der Auswahl.

Klicken Sie auf das Symbol oder den kleinen Pfeil bei *Pinsel,* können Sie die Eigenschaften des Pinsels frei einstellen. Für die Größe können Sie den *Durchmesser* über den Schieberegler frei wählen. *Kantenschärfe* regelt die Kantenschärfe des Pinsels stufenlos von 0 % (ganz weich) bis 100 % (harte Kante). *Malabstand* besagt, ob das Werkzeug kontinuierlich malt oder nur einzelne Tupfen in Abständen setzt.

Winkel und *Rundung* arbeiten in Abhängigkeit voneinander: Nur wenn Sie bei Rundung einen kleineren Wert als 100 % wählen und damit einen elliptischen Pinsel formen, können Sie den Neigungswinkel dieser Ellipse zur Senkrechten abgeben.

Größe: Zeichenstift-Druck besagt letztlich nur etwas für die Benutzer von Grafiktabletts. Diese können z. B. über den Druck, mit dem Sie Ihren Stift auf das Tablett drücken, die Pinselbreite steuern.

Abb. 23.12
Die Pinseleinstellungen des Schnellauswahl-Werkzeugs

Die Option *Alle Ebenen aufnehmen* in den Werkzeugoptionen (siehe Abb. 23.11) kann gewählt werden, um Bereiche auf mehreren Ebenen gleichzeitig zu wählen, und *Automatisch verbessern* wendet eine automatische Funktion entsprechend dem Anti-Aliasing an, um die Kanten zu glätten.

Abb. 23.13

Das Fenster der Werkzeugoption

Kante verbessern

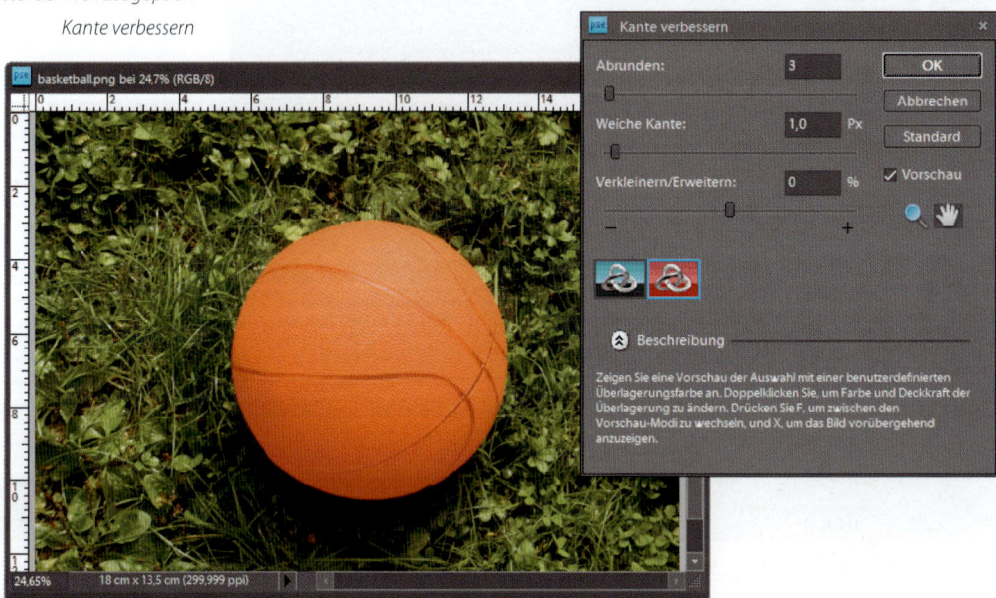

Noch eine Werkzeugoption ist hier vorgesehen: *Kante verbessern*. Das sind wesentliche Einstellungen wie im Menü *Auswahl*, um die Eigenschaften der Auswahl zu bestimmen. *Abrunden* bestimmt den Randverlauf der Auswahl, entsprechend dem Anti-Aliasing. *Weiche Kante* bestimmt den Randverlauf der Auswahl, und über den Schieberegler und das Eingabefeld bei *Verkleinern/Erweitern* können Sie die Auswahl entsprechend verändern.

Die symbolischen Vorschaubilder stehen für die *Auswahlansicht (Standard)* bzw. die *Maskierungsansicht (Benutzerdefinierte Überlagerungsfarbe)* im Bildfenster. Anhand der Maskierungsansicht können Sie die Qualität der Auswahl besser kontrollieren.

Das Ergebnis unseren erstens Tests mit dem Basketball war gut. Und Sie haben inzwischen das Werkzeug besser kennengelernt. Geben wir dem Werkzeug eine schwierigere Aufgabe. Versuchen wir uns an der Auswahl des Löwen aus dem Bild *loewe.png*.

Das Ergebnis, das ich hier zeige, ist recht gut. Es ist verbesserungsbedürftig, aber die nun vorhandene Auswahl kann mit dem *Auswahlpinsel* und mit Hilfe weiterer Auswahlwerkzeuge relativ zügig fertig gestellt werden. Wie war mein Vorgehen? Mit dem eigentlichen Werkzeugpinsel habe ich den Bereich des Löwen grob vorausgewählt. Beim Arbeiten im Bereich des Schwanzes wurde die Auswahl schnell zu groß und umfasste weite Bereiche des eigentlichen Hintergrunds. Mit Hilfe der weiteren Bearbeitungsmodi in den Werkzeugoptionen, *Der Auswahl hinzufügen* und *Von Auswahl abziehen*, vor allem aber durch deren wechselnden Einsatz gelang schließlich die Auswahl, wie Sie sie sehen. Diese ist allemal gut genug, um damit weiter zu arbeiten.

Wie bereits gesagt, von hier aus gibt es andere Werkzeuge wie den *Auswahlpinsel,* mit denen sich die noch fehlerhaften Bereiche der Auswahl gut korrigieren lassen. Wir werden diese weiteren Möglichkeiten in einem der folgenden Kapitel noch kennenlernen, aber auch sehen, wie weit »herkömmliche« Auswahlwerkzeuge taugen, um diesen Löwen freizustellen.

23.5 Werkzeuge zum Freistellen von Objekten – der Hintergrund-Radiergummi und der Magische Radiergummi

Neben den hier gezeigten Funktionen gibt es noch Werkzeuge, mit denen Sie Bildobjekte freistellen können – den **Hintergrund-Radiergummi** und den **Magischen Radiergummi.** Sie finden diese im Werkzeugbedienfeld im Auswahlmenü des *Radiergummis.* Prinzipiell arbeitet dieses Werkzeug so, dass Sie dem Werkzeug einfach durch Anklicken mitteilen, welche Farben dem Hintergrund entsprechen, der radiert werden soll. Dann werden nur diese Farben radiert, und im bestmöglichen Fall bleibt das Vordergrundobjekt, das eine andere Farbe hat, stehen. Wenn Sie die Konturen durch Radieren freigestellt haben, können Sie den übrigen, unerwünschten Bildinhalt schnell mit einem groben Auswahlwerkzeug wie dem Lasso markieren, auswählen und löschen. Sehen Sie sich das gleich einmal am Beispiel des Bildes *loewe.png* an.

23.5.1   Ein Objekt mit dem Hintergrund-Radiergummi freistellen

▓ Öffnen Sie also das Bild *loewe.png* aus dem Verzeichnis *Bildvorgaben* auf der DVD.

▓ Im Editor führen Sie am Bild zumindest eine automatische Tonwert-Anpassung durch über das Menü *Überarbeiten – Intelligente Autokorrektur*. Damit wird der Hintergrund farblich etwas vom Vordergrund, dem Löwen, abgesetzt.

▓ Zoomen Sie sich einen Teilbereich der Kontur des Löwen mit der Lupe, dem Zoomwerkzeug, heraus.

▓ Dann wählen Sie im Werkzeugbedienfeld den *Hintergrund-Radiergummi*.

Abb. 23.15

Das Fadenkreuz in der Mitte des Mauszeigers beim Hintergrund-Radiergummi dient dazu, auf einen Bereich mit Hintergrundfarbe zu zielen.

Zunächst einmal müssen Sie hier die Werkzeugeinstellungen dem Bild anpassen. In den Werkzeugoptionen rufen Sie die Pinseleigenschaften auf. Die Einstellungen bei diesem Werkzeug sind etwas andere als die gewöhnlichen Werkzeugeinstellungen bei den Malpinseln etc. Es sind dieselben wie in Abb. 23.12 für das Schnellauswahl-Werkzeug gezeigt. Wählen Sie für den *Durchmesser* 60 px, für die *Kantenschärfe* 45 %, für den *Malabstand* 20 %. Die übrigen Pinseleinstellungen belassen Sie bei den voreingestellten Werten (Winkel 0°, *Rundung* 100 %). Die Eigenschaft *Grenzen* belassen Sie bei *Aufeinander folgend*. Bei *Toleranz* stellen Sie einen Wert um die 25 % ein. Ein höherer Wert würde bei der großen Ähnlichkeit der Vordergrund- und Hintergrundfarben zu keinem guten Ergebnis führen.

Nun setzen Sie das Werkzeug ein. Zeigen Sie dazu mit dem Fadenkreuz im Kreis des Mauszeigers immer auf einen Bereich nahe der Kontur des Löwen, und klicken Sie mit linkem Mausklick oder ziehen Sie mit gedrückter linker Maustaste an der Kontur entlang. Im Bereich der Mähne ist es ratsam, mit Klicken zu arbeiten. Langsam wird so nach und nach eine Bahn um den Löwen gezogen und seine Kontur freigestellt.

Im Fall unseres Löwen wird das nicht hundertprozentig genügen, um den Löwen fehlerfrei freizustellen. Sie werden mit anderen Werkzeugen wie dem normalen Radiergummi und gegebenenfalls auch mit dem Kopierstempel nacharbeiten müssen, um die Kontur zu glätten bzw. zu reparieren. Doch das Ergebnis ist brauchbar, bei Objekten, die sich farblich deutlicher vom Hintergrund abheben, sogar sehr gut. Läge unser Löwe z. B. auf einer grünen Wiese, wäre das Ergebnis beim Freistellen der Mähne um einiges besser. Das gilt allerdings entsprechend auch für die anderen hier vorgestellten Werkzeuge und Techniken.

Abschließend müssen Sie nur noch den restlichen Hintergrund mit dem Lasso auswählen und über das Menü *Bearbeiten – Löschen* löschen.

23.5.2 Ein Objekt mit dem Magischen Radiergummi freistellen

Das zweite Werkzeug, das ich hier im Zusammenhang noch vorstellen möchte, ist der **Magische Radiergummi.** Allerdings lässt sich dieses Werkzeug nicht so differenziert einsetzen wie der Hintergrund-Radiergummi. Ich konnte damit beim Bild *loewe.png* kein brauchbares Ergebnis erzielen. Dafür ist die Handhabung prinzipiell noch einfacher. Wenn Sie das Werkzeug gewählt haben, klicken Sie damit einfach auf einen Bereich, der die Hintergrundfarbe, Hintergrundinformationen enthält. Ist die Werkzeugoption *Aufeinander folgend* gewählt, werden nur jeweils zusammenhängende Bereiche einer Farbe gelöscht, ansonsten überall im Bild jeder Bereich dieser Farbe. Sie können in den Werkzeugeinstellungen auch die Farbtoleranz *(Toleranz)* steuern und z. B. reduzieren, damit nicht zu viel auf einmal gelöscht wird.

Hier ein interessantes Ergebnis mit dem Bild *basketball.png,* in dem alles Grün »radiert« wurde. Sollten Sie auch versuchen, Schwarz zu radieren, müssten Sie die *Toleranz* auf etwa 20 absenken und die Option *Aufeinander folgend* (also eigentlich *Zusammenhängende Bereiche wählen*) wählen, damit nicht ungewollt die schwarzen Streifen im Ball verschwinden. Trotzdem: Bei gutem farblichem Kontrast von freizustellendem Vordergrund zu Hintergrund ist es ein Werkzeug, das einen Versuch wert ist.

Abb. 23.16
Der Löwe mit freigestellter Kontur

Abb. 23.17
Ein grafisch interessantes Ergebnis mit dem Magischen Radiergummi

23.6   Ein Bildobjekt mit einer Auswahl auskopieren und in ein anderes Bild einfügen

In den letzten Kapiteln haben Sie schon verschiedene Techniken kennengelernt, mit deren Hilfe sich Bilder aus verschiedenen einzelnen Bildobjekten zusammensetzen – collagieren lassen. Hier zum Abschluss noch einmal das Prinzip anhand eines einfachen und eines eher anspruchsvollen Beispiels. Nach den vorausgegangenen, mehr experimentellen Versuchen wollen wir die Arbeiten an unserer letzten großen Collage wieder aufnehmen. Sie erinnern sich noch an die Überblendung aus den Bildern *muscheln.png* und *lido.png,* die Sie, wenn Sie mitgemacht haben, als *fenice.psd* abgespeichert haben? Damit geht es nun wieder weiter.

23.6.1   Die Arbeitsschritte

Bildobjekte lassen sich einfach mit den Befehlen *Kopieren* und *Einfügen* im Menü *Bearbeiten* aus einem Bild in ein anderes übertragen. Dazu müssen sie vorher ausgewählt sein, wobei sich die Randeigenschaften der Auswahl in der nun schon bekannten Weise über das Menü *Auswahl – Weiche Auswahlkante* einstellen lassen. Mit dem Befehl *Bearbeiten – Kopieren* wird das ausgewählte Bildelement in der Zwischenablage des Computers abgelegt. Mit dem Befehl *Bearbeiten – Einfügen* können Sie es ins selbe Bild als Kopie eines Objekts, aber eben auch in ein anderes Bild (oder auch in eine andere Anwendung wie ein Textbearbeitungsprogramm) einfügen.

- Öffnen Sie Ihr Bild *fenice.psd* (oder ersatzweise das Bild *fenice.psd* aus dem Verzeichnis *Beispielbilder* auf der DVD – löschen Sie in diesem Fall die Ebenen mit Mond und Löwe) und das Bild *mond.png* aus dem Verzeichnis *Bildvorgaben* auf der DVD.
- Im Bild *mond.png* markieren Sie ein Rechteck um den Mond mit Hilfslinien so, dass die Hilfslinien als Tangenten etwas innerhalb des Mondumrisses im Bild liegen. Die Hilfslinien können Sie nachträglich mit dem Verschieben-Werkzeug positionieren.
- Legen Sie mit dem Werkzeug *Einen elliptischen Bereich wählen* unter Zuhilfenahme der Hilfslinien eine Auswahl um den Mond.
- Geben Sie der Auswahl eine geringe Ausblendung von etwa 3 px (Menü *Auswahl – Weiche Auswahlkante*).
- Über *Bearbeiten – Kopieren* kopieren Sie den Bereich der Auswahl – den Mond – in die Zwischenablage. Danach können Sie das Bild *mond.png* schließen.
- Wechseln Sie nun zum Bild *fenice.psd.*
- Dort setzen Sie die *oberste Ebene* im Ebenen-Bedienfeld aktiv.

- Nun wählen Sie im Menü *Bearbeiten – Einfügen*. Da die oberste Ebene aktiv ist, wird darüber der Inhalt der Zwischenablage eingefügt – in diesem Fall der Mond.
- Benennen Sie die Ebene *Mond*.
- Jetzt können Sie die Ebene positionieren und durch Skalieren etwas vergrößern.
- Formen Sie den Mond zu einer Sichel. Ziehen Sie dazu über einem Teil des Mondes eine elliptische Auswahl mit einer starken Ausblendung (ca. 100 px) auf. Im Menü *Bearbeiten – Löschen* wird nun der Bereich des Mondes in der Auswahl gelöscht. Reduzieren Sie die Deckkraft des Mondes im Ebenen-Bedienfeld auf etwa 75 %.
- Im Ebenen-Bedienfeld wählen Sie im Auswahlmenü *Modus* den Menüpunkt *Linear abwedeln*.
- Speichern Sie Ihr Bild.
- Die meisten der gezeigten Arbeitsschritte werden langsam Routine – Sie sehen, welche Arbeitsschritte sich immer wiederholen. Das Arbeiten mit der Einstellung *Modus* im Ebenen-Bedienfeld wurde bereits in Kapitel 16.1 erläutert.

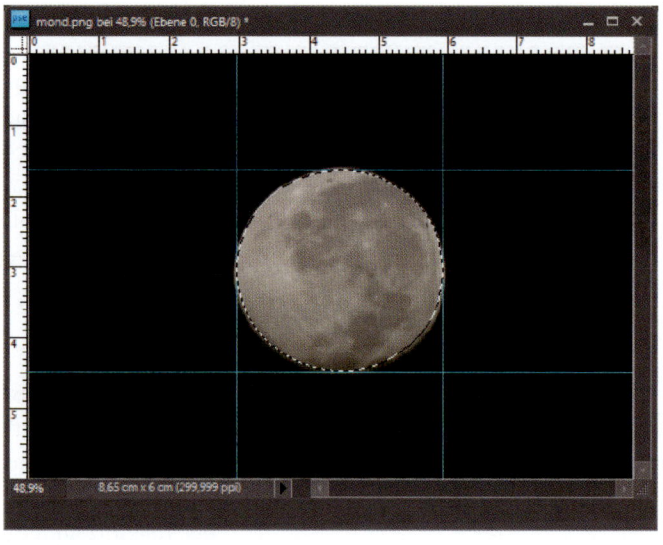

Abb. 23.18
Die Auswahl des Mondes mit den Hilfslinien

23.7 Der Auswahlpinsel – Bildobjekte mit Masken freistellen

Bislang haben Sie Auswahlwerkzeuge kennengelernt, die entweder auf Formen basieren (Rechteck, Ellipse, Lasso) oder die Farben und (farblich) zusammenhängende Bereiche auswählen (Zauberstab). Dabei sind die Ränder der entstehenden Auswahl zunächst »scharfkantig«, die Ausblendung der Auswahl lässt sich immer nur einheitlich für die gesamte Auswahl bestimmen. Photoshop Elements bietet jedoch eine Möglichkeit, eine Maske zu malen bzw. mit Malwerkzeugen zu bearbeiten. Eine so erstellte Auswahl kann in verschiedenen Bereichen unterschiedliche Randeigenschaften je nach Pinselspitze erhalten.

Bei dieser Methode erstellen Sie zunächst mit den »herkömmlichen« Auswahlwerkzeugen eine (grobe) Auswahl des gewünschten Bildobjekts bzw. Bereiches. Dann wechseln Sie zum Werkzeug *Auswahlpinsel* im Werkzeugbedienfeld. Hier wählen Sie in den Werkzeugoptionen den *Maskierungsmodus*. Nun können Sie mit dem Werkzeug (und mit unterschiedlichen Werkzeugspitzen) Maskenbereiche hinzufügen, entfernen oder bearbeiten. Wenn Sie mit diesen Arbeiten fertig sind, wechseln Sie zurück in den *Auswahlmodus*. Diese Methode wollen wir uns anhand eines Beispiels genauer ansehen.

23.7.1   Ein Bildobjekt mit einer »gemalten« Auswahl freistellen

Die ersten Arbeitsschritte bestehen darin, die Auswahl mit den »norma-len« Auswahlwerkzeugen so weit wie möglich vorzubereiten. Dabei kann es Sinn machen, zunächst den Hintergrund um das eigentliche Objekt aus-zuwählen, weil dieser z. B. ähnliche Farben hat und daher mit dem Werk-zeug *Zauberstab* leichter auszuwählen ist. In einem weiteren Schritt wird dann die Auswahl invertiert, und voilà, Sie haben genau das gewünschte Bildobjekt.

▨ Öffnen Sie das Bild *loewe.png* aus den *Bildvorgaben* von der DVD.
▨ Wählen Sie zunächst den Bereich um den Löwen herum mit dem Werk-zeug *Zauberstab* grob aus. Dabei dürfen noch Löcher in der Auswahl vorhanden sein, und es dürfen auch Auswahlbereiche in den Löwen hin-einreichen. Reduzieren Sie ggf. in den Werkzeugeinstellungen den Wert bei *Toleranz* auf etwa 20 bzw. 25, damit nicht zu viel auf einmal ausge-wählt wird. Achten Sie darauf, dass die fransige Mähne des Löwen eine gute Kontur erhält – Haarsträhnen sind mit die heikelste Aufgabe beim Auswählen eines Objekts. In den Werkzeugoptionen sollte nun auch die Option *Benachbart* gewählt sein, damit die Auswahl nur zusammen-hängende Bereiche erfasst und nicht willkürlich gleichfarbige Bereiche im Löwen selbst wählt.
▨ Wenn der Bereich um den Löwen herum gewählt ist, invertieren Sie die Auswahl mit *Auswahl – Auswahl umkehren*. Vorher war der Bereich um den Löwen herum ausgewählt, nun ist der Löwe selbst in der Auswahl.

Wechseln Sie zum Werkzeug *Auswahlpinsel*. Hier wählen Sie in den Werk-zeugoptionen einen runden, weichen Pinsel mit Durchmesser 100 Pixel. Dann wechseln Sie in den Modus *Maskieren* (dieser Modus ist eine der Werkzeugoptionen), der Ihnen den abgedeckten Bereich des Bildes zeigt (die rote »Schutzschicht«). Nun können Sie beginnen, die Maske mit dem gewählten Pinsel zu bearbeiten – ganz einfach zu malen. Dabei können Sie in den Werkzeugoptionen über die zwei Schaltflächen links wechseln zwi-schen Der *Auswahl hinzufügen* (Maske radieren) oder *Von Auswahl abzie-hen* (Maske malen).

➜ Hinweis: Ausgewählte Bereiche des Bildes erscheinen in natürlichen Farben. Die übrigen Bereiche des Bildes sind von einer roten, transparenten Schicht – der Maske – abgedeckt.

Sie sehen jetzt, wo die Maske um den Löwen herum noch Löcher, ausge-wählte Bereiche zeigt. Diese müssen zunächst mit dem Pinsel des Werk-zeugs zugemalt werden.

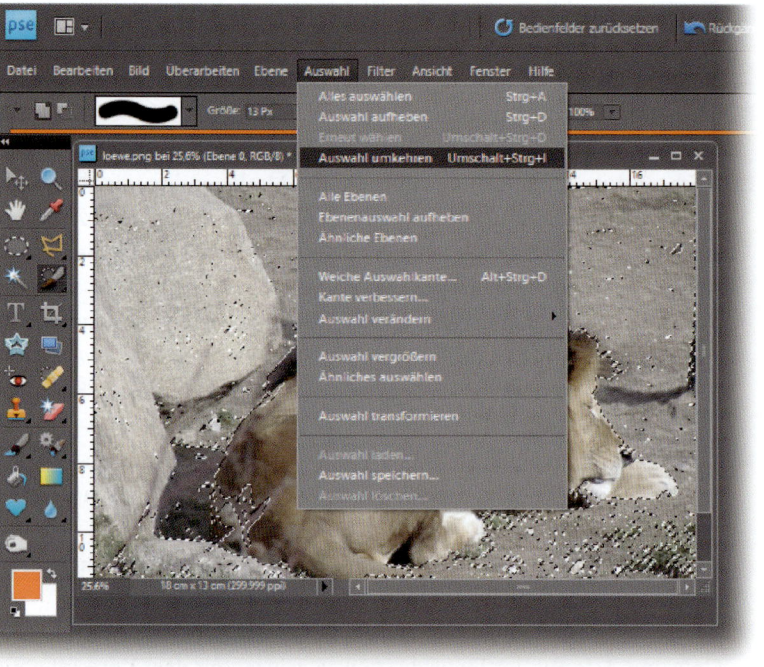

Abb. 23.19
Die Auswahl um den Löwen herum wurde
im Menü Auswahl – Auswahl umkehren
invertiert, so dass nun der Löwe selbst
ausgewählt ist.

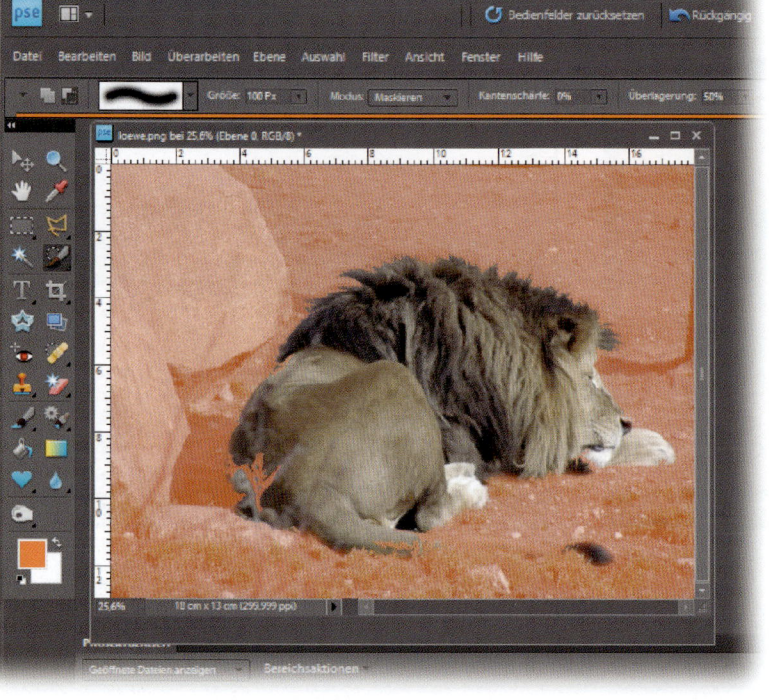

Abb. 23.20
Die Maskierungsansicht des Werkzeugs
Auswahlpinsel. Die Maske um den Löwen
herum wurde bereits mit dem Auswahlpinsel
gefüllt und fertig gemalt.

▨ Zunächst vervollständigen Sie die Maske um den Löwen herum mit dem Pinsel des Auswahlpinsels. Dabei können Sie zwischen Maskierungs- und Auswahlmodus hin- und herwechseln. Im Auswahlmodus können Sie kleine Auswahlinseln besser erkennen, und auch in diesem Modus können Sie mit dem Auswahlpinsel arbeiten.

▨ Nach und nach vervollständigen Sie die Maske, indem Sie die Maske malen oder radieren. Nehmen Sie sich für diese Arbeiten Zeit, und arbeiten Sie sorgfältig. Gegebenenfalls passen Sie die Größe der Pinselspitze an, um auch Details genau ausarbeiten zu können.

▨ Kontrollieren Sie das Ergebnis, indem Sie zwischen Maskierungs- und Auswahlmodus hin- und herwechseln, wiederum über das Auswahlmenü Modus in den Werkzeugoptionen des Auswahlpinsels. So finden Sie die letzten Auswahlinselchen.

▨ Um Konturen oder auch den Schwanz zu vervollständigen, können Sie immer wieder mit *Auswahl – Auswahl umkehren* den maskierten Bereich umkehren.

▨ Wenn Sie mit dem Ergebnis zufrieden sind, beenden Sie den Maskierungsmodus und wechseln in den *Auswahlmodus.*

▨ Retuschieren Sie die Bildbereiche am Rücken und am Schwanz, die noch Gras und Äste auf der Figur des Löwen zeigen, mit dem Kopierstempel und dem Bereichsreparatur-Pinsel.

Abb. 23.21

Ansicht der fertigen Maske des Löwen. Im Bereich des Rücken und Schwanzes sind Retuschearbeiten mit dem Kopierstempel angebracht. Diese führen Sie im Auswahlmodus durch, da dieser die Konturen des Löwen bewahrt.

Abb. 23.22

Vom Maskierungsmodus wurde in den Auswahlmodus umgeschaltet. Die fehlerhaften Bildinhalte wurden mit dem Kopierstempel und dem Bereichsreparatur-Pinsel retuschiert. Nun kann der Löwe herauskopiert werden über das Menü Bearbeiten – Kopieren.

Der Löwe ist ausgewählt, störende Elemente wurden wegretuschiert. Nun können Sie den Löwen auskopieren.

- Geben Sie der Auswahl eine weiche Kante von etwa 3 px über das Menü *Auswahl – Weiche Auswahlkante.*
- Mit *Bearbeiten – Kopieren* kopieren Sie jetzt den Löwen in der Auswahl in die Zwischenablage.
- Öffnen Sie Ihr Bild *fenice.psd.*
- Fügen Sie den Löwen aus der Zwischenablage mit *Bearbeiten – Einfügen* als neue Ebene ein. Benennen Sie die neue Ebene *Löwe.*
- Spiegeln Sie die Ebene *Löwe* mit *Bild – Drehen – Ebene horizontal spiegeln,* damit der Löwe richtig zum Licht, also dem Mond liegt, falls Sie diesen auch links positioniert haben.
- Positionieren und skalieren Sie den Löwen im Bild.
- Passen Sie die Helligkeit des Löwen an die Umgebung an mit *Überarbeiten – Beleuchtung anpassen – Helligkeit/Kontrast.* Gegebenenfalls wiederholen Sie den Vorgang.

Der Löwe ist nun ins gewünschte Bild eingefügt. Erstellen Sie noch den Schlagschatten des Löwen auf dem Untergrund. Gehen Sie dabei wie folgt vor:

- Wählen Sie auf der Ebene mit dem Löwen den Bereich um den Löwen mit dem Werkzeug *Zauberstab.* Invertieren Sie die Auswahl mit *Auswahl – Auswahl umkehren.* Geben Sie der Auswahl einen weichen Randverlauf von ca. 25 px im Menü *Auswahl – Weiche Auswahlkante.*
- Erstellen Sie im Ebenen-Bedienfeld eine neue, leere Ebene. Benennen Sie diese *Schatten Löwe.* Setzen Sie diese aktiv.
- Füllen Sie die Auswahl mit der Vordergrundfarbe Schwarz.
- Heben Sie die Auswahl auf mit *Auswahl – Auswahl aufheben.*
- Ggf. positionieren Sie die Ebene im Ebenen-Bedienfeld unter der Ebene mit dem Löwen.
- Transformieren und verschieben Sie die Ebene mit dem Schatten im Bildfenster mit dem Verschieben-Werkzeug, so dass der Schatten etwas schräg unterhalb und rechts des Löwen zu liegen kommt.
- Speichern Sie Ihr Bild.

Abb. 23.23

fenice.psd mit venezianischem Löwen

und Ebenen-Bedienfeld

Damit beenden wir das große Kapitel zum Thema Arbeiten mit Ebenen und Masken. Bislang haben wir mit Farbfotografien gearbeitet. Ob Farbe oder Schwarzweiß: für Photoshop Elements spielt das keine große Rolle. Die gezeigten Techniken lassen sich selbstverständlich auch auf schwarz-weiße Bilder anwenden. Was Sie dabei beachten müssen und welche Möglichkeiten Ihnen mit Schwarzweißfotografien noch offenstehen, erfahren Sie in den folgenden Kapiteln.

Teil V
Arbeiten in Schwarzweiß
und mit Farben

24 Schwarzweißbilder in Photoshop Elements

Wenn Sie Fotografien oder auch Grafiken bearbeiten möchten, sind Sie selbstverständlich nicht an eine farbige Darstellung gebunden. So gut Photoshop Elements mit Farbe umgehen kann, es beherrscht auch die Bildbearbeitung von Schwarzweißfotografien. Neben der einfachen Bearbeitung und Verbesserung von Schwarzweißaufnahmen, die mit den gleichen Funktionen und Werkzeugen vorgenommen werden, wie sie für Farbbilder eingesetzt werden, bieten zusätzliche Bearbeitungsfunktionen für schwarzweiße Bilddarstellung auch Möglichkeiten, die helfen, Farbbilder besser freistellen zu können. Eine weitere Möglichkeit besteht darin, alte Schwarzweißfotografien nachträglich à la Duplex einzufärben, zu kolorieren. Umgekehrt können Sie Ihren Farbbildern auch das Aussehen alter, ausgeblichener Schwarzweißfotografien geben. Oder konvertieren Sie Ihre Farbbilder mit einer entsprechenden Programmoption in dramatische Schwarzweißfotos. Eine Möglichkeit, Farbbilder teilweise oder ganz in Schwarzweißbilder umzuwandeln, haben Sie bereits in Kapitel 15.3 kennengelernt. Das Smartpinsel-Werkzeug bietet unter der Auswahl *Schwarzweiß* entsprechende Optionen, Farbbilder, auch teilweise, in Schwarzweiß zu konvertieren und dabei verschiedene Effekte einzusetzen.

Zunächst aber noch eine Definition, um Verwirrung vorzubeugen: Im Sprachgebrauch sprechen wir von Schwarzweißfotos und -fotografie oder -film. Aber diese Bilder sind ja nicht nur schwarz und weiß. Korrekt wäre Graustufenbilder, denn diese Bilder enthalten ja alle möglichen Grautöne neben Schwarz und Weiß. Ich verwende hier im Buch Schwarzweiß und Graustufen synonym. Allerdings gehe ich auch auf Funktionen ein, die tatsächlich ein Bild in eine reine schwarz-weiße Darstellung umwandeln. Ich weise im entsprechenden Kapitel darauf hin und schreibe dann auch schwarz-weiß getrennt, wenn ich diese spezielle Darstellungsmöglichkeit anspreche.

24.1 Farbbilder teilweise oder ganz in Graustufenbilder umwandeln

24.1.1 Hinweise zum Arbeiten im Modus Graustufen und RGB

Als Standard arbeitet Photoshop Elements im **Farbmodus RGB** mit der Möglichkeit, rund 16,7 Millionen Farben darzustellen und zu bearbeiten. Dieser Farbmodus unterstützt prinzipiell alle Werkzeuge, die Farben oder Farbwerte im Bild beeinflussen können. Als weiteren Farbmodus bietet das Programm **Graustufen** an. Das entspricht einer eingeschränkten Farbpalette von 256 Graustufen, einschließlich Schwarz und Weiß. Auch hier funktionieren die Werkzeuge, mit denen sich Helligkeit und Kontrast beeinflussen lassen. Jedoch sind alle Werkzeuge, Filter und Einstellmöglichkeiten, die direkt auf Farben Einfluss nehmen, ohne Funktion. Aufgaben wie das nachträgliche Einfärben von Schwarzweißbildern müssen im Farbmodus RGB ausgeführt werden. Warum dann überhaupt im Graustufenmodus arbeiten? Die Umwandlung von Farbbildern in Graustufenbilder kann erforderlich sein:

- aus bildgestalterischen Gründen.
- aus arbeitstechnischen Gründen, zum Beispiel um eine Auswahl auf einer kontrastreichen Vorlage herzustellen. Dies kann aber zum Teil auch auf einer kopierten Ebene eines Bildes geschehen, mit farbigen Vorlagen.
- um die Dateigröße des Bildes zu optimieren. Graustufenbilder haben eine Farbanzahl von maximal 256 Farben, was wesentlich dazu beiträgt, die Dateigröße zu reduzieren.

Die eigentliche Bearbeitung werden Sie jedoch auch bei Schwarzweißfotos im Wesentlichen im RGB-Modus ausführen. Falls Sie ein Bild als Graustufenbild einscannen, liegt es zunächst im Graustufenmodus vor. Auch dann empfiehlt sich für die weitere Bearbeitung die Konversion in den RGB-Modus.

24.1.2   Farbe ganz oder teilweise entfernen

Die Einstellmöglichkeiten bzw. die Möglichkeiten zum Wechseln zwischen den beiden Farbmodi *RGB* und *Graustufen* finden Sie im Bildfenster im Menü *Bild – Modus*. Sie können ganz einfach ein Farbbild in eine Schwarzweißfotografie umwandeln, indem Sie es im RGB-Modus öffnen und dann im Menü den Modus *Graustufen* wählen. Das Bild wird umgewandelt, alle Farbinformation wird verworfen, übrig bleiben die Hell-Dunkel-Werte des Bildes als Graustufen. Danach können Sie das Bild wieder in den RGB-Modus überführen, die Graustufen bleiben erhalten. Und dann bestehen nun eben Möglichkeiten, das Bild nachträglich wieder mit einem Farbton einzufärben. Allerdings bietet das Programm bessere Möglichkeiten, ein Schwarzweißfoto sozusagen aus dem Farbbild heraus zu entwickeln. Dabei stehen gestalterische Möglichkeiten zur Verfügung, um Helligkeit und Kontrast nach eigenen Vorstellungen auszuarbeiten (siehe folgendes Kapitel).

Wenn Sie ein Bild im Farbmodus RGB geöffnet haben, gibt es noch zwei weitere Möglichkeiten, die Farbe des Bildes ganz oder teilweise über die Farbsättigung zu entfernen, ohne den Farbmodus des Bildes dabei zu ändern:

▓ Mit *Überarbeiten – Farbe anpassen – Farbe entfernen* werden die Farbinformationen eines Bildes/einer Ebene verworfen und auf die reinen Hell-Dunkel-Werte (Graustufen) reduziert. Das Bild verbleibt dabei aber im Modus RGB-Farbe.

▓ Im Menü *Überarbeiten – Farbe anpassen – Farbton/Sättigung anpassen* können Sie die Farbsättigung eines Bildes stufenlos bis hin zu reinen Graustufen reduzieren, indem Sie den entsprechenden Schieberegler nach links ziehen. Auch hier bleibt der RGB-Modus bestehen.

24.1.3   Farbbilder in Schwarzweiß konvertieren

Photoshop Elements bietet eine Funktion, die Ihnen hilft, ein Optimum aus einem Bild bei der Umwandlung in eine Schwarzweißfotografie herauszuholen: *In Schwarzweiß konvertieren* im Menü *Überarbeiten*. Dabei können Sie per Einstellungen Kontrast und Helligkeit selbst abstimmen, Sie können dabei die Ihrem Empfinden nach beste Optik anhand einer Echtzeitvorschau aussuchen. Sehen wir uns das einmal am Beispiel des Bildes *miami-impro.tif* an, das Sie entweder selbst hergestellt haben oder das Sie auch im Ordner *Beispielbilder* auf der DVD finden.

Wenn Sie ein Bild geöffnet haben, das Sie in Schwarzweiß konvertieren möchten, rufen Sie die Funktion im Menü *Überarbeiten* auf. Das Fenster *In Schwarzweiß konvertieren* zeigt Ihnen zunächst das Original in Farbe und daneben das in Schwarzweiß umgewandelte Bild entsprechend den aktuellen Einstellungen als Vorschaubild. Das Wichtigste ist nun, erst einmal mit Hilfe der Liste *Stil auswählen* festzulegen, in welche Richtung Sie das Bild entwickeln möchten. Auch im Labor gibt es die Möglichkeit, einen schwarzweißen Fotoabzug durch unterschiedliche Belichtungs- und Entwicklungszeiten weicher oder härter, d.h. detailreich, aber weicher gezeichnet oder kontrastreich, mit starken Konturen, aber weniger Details auszubelichten und zu entwickeln. Vergleichbares bietet hier das Programm. Sie können einfach nacheinander alle Listeneinträge ausprobieren, das Programm betrachtet das noch nicht als Arbeitsschritt. Also wählen Sie nach Ihrem persönlichen Empfinden und Geschmack. Die Vorauswahl des Programms, die Auswahl *Schöne Landschaft* entspricht meines Erachtens am ehesten einer reinen Graustufenumwandlung des Bildes. Interessanter ist die Auswahl *Lebhafte Landschaften*. Ich habe mich im Beispiel für die Auswahl *Zeitung* entschieden.

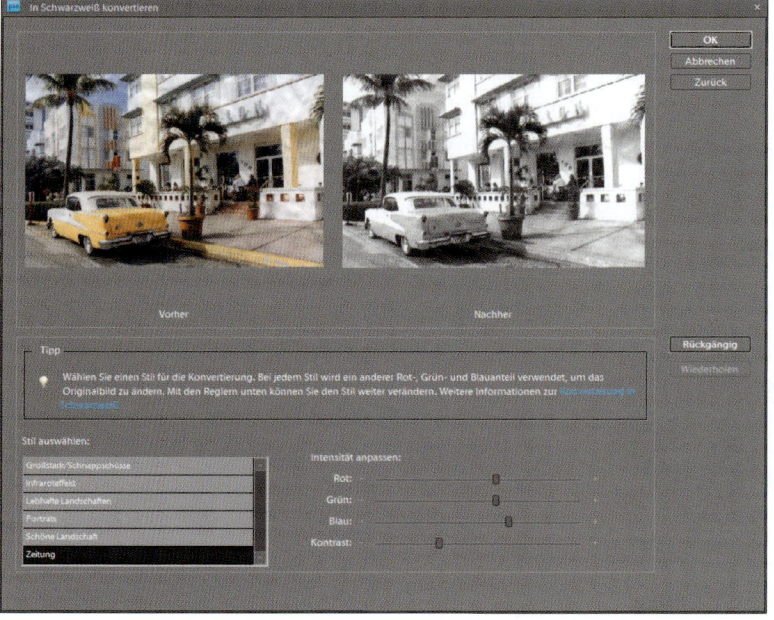

Abb. 24.1

Das Fenster In Schwarzweiß konvertieren

Nun sind die Schieberegler interessant, mit denen Sie die im Bild enthaltenen Anteile des Rot-, Grün- und Blau-Kanals steuern können. Damit können Sie das in *Stil auswählen* vorgewählte Aussehen noch steigern oder aber abmildern. Im Beispiel habe ich mich entschieden, nur den Rotanteil, ausgehend von der Voreinstellung der Auswahl, etwas zu reduzieren. Auch den Kontrast habe ich etwas verringert. Das Bild erscheint dadurch hell und klar, aber etwas weicher als nach den Voreinstellungen. Allgemein gilt: Schieberegler nach rechts: Das Bild wird heller und härter – nach links: dunkler, aber auch weicher.

Wenn eine Einstellung danebengeht, müssen Sie nicht händisch versuchen, den zuvor gewählten Wert wiederzufinden. Über die Schaltfläche *Rückgängig* im Fenster rechts können Sie Schritt für Schritt gemachte Einstellungen zurücknehmen, über die Schaltfläche *Wiederholen* aber eben auch wieder aufrufen. Die Schaltfläche *Zurück* ganz oben rechts unter *Abbrechen* setzt allerdings das Bild auf die Ausgangswerte zurück, so dass Sie von vorne beginnen können.

Wenn Sie mit dem Ergebnis zufrieden sind, bestätigen Sie per Klick auf die Schaltfläche *OK*. Das Fenster schließt sich, und das Bild wird zurück an den Editor übergeben. Falls Sie mitgemacht haben und das Bild speichern möchten – bitte als Kopie bzw. unter einem neuen Dateinamen. Wir brauchen *miami-impro.tif* gleich wieder in Farbe.

24.1.4   Grafische Effekte mit Graustufen – ein Beispiel

Farben in einem Bild reduzieren, damit das gewünschte Hauptobjekt, der eigentliche Gegenstand des Interesses, farbig umso mehr in den Vordergrund tritt – diese Vorgehensweise bietet zahlreiche effektvolle Varianten.

Abb. 24.2

Das Bild mit der Auswahl um das Auto vor

den letzten beiden Bearbeitungsschritten

- Öffnen Sie Ihr verbessertes Bild *miami-impro.tif* bzw. *miami-impro.psd*.
- Speichern Sie das Bild als *miami-auto.tif*.
- Erstellen Sie eine Auswahl mit dem Polygon-Lasso auf der Kontur des Autos.
- Geben Sie der Auswahl über das Menü *Auswahl – Weiche Auswahlkante* einen Randverlauf von 3 px Radius.
- Mit *Überarbeiten – Farbe anpassen – Farbton/Sättigung anpassen: Farbton* geben Sie dem Auto eine Farbe Ihrer Wahl.
- Invertieren Sie die Auswahl: Menü *Auswahl – Auswahl umkehren*.
- Entfernen Sie die Farben im übrigen Bereich des Bildes mit *Überarbeiten – Farbe anpassen – Farbton/Sättigung anpassen: Sättigung*.
- Zeichnen Sie den nun ausgewählten Bildbereich stark unscharf mit *Filter – Weichzeichnungsfilter – Gaußscher Weichzeichner* mit einem Radius von etwa 5 px.
- Löschen Sie die Auswahl über *Auswahl – Auswahl aufheben*.
- Speichern Sie spätestens jetzt wieder Ihr Bild.

24.2   Schwarzweißbilder nachbearbeiten: Tonwertkorrektur, Helligkeit, Kontrast

Wie in der Einleitung zu diesen Kapiteln bereits erwähnt, besteht die Möglichkeit, Helligkeit, Kontrast und (Farb-)Werte zu bearbeiten, sowohl für den RGB-Modus als auch für den Graustufenmodus. Im Wesentlichen ist die Handhabung gleich, darum hier nur eine Übersicht, welche Funktionen in welchem Modus zur Verfügung stehen und wo sich Unterschiede zeigen. Alle genannten Funktionen finden Sie im Menü *Überarbeiten – Farbe anpassen*. Die Menüpunkte aus dem Menü *Überarbeiten – Beleuchtung anpassen* stehen allesamt auch im Graustufenmodus zur Verfügung: *Tiefen/Lichter, Helligkeit/Kontrast, Tonwertkorrektur*.

Funktion	RGB-Modus	Graustufenmodus
Farbstich entfernen	Ja	Nein
Farbton/Sättigung anpassen	Ja	Nein
Farbe entfernen	Ja	Nein
Farbe ersetzen	Ja	Ja
Farbkurven einstellen (Gradationskurven)	Ja	Nein
Farbe für Hautton anpassen	Ja	Nein
Rand auf der Ebene entfernen	Ja	Ja
Farbvariationen	Ja	Ja

Wie Sie aus der Tabelle ersehen können, ist es angebracht und möglich, auch Schwarzweiß- bzw. Graustufenbilder im RGB-Modus zu bearbeiten, um z. B. die Möglichkeiten von Farbton/Sättigung und die der Farbkurven nutzen zu können. Die Konvertierung eines Bildes in den Graustufenmodus ist dann angezeigt,

- wenn das Bild stark abstrahiert, grafisch vereinfacht werden soll und
- wenn die im Modus Graustufen zur Verfügung stehenden Möglichkeiten für das Bearbeitungsziel genügen,
- wenn bestimmte grafische Effekte erzielt werden sollen,
- wenn reine Graustufen für die Bildwiedergabe genügen,
- wenn das Bild als Schwarzweißdarstellung von der Dateigröße her optimiert werden soll (der Graustufenmodus reduziert die Farbanzahl auf 256 Farbwerte).

24.3 Knifflige Aufgabe – Haare freistellen

Das Porträt einer Frau mit Haarsträhnen, einen Baum mit dem Gewirr seiner Äste freizustellen, das sind mit die schwierigsten Aufgaben bei der digitalen Bildbearbeitung. Dabei ist die Aussicht auf Erfolg umso größer, wenn die freizustellenden Objekte gut gegen den Hintergrund kontrastieren. Einen relativ einfachen Ansatz bietet das Werkzeug *Zauberstab*. Allerdings müssen Sie das Bild gegebenenfalls für dieses Werkzeug vorbereiten. Wesentlich ist dabei eine Anhebung des Kontrasts im Bild. Dabei die richtigen Einstellungen zu treffen, erfordert oft viele Versuche und Fingerspitzengefühl. Welche Werkzeuge bzw. Einstellungen und Gegebenheiten des Programms Ihnen dabei helfen können, zeigen die nächsten Kapitel.

24.3.1 Die Funktion Schwellenwert einer Einstellungsebene

Die Funktion *Schwellenwert* einer Einstellungsebene (Ebenen-Bedienfeld: Symbol *Einstellungsebene erstellen* – Menüpunkt *Schwellenwert*) wandelt die Ansicht eines Farb- oder Graustufenbildes in eine reine Schwarz-Weiß-Grafik um. Dabei werden zunächst die Bereiche mit einem Helligkeitswert kleiner 50 % schwarz und größer-gleich 50 % Helligkeit weiß dargestellt. Sie erhalten eine reine Schwarz-Weiß-Darstellung im Bildfenster. Über die Einstellmöglichkeiten im Fenster *Schwellenwert* können Sie nun die Schwarz-Weiß-Verteilung im Bild anpassen – und zwar über eine Zahleneingabe im Feld *Schwellenwert* oder über das weiße Dreieck unter dem Histogramm. Das Dreieck können Sie mit gedrückter linker Maustaste verschieben.

Abb. 24.3
Das Fenster Schwellenwert mit
Ergebnisvorschau im Bildfenster

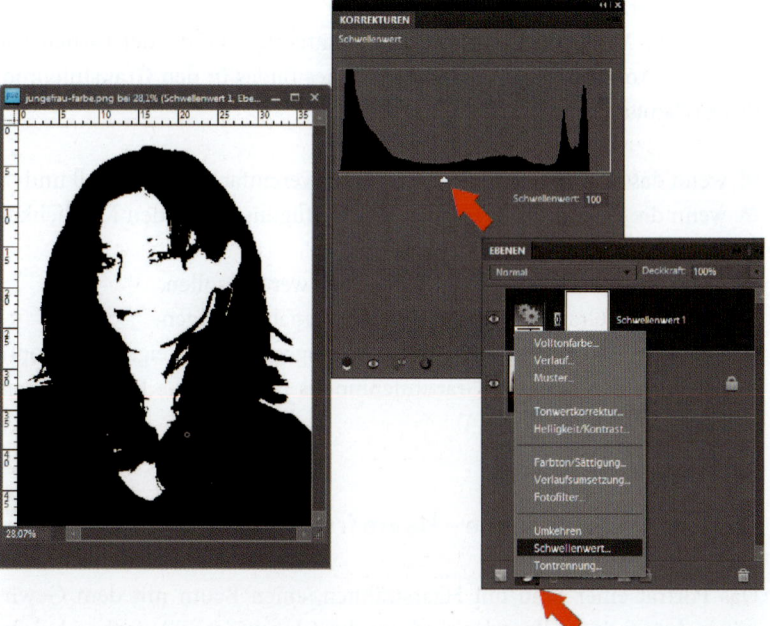

24.3.2 Haare freistellen mit Hilfe der Funktion Schwellenwert – Aufgabenstellung

Wesentliches Ziel in folgendem Beispiel ist die Steigerung vorhandener Kontraste, um eine möglichst genaue Auswahl feiner Strukturen zu erreichen, keine perfekte Lösung, aber ein Denkansatz für eigene Lösungen in dieser Richtung.

Zunächst erzeugen wir mit Hilfe der Funktion *Schwellenwert* eine Einstellungsebene mit hohem Kontrast. Unter dieser Einstellungsebene wird die eigentliche Bildebene dupliziert. Diese neue Ebene dient als Maske, die bearbeitet werden kann und mit deren Hilfe das sichtbare Ergebnis der Einstellungsebene mit den Malwerkzeugen retuschiert wird. Aus der so bearbeiteten Einstellungsebene stellen wir eine Auswahl her, mit der das eigentliche Bild bearbeitet wird. Trotz allem ist auch hierbei Voraussetzung, dass sich das gewählte Bildobjekt zumindest einigermaßen kontrastierend vom übrigen Bildinhalt abhebt.

- Öffnen Sie das Bild *jungefrau.png* im Verzeichnis *Bildvorgaben* auf der DVD.
- Speichern Sie es unter neuem Namen, z. B. *haarefreistellen.psd,* im ebenenfähigen PSD-Format.
- Vergewissern Sie sich im Menü *Bild – Modus,* dass das Bild im RGB-Modus vorliegt, ggf. konvertieren Sie es.
- Duplizieren Sie die Ebene *Hintergrund* (im Ebenen-Bedienfeld), und benennen Sie die neue Ebene *Maske.*
- Mit der Funktion *Schwellenwert (Ebenen-Bedienfeld – Einstellungsebene erstellen – Schwellenwert)* stellen Sie die Einstellungsebene so ein, dass Haarsträhnen möglichst kontrastierend und im Wesentlichen vollständig abgebildet werden (siehe Abb. 24.3). Einzelne Haare lassen sich auch mit diesem Hilfsmittel nicht (kaum) erfassen.
- Wenn sich die Haare so weit deutlich abzeichnen, können Sie mit den Malwerkzeugen *Pinsel* bzw. *Buntstift* und den Farben Schwarz und Weiß beginnen, auf der Ebene *Maske* zu retuschieren und so indirekt die Einstellungsebene zu bearbeiten und zu korrigieren.

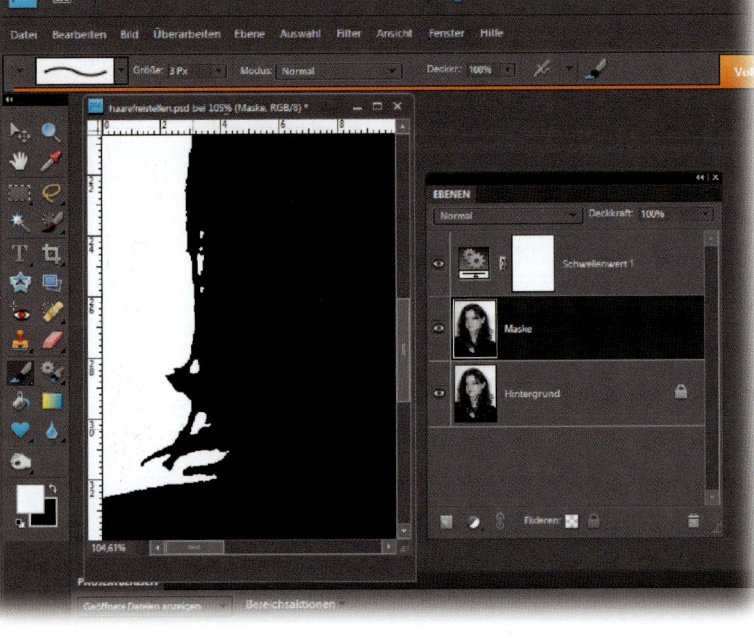

Abb. 24.4

Die Ebene Maske wird mit den Malwerkzeugen retuschiert. Ich habe im Malwerkzeug die Einstellung Buntstift und eine sehr kleine (3 Pixel), harte Pinselspitze gewählt. Es handelt sich dabei nur um Detailkorrekturen.

▪ Nach der Retusche auf der Ebenen Maske duplizieren Sie die Hintergrundebene ein zweites Mal und benennen Sie, z. B. Portrait.

▪ Setzen Sie nun im Ebenen-Bedienfeld die Einstellungsebene *Schwellenwert 1* aktiv. Auf den weißen Bildflächen dieser Einstellungsebene erzeugen Sie eine Auswahl mit dem Werkzeug *Zauberstab*. Achten Sie dabei darauf, dass in den Werkzeugoptionen die Option *Benachbart* nicht ausgewählt ist. Um möglichst akkurat zu sein, soll die Auswahl einen scharfen Rand erhalten, also ohne Ausblendung sein.

▪ Die Auswahl umfasst nun auch die hellen Bereiche des Gesichtes. Diese entfernen Sie mit dem Lasso-Werkzeug und der Werkzeug-Einstellung *Von Auswahl abziehen* aus der Auswahl.

▪ Geben Sie der Auswahl eine weiche Auswahlkante von ca. 2 Pixeln (Menü *Auswahl – Weiche Auswahlkante: 2 Pixel) Bei Bedarf können Sie die Auswahl auch etwas erweitern oder verkleinern.*

▪ Blenden Sie alle Ebenen bis auf die Ebene Portrait aus (Klick auf das Augen-Symbol).

▪ Setzen Sie die Ebene *Portrait* aktiv.

▪ Löschen Sie mit Hilfe der Auswahl den Hintergrund auf der Ebene *Portrait* (Menü *Bearbeiten – Löschen*).

▪ Heben Sie die Auswahl auf (Menü *Auswahl – Auswahl aufheben*).

So weit – so gut? Was noch fehlt, ist ein anderer, zumindest andersfarbiger Hintergrund, auch um das Ergebnis besser prüfen zu können.

Abb. 24.5
Das fertige Bild mit Ebenen

- Erstellen Sie im Ebenen-Bedienfeld eine neue Ebene *Hintergrundfarbe*.
- Füllen Sie die neue Ebene mit einer Farbe oder einem Verlauf Ihrer Wahl.
- Hellen Sie die Ebene *Portrait* mit Hilfe der Tonwertkorrektur (Menü *Überarbeiten – Beleuchtung anpassen – Tonwertkorrektur: Mitteltöne*) etwas auf. Die Haare erscheinen dann etwas glänzender, es werden mehr Locken und Strähnen sichtbar.
- Retuschieren Sie ggf. Übergänge auf der Ebene *Portrait* mit einem größeren, weichen Radierer mit reduzierter Deckkraft.
- Speichern Sie Ihr Bild.

24.3.3 Haare freistellen – Kontraststeigerung mit der Funktion Farbe ersetzen

Eine ähnliche Kontraststeigerung wie mit Hilfe einer Einstellungsebene und der Funktion *Schwellenwert* lässt sich auch mit der Funktion *Farbe ersetzen* aus dem Menü *Überarbeiten – Farbe anpassen* erzeugen. Auch dies gilt sowohl für farbige als auch für Graustufenbilder. Hier die Arbeitsschritte:

- Öffnen Sie das Bild *jungefrau.png* aus dem Ordner *Bildvorguben* auf der DVD.
- Duplizieren Sie die Ebene *Hintergrund* und nennen Sie sie *Maske*.
- Duplizieren Sie die Ebene *Hintergrund* erneut und nennen Sie sie *Portrait*.
- Setzen Sie die Ebene *Maske* aktiv.
- Rufen Sie die Funktion *Farbe ersetzen* auf: Menü *Überarbeiten – Farbe anpassen – Farbe ersetzen*. Das Bild zeigt links um die Haare herum einen störenden Schlagschatten, der ähnliche Farben bzw. eine ähnliche Helligkeit aufweist wie die Haare selbst. Diesen gilt es zu beseitigen. Im Fenster *Farbe ersetzen* sehen Sie oberhalb des Vorschaubildes drei Pipetten: *Pipette – Hinzufügen – Entfernen*. Die erste Pipette links ist vorgewählt. Zeigen Sie damit ins Bild in den Bereich des Schlagschattens und klicken Sie mit linkem Mausklick. Im Vorschaubild der Funktion erscheint nun dieser Bildbereich hell als ausgewählt. Achten Sie darauf, dass unter dem Vorschaubild die Option *Auswahl* gewählt ist. Wählen Sie nun die Pipette *Hinzufügen* und klicken Sie damit im Bild auf verschiedene andere Grautöne des Schlagschattens. Diese werden der Auswahl hinzugefügt. Mit dem Schieberegler *Toleranz* können Sie die Toleranz nun etwas steigern, so dass der gesamte Schlagschatten hell als ausgewählt erscheint. Kontrollieren Sie im Vorschaubild der Funktion, wie gut die Kontur der Haare dabei deutlich wird. Korrigieren Sie nun die Helligkeit des Schlagschattens mit dem entsprechenden Schiebereg-

ler bei *Ersetzen* unten im Fenster *Farbe ersetzen*. Die Kontur der Haare wird dabei im Bildfenster deutlich sichtbar.

Abb. 24.6
Die Helligkeit des Schlagschattens wurde mit der Funktion Farbe ersetzen gezielt so weit aufgehellt, dass der Schlagschatten selbst verschwindet und die Kontur dar Haare kontrastreich hervortritt.

▨ Erstellen Sie nun auf der Ebene *Maske* (aktiv setzen) eine Auswahl der hellen Bildbereiche mit Hilfe des Werkzeugs *Zauberstab*. Die Werkzeugoption *Benachbart* ist dabei deaktiviert.

▨ Ziehen Sie die zu viel ausgewählten Bereiche des Gesichts mit Hilfe des Lasso-Werkzeugs von der Auswahl ab.

▨ Geben Sie der Auswahl einen geringen Randverlauf mit 3 Pixel Radius *(Weiche Auswahlkante)*.

▨ Setzen Sie die Ebene Portrait aktiv, die Ebenen *Hintergrund* und Maske blenden Sie über das Augen-Symbol aus.

▨ Mit Hilfe der Auswahl löschen Sie nun auf der Ebene *Portrait* den Hintergrund: Menü Bearbeiten – *Löschen*.

▨ Wenn Sie möchten, korrigieren Sie noch die Helligkeit und geben dem Bild einen neuen Hintergrund. Falls Sie einen farbigen Hintergrund wünschen, müssen Sie das Bild zunächst mit Menü *Bild – Modus – RGB-Farbe* in den RGB-Modus überführen.

▨ Speichern Sie das Bild.

24.4 Graustufenbilder einfärben

Schwarzweißfotos, die im RGB-Modus vorliegen, können nachträglich
eingefärbt werden. Dafür stehen verschiedene Funktionen bereit, die es
ermöglichen, dem Bild einen Farbton zu geben, z. B. die Sepiatönung alter
Fotografien. Über andere Funktionen können auch mehrere Farben zugewiesen werden. Wahrscheinlich werden Sie hierbei häufig mit gescannten
Bildern arbeiten. Wenn Sie das Bild nicht im Graustufenmodus scannen,
sondern mit 24 Bit Farbtiefe, wird es einen leichten Farbstich haben, entsprechend dem Farbraum Ihres Scanners. Dann, aber auch wenn Sie ein
Farbbild als Graustufenbild weiter bearbeiten möchten, können Sie über
das Menü *Überarbeiten – Farbe anpassen – Farbe entfernen* das Bild in
reine Graustufen umwandeln, ohne es vorher in den Graustufenmodus zu
konvertieren. Sollten Sie das Bild als Graustufenbild gescannt haben (Farbtiefe 8 Bit), müssen Sie es für die weitere Bearbeitung in den RGB-Farbraum
konvertieren über *Bild – Modus – RGB-Farbe*.

➜ **Hinweis:** Die im Weiteren beschriebenen Funktionen arbeiten nur im
RGB-Modus.

Für alle folgenden Beispiele wird das Bild *garten.png* aus dem Verzeichnis
Bildvorgaben auf der DVD verwendet.

24.4.1 Ein Bild kolorieren mit der Funktion Farbton/Sättigung: Färben

Abb. 24.7

Einstellmöglichkeiten der Funktion Farbton/
Sättigung anpassen: Färben mit Vorschau im
Bildfenster

Mit dieser Funktion können Sie einem Schwarzweißfoto eine Färbung wie bei alten Fotografien geben: Sepia-Braun, Kobaltblau oder Chrome-Gelb. Dabei werden alle Bildbereiche eingefärbt, ihrem Helligkeitsgrad entsprechend. Sie finden die Funktion im Menü *Überarbeiten – Farbe anpassen – Farbton/Sättigung anpassen*. Im sich öffnenden Fenster *Farbton/Sättigung* finden Sie rechts unten die Option *Färben*. Die Handhabung ist denkbar einfach:

- Mit dem Schieberegler *Farbton* wählen Sie die gewünschte Färbung.
- Mit dem Schieberegler *Sättigung* können Sie die Farbsättigung der Färbung nach rechts hin steigern oder nach links reduzieren (weniger Farbe, mehr Grauanteil).
- Mit dem Regler *Helligkeit* können Sie das Bild lichter oder dunkler färben.

Das Kästchen *Vorschau* (im Bildfenster) ist im Fenster *Farbton/Sättigung* vorgewählt.

Abb. 24.8
Das Fenster der Funktion Tonwertkorrektur
und die Möglichkeiten, über die einzelnen
Farbkanäle ein Schwarzweißbild einzufärben.

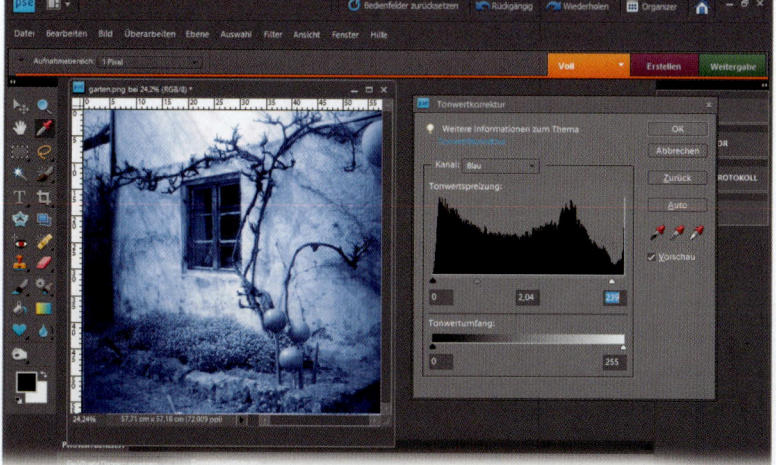

24.4.2   Einem Bild eine beliebige Färbung geben mit der Funktion Tonwertkorrektur

Die Funktion *Tonwertkorrektur* haben Sie bereits zur Steigerung des Kontrasts und der Farbwerte kennengelernt. Sie haben auch gesehen, dass Sie hier einzelne Farbkanäle separat bearbeiten können (Kapitel 11.2.2). Diese Funktion bietet bei Schwarzweißfotos die Möglichkeit, jeden beliebigen Farbton zu mischen, indem Sie entweder nur einen Farbkanal bearbeiten, z. B. Blau, oder nacheinander zwei oder alle drei Kanäle von Rot, Grün und

Blau. Sie finden die Funktion im Menü *Überarbeiten – Beleuchtung anpassen – Tonwertkorrektur.*

Im Fenster *Tonwertkorrektur* wählen Sie zunächst im Auswahlmenü unter *Kanal* (links oben) einen Farbkanal und damit Farbbereich zur Bearbeitung – im Beispiel ist es der Kanal *Blau.* Dann wählen Sie über den Regler *Mitten* (mittleres Dreieck direkt unter der Histogramm-Kurve) die gewünschte Farbe. Möchten Sie das Bild in einer Mischfarbe einfärben, wählen Sie nun einen zweiten Farbkanal und wiederholen den Vorgang. Auch diese Funktion färbt alle Bildbereiche entsprechend ihrer Helligkeit gleichmäßig.

24.4.3 Fotografien mit Effekten altern lassen

Im Bedienfeld *Effekte* findet sich eine Auswahl eigener Fotoeffekte, um Bilder monochrom einzufärben oder ihnen das Aussehen alter Fotografien zu geben. Dabei spielt es keine Rolle, ob Sie von einem Farbbild oder einem Schwarzweißbild ausgehen.

Um zu beginnen, öffnen Sie das Bedienfeld *Effekte* (Menü *Fenster – Effekte*) und wählen die Schaltfläche *Fotoeffekte* (in den folgenden Bildern rot markiert). Im Auswahlmenü rechts wählen Sie die gewünschte Zusammenstellung. Die Zuweisung eines Effekts geschieht einfach durch Doppelklick auf eines der Vorschaubilder in der Palette. Der gewünschte Effekt wird dann sofort auf eine automatisch duplizierte Ebene des Bildes angewandt.

Abb. 24.9
Die Auswahl Einfarbig mit den Vorschaubildern in der Palette

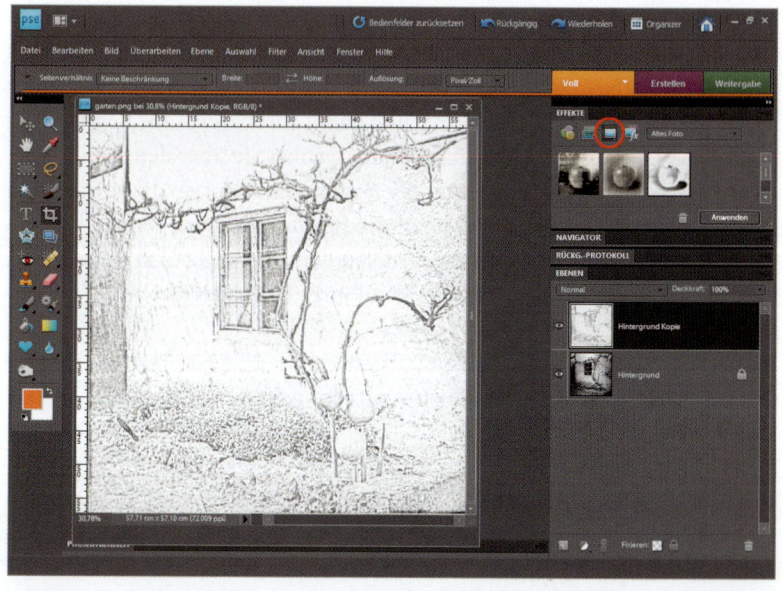

Abb. 24.10
Die Auswahl Altes Foto mit den Vorschaubildern der Effekte Altes Foto, Altes Papier und Bleistiftskizze in der Palette. Der letztgenannte Effekt ist sehr reizvoll. Dieser wandelt das Bild wirklich in eine reine schwarzweiße Zeichnung der Bildkonturen um

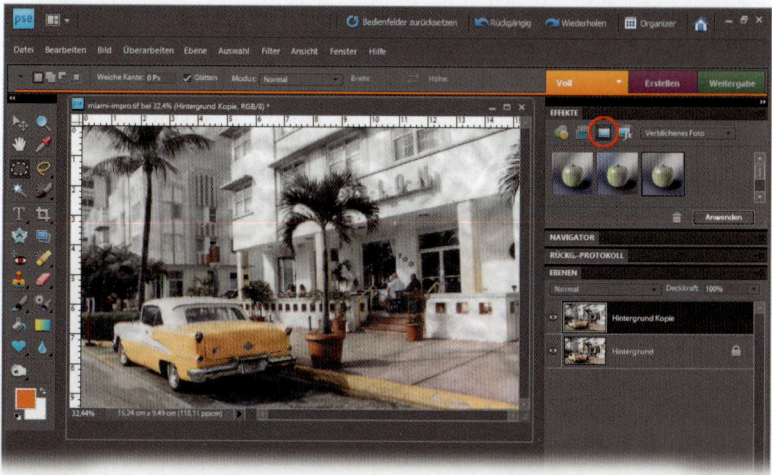

Abb. 24.11
Die Auswahl Verblichenes Foto mit den Vorschaubildern der Effekte in der Palette, hier am Beispiel des Farbbildes miami-impro.tif

Die Filter bei *Verblichenes Foto* sollten auf farbige Bilder angewandt werden. Sie reduzieren die Sättigung in einzelnen Bildbereichen teilweise oder ganz und erzeugen so Bilder, die teilweise farbig und teilweise nach schwarzweiß ausgeblichen sind.

Auch bei den *Ebenenstilen* (in den folgenden Bildern wiederum rot markiert) im Bedienfeld *Effekte* warten noch verschiedene Möglichkeiten, Bilder einzufärben und zu altern, auf ihren Einsatz.

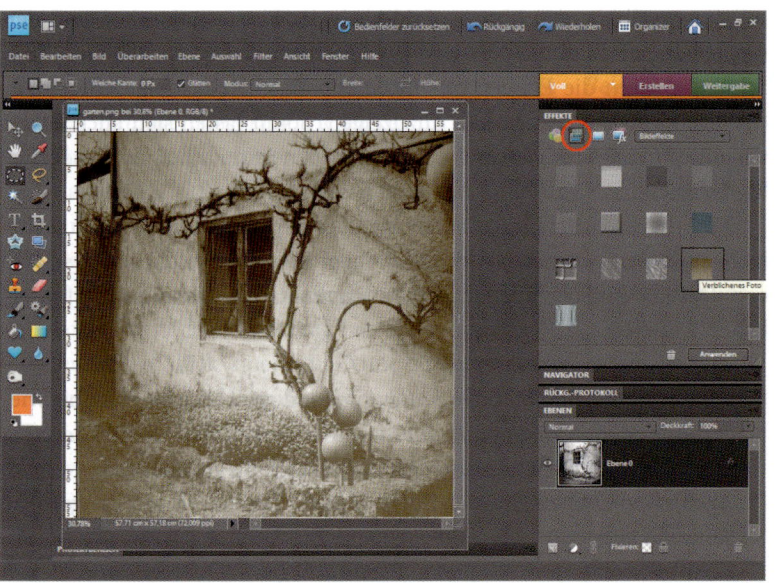

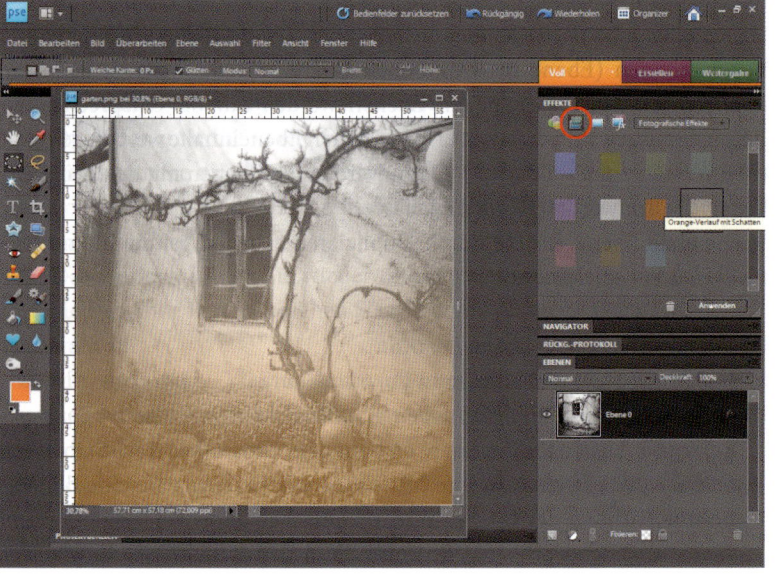

24.5 »Handkolorierte« Collagen aus Schwarzweißfotos

Mit den in den vorhergehenden Kapiteln beschriebenen Techniken lassen sich nicht nur ganze Bilder einfärben, sondern auch freigestellte Objekte auf separaten Ebenen. Die prinzipielle Vorgehensweise ist dabei die, ein schwarzweißes Bild z. B. einzuscannen, dann die Hintergrundebene (mehr-fach) zu duplizieren, jeweils den Bereich, der eine andere Farbe erhalten

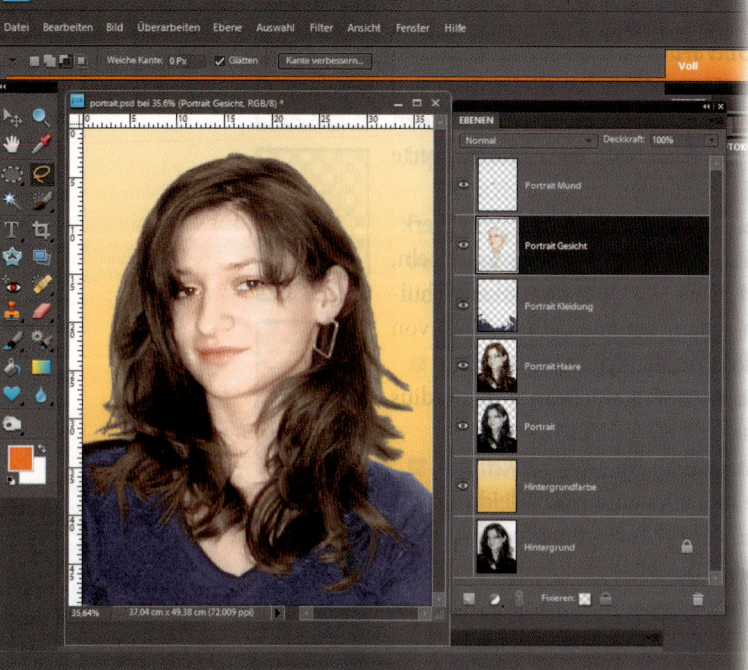

Abb. 24.14

Das Bild portrait.psd mit allen verbliebenen

Ebenen

- Positionieren Sie die Ebenen im Ebenen-Stapel über der Ebene *Portrait Gesicht.*
- Wählen Sie den Mund aus mit dem Werkzeug *Polygon-Lasso.*
- Geben Sie der Auswahl eine weiche Auswahlkante von 8 px Radius.
- Kehren Sie die Auswahl um.
- Löschen Sie alles außer dem Mund mit *Bearbeiten – Löschen.*
- Heben Sie die Auswahl auf.
- Mit der *Tonwertkorrektur* färben Sie den Mund über den Kanal *Rot* und dessen Mitteltöne.
- Mit der Funktion *Helligkeit/ Kontrast* korrigieren Sie den Mund.
- Mit der Funktion *Farbe anpassen – Farbton/Sättigung* steigern Sie ggf. die Sättigung.

Bleibt noch, den Augen zu einem natürlichen Aussehen zu verhelfen. Wechseln Sie zurück zur Ebene *Portrait Gesicht:*

- Wählen Sie mit dem Werkzeug *Lasso* das Weiß der Augen und die Pupillen aus.
- Geben Sie der Auswahl eine weiche Auswahlkante von 5 px Radius.
- Wählen Sie *Überarbeiten – Farbe anpassen – Farbe entfernen.*
- Heben Sie die Auswahl auf.
- Wählen Sie den Bereich der Pupillen mit dem Werkzeug *Auswahlellipse.*
- Korrigieren Sie ggf. zu viel gewählte Bereiche, indem Sie sie mit dem Werkzeug *Lasso* von der Auswahl abziehen.
- Wählen Sie *Auswahl – Weiche Auswahlkante*, und geben Sie der Auswahl einen Randverlauf von 5 px Radius.
- Wählen Sie die Farbe der Pupillen mit *Überarbeiten – Farbe anpassen – Farbton/Sättigung: Färben.*
- Heben Sie die Auswahl auf.
- Speichern Sie Ihr Bild.

Versuchen Sie es an eigenen Bildern und erleben Sie Ihre Urgroßeltern in Farbe.

**Teil VI
Bilder weitergeben und
präsentieren**

Photoshop Elements bietet Ihnen viele Hilfen, wenn es darum geht, Ihre Bilder zu versenden, zu veröffentlichen oder zu präsentieren. Es gibt Assistenten zum Versenden von Bildern per E-Mail und zum Erstellen von PDF-Präsentationen (die anschließend per E-Mail versandt werden können). Sie können Ihre Bilder auf Webseiten präsentieren und diese automatisch erstellen lassen, oder Sie produzieren eine Flash-Galerie für Ihre Website. Sie können auch vollautomatische Diashows aus Ihren Bildern erstellen und sie anschließend als Video-CD brennen, die dann auf jedem Monitor und Fernseher laufen, der an ein geeignetes Wiedergabegerät angeschlossen ist.

25 Bilder als E-Mail-Anhang versenden

25.1 Voraussetzungen

Es gibt ein paar Voraussetzungen, die Sie beachten sollten, um Bilder per E-Mail zu versenden. Die erste ist technischer Natur: Es kann nur klappen, wenn auf Ihrem Rechner ein so genannter E-Mail-Client, ein Programm zum Empfangen und Versenden von E-Mails, installiert und konfiguriert, eingerichtet, ist. Die zweite ist, dass die Bilder in Größe und Auflösung eingerichtet und als JPEG-Datei (oder PNG-Datei) abgespeichert werden. Wir haben das entsprechende Vorgehen in Kapitel 10.4 betrachtet. Warum ist es so wichtig, dass Bildgröße und Auflösung eingerichtet werden? Nun, haben Sie noch nie Fotos von Freunden oder Bekannten zugesandt bekommen, die Sie erst einmal mit langen Ladezeiten aus Ihrem Postfach abholen mussten und die dann viel zu groß waren, um sie richtig ausdrucken zu können? Eben darum! Aber hier hilft Ihnen Photoshop Elements auch, wenn Sie es wünschen. Wenn Sie die im Folgenden beschriebene Exportfunktion nutzen, müssen Sie nicht selbst die Anpassung von Bildgröße, Auflösung und den Export als JPEG ausführen, sondern haben einen komfortablen Assistenten, mit dem Sie diese Aufgaben schnell und einfach bewerkstelligen. Allerdings gibt es noch eine dritte Voraussetzung, damit Sie diesen Komfort auch nutzen können. Der Organizer des Programms muss wie in Kapitel 5.3.6 beschrieben initialisiert sein, denn der Export der Bilder wird über dessen Programmoberfläche und mit dessen Auswahlmöglichkeiten bewerkstelligt. Wie Sie mit der Mac-Version verfahren, lesen Sie auf S. 345.

25.1.1   Der E-Mail-Client

Zum Teil sind diese Programme kostenlos, das bekannteste von ihnen ist **Outlook Express** bzw. unter Windows Vista und Windows 7 **Windows Mail**. Ein ebenfalls kostenloser E-Mail-Client aus der Open-Source-Gemeinde ist **Thunderbird,** das E-Mail-Programm zum Browser Firefox. Sie finden den kostenlosen Download im Internet über diese Adresse: http://www.mozilla-europe.org/de/products/thunderbird/.

Auf der kommerziellen Seite stehen hier Programme wie **Microsoft Outlook** oder **Lotus Notes**.

Allein ein solches Programm installiert zu haben, genügt aber noch nicht. Es muss auch entsprechend konfiguriert sein, d.h., zumindest ein E-Mail-Account, eine E-Mail-Adresse muss so im Programm eingetragen sein, dass Sie damit elektronische Post senden und empfangen können. Dazu benötigen Sie selbstverständlich zunächst eine eigene E-Mail-Adresse, diese kann auch bei einem kostenlosen webbasierten Freemailer wie Web.de, GMX oder Googlemail liegen. Folgende Angaben benötigen Sie, um Ihren E-Mail-Client entsprechend einzurichten:

- E-Mail-Adresse
- Benutzername (oft gleich der E-Mail-Adresse)
- Passwort (für Ihren E-Mail-Account)
- Name des Posteingangsservers (POP)
- Name des Postausgangsservers (SMTP)
- Alternativ: Name des IMAP-Servers

Wenn Sie bereits über eine gültige E-Mail-Adresse verfügen, liegen Ihnen zumeist schon alle erforderlichen Angaben vor. Die meisten E-Mail-Provider geben Ihnen die erforderlichen Daten bei Vertragsabschluss bekannt. Falls Sie die Namen der Postserver nicht mitgeteilt bekommen haben, finden Sie diese ggf. in der Hilfe auf den Webseiten Ihres E-Mail-Providers, oft genug steht dort eine Schritt-für-Schritt-Anleitung, wie Sie einen E-Mail-Account in einem der genannten E-Mail-Clients einrichten können.

Erst wenn das geschehen ist, kann Photoshop Elements auch darauf zugreifen und das Versenden von Bildern für Sie vereinfachen. Natürlich können Sie Bilder und andere Dateien auch direkt über den E-Mail-Client versenden, indem Sie sie als Anhang an eine E-Mail anfügen. Allerdings müssten Sie die Bilder dazu allesamt vorher in Größe und Auflösung per Hand auf ein vernünftiges Maß reduziert und als JPEG-Dateien (oder PNG) abgespeichert haben. Hier hilft Photoshop Elements mit dem im Folgenden beschriebenen Export-Assistenten und vereinfacht das Arbeiten.

Zum Versenden der E-Mail mit den Bildern benötigen Sie selbstverständlich anschließend eine bestehende Internetverbindung.

25.2 Bilder mit Photoshop Elements als E-Mail-Anhang versenden

25.2.1 Die Funktion E-Mail-Anhänge

Die im Nachfolgenden beschriebene Funktion zum E-Mail-Export von Bildern können Sie sowohl aus dem Editor als auch aus dem Organizer heraus aufrufen. Den Aufruf aus dem Editor heraus können Sie vor allem dann wählen, wenn Sie ein Bild gerade eben fertig bearbeitet haben und es nun versenden möchten. Versuchen Sie es z. B. mit Ihrem Bild *osterkarte.psd* aus dem Übungsordner. Das Bild mit seinen vielen Ebenen hat bei mir eine Dateigröße von knapp 22 MB (Megabyte!) bei einer Auflösung von 300 ppi. Zwar ist das Bild für den Ausdruck auf eine Größe von ca. 15 cm × 10 cm gebracht worden, aber allein die Ladezeit für das Bild würde alle Grenzen sprengen. Es muss also komprimiert werden.

Schritt 1: Nach dem Öffnen des Bildes wählen Sie dazu im Editor rechts per Klick auf den grünen Reiter *Weitergabe* das Menü mit der Auswahl aller Möglichkeiten, das Bild weiterzugeben. Hier klicken Sie auf die Schaltfläche *E-Mail-Anhänge*. Das Programm wechselt zum Organizer und zeigt Ihnen das Bild dort in der Vorschau an. Voraussetzung dazu ist, dass das Bild bereits gespeichert wurde.

Natürlich können Sie auch selbst direkt den Organizer aufrufen und von dort weitermachen. In dem Fall suchen Sie über das Menü *Datei – Fotos und Videos laden – Aus Dateien und Ordnern* das gewünschte Bild in dem entsprechenden Ordner (in unserem Fall der Übungsordner) und importieren es, soweit noch nicht geschehen, in den Katalog. Sie können auf die gleiche Weise auch mehrere Bilder aus einem Ordner gleichzeitig auswählen. Zunächst zeigt Ihnen der Organizer dann nur die gerade eben importierten Bilder. Bilder aus dem Verzeichnis, die bereits zuvor importiert wurden, müssen Sie nachträglich über die Vorschau suchen. Statt eines Ordners können Sie im Organizer auch Tags oder Alben aufrufen. Dann öffnet sich die Auswahl der Bilder aus dem entsprechenden Album bzw. mit dem entsprechenden Tag, und Sie können sie auswählen

Um die eigentliche Funktion für den E-Mail-Export der Bilder aufzurufen, klicken Sie auf den grünen Reiter *Weitergabe* und rufen im rechten Fensterbereich, der sich nun öffnet, die Exportfunktion über einen Klick auf die Schaltfläche *E-Mail-Anhänge* auf. Zumindest beim ersten Aufruf der Exportfunktion wird Ihnen ein Dialogfenster angezeigt, in dem Sie aufgefordert werden, Ihren E-Mail-Client auszuwählen. Das tun Sie und bestätigen das Fenster anschließend mit *Weiter*. Falls Sie später einen anderen E-Mail-Client wählen, können Sie die entsprechenden Einstellungen in den Voreinstellungen nachträglich ändern (Menü *Bearbeiten – Voreinstellungen*).

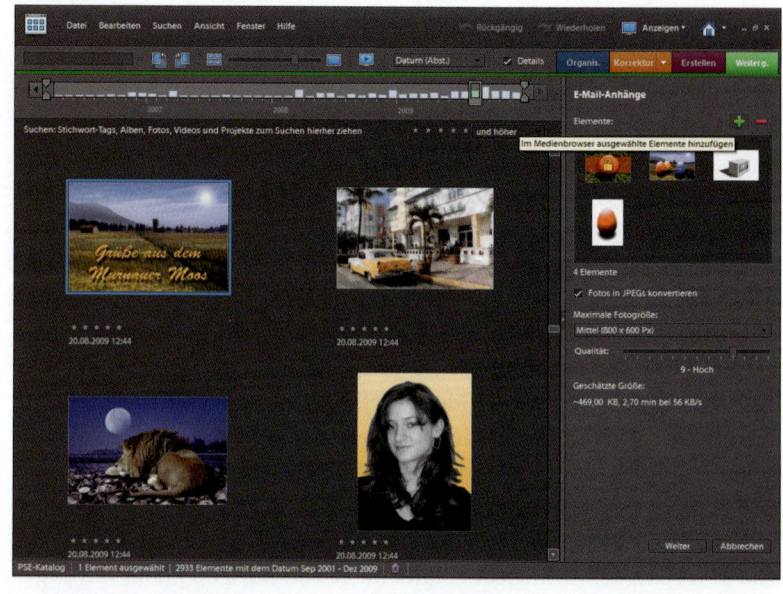

Schritt 2: Das ausgewählte Bild (bzw. Ihre Bilderauswahl) wird im Organizer in der Vorschau angezeigt. Gleichzeitig sehen Sie das zuvor ausgewählte Bild rechts als Vorschaubild im Fensterbereich *E-Mail-Anhänge*. Betrachten Sie diesen Fensterbereich genauer. Da ist oben zunächst das Feld *Elemente*. Rechts darüber stehen, zunächst inaktiv ausgegraut, ein Plus-Zeichen und ein Minus-Zeichen. Wenn Sie im Vorschaubereich des Organizers links ein weiteres Bild durch Anklicken markieren, wird das Plus-Zeichen grün und aktiv. Wenn Sie jetzt darauf klicken, wird das im Organizer neu ausgewählte Bild mit in die Auswahl der zu versendenden Bilder aufgenommen. Sie können also mehrere Bilder auf einmal auswählen, die dann gemeinsam bearbeitet und per Mail versandt werden. Sollten Sie ein Bild zu viel ausgewählt haben, markieren Sie es im Feld *Elemente* durch Anklicken. Das Minus-Zeichen wird rot und aktiv, und Sie können das Bild damit wieder aus der Auswahl entfernen.

Unter dem Feld *Elemente* steht zunächst die Option *Fotos in JPEGs konvertieren*. Sie ist vorab ausgewählt. Das garantiert die kleinstmögliche Dateigröße für den Versand. Sie können die Option aber auch deaktivieren, wenn Sie die Bilder im originalen Dateiformat versenden möchten. Beachten Sie aber dabei, dass dadurch die Ladezeit wegen der Dateigröße unter Umständen enorm steigt, und auch, dass nicht alle Computernutzer über ein Programm verfügen, das z. B. die Dateiart PSD öffnen und anzeigen kann.

Das Auswahlmenü *Maximale Fotogröße* darunter lässt Sie wählen, auf welche Größe Ihre Bilder in den Abmessungen gebracht werden. Die Größenangaben in diesem Menü erfolgen in Pixeln. Das ist sinnvoll, wenn Sie bedenken, dass Bilder, die Sie per E-Mail versenden, zunächst am Bildschirm zu betrachten sind. Dabei sind die Abmessungen 1024 px × 768 px bzw. 1280 px × 1024 px Größen für eine Vollbildansicht in Bildschirmgröße. Andererseits steht die Größe 640 px × 480 px (25 % Bildschirmfläche bei einer Bildschirmauflösung von 1280 px × 1024 px) bei einem Ausdruck bei 72 dpi für eine Bildgröße von ca. 23 cm × 17 cm, passt also als ein Bild gut auf ein Blatt der Größe DIN A4.

Mit dem Schieberegler *Qualität* bestimmen Sie die Kompressionsstärke und die sich ergebende Dateigröße des erzeugten JPEG-Bildes. Wenn Sie nur wenige, einzelne Bilder versenden möchten, belassen Sie die hier voreingestellte Qualitätsstufe 9. Für einzelne Bilder ist auch die höchste Qualitätsstufe 12 möglich. Wollen Sie hingegen mehrere Bilder versenden, können Sie die Qualität bis auf Stufe 6 (50 % – mittlere Qualität) absenken, ohne deutlich sichtbare Störungen in Kauf zu nehmen.

→ Hinweis: Für den Webexport von Bildern für eine Internetseite ist diese Exportfunktion nur bedingt geeignet.

Die Angabe bei *Geschätzte Größe* nennt Ihnen die zu erwartende Dateigröße und die zu erwartende Ladezeit – Sie sehen in Abb. 25.1, dass die vier bereits gewählten Bilder bei der gewünschten Größe schon gut zweieinhalb Minuten Übertragungszeit über ein normales Standardmodem benötigen.

Gut, wenn Sie alle Bilder ausgewählt haben und alle Einstellungen getroffen sind, kann es weitergehen. Klicken Sie dazu einfach unten auf die Schaltfläche *Weiter*.

Schritt 3: Das Fenster wechselt. In der neuen Ansicht sehen Sie links in der Vorschau nur noch die ausgewählten Bilder. Falls Sie noch ein weiteres Bild hinzufügen möchten, können Sie über die Schaltfläche + *Fotos hinzufügen* noch einmal ein Auswahlfenster aufrufen und weitere Bilder auswählen. Im Fensterbereich rechts steht zuoberst das Feld *Nachricht*. Hier klicken Sie einfach mit dem Mauszeiger in das Feld und schreiben dann den Text, der als Mitteilung in der E-Mail erscheinen soll.

Im Feld *Empfänger auswählen* darunter stehen Sie zunächst vor einer Schwierigkeit. Sie können hier keine E-Mail-Adresse per Hand eingeben. Zumindest beim ersten Mal müssen Sie über das Symbol *Empfänger in Kontaktliste bearbeiten* das Fenster des Adressbuchs aufrufen. Dort können Sie dann über die Schaltfläche *Neuer Kontakt* nacheinander per Hand Adressaten und Ihre E-Mail-Adressen eintragen. Oder Sie importieren über die Schaltfläche *Importieren* z. B. das Adressbuch Ihres E-Mail-Clients. Wenn dann Kontakte im Adressbuch des Programms eingetragen sind, erscheinen diese im Feld *Empfänger auswählen* mit einem Kontrollkästchen davor. Damit ein Empfänger Ihre Bilder-Mail erhält, muss vor seinen Namen ein Häkchen gesetzt sein.

Über die Schaltfläche *Weiter* rufen Sie den nächsten Schritt auf.

Abb. 25.2
Die Ansicht des Organizers, in der Sie den Text
eintragen und die Adressaten auswählen

Schritt 4: Wenn Sie die Schaltfläche *Weiter* geklickt haben, werden die Bilder bearbeitet, und Ihr E-Mail-Client wird aufgerufen. Es öffnet sich das Fenster mit der E-Mail, in der die Adressaten und Ihr Text mit einem automatisch eingefügten Betreff bereits eingetragen sind. Ebenso sind die ausgewählten Bilder bereits als Anhang eingefügt. Sie können die Mail jetzt noch weiter bearbeiten, Ihre Absender-Adresse einfügen, den Betreff durch einen eigenen ersetzen und auch den von Photoshop Elements eingefügten Werbelink auf die Adobe-Website entfernen. Dann muss die E-Mail nur noch aus Ihrem E-Mail-Client heraus gesendet werden. Denken Sie daran, dass es manche E-Mail-Clients gibt, bei denen das Versenden nicht automatisch funktioniert, sondern bei denen Sie noch zusätzlich zum Senden auf eine weitere Schaltfläche klicken müssen. Sonst liegt die Mail im Postausgang, und Ihre Freunde warten vergeblich.

Dies war eine einfache Fotomail, mit der Sie Bilder an Freunde versenden können, eine komfortable Methode, die es Ihnen ermöglicht, auch eine ganze Bildersammlung an viele Adressaten gleichzeitig zu schicken. Diese können die Bilder direkt aus der E-Mail heraus betrachten, wenn sie auf eines der angehängten Bilder in der Mail doppelklicken – und wenn sie auf ihrem Rechner ein Programm installiert haben, mit dem die Bilder geöffnet werden können. Da aber unter Windows und unter Mac OS bei einer normalen Installation solche Programme gleich mit installiert werden (Windows: Paint, Mac OS: iPhoto), besteht kein Problem. Selbstverständlich können Ihre Bekannten die Bilder auch auf ihrem Rechner speichern.

→ **Hinweis:** E-Mails mit angehängten Bildern, die Sie von Unbekannten erhalten oder die zwar von einer bekannten Person stammen, aber keinen begleitenden Text haben, enthalten mit großer Wahrscheinlichkeit einen Virus. Löschen Sie solche Mails vorsichtshalber einfach, oder lassen Sie die Mail ggf. nochmals von Ihrem Antivirusprogramm scannen – ein guter, aktualisierter Virenscanner gibt allerdings schon beim Erhalt der Mail eine Warnung aus.

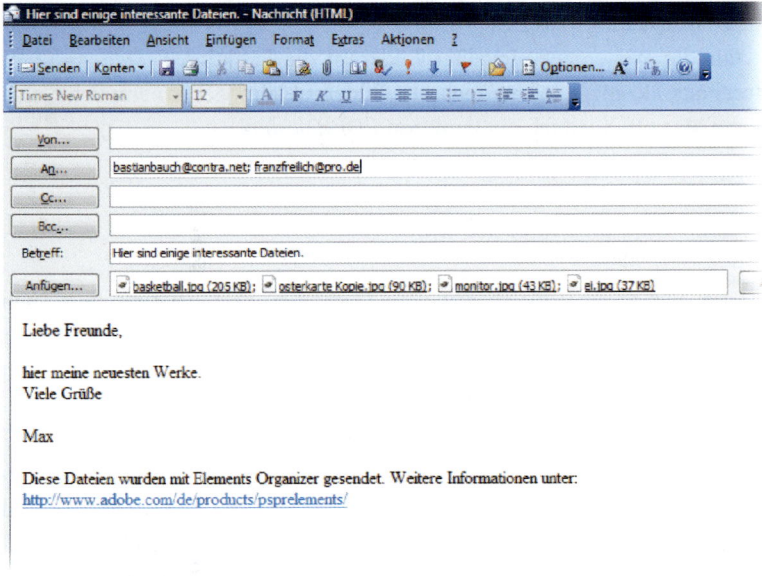

Abb. 25.3
Die fertige E-Mail mit den Bildern als Anhang

Wenn Sie selbst Foto-E-Mails versenden, vergewissern Sie Ihre Freunde, dass die beigefügten Bilder auch wirklich von Ihnen stammen. Schreiben Sie zu Ihrer Mail einen entsprechenden Betreff und Text.

Die gezeigte Methode, Bilder zu versenden, funktioniert auch dann, wenn Ihre Freunde keine HTML-E-Mails (formatierte E-Mails) empfangen können. Photoshop Elements bietet aber auch eine Möglichkeit, Bilder in HTML-E-Mails so zu versenden, dass die Bilder gleich in der E-Mail angezeigt werden.

Mac-Tipp: Die Funktion *E-Mail-Anhänge* finden Sie auch unter Mac OS X unter der Reiterkarte *Weitergabe* im Editor. Doch sie ist gegenüber der Windows-Version stark vereinfacht, da der Organizer hier fehlt. Wenn Sie die entsprechende Schaltfläche *E-Mail-Anhänge* anklicken, öffnet sich ein Fenster, in dem Sie gefragt werden, ob das oder die im Editor geöffneten Bilder in originaler Größe oder komprimiert versandt werden sollen. Wählen Sie hier *Automatisch konvertieren*, beginnt das Programm mit der Aufgabe, ohne dass Sie weitere Auswahl- und Einstellmöglichkeiten haben. Sie sollten allerdings die Zugangsdaten und Servernamen für Ihr E-Mail-Post-

fach bereithalten, da Sie bei der ersten Verwendung in den folgenden Fenstern erst einmal Ihr E-Mail-Programm so einrichten müssen, dass Mails
versandt werden können. Andernfalls öffnet sich einfach Ihr E-Mail-Client
mit einem Fenster zum Erstellen einer neuen Mail. In diesem Fenster finden Sie das oder die Bilder bereits eingefügt. Sie müssen die Mail noch
adressieren, einen Betreff und Text hinzufügen und absenden. Das von mir
verwendete Testbild wurde dabei automatisch auf eine Größe von 1200 ×
900 Pixel gebracht und hatte anschließend immerhin noch 304 KB Dateigröße im Dateiformat JPG.

Für die Weitergabe einzelner Bilder ist die Funktion *E-Mail-Anhänge*
durchaus akzeptabel. Um mehrere Bilder weiterzugeben, empfiehlt sich
unter Mac OS X jedoch die Funktion *PDF-Diashow*.

25.2.2   Die Funktion Foto-Mail

Starten wir diesmal gleich mit dem Organizer. Dabei funktioniert auch
diese Versandart ebenso wie im letzten Kapitel beschrieben aus dem Editor
oder dem Organizer heraus. Die nun gezeigte Exportfunktion *Foto-Mail*
erzeugt eine HTML-E-Mail, in der das Bild nicht nur als Dateianhang angefügt ist, sondern das Bild wird direkt in der E-Mail angezeigt, als Briefpapier sozusagen. Zwar können Sie auch so mehrere Bilder gleichzeitig versenden, gedacht ist dies aber eher für elektronische Glückwünsche und
Grußkarten.

Abb. 25.4
Das Fenster mit dem Bereich Foto-Mail
zur Auswahl der Bilder

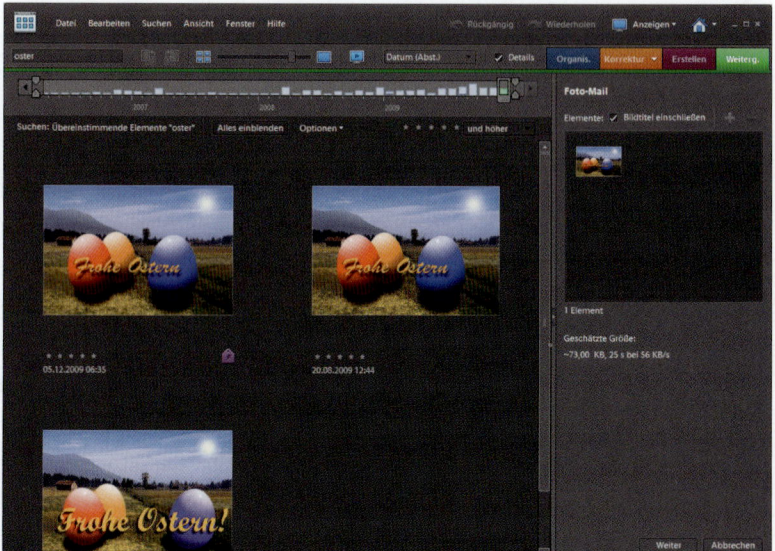

Schritt 1: Wir wählen also nochmals unser Bild *osterkarte.psd*. Klicken Sie wieder auf den grünen Reiter *Weitergabe*. Diesmal wählen wir im sich öffnenden rechten Fensterbereich die Schaltfläche *Foto-Mail*.

Wieder öffnet sich eine neuer rechter Fensterbereich namens *Foto-Mail*. Betrachten Sie diesen: Auch hier gibt es ein Feld *Elemente*, wieder können Sie ein in der Vorschauansicht markiertes Bild über das Plus-Zeichen in die Auswahl aufnehmen. Oder Sie können ein Bild aus der Auswahl entfernen, indem Sie es im Feld *Elemente* markieren und dann auf das Minus-Zeichen klicken. Neu ist hier, dass Sie dem Bild einen zuvor im Organizer zugewiesenen Bildtitel anfügen können. Dafür steht die Option *Bildtitel einschließen* oben über dem Feld *Elemente*.

Weitere Einstellmöglichkeiten bietet dieser Fensterbereich nicht. Nur bei *Geschätzte Größe* werden Ihnen die zu erwartende Dateigröße und Ladezeit des Bildes angezeigt. Die Einstellung der Größe des Bildes und die Qualität der Kompression werden automatisch vom Programm vorgenommen. Mit Klick auf die Schaltfläche *Weiter* öffnet sich ein neues Fenster.

Abb. 25.5
Das Fenster mit der Eingabemöglichkeit für den Text und die Auswahl der Adressaten

Schritt 2: Dieses ist das gleiche Fenster wie aus der Funktion *E-Mail-Anhänge,* in dem Sie weitere Bilder hinzufügen, den Text für Ihre E-Mail eingeben und wo Sie die Adressaten auswählen können. Wenn Sie das getan haben, geht es mit Klick auf die Schaltfläche *Weiter* zum nächsten Fenster.

Schritt 3: Das Fenster *Briefpapier- und Layout-Assistent: Schritt 1: Briefpapier wählen* bietet Ihnen links in einer Liste sortiert eine Auswahl an Rahmen und gestalteten Hintergründen, die Sie einfach nach Bezeichnung per Klick wählen können. Allerdings zeigt das Programm in der Liste keine

Vorschaubilder, sondern nur vereinfachte Symbole. Dafür erhalten Sie im rechten Teil des Fensters eine Vorschau Ihrer Mail mit den gestalterischen Elementen, die Sie per Klick in der Liste links ausgewählt haben. Probieren Sie einfach.

Rechts im Vorschaufenster sehen Sie dann das Ergebnis Ihrer Wahl. Hier können Sie den Text nachbearbeiten und ergänzen und auch die Bildunterschrift einfügen, falls Sie die entsprechende Option vorher gewählt hatten. Mit Klick auf die Schaltfläche *Nächster Schritt* gelangen Sie zum zweiten Fenster dieses Assistenten.

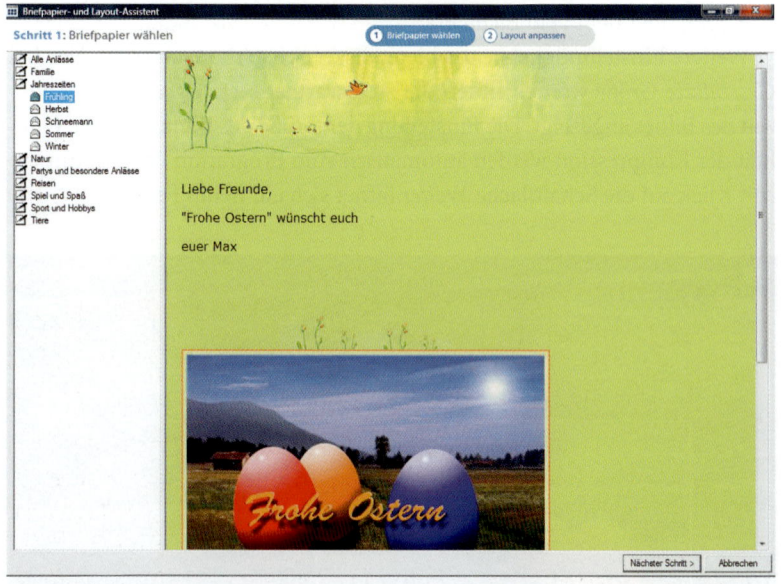

Abb. 25.6

Das Fenster des Briefpapier- und Layout-

Assistent: Schritt 1: Briefpapier wählen

Schritt 4: Hier, im Fenster *Schritt 2: Layout anpassen*, können Sie nun anhand von beispielhaften Symbolen und verschiedenen Auswahlmöglichkeiten das zuvor ausgewählte Layout, die Anordnung und das Aussehen von Text und Bildern anpassen. Auch in diesem Fenster können Sie den Text ergänzen, das Textlayout verändern, einfach indem Sie in den Text klicken, schreiben und z. B. Zeilenumbrüche einfügen. Hier haben Sie aber jetzt auch Möglichkeiten, den Text zu formatieren, zu gestalten.

Bei den Einstellungen im Fensterbereich links können Sie zunächst die *Fotogröße* anhand von fünf unterschiedlich großen Symbolen wählen. Als Nächstes wählen Sie, wieder anhand von beschreibenden Symbolen, das *Layout* von Bildern und Bildunterschrift bzw. dem beschreibenden Text zum Bild. Hier wird deutlich, dass diese Funktion durchaus dazu gedacht ist, mehrere Bilder in einer gestalteten E-Mail zu versenden. Danach folgen die Texteigenschaften *Text:* Schriftfamilie/Schriftart und Schriftfarbe. Die Schriftart wählen Sie aus dem Auswahlmenü, das allerdings nur wenige Standardschriften umfasst. Diese Wahl gilt für alle Texte der Mail.

Die Schriftfarbe wählen Sie durch Klick auf das Farbfeld rechts neben der Schriftartauswahl. Es öffnet sich ein einfacherer Farbwähler, der nur 256 Farben bietet. Allerdings betrifft diese Farbauswahl nur den erläuternden Text am Bild, Ihr Grußtext bleibt schwarz.

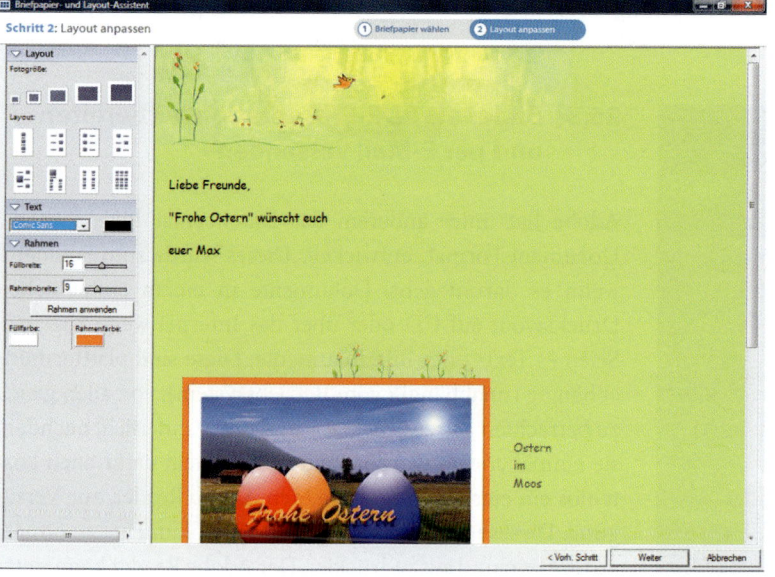

Abb. 25.7

Das Fenster Briefpapier- und Layout-Assistent:

Schritt 2: Layout anpassen

Mit den Auswahlmöglichkeiten und Einstellungen bei *Rahmen* können Sie eigene Rahmeneigenschaften vergeben. Beachten Sie, dass bereits Rahmeneigenschaften vorab ausgewählt sind. Je nach gewähltem Motiv sind die Auswahlmöglichkeiten dieser Einstellungen unterschiedlich. Sie können hier jederzeit eine neue Rahmengestaltung, Farbe und Randabstände wählen. Aber bedenken Sie auch, dass es hier keine Möglichkeiten gibt, einen Schritt rückgängig zu machen.

Wenn Sie alle Einstellungen getroffen haben, wird über Klick auf die Schaltfläche *Weiter* der Vorgang abgeschlossen, die Bilder werden endgültig komprimiert, das E-Mail-Programm wird aufgerufen und die E-Mail angezeigt.

Schritt 5: Hier im E-Mail-Fenster Ihres Mail-Programms haben Sie noch Gelegenheit, den Text zu ergänzen und einen eigenen Betreff anzugeben anstatt des automatisch eingefügten. Die meisten E-Mail-Clients bieten die Möglichkeit, Schriftart und Textfarbe bei HTML-E-Mails zu bestimmen. Außerdem können Sie auch den Werbetext von Photoshop Elements entfernen, der wieder zuunterst in die E-Mail eingefügt wurde.

Mac-Tipp: Die Funktion *Foto-Mail* steht in Photoshop Elements unter Mac OS X nicht zur Verfügung. Doch funktionierte die Funktion *E-Mail-Anhänge* bei mir auf dem Rechner zusammen mit dem Programm **Mail** als E-Mail-Client so, dass das Bild in den Hintergrund der E-Mail eingefügt wurde. Wenn Sie so wollen, zumindest eine vereinfachte Form der Funktion *Foto-Mail*.

Abb. 25.8

Wo Sie die PDF-Diashow im Organizer finden

25.3 Bilder als PDF-Präsentation aufbereiten und per E-Mail versenden

Adobe hat unter anderem das Dateiformat PDF, Portable Document Format, entwickelt. Dieses wurde zum Standard, wenn es darum geht, Dokumente in einem einheitlichen Drucklayout auf CD oder über das Internet weiterzugeben. Seien es Text- oder Bilddokumente: Diese sind plattformunabhängig (unabhängig vom Betriebssystem), von allen gleich zu betrachten, auszudrucken – und unveränderlich, nachdem sie einmal erstellt worden sind. Adobe stellt dafür auch kostenlos ein eigenes Programm, den Adobe Reader, zur Verfügung. Dieses ist erforderlich, um PDF-Dokumente zu öffnen, anzuzeigen und auszudrucken. Der Adobe Reader kann unter folgender Adresse kostenlos heruntergeladen werden: http://www.adobe.com/de/products/acrobat/readstep2.html.

Mit Photoshop Elements können Sie nun Ihre Bilder selbst zu so einer PDF-Präsentation – mit Übergängen – zusammenstellen. Das hat z. B. den Vorteil, dass Sie mehrere Bilder in eine Präsentation und damit in eine Datei zusammen einfügen können. Statt vieler einzelner Bilder versenden Sie nur diese eine PDF-Datei. Auch Profis machen sich das zunutze, wenn sie Interessenten ein Foto-Portfolio zukommen lassen möchten. Der Versand erfolgt dann ganz einfach wie bereits gezeigt als E-Mail-Anhang. Allerdings – der Empfänger muss über den Adobe Reader auf seinem Computer verfügen, um die Datei öffnen und betrachten zu können. Aber das Programm ist sehr weit verbreitet.

Schritt 1: Wieder rufen Sie im Organizer die Bilder auf, die Sie in der Präsentation zusammenfassen möchten, und wählen erneut im Organizer die grüne Reiterkarte *Weitergabe*. Die Funktion, die Sie anschließend suchen, liegt jedoch etwas verborgen. Klicken Sie in der Seitenleiste *Weitergabe* auf die Schaltfläche *Mehr Optionen*. Im sich öffnenden Untermenü finden Sie ganz zuoberst *PDF-Diashow*. Diesen Menüpunkt wählen Sie (siehe Abb. 25.8).

Schritt 2: Im Organizer öffnet sich rechts der Fensterbereich *PDF Diashow*. Doch tatsächlich kennen Sie dieses Fenster schon, wenn Sie die vorausgehenden Kapitel gelesen haben. Der rechte Fensterbereich ist fast identisch mit dem Fenster *E-Mail-Anhänge*. Zuoberst findet sich wieder das Feld *Elemente*, in dem Sie erst einmal die Bilder aus der Vorschau des Organizers zusammenstellen, die Sie in der Diashow präsentieren möchten. Links in der Vorschau des Organizers markieren Sie ein Bild, indem Sie es anklicken. Oben über dem Feld *Bilder* wird das (grüne) Plus-Zeichen aktiv, und das Bild wird zur Präsentation hinzugefügt, wenn Sie auf das Plus-Zeichen klicken. Entsprechend steht auch wieder ein Minus-Zeichen zur Verfügung, um markierte Bilder aus der Präsentation zu entfernen. Im Feld *Elemente* können Sie die Bilder übrigens mit gedrückter linker Maustaste anfassen und verschieben und so die Reihenfolge der Bilder verändern und neu festlegen.

Unter dem Feld *Elemente* finden Sie das Auswahlmenü *Maximale Fotogröße*. Die Bildgrößen hier sind wieder in Pixel angegeben, da es sich ja in erster Linie auch um eine Bildschirmpräsentation handelt. Wenn Sie wünschen, dass alle Betrachter garantiert immer das ganze Bild zu sehen bekommen, sollten Sie als maximale Größe 800 px × 600 px wählen.

Der Schieberegler bei *Qualität* legt wie gehabt die Kompressionsstärke fest. Denken Sie daran, je höher der eingestellte Wert, je höher also auch die Qualität, umso geringer die Kompression, aber umso größer die Dateigröße. Hier empfehle ich, vor allem bei einer großen Bilderzahl, die Qualität wenigstens auf 6 zu senken. Prüfen Sie das Ergebnis dann sowohl auf Qualität als auch auf Dateigröße. Gegebenenfalls müssen Sie die Arbeit nochmals mit geringerer Qualität wiederholen, sollten Sie mit der Dateigröße über ein Megabyte hinausgeraten. Oder Sie sind sich sicher, dass alle Empfänger einen DSL-Anschluss haben.

Zuletzt können Sie im Textfeld *Dateiname für PDF-Anlagen* noch einen Dateinamen für die zu erstellende PDF-Datei angeben.

Zum nächsten Schritt geht es mit Klick auf die Schaltfläche *Weiter*.

Schritt 3: Auch das nächste Fenster bzw. den nächsten Bereich kennen Sie bereits. Dies ist der Fensterbereich, in dem Sie den Text für die E-Mail eingeben können, mit der die Diashow versandt wird. Wie in Kapitel 25.2.1 beschrieben wählen Sie hier die Adressaten aus. In diesem Fenster sehen Sie links in der großen Vorschau nochmals alle für die Diashow ausgewählten Bilder von links nach rechts und von oben nach unten in der Reihenfolge, in der sie in die Präsentation eingefügt werden. Hier haben Sie nochmals die Möglichkeit, die Reihenfolge der Bilder per Drag & Drop zu ändern.

Schritt 4: Ein Klick auf die Schaltfläche *Weiter* startet die Kompression der Bilder und die Erstellung der PDF-Datei. Bevor wieder der E-Mail-Client zum Versenden der Datei als Anhang geöffnet wird, erscheint ein Hinweisfenster, das Ihnen die Dateigröße und die zu erwartende Ladezeit für die Datei angibt. Es enthält auch den Hinweis, dass es bei einer Dateigröße von mehr als einem Megabyte ratsam ist, die Datei auf CD zu brennen und per Post zu senden. Sie müssen dieses Fenster mit Klick auf *OK* bestätigen, bevor es weitergehen kann.

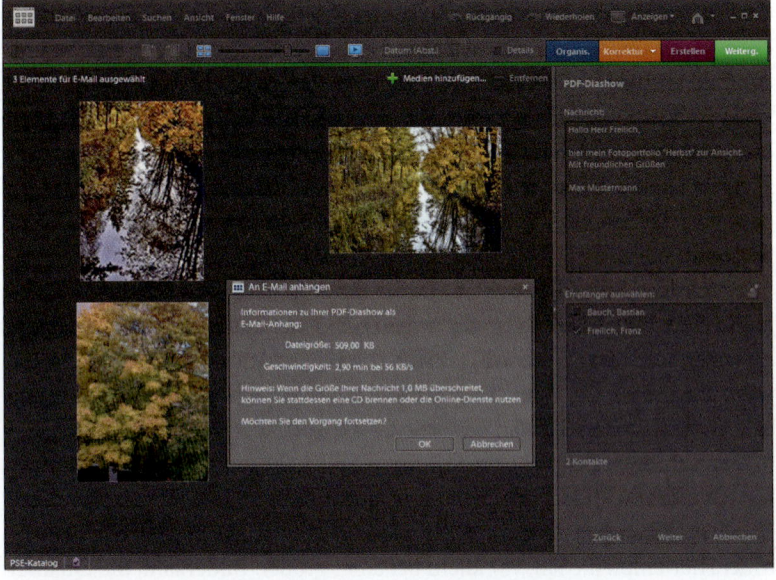

Abb. 25.9
Das Hinweisfenster mit der Angabe der
Dateigröße und Ladezeit

Schritt 5: Dann endlich öffnet sich das E-Mail-Fenster, Sie können die E-Mail weiterbearbeiten, den Betreff ändern, den Adobe-Werbelink entfernen und endlich die elektronische Post mit Anhang versenden.

Mac-Tipp: Wenn Sie unter Mac OS in Photoshop Elements die Reiterkarte *Weitergabe* aufrufen, steht Ihnen im sich öffnenden Auswahlfenster auch die Funktion *PDF-Diashow* zur Verfügung. Ein Klick auf die entsprechende Schaltfläche wiederum startet das Programm Adobe Bridge. Dort wird Ihnen rechts oben unter *Ausgabe* die Auswahl zwischen den Funktionen *PDF* und *Web-Galerie* angeboten. *PDF* ist vorgewählt, die entsprechenden Auswahlmöglichkeiten werden Ihnen im Arbeitsbereich rechts angezeigt. Im Arbeitsbereich links können Sie unter der Reiterkarte *Ordner* Ihren Rechner nach dem Ordner durchsuchen, dessen Bilder Sie in die PDF-Diashow einfügen möchten. Wählen Sie hier einen Ordner aus, wird Ihnen sein Inhalt unten im Vorschaubereich unter *Inhalt* als Filmstreifen angezeigt. Mit gedrückter Auswahl-(Apfel-)Taste können Sie nun per Mausklick die Bilder auswählen, die Sie in die Diashow einfügen möchten. Die ausgewählten Bilder werden Ihnen unter *Vorschau* angezeigt.

Zurück zum Arbeitsbereich *Ausgabe: PDF* rechts. Im Auswahlmenü *Vorlage* wählen Sie das Layout bzw. die Ausgabeform der PDF-Präsentation aus: ob *Grußkarte, Kontaktabzug, Kunstmappe* oder Präsentation mit maximierter Größe. Mit Klick auf die Schaltfläche *Vorschau aktualisieren* wird ein entsprechendes PDF erzeugt und im Vorschaubereich unter der Reiterkarte *Ausgabe-Vorschau* angezeigt. Sobald Sie eine neue Einstellung vorgenommen haben, können Sie die Schaltfläche wieder anklicken und sich ein Bild von den Änderungen machen.

Wenn Sie die Vorlage gewählt haben, können Sie unter *Doku-*

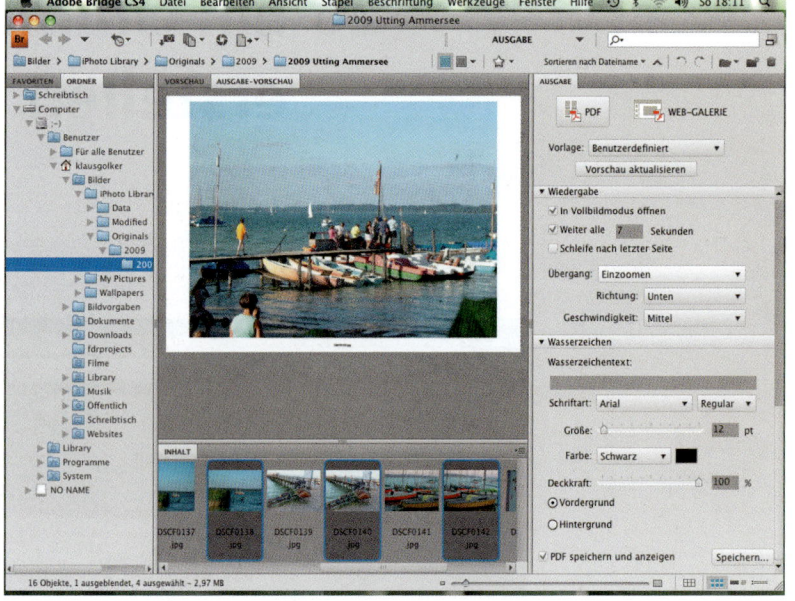

ment die Dokumenteigenschaften wie die Größe, Qualität und Papierorientierung (Hoch- oder Querformat) einstellen.

Im Anschluss bieten die Einstellungen unter *Layout* Möglichkeiten, die Bildanordnung und Anzahl der Bilder je Seite zu bestimmen und z. B. auch die Seitenränder einzurichten.

Unter *Überlagerung* können Sie bestimmen, ob unter dem Bild der Dateiname und die Dateinamenserweiterung angezeigt werden sollen. Außerdem können Sie hier die Schrifteigenschaften für diese Textanzeige bestimmen.

Im Feld *Wiedergabe* bestimmen Sie die Eigenschaften der Bildschirmanzeige für die Diashow. Sie können wählen, ob die Präsentation im Vollbildmodus geöffnet wird. Sie können die Standzeit der Bilder bestimmen und angeben, ob die Präsentation in einer Endlosschleife wiederholt wird oder nur einmal abläuft. Außerdem können Sie hier Übergangseffekte wie Überblendungen für die Bildschirm-Diashow wählen.

Unter *Wasserzeichen* können Sie einen Wasserzeichentext eingeben, der über das Bild gelegt wird, falls Sie dies wünschen. Die Eigenschaften dieses Wasserzeichens, z. B. seine Deckkraft, lassen sich hier einstellen. Setzen Sie im Feld unten links ein Häkchen bei *PDF speichern und anzeigen*, falls Sie die Diashow sofort nach dem Speichern betrachten möchten. Wenn Sie das PDF nach allen Einstellungen speichern möchten, klicken Sie auf die Schaltfläche *Speichern* links unten.

Abb. 25.10

Die Funktion PDF-Diashow im Programm Adobe Bridge. Sie können die Funktion auch direkt aus Bridge heraus aufrufen, über das Auswahlmenü links neben dem Suchfeld oben, wenn Sie dort Ausgabe wählen.

26 Ein Online-Album erstellen

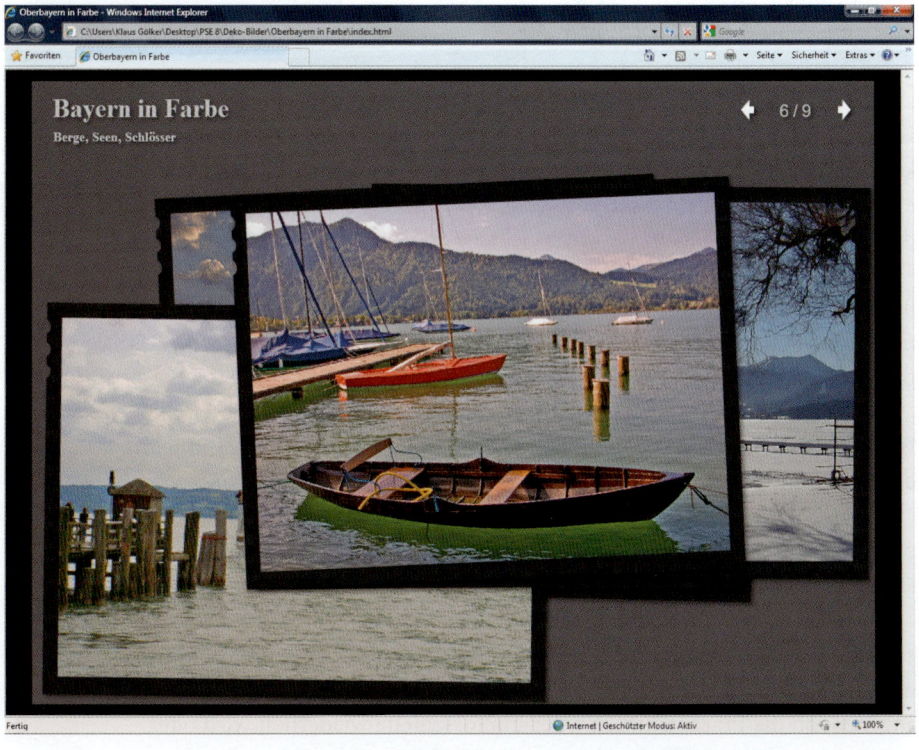

Photoshop Elements bietet Ihnen die Möglichkeit, automatisiert alles fertig zu erstellen, was Sie benötigen, um Freunden oder auch Kunden Ihre Bilder auf einer eigenen Website im Internet zu präsentieren. Dabei werden die Bilder automatisch in einer Vorschauansicht und einer großen Ansicht komprimiert und aufbereitet. Das Programm erstellt Ihnen dazu gleich alle erforderlichen Dateien und HTML-Seiten, komplett mit Navigation bereit. Das Layout der Seiten können Sie aus verschiedenen Vorlagen wählen. Die Wiedergabe dieser Online-Alben basiert auf Adobe Flash. Flash ist eine Technik zur Herstellung von animierten Internetseiten. Die so erzeugten Bildergalerien sind dynamisch und animiert, sie bieten dem Betrachter Steuerelemente und Effekte, wenn dieser mit der Maus auf ein Bild zeigt.

Auch Videodateien und Hintergrundmusik können zumindest in einigen der zur Verfügung stehenden Vorlagen eingebunden werden.

26.1 Was Sie sonst noch brauchen – und machen können

Wenn Sie eine eigene Website im Internet veröffentlichen möchten, brauchen Sie außer der eigentlichen Website, also den HTML-Dateien und Ihren komprimierten Bildern, eines: einen Serverplatz, auf dem Sie Ihre Website ablegen können, und eine Internetadresse, damit Ihre Seiten von allen aufgerufen werden können. Entsprechende Dienstanbieter nennt man Hoster. Solche gewerblichen Hoster sind z. B. www.strato.de, www.1und1.de oder www.1blu.de. Es gibt viele weitere Anbieter. Bei diesen Anbietern kostet der Serverplatz für eine kleinere bis mittlere Website zwischen 3 Euro bis 7 Euro monatlich. Dafür haben Sie bei diesen Anbietern auch eine eigene www-Adresse, für die Sie einmalig eine Einrichtungsgebühr von etwa 20 Euro bezahlen müssen. Auch manche Internet-Provider treten als Hoster auf und bieten ihren Internetkunden kostenlosen Serverplatz an. Der Nachteil dabei ist, dass Sie dann keine »schöne« www-Adresse haben, sondern eine längere, die z. B. so aussehen kann: http://home.provider.de/IhrName/. Wie auch immer, wenn alles auf dem Server steht, genügt es, die Adresse weiterzugeben, und Ihre Freunde und Kunden können sich die Bilder ansehen. Doch auch wer noch keinen eigenen Serverplatz hat, kann seine Bilder über **Photoshop Showcase,** einen kostenlosen Dienst von Adobe, veröffentlichen. Der Service von Photoshop.com steht derzeit nur Anwendern aus den USA zur Verfügung.

Serverplatz und eine Internetadresse brauchen Sie, um die Website mit Ihren Bildern im World Wide Web zu veröffentlichen. Allerdings können Sie Ihre Bildergalerie selbstverständlich auch lokal auf Ihrem Rechner oder im heimischen Netzwerk einsetzen. Sie können die Bildergalerie auch auf CD brennen. Ein Browser wie der Internet Explorer oder Firefox genügen, um sie dann auf Ihrem Computer bzw. von CD zu betrachten.

Anders als in früheren Versionen bietet Photoshop Elements 8 keine reinen HTML-Bildergalerien mehr an. Selbst die im Folgenden betrachteten Standard-Onlinegalerien setzen bereits Flash ein. Daher zunächst einige Hinweise, was Flash ist und was Sie und die Besucher Ihrer Flash-Bildergalerie brauchen, um diese betrachten zu können.

Flash ist eine Technologie (und ein Programm), die gedacht ist, um animierte Webseiten herzustellen, und auch, um Filme komprimiert, aber in hoher Qualität im Internet bereitzustellen. Um Webseiten in der Standardprogrammierung HTML zu betrachten, benötigen Sie nur einen **Internet-Browser** wie den Internet Explorer oder Firefox. Webseiten, die mit Adobe Flash hergestellt wurden, betrachten Sie zwar auch in Ihrem Browser. Dieser kann die Flash-Seiten jedoch nicht ohne weiteres von sich aus darstellen. Der Browser benötigt dazu ein so genanntes Plug-in, den **Flash-Player**. Diesen können Sie kostenlos von folgender Internetseite herunterladen: http://www.adobe.com/de/downloads/. Auf dieser Seite finden Sie den Link zur eigentlichen Download-Seite des Flash-Players. Das Programm kann und muss jedoch nach der Installation nicht einfach aufgerufen werden. Es startet automatisch, wenn Sie in Ihrem Browser eine Flash-Seite aufrufen, um diese bzw. einen darin integrierten Flash-Film anzuzeigen. Auch dieses Plug-in oder Zusatzprogramm zu Webbrowsern ist inzwischen weit verbreitet, aber es kann vorkommen, dass der eine oder andere Ihrer Besucher Ihre Bilder zunächst nicht zu sehen bekommt, weil ihm das Plug-in auf seinem Rechner fehlt. Er muss das Programm dann nachträglich herunterladen und installieren, was allerdings einfach und schnell geht. Deshalb sind Seiten, die nur in HTML erstellt wurden, immer noch sicherer, wenn es darum geht, dass möglichst alle Besucher die eigenen Seiten sofort betrachten können.

26.2 Ein Online-Album in Photoshop Elements anlegen

Schritt 1 – Start: Sie beginnen am besten damit, dass Sie alle Bilder, die Sie veröffentlichen möchten, im Projektbereich im Fenster des Editors öffnen. Selbstverständlich können Sie dazu auch alle Bilder im Organizer zusammen durch Anklicken mit gedrückter Strg-/Ctrl-Taste auswählen.

Egal, ob Sie aus dem Editor oder dem Organizer starten, es geht wiederum damit weiter, dass Sie auf den grünen Reiter *Weitergabe* klicken. Dort wählen Sie die Schaltfläche *Online-Album*.

Schritt 2 – Album anlegen: So Sie im Editor gestartet sind, öffnet sich jetzt der Organizer. Rechts im Fenster wählen Sie zunächst, ob Sie ein bestehendes Online-Album freigeben oder ein neues anlegen möchten. Vorgewählt ist zunächst *Neues Album erstellen*. Als Zweites wählen Sie hier aus, wo Sie das Album erstellen möchten: Soll es an Photoshop Showcase weitergegeben oder auf eine CD, DVD, auf einen FTP-Server (Webserver) oder auf Festplatte exportiert werden? Wählen Sie für Ihren ersten Versuch *Auf Festplatte exportieren*. Nach dieser Auswahl klicken Sie unten im Feld auf die Schaltfläche *Weiter*.

Schritt 3 – Bilder ergänzen: Diesmal bietet Ihnen der Organizer rechts einen Bereich, in dem Sie die zuvor ausgewählten Bilder sehen. Dieses Feld weist am oberen Rand eine Registerkarte *Inhalt* auf, daneben sehen Sie die Registerkarte *Weitergabe*. Hier im Feld *Inhalt* haben Sie zunächst die Möglichkeit, weitere Bilder in der Vorschau zu markieren und mit dem Plus-Zeichen über dem Feld *Elemente* zu Ihrer Auswahl hinzuzufügen oder auch Bilder in der Auswahl zu markieren und mit dem Minus-Zeichen zu entfer-

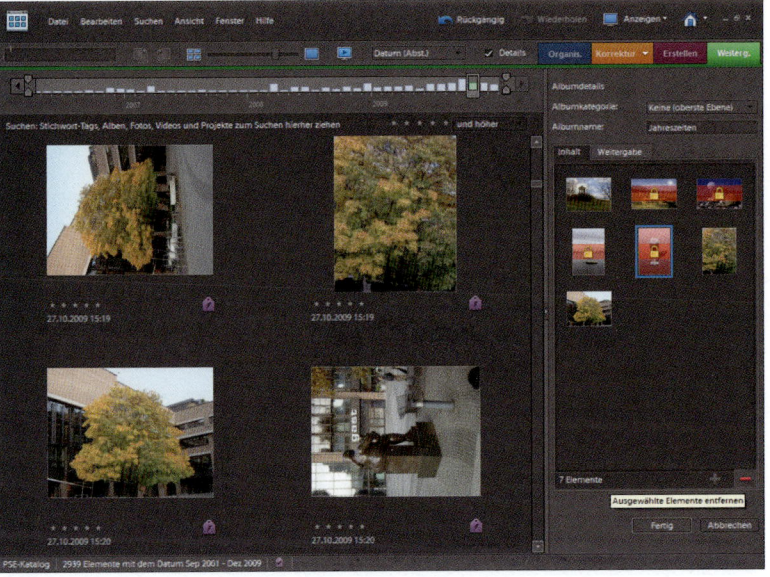

Abb. 26.1

Das Fenster Inhalt beim Erstellen eines Online-Albums. In diesem Fenster können die vorausgewählten Bilder aus dem Organizer heraus ergänzt oder auch entfernt werden.

nen. Zuoberst in diesem Feld können Sie einen Namen für Ihre Zusammenstellung als Album für den Organizer vergeben.

Schritt 4 – Layout wählen: Wechseln Sie jetzt mit Klick auf die Registerkarte *Weitergabe* zu diesem Feld. Das Programm erstellt eine Vorschau und zeigt Ihnen Ihre Bilder im Vorschaubereich des Organizers in einem vorgegebenen Layout eines Online-Albums. Über dem Vorschaubereich sehen Sie zunächst die Layouts der Auswahl *Anlässe* in einer Art Filmstreifen als Vorschaubilder. Doch dies ist nur eine Vorauswahl, weitere Layouts und Designs finden Sie im Auswahlmenü *Vorlage auswählen* darüber. Stöbern Sie hier einmal, es werden wirklich erstaunliche Layouts angeboten. Sie können ein Layout – auch probeweise – einfach mit Doppelklick auf eines der Vorschaubilder auswählen. Es wird sofort auf Ihre Bilder angewandt und im Vorschaubereich angezeigt. Wenn es Ihnen nicht gefällt, wählen Sie einfach ein anderes. Die Layouts bieten z. T. auch Möglichkeiten, eine Hintergrundmusik einzubinden. Alle enthalten Elemente, mit denen der Betrachter die Anzeige steuern kann. Wenn Sie Ihre Wahl getroffen haben, haben Sie so weit alles fertig gestellt. Im Feld rechts können Sie noch über Klick auf *Durchsuchen* den Speicherort für das Online-Album wählen. Mit Klick auf die Schaltfläche *Fertig* schließen Sie die Arbeiten ab.

Schritt 5 – Betrachten und online stellen: Eigentlich ist alles Wesentliche bereits erledigt. Ihre Bildergalerie wurde auf Ihrem Rechner gespeichert und Sie können sie nun per FTP auf Ihren Serverplatz hochladen.

Abb. 26.2
Das Fenster Weitergabe. Hier wählen Sie das
Layout Ihres Online-Albums und können es
auch gleich testen.

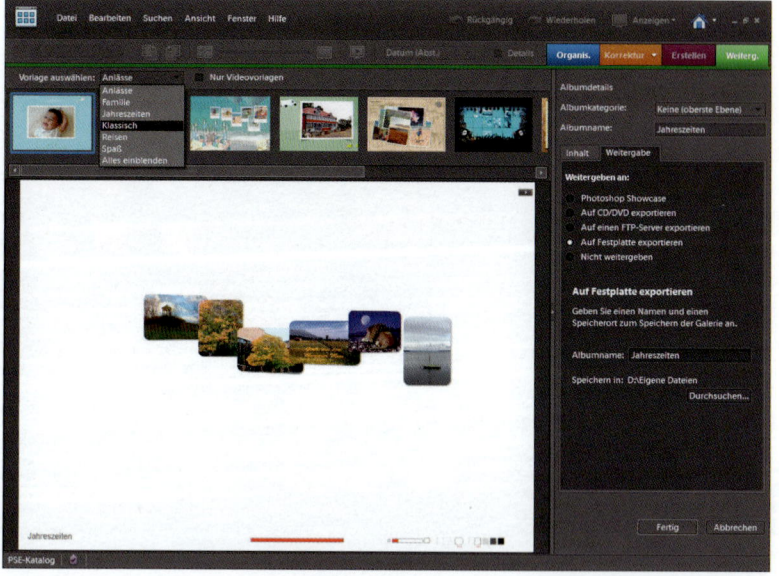

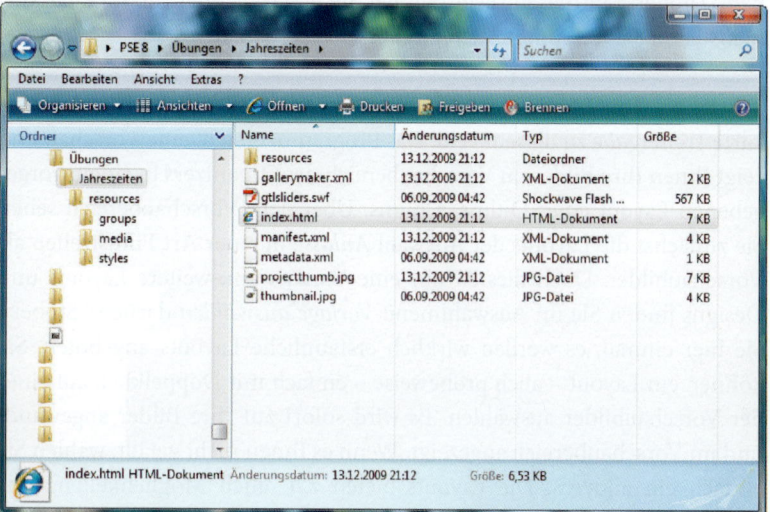

Wenn Sie Ihr Online-Album zunächst selbst einmal im Browser betrachten möchten, suchen Sie den Speicherort über die Dateiverwaltung des
Betriebssystems. Sie finden dort einen Ordner, der alle Dateien enthält, die
für die Darstellung Ihrer Bilder erforderlich sind. Die Start-Datei ist die
HTML-Datei namens index.html. Ein Doppelklick darauf, und die Präsentation wird im Browser gestartet. Denken Sie daran, dass die *index.
html* als Startseite normalerweise im Stammverzeichnis *(root)* Ihres Servers liegen muss, damit sie automatisch aufgerufen werden kann. Für alle,
die noch keine eigene Website veröffentlicht haben, hier kurz eine Erläute-

rung anhand meines Beispiels mit dem Verzeichnis *Jahreszeiten* aus Abb. 26.3. Wenn Sie nur dieses Online-Album online stellen möchten, stellen Sie nicht das eigentliche Verzeichnis *Jahreszeiten* (links) auf den Server, sondern nur seinen Inhalt, so wie Sie ihn in Abb. 26.3 rechts im Fenster sehen. Dann liegt automatisch die Startdatei *index.html* im Stammverzeichnis des Servers, und alle anderen Dateien und Verzeichnisse liegen »auf dem richtigen Pfad«. In diesem Fall lautet die Adresse, die Sie zum Aufruf der Diashow weitergeben, etwa so: http://www.meinedomain.de/.

Für etwas erfahrenere Inhaber einer eigenen Website sei angemerkt, dass Sie selbstverständlich das Verzeichnis *Jahreszeiten* als Unterverzeichnis Ihrer Website komplett auf Ihren Server laden können und dann Links zu der dort enthaltenen *index.html* in Ihre Webseiten einfügen können. Sie können auch dann die Adresse zu Ihrer Diashow direkt weitergeben. Diese würde dann etwa so aussehen: http://www.meinedomain.de/Jahreszeiten/.

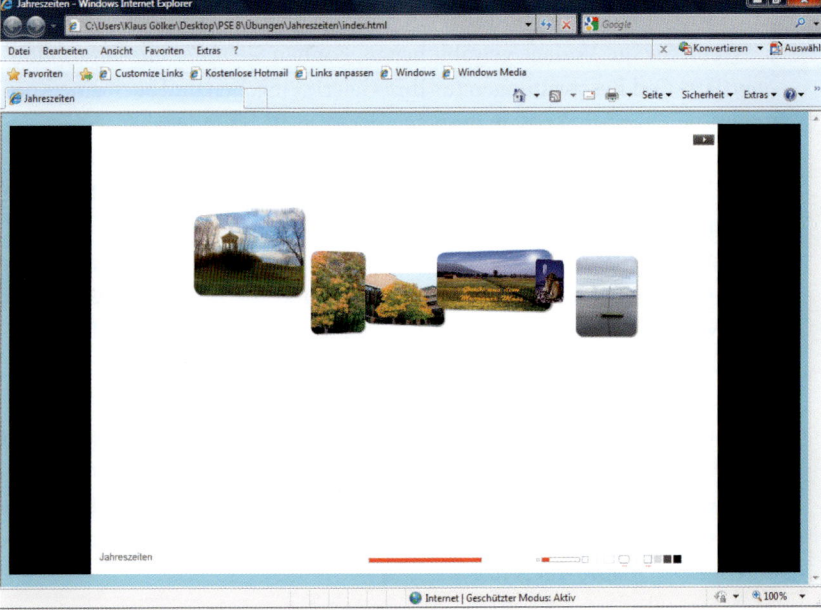

Abb. 26.4
Die fertige Galerie-Website im Browser

Mac-Tipp: Unter Mac OS steht anstelle der Funktion *Online-Album* die Funktion *Web-Galerie* in Photoshop Elements zur Verfügung. Sie wird über die Reiterkarte Weitergabe aufgerufen. Ein Klick auf die entsprechende Schaltfläche startet das Programm Adobe Bridge. Dort wird Ihnen rechts oben unter *Ausgabe* die Auswahl zwischen den Funktionen PDF und *Web-Galerie* geboten. Diesmal ist *Web-Galerie* vorgewählt, mit den entsprechenden Auswahlmöglichkeiten rechts im Arbeitsbereich. Wie bereits bei der Funktion *PDF-Diashow* beschrieben, können Sie im Arbeitsbereich links unter der Reiterkarte *Ordner* Ihren Rechner nach dem Ordner durchsuchen, dessen Bilder Sie in die Web-Galerie einbinden möchten. Wählen Sie

hier einen Ordner aus, wird Ihnen sein Inhalt unten im Vorschaubereich unter *Inhalt* als Filmstreifen angezeigt. Mit gedrückter Auswahl-(Apfel-) Taste können Sie nun per Mausklick die Bilder auswählen, die Sie in die Galerie einfügen möchten. Die ausgewählten Bilder werden Ihnen unter *Vorschau* angezeigt.

Zurück zum Arbeitsbereich *Ausgabe: Web-Galerie* rechts. Im Auswahlmenü Vorlage wählen Sie das Layout bzw. die Ausgabeform der Web-Galerie aus. Sie finden hier eine Auswahl animierter Website-Layouts, die Flash-Technologie einsetzen. Soweit für Ihr vorgewähltes Layout verfügbar, können Sie im Auswahlmenü bei *Stil* aus einer Reihe von verschiedenen Designs wählen. Mit Klick auf die Schaltfläche *Vorschau akt.(ualisieren)* wird eine entsprechende Web-Galerie erzeugt und im Vorschaubereich unter der Reiterkarte Ausgabe-Vorschau angezeigt. Ein Klick auf die Schaltfläche *Vorsch.(au) im Browser* startet Ihren Browser und zeigt darin die Galerie an. Sobald Sie eine andere Wahl bei Layout und Stil getroffen haben, können Sie die Schaltflächen wieder anklicken und sich ein Bild von den Änderungen machen.

Wenn Sie die Vorlage gewählt haben, können Sie unter *Site-Informationen* Titel und Beschriftungen für Ihre Galerie eingeben und auch eine Kontaktmöglichkeit für spätere Besucher der Website hinterlegen.

Das Feld *Farbpalette* bietet Ihnen Möglichkeiten, Text- und Hintergrundfarben für die Darstellung Ihrer Web-Galerie Ihren Vorstellungen entsprechend anzupassen.

Unter *Erscheinungsbild* bestimmen Sie die Anzeigeeigenschaften der Web-Galerie. Sie können die Schriftgröße und die Größe der Vorschau- und Miniatur-(Vorschau-) Bilder wählen. Außerdem können Sie die Standzeit der Bilder bestimmen und ggf. auch Übergangseffekte für den Bildwechsel in der Präsentation wählen.

Zuletzt im Feld *Galerie* erstellen wählen Sie, ob Sie die Galerie erst *Auf Datenträger speichern* oder gleich auf einen Server *Hochladen* möchten. Wählen Sie *Auf Datenträger speichern*, können sie den Speicherort über die Schaltfläche *Durchsuchen* wählen und anschließend die Galerie mit Klick auf *Speichern* dort ablegen.

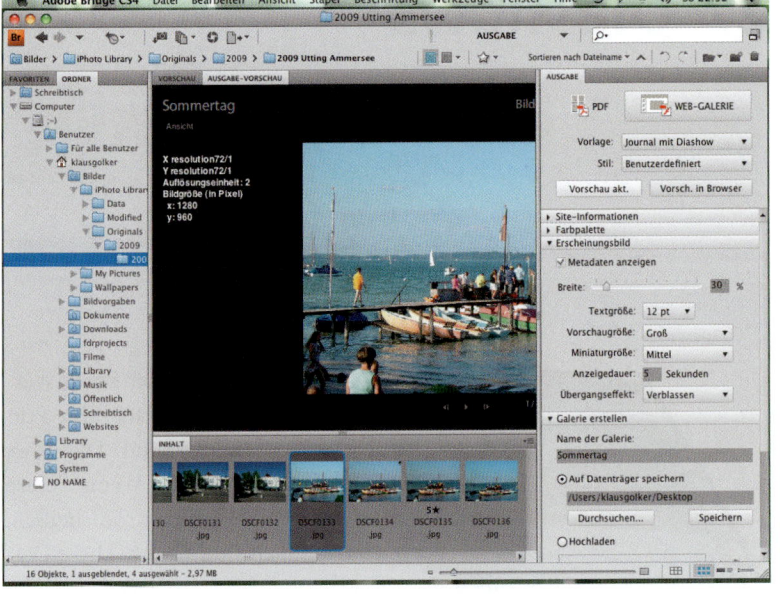

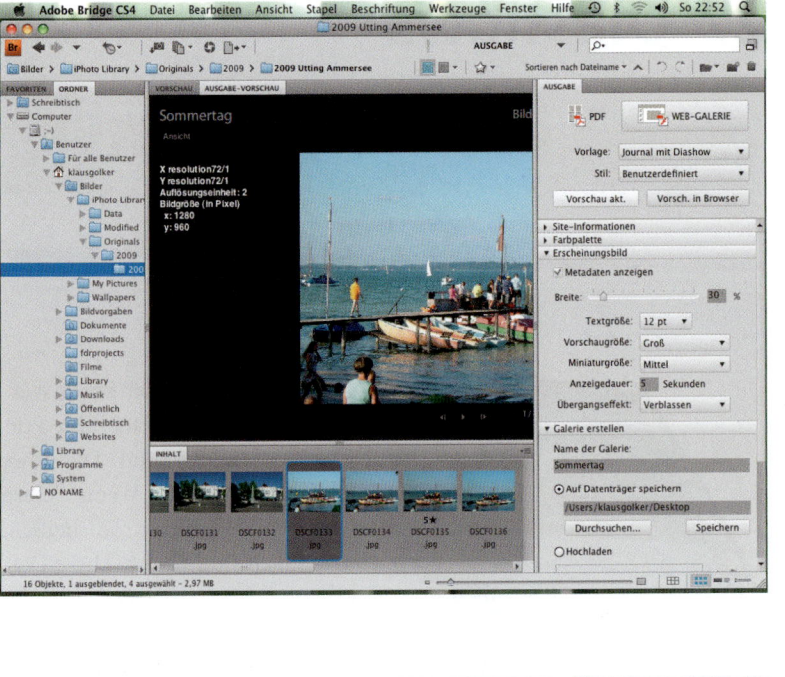

Abb. 26.6
Die fertige Galerie-Website im Browser

27 Diashows

Sie haben hier schon verschiedene Arten von Präsentationen und Diashows kennengelernt. Wenn diese auch nicht immer so heißen, letztendlich sind sie das. Diese Diashows sind zunächst dazu gedacht, über das Internet versandt bzw. bereitgestellt zu werden. Doch können Sie sie auch auf Ihrem eigenen Rechner betrachten oder auf CD brennen. Aber – die Präsentationen laufen eben nur am Computer. Photoshop Elements bietet mehr. Es hat eine eigene Funktion für Diashows, die Sie mit Musik unterlegen und mit Sprachkommentaren versehen können, denen Sie Titel und Bildunterschriften geben können. Und – Sie können diese Art Diashow anschließend auf eine Video-CD oder DVD brennen und über ein entsprechendes Abspielgerät auf Ihrem Fernseher oder PC-Monitor im Vollbildmodus betrachten.

27.1 Audioprogramme für vertonte Diashows

Wenn Sie Ihre Diashow mit Musik untermalen wollen, können Sie wie in den guten alten Stummfilmzeiten jemanden mit einem Klavier danebensetzen. Photoshop Elements macht es Ihnen etwas komfortabler, was Sie aber auch mit eigener Arbeit bezahlen, auch wenn Sie nicht selbst der Pianospieler sind. Sie müssen die Musik, die Sie einsetzen möchten, erst einmal auf Ihren Computer bringen. Wenn Sie bereits eine umfangreiche MP3-Sammlung auf Ihrem Rechner haben, sind Sie fein raus, denn dieses Audiodateiformat können Sie einsetzen. Solange Sie die

Musik nicht selbst aufnehmen möchten – was Sie im WAV-Dateiformat tun sollten, denn auch das kann Photoshop Elements verarbeiten –, müssen Sie die Musik von einer Audio-CD auf Ihren Computer übertragen. Diesen Vorgang, eine Audio-CD bzw. bestimmte Musikstücke auszulesen und am PC abzuspeichern, nennt man **Rippen**. Zum Glück gibt es gute, kostenlose Programme dafür, wie z. B. **CDex** (http://cdexos.sourceforge.net/) oder **dbPoweramp** (http://www.dbpoweramp.com/). Ich bevorzuge Letzteres, weil es einfacher zu handhaben ist, aber CDex hat auch seine Vorzüge und kommt mit manchen CDs einfach besser zurecht. Dabei können Sie mit beiden Programmen die Musikstücke der Audio-CDs als WAV-Dateien abspeichern, was allerdings datenintensiv ist. Oder Sie können die Musikstücke gleich zu MP3-Dateien komprimieren. Beide Dateiarten sind geeignet, Photoshop Elements kann folgende Dateiarten verarbeiten: WAV, MP3, WMA und AC3.

Auch sollten Sie erwägen, Kommentare vorab aufzuzeichnen. Außer einem Mikrofon und einer Soundkarte im PC brauchen Sie dafür wiederum ein Audio-Aufzeichnungsprogramm. Auch dafür steht mit **Audacity** (http://audacity.sourceforge.net/) ein kostenloses Programm aus der Open-Source-Gemeinde zur Verfügung. Den Kommentar selbst können Sie dann wie eine Hintergrundmusik einfügen. Allerdings bietet Photoshop Elements auch eine eigene Funktion, Audiokommentare anzufügen.

→ **Hinweis:** Bilder kann ich selbst fotografieren, aber meine musikalischen Fähigkeiten sind nicht entwickelt. Wegen des GEMA-Schutzes kann ich Ihnen auf der beigefügten DVD keine Musikstücke zum Ausprobieren mitgeben. Aber wie es prinzipiell geht, Hintergrundmusik einzufügen, zeige ich Ihnen hier selbstverständlich.

27.2 Eine Diashow zusammenstellen

Schritt 1: Sie können wieder so beginnen wie in den vorausgehenden Kapiteln beschrieben, indem Sie die Bilder für die Diashow vorab im Editor öffnen und dann über den violetten Reiter *Erstellen* und die Schaltfläche *Diashow* zum Organizer wechseln. Genauso gut können Sie die Funktion auch aus dem Organizer heraus aufrufen und die Bilder aus einem Album aufrufen oder frei Hand in der Vorschau des Organizers auswählen.

Abb. 27.1

Die Einstellmöglichkeiten des Fensters Diashow-Voreinstellungen

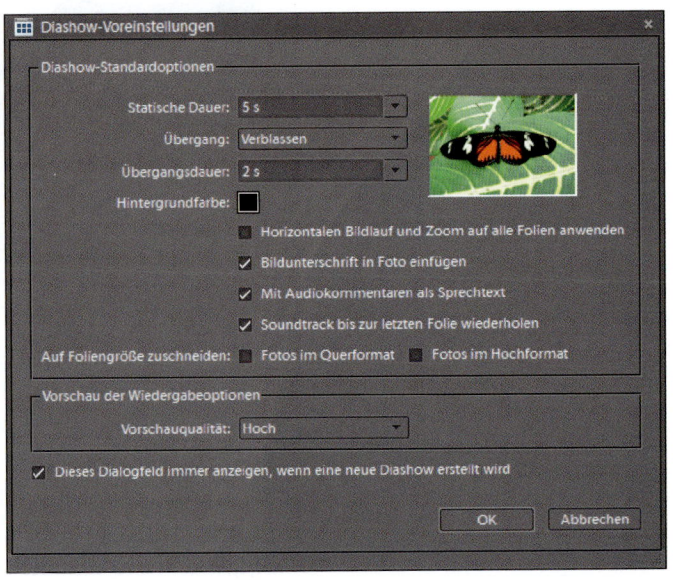

Schritt 2: Es öffnet sich das Dialogfenster *Diashow-Voreinstellungen*. Hier können Sie zunächst die allgemeinen Eigenschaften wie Standzeit der Bilder und Übergänge einstellen. *Statische Dauer* gibt an, wie viele Sekunden ein Bild zu sehen ist. Die Auswahl bietet hier nur Werte zwischen einer Sekunde und fünf Sekunden. Sie können den Wert hier jedoch händisch überschreiben und auch eine längere Standzeit der Bilder angeben. Bei *Übergang* können Sie die Art der Übergänge zwischen den einzelnen Bildern auswählen, je nachdem, ob Sie eine weiche Überblendung wünschen oder ob es ein harter Schnitt sein soll.

Eine besondere, zusätzlich animierte Art der Präsentation können Sie auch mit der Option *Horizontalen Bildlauf und Zoom auf alle Folien anwenden* wählen. Dabei laufen die Bilder in der Präsentation langsam z. B. von links nach rechts und von oben nach unten und zoomen dabei. Im Englischen spricht man auch von *pan and zoom*. Das ist ein Effekt, der die Diashow nicht so statisch und starr erscheinen lässt, sondern lebendiger wirkt. Wenn Sie das wünschen, setzen Sie hier zusätzlich ein Häkchen. Mit *Übergangsdauer* können Sie die Zeitdauer einer Überblendung festlegen. Sie können die einzelnen Einstellungen im nächsten Bearbeitungsschritt noch korrigieren. Wenn Sie alle gewünschten Optionen eingerichtet und ausgewählt haben, wählen Sie auch bei *Vorschauqualität* die Option *Hoch*. Das dauert zwar etwas länger für die Berechnung der Vorschau, aber dafür bekommen Sie einen besseren Eindruck. Weiter geht es mit Klick auf *OK*.

Abb. 27.2
Das Fenster Diashow-Editor mit den
vorab ausgewählten Bildern

Schritt 3: Jetzt öffnet sich das Fenster des *Diashow-Editors*. Hier beginnt erst die wirkliche Arbeit – mit allen Möglichkeiten. Wenn Sie wie ich vorgegangen sind und die Bilder bereits vorab im Editor ausgewählt haben,

dann steht jetzt die Diashow in einer Rohfassung vor Ihnen im Fenster. Unten im Fenster sehen Sie schon die Leiste mit den einzelnen Bilder und den Übergängen in Folge. Sie dürfen einen Kaffee trinken und Schritt 4 überspringen. (Nein – nicht wirklich. Lesen Sie in Ruhe nach. Aber der Kaffee geht o.k.) Wenn Sie einfach die Funktion aus dem Organizer heraus aufgerufen haben, lernen Sie in Schritt 4 kennen, wie Sie die Bilder nun einfügen.

Schritt 4: Wenn Sie nun erst die Bilder einfügen oder weitere Bilder zu Ihrer Diashow hinzufügen möchten, wählen Sie oben im Fenster *Diashow-Editor* das Auswahlmenü *Medien hinzufügen.* Hier können Sie wählen, ob Sie *Fotos und Videos aus Organizer* oder … *aus Ordner* einfügen möchten (siehe Abb. 27.3).

Wenn Sie … *aus Organizer* gewählt haben, öffnet sich das Fenster *Medien hinzufügen.* Sie können vorab wählen, ob Sie den ganzen Katalog des Organizers durchsuchen möchten oder z. B. nur ein bestimmtes Album. Dann setzen Sie bei den Fotos, die Sie einfügen möchten, ein Häkchen in der Vorschau des Fensters. Haben Sie … *aus Ordner* gewählt, erscheint das Fenster *Foto- und Videodateien wählen,* das dem Fenster *Datei öffnen* aus Windows entspricht. Hier navigieren Sie zum gewünschten Verzeichnis und markieren die Bilder, die Sie einfügen möchten. Auch hier gibt es eine Vorschau-Funktion *Miniaturansicht,* die sich hinter dem Symbol oben rechts verbirgt. Übrigens können Sie auch Videoclips mit in eine Diashow einbinden. Ja, Sie können sogar ganz einfach eine Diashow aus mehreren Videoclips erstellen.

Abb. 27.3
Bilder für die Diashow aus dem
Organizer hinzufügen

→ **Hinweis:** Wenn Sie die Bilder im gewählten Verzeichnis z. B. vorab alphabetisch oder numerisch benannt und sortiert haben (z. B. *01-dateiname. endung, 02-dateiname.endung* …), werden die Bilder gleich in der gewünschten Reihenfolge eingefügt.

Bestätigen Sie Ihre Auswahl mit *Fertig* bzw. *Öffnen.* Das Fenster schließt sich, und Sie kehren zurück zum Diashow-Editor. Dort sind die gewählten Bilder (und Videos) nun in der Leiste unten eingefügt.

Schritt 5: Sie können jetzt vorab schon eine Vorschau Ihrer Diashow betrachten. Sie haben über die Schaltfläche *Vollbildvorschau* rechts oben in der Symbolleiste des Fensters des Diashow-Editors die Möglichkeit, Ihre Diashow als Vorschau in Vollbildansicht zu betrachten. Und unter dem großen Vorschaufenster im Diashow-Editor sehen Sie die Steuerungselemente eines Players. Die große Schaltfläche in der Mitte ist die Wiedergabe-Schaltfläche. Wird diese geklickt, beginnt die Diashow. Dabei wird die Wiedergabe-Schaltfläche durch die Pause-Schaltfläche ersetzt, mit der Sie die Show wieder anhalten können. Wahrscheinlich sind Sie zunächst noch verhalten begeistert von dem, was Sie sehen. Das Ganze läuft mit dem gewählten Übergang von Bild zu Bild, ohne Ton, ohne Titel – und vor allem zunächst einfach in der Reihenfolge, in der die Bilder importiert wurden. Unser nächstes Ziel ist also das Sortieren der Bilder.

Schritt 6: Um die Bilder zu sortieren, können Sie sie in der Leiste unten einzeln mit der Maus anfassen und per Drag & Drop an die gewünschte Position platzieren. Bei wenigen, einzelnen Bildern, die neu sortiert werden müssen, geht das schnell und einfach. Dabei ist zu beachten, dass die Diashow in der Leiste von links nach rechts abgespielt wird, das Bild links außen ist also das erste in der Show. Beim Positionieren der Bilder hilft Ihnen ein senkrechter Balken, den Sie sehen, wenn Sie ein Bild mit der Maus verschieben, und der Ihnen anzeigt, wo Sie das Bild gerade einfügen können. Bei einer ganzen Diashow mit vielen Bildern ist dieses Sortieren in der Leiste aber doch umständlich, weil Sie immer in der Leiste hin und her scrollen müssen. Deshalb wurde die Funktion *Schnell neu ordnen* eingefügt, die Ihnen in einem eigenen Fenster des Diashow-Editors die Bilder von links nach rechts und zeilenweise von oben nach unten angeordnet anzeigt. Hier können Sie die Bilder, ebenfalls per Drag & Drop, schnell sortieren und in die gewünschte Reihenfolge bringen. Und auch hier können Sie Bilder löschen und neue Medien hinzufügen. Wenn Sie sortiert haben, klicken Sie oben links auf die Schaltfläche *Zurück,* um wieder zum Diashow-Editor zu gelangen.

Abb. 27.4
Das Fenster Diashow-Editor mit der Funktion Schnell neu ordnen. Zurück zur Standard-Ansicht gelangen Sie über die Schaltfläche Zurück oben links im Fenster.

Schritt 7: Nachdem Sie die Bilder sortiert haben, geht es jetzt um die feineren Bearbeitungen. Sie haben beim Anlegen der Diashow für alle Bilder gleich eine Standzeit angegeben, z. B. fünf Sekunden, die ein Bild zu sehen sein soll, bevor zum nächsten gewechselt wird. Im Diashow-Editor sehen Sie unten in der Leiste unter jedem Bild eine Zahl, z. B. 5 s. Klicken Sie darauf. Im sich öffnenden Auswahlmenü können Sie nun eine andere Standzeit für das Bild auswählen, z. B. drei Sekunden. Oder, falls das Bild länger zu sehen sein soll, klicken Sie in der Auswahl auf *Eigene* und geben eine Zahl, z. B. 8 (Sekunden), ein. Die Eingabe müssen Sie noch in dem Fenster, das sich dafür geöffnet hat, mit *OK* bestätigen. Unter dem Bild steht jetzt 8 s. Wenn Sie möchten, dass alle Bilder acht Sekunden Standzeit haben, klicken Sie jetzt auf die Zahl und wählen im Auswahlmenü *Alle Folien auf 8 s einstellen*.

Abb. 27.5
Der etwas schwer erkennbare Pfeil zum Aufrufen des Auswahlmenüs der Übergänge

Schritt 8: So, nun haben Sie die Standzeit der Bilder korrigiert. Jetzt können Sie auch die Übergänge abändern. Auch die Art der Übergänge haben Sie eingangs einheitlich ausgewählt und festgelegt, allerdings ohne Vorschaumöglichkeit. Nun haben Sie ja schon einmal einen Blick auf Ihre Diashow werfen können. Wenn Ihnen die Art der Übergänge nicht gefällt – Sie können nun für einzelne oder für alle Bilder eine neue Wahl treffen.

Die Übergänge werden in der Leiste durch die kleineren Rechtecke zwischen den Bildern angezeigt. Rechts daneben sehen Sie einen kleinen Pfeil. Klicken Sie darauf, und Sie können für diesen Übergang eine andere Art aus dem Auswahlmenü wählen. Tun Sie das für den ersten oder zweiten Übergang, und lassen Sie die Diashow abspielen, um zu kontrollieren und zu vergleichen. Wenn Ihnen die neue Art des Übergangs besser zusagt, können Sie auch nochmals das Auswahlmenü dazu aufrufen. Wählen Sie ganz oben *Auf alle anwenden*. Im Nu haben Sie die Übergänge geändert.

Beachten Sie auch, dass Ihnen die Eigenschaften der Übergänge rechts neben dem großen Vorschaufenster nochmals angezeigt werden, wenn Sie in der Leiste unten einen Übergang anklicken. Nur wird hier auch die Dauer des Übergangs angezeigt, und Sie können auch diese über ein Auswahlmenü ändern. Wollen Sie die Dauer mehrerer Übergänge gleichzeitig ändern, markieren Sie sie in der Leiste mit gedrückter Strg-/Ctrl-Taste.

Allerdings funktioniert das nur, wenn dies alles Übergänge der gleichen Art sind.

Schritt 9: Haben Sie auch ganz zu Anfang das Kontrollkästchen für *Horizontalen Bildlauf und Zoom aktivieren* abgehakt? Dann ist dieser Effekt bereits für alle Bilder der Diashow aktiviert.

Wenn Sie die Folien nicht gleich mit diesem Effekt versehen haben, können Sie das nun nachholen, indem Sie einfach ein Bild in der Leiste unten durch Anklicken markieren und in den Eigenschaften dazu ein Häkchen bei der Option *Horizontalen Bildlauf und Zoom aktivieren* setzen. Entsprechend können Sie die Option für ein Bild selbstverständlich auch deaktivieren. Sie können Bildlauf und Zoom auch bearbeiten. In den *Eigenschaften* rechts sehen Sie ein Start- und ein Ende-Bild, sofern die Option gesetzt ist. Dazwischen sehen Sie Schaltflächen, mit denen Sie die Start- und die Endposition tauschen können (zuunterst) oder über die Sie z. B. die Startposition auch der Endposition zuweisen können – oder umgekehrt die Endposition auch der Startposition. Wenn Sie das tun, scheint das Bild stillzustehen.

Klicken Sie auf das Vorschaubild bei *Anfang*, können Sie in der großen Vorschauansicht links den grünen Rahmen und damit den Bildausschnitt mit der Maus an den Ecken durch Ziehen vergrößern oder verkleinern oder, indem Sie eine Rahmenseite mit der Maus anfassen, den Rahmen verschieben. Entsprechendes gilt bei Klick auf das Vorschaubild bei *Ende* für den roten Rahmen. So können Sie selbst bestimmen, von wo nach wo das Bild läuft und/oder gezoomt wird. Wenn Sie möchten, können Sie der ausgewählten Folie mit der Option *Dieser Folie einen weiteren horizontalen Bildlauf und Zoom hinzufügen* – eben genau das tun. Dabei wird die Folie in der Leiste dupliziert und mit der ersten verknüpft (Ketten-Symbol). Nun können Sie der ersten Folie z. B. eine Bewegung von links nach rechts zuweisen und der zweiten einen Zoom. Erkennen Sie was? Sie bekommen gut zu tun!

Schritt 10: Titel gefällig? Bitte schön! Sie können in jeder beliebigen Folie einen erläuternden Text einfügen, z. B. in Ihrem ersten Bild als Titel (siehe Abb. 27.6).

Für den Titel setzen Sie zunächst die erste Folie aktiv – klicken Sie sie an. Ich habe hier zunächst eine Denkblase aus den Grafiken per Drag & Drop eingefügt (siehe Abb. 27.6). Unter dieser Schaltfläche *Grafiken hinzufügen* im Feld *Extras* finden Sie eine Auswahl von verschiedenen Grafiken, Clip Arts, Rahmen und Hintergründen. Diese fügen Sie einfach per Drag & Drop ein und können sie dann in der Folie noch skalieren und anpassen.

Abb. 27.6

Grafiken, Clip Arts und Hintergründe werden aus der Auswahl unter Extras einfach per Drag & Drop in eine Folie eingefügt.

Um nun Text in die Denkblase zu füllen, wählen Sie rechts oben unter *Extras* die Schaltfläche *T* (Text) oder ganz oben in der Symbolleiste die Schaltfläche *T Text hinzufügen.* Es erscheint eine Auswahl verschiedener Textstile mit und ohne Schlagschatten. Wählen Sie einen durch Doppelklick. Es öffnet sich das Fenster *Text bearbeiten,* ein kleiner Text-Editor, und Sie können Ihren Text mit Zeilenumbrüchen eingeben. Der Text erscheint auch sofort im großen Vorschaubild links. Wenn Sie die Texteingabe mit *OK* im Fenster *Text bearbeiten* bestätigen, können Sie den Text aber noch weiter gestalten (siehe Abb. 27.7).

Nach dem Schließen des Fensters *Text bearbeiten* stehen Ihnen unter *Eigenschaften* die Texteigenschaften zur Verfügung, die Sie einrichten können. Schriftart, Schriftgröße und Farbe, Deckkraft des Textes, Ausrichtung – bis hin zum Textschatten und seiner Farbe können Sie alles bearbeiten. Auch den Text selbst können Sie nachträglich noch korrigieren und ergänzen. Wenn Sie auf die Schaltfläche *Text bearbeiten* in den Eigenschaften klicken, öffnet sich wieder der kleine Text-Editor. Den Text positionieren können Sie einfach, indem Sie im Vorschaufenster mit dem Mauszeiger auf den Text zeigen und diesen mit gedrückter linker Maustaste verschieben.

Schritt 11: Der Titel soll nicht auf dem ersten Bild, sondern auf einer separaten Bildfolie mit schwarzem Hintergrund erscheinen? Auch kein Problem! Markieren Sie in der Leiste Ihr erstes Bild. Dann wählen Sie in der Symbolleiste ganz oben *Leere Folie hinzufügen*. In Ihrer Diashow wird eine schwarze Folie eingefügt. Diese müssen Sie nur noch mit Drag & Drop in der Leiste positionieren, d. h., eigentlich müssen Sie das erste Bild, das immer noch voransteht, mit Drag & Drop rechts neben die schwarze Folie platzieren.

Abb. 27.7
Das Fenster Diashow-Editor mit den
Möglichkeiten, Text einzufügen und zu
bearbeiten

Halt, eine andere Farbe wäre schöner! Doppelklicken Sie auf die schwarze Folie in der Bilderleiste unten. In den *Eigenschaften* haben Sie jetzt die Möglichkeit, z. B. die Farbe der Folie aufzurufen und über den bekannten Farbwähler eine andere zu wählen.

Abb. 27.8
Die Farbe einer eingefügten Folie bearbeiten

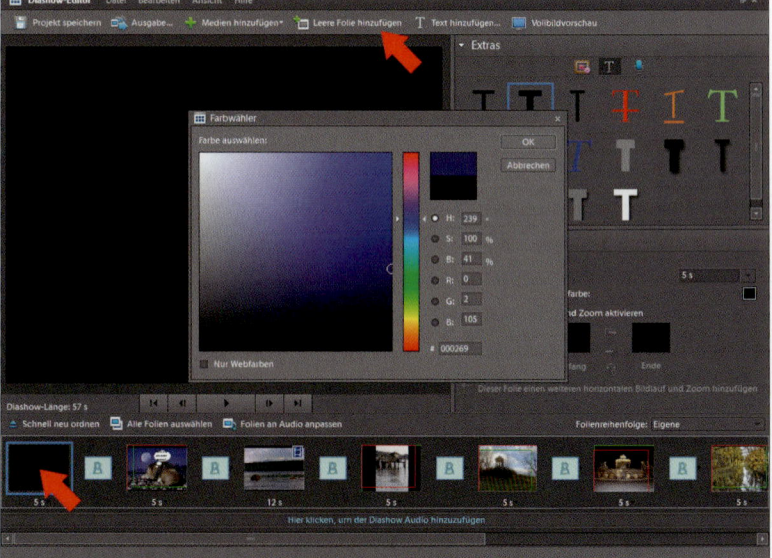

Halt! Eigentlich wäre ein gestalteter Hintergrund oder ein Rahmen schöner? Auch recht! Klicken Sie oben unter *Extras* auf die linke Schaltfläche,
das Symbol *Grafiken hinzufügen* (siehe Abb. 27.9). Scrollen Sie nun im Feld
unter *Extras*, wo zunächst verschiedene Grafiken unter der Überschrift
Blumen zusammengestellt sind. Da sind die *Hintergründe*. Wenn Sie noch
weiter scrollen, finden Sie auch die *Rahmen*. Einfach ein Doppelklick auf
den gewünschten Hintergrund bzw. Rahmen, und dieser wird in der Folie
eingefügt.

   In den *Eigenschaften* können Sie nun noch die Größe der eingefügten
Grafik, des Rahmens oder des Hintergrundes einrichten. Bei einem Hintergrund können Sie unter *Effekte* hier auch die farbliche Darstellung des Hintergrunds anpassen, ob er in Farbe, Schwarzweiß oder Sepiatönung erscheinen soll. Nun können Sie auf dieser Folie auch endlich wie in Schritt 9
gezeigt den Titel einfügen.

Abb. 27.9
Eingefügte Folie mit Hintergrund und Titel

Schritt 12: War's das? Für eine Diashow, bei der Sie selbst danebensitzen
und erzählen und die Musik machen, ja. Sehen wir uns an, wie Sie jetzt
zumindest noch eine Hintergrundmusik einfügen können. Dazu klicken
Sie einfach unter der Bilderleiste auf die *Tonspur,* in der geschrieben steht:
Hier klicken, um der Diashow Audio hinzuzufügen. Das Fenster *Audiodateien wählen* (wie *Datei öffnen*) öffnet sich, und Sie können Ihren Rechner
nach gespeicherten Audiodateien durchsuchen. Auch wenn Sie noch gar
keine CDs gerippt oder MP3-Dateien heruntergeladen haben (selbstverständlich alles nur rechtmäßig), können Sie das unter Windows schon einmal versuchen, denn es gibt hier einen Ordner *Eigene Musik* in den *Eigenen
Dateien,* und dieser Ordner hat wiederum ein Unterverzeichnis *Beispiel-*

musik. Wählen Sie also eine Musikdatei aus, und klicken Sie auf *Öffnen*. Die Audiodatei wird sofort eingefügt. Bei einer längeren Diashow können Sie diesen Vorgang wiederholen und so mehrere Musikstücke hintereinander in die Tonspur einfügen. Dort können Sie eingefügte Audiostücke auch verschieben und kürzen. Wenn Ihnen ein Musikstück doch nicht gefällt, klicken Sie es in der Tonspur mit rechtem Mausklick an und wählen im Kontextmenü *Audio löschen*. Denken Sie daran: Die Dateiart für die Musikdatei kann WAV, MP3, WMA, AC3, MPA, MP2, M2A oder AAC sein.

Abb. 27.10
Eine Hintergrundmusik auswählen
und einfügen

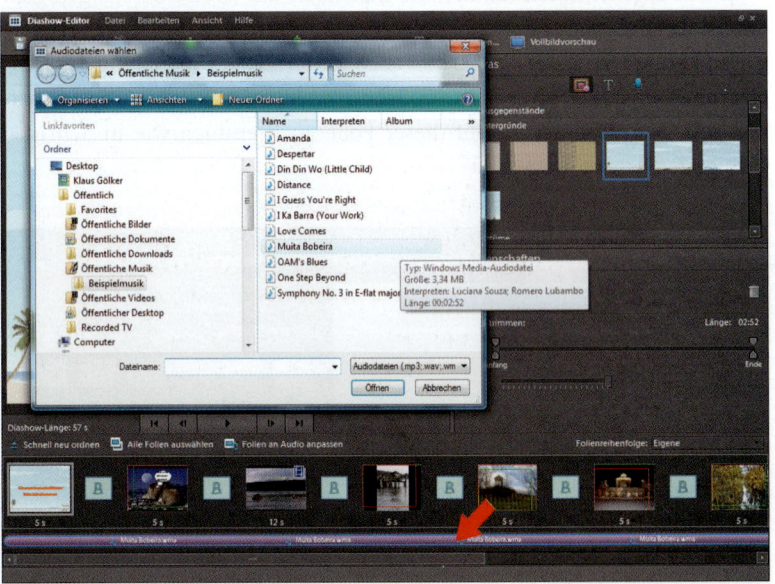

Schritt 13: So, zunächst kommt noch die Endabnahme. Im *Diashow-Editor* klicken Sie oben in der Symbolleiste auf die Schaltfläche *Vollbildvorschau*. Aber vergewissern Sie sich, dass Sie in der Bilderleiste die erste Folie markiert haben, damit die Präsentation auch mit dem ersten Bild bzw. mit dem Titel beginnt. Lehnen Sie sich zurück, entspannen Sie sich. Sie sind die oder der Erste, der sein eigenes Werk zu sehen (und zu hören) bekommt. Sollte Ihnen etwas auffallen, das Ihnen noch nicht so recht gefällt, drücken Sie auf Ihrer Tastatur die Esc-Taste (Escape) und machen sich im *Diashow-Editor* nochmals an die Arbeit.

Schritt 14: Wenn alles zu Ihrer Zufriedenheit ist, geht es nur noch darum, die Diashow auszugeben. Klicken Sie dazu oben in der Symbolleiste auf die Schaltfläche *Ausgabe*.

Abb. 27.11

Die verschiedenen Ausgabeoptionen

Im Fenster *Diashow-Ausgabe* können Sie nun wählen, ob Sie die Datei als
solche speichern möchten, ob Sie die Diashow gleich auf eine CD oder
DVD brennen oder direkt auf Ihrem Fernseher ausgeben möchten. Soweit
Sie über das Programm Adobe Premiere Elements verfügen, können Sie die
Datei auch an dieses Programm übergeben. In Premiere Elements können
Sie z. B. eine vorbereitete Diashow noch komfortabler vertonen, DVD-Titel
einfügen und vieles andere mehr. Im Beispiel speichere ich die Diashow als
Datei und kann dann unter *Dateieinstellungen* wählen, für welches Aus-
gabemedium ich die Datei einrichten möchte. Ich wähle hier eine Ausgabe
auf Video-CD (VCD). Sie könnten auch hier noch die Datei für den Webexport als PDF-Präsentation aufbereiten, wobei dann die Diashow vereinfacht und die Videos nicht mit aufgenommen würden. Doch Audioinhalte
können sogar in das PDF eingebettet werden. Die Dateigröße ist wesentlich
geringer als bei einer Videowiedergabe, so dass Sie die Diashow als PDF
leichter über das Internet versenden können.

Wenn Sie alle Einstellungen getroffen haben, klicken Sie auf *OK*. Sind
Sie meiner Wahl gefolgt, müssen Sie jetzt nur noch den Speicherort für die
Datei wählen. Wenn das erledigt ist, schreibt das Programm die Datei, was
je nach Einstellungen und Umfang der Diashow wieder einige Zeit bean-
spruchen kann.

28 CDs oder DVDs erstellen

Ob Sie eine CD- oder DVD-Hülle erstellen möchten, das Vorgehen bzw. die Funktionen des Programms sind dabei im Wesentlichen gleich. Das Programm bietet auch dafür eine eigene Funktion, die ich Ihnen nun zeige. Danach sehen Sie in einer Übersicht, was ich normalerweise mache. Ich stelle mir die CD-Hüllen zumeist in Eigenarbeit mit Photoshop Elements selbst her.

28.1 CD- oder DVD-Hüllen mit Hilfe des Assistenten herstellen

Nun geht es also darum, eine CD-Hülle mit Hilfe einer Programmfunktion aus Photoshop Elements geführt zu erstellen. Ich beschränke mich im Wesentlichen auf die CD-Hülle, denn eine DVD-Hülle herzustellen läuft nach dem gleichen Schema ab. Beginnen Sie im Editor, und öffnen Sie ein Foto, mit dem Sie die CD-Hülle gestalten möchten. Zwar könnten Sie das Bild auch erst im Organizer auswählen, aber die Funktion, die wir aufrufen wollen, wechselt automatisch zum Editor. Also öffnen wir das Bild gleich in dieser Programmansicht. Wählen Sie den violetten Reiter *Erstellen*. Um die Funktion aufzurufen, klicken Sie auf die Schaltfläche *CD-Hülle* zuunterst.

In dem neuen rechten Fensterbereich, der sich danach öffnet, können Sie auf Wunsch ein Thema aus dem Feld *Thema wählen (optional)* vorwählen. Auf jeden Fall müssen Sie im Feld *Layout wählen* ein Layout für die CD-Hülle wählen. Beides erledigen Sie nacheinander durch Doppelklick auf den gewünschten Eintrag in den Feldern. Danach geht es schon weiter mit Klick auf die Schaltfläche *Fertig*.

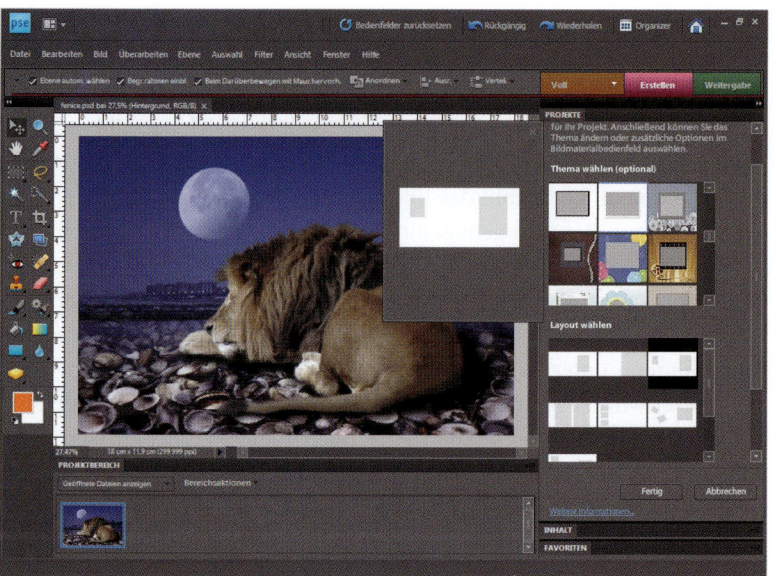

Abb. 28.1
Die Auswahl des Themas und des Layouts in
der Ansicht Erstellen – Projekte

Das Programm rechnet und fügt das eine vorab geöffnete Bild in das Layout ein. Da ich ein Layout mit zwei Bildern gewählt hatte, wird mir nun die Möglichkeit angeboten, ein zweites Bild zu suchen und einzufügen.

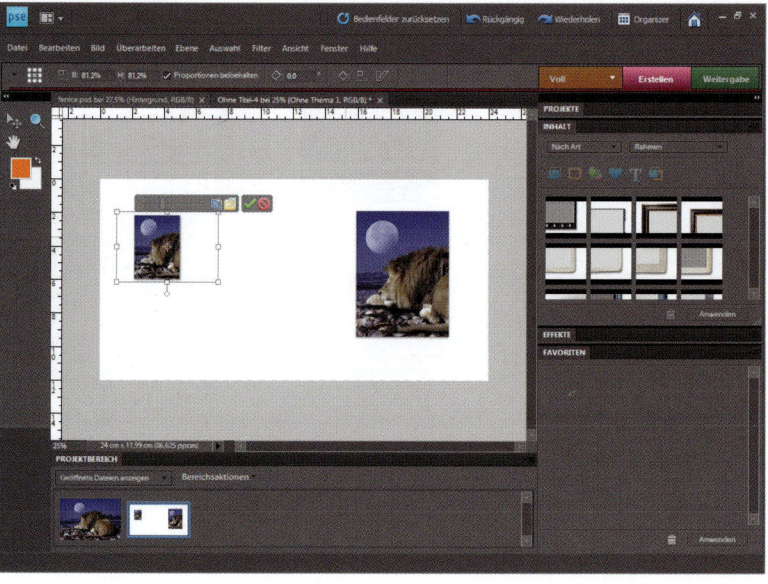

Abb. 28.2
Das eben erstellte Bild mit dem Layout. Die
Rahmen lassen sich mit dem Verschieben-
Werkzeug anklicken und vergrößern oder
verkleinern. Ein Klick mit dem Verschieben-
Werkzeug auf den Mittelpunkt des leeren
Rahmens öffnet ein Fenster, in dem Sie ein
weiteres Bild auswählen und einfügen können.

Wenn Sie so weit mitgemacht haben: Sie müssen nun lediglich mit dem Verschieben-Werkzeug auf den Mittelpunkt des leeren Rahmens klicken. Es öffnet sich ein Fenster *Foto ersetzen* (vergleiche *Datei öffnen*), in dem Sie Ihren Rechner nach einem gewünschten Bild durchsuchen können.

Leichter geht es per Drag & Drop aus dem Projektbereich auf die Bildfläche, wenn das Bild bereits im Projektbereich geöffnet ist. Sobald Sie die Bilder einfügen, erscheint darüber ein Schieberegler, mit dessen Hilfe Sie die Größe des Bildes anpassen können. Außerdem lässt sich das Bild mit dem Verschieben-Werkzeug anfassen und positionieren. Wenn das Bild eingefügt ist, können Sie sowohl das Bild als auch den Rahmen anklicken und skalieren. Beim Rahmen genügt ein einfacher linker Mausklick, beim Bild muss es ein Doppelklick sein. Bei meinem Beispiel-Cover wünsche ich um das Bild noch einen gestalteten Rahmen. Dazu markiere ich das Bild im Cover durch Anklicken und wähle rechts im Feld *Inhalt* aus dem rechten Auswahlmenü unter *Rahmen* einen passenden Rahmen per Doppelklick aus. Dieser wird augenblicklich passend um das Bild herum angelegt, lässt sich aber, wie bereits beschrieben, auch noch skalieren und anpassen.

So weit, so gut. Das Bild und das Layout für das Cover haben wir, es fehlt der Text. Dazu wechseln Sie im Feld *Inhalt* rechts, im Auswahlmenü rechts zur Auswahl *Text*.

Abb. 28.3
Der Aufruf der Textfunktion aus dem
Fensterbereich Inhalt

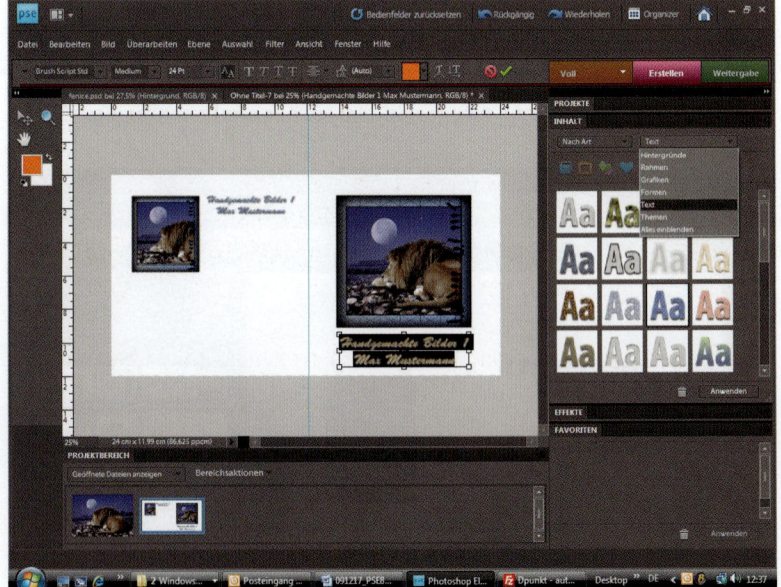

Mit Doppelklick wählen Sie hier im entsprechenden Auswahlfeld eine vorbereitete Schriftart aus. Sie können dann sofort im Bild schreiben und den Text anschließend mit dem Verschieben-Werkzeug positionieren. Zur Gestaltung und Formatierung des Textes stehen Ihnen oben im Fenster die Werkzeugoptionen des Textwerkzeugs zur Verfügung. Allerdings könnten Sie genauso gut das normale Textwerkzeug einsetzen. Das war's im Wesentlichen. Speichern Sie Ihr Cover.

Fällt Ihnen etwas auf? Ja, es gibt keine vereinfachte Funktion, mit der Sie eine Rückseite, einen Einleger für eine CD-Box anfertigen können. Dabei sind Sie auf die im Folgenden gezeigte, händische Methode angewiesen. Allerdings bieten auch manche Brennprogramme wie **Ahead Nero Burning ROM** mit seinem Coverdesigner dabei eine automatisierte Hilfe.

Mac-Tipp: Diese Funktion *CD-Hülle* finden Sie in Photoshop Elements unter Mac OS X ebenfalls unter der Reiterkarte *Erstellen*, dort jedoch im Auswahlmenü unter *Mehr Optionen*.

28.2 CD- oder DVD-Hüllen selbst erstellen

Nun machen wir das Cover mit Hilfe des Programms per Hand. Bei Standard-CD-Einliegern gibt es normalerweise zwei Elemente: das Front-Cover und der eigentliche Einlieger, die Rückseite sozusagen. Und jetzt erstellen wir die Rückseite selbst. Bei DVD-Hüllen ist es nur ein Element, das Vorder- und Rückseite trägt.

Hier in Kürze die Arbeitsschritte:

- Für das Front-Cover legen Sie mit *Datei – Neu – Leere Datei* ein neues Dokument an. Wenn Sie schon wissen, welches Foto Sie einfügen möchten, geben Sie dem Dokument folgende Eigenschaften: *Name:* (z. B.) Handgemachte Bilder Cover Front – *Breite* 12,1 cm – *Höhe* 12,1 cm – *Auflösung:* 300 ppi (bzw. die Auflösung des Bildes, das Sie einfügen möchten) – *Modus:* RGB-Farbe – *Hintergrundinhalt:* Weiß (oder Hintergrundfarbe oder Transparent).
- Speichern Sie die Datei am besten sofort als PSD-Datei.
- Öffnen Sie das Bild oder Foto, das Sie einfügen möchten.
- Ziehen Sie das Bild aus dem Ebenen-Bedienfeld mit Drag & Drop auf das Bildfenster der leeren Datei.
- Positionieren und skalieren Sie das Bild passend (oder fügen Sie es so ein, dass es als Hintergrund die ganze Fläche füllt).
- Fügen Sie den gewünschten Text ein. Formatieren und positionieren Sie diesen.
- Wenn Sie bei der Herstellung der Datei *Transparent* als Bildeigenschaft gewählt haben, sollten Sie spätestens jetzt die Hintergrundebene mit einer Farbe, einem Verlauf oder einem Muster füllen. Das bewerkstelligen Sie mit dem Füll- bzw. Verlaufswerkzeug oder mit *Bearbeiten – Ebene füllen (bzw. Auswahl füllen): Füllen mit: Muster*. Aber nur, wenn das eingefügte Bild kleiner als die Fläche des Covers sein soll.
- Wenn das eingefügte Bild nicht vollflächig eingepasst wird, erzeugen Sie mit *Auswahl – Alles auswählen* eine Auswahl der gesamten Bildfläche.
- Setzen Sie die Hintergrundebene aktiv.

■ Wählen Sie eine geeignete Vordergrundfarbe, und ziehen Sie die Auswahl nach mit *Bearbeiten – Kontur füllen*. Geben Sie dieser Konturfüllung die Eigenschaften *Breite:* 1 px und *Position:* Mitte. Die nachgezogene Kontur dient später als Schneidekante.

■ Heben Sie die Auswahl auf: Menü *Auswahl – Auswahl aufheben*.

■ Speichern Sie das Bild.

Abb. 28.4
Das fertige Front-Cover

Das Vorgehen für die Rückseite ist prinzipiell gleich, doch sind hier die Maße anders. Das Bild, das Sie neu anlegen, hat jetzt folgende Eigenschaften: *Name:* (z. B.) Handgemachte Bilder Cover Rückseite – *Breite* 15,1 cm – *Höhe* 11,8 cm – *Auflösung:* 300 ppi (bzw. die Auflösung des Bildes, das Sie einfügen möchten) – *Modus:* RGB-Farbe – *Hintergrundinhalt:* Weiß (oder Hintergrundfarbe oder Transparent). Achten Sie darauf, dass Front und Rückseite die gleiche Auflösung haben müssen. Das ist für den späteren Ausdruck erforderlich.

Wenn Sie auch auf der Rückseite ein Bild als Hintergrund vollflächig einsetzen möchten, sollten Sie daran denken, die Deckkraft zu reduzieren und das Bild so anzupassen, dass der Text darauf lesbar ist. Sie müssen auch beachten, dass am Einleger für die Rückseite links und rechts je ein 6 mm breiter Streifen seitlich umgeknickt wird, der dann jeweils eine der Seiten der CD-Hülle bildet. Um diese Seiten darzustellen, blenden Sie sich die Lineale im Bildfenster ein (Menü *Ansicht – Lineale*) und stellen diese auf die Einheit cm ein (Doppelklick auf eines der Lineale). Anschließend legen Sie rechts und links eine Hilfslinie mit 6 mm Abstand zum Außenrand an. Die eigentlichen Seiten erstellen Sie dann mit einem Auswahlrechteck, das Sie 6 mm von Außenrand eingerückt an der oberen Außenkante ansetzen und dann über die ganze Höhe nach außen aufziehen. Anschließend füllen Sie dessen Kontur und erhalte so auch wiederum Schnittkanten.

Speichern Sie die beiden Dateien separat. Um Front und Rückseite auf ein Blatt drucken zu können, müssen Sie die Bilder nun noch zusammenführen. Gehen Sie dabei so vor:

- Speichern Sie die Rückseite nochmals unter neuem Namen als PSD-Datei, z B. als *Handgemachte Bilder Cover Druck.psd*.
- Vergrößern Sie die Arbeitsfläche am Bild mit *Bild – Skalieren – Arbeitsfläche* so, dass über der Rückseite 12,1 cm Platz angefügt werden (siehe Abb. 28.6).
- Nun öffnen Sie ggf. das Bild *Handgemachte Bilder Cover Front.psd* nochmals.
- Im Menü *Ebene – Auf Hintergrundebene reduzieren* fügen Sie alle Ebenen zu einer Hintergrundebene zusammen.

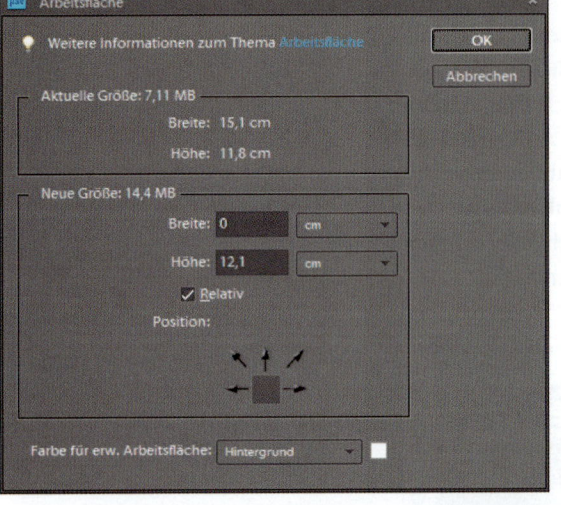

Abb. 28.6

Die Einstellungen zum Erweitern der Arbeitsfläche im Menü Bild – Skalieren – Arbeitsfläche. Wesentlich ist die Auswahl, von wo aus erweitert werden soll (siehe die Kästchen unten).

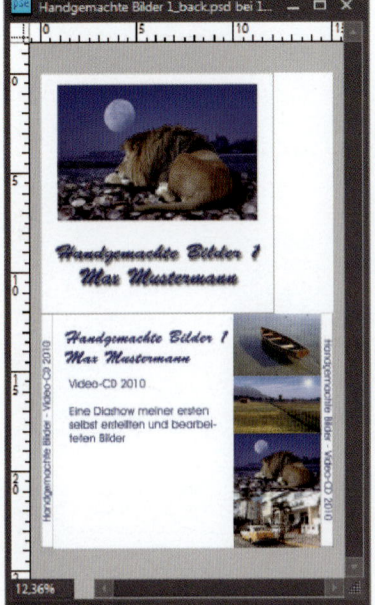

Abb. 28.7

Das Cover mit Front und Rückseite, fertig zum Ausdrucken

▦ Diesen Hintergrund importieren Sie per Drag & Drop aus dem Ebenen-Bedienfeld auf die Bildfläche des Bildes *Handgemachte Bilder Cover Druck.psd*.

▦ Schließen Sie das Bild *Handgemachte Bilder Cover Front.psd*, ohne die Änderungen zu speichern.

▦ Im Bild *Handgemachte Bilder Cover Druck.psd* positionieren Sie die eingefügte Ebene oben kantenbündig am linken Rand.

▦ Speichern Sie die Datei.

Das war's. Nun können Sie das Cover und die Rückseite drucken.

Das Vorgehen bei einer DVD-Hülle ist entsprechend gleich, nur dass Sie es hier mit lediglich einem Element zu tun haben, das die Abmessungen 27,3 cm × 18,3 cm hat. Dabei müssen Sie von links nach rechts eine Breite von 13,0 cm für die Rückseite vorsehen, 1,3 cm für den Rücken bzw. mittleren Steg und nochmals 13,0 cm für die Front.

28.3 Video-CDs (und DVDs) brennen mit Photoshop Elements

Wenn Sie ein eigenes Brennprogramm besitzen, können Sie Ihre mit Photoshop Elements erstellten Präsentationen und Diashows in der Regel auch mit dessen Hilfe als Video-CD oder DVD brennen. Wenn aber nicht, genügen die Bordmittel von Photoshop Elements. Das Programm bietet eigene Funktionen, um Ihre Diashow so auf ein geeignetes Medium zu brennen, dass sie in jedem geeigneten DVD-Player abgespielt und auf dem Fernseher ausgegeben werden kann.

Auch das Brennen einer Video-CD und einer DVD fasse ich hier zusammen und zeige beispielhaft das Herstellen einer Video-CD (VCD). Voraussetzung ist, dass Sie die Diashow oder Präsentation bereits erstellt und entsprechend abgespeichert haben. Wie das geschieht, haben Sie in den vorausgehenden Kapiteln kennengelernt.

Schritt 1: Wählen Sie im Organizer (oder im Editor) den violetten Reiter *Erstellen* und dort in der Seitenleiste unter *Mehr Optionen* den Eintrag *VCD mit Menü*.

Schritt 2: Wenn Sie im Organizer bereits zuvor Ihre Diashow ausgewählt hatten, ist für Sie erst einmal alles in Ordnung. Sie wird im sich öffnenden Fenster bereits angezeigt. Wenn nicht, klicken Sie einfach im sich öffnenden Fenster *VCD mit Menü erstellen* erst einmal oben links auf die Schalt-

fläche *Diashows hinzufügen* (Sie können auch mehrere Diashows hintereinander auf eine CD oder DVD brennen). Ihnen werden nun alle auf Ihrem
Rechner gespeicherten Diashows in einem weiteren Fenster angezeigt, wo
Sie eine oder mehrere durch Anklicken bzw. Abhaken auswählen können
(siehe Abb. 28.8).

Bei mir im Beispiel erscheinen zwei Diashows im Auswahlfenster, aber es
ist eigentlich ein und dieselbe. Ich habe meine Diashow einmal als WMV-
Datei und einmal als Diashow-Projekt abgespeichert. Beides wird hier zur
Auswahl angeboten, ich wähle aber nur die WMV-Datei links.

Wenn Sie das Fenster *Diashows hinzufügen* mit Klick auf *OK* bestätigen, wird es geschlossen, und die Diashow erscheint im Fenster *VCD mit
Menü erstellen* (siehe Abb. 28.9). Hier müssen Sie zusätzlich nur noch unter
Videooptionen **PAL** als deutschen Fernsehstandard wählen, damit die Datei
richtig codiert wird. PAL ist übrigens in den meisten europäischen Ländern
der Standard für das Farbfernsehen. Nur, falls Sie Ihre Diashow Freunden in
die USA senden möchten, dann wählen Sie den amerikanischen Standard
NTSC. Das war das, klicken Sie unten rechts auf die Schaltfläche *Brennen*.

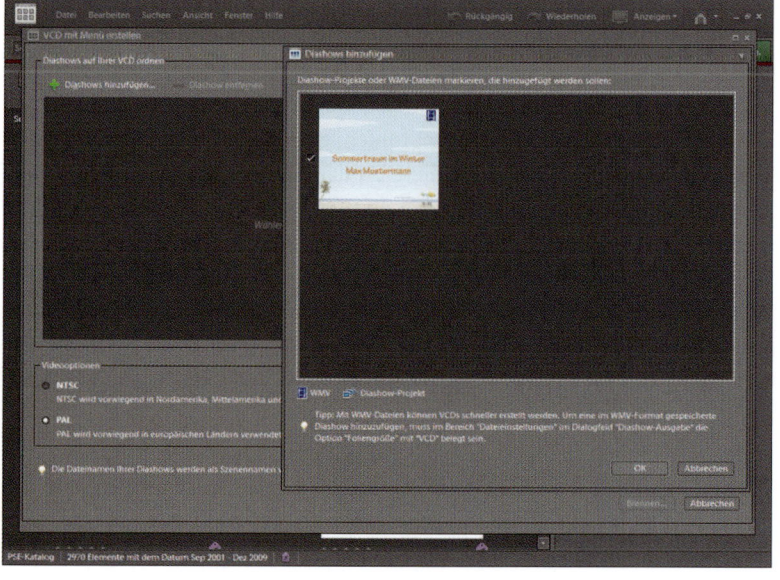

Abb. 28.8

Das Fenster VCD mit Menü erstellen und
das Fenster zur Auswahl der gespeicherten
Diashows

Abb. 28.9
Das Fenster des integrierten
Brennprogramms mit der Auswahl
des Brenners

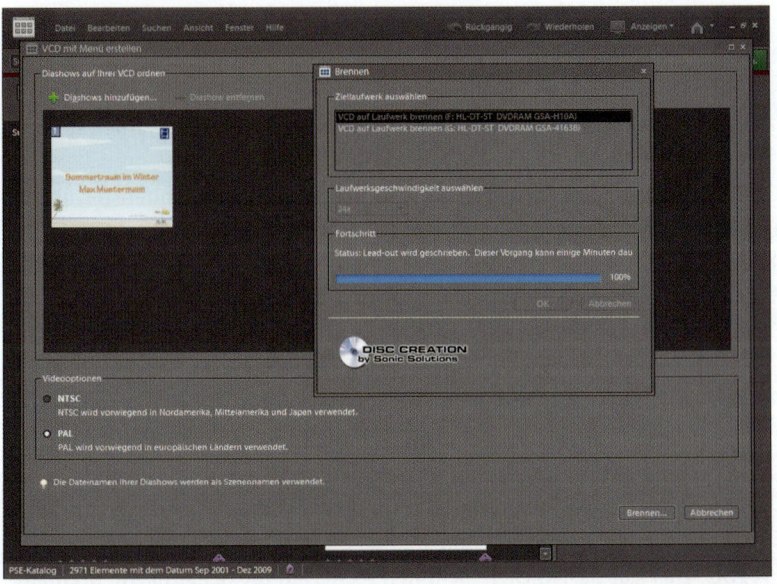

Schritt 3: Was noch folgt, sind die Auswahl des Brenners und der eigentliche Brennvorgang. Zunächst öffnet sich das Fenster *Brennen*. In meinem Beispiel, da ich zwei Brenner installiert habe, bin ich aufgefordert, einen zu wählen. Sobald der Brenner gewählt ist, können Sie noch die Laufwerksgeschwindigkeit wählen. Es wird empfohlen, etwa die halbe maximale Brenngeschwindigkeit zu wählen, da die CDs dann deutlicher geschrieben werden. Anschließend klicken Sie auf die Schaltfläche *OK*. Der Brenner öffnet das CD-Fach, und ein weiteres Nachrichtenfenster fordert Sie auf, ein geeignetes, leeres Medium einzulegen. Tun Sie dies, und bestätigen Sie das Nachrichtenfenster mit *OK*. Nun folgt der eigentliche Brennvorgang, der automatisch abläuft. Nach erfolgreicher Fertigstellung öffnet sich wieder das CD-Fach, und Sie können die CD entnehmen. Voilà, das war's. Viel Spaß beim Betrachten Ihrer Diashow.

Mac-Tipp: Unter Mac OS X steht unter der Registerkarte *Weitergabe* mit der Schaltfläche CD/DVD nur eine einfache Verknüpfung zum auf dem Rechner installierten Brennprogramm zur Verfügung. Letztlich können so zunächst nur Fotos zum Sichern auf eine Daten-CD bzw. DVD gebrannt werden. Da Photoshop Elements unter Mac OS X auch keine Funktion für Video-Diashows bereithält, müssen solche Aufgaben wie Diashows auf Video-CDs zu erstellen mit Hilfe anderer Programme bewerkstelligt werden.

**Teil VII
Anhang**

29 Raw-Entwicklung

Wir gehen noch einmal inhaltlich zurück, diesmal ganz an den Anfang dieses Buches, zu Kapitel 7, zum Öffnen von Bildern. Doch nicht alle von Ihnen wird interessieren oder betreffen, was hier an Informationen auf Sie wartet. Nur diejenigen, die eine Digitalkamera besitzen, die in einem eigenen, so genannten Raw-Dateiformat Bilder aufnehmen kann, sind hier angesprochen.

Wenn Sie nicht nur bei schönem Wetter fotografieren, sondern auch in der Dämmerung, nachts oder mit Blitzlicht, dann bietet Ihnen das Dateiformat JPEG nicht die besten Voraussetzungen für gute Bilder. Gegenlichtaufnahmen bei Sonnenschein werden zum Problem. Das Format JPEG hat eine Farbtiefe von 24 Bit, das heißt von rund 16,8 Millionen Farben. Das Ergebnis sind Bilder in »True Color«, also in Echtfarben. Doch die verlustbehaftete Kompression dieses Formats spart Dateigröße dadurch, dass ähnliche Farben vereinheitlicht und so die zu speichernden Informationen reduziert werden. Farbinformationen und Details gehen verloren. Bei guten Lichtverhältnissen erhalten Sie auch im JPEG-Format gute Bilder. Bei ungünstigen Lichtverhältnissen wird es schwierig, ein brauchbares Ergebnis zu erzielen, selbst in der Nachbearbeitung. Die Farben werden dann durch die Kompression mitunter zu stark vereinheitlicht, sprich aneinander angeglichen.

Das JPEG-Format (Joint Photographics Expert Group) wurde Anfang der 90er Jahre entwickelt. Es fand bald Verwendung zur Darstellung von Fotos im Internet. Aufgrund seiner hohen Kompression bietet es geringe Dateigrößen mit kurzen Ladezeiten, wichtig im damals langsamen World Wide Web. Mit dem Aufkommen der Digitalkameras war es das Speicherformat, das für die begrenzte Kapazität der frühen Speichermedien geeignet war.

Um eine optimale Bildqualität zu gewährleisten, bieten die Hersteller von digitalen Spiegelreflexkameras eigene Speicherformate an. Auch einige Bridge- und Kompaktkameras der oberen Preisklasse können in diesen so genannten Raw-Formaten speichern. Wenn Ihre Kamera ein Raw-Format anbietet, finden Sie die Hinweise darauf im Prospekt und im Handbuch, die Einstellungsmöglichkeiten dazu im Menü Ihrer Kamera.

Solche Rohdaten-Formate speichern die Bilddaten des Kamerachips in der Regel unkomprimiert mit 48 Bit Farbtiefe (rund 1,1 Billionen Farbabstufungen) in der höchsten Auflösung. Die Dateigröße liegt etwa beim Dreifachen eines JPEG-Bildes bei gleicher Anzahl Bildpunkte. Der Speichervorgang dauert um einiges länger als beim JPEG-Format, weshalb sich Raw-Aufnahmen nicht für schnelle Serienaufnahmen in der Sport- und Tierfotografie eignen. Raw-Bilder, auch als digitale Negative bezeichnet, müssen Sie erst mit Hilfe entsprechender Programme entwickeln und in anderen Dateiformaten speichern, bevor Sie sie weitergeben können. Doch das Ergebnis ist die Mühe zumeist wert.

Wenn Ihre Digitalkamera ein proprietäres, eigenes Dateiformat, d. h. ein Raw-Dateiformat, bei der Aufnahme bietet, sollten Sie dieses auch nutzen. Die Möglichkeiten, Aufnahmen bei besonderen Lichtverhältnissen wie Gegenlichtaufnahmen und Aufnahmen bei Dämmerung nachzubearbeiten und zu optimieren, sind dann wesentlich besser. Sie sollten dann auch die Bilder in diesem Format auf Ihrem Rechner als Originale speichern, um diese hohe Qualität zu sichern. Der Organizer z. B. kann auch diese Bilder als Vorschaubilder anzeigen, Windows Vista dagegen kann es nur nach Installation der entsprechenden Codecs. Den Download dieser so genannten Raw-Codecs bietet Microsoft für verschiedene Kamerahersteller unter www.microsoft.com/prophoto/downloads/codecs.aspx an. Auch auf der Website des FastPictureViewer werden solche Codecs für das Betriebssystem Windows zum Download angeboten: Raw-Codecs (FastPictureViewer): http://www.fastpictureviewer.com/codecs/. Alternativ kann eine Suche im Supportbereich der Website des Kameraherstellers helfen.

Mac-Tipp: Mac OS X unterstützt in Version 10.5 bereits eine Vielzahl von Raw-Formaten verschiedener Hersteller, so dass eine Nachinstallation eines Codecs für das Betriebssystem in den wenigsten Fällen erforderlich sein sollte. Informationen über die unterstützten Kameramodelle finden Sie hier: http://support.apple.com/kb/HT1475?viewlocale=de_DE

Photoshop Elements bietet ein eigenes Programmteil, einen so genannten Raw-Konverter namens **Camera Raw** zum Entwickeln von Raw-Formaten, so dass diese danach direkt im Editor geöffnet und bearbeitet werden können. Der Editor selbst kann solche Dateien zunächst nicht öffnen. Die Formatunterstützung des zusätzlichen Programmteils ist weitestgehend umfassend, d. h., praktisch alle herstellereigenen Kamera-Raw-Formate bzw. alle gängigen Kameras werden unterstützt.

Nach dem Entwickeln stehen die Bilder anschließend mit 48 Bit (16 Bit je Kanal) bzw. 24 Bit Farbtiefe (8 Bit je Farbkanal) zur Verfügung, je nach Einstellung im Dialogfeld *Camera Raw*. In 24 Bit Farbtiefe lassen sich die

Bilder mit dem Editor weiter bearbeiten. Das Speichern des fertigen Bildes sollte dann in einem qualitativ hochwertigen Standardformat wie TIFF oder PNG erfolgen.

Allerdings bietet Photoshop Elements bzw. das Dialogfenster *Camera Raw* auch die Möglichkeit, die Bilder nach dem Entwickeln in 48 Bit Farbtiefe als DNG-Datei zu speichern. Die weiteren Bearbeitungsmöglichkeiten des Editors für Bilder mit dieser Farbtiefe sind begrenzt. Sie können eine Kopie mit 48 Bit Farbtiefe speichern, um die volle Qualität zu bewahren. Für die Bearbeitung im Editor müssen Sie das Bild aber in 24 Bit Farbtiefe (8 Bit je Kanal) ausgeben.

Raw-Formate bieten nicht nur die Sicherung der Aufnahmedaten mit höchster Qualität. Sie ermöglichen zudem Korrekturen der Farb- und Helligkeitseinstellungen mit einer Farbtiefe von 16 Bit je Farbkanal. Wird ein Raw-Foto das erste Mal geöffnet, können die Belichtung und die Farbwerte bei 16 Bit Farbtiefe je Kanal korrigiert werden. Damit können z. B. auch unterbelichtete Aufnahmen aufbereitet werden, mit besseren Möglichkeiten, als sie der Editor in 24 Bit Farbtiefe bieten kann. Nach dem Entwickeln werden die Bilder direkt an den Editor zur weiteren Bearbeitung übergeben. Dieser Vorgang wird in Anlehnung an die analoge Fotografie als »Entwickeln« bezeichnet, Raw-Formate nennt man auch »digitale Negative«.

Unter Windows oder Mac OS können Sie alternativ für das »Entwickeln« Ihrer Aufnahmen im Raw-Format auch auf die kameraeigene Software des Herstellers zurückgreifen. Sollte Photoshop Elements wider Erwarten das Raw-Format Ihrer Kamera nicht direkt auslesen können, bleibt Ihnen, die Bilder vorher entweder mit einer Software des Kameraherstellers oder speziellen Anwendungen von Drittanbietern in ein »lesbares« Dateiformat wie TIFF oder PNG zu konvertieren.

Steht Ihnen die erstgenannte Software nicht zur Verfügung, so bietet sich das Programm IrfanViewer an, ein universeller Bildbetrachter, der in der aktuellen Version einiges mehr kann, als nur Bilder anzuzeigen. Zusätzlich zum Hauptprogramm wird auch eine Datei mit Plug-ins zum Download angeboten, welche die Unterstützung für viele proprietäre Kameraformate enthält. Beide Dateien sollten Sie installieren. Mit installierten Plug-ins kann der **IrfanViewer** folgende Dateiformate öffnen:

- **CAM** – Casio Camera File (nur JPEG-Version)
- **CRW/CR2** – Canon CRW-Dateien
- **DCR/DNG/EFF/MRW/NEF/ORF/PEF/RAF/SRF/X3F**
  – Kameraformate
- **KDC** – Kodak Digital-Camera-Dateien
- **PCD** – Kodak Photo-CD
- **RAW** – Raw-Bilddaten

Danach können Sie die Bilder entweder Stück für Stück umbenennen und in einem geeigneten Dateiformat wie TIFF oder PNG über das Menü *Datei – Speichern unter* speichern. Der IrfanViewer stellt aber auch eine so genannte **Stapelverarbeitung** zum Konvertieren einer größeren Anzahl von Bildern zur Verfügung. Sie finden diese im Menü *Datei* unter *Batch-Konvertierung/Umbenennung*.

29.1 Das Dialogfeld Camera Raw

Das Fenster des Raw-Konverters von Photoshop Elements – das Dialogfeld *Camera Raw* – ist so angelegt, dass die verschiedenen Arbeitsbefehle in der Reihenfolge angezeigt werden, in der sie auf das Bild angewandt werden sollten. Beim Öffnen von Raw-Bildern werden diese automatisch an das Dialogfeld übergeben – es lässt sich nicht separat aufrufen. Wenn Sie die Arbeitsschritte nachvollziehen möchten, rufen Sie aus dem Editor von Photoshop Elements die Datei *DSCN0071.NEF* aus dem Ordner *Bildvorgaben* auf der DVD auf.

Abb. 29.1

Das Dialogfeld Camera Raw

Sehen Sie sich das Dialogfenster erst einmal an:

- **Titelleiste:** Hier steht der Name des Fensters, daneben der Name der Kamera, von der das Bild importiert wurde. Dieses Dialogfeld besitzt keine der typischen Schaltflächen rechts oben, ist also so gesehen kein Programmfenster. Möchten Sie die Aufgabe vorzeitig beenden, bleibt nur der Klick auf die Schaltfläche *Abbrechen* rechts unten.

- **Symbole** (links oben): Dies sind Symbole für Werkzeuge, die Sie im Dialogfeld einsetzen können. Zunächst ist da das **Zoom-Werkzeug**, um das Vorschaubild in der Ansichtsgröße zu vergrößern. Daneben das **Hand-Werkzeug**, um den Bildausschnitt zu verschieben, wenn Sie die Ansichtsgröße vergrößert haben. Die Pipette des **Weißabgleich-Werkzeugs** finden Sie daneben. Es folgt das **Freistellungswerkzeug**, mit dem Sie das Bild zumindest bereits vorab in einem zu wählenden bzw. einzugebenden Seitenverhältnis zuschneiden können. Das **Gerade-ausrichten-Werkzeug** steht für die Möglichkeit, Bilder, die verkantet, verdreht sind, waagerecht auszurichten. Rechts daneben steht das Werkzeug **Rote-Augen-Korrektur**, gefolgt von der Schaltfläche zum Aufruf der **Camera-Raw-Voreinstellungen**. Die **zwei gebogenen Pfeile** zuletzt stehen dafür, das Bild in der Ansicht aufzurichten, je nachdem, ob es dafür gegen oder im Uhrzeigersinn gedreht werden muss.

→ **Hinweis:** Wenn Ihr Bild einen Bereich aufweist, der eindeutig weiß, schwarz oder neutral grau sein sollte, z. B. eine schwarze Fläche oder ein weißes Reflexlicht, so können Sie das **Weißabgleich-Werkzeug** wählen und mit der Spitze der Pipette darauf zeigen und klicken. Die Farben im Bild werden so neu berechnet, dass der angegebene Punkt im Bild entsprechend weiß, schwarz oder grau ist. Durch Ihre Wahl eines Weißpunktes (oder neutral grauen Punktes) geben Sie dem Programm vor, welche Farbe als Weiß etc. zu sehen ist. Damit lässt sich auch ein Farbstich im Bild beseitigen. Voraussetzung ist, dass das Bild Bereiche aufweist, die Sie als Betrachter als weiß, schwarz oder neutral grau erkennen.

- **Vorschau:** Im Kontrollkästchen rechts über dem Vorschaufenster sollte ein Häkchen gesetzt sein, damit Sie Veränderungen am Bild beim Arbeiten mit dem Dialogfeld in Echtzeit angezeigt bekommen. Ohne Häkchen sehen Sie nur das unveränderte Bild.
- **Vollbildmodus:** Die Schaltfläche daneben maximiert das Dialogfenster für eine bessere Vorschau und ein genaueres Arbeiten. Über diese Schaltfläche wechseln Sie auch wieder zurück zur normalen Ansichtsgröße.
- **Vorschaubild:** Ist bei *Vorschau* das Häkchen gesetzt, sehen Sie Änderungen im Vorschaubild bei der Bearbeitung in Echtzeit. Als Voreinstellung wird Ihnen das geöffnete Bild in der Vorschau als ganzes Bild angezeigt, Sie können jedoch den Zoom-Faktor und damit die Ansichtsgröße ändern.
- **Zoomstufe auswählen:** Im Auswahlmenü links unter dem Vorschaubild sehen Sie den aktuellen Zoom-Faktor des Bildes und können diesen auswählen. Wenn Sie zum Beispiel die Schärfe des Bildes nachkorrigieren, ist es ratsam, die Ansichtsgröße zumindest auf 100 % zu setzen.

Spalte rechts:

- **Farbhistogramm:** Die zackige, farbige Kurve, die Sie rechts oben im Fenster sehen, ist das Farbhistogramm Ihres Raw-Bildes. Es zeigt die Farb-Helligkeitsverteilung aller drei Grundfarben Rot, Grün und Blau im Bild, aber auch die Luminosität, die Bildhelligkeit oder Brillanz des Bildes. Gut wäre, wenn alle Farben gleichmäßig über die gesamte Breite des Histogramms verteilt wären. Das Histogramm ändert sein Ausse-hen, je nachdem, welche Einstellungen Sie verändern. Aber es bietet nur eine zusätzliche Information und Anhaltspunkte. Wesentlich ist, wie Ihr Bild im Vorschaufenster aussieht. Am Histogramm sehen Sie links und rechts ein Dreieck. Diese Dreiecke können Sie anklicken. Dann werden Ihnen die Farbbeschneidungen bei unter- bzw. überbelichteten Bildtei-len angezeigt.

- **Linkes Dreieck: Tiefen (Warnung zur Tiefenbeschneidung):** Klicken Sie auf dieses Dreieck, werden Ihnen im Vorschaubild die Flächen blau eingefärbt angezeigt, die unterbelichtet sind. Sie können dann kontrol-lieren, ob diese Flächen bei Ihrer Bearbeitung wachsen und ob neue hinzukommen. Das würde bedeuten, dass Sie Unterbelichtung im Bild gesteigert haben.

- **Rechtes Dreieck: Lichter (Warnung zur Lichterbeschneidung):** Kli-cken Sie auf dieses Dreieck, werden Ihnen im Vorschaubild die Flächen rot eingefärbt angezeigt, die überbelichtet sind. Sie können dann kont-rollieren, ob diese Flächen bei Ihrer Bearbeitung wachsen und ob neue hinzukommen. Das würde bedeuten, dass Sie das Bild weiter überbe-lichtet haben.

- **RGB-Farbwerte:** Unter dem Histogramm finden Sie links eine Liste R–G–B. Zeigen Sie mit der Maus im Vorschaufenster auf das Bild, wer-den hier die RGB-Farbwerte des Punktes ausgegeben, auf den Sie zeigen. Wenn Sie auf einen dunklen Punkt zeigen und der Farbwert 0–0–0 wird hier ausgegeben, wissen Sie, dass dieser Punkt rein schwarz ist, entspre-chend mit 255–255–255 für weiß. So können Sie z. B. den Weißabgleich im Bild kontrollieren.

- **Aufnahmedaten:** Rechts neben der Farbwertangabe stehen die Aufnah-medaten der Kamera: Blende, Belichtungszeit und Brennweite.

- **Reiterkarten Grundeinstellungen, Details und Kamerakalibrierung:** Die eigentlichen Einstellungen, mit denen Sie Ihr Bild bearbeiten und anpassen können. Wir gehen im nächsten Kapitel ausführlich darauf ein.

Schaltflächen unten:

- **Hilfe:** Ein Klick auf diese Schaltfläche ruft die Hilfe zum Arbeiten mit dem Dialogfeld *Camera Raw* auf.

- **Bild speichern:** Die Schaltfläche *Bild speichern* ruft ein eigenes Dia-logfenster auf (siehe Abb. 29.2), über das Sie das bearbeitete Raw-Bild in 48 Bit Farbtiefe mit neuem Dateinamen als Raw-Datei im Dateiformat DNG speichern können. Das DNG-Format ist Adobes eigenes Format für Raw-Dateien, ein vereinheitlichter Standard, der nach und nach auch von Kameraherstellern für ihre Geräte übernommen wird.

▨ **In lineares Bild konvertieren:** Diese Option speichert das Bild in einem linearen, mosaikfreien Format. Das Bild kann dann auch in anderen Programmen geöffnet werden, selbst wenn die Software nicht über ein Profil für die Digitalkamera verfügt, mit der das Bild aufgenommen wurde.

▨ **Kameradatei einbetten:** Im Dialogfenster zum Speichern von DNG-Dateien können Sie wählen, dass die originale Raw-Datei in das DNG eingebettet wird. Das steigert zwar die Dateigröße, ist aber sicherer, da Sie die originale Datei später wieder extrahieren können. Mit der Option *Komprimiert (Lossless)* haben Sie andererseits die Möglichkeit, Ihr DNG verlustfrei zu komprimieren, um wiederum die Dateigröße beim Speichern zu reduzieren. Zudem können Sie eine JPEG-Vorschaudatei in die Datei einbetten.

Abb. 29.2
Die Optionen beim Speichern eines
Raw-Fotos als DNG-Datei

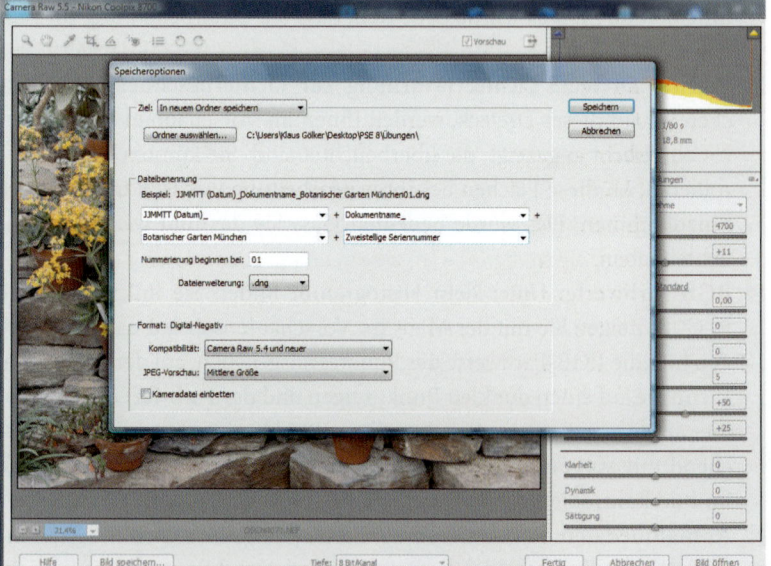

▨ **Tiefe:** Im Auswahlmenü *Tiefe* können Sie wählen, ob das Bild mit 8 Bit oder 16 Bit je Farbkanal geöffnet wird. Es kann auch mit 16 Bit je Kanal an den Editor übergeben werden. Dann stehen allerdings dort nur eingeschränkt Möglichkeiten zur weiteren Bearbeitung zur Verfügung. Sie können auch erst die Entwicklung im Dialogfenster Camera Raw mit 16 Bit je Kanal ausführen, das Bild z. B. als DNG-Datei speichern und vor der Übergabe an das Hauptprogramm die Farbtiefe senken.

▓ **Fertig:** Ein Klick auf die Schaltfläche *Fertig* schließt das Dialogfenster und speichert die Einstellungen, die Sie vorgenommen haben. Das Bild selbst müssen Sie mit *Bild speichern* zuvor selbst sichern. Rufen Sie das Bild erneut auf, werden die Einstellungen automatisch angewandt.

▓ **Abbrechen:** Ein Klick auf die Schaltfläche *Abbrechen* beendet die Bearbeitung des Bildes und schließt das Fenster, ohne die Veränderungen am Bild bzw. die Änderungen der Einstellungen zu speichern.

▓ **Bild öffnen:** Klicken Sie auf diese Schaltfläche, werden Ihre Veränderungen am Bild übernommen, und das Bild wird im Editor bzw. in der Schnellkorrektur zur weiteren Bearbeitung geöffnet, je nachdem, welches der beiden Programmfenster Sie ursprünglich aufgerufen hatten.

29.2 Ein Raw-Format, ein »digitales Negativ« entwickeln

Nachdem das Bild im Dialogfeld »Camera Raw« geöffnet ist, können Sie es bearbeiten.

Zunächst sind im Fensterbereich rechts die Haupteinstellungen der Reiterkarte **Grundeinstellungen** geöffnet. Hier haben Sie die Auswahl, den Weißabgleich im Bild nach Voreinstellungen auszuwählen (Auswahlmenü). Zur Auswahl stehen, je nach Lichtsituation der Aufnahme: *Wie Aufnahme – Auto – Tageslicht – Trüb – Schatten – Kunstlicht – Kaltlicht – Blitz – Benutzerdefiniert.* Wählen Sie den Eintrag *Benutzerdefiniert,* können Sie den Weißabgleich im Bild wie vorab beschrieben auch mit der Pipette Weißabgleich-Werkzeug selbst im Bild vornehmen. Die Einstellung *Benutzerdefiniert* wird auch automatisch gesetzt, sobald Sie beginnen, mit den Schiebereglern zu arbeiten.

Über den ersten Schieberegler **Temperatur** bearbeiten Sie die Farbtemperatur des Bildes. Die Farbtemperatur wird als Wert in Grad Kelvin angegeben. 6.500 Grad Kelvin entsprechen weißem Mittagssonnenlicht. Sie können die Farbtemperatur nach rechts steigern, so dass die Farbtöne wärmer werden, d. h. rötlicher. Entsprechend werden die Farbtöne im Bild kühler bzw. bläulicher, wenn Sie die Farbtemperatur nach links senken. Dies ist vor allem bei Kunstlichtaufnahmen erforderlich. Da dabei die Grüntöne im Bild leiden können, haben Sie mit dem Regler bei **Farbton** die Möglichkeit, diese nachzukorrigieren.

Je nach Wahl werden die folgenden Einstellungen automatisch oder nach Standardwerten gesetzt. Sie können diese aber auch per Hand anpassen.

Belichtung darunter steuert die Gesamthelligkeit des Bildes. Dabei wird das Bild nachträglich so ausbelichtet, als wäre es mit einer größeren oder kleineren Blende (Lichtmenge) belichtet worden. Hier können Sie ein unterbelichtetes Bild gut aufhellen bzw. nachbelichten.

Der Schieberegler **Reparatur** steuert die »Wiederherstellung« überbelichteter Bildbereiche. Allerdings kann diese Einstellung nur in solchen überbelichteten Bereichen etwas zurückholen, in denen noch etwas Zeichnung – Helligkeitskontraste – vorhanden sind.

Fülllicht hellt die dunklen Bildbereiche auf, so dass mehr Details sichtbar werden. Diese Option ist vor allem bei abgedunkelten Bereichen in Gegenlichtaufnahmen das Mittel der Wahl. Über **Schwarz** dunkeln Sie die dunklen Farbtöne noch weiter ab. Damit kann nachträglich ein Schwarzpunkt gesetzt werden. Je weiter Sie den Wert mit diesem Schieberegler steigern, umso mehr Schwarz erscheint im Bild. Der Regler **Helligkeit** wirkt wiederum auf die Helligkeit der gesamten Fläche des Bildes. **Kontrast** steigert oder senkt die Hell-Dunkel- und Farbkontraste im Bild. Der Schieberegler **Klarheit** bewirkt eine zusätzliche Steigerung der Farbkontraste, Farbdetails, ähnlich wie der Regler *Kontrast*. Die Einstellung *Klarheit* ermöglicht eine zum Teil überraschende Klärung von dunstigen, verschleierten Bildern, bei denen so auch Details deutlicher sichtbar werden.

Dynamik steuert wie die nachfolgende Sättigung die Farbintensität des Bildes. Sie können damit die Farbsättigung des Bildes feiner steuern. Auch mit diesem Regler können Sie ein völlig farbreduziertes Bild herstellen – desaturiert, beinahe Graustufen, wie auch ein farblich überzeichnetes Bild. Mit dem Regler **Sättigung** können Sie die Farbintensität steigern oder bis zum vollständigen Graustufenbild hin reduzieren.

Im Feld *Grundeinstellungen* sehen Sie einen Eintrag **Auto,** der die Werte der Einstellungen von Belichtung bis Kontrast aus den Farbwerten im Bild automatisch errechnet. Zunächst, als Voreinstellung, werden die Werte über die Funktion *Auto* gesetzt. Sie können aber jederzeit selbst eingreifen, indem Sie einen Wert per Schieberegler selbst setzen.

Für Sättigung gibt es keine automatische Bestimmung. Möchten Sie zu den Ausgangswerten zurückkehren, wählen Sie den Eintrag **Standard**.

Im Feld *Grundeinstellungen* steht mit **Details** eine zweite Reiterkarte zur Verfügung. Mit den Schiebereglern hier können Sie Bildfehler korrigieren wie z. B. das Rauschen von Bildern. Unter Rauschen versteht man störende, wahllose Einstreuungen von unterschiedlich eingefärbten Bildpunkten, wie Sie zum Beispiel bei Nachtaufnahmen oder hoher ISO-Zahl entstehen können.

Zuerst die Schieberegler bei **Schärfen**. Die hier angebotenen Regler entsprechen im Wesentlichen der Funktion *Unscharf maskieren* im Programm. **Betrag** regelt dabei die Menge, eben wie stark scharfgezeichnet werden soll. Ein zu hoher Wert hier führt zu Blitzern, weißen Kanten an Konturen, wo eigentlich kein Weiß sein sollte. **Radius** bestimmt den Abstand von Kanten, innerhalb dem scharfgezeichnet wird. Für Bilder mit hoher Auflösung wird im Allgemeinen ein Radius von 1 bis 2 Pixel empfohlen. **Details** steigert mit zunehmendem Wert die Darstellung von Bilddetails. **Maskieren** andererseits »glättet« das Bild wieder. Je geringer der Wert bei *Maskieren,* um so klarer und feiner die Bilddarstellung.

Rauschreduzierung: Verschieben des Reglers **Luminanz** vermindert das Graustufenrauschen im Bild, verschieben Sie den Regler bei **Farbe,** reduzieren Sie das Chromarauschen im Bild. Wenn Sie mit diesen Korrekturmöglichkeiten arbeiten möchten, sollten Sie vorab die Ansichtsgröße des Bildes vergrößern, d.h., mit der Lupe ins Vorschaubild einzoomen oder die Vergrößerungsstufe über das Auswahlmenü *Zoomstufe auswählen* auf 100 % setzen.

Noch eine dritte Reiterkarte **Kamerakalibrierung** steht bereit. Im Auswahlmenü können Sie hier aus drei vorbereiteten Standard-Profilen wählen, die jedoch nicht weiter spezifiziert sind. Voreinstellung ist das Profil *Adobe Standard.* Prinzipiell dient eine Kamerakalibrierung einer Korrektur und Optimierung der Farbwiedergabe einer Kamera. Doch ermöglichen es die Einstellmöglichkeiten von Camera Raw aus Photoshop Elements heraus nicht, die Übertragung eines eigenen Kameraprofils vorzunehmen. Interessierte finden hier weitere Informationen: http://www.pixxsel.de/foto-blog/studiotechnik/kamerakalibrierung.

Wenn Sie alle Einstellungen zu Ihrer Zufriedenheit getroffen haben, übergeben Sie das Bild mit Klick auf die Schaltfläche *Bild öffnen* zur weiteren Bearbeitung an den Editor bzw. die Schnellkorrektur. Dort können Sie das Bild in einem beliebigen Dateiformat speichern und damit weiter arbeiten. Alternativ wählen Sie die Schaltfläche Bild *speichern,* um das Bild als DNG-Datei zu sichern. Ein Klick auf die Schaltfläche *Fertig* beendet die Bearbeitung des Bildes, das Raw-Foto wird unverändert geschlossen. Doch werden Ihre Einstellungen in einer XMP-Filialdatei am selben Speicherort wie das Original abgelegt. Öffnen Sie das Raw-Foto erneut, werden diese Einstellungen mit geladen und auf das Bild im Programm Camera Raw angewandt.

Sie haben alle gewünschten Einstellungen an Ihrem Raw-Foto getroffen, sind mit dem Ergebnis zufrieden und haben es mit *Bild öffnen* an den Editor übergeben. Dort zeigt es sich nun in einem eigenen Bildfenster. Hatten Sie das Bild mit der Auswahl *Tiefe: 16 Bit* (Dialogfenster Camera Raw unten Mitte) bearbeitet und so übergeben, steht Ihnen jetzt im Editor nur eine begrenzte Auswahl an Optionen in den Menüs zur Verfügung. Doch können Sie z. B. noch eine Tonwertkorrektur in der höheren Farbtiefe durchführen. Wollen Sie danach mit dem Bild normal weiter arbeiten, müssen Sie es in ein Bild mit einer Farbtiefe von 8 Bit je Kanal umwandeln. Dies können Sie im Editor im Menü *Bild – Modus – 8 Bit pro Kanal* bewerkstelligen. Hatten Sie daran gedacht, das Bild nach der Entwicklung im Dialogfenster Camera Raw gleich noch auf eine Tiefe von 8 Bit/Kanal einzurichten, stehen Ihnen im Editor sofort alle Menüpunkte zur Verfügung.

Diese Zwischenschritte der Entwicklung waren erforderlich, weil wir ein Raw-Bild zum Öffnen ausgewählt haben. Ein Bild in einem Standardformat wie TIFF, PNG oder JPEG wäre sofort im Editor geöffnet worden.

Abb. 29.3
Die Farbtiefe des Bildes können Sie
auch nachträglich im Editor auf 8 Bit je
Kanal reduzieren.

29.3 Ein digitales Negativ entwickeln – Arbeitsschritte

Das war das. Hier noch einmal die Arbeitsschritte, wenn Sie die Vorgehensweisen der vorausgegangenen Kapitel nachvollziehen möchten.

▥ Starten Sie das Programm, und wählen Sie im Startbildschirm *Fotos bearbeiten und verbessern*.

▥ Öffnen Sie mit *Datei – Öffnen* das Bild *DSCN0071.NEF* von der DVD im Verzeichnis *Bildvorgaben*.

▥ Testen Sie im *Dialogfeld »Camera Raw«* die verschiedenen Einstellungen.

▥ Übergeben Sie mit *Öffnen* das Bild an den Editor, und experimentieren Sie mit dem Bildfenster.

▥ Speichern Sie das Bild unter neuem Dateinamen im Dateiformat PSD im Ordner *Übungen* auf Ihrem Rechner.

▥ Schließen Sie das Bild und das Programm.

30 Hilfen, Tutorials und Bücher

Dieses Buch erhebt den Anspruch, dass Sie mit ihm das Programm Photoshop Elements ausführlich kennenlernen. Doch gibt es noch weitere Funktionen, die hier nicht ausführlich beschrieben sind. Es ist naheliegend, aus dem Programm heraus die eingebaute Hilfefunktion aufzurufen und nachzuschlagen. Die eigentliche Hilfe selbst ist in Art und Weise einer Arbeitsanleitung geschrieben. Hier stelle ich die Hilfe vor.

Neben der Hilfe finden Sie im Internet kostenlos eine große Anzahl von Webseiten, die so genannte Tutorials anbieten. Tutorials sind Arbeitsanweisungen, wie Sie einen bestimmten Effekt oder ein Bild mit einem bestimmten Aussehen mit dem Programm herstellen können. Ich nenne Ihnen einige wichtige dieser Webseiten auf Deutsch und Englisch. Zu guter Letzt noch Buchtipps, mit denen Sie weiter arbeiten können.

30.1   Eine echte Hilfe –
die Hilfefunktion in Photoshop Elements

Photoshop Elements bietet eine Vielzahl von Hilfen. Bei Fragen sind diese allemal einen Blick (und Klick) wert.

30.1.1   Die Hilfefunktionen im Menü Hilfe

Abb. 30.1
Das Menü Hilfe

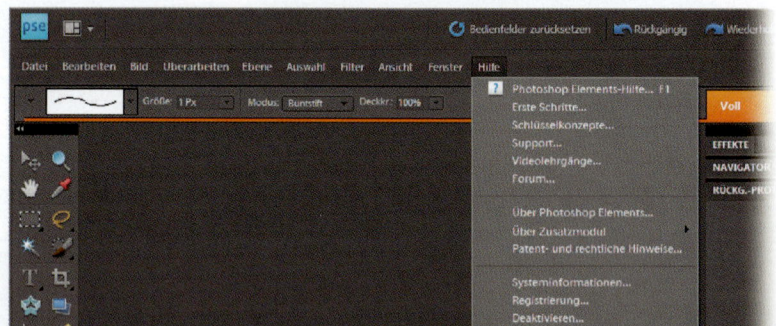

Die Hilfe von Photoshop Elements finden Sie im Menü *Hilfe* des Editors, im Organizer, in der Schnellkorrektur und im Fenster des Assistenten für Fotokreationen und Diashows. Hier steht jeweils dieselbe Hilfefunktion zur Verfügung, jedoch werden Ihnen verschiedene Inhaltskapitel dieser Hilfe angeboten.

Um die Hilfe und die weiteren Optionen nutzen zu können, müssen Sie online, d. h. mit dem Internet verbunden sein. Zunächst einmal ist da die eigentliche **Hilfe,** die Dokumentation zum Programm. Dieses Benutzerhandbuch enthält zudem ein alphabetisch sortiertes Stichwortregister mit Erläuterungen, ein **Glossar**. Die Hilfe ist als Website angelegt und wird über das Internet aufgerufen und angezeigt. Sie öffnet sich deshalb in einem neuen Fenster Ihres Standard-Internetbrowsers, wenn Sie auf den Menüeintrag *Hilfe – Photoshop Elements-Hilfe* klicken. So können Sie sie geöffnet lassen, parallel dazu mit dem Programm arbeiten und immer wieder nachlesen. Von dieser Website können Sie die Hilfe auch als PDF zum Offline-Lesen auf Ihren Rechner herunterladen. Beachten Sie dazu den Link oben links im sich öffnenden Browserfenster.

Die erste angezeigte Seite enthält links die Inhaltsübersicht, jeweils mit einem +-Zeichen, das vorangestellt ist. Ein Klick auf einen der Einträge zeigt eine Einführung in das Thema im rechten Teilfenster. Ein Klick auf ein +-Zeichen davor öffnet die Übersicht der Unterkapitel im Teilfenster links. Soweit davor weitere +-Zeichen angeordnet sind, verzweigt hier der

Inhalt weiter. Klicken Sie auf der untersten Ebene auf eine der Kapitelüberschriften links, öffnet sich die entsprechende Seite im rechten Teilfenster und zeigt Ihnen das gewünschte Thema an.

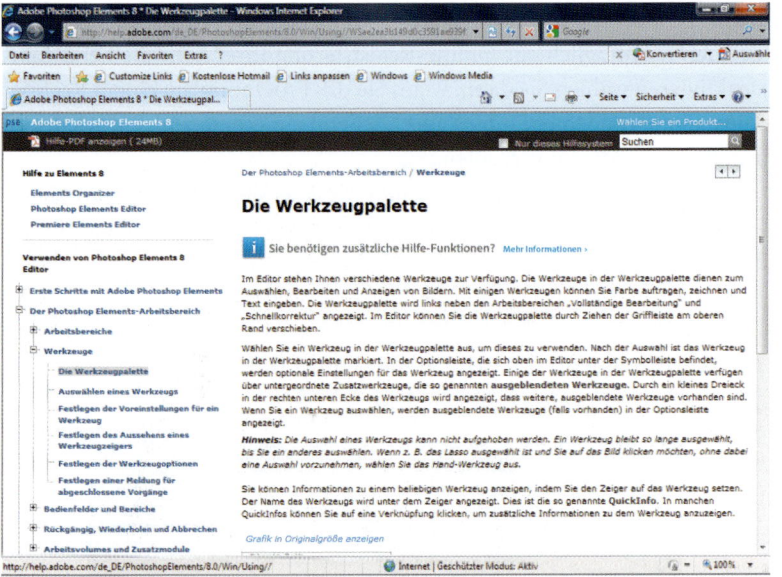

Abb. 30.2

Die Hilfe von Photoshop Elements im geöffneten Browserfenster

Die übrigen Einträge im Menü *Hilfe* bieten zusätzliche Informationen zum Programm. **Erste Schritte** führt Sie wiederum über das Internet auf eine Website von Adobe, auf der Sie Video- und PDF-Lehrgänge zum Programm finden. Auch **Schlüsselkonzepte** ist ein Link auf eine Website von Adobe, diesmal jedoch auf Englisch, auf der Sie, ähnlich wie in einem Glossar, Begriffe und die Erläuterungen dazu finden. Da die Seite in Englisch verfasst wurde, ist sie für deutschsprachige Anwender weniger hilfreich. Dafür steht aber wie gesagt das Glossar in der eigentlichen Hilfe auf Deutsch zur Verfügung. **Support** führt auf eine weitere englischsprachige Website von Adobe, auf der Sie stichwortartig Fragen eingeben können, für die dann Antworten in den Foren von Adobe gesucht werden. Dies ist kein Kontakt zu einem E-Mail-Support oder Ähnlichem. Eine Hilfe können Sie hier am ehesten erwarten, wenn Sie nach der Eingabe der Begriffe, zu denen Sie Hilfe suchen, als Informationsquelle *Community Help* wählen. Dort finden Sie auch Beiträge auf Deutsch. Ein Klick auf **Videolehrgänge** öffnet eine Website von Adobe.TV, auf der Sie Videos zu Themen rund um Photoshop Elements auf Englisch finden. Forum führt Sie über einen Link auf die Adobe Forums, auf denen Anwender sich gegenseitig Fragen beantworten – auf Englisch. **Über Photoshop Elements** zeigt Ihnen nochmals das Ladefenster des Programms mit den Namen der Programmautoren. **Über Zusatzmodul** öffnet ein Untermenü mit den Einträgen der zusätzlichen Plug-ins, über das Sie Auskunft über deren Ursprung und Autoren erhalten. **Patent- und rechtliche Hinweise** bietet Informationen zu den für das Programm registrierten Patenten und weitere rechtliche Informationen. **Systeminformationen** bietet Ihnen eine Übersicht über die technische Bestückung Ihres Rechners, ähnlich den *Systeminformationen* aus *Startmenü – Alle Programme – Zubehör* von Windows. **Registrierung** führt Sie auch nachträglich zur Online-Registrierung Ihrer Software bei Adobe. Deaktivieren wählen Sie dann, wenn Sie das Programm auf einem Rechner deinstallieren möchten, um es anschließend auf einem anderen wieder zu installieren – oder zu verkaufen.

Aktualisierungen startet den **Adobe Update Manager,** der auf den Servern von Adobe nachprüft, ob herunterladbare Aktualisierungen für Ihr Programm vorliegen.

30.1.2   Hinweise – die Hilfe in den Funktionen

Abb. 30.3
Das Symbol einer leuchtenden
Glühbirne weist darauf hin, dass hier ein
Hinweis aus der Hilfe aufzurufen ist.

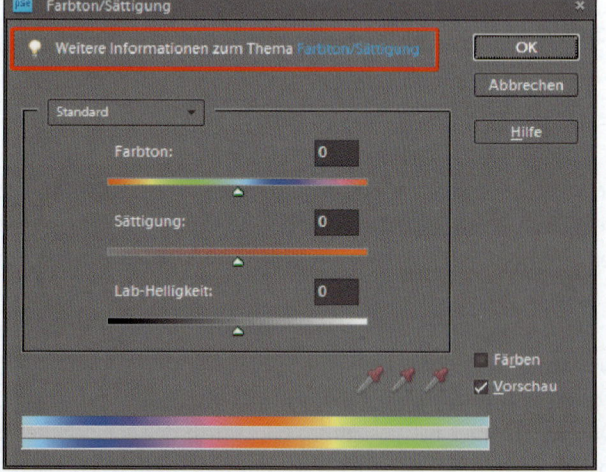

In vielen Dialogfenstern, die sich öffnen, wenn Sie einen Menüpunkt aufrufen, auch in manchen Ansichten des Programmfensters finden Sie einen Link zur Programmhilfe, wo der aufgerufene Punkt oder Begriff näher erläutert wird. Gekennzeichnet sind diese Hinweise durch eine leuchtende Glühbirne. Normalerweise steht daneben ein unterstrichener blauer Text, ein Link bzw. eine Verknüpfung, welche die Hilfe aufruft. Dort werden Ihnen Hinweise und Erklärungen zu dem entsprechenden Begriff oder Arbeitsschritt angeboten.

30.1.3 Hilfreich für den Einstieg – die Ansicht Assistent

Nicht explizit als Hilfe gekennzeichnet, aber vergleichbar, da mit Schritt-für-Schritt-Anleitungen ausgestattet, ist die Programmansicht **Editor mit Assistent** (siehe Abb. 30.4). Hier versammelt sind Einführungen und Arbeitsanleitungen für grundlegende Arbeitsschritte, die erläutern, wie bestimmte Aufgaben mit dem Programm zu bewerkstelligen sind. Dabei werden Ihnen im Programmfenster nach der Auswahl der Arbeitsaufgabe gleich die Werkzeuge angeboten, die Sie für den Arbeitsschritt benötigen, und die Handhabung und Wirkungsweise dieser Werkzeuge wird gleichzeitig erläutert. Die Programmansicht *Editor mit Assistent* wurde bereits in Kapitel 7 kurz vorgestellt.

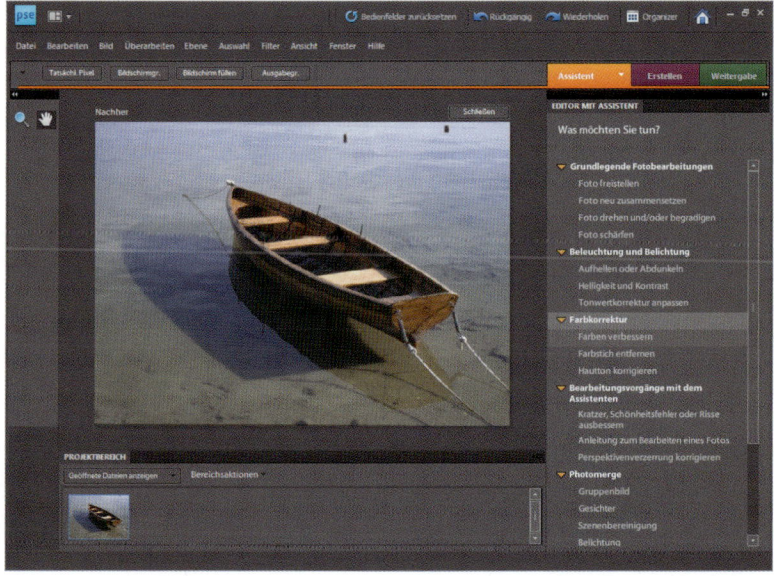

Abb. 30.4
Die Übersicht des Programmfensters Assistent

30.2 Tutorials

Für Photoshop Elements und mehr noch für den großen Bruder Photoshop gibt es im Internet eine Vielzahl von so genannten Tutorials, Anweisungen, wie z. B. ein bestimmter Effekt oder Bilderrahmen herzustellen ist. Da die prinzipiellen Arbeitsweisen und Techniken im großen wie im kleinen Photoshop gleich sind, können auch Sie beim Arbeiten mit Photoshop Elements Nutzen aus diesen Anweisungen ziehen. Suchen Sie einmal über eine Suchmaschine nach **photoshop elements** bzw. **photoshop** und **tutorial**. Sie werden eine Vielzahl von Ergebnissen erhalten. Hier die Internetadressen von einigen bedeutenden Seiten auf Deutsch und Englisch:

▓ http://www.fototv.de/ps-elements-tutorial
▓ http://www.photoshoptutorials.de
▓ http://www.tutorials.de/forum/photoshop-tutorials/
▓ http://www.drweb.de/photoshop/photoshop-tutorials.shtml (eine
  umfangreiche Linksammlung, hauptsächlich mit englischen Seiten)
▓ http://www.photoshopelementsuser.com/ (englisch)
▓ http://www.photoshoproadmap.com/Photoshop-tutorials/Photoshop-
  Elements-tutorials/Most-popular/1/ (englisch)
▓ http://www.photoshopsupport.com/elements/tutorials.html (englisch)
▓ http://www.planetphotoshop.com/ (englisch)

30.3 Buchempfehlungen

Wer sich tiefer in das Programm einarbeiten möchte oder sich genauer für
die Funktionsweise einzelner Einstellmöglichkeiten interessiert, der wird
sich neben einem Arbeitshandbuch ein Referenzwerk wünschen. Für Photoshop gibt es solche Referenzhandbücher, welche die Funktions- und
Wirkungsweise aller Menüs und Werkzeuge ausführlich erläutern. Da die
meisten Menüs und Werkzeuge von Photoshop Elements auch im großen
Photoshop entsprechend enthalten sind, können Sie für Erläuterungen zum
Programm und seinen Funktionen also auch zu solch einem Buch greifen.

Ein eingeführtes Nachschlagewerk und Arbeitshandbuch stammt aus
dem Verlag Markt und Technik.

Titel: Adobe Photoshop CS4 - Kompendium: Pixelperfektion von Retusche bis Montage, m. DVD-ROM – **Gebundene Ausgabe:** 1056 Seiten –
Autor: Heico Neumeyer – **Verlag:** Markt und Technik; Auflage: 1 (März
2009) – **Sprache:** Deutsch **ISBN:** 978-3827244505 – **Preis:** EUR 49,95

Scott Kelby ist einer der führenden Experten zu Photoshop und Photoshop Elements. Sein Buch zur Version 8.0 von Photoshop Elements dürfte
vor allem die ambitionierten und engagierten Fotografen ansprechen: **Titel:**
Photoshop Elements 8: für digitale Fotografie – **Gebundene Ausgabe:** 512
Seiten – **Autor:** Scott Kelby – **Verlag:** Addison-Wesley, München (Februar
2010) – **Sprache:** Deutsch – **ISBN:** 978-3827329356 – **Preis:** EUR 39,80

Das Buch ist eine wahre Fundgrube an Ideen und Tipps, wie Sie viele
auch speziellere Probleme mit Ihren digitalen Bildern bewältigen können.

31 Anmerkungen und Hinweise

31.1 So weit, so gut – wie es für Sie weitergehen kann

Erst einmal: Gratulation, dass Sie es so weit geschafft und mitgemacht haben. Sie haben sich die grundlegenden Techniken und Möglichkeiten erarbeitet, wie Sie digitale Fotografien und Bilder nachbearbeiten und überarbeiten können. Sie haben kennengelernt, welche wesentlichen Werkzeuge und Mittel Ihnen für das Collagieren von Bildelementen zur Verfügung stehen. Sie haben eine Vorstellung davon, wie Sie eigene Bildelemente und Schrift herstellen und in ein Bild einfügen können. Und Sie können Ihre Bilder für das Internet aufbereiten und in Präsentationen und Diashows weitergeben.

Wenn Sie interessiert, was ich mit digitaler Bildbearbeitung anfange, und wenn Sie sich Anregungen dazu holen möchten, sehen Sie sich doch einmal auf meiner fotografischen Internetseite um unter http://www.lichtschreiber.de.

31.2 Danke!

Dies ist mein zweites Buch zum Thema digitale Bildbearbeitung, das im dpunkt.verlag erscheint. Mein herzlicher Dank für die anhaltende konstruktive Zusammenarbeit geht einmal mehr an meine Lektorin Frau Barbara Lauer, die mit ihrem Engagement und ihrem kritischen Verstand als meine erste Leserin dazu beitrug, dass dieses Buch eine runde Sache wurde. Und Dank geht auch an die Mitarbeiterinnen und Mitarbeiter des dpunkt.verlages, allen voran Herrn Rossbach und Herrn Barabas, die diese neue Auflage meines Buches möglich machen.

Gratulation aber denen, die Photoshop Elements entwickeln. Ihnen gelang ein Programm, das Spaß bei der Arbeit macht, sicher funktioniert und vieles bereitstellt, was man bei anderen Bildbearbeitungsprogrammen erst einmal suchen muss.

31.3   Inhalt der DVD

Auf der DVD finden Sie nochmals das Buch als PDF-Datei *(Goelker_PSE8_ ebook.pdf)* zum Arbeiten am PC und zum schnellen Durchsuchen. Zudem enthält sie alle Bildvorlagen, die im Buch verwendet werden, für die Bearbeitung der Übungen im Verzeichnis *Bildvorgaben*. Sie finden auch die fertig bearbeiteten Bilder zum Vergleich im Verzeichnis *Beispielbilder*.

Zusätzlich finden Sie hier voll funktionsfähige Testversionen von Photoshop Elements 8 für Windows XP, Vista und Windows 7 sowie für Mac OS X. Zum Download anderer Versionen der Programme oder Installationsdateien verwenden Sie bitte die im Buch genannten Internetadressen, die Sie über die Linkliste auf der DVD auch direkt aufrufen können.

Jede mitgelieferte Software wird unter Ausschluss jeglicher Gewährleistung verteilt. Bitte verstehen Sie, dass auch seitens des Autors oder des Verlages keine Gewährleistung oder Garantie für die mitgelieferte Software und deren einwandfreie Funktion auf Ihrem System übernommen wird.

Zusätzlich finden Sie eine Demo-Version des Plug-ins Elements+ (für Windows und Mac) auf der DVD. Darüber hinaus ist noch das Freeware-Programm IrfanViewer zur Verwendung unter Windows beigefügt, ein für den nichtkommerziellen Einsatz kostenloser Bildbetrachter, der mehr kann als nur Bilder anzeigen (*iview425.exe* und *Plug-ins425.exe* im Verzeichnis *Irfanview*).

Einige der auf der DVD bzw. über das Internet bereitgestellten Dateien sind komprimierte ZIP-Archive. Zum Auspacken (Entkomprimieren) der Dateien benötigen Sie ein Packprogramm wie das Shareware-Programm **Winzip** (http://www.winzip.de) für Windows oder **Stuffit** für Mac OS, Linux oder auch Windows (http://www.stuffit.com/). Auf der DVD finden Sie das Freeware-Programm **7zip,** das Sie ebenfalls zum Entpacken der Dateien verwenden können.

Zum Betrachten der PDF-Version des Buches benötigen Sie einen PDF-Viewer wie den **Adobe Reader** (http://www.adobe.de/products/acrobat/readstep2.html) oder den **GhostScriptViewer** (http://www.cs.wisc.edu/~ghost/gsview/get49.htm).

Auf der beigefügten DVD finden Sie im Einzelnen folgende Verzeichnisse und Dateien:

- **Bildvorgaben**

  Dieses Verzeichnis und die Unterverzeichnisse *Gardapanorama* und *Belichtungsreihe* enthalten die Bilder, die im Buch als Bildvorgaben und Beispiele eingesetzt werden. Bilder © Klaus Gölker bis auf *miami.tif* © Justus Seidl, roteaugen.bmp © Gerhard Rossbach und *mond.png* © NASA (freigegebene Pressefotos).

- **Beispielbilder**

  Hier finden Sie die bearbeiteten Bilder und Präsentationen aus den Workshops des Buches, die Bilder zum größten Teil mit Ebenen.

- **Programme**

  Auf der DVD finden Sie voll funktionsfähige 30-Tage-Testversionen von Photoshop Elements 8 sowie zusätzliche Hilfsprogramme, u. a. die Testversionen von Elements+ und die Vollversion von IrfanView (für Windows).

- **E-Book-Version des Buches** (in Bildschirmauflösung) zum schnellen Suchen und Nachschlagen *(Goelker_PSE8_ebook.pdf)*

- **Linkliste** der im Buch aufgeführten Webadressen zum direkten Anklicken *(PSE8_ Linkliste.html)*

31.4 Dateiformate von Photoshop Elements

Dateiart	Endung	Öffnen	Speichern
Photoshop-Dokument	*.psd, *.pdd	J	J
BMP – Bitmap	*.bmp, *.rle, *.dib	J	J
Camera Raw	*.tif, *.crw, *.nef, *.raf, *.orf, *.mrw, *.dcr, *.mos, *.raw, *.pef, *.srf, *.dng, *.x3f, *.cr2, *.erf, *.sr2, *.kdc, *.mfw, *.mef, *.arw, *.nrw, *.rw2, *rwl, *iiq, *.3fr	J	N
CompuServe GIF – Graphics Interchange Format	*.gif	J	J
Fotoprojektformat	*.pse	J	J
Photoshop EPS – Embedded PostScript	*.eps	J	J
EPS TIF Vorschau	*.eps	J	N
Filmstreifen	*.flm	J	N
JPEG – Joint Photographics Expert Group	*.jpeg, *.jpg, *.jpe	J	J
Generic EPS	*.ai3, *.ai4, *.ai5, *.ai6, *.ai7, *.ai8, *.ps, *.eps, *.ai, *.epsf, *.epsp	J	N

Dateiart	Endung	Öffnen	Speichern
PCX	*.pcx	J	J
Photoshop PDF	*.pdf, *.pdp	J	J
Photoshop Raw	*.raw	J	J
PICT File	*.pct, *.pict	J	J
Pixar	*.pxr	J	J
PNG – Portable Network Graphics	*.png	J	J
Scitex CT	*.sct	J	J
TGA – Targa Bitmap	*.tga, *.vda, *.icb, *.vst	J	J
TIFF – Tagged Image File Format	*.tif, *.tiff	J	J
Wireless Bitmap	*.wbm, *.wbmp	J	N

Index

Cora Banek · Georg Banek

Fotografieren lernen

Band 1: Die technischen Grundlagen: Kameras, Objektive und Zubehör

In der Lehrbuchreihe »Fotografieren lernen« wecken die Autoren das Verständnis für die großen Zusammenhänge in der Fotografie. Im ersten Band lernt der Leser, den Bereich Kameratechnik und Optik zu durchschauen und die Bedienung seiner Kamera zu beherrschen. Auf diese Weise erlangt er die nötige Sicherheit im Umgang mit seiner Kamera, die ihm dazu verhilft, seine Bildideen fotografisch erfolgreich umzusetzen. Darüber hinaus sind die vermittelten Kenntnisse sehr hilfreich für die Zusammenstellung einer Ausrüstung. Die ästhetisch ansprechenden Beispielfotos sowie die zahlreichen Infografiken illustrieren das Geschriebene nicht nur, sondern machen das Lesen zu einem visuellen Vergnügen und inspirieren zum Nachahmen.

2010, 253 Seiten, komplett in Farbe
Festeinband
€ 29,90 (D)
ISBN 978-3-89864-648 2

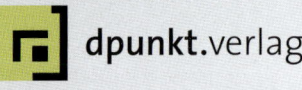
dpunkt.verlag

Ringstraße 19 · 69115 Heidelberg
fon 0 62 21/14 83 40
fax 0 62 21/14 83 99
e-mail hallo@dpunkt.de
http://www.dpunkt.de

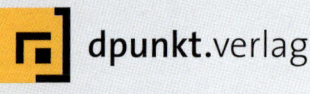

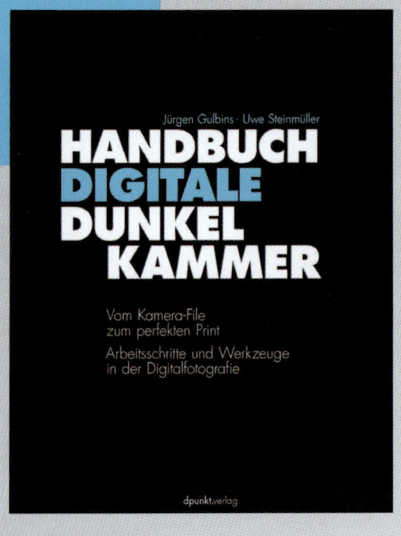

2010, 637 Seiten, komplett in Farbe
Festeinband
€ 49,90 (D)
ISBN 978-3-89864-444-1

Uwe Steinmüller · Jürgen Gulbins

Handbuch Digitale Dunkelkammer

Vom Kamera-File zum perfekten Print: Arbeitsschritte und Werkzeuge in der Digitalfotografie

In diesem Buch geht es um das Verwalten der Bildbestände und die gekonnte Bearbeitung und Aufbereitung digitaler Fotografien für den Druck und die Präsentation. Es vermittelt die nötigen Kenntnisse, um mit Photoshop, verschiedenen Raw-Konvertern und weiteren nützlichen Werkzeugen die Arbeit in der digitalen Dunkelkammer sicher und effizient zu erledigen. In allererster Linie jedoch geht es den Autoren um fotografische Qualität, um das bestmögliche Bildergebnis. Sie stellen verschiedene Vorgehensweisen dar und betrachten dabei jeden einzelnen Schritt und mögliche Alternativen. Dabei kommen auch wichtige, aber häufig ungeliebte Themen wie Bildorganisation und Datensicherung nicht zu kurz. Darüber hinaus gehen die Autoren auch auf die heute verfügbaren professionellen All-in-One-Lösungen Lightroom und Aperture ein und erläutern deren Einsatzmöglichkeiten im Fotoworkflow.

dpunkt.verlag

Ringstraße 19 · 69115 Heidelberg
fon 0 62 21/14 83 40
fax 0 62 21/14 83 99
e-mail hallo@dpunkt.de
http://www.dpunkt.de

2009, 160 Seiten, komplett in Farbe
Festeinband
€ 32,00 (D)
ISBN 978-3-89864-585-0

Reinhard Eisele

Reisefotografie

Praxiswissen eines weit gereisten Profis

Der erfolgreiche Reisefotograf Reinhard Eisele
zeigt in diesem Buch anhand zahlreicher Fotos
und Beispiele, wie man die eigene Reisefoto-
grafie professionalisieren kann. Tipps für
Planung, Technik und Gestaltung machen
dieses Buch zu einem hilfreichen Ratgeber vor
und nach einer Fotoreise. Besonders geht
Eisele auf die Themen Reiseplanung, Ausrüstung, Landschaftsfotografie, Städtefotografie
und das Fotografieren von Menschen ein. Auf
eindrucksvolle Weise zeigt er, wie eine Reise
zu einem besonderen Erlebnis wird und sich
die fotografischen Ergebnisse entscheidend
verbessern lassen.

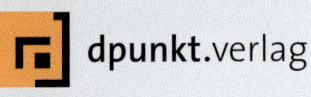

Ringstraße 19 · 69115 Heidelberg
fon 0 62 21/14 83 40
fax 0 62 21/14 83 99
e-mail hallo@dpunkt.de
http://www.dpunkt.de

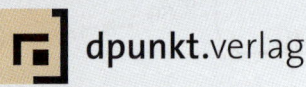